汉江画廊 茶歌紫阳

紫陽年鉴

2017

【总第五卷】

中共紫阳县委
紫阳县人民政府 主办

紫阳县档案史志局 编

方志出版社

Publishing House of Local Records

县委书记：赵立根

县　　长：陈　莲（女）

地理位置：紫阳县位于陕西省南部，汉江上游，大巴山北麓，因道教南派创始人张平叔（号紫阳）得名。北纬32° 08～49′，东经108° 06～43′。东为汉滨区、岚皋县，西为镇巴县，南为四川省城口、万源2县，北为汉阴县。境内南北长97.3公里，东西宽57.4公里，边界线长365公里，图形呈枫叶状。城关镇为县人民政府驻地，北距首都北京1200公里、距省会西安195公里，东距安康市委、市政府所在地安康50公里。

人　　口：2016年年底户籍人口总数336985人，人口密度为每平方公里154人，为陕西省内人口稠密县份之一，有“山大人不稀”之说。

面积区划：全县总面积2204平方公里，辖17镇、175村。

主要指标：2016年完成生产总值80.48亿元，增长11.2%。

全社会固定资产投资84.8亿元，增长25.9%。

财政总收入2.92亿元，地方一般预算收入1.65亿元。

社会消费品零售总额22.61亿元，增长13.7%。

城、乡居民收入达到25474元和8789元，分别增长8.1%和9.2%。

五个一工作法：一套广纳民意的问政办法　一套直面群众的联系方法　一套便捷高效的服务办法　一套持续帮扶的增收办法　一套民意导向的用人办法

紫阳精神：知难而上　苦拼实干　敢为人先　精诚团结

“十三五”发展战略：生态立县、产业强县、文旅兴县、创新活县、惠民安县

编辑说明

一、《紫阳年鉴》以马克思列宁主义、毛泽东思想、邓小平理论、“三个代表”重要思想和科学发展观为指导，贯彻落实习近平总书记系列重要讲话精神和治国理政新理念新思想新战略，坚持辩证唯物主义和历史唯物主义的立场、观点和方法。全面、系统、真实地记载紫阳县上年度经济社会发展的基本情况，是社会各界了解、研究紫阳的基本资料工具书。

二、《紫阳年鉴（2017）》文字部分采用分类编辑法，记述2016年全县经济社会文化发展主要情况。除特载、大事记、人物、附录外，主体内容均按类目、分目、条目分类编排。类目尽量按照事物的本质属性划分，同时兼顾行政管理归属关系，条目为记载资料的基本单位。

三、《紫阳年鉴（2017）》所用统计数据均以紫阳县统计局“统计公报”为准。统计资料未反映的，以主管单位数据为准。个别数据可能因统计时间、口径不同存差异，在使用时请注意出处。

四、《紫阳年鉴（2017）》所列紫阳县委、县政府各部门及各镇负责人以2016年12月底实际在职为准。

五、《紫阳年鉴（2017）》彩版时政图片，大部分由县政府网站提供，内容以2016年重大事件进行分类编排。所用文字稿件，均由县直各部门、各乡镇及行业提供，并经撰稿单位领导审定。

8月27日，国务院发展研究中心调研组到紫阳县政务服务中心调研

6月19日，国务院扶贫办副主任欧青平（前排中）在高桥镇王家店子视察调研

6月15日，中国农科院党组书记陈萌山（左三）在紫阳县富硒食品公司调研

7月13日，省长胡和平（左三）在城关镇青中村调研脱贫攻坚

7月5日，省委常委、省委政法委书记祝列克（前排中）在紫阳县法院调研

7月12日，省委组织部副部长田晓东（左四）调研基层党建工作

省委宣传部常务副部长刘斌（前右二）在瓦房店北五省会馆参观考察

2月26日，省民政厅考察紫阳县政务服务中心建设

3月24日，省科技厅厅长卢建军（右二）在城关镇双坪村调研科技扶贫工作

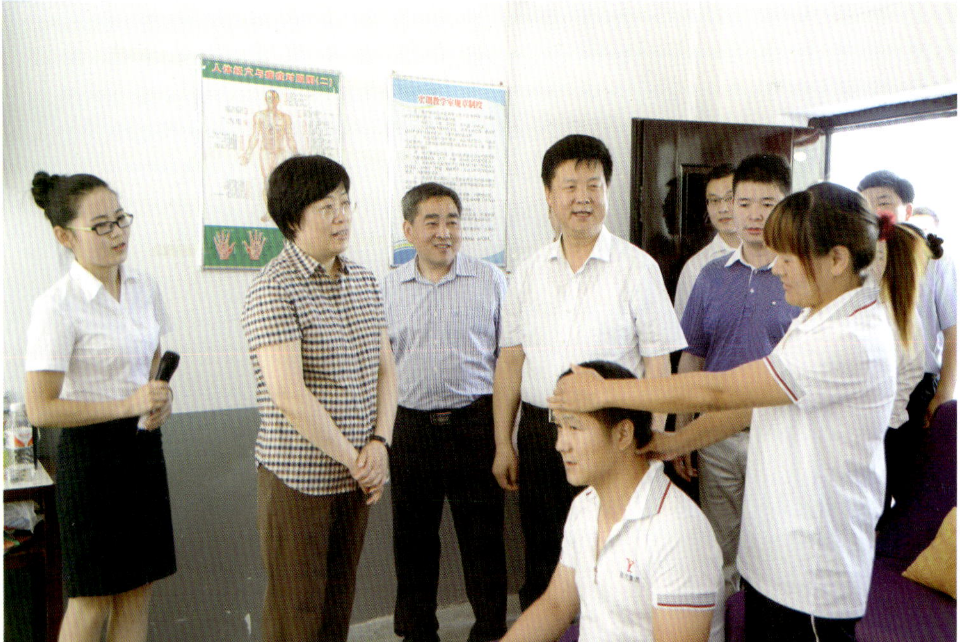

6月22日，省人社厅厅长冯力军（左二）在紫阳县职业教育中心调研修脚技能培训

12月14日，省工商局局长王吉德（前中）在紫阳县政务服务中心调研

12月4日，省政研室主任杨三省（左三）在紫阳县劳动技能培训中心调研

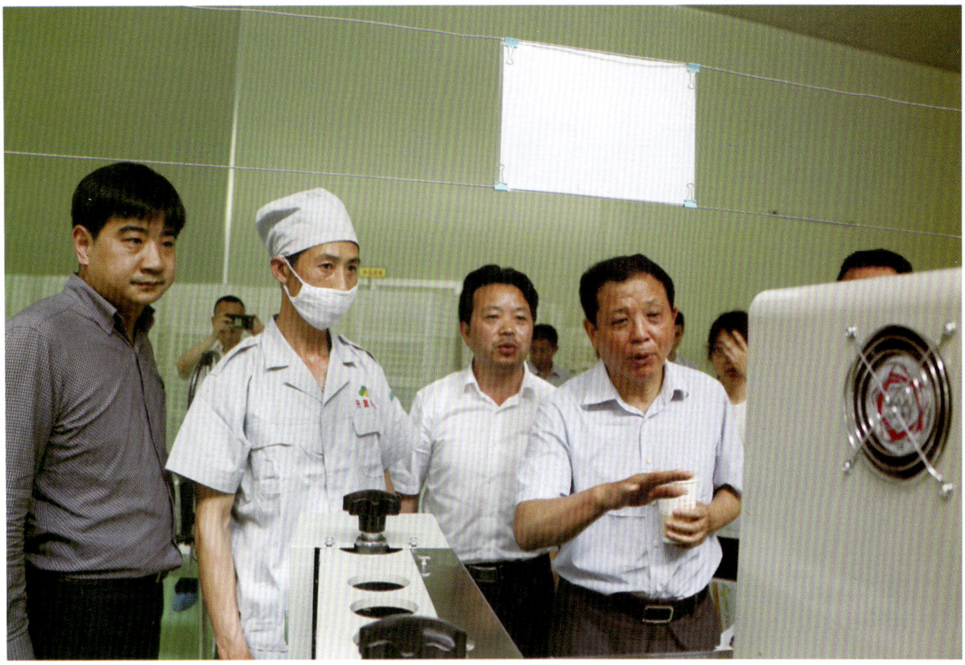

省供销社主任陈纯山（右一）调研产业精准扶贫工作

6月11日，市委书记郭青（前中）到焕古镇社区调研“两学一做”学习教育情况

10月27日，市长徐启方（右二）到紫阳调研“541”国道建设规划

5月1日，市委常委、组织部部长周玉峰（中）到向阳镇调研“两学一做”学习教育情况

1月28日，市委常委、副市长赵俊民（左二）在高桥镇客运站检查“春运”安全工作

7月6日，市政协主席陈勇（左三）到紫阳调研脱贫攻坚和防汛工作

省农业厅副厅长王韬（前排右二）到紫阳县盘龙茶业有限公司调研

11月1日，日本静冈县牧之原市市长西原茂树（左）到紫阳县参访，县长陈莲接见

省巡视组组长郑仲（前中）到紫阳调研

省教育厅到蒿坪镇视察“双高双普”落实情况

9月29日，新当选的中共紫阳县第十五届常委合影

2月22日，县委书记赵立根（前排右三）、县人大常委会主任张教志（前排左二）、县长陈莲（前排右二）、县政协主席王春丽（前排右一）等县级领导实地调研审定2016年城乡20件实事

10月21日，县委书记赵立根（左二）到汉王镇调研

11月30日，县人大常委会主任张教志（右一）到高桥镇权河村督查指导脱贫攻坚工作

县长陈莲（左三）调研蒿坪镇集镇建设规划

县政协主席康树民（右三）深入包联的精准脱贫村，与村民一起共商脱贫良策

11月26日，县委副书记周继林（右一）到双安镇调研指导脱贫攻坚工作

县委常委、常务副县长罗云忠（右一）入户调查精准扶贫工作

县委常委、组织部部长闫锋（左二）在硒谷工业园区紫阳富硒食品有限公司调研指导『支部+X+贫困户』党建促脱贫工作

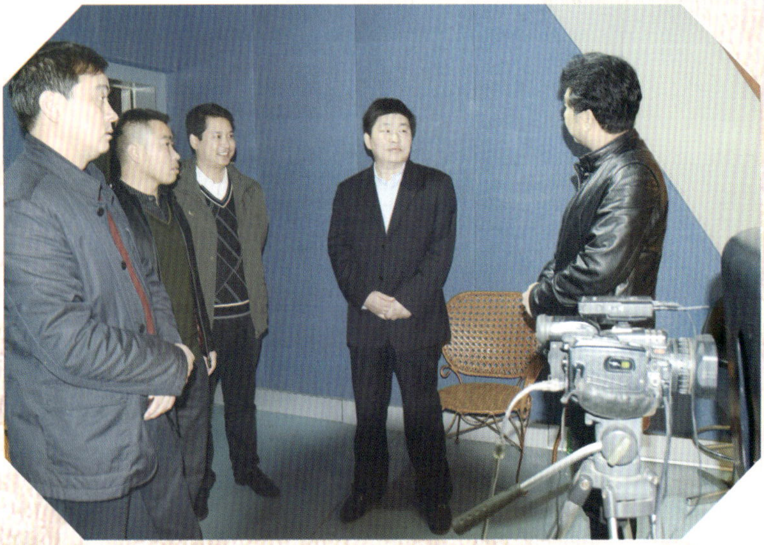

县委常委、宣传部部长周锦政（右二）到县电视台看望新闻工作者

县委常委、纪委书记周富林（后排中）到东木镇调研党风廉政建设工作

县委常委、政法委书记王毅（右一）深入农户开展精准脱贫识别

县委常委、统战部部长、红椿镇党委书记龚颖（右一）检查民利村安置点项目建设

县委常委、副县长陈家斌（左三）检查基层党建工作

全市技能脱贫现场会在紫阳召开

全县召开交通脱贫攻坚通村水泥路建设推进会

全县召开移民脱贫搬迁工作会议

旅游重点区域规划评审会

1月31日，上海市陕西安康商会会长储德佐（中）在双安硒研究所考察

2月2日，紫阳县举行发展修脚产业大县万店战略启动仪式。县委书记赵立根（右二）、县长陈莲（左二）、县政协主席王春丽（右一）与紫阳创业成功人士郑远元在技能脱贫启动仪式上

11月9日，全市汉江水质保护暨城镇房屋征收工作推进会在紫阳召开。图为参观紫阳县城河堤路西段顺利拆迁现场

5月24日，紫阳富硒茶北京推介会签约仪式

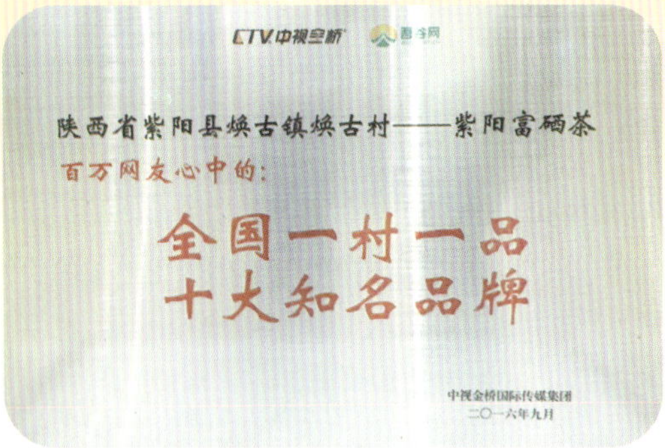
CTV中视金桥

陕西省紫阳县焕古镇焕古村——紫阳富硒茶

百万网友心中的：

全国一村一品

十大知名品牌

中视金桥国际传媒集团

二〇一六年九月

纽约大厦上的紫阳富硒茶广告

紫阳招商考察团赴西安考察

俄罗斯客人品饮紫阳富硒茶

紫阳县举办第二届电商购物节

文艺花絮

县音协义演活动

下乡巡演快板舞《爱岗敬业多奉献》

《长征组歌》大合唱

翰墨诗韵

书画名家采风紫阳

紫阳二小学前班诵读《弟子规》

诵读经典从孩子抓起

人才新秀

彭忠波（左二）在中国青歌赛西北赛区荣获一等奖

北京大学
PEKING UNIVERSITY
录取通知书
1600012612
王瑞敏同学：
我校决定录取
学院（系）
准时于二零一六年
到校报到。
校长：

紫阳第一个北大学生王瑞敏

第十四届中国西部民歌（花儿）歌会
获奖证书
黄杰

黄杰在中国西部民歌大赛中荣获金奖

滨江长廊

会馆遗韵

任河漂流

茶山溢翠

文笔山景区

领异标新更便民

——紫阳县政务服务中心综述

紫阳县政务服务中心主任　汪泽海

用“删繁就简三秋树，领异标新二月花”的诗句来赞美“紫阳县政务服务中心”改革创新成效，很恰如其分。因为如何简政放权、放管结合？怎样优质、高效服务，让人民更满意？它成为了紫阳发展变革史上的重要里程碑。

紫阳县政务服务中心于2014年1月14日成立。始设窗口8个，能办32件事，工作人员2名。更名后，属县政府办公室下设的正科级事业单位，内设综合、业务、督查、信息四个股室，设主任一名，专职副主任1名，中心管理人员8人；中心下设41个独立窗口，其中4个综合窗口和3个并联审批窗口；设公安服务区、税务服务区、企业服务区、民生服务区、便民服务区、公共服务区、银行收费区、网上办事区和并联审批区，窗口工作人员113名，办公面积2600平方米。

政务中心以“便民、高效、快捷”为追求，不懈探索和创新服务管理模式，先后通过了七次升级改造，由“全程代理”运行模式升级为“线上线下全程代理”一体化服务运行模式，让放权更精准、监管更有效、服务更优质，让群众办事只进一个门、只填一张表、办成所有事的目标。

集中办理，标准化审批，让群众办事省心

左起：纪传宇、刘姝沛、乌琳、单雅静、汪泽海、李倩、康溪、贾轩

中心推行“全程代理”运行模式，将53个部门的420项审批事项全部纳入政务中心集中办理，以标准化推进了无差别审批。已累计受理的行政审批服务事项36万余件次，时限内办结率达100%，群众满意率99.8%。一是实施动态管理。按照“程序最简、资料最少、收费最低、时限最短”的要

求，每年动态梳理政府审批事项，编制“权力清单”，坚持“应进必进、能进全进”，全部纳入中心集中办理，实现了厅外再无审批现象。二是建立统一标准。针对每一审批事项建立运行标准，并通过网站面向社会公开，方便企业群众查阅参照。对45项企业登记类事项和15项工程建设类事项实行“一表制”并联审批，让群众办成一件事、只进一个门、只找一个人、只填一张表。三是规范办理程序。面向群众和企业的《办事指南》和面向政府职能部门的《业务手册》，能清晰地告知部门“哪些事项应该入门”、工作人员“应该怎么办”、群众和企业“可以获得什么服务”等一目了然。从根本上解决了群众办事摸不着门、找不着人、办不了事的问题。

建立平台，信息化融合，让群众办事顺心

政务中心借助现代信息技术，建立窗口与部门联动、线上与线下协动、干部与群众互动的三级平台，推行“线上线下、虚实一体”全方位服务。一是搭好三级平台。依托政务服务中心，建立县、镇、村三级服务平台，在政务中心设置53个部门窗口和17个镇便民服务中心，并将县、镇两级审批服务集中在一个平台上，让信息互通、环节对接、链条契合全县联网审批乡镇68项行政审批事项。实现了县、镇联网，对边远山区或办事不便的群众，由包组联户干部代办，确保不留死角。二是建立网上大厅。采取自助终端设计理念，开设“一站式登录、事项分类办理、事项关键词检索、办件进度和结果查询、电子监察、办件统计、在线交流、短信提醒、手机APP”十大模块功能，53个部门的420项行政审批服务事项，100%实现了网上预约和网上预审，88项事项实现全程办结，其中88项事项实现了零跑路，136项事项实现了只跑一次，真正做到了“应上尽上”

8月17日，国务院参事王石奇在政务服务中心调研

省长胡和平视察政务服务中心

省委组织部副部长田晓东到政务服务中心调研

2015年11月2日，省政府秘书长陈国强到县政务服务中心视察调研

省人社厅厅长冯力军视察

便民集锦

和“全程在线”。三是创新并联审批。全面实施以“减环节、减前置、减材料”为核心的流程优化再造工程，打破部门间壁垒，建立跨部门协同服务机制，变部门串联审批为并联协调推进，实行“一口受理、材料共享、搁置前置、并联推进”，解决了办事程序复杂、环节多、时限长、运转不协调等问题，节约了行政成本。先后取消归并审批环节66个，取消前置条件28件，减少申请材料59个。其中在商事制度改革后，企业登记“五证合一、一证一码”办理时限由30个工作日提速到1个工作日以内；个体户证照由原来的7个工作日提速到10分钟办结；建设项目类的移民搬迁项目由原来的一年时间提速到35工作日。创造了事项审批的“紫阳速度”，让居民和企业少跑腿、好办事、不添堵。

数据共享，智能化代办，让群众办事安心

窗口工作人员开展业务知识考试

政务服务中心举行“庆七一”暨“践行‘五个一’，争当服务标兵”主题演讲比赛活动

一是“三个一”智能操作。一个智能机器人，搭建智能机器人服务平台，既有智能查询、导航功能，又有惠民三千问智能问答；一个视频演示，专门制作文字版操作手

创新服务

册及动漫演示视频，详细生动的介绍和演示操作流程；“一个直通车”，开辟办事直通车专栏，快速精准定位可全程网上办结的民生热点事项，把网上办事落到实处。二是“大数据”智能办理。坚持“凡是通过网络共享复用的资料，不要求企业和群众重复提交；凡是能通过网络核验的信息，不要求其他单位重复提供；凡是能实现网上办结的事项，不要求群众到现场”。建立电子材料复用规则，把群众和企业办事过程中留下的各种信息、资料记录在案，让群众信息“一次生成、多方复用、互认共享”。让数据多跑路、让群众少跑腿。

全程监管，阳光化操作，让群众办事放心

政务中心采取“实时监控、个性监察、全程留痕、可查可溯的全程监管”，实现了“办事求政府”为“政府帮办事”的转换。一是全程监管。建立紫阳县行政审批指挥中心，依托电子监察系统对各职能部门办理事项进行全程监督。实施电子预警、自动跟踪补办、过期、报延、未签的办理事项，看审批事项是否“搁置”；建立办事前、过程中、办事后的流程运作，通过在线和不在线地督查，对“有没有办事”“办了多少事”“办得好不好”的情况了如指掌，实现了政府阳光化服务。二是全面监督。发挥行政电子综合监察系统的作用，健全“件评议、日巡查、月回访、季考核”制度，将效能监督手段深入到行政权力运行流程全过程，建立动态问题汇集、分析、查纠机制，形成行政服务效能监督的长效管理机制。同时，设置投诉台，公布投诉监督电话，聘请社会监督员、政风行风评议代表对中心大厅的服务工作进行监督、评议，全面接受社会监督。将监督触角延伸到行政权力运行全过程，大大提升了政府部门和工作人员主动服务、优质服务的效能。

创新“政务+”，人性化服务，让群众办事贴心

建立PC端、移动端、服务热线终端、自助终端联合协作等多终端网上办事，为群众和企业提供最全面的的网上咨询和办事渠道，体现了人性化服务。一是建立“互联网+”紫阳热线便民服务中心。中心把微信公众平台、微博、E 信通等新型媒体有机结合，建立“紫阳县网上办事大厅”，为群众和企业提供高效、便捷、准确的服务，解答群众和企业办事咨询和疑难问题等，打造了一条信息化服务群众的高速路，实现了从‘群众往返跑’到‘资料网上跑’的转变。二是创设便民利民服务环境。中心配置多媒体查询机、智能抽号机、多媒体广告机、高清度 LED显示屏、智慧无线终端机等信息设备，设置咨询导引台、电子填写台、休息等候区、便民服务区，为办事群众营造了温馨优美、舒适便利的办事环境。

服务更便民的“紫阳模式”声名远扬。中心先后获得陕西省“五一劳动奖章”、“五四红旗团支部”、“精神文明建设工作创新奖”和安康市“政府创新奖”、“岗位学雷锋示范点”等荣誉称号。商事制度改革受到国务院表彰，入选国务院《开展基层

政务公开标准化规范化试点工作方案》试点名单；省长胡和平在全省推进简政放权放管结合优化服务改革电视电话会议上，点名表扬紫阳县；市政府下发文件在全市推广学习紫阳县政务服务“全程代理”运行模式。中央电视台、新华社、人民日报、省电视台等中省主流媒体，相继对紫阳政务服务工作进行宣传报道，收获着社会各界的广泛称赞。

“窗口有限，服务无限”。紫阳县政务服务中心将以李克强总理提出的“五为”要求为指引，不断优化“线上+线下”服务平台，创新“现代一窗式”综合受理，整体提升“全程代理”服务水平，把“放管服”改革向纵深推进，用“更便民”的服务效应，推动县域健康发展，在追赶超越的路上大显身手。

（撰稿：汪泽海　陈科江）

媒体报道

荣誉集锦

为了人民生活更幸福

——紫阳县双创工作纪实

紫阳县双创办主任　张　安

紫阳县市级卫生县城创建自2008年6月开始，2010年5月顺利通过市级验收。是年6月启动省级卫生县城创建，2011年通过省级验收，11月省政府正式命名。同时，启动国家卫生县城创建，于2016年8月顺利通过省级现场技术评估。紫阳县在创建省级卫生县城的同时，自2011年10月同步启动创建省级园林县城，于2012年10月通过省级考核验收，2013年5月获得省政府命名。2014年12月启动省级生态园林县城创建工作，2017年进入申请验收环节，正在组织申报工作。

为了人民生活更幸福，历时10年的“双创”工作，紫阳城乡容貌发生着日新月异的变化，紫阳人民的幸福指数大大提升。

强化领导　夯实责任

对照创建国家卫生县城标准要求，我县结合县情，层层分解落实工作任务，做到领导重视、责任明确、任务到人、措施到位，实行“一把手”负责制，层层落实分解工作任务，形成了上下有组织，纵横有联系，层层有人抓，事事有人管的创建工作格局。县委县政府将创卫工作纳入年度目标责任制考核，实行“专项督查、单项暨综合考核”，将创卫工作与全县重点工作同检查、同考核、同奖惩。建立了领导包片区、包路段、包行业的创建工作机制，每一个重点部位、重点行业均由一名县级领导包抓、一名部门领导负责、一个责任单位具体落实，全县29名县级领导，119个机关企事业单位全部落实了创建工作责任。县双创办全程督促检查，实行“月初提醒、月中督查、月末通

双创办在岗工作人员

报”的工作机制，创国卫期间，共发出创卫任务通知单546份，督办函827份，督查通报39期，双创曝光台11期。通过加强领导，夯实责任，强化督查，确保了创建国家卫生县城工作有序推进。

组织部署

不惜投入　完善功能

坚持从紫阳实际出发，将完善城市功能，加快基础设施建设作为创建工作的基础和关键，按照拉大骨架、完善功能、彰显特色的原则，围绕打造紫阳板石特色县城总体目标，从老百姓最盼望最需要解决的问题和县城亟待完善的设施入手，集中人力、物力、财力，狠抓基础设施建设，县城功能进一步完善。汉江大桥、西门河大桥建成通车，一江两岸、一城四区的城市总体框架基本形成。紫阳广场、滨江长廊、文笔山公园、悟真观、北五省会馆修复工程等建成投入使用，新建了西关农贸市场，县城垃圾处理场、污水处理厂建成投入使用并正常运转，新建或改建公厕28座。紫府路、红广路、火车站进站路、河堤路和背街小巷道路升级改造全面完成。新建体育场停车场、二小停车场、吉祥停车场等12处停车场，规划建设停车位2302个，建成投入使用1655个，在建647个，彻底解决县城停车难问题。建筑垃圾堆放场主体工程完工，年底可建成投入使用。曹家坝片区、农业局片区、西门河新区、任河国际社区、道教养生谷、惠民工程、黄金商贸城、河堤路东段综合改造、紫阳港码头等工程正在抢抓进度，快速推进，建材专业市场、环城路农贸市场、河堤路农贸市场、任河嘴农贸市场正在规划建设当中。投资3个亿启动实施了河堤路西段防洪治污综合改造工程，拆除河堤路西段外侧所有房屋，还江景于民、还空间于民，消除水污染隐患。

跟踪督查

综合整治　精细管理

对县城主街道、公共场所、背街小巷实行划片管理，责任到人，定时洒水、一日三清扫、全天候保洁。聘请协管员与环卫保洁队伍高效整合，错时、错

全民参与

峰上班，实现了城区主街道环卫保洁无缝隙管理。对一般地段、场所实行10小时环卫保洁，对主要干道、宾馆、商场和交通路口等重点地段、场所实行18小时保洁，环卫保洁率和生活垃圾清运率均达到100%，生活垃圾无害化处理率达90%以上。对生活垃圾实行定时定点密闭收集清运，确保了垃圾不落地，最大限度的避免了生活垃圾二次污染。确保县城环境卫生长期保持一流状态。投资64万元新建县城数字化城市管理平台，对县城区重点地段、重点区域实行24小时监控管理，通过视频监控系统，累计发现城市管理违法违章案件887起，查处887起。制定出台《紫阳县城市管理办法（试行）》《紫阳县城区户外广告管理办法》，对城区户外广告实行统一规格、统一审批、统一管理。规范交通秩序，坚持每月开展一次交通综合整治，严厉打击乱停乱靠、违章行驶等各类交通违章行为；新建紫阳强祥汽车修配市场，将县城区所有修车行业全部迁至汽车修配市场统一经营，规范管理。加大环境保护执法力度，限定建筑工地夜间施工时间，对歌厅等产生噪声污染的行业实行定点监测。县城污水处理厂正常运行，污水处理率达80%以上。实施县城垃圾场、县城污水处理厂、五省会馆、紫阳阁、悟真观、文笔山公园、引线路、岚紫路、蒿坪双星小区、向阳魔芋堡、双桥兰家坪小区、焕古大连小区等重点地段绿化工程。成立市政园林管理所，政府每年投入54万元绿化管理费用，对县城绿化设施进行精细管理。

“双创”验收

强化监督　行业联动

紧紧围绕创建国家卫生县城9大项52小项考核指标和477个得分点，逐一抓好落实。深入开展爱国卫生运动，结合爱国卫生月活动，组织广大干部群众开展义务大扫除活动，深入开展卫生镇、村、单位晋级创建活动。设立市容环境卫生举报电话、举报箱、网上投诉平台，畅通群众举报投诉渠道，认真办理群众投诉举报事项，群众投诉举报办结率达到95%。组织开展专题培训，采取专业消杀和群众消杀相结合，药品消杀和器械消杀相结合的办法，通过招标的形式聘请专业消杀公司对县城公共区域进行统一集中消杀，组织广大干部职工认真开展滋生地治理，确保“四害”密度达到国家卫生县城标准要求。全面加强餐饮行业管理，实行餐饮业量化分级管理，量化分级管理率达到100%，严格执行食品原料查验购进索证索票台账制度、食品留样制度等，坚持把集中整治与日常监管结合起来，以餐饮行业示范街、示范店创建评选活动为载体，创建餐饮示范点100家，通过强化监督、督促整改，餐饮服务单位的管理水平、依法诚信经营意识逐步提高。新建县城饮用水水质监测中心，组织对县城饮用水源地进行全面治理，集中式饮用水水源地水质达标率100%。

创建国家卫生县城工作永远在路上，创卫工作只有起点，没有终点，只有更好，没有最好，紫阳双创办有信心、有决心在省爱卫办以及社会各界的关心、支持和帮助下，通过自身的不断努力，进一步完善创建工作体制，健全长效管理机制，提升创建工作整体水平，为提高人民生活幸福指数而努力！

“双创”成果

践行卫士承诺　锻造护航铁军

——紫阳县审计局发展综述

紫阳县审计局局长　李从根

紫阳县审计局成立于1984年初。1986年设企业审计股、行政事业审计股、财政金融审计股、行政股等4个股室。内设机构历经1995、2001、2005、2008、2012、2013、2015年等7次调整，至2016年确定隶属县政府工作部门，内设行政法制股、信息技术审计股、财政金融审计股、行政事业审计股等4个股室；下设经济责任审计局、国家投资审计项目审计办公室等2个下属事业单位。核定行政编制为14人，其中局长1名，副局长2名，总审计师1名；实有人员22人，其中高级审计师1名，中级审计师7名，工程造价员3名。2015年4月，局机关住址从紫府路中段的鲁班巷迁至紫府路东段的国土资源局办公楼三楼。

2012年以来，紫阳县审计局共完成审计项目424个，涉及预算执行审计、税收基金征管审计、财政决算审计、领导干部经济责任审计、民生专项资金审计、国家投资项目审计等方面。累计查出违规及管理不规范资金316829万元、核减工程投资5466万元、责成归还原资金渠道4284万元、督促收入上缴14788.51万元。同时，加强与纪委、监察等单位的业务联系，移送案件线索13条；共提交审计报告、结果报告511篇；上报审计信息115篇，被采用110篇，其中由邓豆豆同志撰写的《关于基层审计机关实现审计全覆盖的几点思考》和由李凌锋同志撰写的《在国家投资审计中保障审计现场管理的实行》两篇论文分别荣获陕西省审计学会第6届青年审计论坛一等奖、三等奖。审计工作在维护财政秩序、促进增收节支、推进依法行政、维护群众利益、推动廉政建设等方面发挥了积极作用。紫阳县审计局连续7年在全市审计机关目标责任制综合考核中获得一等奖；荣获全市陕南移民搬迁专项资金审计先进

2016年10月27日，省审计厅厅长汪迎杰（中）到紫阳视察工作

2014年7月22日，市审计局局长李均（左三）视察工作

2015年7月15日，县长赵立根（左二）、副县长周继林（左一）到审计局检查指导工作

单位、全市新华书店有限责任公司资产负债损益审计先进单位、全县脱贫攻坚先进单位等荣誉。

紫阳审计能有硕果盈枝的今天，全在于他们一路践行“卫士”承诺，一心锻造审计“铁军”而走过的昨天——

创新工作机制，实现审计业务现代化跨越

积极探索大数据环境下的审计监督全覆盖，推进以大数据为核心的审计信息化建设。先后从财政“同级审”、税收及基金征管审计、部门预算执行审计、工程竣工决算审计等业务中，搭建数字化审计平台，提升计算机审计的广度和深度；实现审计监督由“局部”向“全面”的转变。推行审计OA系统和政府电子公文办公系统，全面实现了无纸化办公。

深化审计

计算机AO审计实例实现了从无到有、从有到优的突破。五年来完成AO审计实例23个，其中22个实例分获省市表彰。2015年在全市县区中第一个成功破解全县财政账务管理数据包，为今后AO审计广推开、出精品奠定了坚实的技术基础。从剖析学习、模仿别人起步，到自主开展AO审计，再到完成优秀实例走在全市县区前列，彰显了紫阳审计工作者自强不息，爱岗敬业精神。

履行卫士承诺，为经济社会健康发展护航

一是构建大财政审计格局。对财政资金实行“全口径、全过程、全方位”监督，推动政府所有收支纳入预算管理，提高预算分配和执行透明度。二是加强领导

政治学习

业务培训

法制教育

心系民生

干部任期经济责任审计。五年来，共开展领导干部任期经济责任审计67人次，查出违规资金98万元、管理不规范金额1989万元、提出审计建议71条。三是扎实开展政府投资项目审计，坚持全面审计与重点项目全程跟踪审计相结合，确保公共资金安全。特别是对我县南水北调--汉丹江流域水污染防治和水土保持资金、财政扶持民营企业项目、“7.18”灾民建房资金、慈善捐赠资金、推行简政放权政策措施落实及扩大“营改增”试点等情况进行了审计，涉及财政、住建、国土、民政、发改等28个部门，涵盖公共资金、国有资产、国有资源等方面，提出审计建议29条。四是狠抓民生和政府性债务等重点领域专项资金审计。确保了民生资金安全高效使用，推动了惠民政策落实到位。特别是以蒿坪镇为试点的村级财务审计，被市审计局赞誉为“蒿坪模块”。五是在贯彻中央八项规定、政府性债务、“三公”经费等专项审计中，以点带面、查纠并举。形成了以人大跟踪监督、各部门联合督查、审计部门定期回访等多层次合力助推审计整改机制，促进了各领域的长效规范化管理。实现了“阳光审计”和审计成果利用最大化。

提升队伍素质，打造一支全能审计铁军

近年来，紫阳县审计局面向高校毕业生招录了一批会计、基建、造价等专业人才，构建了一支结构合理的审计队伍。为新形势下审计职业化建设，提升审计能力奠定了基础。一是注重开展“三严三实”、“两学一做”等主题活动，用理想信念激励人，用先进事迹鞭策人、用干事创业凝聚人。采取“走出去、请进来”的形式，

重点培养业务骨干，再以骨干带动全员的方法，不断提升审计干部适应新形势下的思想政治素质。二是在推行机关内部股室干部交流制度中，注重师徒结对、以老带新的审计实务实践。通过定期轮岗，使审计干部多岗锻炼，在实践中提高综合业务素质。一批查处案件的能手、分析研究的高手、计算机应用的强手和内部管理的行家里手脱颖而出，形成了一支政治强、业务精、作风优、能打硬仗的“审计铁军”。

助力脱贫攻坚，出色完成党的中心工作

紫阳县审计局在实施瓦庙镇新民村脱贫攻坚工作中，紧紧围绕“六个精准”和“七个一批”的要求，坚持因地制宜，立足村民持续增收，从抓基础，兴优势产业出发，不惜投入，注重实效。以创建中药材合作社为龙头，种植魔芋120亩、大黄100亩、玄参50亩、培育养羊10只以上大户16户和养牛在3头以上的大户6户，让全村80%的贫困户家中都发展了1至2项增收产业，其中全村有30余人实现了修脚、烹饪创业就业，并达到稳定增收。群众自筹资金2.5万元，局里出资1万元，新建公路1公里，圆了老百姓的通路梦；通过争取项目，投资5万元建成慈安便民桥一座；驻村干部多方联系到两家企业开展社会扶贫，累计无偿提供资金、款物价值50000余元；开展贫困户小额贷款授信147户，为贷得到，用得好，还得上，快致富创造了便捷条件。被村民民赞誉为“贴心人”。

紫阳审计局正以“铁军”的风貌立在全面深化改革的时代潮头；他们正以“卫士”的智慧不断续写审计的辉煌。

成果展示

依托富硒优势　建设富美双安

——紫阳县双安镇创新发展纪实

党委书记　姜显国

人大主席　邱洪靖

镇长　金宙军

县委书记赵立根（左四）指导新民风建设

县长陈莲（左四）一行查看集镇安置点建设

县委宣传部部长周锦政（左二）查看安置点建设

县政协副主席周静出席林本河村升学礼

双安镇，北距县城30余公里，西邻千古汉江画廊。2012年双安由乡升镇，辖金川乡之汉江西域并入后，总面积有109平方公里之阔，人口近1.9万，辖行政村11个，社区2个。这里县际公路横贯，刻钟可入“包茂”高速；这里平均海拔六百余米，境内沟壑纵横，林本与沙坪二河交汇入江；这里煤炭资源丰富，分布四村储藏；这里生态植被优良，林地覆盖六成以上；这里曾是置县要地，汉代考古与制陶文化源远流长；这里是我国第二大富硒区核心，山水动植物滋养着人类健康。

2013年以来，双安镇进入跨越式发展期。镇党委、政府，在全面深化改革的历史进程中，立足富民强镇发展大局，锐意进取：抢先机，依托天然富硒优势；抓契机，打造富美生态双安。靠凝心聚力、求真务实作风，紧紧围绕发展蓝图泼墨添彩。主要经济指标以年均8%的速度稳步攀升，至2016年全镇国民生产总值达16950万元，农民人均纯收入10662元，城镇居民人均可支配收入23000元，全社会固定资产投资23458万元，财政总收入实现721.41万元。连续5年，获县委县政府目标责任综合考核二等奖；获特色产业、富硒资源开发、公路建设等3个单项一等奖；党建及作风建设、避灾移民及扶贫、生态文明建

富硒养殖业

设、社会治理、生态旅游、城镇建设与管理、招商引资、美丽乡村建设、重点领域改革等单项工作稳居全县前列。

做大"硒"文章富民

双安是全国第二大富硒区的核心，从发现、研究到开发、利用，迄今历时近50年之久，颇受国际国内许多专家学者、科研院校关注。硒研究成果表明：双安镇寸土是金，滴水是银。将这天然禀赋转化为富民成果，是历任党委、政府决心做大"硒"文章的共识。

该镇从整体规划，全面开发入手。坚持走科研引领、强力招商，促农持续增收之路。自2009年建设富硒农业科技示范园以来，该镇以富硒资源为依托，大力发展循环经济和高效农业。截至2014年初，园区已建成10万头生猪养殖场、100亩设施蔬菜种植基地、1000亩油高产大米项目。采用公司加农户的方式，种植优质富硒大米，其产品远销北京、上海等高端市场，得到广大消费者的普遍认可。2015年3月，全国第二家县级硒研究所落户该镇，并与中科院、武汉地质大学、省农科所等建立了协作关系，基本达到产业基地与科研服务紧密结合，助推富硒产业健康发展。

镇党委、政府审时度势：从山、水、田、林、路等综合开发；着眼24项富硒农产品的产前、产中、产后服务，引导农民靠"硒"脱贫致富。引导农民开发了富硒鸡蛋、富硒粉条、富硒木耳、富硒香菇、富硒干菜、富硒酒等一系列富硒农产品投放市场。并通过注册商标和优化包装等措施，利用强大的电商平台，将富硒农产品向全国各地推广。富硒食饮品上线品种突破20个，带动千家万户通过富硒品牌实现了持续增收目标。至2016年底，该镇富硒产业产值达2800万元以上。

富硒种植业

做好“居”文章安民

随着富硒资源开发与利用的深入，双安镇彻底改变了原有的经济结构和产业格局——镇域经济从传统小户自耕自种农业向现代企业化农产品贸易转型。特别是2010年“7.18”特大洪灾后，该镇支持劳务输出成功农民黄寿远回乡创业，在签订投资亿元的油茶生产农业综合开发项目实施中，产生的民生效应，开创了本县乃至陕南避灾移民、增收安民的先例。此后，陆续引进数家企业入驻，让村民不光是土地流转受益者，更成了不出村就能就业的产业工人。镇上接着抢抓陕南避灾移民“紫阳模式”的机遇，在做好“居”文章上统筹规划，狠抓落实。近几年，累计启动集镇安置小区4处，总面积达6万平方米，已经入住400户；相继在闹热村、白马村、林本河村、四合村启动安置点建房5处，总面积达3万平方米，已经入住260户1000余人；同时，镇上围绕“安居”的基本服务功能设施配套建设也日以完善。形成了“山上农民全下山，安置新区葱绿间；就医上学两不愁，通讯饮水覆盖完；下楼上班把钱挣，阖家欢乐常团圆”的新村气象，为打赢脱贫攻坚战奠定了坚实基础。

白马石汉墓遗址

做活“游”文章强镇

沙平河风光

双安镇的新一届党委政府并不因抒写的“硒”、“居”美文而安然止笔，而是将睿智与激情倾注在“文旅强镇”上——优化交通环境，挖掘地域文化，融合富硒资源开发，打造“特色旅游小镇”。该镇紧密对接擂鼓台——显月寺旅游线路，全力挖掘和谋划本镇天然旅游

镇政府驻地

中心学校校园

资源。其中，在闹热村创建“天然补硒度假山庄”；在汉水回环的沙坪河桐安村再现人工造纸坊；在白马村考古遗址恢复手工制陶工艺；在廖家河建设农业观光长廊；在沿途门店展设富硒食饮品橱窗。

该镇始终将优化交通环境视为发展一切的命脉。在公路入户率达到95%、通村公路全部实现硬化的同时，强力推进“541”国道金川段建设；支持金川大型河堤建设；积极争取金川跨汉江大桥建设、沙坪河桐安大桥建设、林本河大桥建设、以及双河口大桥建设；积极争取宝林路、金五路全面加宽改造、以及通村主干道路提等升级和安防工程建设。自闹热村黄寿远2015年建成“补硒山庄”以来，不断受到游客青睐。游客的宣传效应和不断改善的水陆交通环境，大大提高了双安小镇的知名度。

思路决定出路，成就来自务实，民生就是政绩。双安镇党委、政府正以“不到长城非好汉”的求索、创新、务实精神，带领全镇人民在脱贫攻坚的伟大决战中抒写出独具特色的富美双安。

（撰稿：胡美兰）

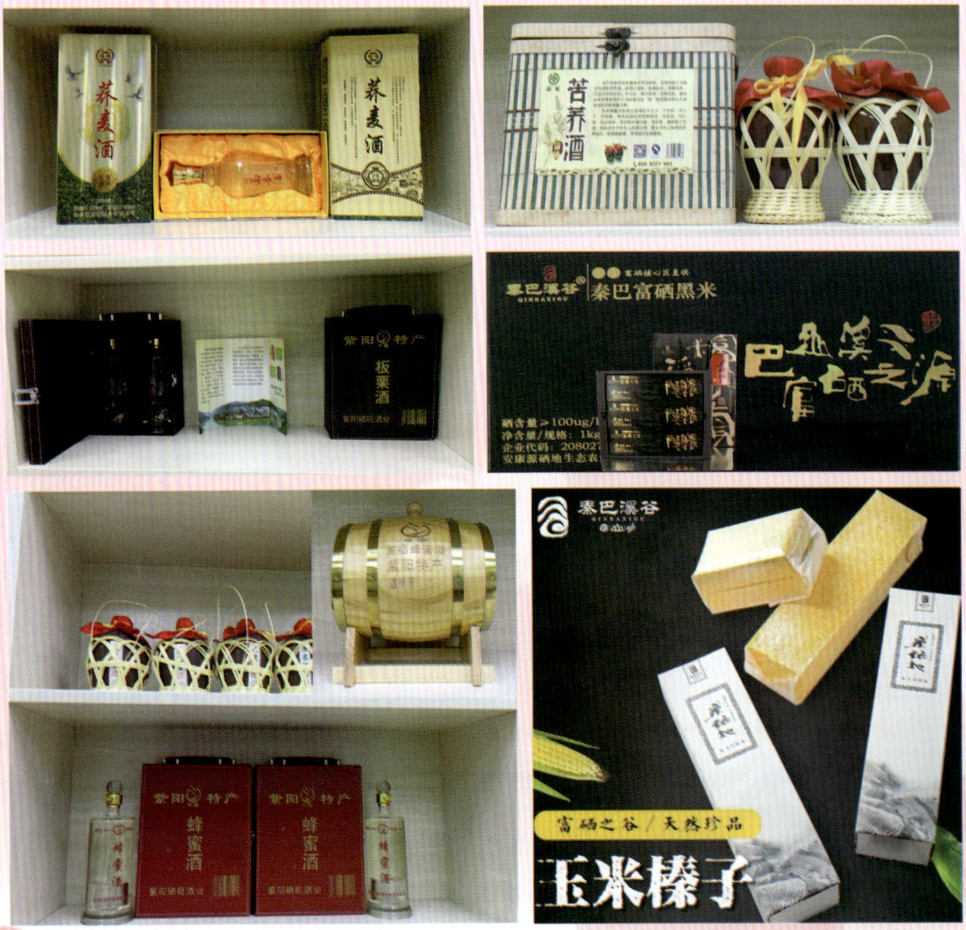

富硒产品

向人民满意学校奋进

——记发展中的紫阳县第二小学

校长 张德兵

紫阳县第二小学因城乡发展需要而崛起。是经历了60年涅槃奋进，用时代新理念形成的一所人民满意学校的。它的今天是紫阳教育强县、教育均衡发展的重要缩影。

紫阳县第二小学原名紫阳县城关二小，创建于1965年，原址位于紫阳中学对面，始设五级五班，有师生200余人。2007年学校改为紫阳县幼儿园，其师生并入紫阳小学（原名城关小学）。随着城镇化建设的加快，为了切实解决适龄儿童上学难的问题，2011年县委县政府决定投资2600万元，在紫府路东段原粮贸公司位置新建紫阳县第二小学。2012年秋，紫阳县第二小学正式迁入新址。学校占地面积5200平方米，建筑总面积11637平方米。设七级31班，有教职工92人、学生1800人。学校布局合理，错落有致，教学设施完善。图书、仪器、音乐、舞蹈、多功能厅、美术、科学实验等部室均按省颁一类标准配备，班班还配有现代化电子白板教学设施。

紫阳二小从此走出涅槃，向着人民满意学校目标奋进。在短短的四年里，它以质量过硬、治学严谨、校风优良，充满盎然生机的精彩蝶变进入人们的视野，受到社会广泛关注与好评。2013、2014、2016年，学校被县委、县政府授予“教育体育工作先进集体”；连年被教育体育局评为“教育体育工作综合目标考核先进单位”；学校获得了省级“学生电脑制作大赛先进学校”；相继通过了市级“平安校园”、“廉政文化进校园”、“五星级美丽新校园”、“巾帼文明示范岗”、“诗词诵读示

2012年8月30日，王晓江、张教志、梁涛、王春丽、闫锋等县级领导参加落成典礼

2015年6月1日，县委书记赵立根（右一）和孩子们欢庆儿童节

2016年3月22日，县长陈莲（左二）来学校视察工作

2017年6月13日，省教育厅厅长王建利（前左三）来学校调研

范学校”和县级“信息化标准示范学校”的创建验收。

教育教研

——校园文化分外浓郁。学校打造书香校园、人文校园的理念与做法，可谓匠心独运，收到了润物无声的功效。文化墙的精妙设计，给人以大气而不失得体，简明而深受陶冶。每面墙都是一页有形而无声的启示录，在有限的空间里折射出无限的文化光芒。文化墙上的三字经、唐诗、名人名言、名人故事，荟聚着中华民族优秀传统文化的涓涓细流，浸润着孩子们的心灵，默化着良好行为的养成。在校园文化大环境的引领下，“一班一品”的班级特色文化犹如璀璨的繁星：图书角、植物角、美术品、习作展、评比栏、文明公约等，生动地记载着孩童们奋发向上、比翼齐飞的求知历程；以“坐、立、行、读、写、礼”为内容的六姿教育，在广大家长的默契配合下，让孩子们的日常习惯得到了良好矫正；美轮美奂的国学经典诵读活动在这里精彩呈现，从学前班孩孩子绘声绘色的诵读到六年级学生出神入化的表演，让人们从这里看到了传承中华文化的希望。不仅如此，国学经典诵读节目还被层层选送到县、市、省参赛获奖；信息资源与课程资源的有机整合，推动了教学现代化进程，紫阳第二小学网站、微信公众号的建立和校刊《葵苑》的创办，让优秀的传统文化与现代网络文化在这里相得益彰，形成了一道道独具特色，令人向往的校园文化风景。

——教学常规管理严谨。教师年度考核、质量奖惩、教职工考勤、学生管理等规章制度，保障了教学工作井然有序。在精细化管理下，形成了“事事有人管，处处有人管，时时有人管，人人用心管”的良好局面。一支强有力的学校领导核心，带出了一支富有朝气，爱岗敬业的教师队伍。近年来这支敢打敢拼、精诚团结的优秀团队努力践行新的教育教学理念，充分发挥自己的主观能动性，学校教育教学质量一直稳居全县前列，2013至2016学年度全县第二，2016至2017学年度全县第一。

——素质教育硕果盈枝。学校开设了16个兴趣爱好社团，涵盖体育、美术、文学、声乐、舞蹈、英语、书法等多个领域。学生在各类活动中成绩显著，硕果累累：学校被国家教育部授予全国青少年校园足球特色学校；少儿茶艺大赛获得陕西省第二名，合唱团《开山歌》在“华国杯民歌大赛”中获青少年组一等奖；王一鹏获得“陕西省第十届青少年文学创作大赛优秀作品奖”；彭涌泉、王先维被评为安康市2016年美德少年，梁爽被评为紫阳县美德少年；赵晓薇在全国语文报杯征文中获得一等奖，马卓尔、李思雨获得全国卡拉OK大赛银奖；田紫苑、罗忠晨获得省级电

素质教育

脑制作大赛一等奖；陈星辰获得市“汉江情”征文大赛一等奖……丰富多彩的活动不但充实了学生的课余生活，提高了学生的综合素质，陶冶了学生的情操，更为孩子们快乐的小学生活留下难忘的时光，插上了放飞理想的翅膀。

校园文化

——教育教研能力骤升。学校面对教师素质参差不齐的状况，坚持以人为本。积极倡导做学习型教师、研究型教师、合作型教师、做有爱心乐于奉献的教师，从而打造紫阳二小业务过硬的教师团队。通过教师普通话大赛、钢笔、粉笔技能大赛、公开课展示、赛教、教师技能大赛、新课标检测、同课异构等活动锤炼教师队伍，大大地锻炼了教师的心理素质，增强了教师的基本技能；充分发挥学科带头人“传、帮、代”的作用，建立了着力打造名师的教师梯队培养机制。2012年以来，该校先后培养出2名省级教学能手，10名市级教学能手，15名县级教学能手；3名教师获市“语文阅读教学大赛”一等奖、2名教师获市“小学英语教学观摩大赛”二等奖、3名教师获市级教学论文三等奖、6名教师获“一师一优课，一课一名师”市级优课奖、2名教师获省级优课奖；3名教师获省级教学设计二等奖。学校还主动承担了全县音乐教师“浸入式”培训、全县语数教师观摩等教学活动。一个教师强、教风实、学风浓、业务精的团队，构成了校风正的坚实基础。

紫阳二小必将在实施教育均衡发展中，百尺竿头更进一步，向人民递交更加满意的答卷。

（撰稿：龚孝朗　王泽菲）

荣誉集锦

学校新貌

人才摇篮的沧桑巨变

——记紫阳县汉王镇中心学校

汉王镇中心学校位于紫阳县最北端的汉江畔。这是一所非同凡响，历尽沧桑的学校。如今，它依然肩负着本县汉王、双安、焕古三镇和汉滨区牛蹄镇及汉阴县漩涡镇部分村组逾3万人口后代的教育服务，为社会文明进步发挥着举足重轻的作用。

光荣的办学历史

汉王镇中心学校的前身为于1941年成立的五马乡第一保国立小学。当时的校址在今镇政府住地，与1934年黄文彬创办的黄汉小学相邻。1942年与黄汉小学合并后，迁至现汉王镇初级中学所在地。当时命名为汉城小学，由民国政府紫阳县参议员陈百年出资，一家佟姓地主捐地承建。陈德谦（陈百年之子）任校长，黄文彬（本镇人）任教导主任。有学生80余人，6级6班，教员8人（其中山东1人，城固1人，安康1人）。采用班级授课制，教师聘任制，学生管理保甲制，集体办公。每周一早晨朗诵孙中山遗言，学习孙中山革命思想。1945年，川东红军地下党员宋更新（化名王欣陶）被本镇驰名中医陈春波举荐到该校任教，他宣传进步思想，学校规模逐渐扩大，初级班50人，高级班30人，接受扫盲学员达200人。宋更新长期以教书为掩护，坚持开展党的地下工作，为配合和平解放紫阳做出过贡献，他任教时在校门上雕刻的五角星一直保留到汉城小学新建。于1950年秋，红33军军长王维舟派人来紫阳，将他接回四川省军政委员会任职。1958年，附近的一些形同私塾的学校并入汉小后，本镇办学走在全县前列，余代富老师曾两次被省团委和省工会评为先进工作者，并两次出席省劳模会。1960年，汉城区在本校办起中学班，形成中、小学一校格局，直到1978年才将中学班分离出去。1997年撤区并乡建镇后，本校更名为汉王镇中心小学，由于发展的需要，于2011年与初级中学迁换校址。

右起：郭昌林、谭娜、周本安、王高团、张平德、胡明才、肖明章、杨兴涛、熊祖军

日新月异的校容校貌

历经新千年初期的“两基”攻坚和后来的“双普双高”、薄弱学校项目以及实施“教育均衡发展”验收等机遇，这所地理环境特殊的学校赢得了国家较多投入，校容校貌发生了日新月异的变化。学校也因此从2010年起，承担着本镇5所小学的教育行政管理重任，挂上了“汉王镇初级中学”和“汉王镇中心学校”两块牌子。

仅农村住宿制初级中学就有教学楼2栋3137平方米、实验楼一栋1717平方米、学生住宿楼1栋1477平方米、教师住宿楼一栋1367平方米、教师周转房2栋588平方米、学生食堂552平方米、厕所194平方米，是一所建设全部达标，全县唯一一所教学与生活分离式校园。整个校园环境优美，假山林立，喷泉洒舞，苗木吐翠，花卉飘香，给人呈现出一幅花园式校园。学校规划布局合理，各种功能部室齐全，现代化教学设施班班开通。占地面积达12000平方米，建筑面积8695平方米；教职员工52人，设3级15班，学生662人。学校内设党支部、校办室、教导处、政教处、教育工会、团支部、总务处、电教中心、学生资助等机构。直管而分设的中心小学占地面积6826平方米，建筑面积达6492平方米；在校师生达1174人。学校共有中小学学生1131人，教职员工43人，其中在校寄宿学生81人。

2013年10月9日，县委常委、政法委书记康树民带领县级部门负责人来校视察特色教育

2015年5月15日，全县关爱留守儿童现场会在汉王镇中心学校召开

2017年4月18日，省督导团在县委常委、常务副县长罗云忠陪同下来学校检查工作

省督学检查

独具特色的学校管理

校园文化充满优秀传统气息。学校依托汉王历史文化底蕴，紧密围绕党的教育方针，让每块墙能说话，让每块地能育人，以“紫阳孝道文化”为核心，形成“扬汉王雄风，秉仁孝勤勉”的校训；“尚德崇智、诚信明礼、仁爱和谐”的校风；“兼爱、正义、敬业、博学”的教风；“勤学善思、惜时进取、尊师守纪”的学风。通过奋力拼搏、励精图治、努力探索、大胆创新，汉王镇中心学校的文化建设成效，成

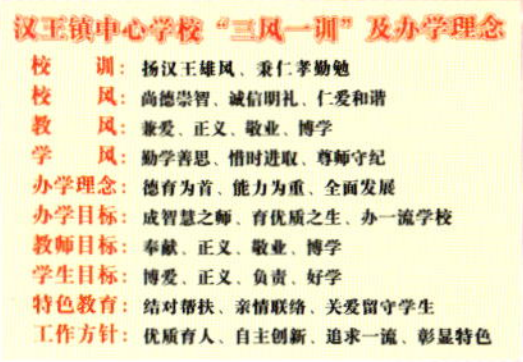

办学特色

为农村初级中学的示范。

教学教研凸显先进教育理念。在教育教研上，中心学校突出“四抓四重”，即：抓常规，重落实；抓规范，重实施；抓反思，重均衡；抓课改，重理念。通过开展校本研修打造学习型团队，开展赛教活动加强教师探讨交流，开展师生座谈促进教学相长，开展社团活动促进素质教育发展，开展教学改革构建高校课堂。目前，学校有省级课题2个（已结题1个），有市级课题13个（已结题5个），有学生社团13个，学校有省级教学能手2名，省级名师1名，市级教学能手3名，县级教学能手20余名，名师队伍已经基本建成。

关爱留守儿童堪为全县学校样板。根据留守儿童数量众多的校情，中心学校不断进行关爱留守儿童工作的探索和实践，在理清留守儿童现状基础上，建立了留守儿童关爱制度，全校教师结对帮扶留守儿童，责任到人。通过关爱留守儿童“四管四一”工作法，坚持做好“管思想、管学习、管身体、管生活”的全方位管理，长期做到“每周与留守儿童谈心一次、每月到留守儿童家庭家访一次、每月与留守儿童家长通话一次、每月指导留守儿童与家长远程视频交流一次”。通过创新教育活动，切实增强关爱实效，班级定期开展“我留守，我自立”主题班会活动，引导留守儿童增强自信、克服困难、自立成长；政教处定期开展青春期教育和法制教育活动，帮助留守儿童明辨是非，避免违法犯罪；心理室开展心理健康测试和心理咨询，分类分组对留守儿童进行心理障碍疏导；党团组织坚持在传统节日开展“师生

文艺花絮

留守乐园

共度佳节”活动，让留守儿童不孤单。为帮扶贫困儿童完成学业，学校组织成立“扶困救助”基金会，以校为本，联系社会、多方筹资，累计资助留守儿童500余人次，资助资金达37万余万元。形成了“党政统筹、部门联动、学校主导、学生为本、家庭尽责、社会参与”的留守儿童管理特色。教育成效显著，深受学生和家长的好评，得到了政府和社会的高度重视和肯定。2015年，紫阳县全县留守儿童帮扶现场会在汉王镇中心学校召开，汉王镇中心学被列为紫阳县留守儿童教育示范基地。同时，县政府、县教体局以汉王镇留守儿童管理“四管四一”工作法为基础，总结归纳出紫阳县留守儿童“四五六”关爱模式，得到全县推广，全市宣传。

近年来，学校领导班子深挖学校内涵，本着“德育为首、能力为重、全面发展”的办学理念，努力实践“成智慧之师、育优质之生、办一流学校”的办学目标。学校先后获得了县级“先进教育工作集体”、市级“实施素质教育先进单位”、市级“初中教育质量先进单位”、市级“文明单位”、市级“五星级校园”、市级“安全文明示范校”、省级“平安校园”等荣誉称号。

（撰稿：肖明章）

扬汉王雄风 秉仁孝勤勉
深化教育领域综合改革 推进义务教育均衡发展

校园新貌

安康市五四红旗团支部
共青团安康市委
二〇一四年五月

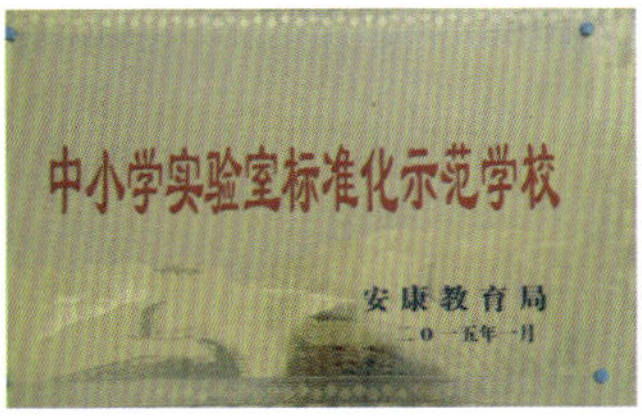
中小学实验室标准化示范学校
安康教育局
二〇一五年一月

实施素质教育316工程
优秀学校
安康市教育局
安康市政府教育督导室
二〇一四年二月

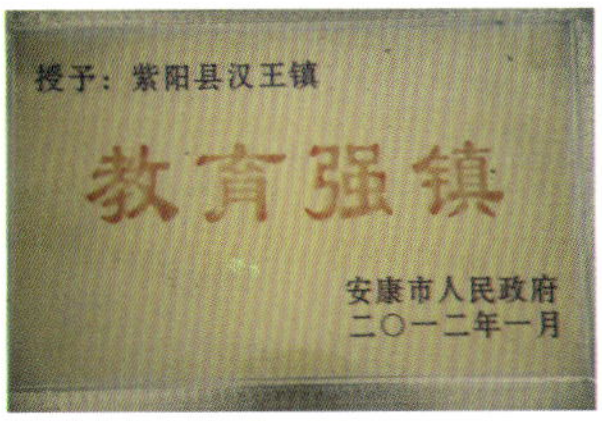
授予：紫阳县汉王镇
教育强镇
安康市人民政府
二〇一二年一月

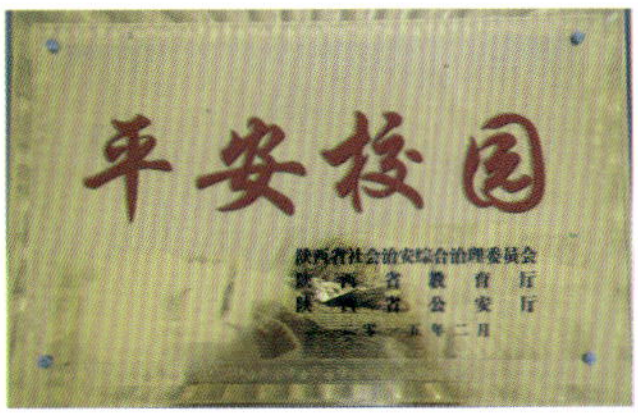
平安校园
陕西省社会治安综合治理委员会

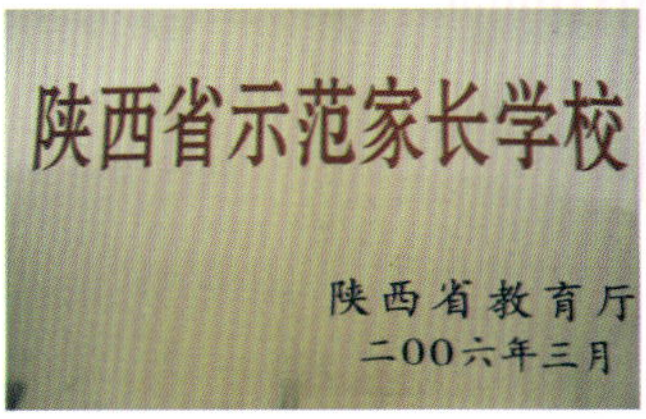
陕西省示范家长学校
陕西省教育厅
二〇〇六年三月

安康市初中教育质量
先进学校
安康市教育局
2013年11月

实施素质教育
优秀学校
安康市教育局
安康市政府教育督导室
二〇一二年一月

学校荣誉

初心梦圆紫阳春

——记江祖友与“紫阳春”茶业

紫阳春茶业总经理
江祖友

在红椿镇木瓜园，有一座不算阔派但却宽畅洁净的厂房，正面的“紫阳春茶·春满华夏”几个大字格外醒目，给人凭添了十分的欣慰。那是历届荣获“中茶杯”、“国饮杯”、金银奖等全国最高奖项的见证。他说他在这里终于圆了他的初心之梦，更是圆了紫阳人民之梦。这家厂房的主人，就是连任紫阳县政协委员20余年、安康市第二、四届人大代表、陕西紫阳春富硒茶业有限公司总经理江祖友——一位播撒紫阳茶明媚春光的传奇人物。

破茧变身“茶滚子”

1988—1990年，改革开放的春风才在国贫县的紫阳大地上劲吹起来。许多农民看好茶叶生意，便当上了“茶贩子”。那时的茶叶市场还没有完全放开，很多“茶贩子”因受工商、税务政策和市场困局限制，能保本算万幸。江祖友出生于兴茶制茶世家。他先是把收买的茶叶转手卖给县茶厂，从中赚一点微利。之后，便和本县其他茶商一样到西安闯市场。一时半会卖不完，便打起降价大战，很多人亏的血本无归，以至有人急火攻心，病死在关中道上。而他把茶叶拉到韩城、富平去卖。为了让村里人了解紫阳茶，他弄来一个大铝盆，放在村

口，送给干活和行人解渴。炎炎烈日，他热中送茶，仅在一个村就买了1000多斤茶。一个夏天把茶叶卖完，虽没赚钱，但保住了老本，也打下了市场基础。

1990年，江祖友吸取关中茶叶大战的教训，改善茶叶品质，到兰州、银川创市场。他骑着自行车在大街小巷叫卖，一个客商一次性要一万斤紫阳茶，限他一个月交货，并交付了预付定金。江祖友回家赶制，按时把茶叶送到了银川。此后，他每年以10万斤茶销往银川。面对同行用低价抢市场时，他提高茶叶质量，与同行同等级的茶叶有很明显的区别，而再涨价10%，反把低价茶弹出了市场。他用两年时间叩开了西北茶叶市场，挖到了第一桶金，破茧变为了“茶滚子”。

逆势建成首家精制厂

相对而言，江祖友是一个“走茶运”的人。

上世纪七、八十年代，紫阳全县掀起兴茶热，社社队队的茶厂像雨后春笋。可到了九十年代，产茶区的茶园疏于管护、制茶粗放，产能低下，很多茶厂处于生产萧条，难以为继状态。恰在这时，江祖友坚信紫阳茶依然有市场，憧憬着紫阳茶的春天定会到来。他要做一个紫阳茶的迎春使者。

1991年3月，江祖友把停办的红椿乡茶叶初制厂买下做厂房、又把西坡茶厂、五星茶厂的机械设备买下，再添置一些新设备，挂起了“东红茶叶精制厂”的牌子。他说这个牌子意味着“我是东木镇人，在红椿镇建茶厂。”从此，他的茶叶精制厂开始加工生产“紫阳春”牌系列产品。每年销售茶叶达50多吨，销售额200多万元，不仅成为全县第一家私营茶叶深加工企业，还是第一家县政府授予的紫阳茶叶界纳税模范大户。他逆势而上，赚得了第二桶金。

打赢商标保卫战

一次偶然，让江祖友意识到“商标就是品牌的护身符”。那是他在银川的一家老客户门店里，发现自己送去的“东红”、“神龙”牌子的茶，全换上了“永祥八宝盖碗茶”健民八宝茶商标的牌子。“噢，自己的品牌不响，发展的咽喉控制在别人手中。”他一改“卖茶人”身份，要坚决注册属于自己的商标，可是处处受阻。

——"神龙"与"神云"之争。2005年以前，东红茶厂相继用"东红"、"神峰"牌注册，均因有同名或标徽近似而没有通过。1996年刚以"神龙"牌冠名，却又因与县茶厂的"神云"牌图案近似而引发了一场"官司"。已经运往兰州、银川的数万斤茶叶，很快遭遇两地工商、税务出面追查，处于全部没收的险境。这时的江祖友正在细读《商标法》，确信自己没有违法之嫌。他看在本县同行企业，风趣而不失道理地与对方展开舌战，说："只有神龙才能吞云吐雾。没有'龙'，咋会有'云'呢?"通过软磨硬缠，据理力争，才免受茶叶被没收的损失。

——"紫阳春"激战"紫阳春"。"神龙"之争刚刚平息，却又接到县工商局"'东红牌'、'神龙牌'不能再使用"的通知。江祖友从2001年春开始正式申请注册"紫阳春"商标，同时把东宏茶厂更名为紫阳春富硒茶厂。可在申请注册过程中却陷入了旷日持久的应诉、反诉"拉锯战"——

2003年10月8日，国家工商总局在《商标公告》上公告了"陕西春营工贸有限责任公司的'紫阳春'商标"。江祖友对此提起诉讼。2004年11月30日，国家工商总局商标局向江祖友发出《商标驳回通知书》。其理由两条：一是商标图形部分与已注册的丽江地区雨台山茶厂在同一种及类似商品上注册的商标近似；二是商标文字部分与彝族自治县农牧业局经作战技术咨询服务部在类似商品上已注册的"阳春"商标近似。

江祖友对此不服，提起反诉。2005年3月14日，国家工商总局公告了陕西省紫阳县紫阳春天然富硒茶厂的"紫阳春"商标。而对方不服，且引起3家联手反诉。

2005年4月18日，江祖友对此愤慨之极，举证应诉。委托北京中北商标专利事务所全权代理提起《商标异议申请》。提出了极其关键的三条异议理由：一是时间差异，应以邮戳为证。江祖友寄出的注册申请是2003年9月22日，被异议三方均晚于申请异议方提交的注册时间；二是商标差异，被异议方商标与引证方商标属于类似商标上的近似商标，而且商标字体、字母和图案明显不同；三是一直独家使用，并在陕西乃至全国同行业中已经享有较高的知名度和美誉度，亦多次获奖。"恳请贵局依法公正裁定，维护申请人的合法权益，驳回被申请人申请注册的'紫阳春'商标。"

至此，历时4年的“紫阳春”商标拉锯战结束——江祖友的“紫阳春”商标最终胜诉。

发挥“紫阳春”标杆作用

在江祖友心里，“紫阳春”是广义的“春”。他与“紫阳春”一路风雨兼程，一路彩虹频现。绘出的是拼搏中春意盎然的风景，树起的是富民强企的标杆。

——成功的品牌之路。自成功注册“紫阳春”商标后，江祖友便潜心于名优品牌的培育。2007年，新任县长王晓江考察了紫阳春茶厂后很受启发，县委县政府做出了在全县产茶镇建成标准化茶叶加工厂的决定，该厂被列为10家标准化茶叶加工企业之列。

为了做大做强企业，发挥示范作用，2008年将厂址迁到红椿镇盘龙村（木瓜园）挂牌为“陕西紫阳春富硒茶业有限公司”。绿茶系列产品研制开发扩展到10多个名优品类。2011年，紫阳春被列为全县“红茶”生产试制企业。江祖友一面聘请中茶所和福建名茶制作专家作技术指导；一面发挥本厂技术力量，取长补短。试制的红茶分别在2014年获“国饮杯”一等奖、2015年获“中茶杯”一等奖。年均产销量达70多吨，产值2000余万元，其中名优茶产销、产值占50%。

“紫阳春”牌系列产品，牢牢地吸引着大西北的新、老客户，同时进入了云南、杭州等名茶地区市场，出口到日本、西班牙等国家。成为全国富硒茶产业知名品牌创建示范区知名示范企业和陕西省十佳清洁化茶加工厂。

2017年8月，紫阳富硒茶在十二届“中茶杯”全国名优茶评选中又传来5项大奖的喜讯。其中，“紫阳春牌”绿茶和红茶获得两项一等奖；2017年9月6日，经中国国务院批准的中国—阿拉伯国家博览会在银川开幕，中共中央总书记、国家主席习近平发来贺信，全国人大常委会副委员长张平在开幕式上做主旨演讲。这是紫阳首次参加中阿博览会，是紫阳富硒茶融入“一带一路”，走进国际市场的一次盛会。紫阳春富硒茶业公司、和平茶厂等5家紫阳茶企与埃及Pharaonic flowers group公司、黎巴嫩China gate公司、宁夏侨兴茶业有限公司等中外企业签订价值2.08亿元的茶叶购销协议，其中与紫阳春富硒茶业公司签约达1亿元。

可以自豪地说，江祖友的“紫阳春”是“中茶杯”历届大奖的得主。紫阳茶屡屡荣登全国名优茶殿堂、走出国门，有“紫阳春”的一份功劳。

——特别的为民情怀。在市场经济时代，“有奶便是娘”成为人们的自由选择。而在紫阳这块茶叶企业林立的地方，为啥“紫阳春”茶业有限公司竟然有为数不少的员工长达20多年不离“窝”？茶农们为啥都乐意把鲜叶卖给这里？江祖友的做法的确特别：让员工大有干头；让茶农大有甜头。20多年来，茶厂固定员工由初期的6人，增加到2017年的32人，做到工资有增无减，从无赊欠；季节员工由20多人增加到100人左右，在闲季还按月发给300—500元的生活补助；对以贫困户为主组建的茶叶专业管护队，每人每月发给240—450元不等的工资。茶厂每年用于茶园管护、茶区技术培训和员工工资等投入近300万元。

公司在自建300亩示范茶园的同时，还带动管护茶农茶园2500亩，覆盖盘龙、纪家沟、大青，上湾、柏杨等5个村的800多户在册贫困户，保障了他们户均增收达1万元左右；有7名残疾人在该公司实现长期就业增收；有3名贫困大学生在公司援助下完成了学业；公司还为地方文化旅游发展捐助20多万元。他和他的企业为脱贫攻坚做出了显而易见的贡献。

“紫阳春”正以更大的责任担当，续写紫阳茶的辉煌。

（撰稿：方万华）

荣誉集锦

踏平坎坷成大道

——记紫阳县华荣实业有限公司董事长兼总经理龚孝华

龚孝华 1975年出生在紫阳县向阳镇院墙村一个普通的农民家庭，16岁初中毕业后便开始外出务工，短短20多年时间，他从普通打工仔逐步成长为身家过亿的大老板。如今他是紫阳县华荣实业有限公司董事长兼总经理，凭着农家娃特有的坚韧，用自己的双手和智慧在人生舞台上演绎出绚烂的舞剧！

少年时代　历经磨难

龚孝华兄弟姊妹四人，他作为长子，就要承担重要的责任，就要为父母分忧解愁。他家住在村里最高的地方，有50多亩坡地，父母起早贪黑，勤扒苦做，收获的少量粮食也仅仅只够糊嘴而已。用当地的话说：盆大好刮稀饭，“盆”已经够大了，可还是刮不到多少“稀饭”。家中没有水田，主产玉米，全家一年四季都吃着粗糙得难以下咽的苞谷米，只有过年的时候，才能奢侈地吃上一顿大米饭。

穷人的孩子早当家，龚孝华和弟妹们从小就成了家里的主要劳动力，他经常在周末带着弟妹们漫山遍野采集中草药换钱，有些中草药生长在陡峭的山崖，有一次，一不小心摔下了山谷，许久才清醒过来，幸亏被藤蔓挂住，才保住了性命。

1988年，他来到离家四五十里的红椿镇上初中，家里特别穷，一个星期一块五毛钱的生活费都拿不出来，在家用罐头瓶子装上大蒜辣子、咸菜，加上学校食堂便宜的苞谷糊糊，构成了他求学的主食。一天到晚吃不饱，上课也不由自主地想到“吃”，即使这样，成绩依然名列前茅。1991年，16岁品学兼优的龚孝华在饥饿中完成初中学业，面对困难的家庭和年幼的弟妹，把上高中考大学梦想深深埋在心底，回到村子。

走南闯北　上下求索

回到家中的龚孝华，天天跟着父母没日没夜干农活。他四处托亲朋好友带他出门打工，但所有人都嫌他年龄小，怕担风险，一一拒绝了。无奈之下，龚孝华只好独自一人出门闯荡。1992年春节刚过，他穿着父母特意给他买的一身蓝布衣服，一双军用解放鞋，独身一人进了河南鲁山煤窑，到了年底，除开吃穿开销还结余了1000多元钱。平生第一次挣这么多钱，心里说不出地高兴，他进城给自己买了一套牛仔装，犒劳犒劳自己。之后几年，在河南河北，山东山西漂泊，干过铁矿、煤矿、铝矿，还干过建筑队小工。

在矿上干久了，龚孝华慢慢熟悉了套路，他看到乡亲们在别人手下干活，受苦受累工资还没有保障，有些可恶的包工头趁人不备，把工人们辛苦一年的血汗钱一卷走之。目睹着矿工们的悲惨遭遇，他心中萌生了一个念头：把家乡的青壮年劳动力组织起来到矿山挣钱，拧成一股绳，紧紧团结在一起，以免这样的悲剧在乡亲们身上重演。

可是，自己承头包矿，垫底的钱哪里来？1997年腊月，父亲走东家，跑西家，受尽冷眼、讥讽。无奈只有把家里的房子抵押给别人去借高利贷，提着熏猪蹄、大公鸡到信用社去找信贷员贷款，好不容易才凑了几千块钱。1998年春天，龚孝华接过父亲借贷的这笔钱，领着一帮乡亲们出门了。这一年他满怀希望而出，却是失魂落魄而归，由于矿上效益不好，年底算帐，付完工人的工资，他亏了一大笔。

2000年，一个偶然的机会，一个亲戚介绍他到韩城去包煤矿。曾经饱尝失败滋味的他，显得格外小心，他抱着试试看的态度来到韩城。那个煤矿的老板由于经营不善，亏了800多万，别的包工头一听都摇摇头走了。龚孝华是个敢吃螃蟹的人，他经过一番周密考察，发现这个煤矿虽然巨亏，但潜力特别大，决定承包这个煤矿。矿区条件很差，进矿山的土路全是黑灰，踏上去能把整个脚都淹没了，周围没有水，就在地下挖个坑，用彩条布一铺，蓄水饮用洗漱。特别让人难以忍受的是猖獗的臭虱，被咬伤后，浑身红包刺痒。老板拿不出生活费，他就在附近的商店赊方便面，和工人一起嚼方便面充饥。

从小吃过苦的龚孝华，和工人们全身心投入到了矿上，他在井口上支了个床铺，日夜守候，一心要把这个很有潜力的煤矿扭亏为盈。他从老家带来的这只队伍特别能打硬仗，经过一番拼命苦干，那年矿上终于见了效益，老板高兴得手舞足蹈，龚孝华和工人们都挣了一笔钱。初次合作，取得老板高度信任，建立了长久合作关系，为后来发展奠定坚实的基础。

2003年，当地村子搬迁，龚孝华与别人合股投资安置村民，买下一个大煤矿。2011年，他又投资1.2亿元，在甘肃省武威市天祝县组建旭东煤业有限公司。跟随他一起打拼的乡亲们也赚了个盆满钵满，据不完全统计，他手下的小包工头，资产过

千万的有5人，资产过百万的有30多人，为2000多个乡亲提供工作岗位，普通工人每年都能挣10万元左右，好多人在城里买了房和私家车。

情系故土　真情回报

在外闯出了名堂的龚孝华心中总是挂念着生他养他的那片土地，挂念着仍然在贫困线上挣扎着的父老乡亲们。他萌生了回到老家紫阳投资的想法，许多人听说后都去劝阻他：把钱投在一个国家级贫困县，能有什么前景，能有什么收获？这无异于把钱往水里丢。面对别人的劝说，他却笑着说："我生在家乡，我的根在家乡，是家乡的父老养育了我，我现在挣了些钱，家乡需要建设资金，理所应当回去投资，这是我应该做的！"

龚孝华带着自己辛辛苦苦积累起来的数千万资金回到了紫阳，注册了自己的公司——华荣实业有限公司。当听说紫阳县城还没有一家像样的酒店，接待能力特别差时，他就在紫阳广场旁边投资3000多万元，建起了紫阳唯一一家三星级酒店——源森大酒店，集就餐住宿、休闲娱乐于一体；他听说县政府想开发紫阳丰富的旅游资源，但没钱投资时，他决定把旅游作为华荣实业有限公司的主要投资方向，投资800万元建造"汉江之星"豪华游轮，如今已成为瀛湖水上一道亮丽的风景。

龚孝华从小就是泡在苦水里长大的，所以他对修桥铺路，捐资助学，扶危助困这样的公益事业特别热心。老家的村子里修通村水泥公路，他捐款2万元，还投资

10多万元，独自修了3公里水泥路；2010年“7.18”洪灾，他捐款捐物10多万元，在外组织捐款70余万元。家住紫阳县焕古镇的董莉，父亲在矿难中身亡，他一直资助董莉从高中上完大学，现在已经在西安找到了工作。2013年，焕古镇黑龙村的徐宝玲大面积烫伤，因无钱医治导致伤口感染流脓，他二话没说就汇去了4万元。据不完全统计，龚孝华为家乡捐款捐物已超过100万元。

却顾所来径，苍苍横翠微。龚孝华说起自己的创业历程和社会贡献，往往轻描淡写，一笑置之。谈及未来，他却总是用一双深邃的眼睛眺望远方，仿佛心底有无限憧憬……

誓让三官堂换新颜

——紫阳县档案史志局驻东木镇三官堂村扶贫纪实

焦局长指导猪场建设

紫阳县档案史志局于2014年8月开始负责包抓东木镇原三官堂村的脱贫工作。三官堂村位于东木镇西北部，距东木镇政府所在地20余公里，东邻焕古镇刘家河村，南邻本镇柏杨、关庙、军龙三村，西与汉阴县上七镇关垭村接壤，北与焕古镇松河村交界。原三官堂村有三个村民小组170户680人，2014年识别贫困户88户，贫困人口283人。2016年机构改革七元河村并入三官堂村，档案局包抓的三官堂村增至9个村民小组480户1884人，2017精准识别贫困户331户1115人。拟定2018年整村脱贫。

克服困难，派驻过硬干部队伍

三官堂村地处县城以西64公里的偏远深山，交通不便，且村大人口多贫困面广，而档案局仅有干部10名，承担着档案、党史、方志三个市级业务主管部门的三大块业务工作，干部紧缺，要打赢这场脱贫攻坚战尤为艰难。全局统一思想客服一切困难，把主要精力人力投入脱贫主战场，局长带领驻村工作队员每周一次到村研判脱贫工作，抽调工作能力强又最年轻的一名男同志任村第一支部书记，常年驻村包组无双休无假日开展扶贫工作，局里除两名临近退休且多病行动不便的同志外，其他8名干部全部承担着包村联五户以上的工作任务，领导和同志们经常牺牲休息时间带病不下火线，确保了各阶段工作任务按时完成。

入户调查

摸清底数，夯实精准扶贫基础

在2014年建档立卡基础上，2017年从4月中旬到5月初，又重新在全村开展精准扶贫对象核实和数据大清洗工作，会同镇、村干部进村对480户农户逐一摸排，精准识别，并分组召开群众会、村民代表议事会进行民主评议，再将识别评选出的贫困户名单张榜公示接受监督，充分做到了公平公正公开，5月中旬到6月初，再次对331户贫困户每户9大项119小项信息进行全面采集，并逐户落实了相应的帮扶措施、帮扶目标和责任人。

周局长入户走访调查

多措并举，强力推进精准扶贫

积极推行“主导产业+龙头企业+合作社组织+贫困户”的产业精准扶贫模式。今年，档案局引进“舍顿茶叶有限责任公司”在三官堂发展金丝菊种植产业，采取贫困户出地块出劳力入股合作社，帮助合作社筹资修烤房，并与企业签订保底收购合同和种苗款垫付协议的形式，最大程度降低风险，带动三官堂的贫困户先期发展30亩金丝菊种植，使这一前景好效益可观的新产业在三官堂村落地生根。

投入资金以奖代补，扶持贫困户增收脱贫。一是局里对贫困户发展茶叶、养猪、养羊、养鸡等产业制定了奖扶政策，预计投入扶持资金8万余元，精准帮助贫困户增收脱贫，目前，全村贫困户已养羊540只，养猪783头，管护茶园892亩，新发展养羊40只以上大户3户，养猪30头以上大户3户，新建茶叶加工厂一处。二是积极动员贫困户劳动力参加劳动技能培训，对参加修脚、月嫂、厨师培训并取得结业证书的实行每人200元奖补，截止目前该村共有7名取得技术资质并外出就业。

政策宣讲

抓好项目建设，确保贫困村基础设施完善。一是在完成欧家药铺安置点和交钥匙工程建设基础上，协助搞好了大田坝安置点的规划设计和征地工作。三处工程可以解决部分贫困户住房保障问题。二是完成2.5公里村级道路打底子工程，运用支部+X+贫困户模式，局机关党员干部率先带头捐款2900元，联系企业扶持捐款3万元，三官堂村党员和受益贫困户再筹劳筹资集一部分，预计10月份完成铺底子工程，争取2018年完成硬化项目，彻底解决500人的交通制约问题。三是建设四处饮水工程（其中新修两处、改扩建两处），彻底解决400人的人畜饮水问题。

文艺宣传

持续开展乡风文明建设活动。一是利用召开群众会和村民代表会对村民进行道德风尚教育。二是树立模范带头作用，2017年4月局里拿出5000元资金对乡风文明模范户进行了表彰。三是7月中旬请王安银演义公司到村进行“脱贫攻坚及新民风建设”巡演，用群众喜闻乐见的形式对村民开展教育活动。四是协助村委会认真制定村规民约，约束村民言行，摒弃陈规陋习，倡导文明新风。

焦局长调研菊花种植

截止目前，本村已实施枣树垭至刘家河村通村路1条，马家山通组路1条，饮水工程1处，灌溉工程2处，新建便民桥5座；新建移民安置点2处，共计50户，交钥匙工程2处，共计30户，自建房屋5户；新建村委会及村卫生室1处，即将交付使用；发展新茶园200亩，管护老茶园500亩，新建核桃240亩；培育养猪大户2户，茶叶加工作坊1处；累计鼓励动员本村青壮年参加技能培训100余人次，常年动员200人以上外出务工创业。通过几年共同努力，村容村貌焕然一新。

便民桥

大田坝安置点

通村公路

新建的三官堂村安置点

养猪场

饮水工程

目录

特载

大事记

概况

党政群团

军　事

法　治

农　业

工 业

商 贸

交通·电力

邮政·通信

城建·环保

财税·金融·保险

经济管理

社会事业

创建卫生县城和园林县城

各镇概况

人　物

附　录

责任担当扛上肩 追赶超越勇争先

——在中国共产党紫阳县第十五届委员会第二次全体会议上的讲话

（2017年2月16日）

县委书记 赵立根

这次县委全委会议的主要任务是：深入贯彻落实中央和省、市系列重要会议精神，总结2016年工作，部署2017年任务，动员全县各级党组织和广大党员干部群众，进一步坚定信心、提振精神，强化责任担当，奋力追赶超越，在全面建成小康紫阳的实践中迈出坚实步伐、取得更大成绩。一会儿，陈莲同志还要安排经济工作，请大家认真抓好落实。

一、关于2016年工作

过去一年，在市委的坚强领导下，县委充分发挥总揽全局、协调各方的领导核心作用，团结带领全县各级党组织和广大干部群众，认真落实中省市决策部署，坚持抓好党建是最大政绩、加快发展是第一要务，全力以赴稳增长、促改革、惠民生、强党建，各项工作取得了新进展，实现了“十三五”稳健开局。

一是着力强基础，从严治党持续加力。层层压实全面从严治党责任，制定党建工作责任清单。扎实开展“两学一做”学习教育，创新推进“践行五个一、争当好先锋”主题活动，精心组织、圆满完成县镇换届，全面落实和运用“三项机制”选人用人，提拔调整科级干部63人，落实职务职级并行651人。强力推进“基层党组织建设提升年”活动，捆绑项目资金1500余万元，完成村级活动阵地清零，整顿软弱涣散党组织29个，全面推行“支部+X+贫困户”模式，基层党组织凝聚力和战斗力不断增强。持续用力，坚决落实中央八项规定和省市作风建设要求，常态常效推进作风建设。压紧压实党风廉政建设“两个责任”，全力抓好省委巡视反馈问题整改，深入推进纪委“三转”，建立县委巡察工作制度，充分运用“四种形态”，强化监督执纪问责，党政纪处分172人，进一步营造了风清气正、干净干事的政治生态。

二是着力稳增长，经济发展持续推进。县委突出把方向、管大局、作决策、保落实，不断深化县情把握，集中全县人民智慧，在县十五次党代会上确立了实施“五大战略”、实现“五个赶超”的总体思路，描绘了全面建成小康紫阳的宏伟蓝图，发展路径更清晰、重点更明确。县委常委会牢牢把握发展第一要务，把党对经济工作的领导贯穿到研究谋划、科学决策、推动落实、督促检查各环节，定期分析研判经济运行情况，研究解决工作中的重大问题，千方百计稳增长、调结构、转方式，富硒农业、新型工业、生态旅游逐步壮大，产业转型升级步伐加快，被表彰为2016年度全市茶叶、魔芋产业发展先进县和现代农业园区建设先进县，城镇建设、生态建设、基础设施建设力度加大，公共服务功能和宜居宜业水平不断提升。各项工作在苦干实干中稳步推进，全年完成生产总值80.48亿元，增长11.2%，超市上考核目标0.2个百分点；全社会固定资产投资84.8亿元，增长25.9%，超市上考核目标7.7个百分点；社会消费品零售总额完成22.61亿元，增长13.7%，超市上考核目标0.58个百分点；规模以上工业增加值35.06亿元，增长16.1%，超市上考核目标0.1个百分点。

三是着力求创新，改革动能持续释放。深化“放管服”改革，不断提升行政审批服务质量，率先建成全省首个县级网上办事大厅，群众和企业办事更加方便快捷，“全程代理”政务服务模式在全市推广。“五证合一、一照一码”和个体工商户“证照整合”登记改革全面推行。土地确权登记颁证基本完成。镇纪委直管村（居）民监督委员会制度得到省纪委书记郭永平的批示肯定。司法体制改革试点工作成效明显，全市法院系统司改工作研讨会在我县举行。矛盾纠纷“三调联动”多元化解决工作机制不断完善，全省矛盾纠纷排查调处暨“三调联动”工作现场会在紫阳召开。县镇机构、公车制度、营改增税制、户籍制度、养老保险、医疗卫生、职级并行等改革稳步推进。

四是着力办实事，民生福祉持续改善。按照“六个精准”“七个一批”的要求，扎实实施“八大脱贫工程”，脱贫出列22个村、1.55万人。产业精准扶贫、技能脱贫模式得到国家扶贫办和省市充分肯定。持续办好20件城乡实事，城乡文化教育、医疗卫生、安居住房、社会保障等公共服务体系不断健全，各项普惠政策得到全面落实，群众获得感不断增强。教育质量迈上新台阶，高考二本以上达线1183人，达线率位居全市县区第一，紫阳中学被命名为“陕西省普通高中示范学校”，并获得全市高考“卓越贡献奖”。建成标准化卫生室38个，2所镇卫生院创建为全国“群众满意的乡镇卫生院”。加大创业扶持和就业援助，城镇新增就业2210人。实施移民搬迁8080户，建成保障性住房1928套，中低收入群众生活条件得到改善。城乡居民收入稳步提高，被表彰为2016年度全市农村居民收入增幅先进县。

五是着力聚合力，和谐局面持续巩固。不断加强和改善党的领导，制定出台县委工作制度、县委“三重一大”集体决策制度实施办法，以规范的制度、有力的举措，保障和支持人大、政府、政协有效发挥职能作用，确保党委、人大、政府、政协思想同心、目标同向、工作同力、行动同步。着力推进工商联、无党派人士和民族宗教领域工作，爱国统一战线持续巩固。加强群团和党管武装工作，工会、共青团、妇联等人民团体桥梁纽带作用充分发挥。宣传思想文化工作取得新成绩，社会主义核心价值观培育、群众性精神文明创建富有成效。深入推进“平安紫阳”建设，积极开展“七五”普法工作，公众安全感、群众满意度持续保持全省前列，获得全省“2016年度平安建设先进县”荣誉称号。严守社会稳定、安全生产、食品药品安全“三条底线”，被省综治办、信访办表彰为“控制进京非访工作先进县”，省级食品安全示范县通过验收，人民安居乐业，社会和谐稳定。

回顾过去一年的工作，省市党委、政府坚强领导、有力支持，全县各级党组织和社会各界精诚团结、聚力发展，广大党员和干部群众苦拼实干、攻坚克难，保障和推动了全县经济社会的持续发展与从严治党向纵深推进。实践一再证明：苦干、实干、真干，是我们接连不断取得来之不易新成绩的重要法宝，必须始终坚持干在实处、奋勇争先、走在前列。

在看到成绩的同时，我们更要清醒认识工作中存在的困难和问题，切实找准我县赶超发展面临的短板和差距，突出表现在四个方面：一是重点指标完成情况与追赶超越要求有差距。虽然生产总值、固定资产投资、社会消费品零售总额、规模以上工业增加值等主要经济指标增速完成预定目标，但排名全市6位以后；经济总量占全市比重由2015年的9.7%下降为9.45%；规模以上工业增加值增速比全市低2.2个百分点，排全市第6位；非公经济增加值占GDP比重比全市低4.8个百分点，排全市末位；城镇居民收入没有完成年初既定目标，欠0.9个百分点，排全市第7位。面对全市竞相发展的态势，不进是退、慢进也是退，实现追赶超越，我们必须加力前行、加倍努力。二是重点工作完成情况与追赶超越要求有差距。2016年全县重中之重的工作就是脱贫工作，县委多次召开会议进行研究部署，全县上下用力最多的也是脱贫攻坚，各级干部为之付出了艰辛努力，产业精准扶贫和技能精准脱贫工作走在前列，我县应在全市脱贫攻坚工作中出成绩、出经验、出亮点。但是，从全市通报情况看，我县2016年精准识别和精准退出率没有达到规定标准，移民搬迁进度滞后，贫困村基础设施建设欠账较大，扶贫资金绩效管理水平不高，督查工作不到位，脱贫攻坚考核排全市第九名。三是重点项目建设与追赶超越要求有差距。紫阳经济增长主要靠投资，核心是项目建设。尽管2016年我县超额完成了年度投资任务，增速达到25.9%，超任务7.7个百分点，但是增速排全市第7位，这充分说明我们在加速发展，兄弟县区也在更快发展，面临着追兵渐近、落伍退位的巨大挑战。2016年实施的110个重点项目中，其中工业投资项目29个，增加了5个，但完成投资却同比下降了7.9%，新培育工业企业规模小，缺少新的增长点。2017年计划实施的102个重点项目，产业项目偏少，移民搬迁项目投资占比大。在建项目推进不快，僵尸项目盘活力度不够，少数项目议而不决、决而不建。招商引资签约多、到位少，带动能力强的大项目、科技含量高的产业项目不多，投资规模不大、结构不优、建设不快、效益不高的问题愈加突出。四是干事创业精气神与追赶超越要求有差距。一些基层党组织和党员推动发展、服务群众的战斗堡垒和先锋模范作用发挥不够，支撑发展的人才相当匮乏；少数领导干部思想僵化保守、发展观念滞后，跳不出封闭的“大山思维”，放不下守旧狭隘的落后意识，得过且过、小进则满、小富即安；一些干部思想观念、开拓创新能力与新的发展形势不适应，敢试敢闯的意识不强、工作上下衔接不够，重点改革推进力度不大，特色改革突破点不多，创新工作总结推广不够；部分干部担当务实精神、干事创业激情与肩负的使命责任不相称，动力不足、精神不振、真抓不够，怕吃苦、怕担当，出工不出力、出力不出效的问题仍然比较突出。对于这些问题，我们必须清醒认识、准确把握、切实解决。

二、关于2017工作

2017年是实施“十三五”规划、打赢脱贫攻坚战的爬坡之年，也是加快追赶超越、推进小康紫阳进程的关键之年。追赶超越是中央对陕西的殷切希望，是全省工作的中心和主题，也是全市“十三五”发展总纲。我们必须担当起追赶超越的重大责任，敢于正视困难，勇于应对挑战，抓住发展机遇，实现后发赶超。

必须高点定位“追”。市四次党代会和市四届一次人代会把追赶超越放在西北地区大格局中谋划，综合研判安康内在条件、外部环境、阶段特征和动力支撑的新变化，提出了建设西北生态强市的阶段性目标。县委立足全市、站位全省，确定了实施“五大战略”、实现“五个赶超”的发展思路，提出了经济发展保持全市第一方阵，富硒产业引领全市，建成国家生态功能示范区、国家富硒生态产业基地的目标。分析比对2015年全省各县综合排名，今年我们要在全省县域经济社会发展监测综合排名中前进3位，实现“市内追汉阴，省内超镇巴”的目标，力争“十三五”末全省县域经济社会发展监测综合排名进入前40位。虽然，我们在发展定位上与市委保持了一致，但我们站位还比较低，必须向省委、市委对标看齐，跳出紫阳看紫阳、放在全省看紫阳，用更加宽阔的视野来审视紫阳发展，站在全国范围来确立五年追赶超越对象标杆，高点定位、加压奋进，敢与标兵比，勇与快者争，在全面建成小康紫阳中创造特色、走出新路。

必须紧盯短板“赶”。知短板方能明方向。省委、市委高度重视追赶超越中的短板问题，省委娄勤俭书记在省委十二届十一次全会上强调，陕西实现追赶超越必须着力破解“结构不优、发展不均衡、民营经济不强、百姓不富、生态不优、开放不够”六个方面问题，市委郭青书记在全市追赶超越工作会上指出，安康最需要补上“发展不足、产业结构不优、创新能力不强、县域经济水平不高、民营经济发育不充分、解放思想不够”六个方面短板。紫阳作为国定贫困县，这些问题和短板不同程度存在。我们还要清醒看到，虽然紫阳连续四年获得全市年度目标综合考核优秀等次，主要指标增速保持全市第一方阵，但县域经济总量还处于全市第二方阵，“十二五”末经济总量仅占全市的9.7%，人均GDP、人均城镇固定资产投资额均排全市第九，经济增长主要依靠投资拉动，富硒产业质效不高，新型工业活力不足，旅游及服务业起步晚、走得慢。我们必须聚焦薄弱环节，持之以恒补短板，厚植生态优势，放大富硒优势，加快产业转型升级，在建设西北生态经济强市中贡献紫阳力量、彰显紫阳特色。

必须放宽视野“超”。省十二届人大六次会议提出了“兴陕南”的区域协调发展方略，市四次党代会提出“在对接国家战略中借力借势”，市四届一次人代会提出“敢于和善于向国内外两个市场，组织两种资源为我所有”。县十五次党代会提出“积极与省内外发达地区建立合作关系，主动对接东西部扶贫协作，深化院县、校县合作，努力实现多方合作共赢”。我们必须跳出“大山思维”，树立“发展视野一定要跳出秦巴，北要高过秦岭，南要高过巴山”的开放理念，自觉置身全国全省全市竞相发展大局，以更加开放的胸襟和宽广的视野，借船出海、借梯上楼、借势发展。同时，要抢抓国家加大秦巴片区、川陕革命老区振兴发展和脱贫攻坚力度的最大现实机遇，加快补齐农村发展短板。要牢牢抓住省上加快推进国家主体功能区建设和陕南循环发展，市上建设西北生态经济强市的重要战略机遇，大力发展富硒产业、涉水产业为主的生态友好型产业，力争在全市生态产业发展的四波浪潮中抢占先机、走在前列。

必须夯实责任“越”。省上决定，每季度都召开全省追赶超越季度点评视频会议，通报“三项机制”贯彻落实及督查整改情况，脱贫攻坚工作情况，通报综合排名后3位的县，坚持问题导向点评，问题部分不少于总篇幅的50%，并且具体到每个单位、每个项目指标。市委在省上点评会议结束后2天内召开全市季度考核点评视频会议，明确提出要运用好点评机制，在稳、准、狠上下功夫，直面问题，揭短亮丑，一针见血，在真点实评中促反思、促整改、促落实，对省市两级考核点评会议通报的问题和督查发现的问题，限期整改到位，并在全市予以通报，县委、县政府要向市委、市政府书面写出说明，通过季度考核点评层层传导压力、倒逼责任落实、实现争先创优。对此，全县各级各部门务必高度重视，按照全县总体部署，各负其责抓好工作落实。

2017年全县工作总体要求是：**全面贯彻中央和省委、市委各项决策部署，认真落实“五个扎实”要求和县第十五次党代会精神，以追赶超越为引领，以脱贫攻坚为统揽，以从严治党为保障，以改革创新为动力，扎实推进“五大战略”，以开局就是决战，起步就是冲刺的状态，确保年度各项目标任务高质量实现。**

经济社会发展的预期目标是：**生产总值增长11%，全社会固定资产投资增长18%，一般公共预算收入同口径增长10%，规模工业增加值增长15%，社会消费品零售总额增长13.5%，城乡居民可支配收入分别增长9%和10%，实现40个村、1.8万贫困人口脱贫出列，完成主要污染物减排和节能降耗任务，汉江出紫断面水质稳定在Ⅱ类标准。**

做好今年工作，必须明确主攻方向，突出着力重点，奋力在推动经济发展、加快脱贫攻坚、推进从严治党上求提升求赶超。

（一）实字为本，干字当先，增强追赶超越新动能。

实现全年预期目标，必须坚持目标引领、问题导向，从实谋划突破之策，以干克难补齐短板，聚焦五大重点，厚植发展优势，推动追赶超越。

一要抓项目，扩投资。项目是贫困地区加快发展、追赶超越的重要支撑。全县各级各部门要牢固树立抓项目就是抓发展的意识，开阔思路谋项目，主动出击争项目，解放思想招项目，加快速度建项目，以项目引领和支撑赶超发展。要重点围绕移民搬迁、产业培育、基础设施、生态环保、民生事业等领域，策划、包装和争取、落地一批成长性好、支撑带动作用明显的好项目。瞄准基础设施、循环产业、民生保障“三类项目”，落实县级领导主抓、部门包抓责任制，加强项目要素和环境保障，加快实施“双百”工程，确保年内至少开工建设项目100个，完成投资100亿元。要运用市场化方法和法治化手段，在解决江南滨江商业街等项目停滞问题上取得实质性进展。推出一批前景较好、潜力较大、回报较高的招商项目和PPP项目，吸引社会资本进入，激活民间投资。

二要抓实体，强产业。做大做强两类园区。按照园区承载、企业带动、科技支撑、融合发展的思路，加大政策项目、资金技术支持力度，加快发展现代农业园区和新型工业园区，推动现有28个现代农业园区提质增效，新培育现代农业园区10个，提高农业规模化、现代化水平。高起点、高水平规划建设好恒紫和硒谷两个新型工业园区，帮扶支持入园企业投产达效，年内引进6家企业入驻园区，着力培育富硒食饮品、生物医药、新型材料等主导产业，提升园区承载力和内生动力，支撑县域工业发展。聚力培育富硒产业。市四次党代会把发展富硒产业作为建设西北生态经济强市的首位产业。紫阳具有发展富硒产业的先天优势和坚实基础，必须围绕富硒种养、加工和健康养生，主攻富硒茶、富硒水、富硒食品、富硒保健品和补硒养生，在品牌打造、龙头带动、技术创新、基础研究、标准设立方面抢占先机、取得突破，引领全市富硒产业发展。加速发展第三产业。坚定不移实施文旅兴县战略，扎实抓好瓦房店片区旅游综合开发、文笔山景区、任河漂流二期建设，完成擂鼓台景区开发建设规划，启动汉王至擂鼓台旅游公路建设和景区内部道路设施改造，支持城关、焕古、蒿坪、向阳、毛坝、汉王等镇依托特色资源大力发展乡村旅游，加快推进营梁、新田、权河等重点旅游村建设，打造精品旅游线路。制定出台《加快文化旅游融合发展的实施意见》，进一步挖掘提炼紫阳特色文化，组织开展丰富多样、不同层次的主题旅游文化活动，把“茶歌紫阳·汉江画廊”旅游品牌创得更响。大力发展健康养老、文化创意、中介服务、物业管理等新型业态，扎实推进国家电子商务进农村示范县建设，努力形成新的经济增长点。认真贯彻落实促进民营经济、中小微企业发展的各项政策措施，建立“四上”企业培育库，落实帮扶单位，夯实帮扶措施，培育“四上”企业30户以上，当年新增15户以上。

三要抓建管，提品质。加快县城扩容提质。按照“一城四区、一江两岸”总体布局和“老城区做减法、新城区做加法”的思路，突出规划引领和刚性约束，加快推进河堤路西段综合改造工程，扎实推进农业局片区、西门河新区、仁和国际社区和县城棚户区改造建设，想方设法盘活滨江商业步行街、道教养生谷等项目，完善城市功能，优化城市环境，增强县城美感。以“双创”为抓手，建立城市综合执法管理机制，提高城市管理精细化水平，提升城市品质，打造宜居、宜业、宜游的山水人文县城。推进美丽乡村建设。抢抓中省市加快推进特色小镇建设的有利时机，挖掘产业特色、人文底蕴和生态资源，聚力打造瓦房会馆小镇、焕古硒茶小镇，扎实推进蒿坪、向阳等重点镇和青中、大连等美丽乡村建设，创出可复制的经验措施，打造一批彰显历史记忆、地域文化鲜明的特色小镇、村落。提升生态环境质量。认真落实“河长制”，加快推进沿江沿河集镇污水和垃圾处理工程建设，着力抓好农村环境综合整治，确保汉江水质稳定达标。扎实推进大气、土壤污染和矿山综合治理，加强造林绿化、水利设施建设，确保空气质量全市领先。启动创建省级生态文明建设示范县和省级生态园林县城，持续提升全民环保和节约意识。严格落实环境保护“党政同责、一岗双责”，实行责任追究和“一票否决”，坚决守住紫阳的绿水青山。

四要抓改革，增活力。深化重点改革。认真落实中省市各项改革部署要求，建立年度重点改革任务清单，强化督察考核，确保改革任务落地见效。要深入推进供给侧结构性改革，切实推进“僵尸企业”“僵尸项目”处置，进一步盘活要素资源。大力推行“互联网+政务服务”，全面落实“商事制度”改革各项措施，不断提升政务服务效能。持续深化农村综合改革，把以土地为核心的农村产权制度改革作为突破口，落实集体所有权，稳定农户承包权，放活土地经营权，在40个脱贫村开展农村“两权”抵押贷款试点，破解农村发展资金难题。持续深化提升联系服务群众“五个一”、镇纪委直管村（居）民监委会、“三调联动”等特色改革，打造紫阳改革亮点。推进创业创新。扎实推进科技创新驱动县域经济示范县建设，鼓励企业联合高校、科研院所组建“产学研联盟”、重点实验室等科技平台，重点围绕富硒食品产品开发领域组织技术攻关，提高科技对经济发展的支撑力。培育创新主体，搭建创新平台，优化创新环境，实施企业创新支持计划、青年创业促进计划、农民工返乡创业计划、巾帼创业扶持计划，形成大众创业、万众创新的生动局面，增添经济发展源头活水。优化政策环境。优化发展环境，完善招商引资优惠政策和鼓励发展民营经济的支持政策，吸引更多企业、项目落户紫阳，激励更多紫阳籍成功人士回乡创业。着力优化投资环境，强化跟踪协调服务，确保招商项目落地建设。

五要抓民生，促和谐。优化公共服务。优先发展教育事业，通过国家义务教育均衡县创建验收；加快发展卫生事业，提高医疗服务能力。同时，继续坚持以办好“城乡20件实事”为抓手，持续加大投入，切实抓好创业就业、社会保障、交通饮水、电力通讯等民生工作，加快解决群众上学难、就医难、出行难、办事难等问题。加强社会治理。深入推进“平安紫阳”建设，不断提升人民群众对社会治安的满意率。加快建设县镇村综治信息中心，深化完善“三调联动”工作机制，加大紫阳热线办理力度，健全领导接访、网上信访和领导包案机制，努力把矛盾化解在基层。切实加强安全生产隐患排查和专项整治，严防不安全事故发生，保障人民群众安居乐业。凝聚发展合力。支持人大、政府、政协依法依章履职，支持审判机关、检察机关依法独立行使职权，深入开展“七五普法”，做好民族、宗教、外事、侨务和对台等统战工作，推进新形势下党的群团工作，加强党管武装工作，促进军政军民团结。

（二）统筹推进，重点突破，打赢脱贫攻坚翻身仗。

脱贫攻坚，军令如山。面对去年我县脱贫攻坚全市排名靠后、工作滞后的严峻形势，今年必须知耻后勇、奋力争先，以更高的标准、更实的要求、更硬的措施、更严的考核，全面推进精准扶贫精准脱贫工作，高质量完成年度脱贫攻坚任务，确保获得省市年度考核优秀等次。

一要科学统筹，全面推进。坚持以脱贫攻坚统揽经济社会发展全局，做到四抓四结合。要把抓全域整体稳定脱贫与县域经济社会协调发展结合起来。既要围绕111个贫困村出列、8.02万贫困人口越线，重视以村、以户为单位的增收产业、基础设施和公共服务保障，还要重视在镇域、县域层面，策划、催生、落实一批打基础、利长远、可持续，带动力大、辐射性强、标准化高的区域主导产业、重大基础设施、公共服务设施和生态环保设施，以中央和省市政策为支点，撬动更多资本、资源投入脱贫攻坚，带动建设一批大产业、落实一批大项目，促进区域均衡、协调、持续发展。要把抓111个贫困村贫困人口的脱贫与42个非贫困村贫困人口的脱贫结合起来。做到精准脱贫政策全面落实，精准帮扶工作全面覆盖，让小康路上一个不掉队。要把抓40个当年计划出列贫困村脱贫与71个以后年度计划出列贫困村脱贫结合起来。全面启动所有未出列贫困村帮扶工作，做到村村都有县直单位和工作队驻村抓脱贫，持续用力，夯实基础，确保每一个申请出列的贫困村都顺利通过第三方评估验收，防止突击性、运动式、低水平完成脱贫任务。要把抓22个已出列贫困村后续帮扶与111个未出列贫困村集中帮扶结合起来。巩固脱贫成果，降低返贫率和贫困发生率，从根本上实现永久脱贫。

二要突出重点，集中攻坚。坚持全面抓与重点抓，是推动工作的重要方法。推进全域脱贫，必须突出重点，集中攻坚，实现突破。要聚焦精准要求持续用力。进一步落实“六个精准”“七个一批”的要求，扎实推进“八大脱贫工程”，做到扶贫对象精准、驻村帮扶精准、扶贫措施精准、扶贫成效精准和经营主体、资金支持、政策保障、结对帮扶“四个全覆盖”。建立精准脱贫管理手册，抓好建档立卡贫困户复查核查和统计监测，完善贫困户帮扶台账，如实记录帮扶情况，实行动态管理，做到精准识别、精准退出。要聚焦年度任务持续用力。紧盯减贫成效、精准识别、扶贫资金、精准帮扶四类十二项年度脱贫攻坚目标任务，逐镇村逐部门明晰任务清单，压实责任，夯实措施，确保高标准、高质量完成年度40个村出列、1.8万人越线和面上脱贫任务。要聚焦关键工作持续用力。牢牢抓住建好房、修好路、兴好业、念好经四个重点，加快以安置点为主的安全住房和以道路为主的基础设施建设，扎实推进移民（脱贫）搬迁，培育稳定脱贫的致富产业，落实好精准扶贫精准脱贫的各项政策措施。

三要完善机制，强化保障。完善产业扶贫和技能脱贫机制。全面推行“主导产业+龙头企业+合作社组织+贫困户”的产业精准扶贫模式和“支部＋X＋贫困户”党建促脱贫模式，因地制宜发展特色产业，每个贫困村至少培育发展一项主导产业、一个县级以上的农业园区、一个专业合作组织、一个家庭农场、一批产业大户、一户产业企业，鼓励和引导贫困户将已确权登记的土地承包经营权入股企业、合作社、家庭农场，与新型经营主体形成利益共同体，分享经营收益。继续实施五大免费技能培训工程，帮助贫困群众提高致富技能，实现稳定就业。完善工作推进机制。夯实县、镇、村三级抓脱贫工作责任，全面落实“三个一”包抓责任和片区作战、月度督查、季度点评、年度考核、述职评议工作机制。完善考核奖惩机制。坚持从严考核问责，严格执行脱贫攻坚年度目标考核办法，实行重奖严惩，以严实的考核倒逼责任落实。坚持在脱贫攻坚一线培养锻炼、选拔使用干部，每年优先从优秀驻村工作队员、第一书记选拔任用干部不少于10名，全面激发抓脱贫工作的积极性、主动性、创造性。探索创新扶贫新机制。积极开展电商扶贫、旅游扶贫、金融扶贫试点，完善涉农资金整合、扶贫资金绩效管理、社会扶贫机制，开展“百企帮百村”活动。把“扶志”与“扶智”结合起来，积极开展思想扶贫和文化扶贫，开展以讲孝心、讲良心、讲公心为主要内容的“三讲”教育，全面推进移风易俗，树立乡风文明，引导贫困群众克服“等靠要”思想，激发贫困群众脱贫致富奔小康的内生动力。

（三）夯实责任，创新载体，推动党建工作上水平。

推进紫阳追赶超越，关键在党，关键在人。各级党组织要进一步树牢“抓党建就是抓发展”的思想，正确把握抓党建与抓发展的辩证关系，在落实“第一责任”中推进“第一要务”，在推进“第一要务”中检验“第一责任”，让党建工作更有实效性、发展更有质量效益。

一是必须强化“抓好党建是最大政绩”理念。从实际工作中看，我县部分党委（党组）书记对抓好党建工作认识不到位、安排不到位、落实不到位，总认为抓党建是“务虚事、做虚功”，没有把党建工作作为党委书记主业来抓、作为党委书记主责来担，对党建工作的重要性、紧迫性认识不到位，抓党建的态度不坚决、不严肃、不端正。各级党委（党组）书记必须牢固树立“抓好党建是最大政绩”理念，以高度的思想自觉和行动自觉，用心用力抓好基层党建工作。

二是必须树立“党建+”系统思维。基层党建是一项系统工程，要善于运用系统思维，以系统思维聚合力、用系统方法谋全局，提升整体工作水平。必须跳出党建抓党建，紧紧围绕全县工作中心，将党建工作同经济发展、脱贫攻坚、生态环境保护、社会治理创新有机结合起来，不断增强抓党建的针对性和实效性，让党建工作化虚为实，实现抓党建与促发展相融互动，促进各项工作有效落实。

三是必须打造紫阳党建工作品牌。良好的党建品牌是提高党组织战斗力、党员凝聚力的强大引擎，是新形势下增强党的先进性、纯洁性的强大动力，是推动经济社会持续健康发展的源动力。近年来，我们先后推出了联系服务群众“五个一”、“支部+X+贫困户”、党群例会日等党建品牌，极大地凝聚了全县的党心、民心，推进了各项工作。必须让树品牌、当标杆成为各级组织和每名党员的自觉追求，持续健全创品牌的工作机制、考核机制、长效机制，让“党建品牌”真正发挥出服务基层、推动工作、促进发展的作用。

基于以上的认识和判断，2017年，全县各级党组织和广大党员干部要进一步提高和深化党建工作的认识，切实把全面从严治党的要求贯穿到经济社会发展各个方面，为建设全面小康紫阳提供坚强的政治保证。

一要补足坚不可摧的精神之钙。深化“两学一做”学习教育。巩固好学习教育成果，深入学习贯彻习近平总书记系列重要讲话和十八届六中全会精神，认真学习贯彻党的十九大精神，坚定“四个意识”，坚持用党的最新理论成果武装头脑、指导实践、推动工作。启动县委党校建设，办好“网上党校”，精准实施新一轮干部培训五年规划，开设“紫阳大讲堂”，深入开展干部大培训、大教育，不断提高各级干部履职尽责的能力。加强调查研究，每名科级领导每年至少撰写一篇高质量调研报告。严肃党内政治生活。严格落实民主集中制，严格组织生活制度，完善“三会一课”、民主生活会和组织生活会、谈心谈话、民主评议党员等制度，不断提高党内民主质量。切实用好批评和自我批评这个有力武器，开展严肃认真、积极健康的思想斗争。提升宣传思想工作水平。严格落实党委（党组）意识形态工作责任制，牢牢掌握党在意识形态领域的领导权、管理权和主动权。借力中省市主流媒体，创新自媒体，讲述紫阳好故事，传播紫阳好声音，塑造紫阳好形象，凝聚正能量，提振精气神。健全网络舆论宣传管理机制，提升应急处置和应变引导能力。

二要锻造追赶超越的中坚力量。用好“三项机制”。落实好鼓励激励机制，坚持政治激励、物质奖励、精神鼓励并举，强化正向激励，让能干实干者扬眉吐气。要落实好容错纠错机制，真正做到为敢于担当的干部担当，为敢于负责的干部负责，让敢闯敢干者不挫锐气。要落实好能上能下机制，进一步畅通“下”的渠道，加大科级领导干部和重要岗位干部常态化交流，积极推进中层干部轮岗，激发干部队伍活力。要树牢“重一线、重实绩、重公论”的选人用人导向，坚持在脱贫攻坚主战场、项目建设第一线、基层工作最前沿锤炼、选用干部。统筹做好女干部、党外干部选配工作，不断优化干部队伍结构。加强人才队伍建设。按照先进后出的思路，科学制定年度人才招录计划，每年引进一批文化旅游、教育卫生、规划建设等各类人才，解决专业技术人才队伍数量不足、结构不合理等问题。强化干部监督管理。完善科级领导班子和领导干部考核办法，注重日常考核和一贯表现，切实把干部考准、考实。建立干部工作考核纪实制度，印制干部工作日志，每名干部如实记录工作情况，定期进行督促检查，并作为干部考核评价的重要依据。制定退二线干部管理办法，让非领导职务干部继续发挥作用。

三要筑牢坚强有力的战斗堡垒。层层落实党建工作责任。制定落实全面从严治党责任的实施意见，全面推行基层党建主体责任清单制度，分层次、分领域制定各级党组织书记和班子成员抓党建责任清单。进一步规范基层党建述职评议的程序、内容和方式，健全整改督办和跟踪问效机制，并注重考核结果运用，着力构建党建述职评议常态化工作机制。推进基层党组织标准化建设。持续加大基层党建投入和保障力度，开展阵地建设达标升级活动，加强村级活动场所管理，强化服务平台作用发挥，提高服务群众的能力和水平。持续深化农村、社区、机关、事业、国企、非公和社会党组织创建活动，推动不同类型党组织争先进位。大力实施“党员队伍素质提升工程”，培养发展一批知识层次高、群众基础好的年轻党员，解决党员队伍年龄老化问题。加强村级干部队伍建设。持续抓好软弱涣散基层党组织整顿，建强农村党组织带头人队伍，建立健全村干部教育培训、工作考勤、工作档案等管理制度，实行任职承诺、坐班值班制度，严格述职评议考核，加强对下派“第一书记”和大学生村官的教育管理。实施村级后备干部培养储备“青苗工程”，每个村至少培养3名以上村级后备干部。推进党建工作创新行动。持续深化联系服务群众“五个一”工作法，不断深化党员干部联系基层组织、联帮贫困群众的“双联”责任机制，建立“走村不漏户、户户见干部”长效机制，提升群众满意率。建立健全县镇村三级便民服务体系，推动行政管理、审批、服务向基层延伸，实行网上申报代办和线下代办联动，实现便民服务全覆盖。实施党建富民强村工程，不断创新深化“支部+X+贫困户”抓党建促脱贫工作模式，深入开展“双建双培”活动，着力建强支部，建好“X”，把市场主体带头人培养成党员和村干部，把党员和村干部培养成市场主体带头人，使每个村都有党员致富带头人，让党支部始终成为脱贫攻坚的引领者。大力实施“互联网+党建”运用提升行动，把支部建在网上、把党员连在线上。完善“手机+党支部”精准指导平台，推动在线学习教育、网上组织生活、缴纳党费等教育管理服务手段创新，促进传统党建全面升级。

四要营造风清气正的发展环境。压实“两个责任”。全县各级党组织要坚持从严治党，切实担起管党治党的政治责任，认真落实党风廉政建设党委主体责任、纪委监督责任和领导干部“一岗双责”，完善党风廉政建设责任清单，全面推行“两个责任”纪实台账，让每一名党员领导干部受到警醒、担当尽责。强化监督执纪问责，对落实责任不力、发生严重违纪违法行为的，严格实行“一案双查”，倒逼“两个责任”刚性落实。加强党内监督。严格抓好《监督条例》的执行，强化自上而下的组织监督，改进自下而上的民主监督，充分发挥同级相互监督作用。要更加突出对党的领导机关和领导干部，特别是主要领导干部的监督，更加重视对廉政风险突出的重点单位、重点领域监督，严格规范干部社会交往，促进党员干部按本色做人、按角色办事。持续转变作风。从严整治“四风”，紧盯重要节日和时间节点，常态化开展监督巡查，坚决防止“四风”问题反弹回潮。严厉打击“人情风”“赌博风”，坚持严管严查、绝不姑息。坚持真抓实干，扑下身子抓落实，务实担当抓赶超。严格控制召开全县性大会，精文简会，多到基层一线开现场会，开解决问题的会。加大督查检查力度，健全问责处罚机制，严惩敷衍了事、推诿扯皮、为官不为，全面整治庸政懒政怠政，让人民群众真正感受到“门好进、脸好看、事好办”。严肃执纪问责。持续保持正风肃纪的高压态势，以问责倒逼责任落实，坚持纪在法前、纪严于法，严格落实《廉洁自律准则》《纪律处分条例》等党内法规，树牢道德高线，坚守纪律底线。综合运用监督执纪“四种形态”，及时发现、提醒和纠正苗头性问题，使咬耳扯袖、红脸出汗成为常态。强力推进审计监督全覆盖，不断深化和落实镇纪委直管村（居）监委会制度，充分发挥巡察“利剑”作用，严肃查处损害群众利益的不正之风和腐败行为。

同志们，在建设小康紫阳的征程中，我们不缺加快发展的大好机遇，不缺追赶超越的科学路径，不缺和谐稳定的良好环境，只要我们保持定力、坚定信心、提振精神，将热爱紫阳、建设紫阳、发展紫阳的责任担当扛在肩上，撸起袖子加油干，迈开步子加快赶，就一定能干出新业绩、跑出加速度，以追赶超越的优异成绩，迎接党的十九大和省第十三次党代会胜利召开！

政府工作报告

——2017年2月20日在紫阳县第十八届人民代表大会第二次会议上

紫阳县人民政府县长　陈　莲（女）

一、县十七届人民政府工作回顾

刚刚过去的2016年，是县十七届人民政府的收官之年。在县委的坚强领导和县人大、县政协的监督支持下，我们以新发展理念为引领，大力实施“五大战略”，奋力加快追赶超越，经济发展总体平稳，人民生活持续改善，实现了“十三五”稳健开局。

一是经济运行稳中向好。坚持把发展作为第一要务，紧扣“追赶超越、绿色崛起”，千方百计稳增长、调结构、转方式。完成生产总值80.48亿元，增长11.2%；全社会固定资产投资84.8亿元，增长25.9%；财政总收入2.92亿元，地方一般预算收入1.65亿元；社会消费品零售总额22.61亿元，增长13.7%；城乡居民收入达到25474元和8789元，分别增长8.1%和9.2%。

二是循环产业提质增效。富硒农业规模壮大。新建茶园7116亩，年产茶叶5863吨，实现综合收入13.5亿元；种植魔芋6万亩，新建特色经济林3.3万亩；发展现代农业园区7个，培育农业专业合作社104个。紫阳富硒茶荣登中国名优绿茶十大公共品牌，紫阳古茶园与茶文化入围全国农业文明遗产，被确定为全省茶产业转型升级示范县，荣获全国茶叶发展示范县、重点产茶县和全市茶叶产业发展先进县、魔芋产业发展先进县、现代农业园区建设先进县等称号。工业经济稳步增长。恒紫园区、硒谷园区加快建设，轻质环保建材、中药材仓储与精深加工项目进展良好，康兮寿兮、金星烟花爆竹竣工投产，新增“四上”企业15户。文旅产业加快发展。全域旅游和重点区域旅游规划编制完成，文笔山三期、硒茶小镇等旅游项目快速推进，任河漂流景区跻身省级水利风景区，“紫阳蒸盆子”入选陕西十大名菜，“汉江画廊·茶歌紫阳”品牌知名度不断提升，旅游综合收入增长21.09%。现代服务业持续壮大。电子商务发展迅速，实现线上交易额1.35亿元，被确定为国家电商进农村综合示范县。

三是城乡环境持续改善。圆满完成河堤路西段拆迁，西门河新区、农业局片区改造等重点项目加快建设，国家卫生县城顺利通过验收。蒿坪、向阳副中心和重点集镇、美丽乡村建设快速推进。城乡基础设施、公共服务设施持续改善。实施移民搬迁8080户，建成保障性住房1928套，改造棚户区1500户。绿化造林7.09万亩，荣获“全国造林绿化模范县”。实施农村环境综合整治30个村，5镇1村荣获省级生态镇村，建成三镇一区污水处理工程，集镇垃圾堆放场实现全覆盖，汉江水质稳定达标，生态环境更加优美。

四是改革创新深入推进。深化“放管服”改革，积极推进“互联网+政务服务”，开通全省首个县级网上办事大厅，实施“五证合一、一照一码”改革，“全程代理”政务服务模式在全市推广，商事制度改革荣获国家工商总局表彰。被确定为全省科技创新驱动县域经济发展示范县，硒产业“星创天地”获得科技部表彰。矛盾纠纷“三调联动”工作机制不断完善，全省矛盾纠纷排查调处暨“三调联动”工作现场会在紫阳召开。土地确权登记颁证基本完成，营改增试点运行平稳，不动产统一登记对外颁证。户籍制度、养老保险、公务用车、职级并行等既定改革稳步推进。

五是民生事业全面进步。全年民生支出19.66亿元，占公共预算支出的86.5%。城乡20件实事较好落实，公开承诺的重点工作基本完成。实现22个贫困村出列、1.55万人脱贫，产业精准扶贫得到上级肯定，技能脱贫模式在全市推广。全面实施十三年免费教育，县城第三小学建成投用，改造薄弱学校13所，高考二本以上达线1183人，上线率位居全市县区第一。紫阳中学被命名为陕西省普通高中示范学校，获得全市高考“卓越贡献奖”。卫生服务体系加快建设，县中医院综合住院楼主体竣工，建成标准化卫生室38个，2所镇卫生院创建为全国“群众满意的乡镇卫生院”。发放创业贷款6513万元，城镇新增就业2210人。发放养老金6000余万元，城乡低收入家庭标准提高、应保尽保。创建省级食品安全示范县通过市级验收。治安满意率位居全省前列，荣获全省2016年平安建设先进县、控制进京非访工作先进县和全市信访工作先进单位。安全生产、防汛防滑等工作扎实有效，社会大局和谐稳定。

六是政府建设得到加强。自觉落实县委决策部署，主动接受人大法律监督、政协民主监督，办理人大代表建议53件、政协委员提案131件，“紫阳热线”、“县长信箱”、“网上信访”群众反映事项1.5万余件。修订了《县政府工作规则》，推行法律顾问、风险评估等制度。财政预算执行、“三公”经费等信息面向社会公开。加强审计监督全覆盖，村级财务审计试点工作“蒿坪模块”在全市总结推广。深入开展“两学一做”学习教育，加强党风廉政建设，全年立案154件，给予纪律处分172人，营造了风清气正、廉洁高效的政务环境。

各位代表，2016年各项目标的实现，为县十七届人民政府工作画上了圆满句号！五年来，我们主动适应新常态，积极应对新挑战，依靠全县人民的智慧和力量，攻坚克难，砥砺奋进，圆满完成县十七届人民代表大会确定的目标任务，谱写了经济发展、民生改善、社会和谐的新篇章。

五年来，我们转变方式、加快发展，综合实力显著提升。全县经济总量达到2011年的2.28倍，年均增长13.1%，增速连续十年保持两位数；全社会固定资产投资达到2011年的3.3倍，五年累计完成投资280亿元，年均增长24.2%；财政总收入比2011年增加7852万元，年均增长5.4%。发展的质量和效益稳步提升，全省县域经济发展监测综合排名前进21位。

五年来，我们调优结构、推动转型，产业效益显著提高。大力发展生态友好型产业，全国唯一的富硒茶产业知名品牌示范区获准创建，“紫阳富硒茶”被认定为中国驰名商标，魔芋产业一体化经营的“紫阳实践”在全国推广。恒紫园区、硒谷园区跻身全省重点工业集中区，聚集企业23家。累计培育规模工业企业22家。生态旅游加快发展，瓦房会馆群荣列国家重点文物保护单位，紫阳民歌影响力不断提升，旅游接待及综合收入逐年提升。电商、健康等新产业蓬勃兴起。

五年来，我们注重统筹、保护生态，城乡面貌显著变化。紫阳港大桥、西门河大桥、河堤路综合改造、文笔山公园、县文体活动中心、541国道、西门河新区等重点项目陆续建设。完成搬迁2.68万户9.41万人，建设保障性住房8010套，城镇化率达到38.9%。新建公路208.7公里，改造输电线路2671.4公里，22.7万人实现安全饮水。建成县城垃圾填埋场、污水处理厂和21个集镇垃圾堆放场。创建省级生态镇11个，市级生态镇实现全覆盖。治理水土流失540平方公里，绿化造林38万亩，森林覆盖率达到60.6%。

五年来，我们深化改革、推动创新，发展活力显著增强。深入落实联系服务群众“五个一”工作法，在全省率先公布县级权力清单，行政审批服务改革在全国产生广泛影响。完成镇村综合改革和县政府机构改革，成立了全国首家县级社情民意调查中心，建立矛盾纠纷“三调联动”机制，财政惠民补贴资金实行“一卡（折）通”兑付，基本药物实行“三统一”和零差价销售，“先诊疗、后结算”制度全面实施。招投标管理、涉法涉诉信访、项目管理等领域的难点问题有效破解。

五年来，我们办好实事、和谐共建，人民生活显著改善。办理城乡实事100件，减少贫困人口6.23万人，发放创业贷款3.45亿元，新增城镇就业9378人。建成县城第二小学、第三小学和21所公办幼儿园，改造农村薄弱学校100所。建成县医院综合住院楼，新建镇卫生院4所、标准化村卫生室120所。新建镇文化站17个、农家书屋175个。“六五”普法通过省级验收，社会治理不断强化，平安建设持续推进，社会大局和谐稳定。

同时，国防动员、民族宗教、机构编制、档案史志、统计、移民、外侨、老龄、供销、邮政、气象、残联、科协、工商联、工会、共青团、妇女儿童、红十字会等工作都取得了新进步。

五年来，全县很多工作走在全国全省全市前列，先后获得国家首批富硒农业产业示范基地、十大生态产茶县、魔芋产业重点基地县、计划生育优质服务县、法治县创建活动先进单位、基层中医药工作先进单位、节约型公共机构示范单位等国家级荣誉19项，获得全省科技创新驱动县域经济发展示范县、县城建设先进县、平安建设示范县、移民搬迁工作先进县、保障性住房建设工作“十佳县”、省级文化先进县等省、市级荣誉60余项，成为全省产业精准扶贫试点县、电商扶贫试点县、金融扶贫试点县，两次荣获全省县域经济争先进位奖，三次荣获全市目标责任考核优秀等次。

各位代表，奋斗历程铿锵激越，发展成就令人振奋。过去五年的成绩与进步，是在县委坚强领导下，全县各条战线共同努力的结果。在此，我代表县人民政府，向全县广大干部群众、离退休老干部、驻紫武警官兵、公安干警，向全体人大代表、政协委员和社会各界人士，表示衷心的感谢和崇高的敬意！

各位代表，五年的探索实践启示我们，加快紫阳发展、实现全面小康：必须坚持党的领导，坚决贯彻中央和省市县委决策部署，咬定目标不放松，一年接着一年干，奋力把宏伟蓝图变为现实。必须坚持发展为要，加快推进转型升级，提升发展的质量和效益，保持经济稳定增长，努力迈出追赶超越的更大步伐；必须坚持民生为本，决战决胜脱贫攻坚，全面发展社会事业，用情用力改善民计民生，让广大群众共享发展成果；必须坚持改革创新，突出创新驱动，扩大开放合作，敢想敢干敢作为，创新创业创一流，最大限度激活发展动力；必须坚持生态优先，严守环境保护红线，大力发展生态经济，打造绿水青山的县域典范，奋力实现绿色崛起；必须坚持担当实干，胸怀紫阳情结，团结一心、共同奋斗，干在实处、走在前列，不断把紫阳的各项事业推向前进。

各位代表，昨天的奋进已载入史册，站在新的发展起点冷静审视，我们清醒地认识到：发展不足是最大的短板，经济总量小、基础条件差、产业层次低、环保压力大、贫困程度深的县情还未根本改变。活力不强是最大的差距，资源利用水平低，科技支撑能力弱，重大投资项目少，各类人才匮乏，企业实力不强，财政增收困难，转型升级步伐有待加快。基础薄弱是最大的瓶颈，脱贫攻坚任务艰巨，城乡发展不够均衡，农村基础设施落后，交通路网、环保设施、供水供电、网络通讯等条件需要进一步改善。观念落后是最大的制约，开放发展的视野不宽，跳不出“大山思维”，思想僵化保守，干事因循守旧，引资融资的成果不多，开拓创新的能力欠缺。作风不硬是最大的隐忧，政府职能转变还不到位，少数部门和干部效率不高、服务意识不强、责任担当作为不够。对这些问题，我们绝不回避，将切实予以解决。

二、县十八届人民政府的历史使命

今后五年是实现全面小康的决胜阶段，也是加快追赶超越的关键时期。国家推动“一带一路”、脱贫攻坚、供给侧结构性改革、长江经济带、新一轮西部大开发、川陕革命老区振兴发展等战略决策，为我们全面发展、实现小康提供了重大机遇。省委、省政府紧扣“追赶超越”定位和“五个扎实”要求，持续加大脱贫攻坚、移民搬迁、陕南绿色循环发展等政策投入，为我们补齐短板、赶超进位提供了强力支持。市委、市政府提出建设西北生态经济强市，推进国家主体功能区试点示范、石紫岚沿江生态经济带建设，为我们加快转型、绿色崛起提供了更大空间。历经多年发展，紫阳综合实力不断增强，后发优势持续释放，承载能力有效提升，群众脱贫致富的愿望更加强烈，干部克难奋进的精神更加饱满，全县干事创业的氛围更加浓厚，我们追赶超越的底气更足、士气更高。发展机遇千载难逢，实干才能梦想成真，只要我们把握大势、抢抓机遇，紧盯目标、创新实干，就一定能够夺取追赶超越的新胜利，建成全面小康的新紫阳。

按照县十五次党代会的部署和全县“十三五”发展规划，今后五年工作的总体要求是：深入贯彻习近平总书记系列重要讲话特别是来陕视察重要讲话精神，按照“五位一体”总体布局和“四个全面”战略布局，坚持发展第一要务，践行新发展理念，深化供给侧结构性改革，以建设西北生态经济强县为目标，全力推进生态立县、产业强县、文旅兴县、创新活县、惠民安县五大战略，奋力实现绿色发展、转型发展、融合发展、开放发展、共享发展五个赶超，如期全面建成小康紫阳。

今后五年的预期目标是：生产总值年均增长11%以上，全社会固定资产投资年均增长15%，规模以上工业增加值年均增长15%，社会消费品零售总额年均增长12.5%，城乡居民人均可支配收入年均分别增长9%、10%。经济发展质量效益全面提升，进入全市发展第一方阵，在全省县域经济社会发展监测综合排名前进10位，全面实现脱贫摘帽。

围绕上述目标，未来五年我们将以脱贫攻坚为统揽，以加快发展为己任，努力在六个方面实现赶超。

（一）全力以赴抓项目、扩投资，在加快发展中实现追赶超越。始终把项目建设作为引擎，以“十三五”规划为统领，每年实施项目投资“双百”工程，抓好产业发展、基础设施、民生建设等重大项目，持续扩大有效投资。始终把招商引资作为动力，完善优惠政策，推进精准招商，加快引进一批重大项目和优质企业，积极引进先进技术、市场、人才和理念，促进开放合作，增强赶超动能。始终把优化环境作为保障，营造良好投资环境和营商环境，为项目引进、落地、投产提供一条龙服务，构建“亲”上加“清”的新型政商关系，实现从政策优惠向服务优质转变。到2021年，力争全社会固定资产投资突破200亿元，五年累计完成投资600亿元以上。

（二）持续用力促转型、调结构，在转变方式中实现追赶超越。立足生态富硒特色优势，坚持聚集发展、转型发展、融合发展，突出创新引领、科技支撑、龙头带动、园区承载，在延伸产业链条、推动跨界融合、提高产业竞争力上下功夫，发展壮大富硒产业、新型工业、现代服务业。以建设汉江产业经济带为契机，突出富硒特色产业和生态旅游，打造蒿坪、双安富硒产业聚集发展试点示范区，培育1至2个国家级现代农业园区，建成全国科技创新驱动县域经济发展示范县、国家富硒生态产业基地，推动富硒产业扩规模、提质量、增效益，引领全市富硒产业发展。大力发展飞地经济，集中建设硒谷、恒紫工业园区，培育富硒食饮品、生物医药、新型材料产业，推动产业向中高端迈进。以“汉江画廊·茶歌紫阳”旅游形象为统领，做足“山水硒、茶歌道”文章，坚持“八个围绕”抓旅游，促进产旅、文旅、城旅、农旅深度融合，建成全省一流的生态观光休闲康养旅游目的地。大力发展电子商务、修脚足疗、健康养老、金融服务、文化创意等服务业，形成新的经济增长点。

（三）持之以恒优环境、强生态，在绿色发展中实现追赶超越。牢固树立“绿水青山就是金山银山”的理念，大力保护和发展生态，协同推进城乡发展和生态建设，让生态优势成为紫阳绿色崛起的最大后发优势。遵循城市发展规律，优化镇村发展布局，突出“一城三镇十村”重点，打造山水人文县城，培育特色小镇，建设美丽乡村。到2021年，基本形成以县城为核心、集镇为依托、中心村为基础的新型城镇化体系。实行最严格的生态环境保护制度，铁腕保护汉江流域水质安全，扎实推进环保设施建设和林业生态工程，全面开展农村环境综合整治，实现集镇污水、垃圾处理设施全覆盖，创建省级生态文明示范县，建成国家生态功能示范区，汉江水质持续稳定达标，森林覆盖率达到66%以上。

（四）蹄疾步稳抓改革、促创新，在解放思想中实现追赶超越。主动融入全市全省全国发展大局，以解放思想推动观念突围，用改革创新驱动县域发展，激活追赶超越的内生动力。深化供给侧、“放管服”、投融资体制、农村产权制度等重点改革，统筹推进教育、文化、卫生、户籍制度、国有林场等改革，加速释放发展活力。积极推动大众创业、万众创新，加速创新链与产业链、资金链、政策链的有机融合，支持各类创新平台建设，推动各领域、各环节创新，强化企业创新主体，深化政企院校合作，建立完善股权投资、以奖代补、风险补偿、财政贴息等新机制。

（五）坚持不懈办实事、惠民生，在共享发展中实现追赶超越。坚持民生为本，决战决胜脱贫攻坚，持续办好民生实事，加快发展社会事业，如期实现全面小康。按照“两不愁、三保障”和“六个精准”要求，大力实施“八大脱贫工程”，到2019年，全县111个贫困村、8.02万贫困人口全部脱贫，实现户脱贫、村出列、县摘帽。建立统筹城乡的社会保障体系，实施全民参保计划，实现社会保险全覆盖。办好人民满意教育，促进各类教育协调发展，创建国家义务教育发展基本均衡县。建设“健康紫阳”，提升医疗卫生服务水平，促进人口均衡发展。落实联系服务群众“五个一”工作法，加强社会治理能力建设，全面推行网格化社会管理，创建全国治安模范县，确保人民安居乐业、社会和谐稳定。

（六）锲而不舍优机制、转作风，在务实担当中实现追赶超越。把责任、担当、落实作为始终如一的根本，优化机制体制，转变政风行风，干字当先，矢志赶超。坚持对标看齐担当干，聚焦追赶超越的目标，完善点评、督查、考核等机制，始终紧跟全市发展走在前列，每年在全省县域经济社会发展监测综合排名前进2位。坚持立说立行落实干，建立权责明确的工作落实机制，推行重点工作公开承诺制、“一线工作法”，以真抓实干、马上就办的作风狠抓落实。坚持勇于负责激情干，用好激励鼓励、容错纠错、能上能下“三项机制”，激发干事创业的激情和活力，积极营造比拼争先的实干氛围，奋力推动紫阳追赶超越。

三、2017年目标任务和重点工作

2017年是全县贯彻落实县十五次党代会精神的起步之年，是深入推进“十三五”规划的关键之年，也是奋力追赶超越、加快绿色崛起的攻坚之年。实现既定发展目标，必须贯彻落实中央和省市的决策部署，按照“追赶超越、绿色崛起”的总要求，紧扣稳中求进总基调，以新发展理念为引领，以脱贫攻坚统为统揽，以改革创新为动力，以民生需求为导向，以项目建设为抓手，大力实施“五大战略”，统筹推进稳增长、促改革、调结构、惠民生、防风险等各项工作，促进经济平稳健康发展和社会和谐稳定。

主要预期目标为：实现生产总值88亿元，增长11%；全社会固定资产投资突破100亿元，增长18%；财政总收入3亿元、一般预算收入1.81亿元，同口径分别增长3%、10%；规模以上工业增加值达到40亿元，增长15%；社会消费品零售总额达到25.66亿元，增长13.5%，城乡居民人均可支配收入达到27766元、9668元，分别增长9%和10%，完成40个贫困村出列、1.8万人脱贫任务，汉江出紫断面水质稳定在Ⅱ类标准。

围绕上述目标，重点抓好七个方面的工作。

（一）以精准脱贫为统揽，坚决打赢攻坚战

落实“六个精准”和“七个一批”的要求，全面铺开111个村、8.02万人脱贫工作，完成40个贫困村出列、1.8万人脱贫任务。

系统提升攻坚实效。脱贫攻坚是全面小康的底线任务，更是加快发展的重大机遇。必须强化系统思维，统筹项目、资金、人力、政策，大力实施“八大脱贫工程”，统筹组织111个村脱贫工作，同步推进42个非贫困村贫困人口脱贫，持续做好22个已出列村后续帮扶，提升精准脱贫实效，全面加快脱贫步伐。坚持立足当前、着眼长远，找准贫困村发展定位，系统谋划好基础设施建设、产业发展、社会保障，统筹组织社会管理、思想教育、乡风文明等工作，实现协调有序可持续发展。

有效拓展攻坚路径。实施产业精准扶贫试点扩面，按照“镇有主导产业、村有骨干产业、户有增收产业”的要求，每个贫困村都要发展一项主导产业、引进一家企业、培育一个专业合作社和一批产业大户，建立贫困户互助组织，有效将贫困户与企业、大户嫁接，依托龙头企业、专业合作社、家庭农场，带动贫困户增收3000户以上。扎实推进技能脱贫，结合主导产业，实施五大培训工程，以贫困大学生和困难群众为重点，完成免费技能培训6000人以上，引导贫困群众实现稳定就业3000人以上。扎实开展金融扶贫试点，用活“5321”政策，降低贷款门槛，落实风险担保金3000万元，撬动金融扶贫贷款3亿元。积极开展电商扶贫、旅游扶贫试点，通过订单农业、旅游产业，促进1500户贫困群众增收。探索创新思想扶贫、文化扶贫，开展讲孝心、讲良心、讲公心“三讲”教育，全面推进移风易俗，激发群众内生动力，引导群众主动脱贫。精准落实教育、健康、生态、兜底等脱贫措施，不让一个群众在小康路上掉队。

全面加快攻坚进程。突出抓好住房保障，按照“三年任务、一次下达、当年完成”的要求，坚持搬迁“三条红线”，用好搬迁补助、旧宅腾退等政策，4月底前29个安置点开工建设，年底前实施搬迁10277户，全面完成移民搬迁年度任务。加快补齐基础短板，完成年度40个出列村基础设施建设，同步启动剩余贫困村水电路讯及“两室一场”等设施建设，确保贫困村达标出列。

切实加强攻坚保障。统筹整合各类扶贫资金5.8亿元，确保当年出列村资金投入平均不低于800万元，其他贫困村不低于300万元。实行片区推进机制，统筹组织城关、江北、任河和权涧4个片区脱贫攻坚，落实脱贫攻坚目标、项目、资金、责任“四到镇”，建立指挥部管总、片区主战、工作团主责、工作队主抓的作战体系。全面落实贫困村帮扶责任单位，实现干部结对帮扶贫困户全覆盖，组织百家企业“联百村、扶千户”，形成部门镇村、各类企业、社会组织、贫困群众合力攻坚的良好格局。实行清单化管理、项目化实施、常态化督查，综合运用目标考核、季度点评、述职评议、第三方评估、“三项机制”等措施，确保全面完成年度脱贫任务。

（二）以稳定增长为目标，狠抓项目扩投资

实施“双百”工程，建设重点项目102个，完成全社会固定资产投资100亿元，同比增长18%。

狠抓项目建设。始终把项目作为经济工作的主要抓手。今年全力抓好河堤路西段综合改造、瓦房会馆片区开发、移民搬迁等25个投资过亿元的重大项目建设，年内建成义务教育均衡发展、县城江南供水、轻质环保建材等62个重点项目。围绕重大基础设施、产业发展、民生保障等领域，盯紧国家政策走向和资金投向，创新政府融资模式，切实加强中省项目精准对接，深度策划重大项目50个。积极做好项目资金争取，到位各类资金23亿元以上。全面落实重点项目包抓责任制，强化项目设计评审、风险评估、招投标、变更管理、考核奖惩等机制，依法严厉打击刁难设卡、强买强卖、恶意阻工等破坏项目建设的人和事，努力破解征地拆迁、资金短缺等难题，确保项目建设接续有序、落地有声。

聚力招商引资。始终把招商引资作为重中之重。主动融入全市开放发展行动计划，出台招商引资优惠政策，建立招商项目库，落实考核激励机制，实行全员招商，形成领导带队招商、部门主动招商、干部人人招商的生动局面。利用苏陕交流、水源地对口协作、中省脱贫攻坚帮扶部门和紫阳籍在外创业人士等资源，紧扣富硒产业、文旅产业、城镇建设、健康养老等重点领域，瞄准长三角、珠三角、京津冀等区域，大力推行精准招商选商，积极引进优质企业，鼓励引导成功人士返乡创业，扶持县内社会资本投资发展。落地亿元招商项目3个以上，实现招商到位资金10亿元以上。在公共服务领域包装PPP项目5个以上，实现PPP项目引进落地零的突破。完善招商项目落地运行机制，强化项目援建和后续服务，下决心破解滨江商业街、仁和国际、道教养生谷等开发项目遗留问题。进一步优化投资环境，切实保护投资者的合法权益，营造亲商安商富商的良好氛围。

加快基础建设。完善环线交通路网，做好541国道紫阳段项目援建，完成县城高速路引线改造，新建汉王跨汉江大桥和向阳江河、洄水堰门、双安双河口3座中小型桥梁，实施村级道路完善提升工程160公里、安全生命防护工程50公里。完善水利基础设施，新建河堤及护岸3.2公里，农村安全饮水工程62处。加快农村电网升级，新增变压器59台，改造供电线路295千米、户表16142户。实施乡村信息覆盖工程，完成有线电视入户1.5万户、宽带入户66个村，升级改造16个镇视频监控网。

（三）以产业升级为支撑，加快转型提质效

立足生态富硒特色优势，按照产业聚集发展要求，围绕汉江、任河、富硒三个产业经济带和面上均衡发展，加快转型升级，促进跨界融合，延伸产业链，提升价值链，全力推动产业提质增效。

做特做优富硒产业。富硒产业是紫阳最具比较优势，最具有成长性、带动性的“朝阳产业”。要以农业供给侧改革为抓手，坚定不移发展富硒首位产业，促进产业增效、农民增收，始终引领全市富硒产业发展。一是突出科技支撑、夯实产业基础。抢抓省级科技创新驱动县域经济发展示范县建设机遇，编制完成紫阳县富硒产业发展规划，以“八大行动计划”为引领，以硒产业小镇为抓手，启动建设蒿坪、双安富硒产业聚集发展试点示范区。坚持一、二、三产融合发展，做优“硒+X”产业模式，推进硒康养、硒休闲、硒度假等产业发展，实现产业接环搭链、互补互促。把加快富硒科技平台建设作为推动富硒产业攀高升级、跨越发展的“新引擎”，统筹建设中国紫阳硒产业研究院及产业孵化服务中心，恢复紫阳茶叶研究所，为产业和园区发展提供科学研究、检测检验、物流配送、电子商务、经营管理等一体化服务。加快技术研发和成果转化，努力在富硒产业基础研究、标准设立、技术创新、品牌打造等方面取得实质性进展。积极推行产业标准化，建立富硒产品质量标准，开展产品溯源体系和国家级硒元素健康标准体系建设，力争建立紫阳主导的富硒行业国家标准，全面提升产业发展的核心竞争力和吸引力。二是坚持园区承载、促进产业协同。实施28个现代农业园区提升工程，新建现代农业园区10个，发展市级现代农业园区2个。培育专业合作社50家、新型职业农民200人。突出富硒茶产业主导地位，实施富硒茶产业创新行动计划，推动基地扩面、产品提质、品牌提升、文化融合、市场拓展。新建茶园1万亩，改良茶园1.5万亩，发展紫阳种系良繁基地600亩。大力发展标准化园区，组建富硒茶标准化技术服务队30个，新建清洁化茶厂3个，培育市级以上龙头企业4家，全年生产茶叶6200吨，实现综合收入14.5亿元以上。引导各类主体细化产业链分工，建立起农户、合作社、小型加工厂、龙头企业各有侧重、互补互促的生产格局，力促产业发展壮大、企业达产达效、农民增收致富。叫响“世界硒源地”地域品牌和“紫阳富硒”公共产品品牌，实施“富硒产品走出去”战略，继续加大品牌宣传推广，鼓励企业拓展新市场。协同发展魔芋产业、山林种养、蔬菜杂粮等特色产业。种植魔芋6.5万亩，新建特色经济林2.6万亩。加大硒肥等富硒工业品和衍生品研发生产，围绕健康、生态、绿色、有机，积极开发新产品5个以上，构建富硒产业多元发展新格局。实现富硒产业产值40亿元，增长15%以上。

做实做强新型工业。坚持循环发展，加快科技创新，推动提质增效，稳定工业经济增长。一是加快传统产业转型。引导企业树立可持续发展理念，在循环发展、高效利用上下功夫，开展瓦板岩废弃物综合利用、板石文化创意创新等研究推广工作，助推板石矿产、烟花爆竹、锆刚玉等传统产业，逐步向价值链和产业链中高端迈进。二是推动新型工业升级。大力发展富硒食饮品、生物医药、新型材料产业，实施年产1万吨电池级硫酸锰、年产250万双成品鞋、富硒苦荞开发等项目，鼓励企业开展产品创新、溯源认证、转型升级等工作，重点支持盘龙、闽秦、和平、秦巴山、焕古庄园等茶叶企业发展壮大，加快富硒食品、开源科技、康兮寿兮、绿安农业等企业提质升级。三是做优产业发展平台。组建紫阳富硒产业园区管委会，统筹组织恒紫园区和硒谷园区规划建设、运营管理、招商服务等工作。成立紫阳硒谷产业发展投资公司，搭建富硒产业发展投融资平台，激发园区发展活力。依托园区聚集要素，明晰园区产业定位，完善园区发展规划，加大基础设施配置，建设恒紫园区管理服务中心，新建硒谷园区标准化厂房2.5万平方米，实施魔芋深加工、黑蒜饮料、精品粮油等富硒产业项目，新引进企业6家以上。

做精做靓生态旅游。立足“山水硒、茶歌道”，坚持“八个围绕”抓旅游，大力发展汉江画廊游、问道养生游、小镇体验游、美丽乡村游，促进文旅、产旅、城旅、农旅融合，推动旅游产业快速崛起。一是打造核心景区景点。加快文笔山景区、任河漂流二期建设，力争创建4A级景区。加快推进焕古硒茶小镇和瓦房会馆片区开发，完善码头、停车、游客接待中心等设施，实施魔芋包观光茶园提升改造项目，完成北五省会馆彩绘和江西馆布展，建成紫阳养生硒陶研究院、体验展示中心、老茶馆体验室。完成擂鼓台风景名胜区开发建设规划，启动擂鼓台景区旅游公路建设和景区内部道路设施改造。启动汉江、任河沿线景观带建设，完成补茶、兴果、植花、造林、添彩2000亩。支持焕古、汉王、高桥、毛坝培育区域旅游核心，延伸乡村生态观光休闲旅游线路。二是提升旅游服务能力。落实产业发展基金1000万元，支持文化旅游产业发展。推动县文化旅游公司投入运营，培养和引进旅游专业人才。建成桑树沟至瓦房旅游公路、向阳茶山旅游公路，开通县城至焕古、县城至瓦房店水上游线。加快完善旅游标识体系，建设青中农庄项目，鼓励发展民宿客栈，深度开发富硒美食、茶饮山珍、养生硒陶、板石工艺等旅游商品。围绕“旅游+”，培育旅游新业态，建立“智慧旅游”新平台。三是拓展旅游营销渠道。加强与国内专业营销团队、省内外旅行社、新媒体、知名电商合作，丰富旅游微信、微博等自媒体营销形式，扩大紫阳旅游的知名度、美誉度。四是创新开展文旅活动。组织开展“春天茶歌体验、仲夏亲水欢乐、秋季画廊畅游、冬日美食养生”四季文化旅游主题活动，举办民歌民舞大赛、道教养生论坛、硒茶道艺展示、悟真登高祈福、汉江冬泳竞技等特色文体活动，丰富文化旅游内涵，增强紫阳特色文化旅游的吸引力。五是繁荣发展特色文化。突出文化阵地建设、文化人才培养、文艺精品创作，建设49个村级综合文化服务中心，培养20名本土新生文艺力量和民间手工艺人，推出5个以上在省市产生广泛影响的文艺精品，推动“民歌民舞、茶艺茶道、富硒科普”进机关、进社区、进校园、进企业、进乡村，让特色文化成为紫阳的靓丽名片。

做活做新现代服务业。积极发展电子商务，统筹推进国家电商进农村示范县和全省供销电商示范县建设，完善电商服务体系，建成县电商运营服务中心，10个镇、100个村电商服务站点，培育5家电商龙头企业，新开网店300家以上，实现网上交易额3亿元以上，打造富硒电商第一县。做大修脚足疗养生产业，政企合作做优培训，定向输出保障就业，培育修脚足疗师6000人以上，打响紫阳“修脚足疗师”品牌。大力发展“紫阳味道”健康美食，积极培育茶饮、茶楼、茶餐厅和“硒”养、“硒”疗、“硒”健康等服务业态。启动西门河商业街运营，推进专业市场、特色街区和集贸市场建设。融合一、二、三产关联行业，利用“互联网+”“文化+”“健康+”等模式，加快发展医疗保健、康体养生、现代物流、家政服务等新经济。

做大做壮实体经济。贯彻落实促进民营经济发展的若干政策，大力培育市场主体，支持民营经济加快发展。建立县级领导和部门联企帮扶机制，针对企业需求落实帮扶单位和责任，制定帮扶清单，实行“一企一策”，加强土地、水电、科技、环境等要素保障，用活创业孵化、财信担保、品牌奖补等措施，指导企业建立现代管理制度，真心诚意帮助企业搞建设、抓生产，积极组织企业走出去、闯市场。激发金融活力，完善风险补偿和政银企联动沟通机制，推进担保体系建设，提升金融服务实体经济能力。设立2000万元产业发展基金、3000万元中小企业还贷周转金，降低企业融资成本，减轻资金周转压力。扶持劳动密集型企业，鼓励支持兴办社区工厂。实施企业梯次成长培育计划，建立“四上”企业培育库，促进“个转企、小升规”，新增“四上企业”15户、市场主体2000户以上。

（四）以生态保护为基础，厚植发展新优势

坚持绿色发展理念，推进生态文明建设，在绿水青山的“安康样板”中树立“紫阳典范”。

铁腕保护环境。严守环境保护红线，突出垃圾和污水两大防治重点，坚持源头严防、过程严管、后果严惩，强化“河长制”、“网格化”和“视频化”监管，全力抓好汉江水质保护。完成县城污水处理厂提标改造，建设河堤路污水管网、“两镇一区”污水处理工程。实施小米溪沟及田家湾、蒿坪河流域、红蝶化工废渣等环境治理项目。落实大气防治计划，加强土壤环境监管，完成市定年度节能减排任务，建设县城气化工程二路中压管网，空气质量优良天数达到300天以上。建立产业准入负面清单、重污染企业退出制度，持续开展农村面源污染、电站生态基流等突出环境问题整治，严厉打击环境违法行为。

厚植生态本底。加强国家主体生态功能区建设，大力推进汉江综合整治、水源地保护、地质灾害防治等生态项目，实施天然林保护、退耕还林等林业工程。绿化造林5.5万亩，治理水土流失110平方公里。坚持依法管地、节约用地，完成土地利用总体规划调整和永久基本农田划定，建设高标准基本农田8000亩，补充耕地1000亩。启动省级生态文明示范县创建，完成全市森林城市创建相关工作。倡导绿色低碳生活，让保护生态环境、建设美丽家园成为全民自觉行动。

（五）以城镇建设为抓手，推进城乡一体化

以新型城镇化为目标，突出“一城三镇十村”重点，坚持产城融合、景城互动，打造山水人文县城，建设美丽宜居乡村，统筹城乡发展。

在建设品质城市上下功夫。老城区做减法提升品质。除棚户区改造项目外，从今年起老城区一律停止新的开发性商住项目建设，有计划梳理腾退更多空间，建设市场、绿地及市民休闲活动场所。以河堤路西段为重点，启动环江休闲文化长廊建设，实施东城门、教场坝至石梁子棚户区改造。以“双创”为抓手，巩固国家卫生县城创建成果，启动创建省级生态园林县城，实施城市增绿添彩工程、文体设施改善工程和背街小巷提升改造工程，整治市容市貌突出问题，规范城区摩托车停放管理，新增县城停车位330个。新城区做加法强化配套。用好棚户区改造、移民搬迁等政策，加快西门河新区和任河咀新区建设，配套市政设施和公共服务设施。完善文笔山片区和蚂蝗梁片区规划，明确功能定位，优化配套设施，加快招商引资和开发建设，推动城市扩容提质。

在培育特色小镇上求突破。把培育特色小镇作为统筹城乡发展的重要抓手，坚持“一镇一特色”，按照“特而强、精而美、新而活”的要求，依托硒、茶等优势资源，突出文化内涵，厚植产业本底，完善公共配套，创新体制机制，全力抓好蒿坪、向阳、焕古特色小镇建设，聚力打造创新创业新平台和新型城镇化新载体。

在打造美丽乡村上出亮点。以环境美、百姓富、社会安为目标，全面开展农村环境综合整治，抓好产业发展、环境改善、基础配套等工作，完成30个村整治任务。全县集中建设青中、太平、新田、蒿坪、金石、黄金、大连、营梁、贾坪、权河10个美丽乡村示范村，各镇以年度出列村为重点，在脱贫攻坚中打造美丽乡村。落实领导包抓、部门帮建、镇村主体责任，推动项目资金、各方力量向特色小镇和美丽乡村建设聚集，高标准、高起点组织规划建设。开展乡风文明进万家活动，树立崇德向善的文明新风尚。

在强化精细管理上促提升。按照多规合一的要求，编制完善县镇村修建性、控制性规划，促进各类规划统一衔接、功能互补、协调融合。坚持一张蓝图绘到底，严格规划管控，深入开展规划执行专项治理，严肃查纠规划违法案件。着力培育多元城镇管理主体，采取购买服务等方式，让企业、社区和中介机构参与市政维护、市容环境、公共服务等管理，构建城镇管理全民参与、共创共享的良好局面。

（六）以改革创新为引领，激活内生源动力

坚持用改革破解难题、用创新打造引擎，聚焦重点领域和关键环节，持续推进改革创新，增强发展内生动力。

持续推进改革。深化供给侧结构性改革，落实“三去一降一补”，重点围绕防控金融风险、降低企业成本、盘活“僵尸企业”、补齐民生短板等抓好政策落地。深化“放管服”改革，大力推行“互联网+政务服务”，全面提升“全程代理”政务服务模式，推行“双随机、一公开”事中事后监管机制，实行“多证合一、一证一码”，优化网上办事大厅，形成线上线下、虚实一体的政务服务平台，让群众不出家门就能办事。深化投融资体制改革，运用市场化手段做实做强“1+N”国有投融资平台，组建县投融资开发公司，做实县城投公司、扶贫开发公司、文化旅游公司、硒谷产业发展投资公司等平台，规范国有资本的运营与管理，加强与社会资本的合作。深化农村产权制度改革，稳步推进农村土地“三权分置”，开展农村产权抵押贷款试点。推进招投标“管办分离”体制创新，建立项目评审和绩效评价机制，成立投资评审中心，加强政府投资项目前期评审和绩效评价。积极做好统筹农村发展创新试点工作，稳步推进财税管理、市场监管、国资国企等领域改革。

大力推动创新。积极推动大众创业、万众创新，围绕“产业链”布局“创新链”，引导企业成为创新主体，开展产学研合作，加快富硒资源利用、产品研发和技术攻关。积极搭建"双创"平台，打造一批众创空间、星创天地，重点支持富硒产业孵化基地、电商孵化中心发展壮大，吸引人才、创客来紫阳创业，引导百名返乡农民工、百名高校毕业生创业发展，在创业扶持、培训和市场推广等方面给予支持，多渠道共助创业者成长。

加强人才保障。落实全市"百千万"人才计划，多措并举保障人才需求。建立紫阳发展智库，在全国范围内聘请20名专家顾问，指导县域经济社会发展。重点围绕科技、规划、卫生、文化、旅游等领域，制定引才计划，引进各类人才100名以上。建立优秀人才培养体系，免费组织100名民营企业家、专业人才、技术人员、产业大户和村组干部走出去培训学习。完善人才选拔、流动、激励等机制，调动各类人才扎根紫阳、服务紫阳的积极性。

（七）以民生保障为根本，增强群众获得感

始终把民生发展放在最重要的位置，优先保障民生投入，办好城乡20件实事，提升公共服务水平。

办好民生实事。围绕保障改善民生，办好20件民生实事。实施县城河堤路西段综合改造、高速路引线改造、江南供水工程、城镇污水处理工程、棚户区改造工程、社会福利设施建设、卫生基础设施建设、城市功能完善工程、城市"增绿添彩"工程、公共文化服务提升工程城镇10件实事。实施脱贫攻坚工程、产业发展工程、交通路网建设、水利基础设施、农网升级改造、电商产业发展、美丽乡村建设、农村环境综合整治、教育均衡发展、乡村信息覆盖农村10件实事，让人民群众共享改革发展成果。

发展社会事业。全面改善义务教育阶段学校办学条件，优化城乡教育资源配置，确保国家义务教育发展基本均衡县创建达标。加强校长教师队伍建设与管理，建立教师招录补充长效机制，计划招录教师200名。狠抓教育教学质量提升，高考二本达线继续保持全市前列。深化医药卫生体制改革，积极推进分级诊疗，提高医疗卫生服务能力，健全重大疾病医疗救助制度，改革完善城乡居民基本医疗制度，最大限度减轻群众看病负担。积极支持社会力量兴办医养康复、中医保健、养老护理等健康服务机构。严格人口和计划生育管理，提升服务水平，创建计划生育转型发展示范县。

提升保障水平。落实"全民参保"计划，实现养老、医疗、工伤、生育、失业等社会保险全覆盖，参保率达到95%以上，待遇发放率达到100%。做好就业服务，新增城镇就业2230人，完成劳动力转移就业8.5万人。严格执行农民工工资保证金制度，探索建立企业失信黑名单制度，加强劳动监察和维权服务。完善社会救助体系，加强困难群体帮扶救助，关爱帮扶农村"三留守"人员。完成县城殡仪馆迁建，实现集镇殡葬服务全覆盖。加快完善日间照料、农村幸福院等养老福利设施，继续办好残疾人十件实事，支持社会福利和慈善事业加快发展。

加强社会治理。完善立体化社会治安防控体系，推行网格化管理，城乡社区网格化管理实现全覆盖，行政村网格化管理覆盖率达到50%以上。建立县综治信息中心，加强"基础数据+视频信息+电子地图"的智能互联运用。扎实推进"平安建设"，坚决防范和打击各类违法犯罪。扎实开展"七五"普法，完善"三调联动"机制，逐步实现"一村（社）一法律顾问"和贫困村法律援助全覆盖。严格执行安全生产"党政同责、一岗双责、齐抓共管、失职追责”制度，落实安全生产监管责任和企业主体责任，深入开展隐患排查整治和“打非治违”专项行动。落实“四个最严”要求，确保食品药品安全。规范信访秩序，加强应急管理、舆情导控，做好防汛防滑、地质灾害、气象灾害防范应对，确保社会和谐稳定。

四、加强政府自身建设

各位代表！面对新形势、新任务、新要求，新一届政府将勤勉尽责，主动作为，以对人民负责、受人民监督、让人民满意的态度，坚决抓好政府自身建设。

建设为民服务政府。坚持以人民为中心，把一切工作的出发点和落脚点放在为民谋利上。加快政府职能转变，持续提升行政效能，扎实推进政务公开，保障群众的知情权、参与权和监督权。围绕群众关心、基层关注的热点难点，坚持每年办好民生实事，推动各级干部重心下移，帮助群众排忧解难。完善社情民意收集机制，全面提升“县长信箱”、“紫阳热线”服务水平，及时回应社会关切，让政府工作更加贴近群众。

建设创新开放政府。始终以新理念为引领，坚决打破妨碍发展的观念束缚，以更加开阔的视野推动开放发展。坚持对标一流、奋力赶超，努力走出新路、创出亮点，勇于在全市争一流、在全省争先进。以更大力度推动“走出去”，每名县政府领导班子成员要带队组织外出考察调研和招商引资活动2次以上。积极想办法“请进来”，邀请国内省内知名专家学者，来紫开展专题讲座和培训指导，帮助干部树立新理念，增长新本领。引导干部“自主学”，开设“紫阳干部讲堂”，每月确定一个主题，领导干部带头讲座，部门组织干部讲座，增强干部主动学习、创新落实的能力，切实把思路和措施转化为创新推动发展的生动实践。

建设责任担当政府。时刻牢记党和人民的重托和富民强县的重任，从政府班子自身做起，强化“责任在我、发展靠我”的担当，敢于担难担险担责，把事干实干成干好，保持超常规、高标准、快节奏，变规划为行动，化蓝图为现实。树立“说了算、定了干”的施政新风，强化执行力，提升落实力，推行重点工作和民生实事公开承诺制，实行月督查、季点评的工作机制，紧盯落不实的事，问责不落实的人。落实“三项机制”，给干事的人鼓劲、为改革的人松绑、叫为政不为的人让位，树立干事创业的鲜明导向。

建设廉洁法治政府。全面落实《法治政府建设实施纲要》，把依法行政贯穿于政府工作的全过程。坚决贯彻县委决策部署，自觉接受人大法律监督、政协民主监督，认真听取社会各界的意见和建议。健全完善政府常务会议学法、邀请群众代表列席常务会和政府法律顾问等制度，提高政府依法决策水平。落实政府廉政建设主体责任，认真履行“一岗双责”。巩固“两学一做”学习教育成果，弛而不息推进作风建设。坚持用制度管权管事管人，推进审计监督全覆盖，让人民赋予的权力在阳光下运行。持续保持正风肃纪高压态势，打造忠诚、干净、担当的干部队伍，营造崇廉尚实、风清气正的良好政治生态。

人民对美好生活的向往，就是我们的奋斗目标！各位代表，同志们，我们正处在最好的时代，也是最具挑战的时代！在奋力前行的道路上，我们将会遇到更多更好的发展机遇；在追赶超越的征程中，也将付出比以往任何一个时期更多的艰辛和努力。让我们与全县人民一起，在县委的坚强领导下，在县人大、县政协的大力支持下，同心同德，同力同向，苦拼实干，奋勇争先，在新的历史时期，创造出无愧于历史，无愧于未来，无愧于紫阳人民的崭新业绩！

大事记

1 月

1月6日，新华社、中央电视台、《人民日报》《陕西日报》《三秦都市报》《陕西农村报》《西北信息报》《安康日报》、安康电视台等19家中、省、市媒体采访团到紫阳，聚焦采访紫阳县脱贫攻坚工作。

1月7日，由市科技局组织申报的紫阳农业科技园区日前通过省科技厅评审论证，正式命名为陕西省农业科技园区。这是安康市首个获得命名的省级农业科技园区。

1月8日，紫阳县“90后”姑娘龚洵拍摄的电影《三抬镇》在爱奇艺网络院线上映，并入围中国独立影像展。

1月12日，紫阳县政务服务中心近日组织全体工作人员召开“全员考勤”系统培训会，从2016年元月起在全省率先启用“全员考勤”系统和手机APP客户端，进一步提高中心信息化、规范化管理水平。

1月12日，省委科技工委委员、省科技厅副厅长林黎明带领组干处、农村处负责人到紫阳调研科技扶贫工作，并看望慰问困难群众。副县长王德喜陪同调研。

1月12日，市政协主席王安利、副主席孟平带领部分市政协委员深入汉王镇视察G541国道建设工作。县政协主席王春丽，县委常委、常务副县长周继林陪同视察。

1月14日，陕西省林业厅下发《关于认定2015年林业产业省级龙头企业的通知》，紫阳县3家茶业企业榜上有名，分别是：陕西省紫阳县和平茶厂、紫阳县盘龙天然富硒绿茶有限公司和紫阳县郁禧园茶叶有限责任公司。

1月15日，县消防大队、公安局、安监局等单位联合在仁河国际社区和城关镇任河嘴小学举行消防安全知识培训暨应急演练活动，进一步提高在校师生、单位企业职工及群众的消防安全素质和应对消防突发事件的能力。

1月15日，紫阳县蒿坪镇双星社区星源农贸市场正式建成营业。

1月18日，紫阳县江南燃气公司液化气储配基地项目建成运营。该项目是紫阳县2014年招商引资建设的民生重点工程，该项目位于向阳镇，占地面积13亩。工程于2014年5月开工建设，总投资1200余万元，历时18个月建成。气站建设容积250立方，年设计充装规模为100万瓶，可满足20万户约60万城乡居民生活用气需要。

1月18日，安康市青年创业协会年会紫阳工作站主题年会举行，来自县内近200名创业青年参加年会。市政协副主席、市青年创业协会总顾问黄秀玲，县人大常委会主任张教志，县委常委、统战部部长、政法委书记康树民，副县长贾学勇，县政协副主席张立尧应邀出席。

1月21日，紫阳县2016年寒假遴选大学生到县政府机关见习工作会召开，分配大学生见习岗位，安排见习有关工作，来自陕西师范大学、山东建筑大学、西北政法大学等34所院校的60名大学生正式开始为期一个月“准公务员”生涯。

1月21日，省委党校常务副校长蔡钊利来紫调研党校发展工作。县委常委、宣传部部长周富林陪同调研。

1月21日，紫阳县召开2015年度目标责任考核工作报告大会，接受市委、市政府第五考核组对我县2015年度目标责任、领导班子建设、党建和党风廉政建设、教育工作暨党政领导干部履行教育工作职责、干部选拔任用工作“一报告两评议”进行集中考核。

1月25日，紫阳县根据《中华人民共和国建筑法》《建设工程质量管理条例》《陕西省建设工程质量和安全生产管理条例》等相关法律法规和《紫阳县国家投资项目招投标管理办法》，制定出台《紫阳县建设工程管理问责办法》。

1月25日，省政府发出通报，对2015年度全省10个县城建设先进县进行了通报表彰，紫阳县榜上有名，喜获全省“县城建设先进县”称号。

1月26日下午2点，三秦都市报社和陕西硒谷产业发展有限公司将在紫阳县城中心广场举办“‘小小一瓶水·大大故乡情’春节送福到村镇”活动，并向县政府转赠“全国少年儿童食品安全科技创新实验示范（陕西紫阳）基地”奖牌。同时，陕西省书法家协会副主席、陕西人民书画院院长卫双良，陕西省书法家协会副主席吴福春等知名书画家，将现场为广大群众免费写春联、送春联。

1月26日，市政府办下发《2015年度政府网站评估结果通报》，全市2015年度政府网站评估结果出炉，紫阳县政府网站在65个参评网站中脱颖而出，被评为县区组优秀政府网站。

1月29日，省政府办公厅下发通知，对2015年全省政务督查工作先进单位和先进个人进行通报表彰，紫阳县人民政府荣列其中，被评为“2015年度全省政务督查工作先进单位”，成为全市13个县区中唯一获此殊荣的县。

1月29日，市委常委、副市长赵俊民带领市政府办、发改委、公安局、安监局、交通局等部门负责人到紫阳检查春运安全工作。县委副书记、县政府党组书记陈莲，县委常委、常务副县长周继林陪同检查。

1月31日至2月1日，上海陕西安康商会会长、秦沪投资集团有限公司董事长储德佐一行来紫进行为期两天的商务考察。县委副书记、县政府党组书记陈莲，副县长陈荣根陪同考察。

2 月

2月1日，由紫阳县电子商务行业协会主办，紫阳县三生科技网络有限公司承办，安康市青年创业协会紫阳工作站协办的“2016年紫阳县首届电商主题年货节”在紫阳广场开幕。市商务局局长刘家骐，县政协主席王春丽，县委常委、统战部部长、政法委书记康树民，县人大常委会副主任扈正安，副县长陈荣根，县政府党组成员、县总工会主席李龙安出席开幕式。

2月2日，紫阳修脚产业工会联合会正式成立，标志着全县10000余名修脚师有了自己的“娘家”。县政府党组成员、县总工会主席李龙安出席成立选举大会。

2月2日，紫阳县修脚产业技能脱贫暨远元集团万店战略启动大会在隆重召开，未来十年，远元集团将在全国1000余个大中城市开办修脚店10000个。计划五年内组织发动3万群众从事修脚产业，开办修脚店5000家，实现产值40亿元。

2月3日上午，紫阳县十七届人大常委会第二十九次会议召开。会议接受赵立根同志辞去紫阳县人民政府县长职务的请求，决定任命陈莲同志任紫阳县人民政府副县长、代县长。

2月3日，紫阳县首家三星级3D影院——佰纳影院建成并正式对外营业，从而结束了该县长期没有标准化数字影院的历史。县委常委、统战部部长、政法委书记康树民，县委常委、宣传部部长周富林出席开业仪式。

2月3日下午，紫阳县2015年度目标责任考核表彰大会召开。县委书记赵立根作重要讲话，县委副书记、代县长陈莲主持会议，县委副书记尹正涛宣读了2015年度目标责任考评结果，县人大常委会主任张教志、县政协主席王春丽等全体县级领导出席大会并为获奖单位颁奖。

2月4日，2015年度陕西组织工作改革创新奖揭晓，紫阳县荣获在改革创新中提升政务服务水平二等奖。

2月4日，中华全国总工会发出通报，对在工会工作中做出突出贡献的集体和个人进行了表彰。紫阳县政府党组成员、县总工会主席李龙安同志荣获“全国优秀工会工作者”光荣称号，是安康市唯一受到全总表彰的县区工会主席，也是紫阳工运史上唯一受国家级表彰的工会主席。

2月6日，为期一周的“紫阳首届电商主题年货节”完美收官。本次年货节主会场共有18个展区、14家县域电商企业参展，同时还在紫府路主街道安排了24个电商创业者展位。截至当日上午11时，各展位累计实现线下销售额近70万元，带动线上销售超过100万元，实现了猴年电商工作开门红。

2月5日20点15分，“2016陕西网络春晚”正式开播，由安康新闻网报送的紫阳民歌“双十爱”在网络春晚的舞台和全省观众正式见面。

2月16日下午，由西安市紫阳商会主办的“中国声乐走基层，歌声唱响中国梦”周发猛教授师生全国公益巡演走进紫阳首场演出在紫阳县富硒食品有限公司开幕，市人大常委会原常务副主任吴德珠、县委书记赵立根、代县长陈莲观看了演出。县委常委、宣传部部长周富林致辞。著名艺术家、中央宣传部“时代楷模”“人民歌唱家”贠恩凤老师应邀到场献艺。

2月17日晚，由县委宣传部、县文广局联合主办的猴年迎新春晚会在紫阳广场隆重举行，县委副书记、代县长陈莲，县政协主席王春丽，县委常委、宣传部部长周富林，县人大常委会副主任周静，副县长贾学勇，县总工会主席李龙安，县人武部政委杨建华一同观看了演出。

2月19日，紫阳县召开脱贫攻坚工作培训会议，传达中、省、市脱贫攻坚工作培训会议和全省驻村第一书记培训会议精神，安排部署当前脱贫攻坚工作。副县长刘济兵出席会议并讲话。

2月22日，农历正月十五，由县委宣传部、县文广局联合举办的“我参与、我快乐”紫阳县2016年元宵灯谜大竞猜活动在紫阳县体育场隆重举行。

2月22日，县委书记赵立根带领四大班子领导和县级有关部门负责人到初步拟定的2016年城乡20件民生实事项目现场，实地踏勘项目规划选址，并主持召开座谈会，听取2016年城镇和农村重点民生项目谋划的意见建议，研究审定2016年城乡20件实事项目。

2月23日，由县人社局、县人力资源服务中心和安康市青年创业协会联合主办的2016年春季人才招聘会在县城广场举办，吸引了1000余名求职者前来咨询应聘。

2月26日，省民间组织管理局局长陈军、省民政厅基层政权和社区建设处处长曹天刚、省民政厅区划地名处处长李虎平以及省民政厅相关业务处室负责人一行11人到紫阳县考察行政审批制度改革和政务服务中心建设工作。县委常委、常务副县长周继林，副县长贾学勇陪同考察。

2月29日，总投资8000万元的民营综合医院项目正式签约落户紫阳。副县长贾学勇出席签约仪式并讲话。副县长陈荣根代表县政府与投资方签约。该医院为非营利性医疗机构，由陕西华阳建设工程有限公司投资兴建，项目选址位于县城对面东山社区兴田小学北侧，用地面积约20亩，规划总建筑面积为2.5万余平方米，设置病床199张。该项目将按照二甲医院标准规划建设门诊楼、住院楼、医技楼、宿办楼、康复中心、后勤综合楼及相关附属设施等，整个项目预计2018年6月完成全部建设任务并投入运营。

3　月

3月2日，国家质检总局公布了2015年全国知名品牌创建示范区区域品牌价值评价结果，“紫阳富硒茶”以19.67亿元人民币创历史新高。

3月3日，紫阳县被市政府授予“魔芋产业发展先进县”称号。全市仅三个县区获此殊荣。

3月7日，紫阳籍矿工魏定龙入围全国“十杰”评选入围，全国第三届“寻找感动中国的矿工”活动从入围的100名人选中，推选出“十大杰出矿工”和“十大杰出人物”。魏定龙是紫阳县人，他1994年成为铜川矿务局的一名普通采煤工人，因为务实肯干、善于钻研，先后担任班长、掘进队副队长、党支部书记、主管队长，2012年被陕西省政府授予“劳动模范”称号。第三届“寻找感动中国的矿工”活动是由国家煤矿安全监察局、中国煤炭工业协会等单位联合举办，于2016年4月对本次评选活动的入围者、获选者进行表彰。魏定龙是陕西省唯一一位入选该活动的煤矿工人。

3月7日，中国共产党紫阳县第十四届委员会第九次全体会议召开。全会深入贯彻落实中共十八届五中全会、省委十二届八次全会和市委三届九次全会精神，回顾总结“十二五”和2015年工作，安排部署“十三五”和2016年工作。

3月9日上午，紫阳县举行2016年第一季度重点项目集中开工仪式。县委书记赵立根宣布项目开工令，县委副书记、代县长陈莲讲话，县委常委、常务副县长周继林主持开工仪式。县人大常委会主任张教志、县政协主席王春丽、副县长贾学勇出席集中开工活动。

3月9日，省地税局局长姚炬深入紫阳县政务服务中心调研指导税务工作。县委常委、常务副县长周继林陪同调研。

3月10日，紫阳县被国家中医药管理局授予“全国基层中医药工作先进单位”荣誉称号。

3月10日，县委书记赵立根，县委副书记、代县长陈莲在紫阳会见陕煤集团陕南投资开发有限公司董事长宁兴刚、总经理杨科生一行，双方就加快富硒矿泉水项目建设和真硒水水源地保护等一些相互关心的问题进行了磋商探讨，就下一步合作有关事宜交换意见。

3月11日，紫阳县2016年茶事劳动竞赛表彰大会在和平茶厂召开，一批茶事劳动竞赛先进单位和优秀竞赛能手受到表彰。县委常委、组织部部长罗云忠出席会议并讲话。县政府党组成员、县总工会主席李龙安主持表彰大会。

3月15日，在全市宣传部长暨精神文明建设工作会上，紫阳县委宣传部荣获“全市文化活动先进单位”“对外及网络宣传先进单位”“全市宣传思想文化工作创新二等奖”等三项大奖。

3月16日，台湾三爱农业科技股份有限公司董事长吴光照同公司战略合作伙伴陕西山福泉牧业有限公司高管一行到紫阳，就拟在紫阳投资的生态富硒肉兔产业科技示范园区项目与县政府进行了深入对接，并签订了项目建设合作意向书。县委副书记、代县长陈莲会见了考察组一行。副县长贾学勇、王德喜陪同考察座谈。

3月17日上午，政协第十一届紫阳县委员会第五次会议在县委六楼会议厅隆重开幕。县委书记赵立根，县人大常委会主任张教志，县委副书记、代县长陈莲，县政协主席王春丽，县委副书记尹正涛，县政协副主席周学福、黄振宙、张立尧在主席台前排就座。县政协副主席黄振宙主持大会。县委常委罗云忠、康树民、闫锋、杨平等县上领导及十一届政协常委在主席台就座；在紫居住已退休的原政协领导应邀出席会议；驻紫市政协委员列席会议。

3月18日上午，紫阳县第十七届人民代表大会第五次会议在源森文化多功能厅隆重开幕。大会主席团常务主席赵立根、张教志、陈莲、尹正涛、金绍发、周静、程楚安、扈正安在主席台前排就座。王春丽、罗云忠、周继林、康树民、闫锋、杨平，大会主席团其他成员和县委、县人大、县政府、县政协、县人武部领导以及县十七届人大常委会全体组成人员在主席台就座。

3月20日上午，紫阳县第十七届人民代表大会第五次会议在源森多功能厅胜利闭幕。闭幕会由大会主席团常务主席、执行主席、县人大常委会主任张教志主持。出席会议代表以无记名投票的方式，投票选举紫阳县人民政府县长、县人民法院院长。会议以举手表决的方式，依次表决通过了关于紫阳县人民政府工作报告的决议、关于紫阳县国民经济和社会发展第十三个五年规划纲要的决议、关于紫阳2015年国民经济和社会发展计划执行情况与2016年国民经济和社会发展计划的决议、关于紫阳县2015年财政预算执行情况和2016年财政预算的决议、关于紫阳县人大常委会工作报告的决议、关于紫阳县人民法院工作报告的决议、关于紫阳县人民检察院工作报告的决议。公布了本次大会选举结果，陈莲全票当选为紫阳县人民政府县长、毕传祥全票当选县人民法院院长。新当选的县长陈莲和县法院院长毕传祥面对国徽向宪法庄严宣誓。

3月21日，全国绿化委员会公布了2016年“全国绿化模范县”名单，紫阳县榜上有名，成为全省7个获此殊荣的县市之一，也是安康市唯一获此殊荣的县份。

3月24日，咸阳市中级人民法院党组书记、院长李国庆带领考察组一行在市中级人民法院党组书记、院长李志坚的陪同下到紫阳考察调研法院司法改革创新工作。县委书记赵立根，县人大常委会主任张教志，县委常委、统战部部长、政法委书记康树民陪同考察。

3月24日下午，省级单位驻紫阳县扶贫团联席会议在紫阳县召开，会议总结回顾2015年省级单位包村扶贫工作，安排部署2016年脱贫攻坚任务。省科技厅农村处副处长郭文奇出席会议并讲话。副县长王德喜主持会议。

3月24日，省委科技工委书记、省科技厅厅长卢建军，省科技厅副厅长林黎明带领部分处室负责人一行到紫阳县考察调研联村扶贫和科技创新工作。市委常委、副市长赵俊民，县委书记赵立根、县长陈莲、副县长刘济兵陪同调研。

3月29日上午，紫阳县脱贫攻坚指挥部第一次全体会议召开，贯彻落实市脱贫攻坚指挥部第一次扩大会议精神，分析当前脱贫攻坚的形势任务，加快推进全县脱贫攻坚工作。县委书记赵立根主持并讲话。县长陈莲做工作安排。副县长刘济兵分析了脱贫攻坚存在的问题、安排近期重点工作。

3月30日，从2016年安康市政法工作会议上获悉，紫阳县分别荣获省委办公厅、省政府办公厅表彰命名的"2013至2015年度维护稳定工作先进单位"，市委、市政府表彰命名的"2013至2015年度维护稳定工作先进县"和"2015年度综治平安建设创优工作先进县"三项荣誉称号。

3月30日，紫阳县创建国家卫生县城推进会议召开，传达学习省爱卫办创建国家卫生县城暨业务培训工作会议精神，对冲刺创建国家卫生县城检查验收工作进行再动员、再部署。县长、县双创指挥部总指挥陈莲出席会议并讲话，县委常委、副县长、县双创指挥部责任副总指挥闫锋做工作安排，县人大常委会副主任程楚安，县政协副主席黄振宙参加会议。

3月30日，第十三届马来西亚国际清真食品展在吉隆坡会议中心隆重开幕，紫阳县焕古庄园富硒茶业科技有限公司代表陕西茶叶企业应邀参展。

4 月

4月5日，县茶叶协会、电商协会下发《紫阳县规范管理紫阳富硒茶网络销售》通知，要求该县茶叶QS、SC认证企业及网络经销商须在2016年4月20日之前均须到电商协会办理"紫阳富硒茶"《证明商标网络授权使用许可证》，开展紫阳富硒茶网络销售许可证制度，实现线上线下统一管理。

4月5日，省供销联社党组书记、主任陈纯山到紫阳县调研产业精准扶贫工作。副市长鲁琦、县长陈莲、副县长刘济兵陪同调研。

4月6日，陕南片区产业精准扶贫现场会在安康召开，当天上午，陕南部分产业精准扶贫试点县区近30名与会代表到紫阳县开源现代农业园区就产业精准扶贫工作开展情况进行现场考察。县长陈莲、副县长刘济兵，县扶贫局、供销联社负责人陪同考察。

4月6日，紫阳县人大常委会组织人大代表对县城停车场建设和使用情况进行专项视察，县人大常委会主任张教志、县政协主席王春丽等县级领导代表、部分驻紫市县人大代表和部分常委会组成人员40余人参加了视察。

4月7日，安康市政府印发了《关于表彰命名市级生态村的通报》，市政府决定，命名全市121个村为市级生态村，其中紫阳县有13个村荣膺市级生态村称号。

4月8日，市政府秘书长何邦军、市政务服务中心主任刘福全率领全市政务服务工作现场会与会代表到紫阳县政务服务中心观摩考察。县委书记赵立根，县委常委、副县长闫锋以及各县（区）常务副县（区）长出席活动。

4月12日，中央纪委信息中心四处处长盖玲兴在中科软公司信访系统项目经理孙琳晖、省纪委秘书处副处长雷晓娥等陪同下，深入紫阳县调研指导纪检监察信息化及信访管理系统和“12388”举报网站运行维护工作。市纪委常委、市纪委秘书长方贤超，县委常委、纪委书记王顺利陪同调研。

4月12日，紫阳县创建国家卫生县城食品行业综合整治动员大会在源森文化多功能厅召开，来自县城区及周边各食品行业经营业主共计800余人参加了会议。

4月13日上午，县长陈莲在紫阳分别与安康供电分公司总经理曹光锋和市气象局党组书记、局长王毅一行举行座谈，双方就进一步深化市县合作、共同推进脱贫攻坚、加强电力和气象重点项目建设等进行深入交流。

4月15日，宁夏回族自治区人大常委会副主任袁进琳带领教科文卫工委、教育厅、财政厅负责人，组团来紫考察交流义务教育工作情况，省人大常委会教科文卫委员会办公室副主任冯荣、市人大常委会副主任赵良亭等省市人大相关人员，县人大常委会主任张教志，县委常委、副县长闫峰，县人大常委会副主任程楚安等陪同考察。

4月16日，紫阳真人宫首期“全真经韵培训班”结业。县委常委、统战部部长、政法委书记康树民，县人大常委会副主任程楚安、县政协副主席黄振宙和省、市、县部分道协负责人参加结业典礼仪式，为学员颁发了结业证书。

4月16日上午，由中共紫阳县委、紫阳县人民政府和省茶叶协会共同举办的西安·紫阳富硒茶及生态旅游推介会在曲江南湖公园盛大开幕。县委书记赵立根、省茶叶协会会长纪晓明出席活动并致辞，县长陈莲主持推介活动。

4月17日，由中共紫阳县委、紫阳县人民政府、中国茶叶学会和陕西省茶人联谊会共同举办的紫阳县2016“全民饮茶日”活动启动仪式在向阳镇富硒茶观光园隆重举行。副县长陈荣根致开幕辞，县政府党组成员、县总工会主席李龙安主持启动仪式。省茶人联谊会韩星海、商子雍等专家，西安中国画院王建树、商文彬等艺术家以及省、市20余家新闻媒体应邀出席活动。

4月22日，第七届中国国际茶业及茶艺博览会在北京·全国农业展览馆新馆隆重开幕。县长陈莲带领县茶业局、招商局负责人及县内部分茶叶企业随安康市组团参展，在活动开幕式上，紫阳县表演了民歌茶艺，县长陈莲就紫阳富硒茶作了精彩的专题推介。

4月24日，以三线学生连修建襄渝铁路为历史背景的电影《美丽的桑园坪》在紫阳县城关镇双台村开机拍摄。县委常委、宣传部部长周富林，县政协副主席黄振宙出席开拍仪式。

4月27日，紫阳县镇换届工作会议召开，安排部署全县镇党委、人大、政府换届工作。县委书记赵立根出席会议并作重要讲话，县委副书记、县长陈莲主持会议。

4月29日上午，紫阳县首家社区工厂——钜源鞋服有限公司正式开业运营，近300名移民搬迁群众在家门口找到了稳定工作。

5 月

5月3日至4日，省教育厅示范性高中评审专家组一行对紫阳中学创建省级示范性普通高中进行复评验收，并顺利通过复验，成为继安康中学后全市第二所省级示范高中。县委常委、宣传部部长周富林陪同验收。

5月4日，紫阳县纪念五四运动97周年暨首届“十大青年创业之星”表彰大会在县体育场隆重举行。市政协副主席、市青创协会总顾问黄秀玲，县委常委、组织部长罗云忠，县人大常委会副主任周静，县政协副主席张立尧出席。

5月4日，省委改革办专职副主任张晓峰带领省委第五督察组到紫阳专项督察全面深化改革工作。市委副秘书长、市委办主任赵敏书，县委副书记尹正涛陪同督察。

5月5日，省供销合作总社主任陈纯山到紫阳调研指导产业脱贫工作。副市长鲁琦，市政协秘书长、市供销社主任李云健，县长陈莲、副县长刘济兵陪同调研。

5月5日，咸阳市副市长李晓静带领考察团一行70余人到紫阳县考察富硒茶产业发展情况。副市长鲁琦，县长陈莲陪同考察。

5月5日至6日，省综治办副巡视员蔡朝元在省综治办综治一处处长赵广和，市委政法委常务副书记、市综治办主任吴家仲，市综治办副主任杨东陪同下，深入紫阳县调研综治平安信息化建设工作。县委副书记尹正涛陪同调研，县委常委、副县长闫锋参加调研座谈。

5月11日，由紫阳县妇联、县人社局联合举办的首期家政月嫂培训班在县职教中心开班，80多名有意从事此项职业的妇女参加了培训。

5月13日上午，在西安举行的2016年丝博会暨第20届西洽会“一带一路”陕台经贸推介会上，副县长陈荣根代表县政府与台湾三爱农业科技股份有限公司董事长吴光照以及公司战略合作伙伴陕西山福泉牧业有限公司总经理王健武共同签订总投资5亿元的富硒肉兔产业科技示范园区项目建设合作协议。省政协副主席、民革陕西省主委李晓东，海峡两岸关系协会副会长蒋耀平，国民党前副主席蒋孝严见证签约。

5月13日下午和14日上午，市长徐启方在县委书记赵立根、县长陈莲的陪同下，参观视察2016丝博会暨第二十届西洽会紫阳展馆。

5月15日，2016丝博会暨第二十届西洽会开幕第三天，副省长王莉霞，市委书记、市人大常委会主任郭青先后到曲江会展中心B2馆，参观视察紫阳展馆。

5月12日至15日，在2016丝博会暨第20届西洽会上，紫阳代表团共有16个项目成功签约，揽金36.8亿元。其中现场签约项目4个、总投资12.4亿元，与省内外客商签订投资项目合同12个、引进资金24.4亿元。县委书记赵立根出席签约活动，县长陈莲、副县长陈荣根代表县政府签约。

5月16日，紫阳县河堤路西段防洪治污及棚户区综合改造工程启动动员会召开。县委书记赵立根出席会议并作重要讲话，县长陈莲作动员讲话，县委副书记尹正涛主持会议。县人大常委会主任张教志，县政协主席王春丽等全体在家县级领导出席会议。

5月20日，省政协副主席千军昌带领省政协常委视察团一行到紫阳县就移民搬迁工作推进情况进行专题视察。市政协主席陈勇，市政协秘书长李云建，县长陈莲，县政协主席王春丽，县委常委、常务副县长周继林陪同视察。

5月24日，来自全省各地的十名青少年被授予2016年陕西省“美德少年”的称号。其中，紫阳县焕古镇中心学校七年级学生梁生霞名列其中。

5月24日上午，“共护南水北调水源汉江，同建安康生态富硒茶乡”活动启动仪式暨安康富硒茶科研成果新闻发布会在北京人民大会堂隆重举行。紫阳县精心组织了盘龙、和平、焕古庄园和秦巴山等9家茶叶企业参会参展，并提供会议用茶，受到与会嘉宾和专家学者的广泛关注和一致好评。这是时隔26年后，紫阳富硒茶又一次闪耀登临人民大会堂。

5月24日下午，紫阳县在素有“中国茶叶第一街”之称的北京马连道茶城隆重举行“2016陕西紫阳富硒茶北京专场推介会”。县委书记赵立根致辞，中国茶叶流通协会副秘书长朱仲海、北京市茶叶协会会长白文祥讲话。县长陈莲主持推介会。

5月29日至31日，中国茶叶流通协会名茶专业委员会换届会暨二届一次工作会在湖南常德召开。会上，紫阳富硒茶被第八届“中绿杯”中国名优绿茶评比推荐为中国绿茶十大公共品牌并受到委员会表彰。由紫阳县闽秦茶业有限公司选送的闽秦牌“翠芽”、紫阳县向阳茶厂选送的月池牌“紫阳富硒茶”、紫阳县郁禧园富硒茶业有限责任公司选送的郁禧园牌“毛尖”被组委会评为本届“中绿杯”银奖，并受到大会通报表彰。县政府党组成员、县总工会主席李龙安出席会议并领取了奖牌和证书。

6　月

6月2日，2016中国茶叶区域公用品牌价值评估结果发布，紫阳富硒茶以16.75亿元列第25位，陕西仅汉中仙毫和紫阳富硒茶两品牌上榜。

6月8日，紫阳县出台《紫阳县促进电子商务发展扶持奖励办法（试行）》，单个项目最高奖励达20万元。

6月8日上午，第二届中国·安康富硒产品（富硒茶）博览会在安康国际天贸城隆重开幕。开幕式前，中国农业国际合作促进会副会长周启疆，省工信厅巡视员赵力捷，省商务厅副厅长戴士芳，市委书记、市人大常委会主任郭青，市委副书记、市长徐启方等中省市领导和嘉宾在县委书记赵立根的陪同下，参观了紫阳展馆。

6月8日，作为第二届中国·安康富硒产品（富硒茶）博览会主题活动之一，紫阳县“一县一品”生态富硒产品专场推介会在安康国际天贸城举行。副县长陈荣根出席活动并致辞。

6月8日下午，由中国茶叶流通协会、第二届安康生态富硒产品（富硒茶）博览会组委会、市林业局、市茶业协会共同举办的第二届中国·安康富硒茶大赛在安康京康酒店举行。安徽农业大学茶与食品科技学院院长张正竹，省知名茶叶专家、高级农艺师程良斌等出席并为获奖企业颁奖。县政府党组成员、县总工会主席李龙安出席颁奖活动。

6月9日，第二届中国·安康富硒产品（富硒茶）博览会“互联网+富硒”电商论坛在安康国际天贸城举行。西安邮电大学经济与管理学院院长张鸿，共青团陕西省委农工部部长魏延安，香港无界集团有限公司董事长王君，安康学院副教授刘宏应邀作精彩演讲。紫阳县副县长陈荣根带领县经贸局、电商办负责人以及三生网络科技有限公司、聚茶园商贸有限公司、紫阳县康硒源电子商务等16家企业负责人参加论坛。

6月15日，全市法院司法体制改革工作研讨会在紫阳召开。省法院法官法警管理处处长张锋，市委政法委常务副书记吴家仲，市中级人民法院副院长范化冬，县委常委、统战部部长、政法委书记康树民出席并讲话。县人大常委会副主任周静、县检察院检察长杨小明应邀出席。县法院院长毕传祥主持会议。

6月15日，中国农业科学院党组书记陈萌山、副院长王汉中一行15人到紫调研考察富硒产业发展情况。市委书记、市人大常委会主任郭青，市委常委、秘书长罗雪剑，副市长鲁琦，县委书记赵立根、县长陈莲陪同调研。

6月16日上午，在紫阳县政务服务中心二楼不动产登记窗口，紫阳县蒿坪镇东关村七组村民王连美从县国土局负责人手中接过该县第一本“不动产权证书”，标志着不动产统一登记在紫阳正式实施。

6月19日至20日，国务院扶贫办副主任欧青平一行在省扶贫办主任张荣珠，省供销总社副主任、供销集团总经理郑忠堂的陪同下到紫阳调研移民搬迁及产业精准扶贫工作。市长徐启方、县委书记赵立根参加调研座谈会，副市长鲁琦、县长陈莲陪同调研。

6月22日，省委组织部副部长、省人社厅党组书记、厅长冯力军带领就业促进处、政策法规处负责人一行到紫阳调研创业就业工作。市委组织部副部长、市人社局党组书记、局长陈伦宝，县委书记赵立根，县长陈莲，县委常委、常务副县长周继林分别陪同调研。

6月29日至30日，中国红十字基金会在紫阳县开展“天使之旅”贫困先天性心脏病患儿免费筛查救助活动。中国红十字基金会救助救护项目总监周魁庆、省人民医院心血管病院院长绍展社、市红十字会副会长鲁琍、副县长贾学勇以及省红十字基金会、爱心企业代表和复筛儿童与家长等500余人参加活动。

7 月

7月4日，从全市2015年度目标责任考核总结表彰大会上获悉，紫阳县在五个生态保护县区考核中排名第二、荣获全市2015年度目标责任综合考核优秀等次。

7月5日，中华人民共和国外交部陕西全球推介活动在北京举行，陕西省省长胡和平在活动推介词中着重地介绍陕西丰沛的水资源。此次推介活动现场所用的瓶装水，就是产自陕西省安康紫阳的汉水硒谷·真硒水。

7月5日，省委常委、省委政法委书记祝列克到紫阳县调研司法体制改革试点工作和政法工作。市委常委、政法委书记陈明，市政协副主席、市公安局局长杨尚伟，县委书记赵立根，县长陈莲，县委常委、统战部部长、政法委书记康树民分别陪同调研和参加座谈。

7月7日上午，“发现陕西之美——凤凰全媒体安康行”记者团赴紫阳采访富硒资源开发利用情况。此次活动由陕西省委网信办、凤凰网主办，凤凰网陕西频道承办，凤凰网、凤凰资讯、凤凰旅游、凤凰视频、凤凰新闻客户端、凤凰网中韩交流频道和全国18个凤凰网地方频道及省、市相关媒体60余人参与采访报道。市委外宣办主任赵方，市网信办主任周宝恒，县委常委、宣传部部长周富林陪同采访。

7月7日，陕西日报传媒集团通联表彰交流会在镇安县召开。会上，陕西日报社公布2015年度新闻报道先进集体、最佳通讯员、优秀通讯员及通讯员新闻奖评选结果，紫阳县委宣传部荣获新闻报道先进集体，选送的五篇作品全部获奖。

7月11日，高考成绩出炉，紫阳县从2007年高考达二本线不足170人到2016年的1183人，从高考上线率不足10%到2016年的60%，无论是从录取院校类型还是跨越“985”“211”数量都属“双赢”，紫阳成功实现高考达线数量“十年增”的历史性跨越。

7月12日，紫阳县启动实施了现代农业产业精准扶贫试点工作。该县制定《紫阳县现代农业产业精准扶贫试点工作实施方案》，在管理体制上，按照“5+2+2+1”的公式。即受资企业每年向省供销合作总社及省供销企业集团有限公司提交所受股权投资总额的10%，其中：5%的贫困户虚拟股权分红；2%的股权投资风险保证金；2%的流通体系共建资金；1%

的品牌共造资金。投资企业承担带动贫困户脱贫任务，于2017年年底完成全部任务。在落实保障措施上，推进科学增收模式，按照“政府（省供销社）+龙头企业+合作社+贫困户”的模式运行。

7月12日下午，省委组织部副部长田晓东到紫阳县调研基层服务型党组织建设工作。市委常委、组织部长周玉峰，县委书记赵立根，县委常委、组织部长罗云忠分别陪同调研。

7月12日，陕西新闻联播“追赶超越新篇章、五个扎实新实践”专栏以《扶贫款变股本金让贫困户稳步脱贫》为题，报道了紫阳县在脱贫攻坚工作中探索出“龙头企业+合作社（基地）+贫困户”模式，通过带资入股、土地流转、订单农业等方式，实现贫困户劳务、土地、分红多重受益的实践和做法

7月13日，紫阳县正式被确定为国家电子商务进农村综合示范县，并获得1500万元项目扶持资金。全市仅紫阳和平利两县获此殊荣。

7月14日，紫阳中学2016级考生王瑞敏以666分被北京大学地质系录取，实现紫阳中学考生进入北大“零”的突破。

7月18日，从省农业厅获悉，在全省优质茶叶评选中，紫阳县关南春、秦巴山、天赐、大晟、盘龙5家茶叶企业选送的产品获“陕名优绿茶金奖”，紫阳春、和平等8家企业产品获“陕名优绿茶优质奖”“陕炒青优质奖”。

7月20日，全省移民（脱贫）搬迁“关中、陕北走陕南活动”分两组先后实地参观考察紫阳县蒿坪镇双星搬迁安置社区，并现场听取精准搬迁和产业精准扶贫情况介绍。省国土资源厅副厅长、陕南移民搬迁工作办公室主任邹顺生，副市长鲁琦参加活动。副县长刘济兵现场作经验交流。

7月21日，由县委宣传部、团县委、县文广局联合主办的首届“爱我紫阳”旅游讲解大赛圆满结束。县委常委、宣传部部长周富林，县政协副主席黄振宙，县政府党组成员白玛莎珍到场指导。

7月28日，省委副书记、省长胡和平到紫阳县，给全县正科级以上党员领导干部讲党课。

7月27日下午，县委、县政府决定将2016年县委全委扩大会议、县政府全体会议、重点工作半年巡查讲评大会三会合一召开，认真贯彻落实习近平总书记“七一”重要讲话精神和省长胡和平到紫视察调研时的指示要求，总结回顾上半年工作，分析研判当前形势，安排部署下半年工作任务。县委书记赵立根作重要讲话。县委副书记、县长陈莲安排经济工作。

7月28日，全市技能脱贫现场会在紫阳召开。“紫阳技能脱贫经验”得到充分肯定，将在全市借鉴推广。市委常委、常务副市长鲍永能出席会议并讲话。县长陈莲作经验交流发言。县委常委、常务副县长周继林参加会议。

8 月

8月4日，中国建设银行副行长章更生到紫阳调研脱贫攻坚工作，看望慰问困难群众。建设银行陕西分行行长杨新丰，市委常委、副市长尹清辽，市人大常委会副主任袁子顺，县长陈莲、副县长刘济兵等陪同调研。

8月5日，紫阳县旅游重点区域规划初审会召开，对焕古硒茶小镇、向阳营梁及高桥权河、兰草、裴坝片区和瓦房会馆小镇等旅游重点区域规划情况进行综合评审。县长陈莲出席并讲话。安康学院经济与管理学院院长、教授余谦，市旅游局副局长滕荆康应邀出席评审会。县委常委、宣传部部长周富林，县人大常

委会副主任程楚安，县政协副主席黄振宙参加会议。副县长贾学勇主持评审会。

8月6日，国家发展改革委地区司副巡视员杨椠带领调研组一行到紫阳调研2016年易地扶贫搬迁项目实施情况。安康职业技术学院党委书记、市发改委主任唐军，县长陈莲，县委常委、常务副县长周继林，副县长刘军号陪同调研。

8月8日上午，由共青团紫阳县委、紫阳县青春驿站、紫阳县茉莉爱心公益联盟联合举办的红领巾相约中国梦暨茉莉爱心公益联盟首届“爱初行”公益夏令营活动在紫阳广场正式开营启动。来自全县各小学的20名贫困留守儿童在8天时间里开启快乐的学习生活之旅。

8月9日，挂职省信访督查专员周静（陕西社会主义学院党委副书记）、挂职督查专员助理钟伟（礼泉县委副书记、县长）带领省信访督查组一行到紫阳县督导检查重点信访事项化解工作。市信访局副局长程维国，县委常委、常务副县长周继林，县委常委、统战部部长、政法委书记康树民陪同督查。

8月11日上午，省食品药品监督管理局副局长应宏锋带领检查组一行到紫阳县检查食品药品安全监督管理工作。市食药监局局长唐纹、县长陈莲、副县长陈荣根陪同检查。

8月11日，紫阳县第二次全国地名普查工作动员培训会议召开。副县长贾学勇出席会议并作动员讲话。

8月14日下午，紫阳县创建国家卫生县城现场评估结果反馈会召开。省现场评估专家组组长、商洛市卫计局党组书记董红梅反馈评估情况并作点评讲话。县委书记赵立根致辞，县长陈莲作表态发言。省现场评估专家组全体成员，县委常委、副县长闫锋，县人大常委会副主任程楚安，县政协副主席黄振宙出席会议。

8月15日，紫阳县召开县、镇两级人大换届选举工作培训会，传达学习贯彻中省关于县、镇两级人大换届选举工作会议精神，动员部署全县县、镇两级人大换届选举工作。县人大常委会主任张教志，县委常委、组织部部长罗云忠，县委常委、宣传部部长周富林，县人大常委会副主任金绍发、周静、程楚安、扈正安出席会议。

8月16日，市政府办公室下发《关于全面推广紫阳县“全程代理”政务服务模式的通知》，紫阳“全程代理”政务服务模式得到充分肯定，在全市借鉴推广。

8月16日，由安康市人民政府、陕西省工信厅、省商务厅、省贸促会和省工商联共同主办的“中国硒谷·秦巴明珠——陕西省安康市名优特色产品走进辽宁暨重点合作项目推介会”在沈阳举行。市长徐启方出席会议并致辞，市委常委、副市长赵俊民主持推介会。县长陈莲带队参加活动并现场向与会领导、嘉宾和辽宁客商推介了紫阳富硒特色产品。

8月22日，县委、县政府隆重举行2016年贫困大学新生资助金发放仪式，对全县贫困大学新生进行资助，确保他们秋季顺利入学。县委书记赵立根、县人大常委会主任张教志、县政协主席王春丽出席仪式并为受助学生发放了资助金。县委常委、常务副县长周继林讲话。县委常委、宣传部部长周富林宣读资助决定。副县长贾学勇主持发放仪式。

8月24日，全省“三区”陕南民歌培训班在紫阳开班。省艺术馆副馆长、省非遗中心副主任修建桥，省艺术馆研究馆员、省戏曲音乐学会副会长王阿民出席开班仪式。县委常委、宣传部长周富林致辞。

8月25日，人民网陕西频道“两学一做”学习教育系列访谈采访组一行到紫阳，对紫阳县“两学一做”学习教育开展情况进行专访。

县委书记赵立根接受访谈并向广大网友介绍了紫阳基本县情，“两学一做”学习教育的经验做法、特色亮点和取得成效。

8月26日至27日，国务院发展研究中心公管所所长、研究员贡森带领调研组一行到紫阳，就办公用房管理、公务用车管理和乡村旅游扶贫等工作进行专题调研。市长徐启方，市委常委、副市长尹清辽，县委书记赵立根，县长陈莲，县委常委、常务副县长周继林分别陪同调研或出席座谈会。

8月30日，中国现代农业信息服务平台吾谷网推出了“一村一品”十大知名品牌评选活动，全国有100个知名品牌入围，紫阳富硒茶荣膺其列。

8月31日，从陕西省教育厅网站获悉，紫阳中学被正式命名为“陕西省普通高中示范学校”。

9 月

9月2日，省农业厅党组成员、副厅长王韬一行到紫阳调研农业特色产业发展情况。县委常委、常务副县长周继林，副县长刘济兵陪同调研。

9月2日，紫阳县在西安召开“情系紫阳、共谋发展”恳谈会，应邀参会的20余名西安市紫阳商会代表、企业代表及相关部门负责人齐聚一堂，共叙乡情，共谋紫阳经济社会发展大计。县长陈莲出席并讲话，副县长陈荣根主持恳谈会。

9月8日，紫阳县慈善协会、文广局、总工会、音协四家单位在紫阳广场联合举办了社区爱心歌曲会演活动。县政协主席王春丽，县委常委、宣传部长周富林，县人大常委会副主任程楚安，县总工会主席李龙安，县政府副调研员梅紫青和相关部门负责人应邀出席并为参赛队颁奖。

9月8日，由紫荞印象生态农业旅游文化发展有限公司投资兴建的梦紫阳·农场庄园建设项目奠基仪式在紫阳县高桥镇举行，标志着紫阳县首家主题农场庄园项目正式开工投建。

9月9日上午，紫阳县委、县政府举行庆祝第32个教师节暨教育表彰大会，隆重表彰在教育战线上取得优异成绩、做出突出贡献的先进集体和先进个人。8个先进教育集体，20名先进教育工作者和80名优秀教师喜获表彰。

9月11日，首次由网络评选产生的百万网友心中的全国“‘一村一品’十大知名品牌”在京揭晓，紫阳富硒茶以独特的品质和魅力获得网友的一直青睐和好评，最终在全国100个入围参选知名品牌中脱颖而出，成功入选全国“‘一村一品’十大知名品牌”。农业部副部长陈晓华、中国城乡发展国际交流协会会长孙晓郁等共同为“十大知名品牌”颁奖。

9月18日，由《音乐周报》、北京晁浩建艺术培训中心联合主办的“中国青年男高音声乐大赛”全国总决赛在首都师范大学科德学院落下帷幕。紫阳籍男高音彭忠波以西北赛区第一名的身份进入决赛，经过紧张激烈的角逐，喜获“全国总决赛银奖”，排名民族组第三名。

9月19日，内蒙古自治区赤峰市副市长汪国森带领考察团到紫阳县考察学习产业精准扶贫和移民搬迁工作。市扶贫开发局局长陈扬斌、市搬迁办主任薛玉发，县政府党组成员张宗军陪同考察。

9月21日晚，由县委宣传部主办，县文广局承办，县总工会、县文联协办的“爱我紫阳·凝心聚力”紫阳县迎国庆合唱比赛在体育场隆重举行。

9月27日，全国政协委员、台盟陕西省委主委王二虎在市委统战部副部长的陪同下到紫阳县双安镇闹热村调研脱贫攻坚工作。

9月27日上午，中国共产党紫阳县第十五次代表大会在源森多功能厅隆重开幕。县委书记赵立根代表中共紫阳县第十四届委员会向大会作题为《聚力追赶超越决战脱贫攻坚为实现全面建成小康紫阳宏伟目标而努力奋斗》的工作报告。

9月27日，由紫阳县精神文明建设指导委员会主办，中共紫阳县委宣传部、县文明办承办的紫阳县第二届道德模范暨首届美德少年、文明市民颁奖典礼在县体育场隆重举行。经过严格把关、层层筛选出的道德模范及提名奖、美德少年、文明市民共43人受到表彰。

9月28日下午，中国共产党紫阳县第十五次代表大会在选举产生新一届中共紫阳县委员会和中共紫阳县纪律检查委员会以及出席安康市第四次党代会代表，通过了关于中共紫阳县第十四届委员会工作报告的决议、关于中共紫阳县纪律检查委员会工作报告的决议后，在源森多功能厅胜利闭幕。

9月29日上午，中国共产党紫阳县第十五届委员会举行第一次全体会议，选举产生新一届县委领导机构。以无记名投票的方式，选举产生了中国共产党紫阳县第十五届委员会常务委员会委员、书记、副书记。赵立根、陈莲、周继林、罗云忠、闫锋、陈佳斌、杨平、周富林、王毅、周锦政、龚颖当选为县委常务委员会委员。赵立根当选为县委书记，陈莲、周继林当选为县委副书记。会议表决通过了中国共产党紫阳县纪律检查委员会第一次全体会议选举结果的报告。

9月29日下午，全县移民（脱贫）搬迁工作推进会召开。县长陈莲出席会议并讲话。县委副书记周继林主持会议。县委常委、副县长陈佳斌，县委常委、红椿镇党委书记龚颖，县人大常委会副主任金绍发，县政协副主席张立尧出席会议。

10 月

10月6日，由陕西广播电视报社、紫阳县委宣传部、陕西众心建设集团等单位联合主办的“七个矮人杯——2016西安·紫阳民歌舞蹈大赛”在西安石油大学体育馆成功举办。

10月8日，全县2016年精品茶园建设现场会在双安镇闹热村硒生源农业综合开发有限公司园区召开。副县长田鑫、刘军号，县总工会主席李龙安出席会议。

10月10日，省委科技工委委员、省科技厅副厅长林黎明带领相关处室负责人一行到紫阳，就科技扶贫工作进行调研。副县长田鑫、刘军号陪同调研。

10月10日，安康市财政系统全国、全省先进工作者事迹报告会在紫阳举行。全县财政系统共计100余人现场聆听了报告。

10月13日上午，由紫阳县直机关工委、县教育体育局主办，紫阳县羽毛球协会、县乒乓球协会承办的紫阳县直机关干部职工乒乓球、羽毛球比赛在县城体育场开赛。副县长何平致辞并宣布比赛开幕。

10月12日至13日，省政府督察室副调研员任继勇带领省委、省政府计划生育专项督查组，对紫阳县贯彻落实中、省关于实施全面两孩政策改革完善计划生育服务管理相关情况进行专项督查。副县长贾学勇陪同督查。

10月15日，中国研成投资控股集团董事局主席姚研成带领考察团一行到紫阳，就文化旅游发展、富硒产业品牌打造、特色小镇建设等情况进行考察。县长陈莲、副县长田鑫、县总工会主席李龙安参加考察活动。

10月15日，由文化部和陕西省政府共同主办的第十一届中国艺术节在陕西延安大剧院开幕。汉水硒谷·真硒水凭借天然纯净的水源、甘甜清冽的口感、独特富硒的特质被指定为艺术节唯一饮用矿泉水，并在艺术节演艺产品博览交易会展馆展示。

10月17日，来自全国各地的300名襄渝铁路建设老兵齐聚紫阳，共同参加由全国铁道旅游协会陕西分会主办的纪念铁道兵修建襄渝线46周年联欢会和爱心物资捐赠等系列活动。

10月17日，公安部一级机要室评审考核组公安部办公厅机要处副处长张仲启一行对县公安局一级机要室创建工作进行评审考核。

10月17日，陕西省2016年度优质茶叶评选活动结果揭晓。活动共收到来自全省266个茶企、合作社选送的342支茶样。紫阳富硒茶系列产品共斩获24项大奖，包括红茶金奖6个，绿茶金奖5个，红茶优质奖4个，绿茶优质奖9个，占全省获奖总数的15%，占安康市获奖总数的60%，其中红茶金奖更是囊括了全省红茶金奖总数的60%。

10月18日，省委宣传部常务副部长刘斌、省文明办专职副主任鲍贻勇一行在市委常委、宣传部部长陈勇的陪同下到紫阳调研宣传思想文化工作。县委书记赵立根，县委常委、宣传部部长、县委办主任周锦政等陪同调研。

10月19日，由紫阳县委宣传部主办，县总工会、县文旅局承办的以“爱我紫阳·凝心聚力”主题民歌舞蹈大赛在县城广场隆重举行。县政协主席王春丽，县人大常委会副主任程楚安，副县长贾学勇，县政府党组成员、县总工会主席李龙安参加活动并为获奖代表颁奖。县委常委、宣传部长、县委办主任周锦政致辞。

10月20日，由省交通运输厅主办，陕西省地方海事局、安康市海事局、紫阳县政府共同承办的2016年陕西省水上交通突发事件应急救援演练在紫阳县文笔山公园亲水广场隆重举行。

10月25日，由中国烹饪协会、陕西省商务厅支持，陕西省餐饮业商会主办的第26届中国厨师节在渭南落下帷幕。在陕菜品鉴大会上，独具陕南特色的紫阳蒸盆子以汤醇肉香、色香味俱佳等特点获得评委的一致好评，最终在众多的参评菜样中脱颖而出，被评为“陕西十大名菜”。

10月25日，由中国茶叶流通协会、黄山市人民政府联合举办的第十二届中国茶业经济年会在安徽黄山举行。紫阳县获得2016年度全国茶叶发展示范县和重点产茶县称号。紫阳富硒茶业有限公司获得2016年度中国茶业十佳成长型企业称号。

10月25日，省煤矿安全监察局党组书记、局长田光雄一行7人到紫阳专题调研石煤矿安全生产工作并召开座谈会。副县长张宗军陪同调研。

10月25日至26日，副县长田鑫带领县招商局、经贸局组团参加在汉中举行的第四届陕南绿色循环经济项目合作交流会，成功签约两个投资项目，取得了丰硕成果。

10月26日，紫阳县网上办事大厅开始试运行，标志着该县着力打造的网上办事大厅和实体大厅“线上线下、虚实一体”政务服务平台已正式形成。

10月31日至11月1日，日本静冈县牧之原市市长西原茂树率代表团到紫阳县进行友好访问。县长陈莲会见了西原茂树一行，县政府党组副书记罗云忠、副县长田鑫、县总工会主席李龙安参加会见。

11 月

11月4日，北京市疾控中心业务办公室主任黄若刚、实验室主任刘丽萍、信息中心主任韦再华一行3人到紫阳县就硒元素对人体健康影响工作进行调研采样。县长陈莲、副县长田鑫一同调研。

11月5日至9日，第23届中国杨凌农业高新科技成果博览会在杨凌示范区举行，紫阳展销的富硒食饮品受到热捧，人气销量两旺。

11月7日，安康市第十四届标准化篮球赛在紫阳中学正式拉开帷幕。市教育局局长马恒昌致开幕辞，市体育局局长陈元安主持开幕式，县委副书记、县长陈莲宣布篮球赛开幕。县委常委、县政府党组副书记罗云忠，副县长贾学勇出席开幕式。

11月9日上午，市政府在紫阳县召开汉江水质保护暨城镇房屋征收工作会议。市长徐启方强调，要认真履行保护汉江水质的政治责任，完善汉江水质保护长效机制，推进水、大气、土壤系统联动治理，让安康绿水青山这一最大后发优势转化为发展优势。市委常委、常务副市长赵俊民安排部署工作。

11月9日下午，石紫岚沿江（线）生态经济带发展座谈会在紫阳召开。市长徐启方，市委副书记鲍永能，市委常委、常务副市长赵俊民，安康职业技术学院党委书记、市发改委主任唐军，县委书记赵立根，县长陈莲参加会议。

11月10日，全市基层党建紫阳现场观摩点评会召开。县委书记赵立根作表态发言，市“两学一做”学习教育第九督导组组长、市科技局纪检组长马瑛主持会议并作总结讲话。

11月11日，由紫阳县电商协会主办的“紫阳县第二届电商购物节”在县城广场盛大开幕。市商务局副局长罗先武、县人大常委会副主任程楚安、副县长田鑫出席购物节开幕仪式。

11月15日，陕西省优质茶叶评选活动结果日前公布，紫阳富硒茶系列产品共斩获大奖24项，其中红茶金奖6个，占此次活动红茶金奖总数的60%，绿茶金奖5个，红茶优质奖4个，绿茶优质奖9个。

11月15日，陕西省画廊行业协会紫阳艺术品委员会正式挂牌成立。县政协党组副书记康树民，县委常委、宣传部长周锦政出席仪式并揭牌。

11月22日，由市委宣传部、市委政法委、市文明办、市公安局、安康日报社联合举办的“首届安康我最喜爱的十大杰出警察”先进事迹报告会在紫阳县源森文化多功能厅隆重举行。县委常委、政法委书记王毅致辞，县委常委、宣传部部长周锦政主持报告会，县政府党组成员、县公安局局长周斌，县公安局政委谢代军出席报告会。

11月24日，紫阳县第三次全国农业普查工作会召开，传达落实省、市第三次全国农业普查工作会议精神，安排部署县第三次全国农业普查工作。县委常委、县政府党组副书记罗云忠出席会议并讲话。

11月24日，以展示世界各国文化遗产为主题的“2016谢赫扎耶德文化遗产节”在阿联酋首都阿布扎比的沃斯巴地区开幕，紫阳县秦巴山富硒茶业有限公司受邀参展，向来自世界各地的人们展示紫阳富硒茶独具特色的魅力和历史文化。

11月28日，科技部火炬中心副主任安道昌带领考察组一行到紫阳县考察富硒产业发展情况。省科技厅副厅长赵怀斌，市委常委、副市长尹清辽，县长陈莲、副县长刘军号一同考察。

11月29日，省中小企业局局长党红忠在市政协副主席、市工商联主席黄骁勇，市工信局局长许启政的陪同下到紫阳县调研民营企业发展情况。县长陈莲、县政协党组副书记康树民、副县长何平参加调研。

12 月

12月1日，省文联党组成员、专职副主席李仲谋带领考察组一行4人在市民间文艺家协会副主席曾德强的陪同下，到紫阳县向阳镇营梁村进行传统村落立档调查实地选点考察，确定参加全省第一批立档调查的示范村落。县政协副主席黄振宙陪同考察。

12月1日，《紫阳年鉴（2016）》由方志出版社公开出版正式发行，成为全市县级年鉴编纂公开出版的第一个县。

12月2日，省人社厅党组成员、副厅长李军一行在市人社局局长陈伦宝的陪同下到紫阳县调研劳动就业保障工作。县长陈莲，县委常委、县政府党组副书记罗云忠，县委常委、统战部部长龚颖参加调研。

12月2日至3日，咸阳市泾阳县副县长谢保卫带领考察组一行到紫阳，考察交流茶叶产业发展情况，对接泾阳茯茶原料基地建设项目，推进供销产业精准扶贫项目。副县长田鑫、张麟陪同考察。

12月3日至4日，省人民政府研究室（省发展研究中心）党组书记、主任杨三省带领相关处室负责人在市政府副秘书长刘福全的陪同下到紫阳，就贫困群众就业技能推进脱贫攻坚工作进行专题调研。市扶贫开发局局长陈杨斌，县长陈莲，县委副书记周继林，县委常委、县政府党组副书记罗云忠陪同调研。

12月7日上午，政协第十二届紫阳县委员会第一次会议在县委六楼会议厅隆重开幕。12月8日下午，政协第十二届紫阳县委员会第一次会议举行第二次全体会议，选举产生政协第十二届紫阳县委员会主席、副主席和常务委员。根据大会计票结果，康树民满票当选为政协第十二届紫阳县委员会主席，周静、黄振宙、杨从国当选为政协第十二届紫阳县委员会副主席，王亮等25名委员当选为常务委员。

12月8日上午，紫阳县第十八届人民代表大会第一次会议在源森文化多功能厅隆重开幕。12月9日下午胜利闭幕，大会选举张教志为紫阳县第十八届人民代表大会常务委员会主任，贾学勇、程楚安、扈正安、李龙安为紫阳县第十八届人民代表大会常务委员会副主任，王西兵等30名同志为紫阳县第十八届人民代表大会常务委员会委员；选举陈莲为紫阳县人民政府县长，罗云忠、陈佳斌、田鑫、周斌、张宗军为紫阳县人民政府副县长；选举毕传祥为紫阳县人民法院院长，王开富为紫阳县人民检察院检察长；马小静等37名同志当选紫阳县出席安康市第四届人民代表大会代表。

12月14日，省工商行政管理局党组书记、局长王吉德带领调研组一行5人在副市长蒋清海、市工商局局长王传杰的陪同下到紫阳县政务服务中心调研“放管服”及商事制度改革工作。县长陈莲，县委常委、政法委书记王毅，副县长张宗军、张麟分别参加调研。

12月15日，国家安全生产监督管理总局三司副司长张兴林、省安全生产监督管理局副局长郑永刚一行6人在市安监局局长汪小卫的陪同下到紫阳，对安全生产大检查工作开展情况进行专项督导。县长陈莲、副县长周斌参加检查督导。

12月19日，省公安厅党委副书记、常务副厅长曾岚带领厅办公室、禁毒总队、指挥中心、国保总队、网安总队等部门负责人，在市政协副主席、市政府市长助理、市公安局局长杨尚伟的陪同下，到紫阳县视察调研公安工作。县长陈莲，县委常委、政法委书记王毅，副县长、县公安局局长周斌陪同调研。

12月20日至21日，省委巡视组组长、省纪委预防腐败局副局长郑仲带领调研组一行在市纪委副书记苏利杰的陪同下到紫阳调研镇纪委直管村（居）民监督委员会工作开展情况。县委常委、常务副县长罗云忠做工作汇报，县委常委、政法委书记王毅陪同调研。

12月26日，2016年全国农业文化遗产普查结果公布，共收录全国具有潜在保护价值的408项农业生产系统。此次，全省共有8项农业生产系统入围，紫阳古茶园与茶文化系统成功入围。

12月27日，省水利厅公布陕西省2016年（第十批）省级水利风景区名单，紫阳县任河漂流风景区名列其中，成功获批省级水利风景区。

12月29日，紫阳县地质遗迹保护项目“中志留统底界层型剖面——陕西紫阳科普基地”在2016年全国科技活动周“科研机构和大学向社会开放”活动中，受到科技部表彰奖励。

12月29日，中国建设银行党委委员、副行长兼工会主席黄毅带领党群工作部、办公室、战略规划部等部室负责人来到紫阳县调研脱贫攻坚工作，看望慰问困难群众。副市长蒋清海，县委常委、副县长陈佳斌，副县长张麟陪同调研。

12月29日晚，由紫阳县委宣传部、县关工委、县文广局联合主办的纪念毛泽东诞辰123周年暨庆元旦文艺晚会在源森文化多功能厅隆重举行。

12月29日，紫阳县法学会成立大会暨第一次全体会员大会在紫阳县政务中心四楼会议室隆重召开。市法学会常务副会长、秘书长来宝琨，县委常委、政法委书记王毅，县法院、县公安局主要领导出席会议。

12月30日，安康市第五届劳动模范、先进工作者和先进集体表彰大会召开，市委书记、市人大常委会主任郭青，市委副书记、市长徐启方出席会议并讲话。县委书记赵立根，县人大常委会副主任、县总工会主席李龙安率领紫阳县受表彰人员参加表彰大会。紫阳县城关镇塘么子沟村茶叶专业户李青山，向阳茶果公司生产技术工人黄建成，紫诚旅游开发有限公司总经理陈禄军3人荣获“劳动模范”荣誉称号，县公安局指挥中心副教导员张敏荣获“先进工作者”荣誉称号，紫阳中学荣获“先进集体”荣誉称号，受到市委、市政府表彰。

概 况

地 理

【地理位置】 紫阳县位于陕西省南部，汉江上游，大巴山北麓，因道教南派创始人张平叔（号紫阳）得名。地理坐标：东经108° 06′ ~43′，北纬32° 08′ ~49′。四邻：东为安康、岚皋2县，西为镇巴县，南为四川省城口、万源2县，北为汉阴县。境内南北长97.3公里，东西宽57.4公里，边界线长365公里，图形呈枫叶状。全县现有总面积2204平方公里，设17镇、175村。2016年底户籍人口总数336985人，人口密度为每平方公里154人，为陕西省内人口稠密县份之一，有“山大人不稀”之说。城关镇为县人民政府驻地，北距首都北京1200公里、距省会西安195公里，东距安康市委、市政府所在地安康50公里。

【地形地貌】 地形以山地和丘陵为主，地势西南高，东北低，境内万山重叠，汉江由西向东横贯全境，任河由北流入汉江，将全境分割为东南部大巴山区，西南部米仓山区，北部凤凰山区及东部的蒿坪河川道，构成“三山两谷一川”的基本地势轮廓。多数河流发源于大巴山，向北流，形成深山峡谷与险峻山岭相间的地形。紫阳最高峰五个包，海拔2522米。

【气候】 属北亚热带湿润季风气部，夏无酷暑，冬无严寒，高温多雨，年降雨1130毫米，为水热条件最佳匹配区，亚热带经济林特作物最佳越冬区和茶叶生长的最适宜区。一般夏、秋季多雨，7、8月有程度不同的伏旱。由于境内多山、气候垂直变化比较明显。因北有秦岭和凤凰山两重山岭阻隔西北寒流，南有任河谷地输送西南暖气，故夏无酷暑，冬无严寒。由于山地相对高差大，呈立体气候特征。低山河谷地带全年平均气温15.1℃，最热月份（7月）月平均气温25.7℃，最冷月份（1月）月平均气温3.5℃，年平均降雨量1127.8毫米，湿润指数1.94，年平均日照1606.8小时，年积温4669℃，无霜期268天，属北亚热带湿润季风气候。中高山区的气温、日照和无霜期随海拔升高而递减。海拔1800米以上的高山地带与中低山区差异明显。

2016年气候概况 本年平均气温15.7度，比历年均值偏高0.6度。年总降水量1286.0毫米，比历年均值偏多22%。年日照时数1360.5小时，较历年均值偏少145.6小时。

温度 本年平均气温15.7度，比历年均值偏高0.6度，年极端最高气温40.8度，出现在8月19日，极端最低气温-8.8度，出现在1月25日。年内2、3、4、6、7、8、9、11、12月月平均气温偏高，偏高幅度在0.4~2.4度之间，其中8月偏高幅度最大为2.4度；1、5、10月气温偏低，幅度在0.3~0.7度之间，其中5月偏低幅度最大为0.7度。

降水 年总降水量1286.0毫米，比历年均值偏多22%。年内降水1、2、5、6、7、10、11月偏多，幅度在12%~88%之间，其中2月偏多幅度最大为88%；3、4、8、9、12月降水偏少，幅度在10%~96%之间，其中8月偏少幅度最大为96%。年内共有四次暴雨天气，分别出现在5月7日（52.8毫米）、6月23日（95.6毫米）、7月12日（58.2毫米）、7月14日（91.5毫米）。

日照 年日照时数1360.5小时，比历年均值偏少145.6小时，年日照百分率为31%。

天气现象日数 降雨130天、降雪10天、大雾70天、霜冻22天，结冰18天，霾39天，大风1天（6月4日，23.8米/秒）。

2016年主要异常天气、气候事件及气象灾害 6月23日出现暴雨天气，据民政局统计：受6月降雨影响，全县农作物受灾面积1409.4公顷，房屋倒塌损毁362间，紧急转移人员1473人，道路塌方340处18010立方米，道路损毁50.5公里，路基损坏11.988公里，路面损坏28.6公里，人饮工程损毁14处78.9公里，损坏拦河水坝5处，损毁高压线路500米，80千伏安变压器一台，大棚8个，灾害未造成人员伤亡。7~8月，降水较常年同期显著偏少，加之26个35.0度以上高温天气，使土壤水分蒸发加剧，出现明显的旱象，同时亦给人们的生产生活带来不利影响。

【河流水系】 境内河道属长江流域汉江水系，主要河流汉江。汉江在境内流程95千米，其主要支流有任河、洞河、汝河、勉汝河、林本河等，任河是汉江最大的支流之一，境内长56.9千米，流量3.03亿立方米。任河的主要支流有渚河、权河、盘箱河、绕溪河等。汝河源于大巴山北坡，干流长51.9千米，流域面积263平方千米，流量2.0亿立方米。洞河是江上游支流，干流长96千米，主要在本县境内长69.1千米，水流量2.5亿立方米。渚河是任河的最大支流，源于镇巴星子山，境内长27.4千米，流量1.9亿立方米。权河源于大巴山光头山，干流长28千米，流域面积121平方千米，流量1.0亿立方米。朱溪河上游称白河，全长41.1千米，流域面积161.7平方千米，流量0.1亿立方米。全境内多年平均径流总量为16.18亿立方米。全县流域面积在5平方千米以上的河流共有104条。

【土地资源】 境内土壤资源主要是黄棕壤、棕壤、水稻土、潮土4个土类11个亚类，28个土属，94个土种，黄棕壤是紫阳县的主要土壤，占总面积的87.15%。土地适宜性广，利用类型多样。全县土地总面积330.6万亩，其中耕地64.7万亩，园地8.8万亩，林地231.9万亩，草地6.9万亩，城镇村及工矿用地4.7万亩，交通运输用地2.4万亩，水域及水利设施用地6.7万亩，其他土地（包括飞地）0.9万亩。全县15° 以下耕地1.8万亩；15° ~25° 耕地6.1万亩；25° 以上56.6万亩。基本农田划保面积66.4万亩，保护率99.8%。境内耕地特点从地理分布上看，一是分布不均，江北多，江南少；二是集镇周边多，公路沿线多，山沟少。从耕地类型和产能上看，一是坡地多、平地少；二是旱地多、水田少，且产能低，防灾抵灾能力差。建设用地主要有城乡建设用地、交通水利用地和其他建设用地。其中城乡建设用地34330.6亩，占建设用地面积的51.18%，交通水利用地32653.6亩，占建设用地面积48.68%，其他建设用地98.0亩，均为特殊用地，占建设用地面积的0.14%。

【矿产资源】 县内已发现各类矿产36种，探明、控制资源储量的矿产6种，推断资源储量的10种。共发现矿产地289处，其中包括钛磁铁矿、瓦板岩、磷钛磁铁矿、锰矿、磷矿和水泥用石灰岩矿等。其中优势矿产有瓦板岩、毒重石、铁、钛、石煤、锰、钒、水泥用石灰岩矿、饰面和铸石原料用辉绿岩、富硒矿泉水等。其中瓦板岩、毒重石、富硒矿泉水在陕西乃至全国位于前列。紫阳县已全部完成1:20万区域地质调查，1:20万区域地球化学测量，1:50万区域重力测量和1:20万航磁测量。重点成矿区域已完成1:5万区域地质调查，基本查明了地层层序、总体地质构造格架和主要矿产的分布。但总体矿产资源勘查程度很低，289处矿产地有29处经过普查，占10%，而经过详查或勘探的仅有8处，占0.03%，其余均未详查。

【动植物资源】 紫阳是全国仅有的两个富硒区之一，本地生长的动植物都含有丰富的硒元素。紫阳有大、中型兽类5目16科33种，鸟类15目36科122种，爬行动物4目11科23种。全县森林面积为187.4万亩，森林覆盖率为55.7%。按地类分，有林地1709728亩，占林地面积的70.21%；疏林地4092亩，占林地面积的0.17%；灌木林地177729亩，占林地面积的7.3%；未成林造林地223216亩，占林地面积9.17%；宜林地320304亩，占林地面积的13.15%；“四旁”树9942.73万株，散生木890474.57万株。其主要的优势树种有油松、马尾松、杉木、柏类、栎类、桦类、硬阔类、软阔类、刺槐、杨类、泡桐、杜仲、厚朴等。

【特色旅游资源】 紫阳县历史悠久，人文荟萃，境内有国家级文物保护单位一处，即瓦房店会馆群。省级森林公园1处，即擂鼓台森林公园，省级文物保护单位3处，分别是：北五省会馆、东城门、高桥廊桥。此外还有县级文物保护单位33处。除人物景观外，紫阳风景优美，有擂鼓台自然风景区、仙人洞真人宫景区、木兰峡风景区。已开放的寺庙、道观有4处，古遗址110处、古墓葬957处、古建筑186处、石刻50处、近现代代表建筑及史迹40处。馆藏珍贵文物18件。2016年，全县有宾馆、旅社、招待所35家，床位1205张。总计旅店120家，床位2100个。餐饮398家，其中农家乐58家紫阳县旅游资源丰富而独具特色，特别是文化资源与周边地区形成明显差异。茶文化、民歌文化、道教文化历史悠久、底蕴深厚，民俗风情古朴浓郁、特色鲜明。紫阳是全国最早贡茶产地，产茶历史距今已有2000余年，紫阳富硒茶获国家地理标志保护产品，现为中国驰名商标；紫阳民歌悠扬婉转，存有鲜明地方风格的原生态民歌5000余首，紫阳民歌被国务院列入首批国家级非物质文化遗产保护名录，紫阳县也被文化部命名为“中国民间艺术之乡”。依据国家《旅游资源分类、调查与评价》标准，经调查，紫阳县共有191个资源单体，30个优良级旅游资源，属于文化旅游资源丰富大县，具备旅游产业做大做强基础。

行政区划

【建置沿革】 紫阳境域据传为古梁州之域，商代属庸国，春秋属巴，战国后期属楚之汉中郡。秦汉时期，紫阳地属益州汉中郡西城县；曹魏时属荆州西城郡西城县；东晋紫阳地西部属晋昌郡宁都县，东部属魏兴郡西城县；南北朝时始设广城县、汉阳县；隋属直州宁都县，后改属金州总管府西城郡安康县；唐属西安州安康县，唐末属山南东道金州安康郡安康县。五代属金州汉阴县；北宋属京西南路金州安康郡汉阴县；南宋属利州路金州安康郡汉阴县；元属陕西行中书省兴元路金州。明正德五年（1510）年设紫阳堡，明正德七年（1512）设紫阳县。属陕西布政使司金州。清属陕西省陕安道兴安州。中华民国初年，属紫阳属陕西省汉中道，民国二十五年（1936）后，属陕西省第五行政督察区。1949年11月30日紫阳县和平解放，属陕南行政公署安康分区辖。1950年5月后，紫阳县隶属安康专区；1969年后属陕西省安康地区。2001年1月1日安康地区撤地设市，紫阳县属陕西省安康市。

【行政区划】 2016年辖城关、向阳、蒿坪、双安、汉王、焕古、洞河、洄水、双桥、界岭、毛坝、高滩、瓦庙、红椿、东木、麻柳、高桥等17个镇，175个行政村、20个街道社区。

【民族宗教】 2016年年末户籍人口总数336985人，主要为汉族，有少数民族8个。少数民族以回族为主，约3300人。佛教自东汉传入紫阳，历代都有发展。宋以后，因紫阳真人张伯端在仙人洞修行，光大道教，道教开始盛行。信仰佛教、道教者多为汉族。伊斯兰教在清代传入紫阳，县城、向阳及洞河等地皆有信众，并修建有清真寺。

国民经济和社会发展

【概况】 2016年完成生产总值80.48亿元，增长11.2%；全社会固定资产投资84.8亿元，增长25.9%；财政总收入2.92亿元，地方一般预算收入1.65亿元；社会消费品零售总额22.61亿元，增长13.7%；城乡居民收入达到25474元和8789元，分别增长8.1%和9.2%。

【农业】 2016年粮食播种总面积64.28万亩，粮食总产10.9万吨，油料播种总面积11.07万亩，总产1.22万吨。2016年，全县猪牛羊出栏量达52.5万头，肉类总产3.3万吨，禽蛋总产4310吨；同比分别增长0.9%、0.8%、1.6%。全县17个魔芋基地镇共完成魔芋种植面积6万亩，较2015年扩大面积1.2万亩，预计全县商品芋总产7.4万吨，实现产值2.1亿元。发展重点镇4个，一村一品重点村4个；建市级魔芋产业示范园3个，县级魔芋产业示范园6个。继续围绕突出茶叶、魔芋、畜牧和特色林果产业规划建设28个农业园区，重点突出3个省级、19个市级园区，强化设施设备、生产功能、质量品牌和经济效益等方面提升。全年建成红椿现代农业园区、蒿坪魔芋园区、和平现代农业园区等产值2000万元以上现代农业园区7个。全年新规划建设农业园区8个，新申报省级园区1个，市级园区11个。全面完成7。25万户农户67.76万亩承包土地实地核实工作。全年完成新造林6.59万亩、义务植树75万株，实施森林抚育2.5万亩。全年营造以核桃和茶叶为主的经济林3.29万亩，改造低产低效经济林1.91万亩，管护抚育特色经济林27万亩；发展以芋、菜、食用菌、饲料为主林下种植17万亩；发展林下畜禽养殖140余万头（只）。启动新建林业园区6个，创建申报市级林业园区5个，提质增效培育年产值2000万元以上的林业园区7个。林业产值达20.8亿元。向贫困村下达以核桃、茶叶、小杂果为主特色经济林建设指标17900亩；年投入177万元。

【工业】 2016年1~11月，全县规模以上工业总产值完成88.2亿元，增速13.6%，全年预计完成规模以上工业总产值94亿元，同比增长14%。1~11月完成规模以上工业增加值

33.35亿元，增速16.1%。全年预计完成规模以上工业增加值37亿元，增速16%。

【固定资产投资】 2016年开工固定资产投资项目110个，其中计划内108个项目开工94个，落实替换项目16个，完成投资84.8亿元。10个市级重点项目全部开工，预计完成投资7.53亿元，占年度任务的146.8%。县中心粮库和2015年以工代赈项目已竣工验收；县城气化工程建成加气和储配站，铺设中压管网4.5千米，发展用户757户。全县到位资金突破20亿元。

【重点项目管理】 建立完善国家重大项目储备库，储备项目731个，总投资298亿元。完成35个重大项目前期工作。开展重大固定资产投资项目社会稳定风险评估16个，稳评率达到100%。

【财政金融】 2016年县财政总收入累计完成29155万元，占年度目标任务25500万元的116.6%，同比下降2.8%。一般公共财政预算收入累计完成16550万元，占调整预算15500万元的106.8%，同口径比下降12.9%。公共财政预算收入分部门完成情况：国税局完成1739万元，占年任务2000万元的87%，比上年增长96.7%。地税局完成5475万元，占年任务5000万元的109.5%，比上年下降16.3%。财政局完成7094万元，占年任务6500万元的109.1%，比上年增长29.4%。公产局完成2242万元，占年任务2000万元的112.1%，比上年下降73.3%。公共财政预算收入分结构完成情况：税收收入完成6842万元，占年预算6610万元的103.5%，同比下降4.5%；非税收入完成9708万元，占年预算8890万元的109.2%，同比下降31.3%。财政支出完成情况。公共财政预算支出227310万元，占年预算210087的108%，较上年同期增长8.2%，增支17230万元。其中民生支出196542万元，占财政总支出86.5%，较上年增支26894万元。

全年投放“扶贫搬迁贷”和“扶贫小额贷”2218户、9763万元；编报政策性金融扶贫贷款项目和建档立卡基础设施贷款项目36.38亿元；引导7家金融机构与28家重点企业达成贷款意向4.4亿元。完成农村土地承包经营权和农民住房财产抵押贷款调研；启动利用资本市场直接融资试点，初步筛选2家企业作为培育试点。新建营业网点2个，推广POS机123台，新增ATM机9台。截至11月底，全县金融机构各项存款余额82.23亿元，同比增长27.3%；贷款余额28.28亿元，同比增长5.57%。

【招商引资】 全县共新签订重点招商项目16个，总投资36.8亿元；全县新、续建项目共完成到位资金35.31亿元，占市上下达年度任务35.4亿元的99.7%，年底可实现到位资金36.5亿元。

【城镇建设】 河堤路西段综合改造。全面完成12个单位、193户住户、208间门面房屋征迁任务，征迁总面积4.2万平方米，提前一年完成征迁任务，拆除房屋完成115户1.8万平方米，正在进行环江旅游景观长廊和河堤路里侧规划设计。城镇建设和管理。一是尚都滨江商业步行街已完成四川远景尚林有限公司与安康宏远房屋建筑开发有限公司等承建方债务清算，协调处理98户私人购房户交房工作，启动尚都商业步行街绿化、亮化、硬化方案设计和预算编制，A区消防设施安装正在有序进行，招商工作全面开展；二是集中开展5次市容市貌整治；三是创建国家卫生县城已通过省级技术评估，12月底予以命名和授牌，创建省级生态园林城市工作有序推进，共营造重点区域绿化3.5万亩；四是蒿坪副中心老街及棚户区改造等10个重点项目已全面开工建设，累计完成投资6288万元，预计12月底全面完成目标任务。西门河新区建设。西门河新区1#至6#

商住楼已建成交付使用，7#商住楼主体已建成，正在进行装饰装修，8#商住楼已开工建设，商业步行街已建成投入使用。移山造地、高压铁塔迁移、排洪渠等工程已全面开工。保障性住房和棚户区改造。惠民三期已建成交房、惠民四期、黄金商贸城主体已建成，正在进行装饰装修工程，农业局片区保障房正在进行主体20层施工，新桃村保障房和县中医院综合楼主体封顶，正在进行装饰装修，全面完成火车站老进站路风貌改造工程。县城气化工程建设。县城气化工程场站天然气合建站主体已建成，卸气柱、压缩机、储气瓶基础浇筑已全部完成，边坡支护完成90%，中压管网铺设累计完成5.2公里，天然气入户安装3000户，12月底全面完成市对县目标任务。规划、建筑业、城市精细化管理等工作。县城、蒿坪集镇总体规划和控制性详规编制工作已全面启动；全县30个避灾移民安置点专项规划已完成；城市燃气、供水、市容环境卫生、交通、绿地、照明等专项规划正在加紧编制中；建筑设计、工程质量、安全生产等各项工作稳步推进；房地产业持续健康发展，全年共销售房屋724套85467.25平方米；城市环境卫生、市政设施维修、路灯管理等工作有序开展。

【交通·电力】 **交通** 交通文化旅游交通设施项目。悟真观至刀背梁4公里公路已全面完成路基路面建设任务。文笔山环线公路续建项目。路基已完成3.8公里，完成工程量95%。正在进行滑坡治理，原设计挡墙5000余立方米，设计变更增加7000余立方米，合计挡墙量12000余立方米，完成11000余立方米。新改建塘么子沟—向阳江河旅游环线公路项目11月底开工，完成路基土石方开挖2.5公里。启动环江旅游文化休闲长廊景观道路和单车专用道路规划设计。初步完成桑红公路瓦房店景区隧道工程设计方案。交通基础设施重点项目。权双公路二期续建项目基本完成。G541援建工作，涉及拆迁17户，已完成16户，完成沿线征地295亩，迁移各类电杆26根，路基建设完成工程量80%。汉江客运码头已基本竣工，货运码头因滑坡方案未定，处于停工状态。汉王镇跨汉江大桥和向阳江河大桥正进行勘察设计。双桥周家坝桥已建成。焕古肖家沟桥因汉江水位上涨淹没桥台基础导致目前无法施工。东木小石河桥已完成项目批复和招投标工作，于11月底开工建设。双安双河口桥已完成项目批复，计划已下达，进入招标阶段。洞河集镇客运码头因需变更设计，加之库区水位上涨，目前无法施工，完成工程量20%；焕古集镇客运码头、金川集镇客运码头、汉王集镇客运码头项目省海事局均未组织施工队进场。农村公路安保工程已完成设计，已下达39.2公里计划，已完成30公里招标工作，已完成施工5公里。交通脱贫通村水泥路项目，2016年度下达计划145.6公里，已全面完成路基建设任务，完成路面建设29.15公里。提前完成高滩镇三坪村2公里通村水泥路建设任务。通村公路完善工程，200公里项目前期工作已完成，已开工建设160公里。已完成界岭镇金狮村中药材产业公路6.5公里路基工程，完成路面工程3.5公里，因气温过低目前已停工。高滩镇望夫寨现代农业园区4公里路基路面建设任务已全面完成。县城高速路引线项目。龙洞沟大桥24根桩基已全部建成，总计466米桥墩全部建成，104片预应力桥梁已全部完成架设，已完成全部混凝土桥面铺筑，桥护栏完成，桥梁主体完成。安川高速公路紫阳连接线改建工程完成设计及设计图会审工作，进入招投标程序。

电力 截至11月，售电量累计完成17093.61万千瓦时，同比上升5.41%，完成年计划的92.40%。利润累计完成-1923.97万元，同比增加-831.40万元，完成年计划的81.92%。购、售价差完成171.24元/千千瓦时，同比下降49.54元/千千瓦时，与指标值下降1.00元/千千瓦时。综合线损率完成8.53%，同比下降3.99%，较计划指标上升0.58%。电网建设完成2014年配变台区计量改造工程计划1项，完成计划资金379.73万元。安装配变台区计量1384台。完成2015年农网升级改造第一批工程计划63项，完成投资3027万元。其中35千伏输变电工程2项，计划投资1431万元；完成10千伏线路工程15项，新建和改造10千伏线路66.82千米，新增和更换配电变压器108台，容量21.29兆伏安。0.4千伏线路工程46项，新建与改造低压线路153.2千米。完成2015年农网改造升级新增工程项目32项，完成投资2050万元。其中10千伏线路工程12项，新建和改造10千伏线路212.14千米，新增和更换配电变压器52台，容量4.991兆伏安；0.4千伏线路工程20项，新建与改造低压线路63.3千米。2016年农网升级改造工程全部开工建设，架设10千伏线路20.77千米，安装配电变压器18台，容量2.358兆伏安，新建与改造低压线路37.41千米，改造户表300户。

【扶贫开发】 **脱贫攻坚“八大工程”** 搬迁扶贫，完成集中安置6604户，落实分散安置1251户，交钥匙安置1080户，旧房改造790户；安排1296万元项目资金直补到户，围绕“五大特色种植业”“五大特色养殖业”带动5600余贫困户发展特色产业，引导全县新发展核桃15400亩；新建茶园6200亩；围绕修脚足浴、电子商务、民歌茶艺、特色烹饪、家政服务等重点项目，累计开办各类免费技能培训班86期，培训6629人，就业率达70%以上；引导4000余名贫困群众从事旅游及其服务行业；全年从学前到大学完成贫困家庭学生各类资助16196人次，资金1283万元，生源地信用助学贷款2187人次，金额1416万元，建档立卡大学新生贷款455人，金额297万元；2016年度，全县贫困家庭治病就医合疗共减免809人，减免费用164.43万元，住院352人次，共帮扶5456人。重点实施30个精准扶贫村136公里通村水泥路建设；全县社会养老保险、农村合作医疗达到全覆盖，城乡低保7399户15199人、五保5061人应保尽保。**扶贫开发** 科学编制农村脱贫攻坚“十三五”规划。编写完成《紫阳县“十三五”农村脱贫攻坚规划》。规划共涉及项目5813个，覆盖全县3.1万户和9.55万人，重点实施产业发展、易地搬迁、教育扶贫、转移就业、健康扶贫、政策保障、生态保护、基础设施建设和公共服务等八大类项目，总投资94.35亿元。专项扶贫项目规划和实施。围绕2016年度30个贫困村，先后两次下达财政专项扶贫资金基础设施项目计划，做好项目计划备案工作，所有项目均已完工，进入验收报账阶段。产业精准扶贫。做好与供销集团合作的现代农业产业精准扶贫工作，会同县供销社共同加强组织协调和管理工作，建立包联增收措施，精准包联1050户贫困户，完成包联贫困户分红兑现，实现贫困户资产型增收；引导各类市场经济实体积极参与脱贫攻坚，全年有14个镇45家企业、农民专业合作社申报第一批产业精准扶贫项目，扶贫局组织农林科、茶业、经贸等部门人员对申报企业进行实地核实，项目按程序办理实施。金融扶贫工作。搭建扶贫开发融资平台。牵头完成国开行、农发行政策性金融扶贫贷款前期申报工作，省市核准紫阳县在基础设施建设、移民搬迁、产业批发贷款等项目贷款资金20.5亿元。按照“5321”扶贫小额信贷政策，8月底完成了第一批91个村9289户贫困户差异化评级授信工作，截至12月底，接受4890户贫困户申贷申请资金2.18亿元，完成发放1.02亿元。解决贫困户产业发展、建房等脱贫致富资金困难问题。实施贫困家庭大学生助学和“雨露计划”教育扶贫工程，资助2015年度应届贫困家庭大学生595人，续补2012年、2013年、2014年贫困大学生1297人；委托2家有资质培训机构在当年脱贫村实施雨露计划短期技能培训13次，累计培训1250人；投资30万元，在扶贫村组织开展各类技术培训11000人次。实行扶贫对象信息化管理。顺利完成2015年度扶贫对象建档立卡数据信息采集及录入工作。2015年度的动态调整工作后，“十三五”期间全县有贫困村133个，贫困人口31246户95548人；组织开展2016年度扶贫对象建档立卡数据信息采集及录入工作，完成脱贫6749户22907人，新增符合条件的贫困户1768户5491人，返贫498户1890人，实现净脱贫4483户15526人，完成上级部门下达12900人的减贫计划，同时对漏登和信息不全的贫困户进行补充完善和修正；清洗修改系统错误数据，确保扶贫信息系统数据的真实性和准确性。**农业综合开发** 根据安康市《关于下达2015年省级农业综合开发产业化经营财政补助项目计划的通知》，完成新建紫阳大叶泡优良品种茶园120亩，栽植茶苗48万株；新栽植绿化树1000株；完成新建蓄水池3座180立方米，新建引水管道3000米，排水渠道600米，改良土壤120亩，购置农机具40台套，梯田埂636立方米；完成无性系标准示范茶园推广500亩以上；开展紫阳大叶泡无性系标准示范茶园栽培管理技术培训500人次。项目共落实资金107万元，其中财政资金完成77万元、企业自筹完成30万元，圆满完成年度目标任务。

【移民工作】 及时核减移民直补人口，按期兑现移民直补资金。全年共核减直补人口45人，截至2016年年末，全县移民直补人口为6006人，分四季度共兑现移民直补资金360.36万元，兑现率100%。项目实施与管理水平得到提高。2016年省市移民部门下达全县各类水库移民扶持项目119个，资金2719.86万元，其中纳入2016年考核任务项目89个，资金2126.96万元，截至11月底，已完工81个，占总任务91%，在建项目3个，占任务的3.4%，未实施项目5个，占任务的5.6%。焕古镇千宇现代农业茶叶示范园作为市级现代农业园区进行建设，全面完成园区建设规划，茶园基地建设、茶叶加工厂房及设备建购，仅茶叶加工产值可达1300万元以上，年产值将达到1500余万元。全年资助库区贫困移民大学生22人，发放资助金11万元；大病救助9人，发放救助金9万元；技能培训1人补助5000元。

【社会保障】 完成城乡居民社会养老保险参保19.21万人，征收基金1400余万元，参保率达99.2%，全年累计发放养老金6000余万元，待遇发放率为100%；完成城镇基本医疗保险参保3.19万人，征缴基金3600万元。其他各项社会保险均已超额完成了年度的目标任务。严格执行农民工工资保证金制度，全年共征收185个工程项目3129万元农民工工资保证金，退还142个工程项目工资保证金2439万元。受理各类举报投诉案件60余起，立案34起，结案29起，时效期内结案率达100%，移交公安机关立案2起，为900余名劳动者追讨工资3380余万元；开展用人单位劳动年检62户，劳动用工备案86户；受理劳动争议仲裁案件25起，已结案18起，时效期内结案率100%；开展以农民工工资支付情况专项检查、清理整顿人力资源市场秩序、劳务派遣用工情况以及建筑施工企业工资支付专项检查等为主要内容的专项执法检查5次，共出动执法人员60余人次，检查用人单位82户，涉及劳动者1500余人；参与处理突发事件5件，涉及人数380余人。

【水利建设】 **汉江综合整治项目** 续建紫阳县城任河新区防洪工程建成防洪堤339米，完成投资1500万元。续建紫阳县城老城区防洪工程建成河堤长度300米，新建停车位136个。完成投资1500万元。新建紫阳焕古集镇防洪工程860米河堤主体工程已完成，完成投资1235万元，完成形象进度90%。整个工程2016年12月底全面完工。**县城供水及农村安全饮水项目** 2016年度，下达全县中省投资项目两批，共13处，其中：省级下达4处，中央下达9处，中省资金共计1004万元，解决饮水不安全人口1.37万人。其中：中央投资554.0万元，省级专项资金400.0万元。截至年底已完成项目34处，其中围绕脱贫村项目33处，投资628.15万元；新建高滩集镇供水工程1处，投资458.96万元，共计完成投资1087.1万元，解决1.31万人饮水安全问题。投资21万对县城净化厂安全防护和净水设备进行改造，启动县城江南新区供水工程，改造老旧小区水表2800余户，预计2017年年底县城老旧小区水表改造全面完成。**中小河流治理项目** 2016年中小河流法人机构主要以工程后期资料整理、竣工决算审计为主，截至11月完成渚河三处工程的决算审计工作，送审投资2380.64万元，审定投资2280.87万元，结余工程投资万元97.0万元；洞河流域三处工程工程结算、核查已完成，财务审计工作预计于本月底全面完成。12月初申报两处工程的总体验收，2016年年底完成两个流域验收、备案工作。**水土保持工程** 2016年完成2015年度四溪河小流域、肖泗溪小流域建设目标任务，完成水土流失治理任43.19平方公里，其中：新建四溪河、肖泗溪两条小流域治理任务40平方公里，续建2014年度青岩溪小流域3.19平方公里。完成总投资2001万元。栽植茶苗200万株、栽植嫁接核桃苗16万株，新修河堤2.5公里，新修坡改梯两处210亩，维护施工道路5公里，灌溉工程2处、蓄水池12口、铺设管道5.5公里，完成治理任务100%。完成“十三五”水土保持区域划分及上报工作。**农田水利工程** 完成2016年小型农田水利项目县灌溉工程建设项目前期工作。争取中央资金1235万元，在城关、向阳、红椿、东木、高桥、双桥6个镇围绕茶园等现代产业园区建设有效灌溉面积3200亩。年底前完成项目立项、批复、招标等工作。实施2016年中央农田水利维修养护资金项目，争取中央资金83万元，维修改造安五、茨沟、天池等堰渠及取水坝工程，新增及改善灌溉面积500亩。实施2016年省级小型农田水利基本建设补助资金项目，争取省级建设资金120万元。在双安廖家河、东木三堂等村新新修基本农田620亩，新增灌溉面积297亩。实施2016年全县30个精准脱贫村农田灌溉工程建设任务，共建取水8座，水窖60口，蓄水池9座，铺设管道1.6万米，新增有效灌溉面积2500亩，完成建设资金近400万元。完成2013年、2014年小型农田水利重点县建设项目竣工验收等前期资料完善编制工作。完成2017年度省级小型农田水利基本建设补助资金项目编制、立项申报工作，争取省级资金150万元。**农村小水电建设** 2016年，农村小水电建设完成界岭、狮子岩、八庙梁“十二五”规划电气化项目的总体竣工验收。2016年度申报农村水电增效扩容改造项目4个，①黄龙洞水电站批复补助资金390万元（电站增效扩容1750千瓦）；②权河口水电站批复补助资金360万元（电站增效扩容1300千瓦）；③双柳水电站批复补助资金360万元（电站增效扩容480千瓦）；④新坪垭水电站批复补助资金520万元（电站增效扩容3200千瓦），共批复2016中央补助资金1630万元。2016年国家补助资金到位427万元。**渔业水产品养殖** 2016年水产品总产量

6950吨，产值3.32亿元。水产品质量安全、生产安全监管到位，执法保障有力，无安全事故发生。**城镇污水处理设施工程** 2016年度，已下达全县中省投资污水处理项目4个，围绕汉江沿岸先后建成洞河镇污水处理厂、江南新区污水处理厂、焕古镇污水处理厂、向阳镇污水处理厂，共计完成投资1792万元。实施蒿坪镇、汉王镇、任河咀新区、县城污水处理厂提标改造项目，初步设计全部完成，预计2017年年初4处污水处理工程能够全面开工建设。新建西门河拦渣坝1座，投资96.77万元，总库容3.6万立方米，进行施工阶段。

【社会事业】 **教育** 2016年，全县1965人参加高考，二本以上达线1183人，达线率60%，比去年增加135人，提高了5个百分点。紫阳中学二本以上达线1111人，首次突破千人大关，一本、二本达线率在全市县级高中位居第一；紫阳中学王瑞敏同学以优异的成绩被北京大学录取。中考成绩稳中有升，全县中考综合评定成绩位居全市前列。争取上级资金14258万元，其中：项目建设资金5986万元，政策性补助资金8272万元。2016年完成投资6710万元，超额完成市上下达投资5511万元任务数。其中：投资1500万元，续建县第三小学，秋季开学已投入使用。投资3940万元，实施13所薄弱学校改造工程，预计年底全面完工。投资820万元，完成洄水、东木两所镇中心幼儿园建设，2017年秋季正式开园招生。投资450万元为镇中心小学以上学校配备电子白板，全部安装到位。**卫生计生** 县人民医院绩效考核分配方案在全市二级以上医院推广。新农合工作健康有序运行。2016年参合269230人，参合率99.91%。药品供应保障机制不断健全。累计配送"三统一"药品总价值4743.8万元，平均配送率99.56%，使用率100%，零差率销售100%，为患者减轻用药负担711.5万元。县中医医院综合楼工程已完成主体竣工，进入室内装饰阶段；蒿坪镇中心卫生院改扩建项目有序推进；县妇幼保健院内部装修工程正在施工；完成38个标准化村卫生室建设（年初下达30个）；洄水镇、高滩镇两所中心卫生院门诊楼项目已开工建设；县、镇、村区域卫生信息化平台建成投入使用。成立华阳医养中心援建领导小组，完成该中心医疗区图纸初审。2016年共出生2529人，人口出生率8.68‰，死亡率6.87‰，自然增长率1.81‰，性别比107.7:100；集中组织县镇村三级500余人次以新颁布的《陕西省人口与计划生育条例》为主的培训学习。印制《陕西省人口与计划生育条例》知识读本、宣传折页各5000余份；全年共接待群众来信来访6件，结果案件报结率达到100%。开展2次打击"两非"专项整治行动。开展17个"诚信计生"群众自治示范村创建；深入推进精细化管理、网格化服务创建工作。全面落实计划生育奖励扶助政策，上报各类奖励扶助对象3675人，争取政策性资金655.1万元，代缴合疗费198.81万元。计生贫困家庭移民搬迁或进城落户购房给予每户追加5000元购房补助。提高特别扶助标准，将221人农村失独家庭夫妇特别扶助金标准提高到每人每月1000元。

【文化、旅游】 2016年市对县考核旅游人数243万人，同比增长8.72%，旅游综合收入12.64亿元，同比增11.07%。截至12月底，已接待游客260万人，同比增长16.33%，实现旅游综合收入13.78亿元，同比增长21.09%。2016年旅游接待收入任务超额完成。全年文化产业增加值完成预期目标，新增规模以上文化产业企业2户（佰纳影院、习羽广告有限公司）；完成广播电视户户通2700套；净化文化市场和网络环境抽查合格率95%；已启动建设了49个基层文化综合服务中心。**文化文物** 修改完善《紫阳县文化繁荣发展实施意见》《紫阳县文艺作品创作奖励办法》《紫阳县群文社团奖励扶持办法》等文件。制订《紫阳县加快构建现代公共文化服务体系落实方案》和《紫阳县基层综合性文化服务中心建设实施方案》，按计划协助各镇启动了49个基层文化综合服务中心建设；扶持建设“安银民歌文化传承基地”；编辑出版《紫阳民歌歌谣集》；组织申报省、市级非物质文化遗产传承人共3个；举办了民歌创作、演唱培训班五期，培训人数达500余人次。组织编排大型民歌剧《一孝千金》，剧本创作已完成，正在音乐创作过程；编排创作小戏小品3个：《温馨》《儿子的礼物》《美丽的误会》，舞蹈2个：《小探妹》《山歌情韵》，快板2个：《夸夸我们新农村》、《普法知识记心间》；拍摄制作广场舞民歌光碟《舞动紫阳》（10首）；新创作歌曲4首《亲情紫阳茶》《哥哥妹妹上茶山》《郎在对门唱山歌》《莫把乖姐晒黑了》；改编排练二黄剧目1个《拾玉镯》；创作生产了书法、美术、摄影作品共100余件。全年组织开展了以《茶山情》《王二嫁嫂》为代表的以及综艺类节目惠民下乡演出120余场次。组织全县大型群众性文化活动20余场，如：新年文化周、清明、五一节茶山对歌、汉剧演唱，七一合唱大赛、广场舞大赛、道德模范颁奖晚会，纪念长征胜利群文展演等。先后组织省、市、县、镇等各级文化活动百余场。以“西恰会”“龙舟节”为载体，组织生产了一系列优秀节目，参加境外演出活动，宣传推荐紫阳文化旅游。在第十六届“我要上龙舟节系列群众文化活动”中，紫阳县参赛的4个类别共10个节目取得一等奖3个，二等奖3个，优秀奖4个。组织“茶乡飞歌迎新年”“茶山对歌”“富硒之旅”“爱我紫阳凝心聚力”合唱大赛“舞动紫阳”广场舞大赛等文艺活动，惠及群众达10万余人次。**旅游工作** 2016年推出的紫阳板石画、玉米营养餐、任性魔芋食品等旅游商品深受游客青睐。先后举办讲解员培训、特色烹饪培训和乡村旅游民宿培训，总培训人数600余人。相继参加“2016北京紫阳富硒茶推介会”、2016旅博会、2016中国（名山）茶乡旅游发展研讨会等大型推介活动及多场周边市县旅游专题推介会，策划组织了2016西安·紫阳富硒茶及生态旅游推介会、春季采茶游、夏季亲水游；开展民歌进景点活动，在清明节、五一小长假及春夏季周末在会馆茶山开展了50余场“茶山对歌”和“茶乡飞歌·唱响紫阳”活动；开展富硒茶之旅自驾游活动40余场次。紫阳旅游宣传片制作完成，紫阳旅游导游词编制完成，编排一套紫阳民舞，组织开展春季采茶游、夏季亲水游、秋季美食游、冬季养生游系列旅游文化活动，制作完成了2016年北五省会馆宣传折页；紫阳旅游网网站正式运行。**广电工作** 重点精心策划实施多个系列报道。为县委扩大会议、政府常务会、两会、扶贫攻坚、河堤路拆迁、汉江水质保护、创建食品安全示范县、平安紫阳、双创等工作强化宣传效果，广播电台紧紧围绕民生话题，开设《百科全说》、《今天新农村》等栏目，共播出节目50多期。同时，制作播出了《征兵》《环境保护》《平安建设》《紫阳富硒茶》《食品安全》（两率一度安全调查相关等）等多个公益广告。借助西洽会、龙舟节和清明小长假及十一黄金周旅游促销等重大节日活动和重大事件，尽情展示紫阳独特文化魅力，积极加大对外宣传，踊跃向省、市媒体发稿，截至12月底，在市台播发新闻稿件400多篇，省台发稿20多篇。县电视台微信公众平台运行良好。频道改版，提升质量。由《有话直说》《紫阳新闻》《记者再报告》《观点致胜》组成晚间新闻资讯大板块。通过大板块、大时段、风格统一、定位精准的节目，传递出更强大的“声音”和影响力。积极配合有关主题活动、重大节日、纪念日开展公益宣传活动，加大公益广告播出频次，提高公益广告制作质量，增强公益宣传影响。对全县调频广播覆盖网进行调查摸底，查出存在问题，筹措资金采购设备和维修器材，并组织技术人员对全县调频广播发射、传输、接收设备进行了全面检修、维护。有效保障了全县21座发射塔、村级野外收扩点353套设备的正常运行；完成全县广播电视户户通设备的维护、维修工作；完成中央农村无线广播电视转播、值守工作，全年安全播出无故障；截至11月底已放映电影2620场，超额完成全年目标任务。**重点项目建设** 焕古硒茶小镇、老城及环江文化旅游长廊、瓦房会馆小镇片区旅游规划，青中、新田、兰草片区美丽乡村规划，均已基本完成，即将进行评审。老城改造及环江文化旅游长廊规划设计已公开征集3家方案编制单位，完成调研、踏勘、考察等工作。文笔山景区已启动AAAA级景区创建工作。南宗大道已完成工程量的90%；景观步道已完成工程量的80%；悟真观影壁石刻完成；环线公路路基已完成95%（3.8千米）；正进行滑坡治理工作，原合同内挡墙量5000余立方米，设计变更增加挡墙量7000余立方米，总量12000余立方米，完成挡墙11000余立方米；真人宫生态景观码头已竣工；文笔山景区配套建设的江南供水工程已开工。环江文化旅游长廊建设项目启动实施，河堤路综合改造拆迁工作进展顺利，已开始全面拆除工作，老城改造及环江文化旅游长廊已开始编制整体规划。瓦房店片区旅游综合开发。瓦房会馆小镇已全面启动建设。规划设计通过评审，任河瓦房段河堤、瓦房沟河堤设计方案初稿完成。北五省会馆彩绘修复和会馆群消防工程设计方案已通过国家文物局立项和专家评审，资金计划2017年下达后实施；江西会馆布展方案完成。任河漂流二期工程，跨河观光吊桥已在招标，完善游乐设施和旅游服务设施；改造周边民居（农家乐）10户。**旅游示范村建设** 营梁村，对营梁新村农家乐旅游接待标准进行了规范、提高（发展农家乐5户，改造提升12家特色农家乐），完成营梁新村活动广场美化、亮化（完成500米道路绿化、新修茶山观光回廊300米、安装路灯75盏、硬化村委会院坝1300平方米；高标准管护茶叶观光园280亩）；已启动6.5千米公路茶山观光公路建设。权河村，权河、兰草、裴坝重点旅游村建设初步规划完成，正在进一步修完善。投资4450万元的梦紫阳农场庄园项目抓紧建设，民俗酒店、农耕体验、休闲垂钓、天然浴场等项目，将成为全县独具特色的旅游目的地。焕古村，焕古茶叶观光示范园区已完成茶园管护和观光人行梯步，已完成整地；建设饮水工程3处、管网7公里；建设沼气池100口、化粪池50口；实现电力工程全村覆盖；完成电信工程入户80户；建成垃圾池15个，定期处理清运。新田村，新田、青中两村美丽乡村规划已设计完成；投入200余万元进行文笔山景区及景观绿化工程；绿化新田小区3300平方米；完成300米特色板石阶梯路；安装路灯65盏；完善新田安置小区5号楼至6号楼院场硬化及安置点排管网修复工程，安装垃圾箱35个；提升10户农家乐综合服务和接待水平；打造社会主义核心价值观体系、评选十星级文明户；新田村旅游线路4.8公里加宽硬化已完成；新田村美丽乡村建设顺利通过县考核验收。茶山酒店项目及养生谷项目。富硒茶观光园茶山酒店正在进行联排别墅主体工程及酒店外部环境整修。组建紫阳县文化旅游产业开发有限责任公司。《紫阳县文化旅游产业开发有限责任公司组建方案》已通过县政府常务会议审定，正在进行公司注册等前期工作。广电项目，完成神峰山广播电视发射台机房建设68平方米，场院硬化592平方米，供水管道800米。

【廉政建设】 落实全面从严治党、依规治党要求，以“三化”建设为抓手，持续正风肃纪，聚力反腐倡廉，全县党风廉政建设和反腐败工作深入开展，取得新的明显成效。2016年，共实施提醒谈话741人次（任前廉政谈话115人，履职不力123人，换届纪律谈话503人），诫勉谈话32人次，层层传导责任压力。充分发挥县反腐败协调小组职能作用，不断加强各成员单位的联系；对一些重要的信访案件，及时向上级纪委和县委汇报审定。截至11月30日，全县纪检监察机关共接受信访举报203件次，处置线索193件，立案124件，给予党纪政纪处分122人，其中轻处分110人，占处分总人数的90.16%。加强督导检查，严肃查处侵害群众利益的不正之风和腐败问题。截至11月24日，全县纪检监察机关共处置侵害群众利益的不正之风和腐败问题线索166件，初核166件，立案79件，结案72件，党政纪处分83人，全面消除“零查结”的镇。

【综合治理】 2016年，以全面提升社会治理能力和水平，全力冲刺“全国综治优市建工作”。上半年社会治安满意率为96.03%，居全省第五、全市第二。2016年，紫阳县被确定为全省35个综治信息化建设试点县之一，结合社区网格化工作要求，印发《全县城乡社区（村）网格化管理工作实施方案》，把社会综合治理新信息化建设作为县域社会治理基础工程来抓。投入资金270万元开展第一期建设，软件系统开发完成进入招标程序，县级指挥中心硬件配备进入招标程序，城关、向阳、蒿坪三镇试点建设初步成型，基础数据采集工作已部署开展。强化综合治理。强化重点人群服务管理，对“三留守”（留守老人、留守妇女、留守儿童）“三特殊”（严重精神障碍患者和吸毒人员、刑满释放和社区矫正人员、无业闲散青少年）群体，分期开办了家政、家教、月嫂、医护培训班，培训1500余人次，解决其持家就业等问题。加强重点领域、重点场所治安排查，深化“破小案、暖民心”行动，严厉防范和打击“五霸”“黄赌毒”“盗抢骗”等危害投资环境、影响社会风气、威胁群众安全的违法犯罪行为。在全市率先首创“以芯换心”工程，全县各级共投入10余万元为1600余户群众更换防盗锁芯，刑事、治安案件发案率均明显下降，“以芯换心”做法被市公安局在全市推广。深入排解矛盾。县委出台《加强人民调解、行政调解、司法调解“三调联动”工作实施意见》，县综治委印发的《关于进一步推进矛盾纠纷“三调联动”多元化解决工作机制的实施方案》，构建“条块结合、无缝对接、优势互补、高效便捷”的矛盾纠纷“三调联动”多元化解决机制。以县调解中心为枢纽、以千名包组联户镇干部为排查网络、以212个镇、村人民调委会为调解网络，实现排查化解全覆盖；充分运用现代信息技术，发挥“4411111”热线作用，建立信息网上报送平台，实行信息中心每周综合分析、县镇领导每月“矛盾纠纷研判日”到镇村集中会商研判；建立首问负责、层级对接、诉调对接、公调对接、跨界对接等联动机制，多元整合党委政府、调解组织、社会力量，共同化解矛盾纠纷。强化基础保障，县财政每年安排50万元，对调解实行“以案定补”，每起案件给予100~500元奖励。成功打造“老哈调解室”以及驻法院、驻交警队、驻派出所人民调解室等品牌。深入防控风险。坚持预防、控制、打击和管理并举，对社会风险实行源头治理。2016年及时提出司法建议、检察建议、法律顾问意见等共计10余件次，筑牢了“风险闸门”。创新平安宣传。通过政府购买社会服务，由文化公司结合紫阳民歌文化编排节目送法到镇村；编印《平安宣传年历》5万本（每年印发），更新

《惠农法规政策800问》发放至每个农户，提升群众法律政策水平。县综治委与县电视台和广播电台合作，改进《有理大家说》开办模式，新开办《法之声》广播节目，每周一期。充分运用新媒体，通过微博、平安紫阳e信通、微信公众号，构建紫阳便民服务微政和政法微博品牌，公安"小小白"张敏等网络达人深受群众喜爱与信赖。以民意为导向，有效开辟社会治理新途径，民意调查促进社会治理服务。2016年以来，中心建立精准分类数据库1701个，实行数据更新三级联动，定期了解县委、县政府重点工作推进、惠民政策落实的情况，常态化地对干部包联农户和群众诉求办理、矛盾纠纷化解情况进行电话调查或回访。调查回访结果形成送阅件，通报至各镇各部门，并在政府网站公示，为县委、县政府科学决策提供数据依据，有效控制重大决策社会风险。县委、县政府还将民调结果与县镇干部的绩效考核、提拔使用挂钩，与村"三委"干部的工资待遇挂钩，促使干部由管理型向服务型转变，密切了干群关系，减少了社会矛盾发生。热线服务及时解决群众合理诉求。2016年，紫阳热线再次升级，由县委、县政府"两办"督查室专人督办，办理不力的，提请县纪委纠风室问责。新开办《热线跟踪》电视节目，强化舆论监督。每月通报群众来电办理结果，纳入年度综治工作考核及全县年度目标任务考核。热线为紫阳群众提供了及时解决问题的"出口"，形成缓解公众不良情绪的"减压阀"，群众话有处说、难有处解、事有处办，有效缓解社会矛盾的积累。

【精神文明建设】 大力践行核心价值观，筑牢全县人民精神家园。充分利用户外广告、电子屏幕、工地围挡等平台进行多层次、立体化、全覆盖的社会主义核心价值观宣传普及。全年制作各类宣传广告牌、宣传栏2万余块，其中户外巨幅广告牌100余幅。以社会主义核心价值观"六进六促"活动为抓手，启动建设17个示范点，推动社会主义核心价值观落实。在县政府网站、广播电视台开辟专栏，常年刊播社会主义核心价值观内容建成紫阳主题文化广场，设置"图说我们的价值观"、"中国梦、我的梦"等6个板块，让广大群众在耳濡目染中接受教育，实现社会主义核心价值观入脑入心效果。大力选树先进典型，营造向善向美社会氛围。多渠道、深挖掘、广宣传群众身边典型，开展"道德模范""文明市民""美德少年"等系列评选活动，表彰第二届道德模范14人，美德少年10名、文明市民15名，推荐市级道德模范候选人11人，向"中国好人榜"推荐好人线索2000余条，2人入围"陕西好人"。通过先进典型的示范带动，引领全社会向善向美新风尚。大力推进文明创建，不断丰富精神文明内涵。修订完善了《紫阳县文明单位管理办法》，不断深化文明群众性文明创建活动，表彰奖励了2015年度文明单位；评选"十星级文明户"2000余户，极大改善了农村面貌，倡导了文明新风。大力弘扬志愿精神，志愿服务工作长效发展。制定《紫阳县志愿服务制度化实施方案》，推动志愿服务工作经常化、制度化。组织茉莉爱心公益联盟、丽姐助学、县红十字会、青年创业协会等志愿服务组织广泛开展志愿服务工作，弘扬了"奉献、友爱、互助、进步"的志愿精神。大力开展主题教育，思想道德建设持续加强。在全县中小学中开展了"传承中华文化　共筑精神家园"爱国主义读书活动；评选表彰了10名品学兼优的"美德少年"，焕古镇中心学校学生梁生霞荣获2016年陕西省"美德少年"称号；建成7所乡村少年宫，改善农村教育环境，促进农村未成年人全面发展。

【富硒茶产业】 **茶叶生产** 全年茶叶产量达5863吨（绿茶5583吨、红茶280吨），实现茶叶产值8.8亿元，综合收入13.5亿元，较上年分别增长%11.46、12.8%和8%；超市下达考核指标5700吨2.86个百分点。**基地建设** 新建茶园完成面积7116.5亩，完成市下达7000亩任务（包括紫阳种无性系茶园5324.5亩、陕茶一号纯种无性系茶园1000亩、紫阳种种子点播792亩），其中贫困村新建茶园4956.1亩，占全县70.6%；企业、大户通过流转土地建园1629亩。培育母穗园2900亩，在红椿、蒿坪、高桥、东木等地完成苗圃地建设及育苗675亩。全年夏秋两季面上茶园管护率达85%以上，示范茶园管护率达95%以上；全县完成低产茶园改造1.5万亩，以企业（园区）为载体的1万亩生态茶园培育任务、2万亩山地观光示范茶园培育等任务全面完成。实施春夏、秋茶网蝽虫害的统防治工作，防控面积8.2万亩，效果良好，将损失降低到最低程度，稳定了茶农信心。开展夏季茶园机械化管理培育试点工作，实施面积2000余亩。**茶业园区（茶庄园）建设** 建设茶业园区17个，其中省级园区2个，市级园区10个。园区拥有茶园13976亩（含当年新建669亩），当年完成低产茶园改良6256亩，流转土地3443亩。园区基础设施进一步改善，新建输水管道、水渠26.784千米，新建输电线路3.817千米，新修茶园主道16.822千米，新修茶园生产道路21.203千米；建立标志牌40个，宣传牌51个，指引牌45个；新建厂房29640平方米，改造厂房4760平方米，新建茶庄茶楼5个，新建营销网点47个，完成技术培训3372人次。园区促进茶农增收效果明显，区域内农户5410户，辐射带动农户9229户，产茶853.9吨，实现销售收入28956万元，当年茶农增收2693万元，农户人均纯收入提高到9026元，高于全县平均水平。同时优选了盘龙、和平、千宇、科宏4家茶企依托园区建设基础启动茶庄园建设，盘龙、和平、千宇三家接待中心主体工程基本完工、科宏接待中心建设土地已批复，正在进行建筑设计。**茶叶加工、营销体系建设** 和平茶厂扩建厂房及附属工程建设竣工，新的绿茶、红茶智能化生产线完成安装和调试，明年春季投产，新增产能200吨。康硒天茗茶业公司和紫晨茶业公司标准化茶厂及清洁化生产线完成建设，明春投产，新增产能200吨。新建（扩建）茶叶初制加工厂18个，全部通过SC认证，新增产能200吨，使全县SC认证企业达到40家。龙头企业培育持续跟进，全县有茶业规模以上企业12家（其中省级龙头企业3家，市级龙头企业5家），新培育（2017年拟纳入）规模以上企业8家，新增注册资金500万元以上企业5家。盘龙茶业、和平茶业旗舰企业培育工作有序推进，企业茶叶产量、销售量的增长，增幅达10%以上。全县茶产品质量进一步提升。获得“国饮杯”一等奖3个，“中绿杯”中国名优绿茶评比一等奖3个。在全省优质茶叶评选活动中共斩获大奖24项，其中红茶金奖6个，绿茶金奖5个。在第二届安康硒博会质量大赛获20项大奖，占全市获奖总数45.5%，其中“科宏牌”特级红茶荣获“红茶茶王”称号。新建紫阳富硒茶直销店家20家、加盟店32家，新建网店20家。**品牌培育及宣传推介** 获得中国茶叶流通协会认定的“全国推荐绿茶公用品牌”“2016年度中国茶业发展示范县”“全国重点产茶县”；获得2016年百万网友心中的全国“一村一品”十大知名品牌；陕西省农业厅授予紫阳县茶业协会“品牌创新奖”。在中国茶叶区域公用品牌价值评估排行榜中位居第25位，较上年晋升一个位次，品牌价值增长1.72亿元。全年开展了9次比较重要的宣传推介活动，特别是2016·西安紫阳富硒茶及生态旅游专题推介活动、北京人民大会堂参加的安康富硒茶新闻发布会和北京马连道紫阳富硒茶宣传推广会、上海国际茶交会紫阳富硒茶展的举办取得良好效果和影响，促成紫阳11家企业与马连道国际茶城经销商对接合作，紫阳富硒茶产品成功进入马连道市场。在陕西电视台二套《都市快报》，西安地铁、西安市内省、市单位办公楼LED等媒体投放广告，强化品牌、产品宣传，提升市场知名度。**人才培养及技能培训** 推进基层专业人员培养和素质提升，分两期选送50名初中以上毕业生到江西婺源茶校进行为期一年的专业系统学习；在全县举办骨干教师、绿茶加工、红茶加工、黑毛茶加工、评茶员、茶艺师培训6期，共培训500人。实施全县茶产业万人技能培训工程，举办培训会106场次，培训7800人次。

【硒谷工业园区建设】 2016年预计完成工业总产值18.7亿元，较上年增长11.3%，实现销售产值17.7亿元，较上年增长15%。2016年，硒谷工业园区经济运行情况良好。园区企业生产经营产销两旺，烟花爆竹公司、康兮寿兮公司全面投产，全年预计完成工业总产值18.7亿元，较上年（16.6亿元）增长11.3%，实现销售产值17.7亿元，较上年（15.7亿元）增长15%，新培育规模工业企业1家。策划项目招商引资作为园区发展主要工作，2016年园区共策划包装招商项目3个。从3月中旬开始，会同招商局先后赴深圳、东莞、中山、佛山、广州、西安、内蒙古等地开展了5次招商引资及商务考察活动，部分项目达成投资意向。2016年新入园的“硒谷园区物流园综合开发项目”于9月8日开工建设，工程建设进展顺利；紫阳山福泉富硒兔业食品科技有限公司已在紫阳注册，初步确定落户紫阳硒谷工业园区，已完成“富硒兔肉深加工”项目选址和用地初步规划设计工作，目前正在与项目投资方就具体细节问题进行磋商。入园企业生产建设运营情况良好。一是富硒食品、绿安农业、天源食品、硒谷产业等入园企业达产增效。1. 富硒食品公司生产经营情况良好，即食食品销售市场进一步扩大，产销两旺；魔芋面条、雪魔芋、魔芋干、膳食纤维等系列产品正在拓展销售市场，并已取得实效，全年预计实现营业收入12000万元，较上年（7800万元）增长53.8%。2. 绿安公司两条黑蒜生产线和腊八蒜已投入正常生产，产品深受消费者喜爱，市场销售情况良好，与陕西科技大学和香港约克夏生物科技集团有限公司合作，积极研发新产品，并已完成新产品研发前期准备工作，全年预计实现营业收入4000万元，较上年（2282万元）增长75%。3. 天源食品公司富硒粉条销售市场供不应求，全年预计实现营业收入1400万元，较上年（1200万元）增长17%。4. 硒谷产业公司洪山水厂生产正常，380毫升、600毫升、1.5升、3.8升、15升五个规格的富硒矿泉水产品采取内供和外销及线上线下销售模式，在西安、北京、上海、天津、济南、广州、深圳等城市建立了销售网点，全年预计实现营业收入12000万元，较上年（10000元）增长20%。二是康兮寿兮、金星烟花爆竹投产。1. 康兮寿兮富硒麦芽粉和姬松茸压片糖果和茶叶分装三条生产线设备安装调试检验合格，并投入生产，计划2017年1月申报规模企业。2. 金星烟花爆竹项目全面投入生产，鞭炮和礼花市场销售情况很好，公司2016年10月成功申报为规模工业企业。

【恒紫园区建设】 土地征迁报批挂牌工作全面完成。两年来共计征用农村集体土地1100亩（实际完成1354亩，因规划调整，示范区将其中的254亩调整给宁陕园区），分3个批次取得省政府批复的建设用地报批手续。园区投资开发有限公司于8月16日成功竞得第一批出让园区的2宗土地共计983.09亩，挂牌成交总价为18130万元，亩均价合18.4418万元。目前2宗国有土地出让合同已经签订，待缴清全部土地价款后，即可办理土地使用证。投入近千万元，回填大小坑塘40余万立方米，建设护地围墙、围栏5000余米，对园区内土地进行整平，全部达到“五通一平”条件，企业落地即可开工建设。以“一横两纵”路网为统领的园区基础设施配套工程基本完成。其中：2015年5月启动，总投资1577万元，长970米、宽26米的园区中心大道于2016年3月正式竣工投入使用；于2015年8月启动，总投资178万元，长620米的园区三里沟泄洪渠改造工程已于2016年4月底竣工交付使用，正在进行工程审计；于2016年5月9日启动，总投资1194万元，总长1143米，宽度分别为18米和26米的园区二路、园区三路南段建设工程目前已完成路基及雨水、污水、供水管道、强弱电管沟、路基工程及水稳层铺设，即将开始沥青路面铺设工作，预计到12月底前可主体完工。截至2016年年底，按照上位规划要求的以“一横两纵”路网为统领的园区基础设施配套工程基本结束，完全可以满足招商企业生产建设需要。入园企业厂房建设工作进展顺利。于2015年10月引进，总投资6.1495亿元的陕西超群医药集团紫阳佛缘中医药仓储与超微精细加工项目于2016年3月初率先动工，一期项目中的6栋厂房基础工程全部结束，其中5栋共计28500平方米标准化厂房主体工程已经完工，正在加紧室内工程施工。于2015年年底引进，总投资9300万元的陕西睿智实业有限公司轻质环保建材生产线项目（一期）工程于2016年9月启动一、二号生产线厂房建设，已经完成厂房基础工程和标准化厂房钢结构主体吊装工作，厂区内换填及厂房封装正在加紧同步施工，预计2017年3月底前可全面建成一期项目厂房，设备进入安装调试。

木兰峡风光

党政群团

中共紫阳县委员会

中共紫阳县委员会
书　记：赵立根
副书记：陈　莲（女）　周继林
常　委：罗云忠　闫　锋　陈佳斌
　　　　杨　平　周富林　王　毅
　　　　周锦政　龚　颖（女）

县委办公室
主　任：冉远富
副主任：刘登全　马孝锐

县委督查室
主　任：（空缺）

县委保密委员会办公室（国家保密局）
局　长：刘登全

县委机要局
局　长：（空缺）

县委接待中心
主　任：王　雯（女）
副主任：熊书文

机构设置

【内设机构】　县委督查室，主任、副主任空缺。县委信息管理办公室，主任空缺。

【事业单位】　中共紫阳县委保密委员会办公室（县国家保密局），县国家保密局为县委办下属正科级事业单位，核定事业编制3名，设局长1名，经费全额预算。县委机要局，为县委办下属的副科级事业单位，设主任1名，事业编制3名，经费全额预算。县委接待中心（2012年成立，正科级事业单位）。县委机关后勤服务中心，为县委办公室下属股级事业单位，经费全额预算，事业编制8名。

【人员编制】　县委办公室总编制40名，其中，行政编制15名，设主任1名，副主任2名（督查室主任由县委办副主任兼任），督查室副主任1名，信息管理办公室主任1名；事业编制为25名，设保密局局长1名，机要局局长1名，县委接待中心主任1名，副主任1名。实有人数为30人。

9月27日，中共紫阳县第十五次代表大会开幕式

县委工作综述

【党的建设】　2016年，层层落实全面从严治党责任，制定党建工作责任清单。扎实开展“两学一做”学习教育，创新推进“践行五个一、争当好先锋”主题活动，精心组织、圆满完成县镇换届，全面落实和运用“三项机制”选人用人，提拔调整科级干部63人，落实职务职级并行651人。强力推进“基层党组织建设提升年”活动，捆绑项目资金1500余万元，完成村级活动阵地清零，整顿软弱涣散党组织29个，全面推行“党支部+X+贫困户”模式，基层党组织凝聚力和战斗力不断增强。持续用力，坚决落实中央八项规定和省市作风建设要求，常态常效推进作风建设。压紧压实党风廉政建设“两个责任”，全力抓好省委巡视反馈问题整改，深入推进纪委“三转”，建立县委巡察工作制度，充分运用“四种形态”，强化监督执纪问责，党政纪处分172人，进一步营造了风清气正、干净干事的政治生态。

【经济建设】　2016年县委突出把方向、管大局、作决策、保落实，不断深化县情把握，集中全县人民智慧，在县十五次党代会上确立了实施“五大战略”、实现“五个赶超”的总体思路，描绘了全面建成小康紫阳的宏伟蓝图，发展路径更清晰、重点更明确。县委常委会牢牢把握发展第一要务，把党对经济工作的领导贯穿到研究谋划、科学决策、推动落实、督促检查各环节，定期分析研判经济运行情况，研究解决工作中的重大问题，千方百计稳增长、调结构、转方式，富硒农业、新型工业、生态旅游逐步壮大，产业转型升级步伐加快，被表彰为2016年度全市茶叶、魔芋产业发展先进县和现代农业园区建设先进县，城镇建设、生态建设、基础设施建设力度加大，公共服务功能和宜居宜业水平不断提升。各项工作在苦干实干中稳步推进，全年完成生产总值80.48亿元，增长11.2%，超市上考核目标0.2个百分点；全社会固定资产投资84.8亿元，增长25.9%，超市上考核目标7.7个百分点；社会消费品零售总额完成22.61亿元，增长13.7%，超市上考核目标0.58个百分点；规模以上工业增加值35.06亿元，增长16.1%，超市上考核目标0.1个百分点。

【改革工作】 深化“放管服”改革，不断提升行政审批服务质量，率先建成全省首个县级网上办事大厅，群众和企业办事更加方便快捷，“全程代理”政务服务模式在全市推广。“五证合一、一照一码”和个体工商户“证照整合”登记改革全面推行。土地确权登记颁证基本完成。镇纪委直管村（居）民监督委员会制度得到省委常委、省纪委书记郭永平的批示肯定，要求安康市率先全面推广。司法体制改革试点工作成效明显，全市法院系统司改工作研讨会在紫阳县举行。矛盾纠纷“三调联动”多元化解决工作机制不断完善，全省矛盾纠纷排查调处暨“三调联动”工作现场会在紫阳召开。县镇机构、公车制度、营改增税制、户籍制度、养老保险、医疗卫生、职级并行等改革稳步推进。

【民生保障】 按照“六个精准”“七个一批”的要求，扎实实施“八大脱贫工程”，脱贫出列22个村、1.55万人。产业精准扶贫、技能脱贫模式得到国家扶贫办和省市充分肯定。持续办好20件城乡实事，城乡文化教育、医疗卫生、安居住房、社会保障等公共服务体系不断健全，各项普惠政策得到全面落实，群众获得感不断增强。教育质量迈上新台阶，高考二本以上达线1183人，达线率位居全市县区第一，紫阳中学被命名为“陕西省普通高中示范学校”，并获得全市高考“卓越贡献奖”。建成标准化卫生室38个，2所镇卫生院创建为全国“群众满意的乡镇卫生院”。加大创业扶持和就业援助，城镇新增就业2210人。实施移民搬迁8080户，建成保障性住房1928套，中低收入群众生活条件得到改善。城乡居民收入稳步提高，被表彰为2016年度全市农村居民收入增幅先进县。

【民主法治】 不断加强和改善党的领导，制定出台县委工作制度、县委“三重一大”集体决策制度实施办法，以规范的制度、有力的举措，保障和支持人大、政府、政协有效发挥职能作用，确保党委、人大、政府、政协思想同心、目标同向、工作同力、行动同步。着力推进工商联、无党派人士和民族宗教领域工作，爱国统一战线持续巩固。加强群团和党管武装工作，工会、共青团、妇联等人民团体桥梁纽带作用充分发挥。宣传思想文化工作取得新成绩，社会主义核心价值观培育、群众性精神文明创建富有成效。深入推进“平安紫阳”建设，积极开展“七五”普法工作，公众安全感、群众满意度持续保持全省前列，获得全省“2016年度平安建设先进县”荣誉称号。严守社会稳定、安全生产、食品药品安全“三条底线”，被省综治办、信访办表彰为“控制进京非访工作先进县”，省级食品安全示范县通过验收，人民安居乐业，社会和谐稳定。

【县委常委会议】 2016年，县委主要领导主持召开县委常委会议22次。

第一次，1月15日召开。传达贯彻市委三届九次全体会议、市政府第一次全体扩大会议、全市避灾扶贫搬迁工作现场会议精神，安排部署当前工作。

第二次，2月2日召开。传达学习习近平总书记在中央政治局“三严三实”专题民主生活会和中纪委十八届六次全会讲话精神，讨论审定2015年度目标责任考核结果，并就当前工作进行安排部署。

第三次，3月3日召开。研究召开县委十四届九次全会、审定会议有关文件，研究召开县第十七届人大五次会议和政协紫阳县第十一届五次会议，讨论审定《县委中心组学习制度》及《2016年县委中心组学习安排意见》，审定

2015年县级精神文明建设先进集体名单，讨论审定《紫阳县县级干部医疗保障暂行办法》，讨论安排以脱贫攻坚为核心的近期相关工作。

第四次，3月9日召开。讨论审定县十七届人大五次会议有关文件，安排部署省委巡视组反馈意见整改工作。

第五次，3月29日召开。研究调整县委常委会成员分工、县级领导联系镇和党建联系点，审定全县20项重点工作包抓责任落实方案，研究部署全县脱贫攻坚相关工作，讨论《开展“学党章党规、学系列讲话，做合格党员”学习教育实施方案》，传达贯彻全市查处侵害群众利益的不正之风和腐败问题现场推进会精神。

第六次，4月26日召开。研究审定《县委常委会2016年工作要点》，传达贯彻全市组织部长会议、全市县镇换届工作会议和全省“四位一体”基层组织建设现场会议精神，审定县镇换届有关文件，研究审定2015年度武装工作先进单位和个人，研究干部问题。

第七次，5月11日召开。听取省委第十二巡视组反馈意见整改落实情况和赴浙江省学习考察特色小镇建设工作情况汇报，研究部署下一步工作措施，审定科级干部违纪问题处理意见。

第八次，6月6日召开。讨论审定《中共紫阳县委十四届十次全会关于召开中国共产党紫阳县第十五次代表大会的决议（草案）》，召开县委常委班子“两学一做”学习教育专题讨论会。

第九次，6月27日召开。听取全县上半年经济运行情况汇报，研究审定县十五次党代会代表名额分配建议方案和“七一”表彰有关事宜，研究干部问题。

第十次，8月8日召开。研究县镇人大换届选举工作、审定有关文件，研究审定2015年度科级干部考核情况，研究贯彻落实省长胡和平在紫阳视察调研指示精神的意见，研究审定《十四届县委领导班子工作总结》。

第十一次至第十四次常委会议涉密，不公开。

第十五次，9月9日召开。研究审定《紫阳县公务交通补贴发放办法》，研究调整机构编制事项，召开县委常委班子“两学一做”学习教育第二专题学习研讨会，审定有关干部违纪问题处理意见。

第十六次，9月19日召开。安排部署县第十五次党代会筹备有关事宜，审定中共紫阳县第十五届委员会、中共紫阳县纪律检查委员会、出席市第四次党代会代表候选人预备人选

5月16日，县委中心组学习会议

建议名单和关于推荐下派50名紫阳县十八届人大代表候选人建议名单，讨论审定《县十五次党代会报告（送审稿）》。

第十七次，9月22日召开。研究召开中国共产党紫阳县第十五次代表大会相关事宜、审定会议有关文件，审查出席中国共产党紫阳县第十五次代表大会代表资格和紫阳县第十八届人民代表大会代表初步候选人名单，讨论审定《关于全县党费收缴、使用和管理情况的报告（草案）》《中国共产党紫阳县第十四届纪律检查委员会工作报告（送审稿）》。

第十八次，10月13日召开。研究讨论《紫阳县2016年目标责任制考评办法》，研究审定《紫阳县2016年脱贫攻坚工作考核实施细则》《紫阳县国家投资项目招标投标管理办法》《紫阳县限额工程采购管理试行办法》《紫阳县党政干部鼓励激励实施办法（试行）》《紫阳县党政干部容错纠错实施办法（试行）》《紫阳县推进科级领导干部能上能下实施办法（试行）》，研究成立县委巡察办公室和组建紫阳县文化旅游产业开发有限公司相关事宜，研究审定《政协第十二届紫阳县委员会换届工作方案》，研究县委常委会委员分工，研究干部人事问题。

第十九次，10月28日召开。研究调整2016年财政收支预算，研究设立紫阳县投融资开发有限公司，研究部署全县党风廉政建设“两个责任”落实工作，专题传达学习党的十八届六中全会精神，研究干部问题。

第二十次，11月14日召开。研究审定政协第四届安康市委员会委员建议人选名单、政协第十二届紫阳县委员会委员建议人选名单和《紫阳县巡察工作实施办法（试行）》，研究部署环境突出问题整改排查工作。

第二十一次，11月21日召开。传达学习十八届六中全会精神，专题学习《关于新形势下党内政治生活的若干准则》《中国共产党党内监督条例》，研究审定推荐提名市四届人大代表候选人初步人选名单和政协紫阳县第十二届委员会常务委员会委员建议人员名单，听取全县全面深化改革重点工作情况汇报，研究召开紫阳县第十八届人大一次会议和政协紫阳县第十二届一次会议，研究干部人事问题和干部违纪问题处理建议。

第二十二次，12月1日召开。听取县人大十八届一次会议和县政协十二届一次会议筹备情况汇报，讨论选举办法（草案），讨论审定《中共紫阳县委工作制度》，传达贯彻省委关于进一步落实追赶超越要求视频会议精神，召开县委常委班子“两学一做”学习教育第四专题学习研讨会。

（张　濛）

组织工作

中共紫阳县委组织部
部　长：闫　锋
副部长：程本裕　雷红民

县委农村基层组织建设领导小组办公室
主　任：王　林
副主任：谢应波

县委农村党员干部现代远程教育中心
主　任：程本裕

县非公有制经济组织工作委员会
书　记：程本裕
副书记：徐申全

【机构设置】　中共紫阳县委组织部内设办公室、干部股、干部教育监督股、组织股、党建调研室（组织史编纂办公室）。挂靠部门：县委农村基层组织建设领导小组办公室、县委农村党员干部现代远程教育中心（党员电教中心）、县非公有制经济组织工作委员会、县委干部教育委员会办公室。行政编制15人，事业编制9人。

【“两学一做”专题学习教育】 **机制保障** 制定“两学一做”学习教育方案，编印发放学习教育资料汇编、基层党建应知应会知识手册2万余册。全面落实党员县级领导干部学习教育“双联”责任制，建立各级党委（党组）书记联系基层示范点89个。健全精准指导工作机构，全县累计下派督导组262个，深入所辖基层党组织面对面精准指导。严格实行每月定期督查通报机制，先后向基层党工委下发督导检查整改建议书26份，提出口头整改建议500余条。**突出整改** 严格问题销号管理制度，不断修改完善各级领导班子和党员“学改做”计划，建立健全党委（党组）班子和基层党组织问题清单和整改台账，整改一项销号一项。完善定期研判包联工作机制。全面推行农村党组织“党群例会日”制度，建立包联工作问题台账，县镇村三级共研判解决基层突出问题1200多件。下大力气解决少数党员领导干部不像党员、党员发展程序不严密、组织关系管理不规范、党费收缴不符合规定、支部组织生活不正常、机关事业单位党组织不定期换届、基层干部“三不知”等具体问题。**强化帮扶** 把深化联系服务群众“五个一”工作法作为学习教育实践载体，在全县党员中深入开展“践行‘五个一’、争当好先锋”主题活动，组织引导全县1.3万余名党员围绕中心、立足本职争当连心为民、双带致富、便民服务、创业发展、教书育人“五大先锋”。全面开启“党建+脱贫”模式，选派147名干部担任“第一书记”，健全完善精准帮扶体系。组织全县1077名县直部门干部与5896户重点贫困户结成包联对子，821名镇干部与全县7万多农户结成固定包联对子，5000多有双带能力的农村党员与1万余贫困户结成帮扶对子。编印发放《紫阳县惠民政策及法律法规知识问答》10万余册，组织就业培训8000余场，创办农村专业经济合作社236个，落实脱贫项目资金2.8亿元，兴办实事好事2万余件。**弘扬先进** 结合纪念建党95周年，县委对涌现出的120名优秀共产党员、优秀党务工作者、践行“五个一”好先锋和30名先进基层党组织进行了表彰，全县各级党组织分层选树和表彰先进200多个。加强学习教育典型宣传，大力营造比学赶超、创先争优的浓厚氛围。陕报头版、安报专版报道紫阳“两学一做”学习教育，全县本级编印简报18期，市级简报刊发紫阳稿件3篇，累计在市以上党网党报党刊等媒体发布学习教育信息200余条。

【干部队伍建设】 **县镇换届工作** 全县镇党委换届工作从2016年5月27日正式启动，坚持严把党代表名额分配关、推荐程序关、资格审查关、选举组织关，营造出风清气正的换届环境。全县17个镇于6月30日前圆满完成党委换届工作，选举产生新一届镇党委、纪委领导班子和出席县第十五次党代表大会代表，取得了零上访、零违纪，真正实现组织满意、代表满意、群众满意的目标。县十五次党代表大会于9月26日至28日召开，选举产生了新一届县委、县纪委领导班子和出席市第四次党代表大会代表；17个镇的人代会于10月底前全部召开，选举产生了新一届领镇人大、镇政府领导班子成员；县第十八届人民代表大会于12月7日至9日召开，选举产生新一届人大常委会主任、副主任、委员，县人民政府县长、副县长，县人民法院院长，县人民检察院检察长，出席市四届人大代表；县政协第十二届紫阳县委员会于12月6日至8日召开，选举产生新一届政协主席、副主席、常务委员。**干部监督管理** 2016年围绕政府机构改革和镇领导班子换届选配干部，共任免干部3批次338人次（含镇换届继续提名72人），其中新提拔干部60人（正科级23人，副科级37人），转任重要岗位16人，平级交流148人，免职42人。认真落实科级领导干部报告个人有关事项制度，全县所有在职副科级以上领导干部和转任非领导职务干部均按要求上报了2016年度个人有关事项材料，共收集科级干部个人事项报告表614份。扎实做好省委巡视组反馈“针对干部选任视野不够开阔，全县干部队伍青黄不接突出问题”和“针对干部轮岗交流力度不够，全县正科级领导干部在同一岗位任职时间超过10年的人数较多，工作热情和积极性受到了一定的影响问题”等两个方面问题的整改工作。加大对党政“一把手”等岗位人员的审计监督，共委托审计部门对城关镇等7个镇、农工部等9个部门的党政主要领导经济责任进行了审计。严格落实领导干部出国境管理规定。认真开展干部“三龄两历一身份”信息专项审核，共开展干部职务晋升、镇党委换届考察人选干部档案信息专项审核189人次。**人才体制改革** 一是制度完善方案。围绕健全党管人才领导体制、创新集聚人才体制机制，细化制定了《深化人才发展体制机制改革的实施意见》和《紫阳县深化人才体制机制改革重点任务分解表》，把人才工作进度、人才工作内容和任务落实到各截点和各单位，推进人才改革任务顺利进行。二是继续推进“百名人才引进计划”。2016年招引各类人才120名左右，通过省级公务员、事业单位、教育系统等统一招录考试，教育系统免费师范生的招聘，卫生系统医学类订单培养毕业生及县以下医学类本科生定向招聘等形式引进各类人才。抢抓“百千万人才工程”实施机遇，招引硕士人才10余人，重点充到紫阳中学和毛坝中学，着力提升县内重点中学的教育教学水平。三是加强专业技术人才培养。依托职业技能培训助力脱贫攻坚，紫阳“修脚师”培训累计开展140余期，累计培训修脚技师5000余人，“政府+企业+农户”的培训之路受到全市推广；围绕全县主导产业茶产业的发展，组织人员参加婺源县茶业培训班三期60余人；配合教育部门开展省市组织的“教学能手”和“学科带头人”评选，有力促进了教育教学成绩的整体提升。四是柔性引进高层人才。大力推行“校地合作”“政企合作”，实现高层人才柔性引进机制。紫阳县政府与西安科技大学签署校地合作协议，就人才培训、产学研讨、城乡建设、文化旅游、生态文明等重点项目实行校地合作；设立紫阳县硒资源开发所和教学实习基地，与中国地质大学、中国农业大学等11所高校30余名专家合作研究课题15项；紫阳县电商孵化中心与阿里巴巴公司合作，引进技术，培养电商专业人才；紫阳县医院与西安交大附属医院合作，提高专业技术支援、人才交流学习培训平台等。**干部教育培训** 一是强化领导。调整充实县委干部教育培训工作领导小组，明确了相关职能部门的职责要求，严格按照条例要求，抓好干部教育培训工作。2016年，共组织开展党章、十八届五中全会、六中全会、习总书记系列重要讲话集中宣讲50场次，培训人员达到8000余人；举办五大发展理念专题培训班2期。二是突出重点。扎实抓好党章党史、党性党风和党纪党规教育培训，把《中国共产党章程》《中国共产党廉洁自律准则》《中国共产党纪律处分条例》等纳入必修内容；充分发挥红色资源在干部教育培训中的重要作用，着力打造芭蕉口中共地委机关遗址为全省党性教育示范基地，在加强党员教育过程中把革命精神和革命优良传统教育作为其中的“精品课”。围绕学习贯彻中共十八届六中全会和习近平总书记系列重要讲话精神，先后举办“两新”组织党组织、优秀中青年（后备）干部、五大发展理念专题、基层党务干部培训暨换届后镇党委领导班子培训等主题班次9期，选派43名干部参加了省、市委组织部调训，完成省、市干部专题研修59人次。公务员网络培训覆盖率达到95%以上。干部教育培训各项指标均达到或超过中、省、市规定。

【基层党建工作】 **补短板，抓覆盖** 针对非公和社会组织“两个覆盖”不够的问题，先后在105家非公企业组建49个党支部，其中单独17个，联合组建1个，挂靠72个，组建率86%，12家社会组织，单独组建4个，挂靠组建8个，组建率100%，并同步下派党建指导员12名，均超过市上下达组建率，党建指导员实现了全覆盖，有条件组建群团组织的应建尽建，实现党的工作全覆盖。**夯基础，抓排查** 严格按照中央和省市要求，分类制定方案，深入开展基层党建“四项排查”。全县共筛查失联党员723名，找回失联党员718名，占失联总数的99.3%。对各级党代表、人大代表、政协委员违纪违法情况进行全面清理，11月底前排查出上届党代会代表违纪违法7人，已处理7人；排查出上届人大代表党员违纪违法8人，已处理8人。受到刑事责任追究党员43人，受到行政处罚的党员44人，已全部给予党纪处分，全县2013年以来，无违法违纪党员未处理情况。对11个未按期换届的基层党组织按照程序进行换届，配齐配全了党组织班子，党组织生活实现正常化。开展党费收缴专项检查，1000余名党员补交党费23万余元。**提后进，抓整顿** 对29个后进党组织实行县级领导联系包抓制度，选派29名优秀干部担任后进村“第一书记”，选配29名镇包村领导担任后进村整顿工作组组长，对照“班子软弱涣散、干部违规违纪、升级晋档后进、依法治理滞后”四种类型分类施治，以党组织“争先承诺”、党员“星级评定”活动为引领，配齐6个后进党组织班子成员，组织500余名党员开展领岗承诺，发展党员16名，建成13个村（社区）规范化活动室，先后组织700余名后进村群众参加全县“万人就业”培训，解决本地就业岗位200余个，落实帮扶资金1500余万元，帮扶项目近百个，发展茶、芋、药等产业3000余亩。**强队伍，抓管理** 切实加强对村干部、驻村第一书记、联户扶贫工作队和大学生村官“四支队伍”管理，促使其更好履行职责。制定出台《村干部日常管理和绩效考核办法》，全面实行村干部值班和请销假制度，对村干部工作情况进行百分制量化绩效考核；细化《紫阳县驻村第一书记和联户扶贫工作队人员管理激励奖励办法》，明确第一书记四项基本职责和七项重点工作，进一步完善规范第一书记日常考勤、考勤纪实、交流汇报、考核奖惩和工作纪律。11月上旬，对全县基层党务工作者和换届后党委班子成员进行了全员培训。**建阵地，抓规范** 全县整合资金1000余万元大力实施阵地“清零”工程，30个新建和32个改扩建村（社区）活动场所全面竣工，全县村（社区）活动场所达到全覆盖。制定下发《村（社区）活动场整体规范布局方案》，扎实开展基层党组织制度清理工作，形成了以党建基本制度为主体的村级制度规范化格局，所有村（社区）活动室配备了必要的办公设施，满足了基层学习、办公和开展活动等工作需要。**重示范，抓创新** 全面落实党委（组）书记抓基层党建联系示范点制度，抓好党建精准指导平台“手机+党支部”的推广普及，各级党组织班子成员实现了全员安装。结合落实“三会一课”制度，在农村全面推行农村月“党群例会日”制度，全面落实“6+X”学习议事内容，建立健全县镇村三级问题台账和联动解决基层突出问题机制，实现了党员教育经常化、党群互动常态化、解决问题一体化。**严督查，抓执行** 建立基层党建月暗访通报、季度督查指导、半年巡查点评、年度考核表彰机制，扎实推进基层党建“百日攻坚”冲刺行动，组织17个镇党委开展党建交叉检查，抽查86个基层党组织，集中梳理反馈问题414个，有力地保证了党建重点任务落实。**强协调，抓落实** 建立远程教育管理员队伍“211”模式，制订下发《紫阳县党员干部现代远程教育终端站点队伍管理“211”模式考核办法（试行）》，每个站点配备2名管理员，1名指导员，1名监督员；对符合条件的149个远程教育站点网络进行了全面升级。完成了瓦庙镇瓦房村、汉王镇五郎坪村等10个升级示范站点创建。

【部门自身建设】 提高服务保障水平。强化机关内部管理，带头开展“两学一做”学习教育，完善工作规程，推进机关政务、事务高效运转。切实做好信息化建设工作，加强党建组织工作宣传和舆情引导，全年在市级以上媒体发表党建稿件400余篇。全县组织史资料（第四卷）已出版发行。组织引导各级党组织完成2016年度《当代陕西》征订任务2900份，率先完成了县下达的党报党刊征订任务。

【年度荣誉】 2016年12月，中共紫阳县委组织部被人民日报社（人民网编辑政策委员会）评为“优秀党建云平台暨基层党建宣传示范单位”，李万军被评为“优秀通讯员”。2016年12月，《构建防治“为官不为”问题长效机制研究》调研文章被评为全市组织工作优秀调研成果一等奖，《增强思想建党专业化能力现状及对策分析》调研文章被评为全市组织工作优秀调研成果三等奖。

（黄　山）

宣传思想文化工作

中共紫阳县委宣传部

部　长：周锦政

副部长、文明办主任：胡　渊

副部长：余兴福

文明办副主任：陈　晨（女）

【理论武装】 坚持“以科学的理论武装人”作为基本导向，广泛深入开展理论学习教育和宣传宣讲工作。省长胡和平，省委党校毕远佞、段鹏飞教授分别为全县领导干部做了专题党课辅导，县委书记赵立根在县委中心组和包联镇带头讲党课，各党员县级领导到分管部门和包联镇讲党课，通过以上率下，层层带动，促进了各级党组织学习制度化，县委中心组集中学习12次，各镇、各部门集中学习600余次，提升了领导干部理论水平和履职能力；组建了县镇两级宣讲队伍，紧紧围绕习近平总书记系列重要讲话精神、五大发展理念、中共十八届六中全会和县十五次党代会精神，深入机关、镇村、社区、学校和企事业单位开展宣讲100余场次，5万余人次参学，把党的方针政策和县委的决策部署及时传达到了全县广大人民群众中去，为紫阳发展凝聚了强大思想共识和精神力量；在全市率先完成发行征订任务，市委党报党刊发行领导小组给县委、县政府发来贺信，在全市通报表彰。

【新闻宣传】 加强与各级媒体的衔接沟通和融合互动，变“独角戏”为“大合唱”。围绕党的建设、生态环保、脱贫攻坚、文化旅游、民生建设等重点工作，整体谋划重大主题，集中开展对外宣传，全年在市级以上主流媒体发稿3500余条，中央媒体发稿12条，《陕西日报》等省级媒体265条，市级媒体1107条；县政府网站、县广播电视台等县内媒体和“紫阳宣传”等微信公众账号发稿7500余条；“北方的南”“云绕指尖”等较有影响力的自媒体发稿300余条，深入宣传报道了全县各行各业、各条战线工作新进展、新成效和新经验；强化舆情监测处置，及时处置了34起负面舆情，减小了负面影响。全县新闻宣传工作呈现强劲势头，有力展示了紫阳发展成就和良好形象，扩大了紫阳的知名度和影响力。

【精神文明建设】 不断深化社会主义核心价值观宣传教育，制作各类公益广告牌3万余块，在县政府网站、电视台开辟了宣传专栏。启动建设17个示范点，开办道德讲堂68所，推荐2人入围陕西好人榜，焕古镇学生梁生霞获陕西省“美德少年”光荣称号，评选表彰了第二届道德模范14名，引领广大群众学习先进、崇尚先进、争当先进，在全社会形成知荣辱、树正气、促和谐的文明新风尚；以推进移风易俗、树立乡风文明为抓手，在村、社区制定了村规民约，评选表彰“十星级文明户”2000余户；大力开展科技文化卫生“三下乡”集中服务，丰富了农村群众精神文化生活；持续深化群众性精神文明创建，创建国家级文明单位1个、省级14个、市级19个、县级38个；组织茉莉爱心公益联盟、丽姐助学、县红十字会、青创协会常年开展志愿服务活动，弘扬了主旋律、传递了正能量。

【文化建设】 立足紫阳茶、歌、道特色文化资源，坚持传承与创新并举，切实加强文化建设，有力提升了紫阳文化软实力。积极争取中省媒体和文化单位支持，搭建文化大舞台，打造文化大品牌，拍摄完成年俗专题片《秦巴汉水紫阳春》和电影《美丽的桑园坪》，并于2017年3月6日和3月9日分别在央视七套、六套播出；与安康电视台联合开办了《不老的紫阳民歌》电视专栏，全方位、大视角展示了紫阳茶歌文化内涵；编创紫阳民歌60余首，舞台综合文艺作品30余个，组织舞台民歌剧《茶山情》《嫁嫂》公演30余场次；精心组织举办了纪念红军长征胜利80周年系列专场演出、茶歌电视大赛、民歌民舞大赛。精心策划组织了2017年“脱贫奔小康·欢乐过大年”十大春节文体活动。组织文化单位在节假日期间开展“茶山对歌”“茶乡飞歌·唱响紫阳”等旅游文化活动，深受来紫游客青睐，充分彰显了紫阳文化魅力，推进了文旅融合发展。

（叶立刚）

纪检监察

中共紫阳县纪律检查委员会
纪委书记：周富林
纪委副书记、监察局局长：陈　强
纪委副书记：陈荣刚
纪委常委：吴世君　石新科　王　华
　　　　　陈　曦（女）

【机构设置】 中共紫阳县纪律检查委员会机关内设9个室，均为副科级规格，为办公室、组织宣传部、党风政风监督室、信访室、案件监督管理室、第一纪检监察室、第二纪检监察室、第三纪检监察室、案件审理室。机关行政编制26名，其中：书记1名，专职副书记1名，局长1名（副书记兼任），副局长2名，室主任9名。设置8个县纪委派驻纪检组，各组均为副科级规格，每个组核定编制5名，共计40名。

【纪委全会】 2016年5月19日，中国共产党紫阳县第十四届纪律检查委员会第六次全体会议召开。纪委书记王顺利作了《坚持全面从严治党强化监督执纪问责奋力开创党风廉政建设和反腐败工作新局面》的工作报告。2016年9月27日，中国共产党紫阳县第十五次党的代表大会召开，会议选举产生了中国共产党第十五届纪律检查委员会，周富林当选纪委书记，并作了《全面从严治党忠诚履职尽责扎实推进党风廉政建设和反腐败工作》的工作报告。

【党风廉政建设】 按照“落实党风廉政建设责任制，党委负主体责任，纪委负监督责任”要求，积极探索，强化担当，形成了全党动手正风肃纪、反对腐败的强大合力。县委对常委班子成员党风廉政建设责任进行分解，细化落实任务，层层传导压力，逐级落实责任。县委主要领导先后多次主持召开专题会议，研究部署全县党风廉政建设工作，专题听取党风廉政建设工作汇报，解决党风廉政建设方面存在的具体问题，推动反腐倡廉各项任务的落实。县纪检监察机关切实履行党章赋予的监督职责，围绕中心，服务大局，聚焦监督主业，突出监督主责，创新监督方式，履职监督能力不断提高。建立了《关于对党员干部进行谈话提醒的实施细则（试行）》，对有倾向性、苗头性问题的党员干部，坚持“十个必谈”，用制度管牢盯实“关键少数”，用严肃问责倒逼“两个责任”落实。2016年，共实施提醒谈话741人次（任前廉政谈话115人，履职不力123人，换届纪律谈话503人），诫勉谈话32人次，层层传导了责任压力。

【纪律审查】 持续深化“三转”要求，全面加强纪检干部专职化、纪律审查阵地标准化和纪律审查工作规范化建设，纪律审查工作水平不断提升。下发了《关于进一步强化落实镇纪委“三化”建设的通知》，要求镇纪委书记实现专职专责，不得分管纪检以外业务，并配备了专职纪检干部，进一步充实了纪检干部队伍力量，筹措资金140余万元，全面建成17个镇纪委标准谈话室，购置了专用办案设备，确保安全、文明、规范办案。继续实行县纪委常委包联办案协作区工作制度，有效解决镇纪委办案力量薄弱的难题。充分发挥县反腐败协调小组职能作用，不断加强各成员单位的联系，对一些重要的信访案件，及时向上级纪委和县委汇报审定。2016年1月至12月，全县纪检监察机关共受理信访举报210件次，处置线索237件，立案154件，结案155件（含2015年1件），给予党纪政纪处分172人（查处科级领导干部19人），其中：查处侵害群众利益不正之风和腐败问题案件103件，给予党纪政纪处分116人，推动了从严治党、从严执纪不断深化。

【自身建设】 县纪委内设机构调整全面完成。在原有2个纪检监察室的基础上，新增第三纪检监察室，在全县纪检监察系统选调精兵强将，为3个纪检监察室每室配备3名纪检干部，大大充实了纪律审查工作力量。镇纪委实现专职专责，不得分管纪检以外业务，县纪委联合县委组织部在镇纪委换届时，提前介入，对推选镇纪委委员进行把关，全县17个镇纪委书记全部实行专职专责，同时配备了专职纪检干部，为派驻纪检组增配了4名科级纪检员。进一步充实纪检干部队伍力量。

（蒋小英）

督查考评

紫阳县督查考评办公室
主　任：陈俊瑞
副主任：方先念

【机构设置】 县督查考评办公室，由原先挂靠县人事和劳动社会保障局调整为挂靠县委组织部，正科级行政机构，列入党委机关序列，是县委、县政府管理的负责全县目标责任制考评和重点工作督查的综合管理部门。县督查考评办公室不设内部机构。

【人员编制】 县督查考评办公室机关行政编制5名，其中：主任1名，副主任2名，其他工作人员2名。实际在岗7人，其中：主任1名，副主任1名，工作人员5名。

【考评表彰】 2016年2月3日，紫阳县召开2015年度目标责任制考核表彰暨2016年重点工作动员大会，拿出1700万元资金对2015年20项重点工作、综合考评和国家、省驻紫阳支持地方经济建设先进单位予以表彰奖励，县委书记赵立根出席会议并作重要讲话，县委副书记、县政府代县长陈莲主持大会。县委副书记尹正涛宣读了县委、县政府《关于2015年度目标责任制考评结果的通报》。在镇年度目标综合考核中，焕古镇等6个镇获得一等奖，洄水镇等9个镇获得二等奖，高滩镇等6个镇获得三等奖；在县级部门年度目标综合考核中，政法委等28个单位获得一等奖，机关工委等23个单位获得二等奖，残联等9个单位获得三等奖；在中省驻紫单位支持地方经济发展考核中，农商银行等12个单位获得一等奖，邮政储蓄银行等12个单位获得二等奖。

【考评办法】 2016年10月14日，紫阳县委、县政府出台了《紫阳县2016年目标责任制考评办法》，将2016年20项重点工作和年度目标任务纳入了年度考核。20项重点工作实行单独考核；年度目标实行百分制考核，镇综合考核指标设共性考核指标5项，即基层党建及党风廉政建设、社会事业及民生保障、社会安全、服务群众“五个一”工作机制、电子商务工作，设分类考核指标5项，即富硒特色产业建设、生态文明建设、新型工业暨招商引资、集镇建设与管理（含社区管理与服务）、脱贫攻坚（含精准扶贫、移民搬迁）；县直部门综合考核将部门分为4类，即纪委（监察局）等18个党群工作部门、人社局等10个社会事业工作部门、发改局等15个经济综合工作部门、县法院等10个政法执法监督工作部门，部门考核指标根据承担20项重点工作责任情况分为3类，即20项重点工作责任部门、20项重点工作配合部门、无承担20项重点工作的部门，实行分类考核。指标涉及完成或配合完成重点工作任务、脱贫攻坚、市对县年度目标责任考核任务、省对县域经济社会发展监测、行政审批与服务、招商引资、服务基层、“双创”工作、安全生产、民意调查、机关党的建设11类。年度综合考评实行8个“一票否决”制度，即脱贫攻坚、党建工作、党风廉政、综治维稳、安全生产、食药品安全、环境保护、计划生育。目标责任制考核结果设置一、二、三等奖，按照财政全额拨款机关单位的在编在岗工作人员人均6000元、4000元、3000元分别计算综合考评奖金。镇设一等奖6名、二等奖7名、三等奖3名、末位1名；县直部门设一等奖19名，二等奖22名，三等奖10名，末位2名。20项重点工作设置奖金200万元；脱贫攻坚工作贡献奖设置奖金10万元；县域经济社会发展监测工作贡献奖设置奖金50万元；重大改革创新贡献奖设置奖金10万元。

【重点工作】 **重点工作包抓方案** 2016年3月30日，县委、县政府出台了《紫阳县2016年20项重点工作包抓责任落实方案》，明确了项目名称、工作内容、县级包抓领导、责任县级领导、责任单位、责任人和配合单位。2016年20项重点工作分别是党建工作、脱贫攻坚、文化旅游、生态文明建设、重点领域改革、富硒特色产业、水利基础设施建设、电子商务、新型工业和招商引资、交通基础设施建设、飞地经济、城镇建设与管理、河堤路西段综合改造、仁和国际社区及任河咀旅游综合体开发、西门河新区开发、县城高速路引线改造、社会治理、教育基础提升、卫生和食品药品监管、养老及殡葬服务设施。**重点工作督查安排** 为强力推动全县20项重点工作，确保年度目标任务全面完成，县委、县政府于2016年6月8日出台了《紫阳县2016年重点工作督查方案》，对全县20项重点工作、省对县域经济社会发展监测指标、市对县目标做责任考核进行全面督查，采用台账管理式、重点推动式、随机抽样式、季度定性式督查方法。不断创新完善督查机制，对重点工作坚持“月督查、季通报、半年巡查讲评、年度考评奖惩”，推行督查联络员制度，实行定期信息报送，加大督查通报力度，强化责任追究。**半年重点工作巡查** 为进一步展示工作亮点、凝聚发展合力、加快工作落实，为冲刺全年工作目标奠定坚实基础，2016年7月26日、27日，紫阳县委、县人大、县政府、县政协领导，县直相关部门主要负责人，各镇党委书记、镇长组成两个重点工作巡查组分赴全县12个镇、县城重点工程、恒紫循环产业园区集中巡查了22个重点项目建设情况。通过现场观摩的方式，巡查各镇、各责任部门工作亮点。集中巡查结束后，于7月27日下午，在源森多功能厅召开了县委全委扩大会议暨重点工作半年巡查讲评大会。县委常委、组织部长罗云忠主持会议，县委书记赵立根、县政府县长陈莲出席大会并作重要讲话，会议通报了全县20项重点工作进展情况，回顾总结了上半年工作，对下半年工作进行了全面安排部署。**重点工作督查督办** 2016年，紫阳县督查考评办在县委、县政府的正确领导下，认真贯彻落实全县重大决策和工作部署，紧紧围绕20项重点工作、市对县目标责任制考核、省对县域经济监测年度目标，不断加大督查力度，推动工作落实，保证了各项重点工作的有序推进。据统计，全年共开展重点工作跟踪督查18次，印发《督查通报》17期，其中县“两办”发《季度督查通报》2期、“两办”督查室联合发《督查通报》1期、脱贫攻坚指挥部办公室联合发《督查通报》1期，预警督办13项工作、预警提示26项工作。通过不断完善考评办法，创新工作机制，强化督查通报，狠抓工作落实，较好地完成了全县年度综合考核目标任务，实现了“十三五”良好开局。

（吴元成）

机构编制工作

紫阳县机构编制委员会办公室

主　　任：贾晓鹏

副 主 任：程　莉（女）

事管局局长：陈科江

【机构设置】 紫阳县机构编制委员会办公室（简称：县编委办）为综合管理全县机关、事业单位机构编制的职能部门，列县委机构序列，既是县委的工作部门，又是县政府的工作部门。内设综合督查股、机构编制股。机关行政编制9名。县事业单位登记管理局（简称：县事登局）为县编委办下属副科级事业单位，核定事业编制6名。经费实行财政全额拨款。主要负责依法组织实施权限事业单位登记管理等工作。

【行政审批改革】 深化行政体制机构改革，建立业务指导联系机制和责任追究机制，扎实推进党群机构改革，完成政府机构改革及镇村综合改革工作。全县党群部门、政府部门和各镇“三定”方案均已印发，各镇各部门领导班子基本配备到位。推进司法、工商、国土、畜牧等具有管理职能的部门驻镇单位全部下放到各镇管，健全了条块结合、以镇为主的镇级行政管理体制，业务主管部门只负责业务指导和监督。截至2016年年底，司法、畜牧等部门已经同步足额下划到镇。推进基层审计机关管理体制机制调整，8月份召开全县村级财务审计推进会，推进镇办财政审计所职能转变，全县17个镇财政审计所挂牌运行，实现村财审计全覆盖。持续推进行政审批制度改革，全面实施“五证合一”“一照一码”，全面清理公布行政审批中介服务事项，推行并联审批和“一站式”服务，将53个部门420项审批服务事项全部纳入中心集中办理；下放68项审批权力到镇级，设置17个镇便民服务中心；在全省率先建立网上办事大厅，推行“线上线下、虚实一体”全方位服务，420项事项100%实现网上预约、网上预审，88项事项全程网上办结，形成了科学、规范、高效的工作运行机制，得到了省职能转变协调领导小组的肯定。

【县镇两级权责清单】 全面建立县镇两级权责清单和公共事项服务清单，组织召开了权责清单公共事项服务清单培训会，印制印发相关文件，并从人社、教育、农林科技、司法等部门抽调了11名业务骨干集中审核县镇两级权责清单，完成了24个部门3770项权责清单、131项公共服务事项清单及17个镇782项权责清单、272项公共服务事项清单的上线发布，初步实现依法确权和阳光“晒权”，走在全省前列。全面推开“双随机一公开”监管，建立了随机抽查事项清单、检查对象名目库和执法检查人员目录库、随机检查工作细则，积极开展行政审批制度改革阶段性“回头看”工作，准确掌握行政审批制度改革阶段性成果。同时，根据《关于开展行政审批制度改革阶段性“回头看”通知》要求，准确掌握行政审批制度改革阶段性成果。

【机构编制管理】 坚决落实“两个只减不增”目标。一是加强机构编制实名制管理。规范用编申请、出入编等手续的网上办理流程，全面推开机构编制实名制管理网上业务办理，实行进出编业务网上及纸质审批同步进行，对全县各级机关和事业单位的内设机构设置、人员编制、领导职数配备情况等网上数据信息进行核对维护，办理网上进出编申请793人。进一步完善实名制数据库建设，成功搭建全县统一机构编制统计与实名制网络管理平台，与县镇67个机构编制网点全部测试接通，为“互联网+机构编制”管理奠定基础。二是严格落实控编减编要求。对照空编减编方案，按照“严控总量、盘活存量、增减平衡、分级负责”原则，组织开展核减“吃空饷”单位编制调查清理工作，对县教体局、县卫计局等4个单位22个事业单位“吃空饷”人员编制和空缺编制进行了核减，共计核减收回事业编制143名。三是扎实开展网上名称管理工作。结合事业单位法人年检，集中时间扎实推进中文域名注册、续费和网站标识管理工作，新注册42个中文域名、续费94个单位、开办111个网站，顺利实现中文域名注册和网站挂标“全覆盖”。四是做好机构编制调研工作。根据各部门职能变化、业务开展情况，对县教育局、住建局、市场监督管理局、农林科技局的部门整合和编制调整进行了专题调研，调整优化机构编制，促进使用效益最大化，更好地满足全县经济社会不断发展的需要。

【事业单位登记管理】 坚持突出公益属性，提升服务水平，认真抓好事业单位登记管理工作。一是优化调整事业单位设置。结合政府机构改革，对卫计、教育、农林科技、市场监管、文广旅游、规划住建等部门下属事业单位机构编制事项进行调整优化，推进检验检测机构整合、综合执法机构优化整合、妇幼保健和计划生育技术服务机构整合，减少事业单位13个、编制20名，解决了整合部门所属事业单位职能交叉重叠、分工过细、机构零散、名称各异等问题。二是创新事业单位法人登记管理。开展事业单位法人履职评估和法人结构治理试点工作，强化评估结果运用及对事业单位法人的监管，着力提高事业单位法人履职、服务能力。全面完成120多家事业单位法人的年度报告公示工作，公示率达100%。三是推进社会统一信用代码建设改革。印发《关于开展全县党政群机关事业单位统一社会信用代码工作的通知》，编制《社会信用代码证书初领操作流程》，全县党政机关、群团组织、事业单位统一社会信用代码证赋码发证工作有序开展。截至2016年年底，受理登记35家，核准通过25家，发证23家。

【自身建设】 一是全力抓好脱贫攻坚。围绕包联双桥镇许河村2017年脱贫为目标，以联系服务群众“五个一”工作为抓手，扎实开展精准脱贫工作，2016年脱贫17户60人。许河村集中安置点征地工作全面完成，67户贫困户缴纳订房款，33户“交钥匙工程”完成规划设计，项目建设正如火如荼地推进。加快基础设施建设，投资35万元的许河百花跨河大桥主体工程全面完工，许河村二组3公里公路硬化准备工作到位。加快脱贫产业发展，积极促成并引进康硒天茗茶叶有限公司，厂房建设全面完工，机械设备调试到位且投入试生产，培育了许河村茶叶合作社，完成秋季茶园管护、茶网蝽防治800亩；发展核桃种植250亩，2016年年底农户预定计划和茶苗已落实到位；养猪、养羊、养牛大户逐年增加，养殖规模不断壮大。二是抓好“两学一做”学习教育。印发“两学一做”学习教育实施方案，认真开展了四个专题讨论。强化理论学习，深入学习习总书记系列重要讲话精神、五大发展理念，不断提高忧患意识、责任意识、服务意识。完善学习制度，采取集中学习和个人自学的方式，组织学习机构编制工作规则等相关文件，提高干部职工自身业务能力和办事能力，积极参加全市编办系统的运动会，并荣获团体第二名的佳绩，展示了良好的精神风貌。三是加强党风廉政建设。将党风廉政建设与业务工作同部署、同落实，采取形式多样、扎实有效的工作措施，不断提高干部廉政法规知识和勤政守廉意识，促进干部作风转变和工作效能提升。

（张朝琴）

机关党务

中共紫阳县直属机关工作委员会

书　记：刘治伟

副书记：金先波

【机构设置】 中国共产党紫阳县直属机关工作委员会编制4人。书记1名，副书记1名，不内设，实有人员6人。2016年，机关工委所辖党总支7个，支部63个，党员1075人。

【机关工委干部素质教育】 一是加强政治理论学习。以“两学一做”学习教育为抓手，按照县委总体部署，对照“六有”要求，结合机关党员实际，以邓小平理论、“三个代表”重要思想和科学发展观为指导，认真贯彻落实中共十八大、十八届三中、四中、五中和六中全会精神，紧紧围绕省、市、县确定的工作部署，以加强党的先进性、纯洁性建设为目标，充分发挥基层党组织的战斗堡垒作用和党员的先锋模范作用，努力做好机关党员干部思想政治建设、机关党的基层组织建设、机关作风建设、机关文化建设和支部自身建设“五项重点工作”，把学习习近平总书记系列重要讲话作为重中之重，重点研读《习近平谈治国理政》《习近平关于党风廉政建设和反腐败斗争论述摘编》《学习习近平同志关于机关党建重要论述》等书目，准确把握贯穿其中的立场、观点、方法，确保机关党员学有方向、做有目标、教育管理有章程，做到学而信、学而用、学而行。二是加强业务知识学习。在学政治的同时，坚持学习党建业务方面知识，着重学习《中国共产党章程》、《中国共产党地方组织工作条例》方面的知识，多渠道、多层次地汲取营养，同时将所学应用于工作实践，创新了工作思维和方法，极大地提高了工作效率。三是深入基层党支部，开展调查研究，主动向先进典型学习，与他们座谈，真正实现了受教育的目的。

【机关党建工作】 一是进一步强化基层党组织抓党建工作的责任意识，推动党要管党、把从严治党要求落到实处，根据县委组织部的要求，结合中心工作实际，及时制定并下发了《2016年县直机关党建工作要点》和《2016年党建目标考核细则》，对机关党建、企业党建进行了分类指导，从考核上细化了不同的标准。二是突出实践特色，学做载体具体化。按照“学有侧重”的要求，建立机关支部微信平台、微信党支部“线上线下”学习平台，QQ群等方式，在机关事业单位党员中开展“连心服务好先锋”，在国有和非公企业、社会组织党员中开展“双带致富好先锋”，在窗口单位和服务行业党员中开展“便民服务好先锋”。三是按照“基础工作抓规范，常规工作抓落实，特色工作抓创新，整体工作抓提升”的要求，对照七项重点工作落实情况，积极开展基层党组织通报工作，重点督促“一般”和“后进”党组织从组织设置、队伍建设、制度建设、作用发挥、群众评价等方面着手，开展整顿整建工作，不断提升机关党建工作整体水平，发挥单位党组的指导作用，支委会一班人核心作用，以抓好党建工作为己任。四是积极做好党组织关系接转工作。采取跟踪服务的方式，保证每名党员都人流动关系也流动。五是积极推进在职党员进社区志愿服务活动，构建“片区一体、动态管理”的党员管理新模式，充分尊重党员主体地位，使党员教育管理从单位封闭式向社区开放式转变，狠抓党组织规范化建设。六是为加强阵地建设，以规范化党支部为引领，在对企事业单位和社会组织党建考核中，把规范化党支部建设作为考核的重点，通过县人社局党支部示范引领作用，确保基层党组织规范化建设在县直机关蓬勃开展。切实增强机关基层党组织创造力、凝聚力、战斗力，提升机关党建规范化水平。七是为便于规范党费收缴购买党费证1500本，发至每名党员按要求一月一交纳党费。八是按照《中国共产党章程》、《中国共产党地方组织工作条例》规定，工委2016年采取自下而上，上下结合，充分酝酿协商的方式选举产生80名工委党代表，选举出席县十五次党代会代表23名，占据全县党代表总额的10%。九是严格抓党的组织生活，认真执行“三会一课”制度，坚持开好专题组织生活会，不断完善民主评议党员工作，定期开展党性分析评议活动，对不履行党员义务、不符合党员条件的党员及时给予帮助教育，促其改正。

【基层组织建设】 一是加强党务干部队伍建设。通过重点督促、现场指导，“学、带、帮”的方式对新配的党务工作者进行培训和业务指导，促使党务工作者从思想上认识机关党建的重要性，摆正位置，增强做好机关党务工作的责任感和使命感。二是认真做好发展党员工作。2016年度举办了县直机关入党积极分子培训班，县直机关45名入党积极分子参加了培训。根据《发展党员工作细则》，指导支部按照好中选优原则推选确定了各基层党组织的党员发展对象。规范党员发展程序，通过支部推荐、公示，工委加强教育培训、严肃入党谈话等，高标准高质量地完成发展党员的每一个步骤，高质量地完成了2016年度的党员发展任务和质量，同时按程序完成了预备党员转正工作。七一前夕，机关工委组织预备党员到烈士陵园举办了入党宣誓活动。三是及时改选改建基层党组织。以选优配强支委班子为抓手，指导各党组织按规定做好换届选举工作。在2016年半年督查中，就即将届满的支部进行了督促指导，23个党支部按期完成换届工作，为加强党的领导和组织保障，要求支部书记必须由主要领导或班子成员担任，对有支委有缺额的要求及时补选，39名政治坚定、素质优良、充满活力的优秀党员进入支部班子。四是扩面体质，打造机关党建工作亮点。结合县直机关党建实际，大力开展机关基层服务型党组织创新活动，从10个方面打造亮点，围绕“学习型”“服务型”党组织建设上、开展“三亮、三比、三评”和“挂牌上岗、亮明身份”、深化“三包三联”工作上，创新“精准扶贫、支部联建、党员联帮”的方式方法上、“党员进社区开展志愿服务”上、“服务中心、建设队伍”上、创新党员干部教育管理的方式方法上、“发挥党员先锋模范作用”上、“固本强基”，创新支部建设上、找准党建与业务工作结合点上，创新具有单位特色的党建工作上、以党建带群建，创新开展群众工作和“走前头，作表率”上，积极探索“指导+帮忙+服务”的工作模式上，抓非公党建上等方面入手，精心打造党建品牌建设；努力形成“一组织一特色”的党建工作新局面。五是“七一”前夕，共推选表彰先进基层党组织7个，优秀共产党员11名，优秀党务工作者3名，“五个一”好先锋12名。

【活跃机关活动】 在县直机关中组织举办了“学党章党规、学系列讲话、做合格党员”学习知识测试，两千余名党员参加了书面答题；在建党95周年之际，组织举办了“模范履行岗位职责，争做合格党员”演讲比赛活动；开展了优秀党课评选活动，将优秀党课汇编成册；十月中旬，在县直机关干部中开展了“羽”你同行·“乒”出自我羽毛球、乒乓球比赛，活跃了机关文化生活，增强了干部身体素质，充分调动和激发广大干部群众干事创业的积极性、主动性和创造性。

【党风廉政建设】 成立党风廉政建设领导小组，工委书记担任党风廉政建设第一责任人，亲自部署党风廉政建设和反腐败工作，与县纪委签订了廉政责任目标，明确主体责任，严格落实“一岗双职”要求，将落实党风廉政建设责任制情况，列入民主生活会、组织生活会、党建目标考核评估和基层党组织负责人双述活动的一项重要内容。同时在工委会上进行专题安排反腐倡廉工作，以“廉政文化进机关”和省、市、县委关于加强机关作风纪律整顿及建设为抓手，紧密联系机关党建工作实际和党员队伍建设现状，整体推进惩防体系建设，为深入开展普法宣传教育，促进全系统干部职工学法、懂法、守法，不断提升遵纪守法的观念和意识，增强党员干部廉洁自律意识和守法意识。

【精准扶贫工作】 一是大力宣传精准扶贫政策，推动政策落地生根。二是协助开展贫困户识别和建档立卡工作。三是协助村“两委”制订2016年脱贫计划，金塘村2016年脱贫22户90人，逐户规划脱贫项目，制定帮扶措施，落实帮扶责任人，制作公示牌公示出去，接收群众监督。机关工委挤出办公经费5万元，为金塘村租用的办公室购买电脑、打印机、档案柜、办公桌椅，制作永久的精准扶贫宣传牌，为当年脱贫户购买茶树修剪机20台。四是选准发展路子，培育茶叶专业合作社，增强“造血”功能。金塘村原有老茶园3000亩，2014年、2015年每年新建丰产密植茶园250亩，2016年新建丰产密植茶园300亩，茶园面积达到3800亩，人均达2亩。积极协助金塘村成立茶叶合作社，通过茶叶专业合作社带动茶农除草、修剪、防虫、施肥、深耕，提高收益。五是协助落实各类扶贫开发项目。金塘村2016年扶贫开发项目3个，移民局公路硬化1公里已完工，移民库区茶园管护已检查验收；扶贫局、茶业局新建丰产密植茶园300亩已落实栽苗220亩、点籽80亩，茶园管护1500亩已完成；人社局职业技能培训年20人已超额完成任务。

（马　丽）

农村工作

中共紫阳县委农村工作部

部　　长：陈　刚

副 部 长：王　华

办公室主任：黄方奇

【机构设置】　紫阳县委农工部全称中共紫阳县委员会农村工作部，属县委工作部门。设行政编制5名，其中部长1名，副部长1名，其他工作人员3名。现实有人员6名，根据职责，农工部不内设机构。

【以文辅政】　在认真学习领会党在农村的各项方针政策以及中省市对农村工作的新要求新任务的基础上，积极参与县委、县政府重要文稿、重要文件起草工作。先后主笔起草了县十五次党代会报告，参与审定修改县委、县政府主要领导重要会议讲话，全县重点工作汇报以及技能脱贫、生态建设等经验总结，农村产业扶贫、文化繁荣发展等重要文件四十余篇，发挥了以文辅政和智囊参谋作用。

【调研成果】　立足全县农村农业发展实际，不断总结农业发展经验，向省委农工办报送了《坚持品牌引领战略，做强富硒茶叶产业》《用工业化理念推进魔芋产业一体化经营的紫阳实践》《坚持产业引领抓流转，适度规模经营促增收》以及茶叶、魔芋产业和土地流转经验材料。配合省委、市委政研室开展了汉江生态环境治理等调研工作。开展了“大众创业、万众创新”调研，向市委政研室推荐上报典型材料4篇。同时，及时协调督促农村工作领导小组各成员单位按季度总结分析农业农村工作，准确掌握全县农业农村工作发展态势，向市委农工办报送农村工作动态和信息20篇，推荐县级领导优秀调研成果2篇。

【政策宣传】　始终把政策宣传作为推动农业农村工作的有力抓手，部机关干部利用联村入户走访等时机，认真开展支农惠农政策宣传，让广大群众感受党的温暖，共享经济发展成果。第四次修订完善《紫阳县惠民政策及法规知识问答》，从628问增加到825问，由县委组织部印刷10万册发放到全县农户和干部手中。

【农村改革】　制定出台《紫阳县深化农村改革综合性实施方案》，为全县稳步推进农村改革奠定了基础。全县农村土地经营权确权颁证工作基本完成，农村集体土地所有权确权颁证全面完成。不动产统一登记正式对外颁证。《紫阳县产业发展基金管理办法》已经出台，财政资金扶持产业发展方式进一步优化。出台《紫阳县扶贫小额贷款工作实施方案》，撬动更多信贷资金支持农业农村发展。同时，积极发展多种形式农业适度规模经营，扶持发展了一批专业合作组织、生态农庄、家庭农场，新型农业经营主体不断壮大。

【机关党建】 一是“两学一做”学习教育有序开展。制定具有部门特点的具体实施方案，按照“六有”标准，扎实推进“两学一做”学习教育。采取集中学习、个人自学、网络学习和建立“周五集中学习”制度等方法和措施，组织党员干部学习党章党规、习近平总书记系列讲话精神，同时结合农工部工作实际，认真学习领会习总书记关于“三农”工作的重要论述和中、省、市关于农村工作的政策文件以及县十五次党代会精神，做到学有重点、学有计划、学有标杆、学有成效。扎实开展四个专题讨论，召开专题组织生活会，按照合格党员标准进行民主评议，建立问题清单、责任清单、整改清单，对找出的班子6个方面问题进行扎实整改。围绕做有成效，组织党员干部加强学习调研，提高参谋服务水平，在机关开展创建学习型、服务型、勤政型、廉洁型、创新型“五型”机关和带头学习提高、带头争创佳绩、带头服务群众、带头遵规守纪、带头弘扬正气，争做农村改革的宣传员、农村热点难点问题的调研员、脱贫攻坚的战斗员“五个带头、争做三员”活动，促使党员牢记党员身份，推动党员干部立足岗位争先创优。二是机关党的建设取得明显成效。紧紧围绕七个方面党建工作任务，以建设“学习型”党组织为目标，健全完善党支部党建工作制度，按照规定程序进行党支部换届，机关开展党员组织关系排查、党费收缴清理以及党员中的人大代表、政协委员排查工作。积极开展党员到社区报到和党员到农户连心“双到服务”行动，每个机关党员干部包联5户贫困户，做到真帮实扶有成效。强化“手机+党支部”运用，及时上传更新信息，7月以来共上传30余条动态信息。认真落实“三会一课”制度，定期组织党员学习和开展活动。三是党风廉洁建设不断加强。始终把党风廉洁建设工作作为“一把手”工程，认真履行党风廉洁建设主体责任，完善了以党支部书记为组长的党风廉洁建设工作领导小组，定期分析研究党风廉洁建设各项工作。制定了班子和领导干部个人党风廉洁建设主体责任清单，细化落实20项具体责任，切实保证党风廉洁建设工作落到实处。坚持从学习教育入手，加强准则、条例等党内法规学习，强化党员干部廉洁意识、规矩意识、纪律意识，从思想上筑牢拒腐防变防线。坚持民主集中制，认真落实领导班子“三重一大”集中决策制度，主动接受派驻纪检组监督，重大事项、重要决策主动向派驻纪检组通气报备。切实执行党内监督各项制度，确保正确行使权力。持续加强机关干部作风建设，从严要求、从严管理干部，全年机关干部无违纪违法行为。

【脱贫攻坚】 2016年，县委农工部包联洄水镇庙沟村，制定所包联村年度脱贫发展规划和脱贫户帮扶计划，把劳务输出作为贫困户增收的主要渠道、产业扶贫作为精准脱贫的根本之策，确保年度6户20人脱贫任务全部达标，贫困村基础设施不断完善，群众生产生活水平进一步提高，民风民俗进一步改善。全村新建核桃园500亩，管护茶园500亩，管护率达到98%；余家河坝安置点22户全部竣工，特困户交钥匙工程全面启动；完成投资5万元的学校维修项目，启动8.5公里村级公路完善工程和移动通信基站建设；动员45人参加了各类技能培训；投入3万余元为村党支部、村委会配齐了电脑、打印机、办公桌椅等硬件设施，出资1450元为村上征订了党报党刊，夯实阵地基础；出资0.6万元邀请了紫阳县安银文化传播公司到村开展了平安建设和法治宣传及脱贫攻坚专场演出，筹资1.2万元举办乡风文明评选活动，评选先进典型16户。

（纪昌香）

统战工作

中共紫阳县委统战部
部　长：龚　颖（女）
副部长：吴时林

【机构设置】　紫阳县委统战部设行政编制4名，部长1名，副部长1名，科员2名，实有人员4名（部长兼任红椿镇党委书记，编制在红椿镇）。

【部门建设】　建立完善由统战部牵头，民政、宗教、公安、安全等工作部门参加的统战工作联席会议制度。成立“紫阳县统一战线工作领导小组”，建立起县、镇基层统战宗教工作网络。县直统战工作相关单位均明确有一名分管统战工作的领导干部，17个乡镇均配备有统战工作联络员。拨付8.5万元统战工作专项资金。全年开办统一战线专题学习培训班1次，机关干部全年参与专业学习培训5次，交流学习1次，参与县外交流考察3次；开通“紫阳统战”微信公众平台，定期向全县党外代表人士通报全县经济社会发展情况、非公领域工作动态、特色宗教传统文化及统战工作领域最新消息。

【党外人士工作】　全县40余名党外领导干部、少数民族领导干部、党外后备干部等优秀人才得到认可和重用。党外代表人士参政议政平台更大。围绕换届工作，共推荐使用党外人士117人任市县政协委员，72人任市县人大代表。全年组织引导各界人士围绕招商引资、生态旅游和重点项目建设等中心工作深入调研，提交各类优质议案、提案、调研文章等80余件。将全县20余名体制外“网络大V”、新阶层人士纳入统战视野，建立日常联系服务机制。

【民族宗教工作】　完成紫阳县第二届道教协会换届工作，选举产生道长冯兴钊任会长的新一届县道协班子。对全县4个清真寺及悟真观、显月观等3个发展前景好的知名道观进行了改扩建，为实施“文旅兴县”战略培育增加系列名优景点；引导真人宫开通“南宗道源”微信公众平台，全方位传播南宗祖庭特色道文化，派送1名教职人员赴专业道教学院进修学习。在洞河、汝河等少数民族集聚镇成立合作社、专业村，发展白山羊养殖等惠农产业，确保优惠政策实施民族平等。将回族中学生转入到紫阳中学就读，全面解决其因生活习俗不同导致的生活难题；将少数民族特困户全部纳入城乡低保。

【非公经济工作】　成立“非公经济人士综合评价领导小组”，对全县非公经济人士在评优树模、参政议政等方面进行综合评价，明确市县参政议政非公经济界人士在政治表现、经营守法、综合素质等方面的标准。建立了“工商联与非公企业联系制度”，全县基层商会覆盖面达100%。积极开展非公经济人士理想信念教育实践活动，首次提出“百企帮百村”社会扶贫行动构想，引导全县100多个非公企业围绕县委、县政府中心工作，结合自身实力，广泛参与脱贫攻坚、捐资助学、公共场所建设等社会公益事业。充分发挥商会组织和紫阳籍在外创业成功人士的积极作用，先后召开党外代表人士联谊会、在外创业成功人士座谈会、招商引资项目推介会，为招商引资搭建平台。

【对台工作】　主动加强港澳台及海外统战领域的沟通联络，积极争取到台湾三爱农业科技有限公司和陕西山福泉牧业有限公司共同投资建设商品兔生态科技产业项目落地紫阳。全年共接待台胞及台胞亲属来访2次，协调解决台属寻亲诉求1次。

【精准扶贫】 坚持驻蒿坪镇森林村开展工作，落实“一户一法”精准扶贫。全年建成集中安置点1处，完成移民搬迁61户；恢复到组公路2条，8.5公里，新建便民桥2座，移动通讯塔1座，完成5.3公里农网改造；有效管护生产茶园500亩，实施藕田改造田坎17户、2650米，发展莲藕种植30亩，完成核桃树嫁接改造108亩，发展香菇4万袋，培育养牛大户1户。发挥统战部门优势，引进紫阳神农有限责任公司在森林村实施生态农业开发项目，当年完成投资200余万元，改造茶园300亩，种植花椒200亩，黄花100亩，新修道路8公里，建仿古式办公区用房700平方米，并与30户贫困户签订用工协议，发放劳务工资10余万元；引进紫阳天源富硒食品有限责任公司、与森林村23户贫困户签订红薯种植协议，免费提供种源、技术指导，保护价收购；本村瑞达茶业、锡赐茶叶加工厂共与28户贫困户签订了鲜茶叶收购协议，保护价收购，共收购鲜茶叶4万余斤，发放茶叶收购款120余万元，用工17人，发放劳务工资5万元。解决部分贫困户就地务工，增加收入。对照“六大标准”，该村初步能够在2017年达到整村脱贫目标。

【重要事项】 2016年，统战工作首次列入市对县考核单项内容。

【年度荣誉】 2016年2月，“陕南第一回民公墓”建设工作荣获全省统战工作创新奖。统战部获得紫阳县2016年脱贫攻坚工作年度优秀奖，县级部门2016年度综合考核一等奖。

（李　敏）

党校工作

中共紫阳县委党校
常务副校长：贾学斌
副　校　长：王　健

【概况】 紫阳党校成立于1956年5月，原位于县城任河咀，后因仁和国际社区开发，搬至紫阳县教师进修学校。编制数13人，实际人数13人，参公管理4人，专业技术人员9人。

【干部教育】 充分发挥党校“三个阵地，一个熔炉”的作用，2016年举办各类培训班及学历班次共95个，受训人数达4200多人次。党校分四个宣讲组，分别深入各镇及县直相关部门进行中共十八届六中全会精神辅导，宣讲29场次，受训人数达2800多人次。举办继续教育培训班8期，620多人次。先后举办了青创、纪检、茶叶、导游、中小企业等业务培训班7期，受训780多人次。联合举办中央电大本、专科学历班次36个，在校学员256人。2016年毕业专科学员74人、本科学员38人。

【科研工作】 坚持科研强校为目标。党校要求教学人员积极做好调查研究，每人每年撰写理论文章或调研报告1~2篇。积极向外报送信息和各类文章70多篇（条），把科研作为考核教师的重要内容。通过全体教师的共同努力下，2016年有13篇文章参加全省党校系统第30次理论研讨会，使教师在理论修养方面有了新提高。

【教职工队伍建设】 一是完善学校教育与培养专业人才计划、专业人才考核制度和措施，创造好的学校、工作和生活条件。二是制定师资建设规划，注重业务培训，开展教师教学培训观摩和比赛，加强师德师风建设。三是支持鼓励教师参加继续教育和一专多能培训，特别重视“双师型”教师培养，提高教师的教学、培训和科研水平。四是健全教师业绩考核、职称评定、评优凭聘、培训制度与教学、培训工作业绩挂钩，鼓励教师参加各类教学培训，提高教师运用现代多媒体教学手段的能力，全面提高教师队伍的整体素质。2016年，全体教师分批次在不同时期到其他县市党校参观学习。

老干部工作

中共紫阳县委老干部工作局
中共紫阳县离退休干部工作委员会
党工委书记、局长：张　彬
副局长：张明鉴

【组织机构】　老干局现有工作人员11人。

【老干部基本情况】　全县党政机关事业单位共有离退休干部职工3091人，其中党政机关离退休干部1096人（离休干部7人，地市级1人，副处级6人），退休干部1089人（正处级6人，副处级16人，正科级231人，副科级431人，科员及其他人员405人）。事业单位1995人。由老干局直接管理的离休干部15人（含企业离休干部4人），县处级退休干部20人。

【离退休干部政治待遇】　县委、县政府年度召开重要会议，县召开“两会”均邀请老干部代表参加，为每位老干部订阅《金秋》和《离退休干部参考》各一份，为党员离退休干部各订阅了《当代陕西》，购买了习近平总书记系列讲话读本，召开老干部座谈会2次，组织离退休干部到紫阳芭蕉口小学（原中共安康地委旧址）举行了“追忆党的历史，缅怀革命先辈，争做合格党员”活动。组织离退休老干部赴陕西铜川照金（陕甘边区革命根据地）参观学习，加强党的红色基因教育，开阔老同志视野。在落实老干部政治待遇方面。①抓好老干部政治学习，送政策上门，增加精神食粮，从精神上补“钙”。②抓好政治思想教育和“两学一做”学习教育，确保老干部政治思想常新，理想信念永存。③抓好老干部工作“五项制度”的落实。④坚持从政治上关心，精神上关怀，尊重关怀老干部，不忘老干部的历史功绩。

【离退休干部生活待遇】　申报落实35名离退休老干部提高生活费补助标准（离休干部500元至750元，退休干部290元至320元），3名离退休干部护理费标准（离休干部每月增加400元，退休干部每月67元），落实兑现了离休干部交通费、影剧费、取暖费、降温费和一名离休干部电话费，年度增发1~3个月生活补助费，办理一名病故离休干部的丧葬费和一次性抚恤金。离休干部医疗费按政策规定实报实销，县城居住离休干部实行定点医院，零挂号，非现金结算，进行离退休老干部身体健康检查，确保老干部老有所养，老有所医，共享改革发展成果，幸福安度晚年。

【老干支部组织活动】　老干党支部组织建设：一是坚持按《关于进一步加强和改进离退休干部工作的意见》要求，抓好老干部党员的思想政治工作，引导离退休干部党员始终保持公仆本色，始终牢记党员身份，始终坚定理想信念，始终保持对党忠诚的政治品格，自觉在思想上，政治上，行动上同以习近平同志为总书记的党中央保持高度一致。把抓老干部思想政治工作同帮扶老干部解决实际问题结合起来，开展老干部党员的帮扶工作。二是在党员老干部中开展了“两学一做”学习教育。三是组织引导离退休党支部开展好组织活动，确保老干部党支部组织活动的正常开展，支部堡垒和党员的示范作用得以发挥。

【离退休干部精神文化生活】　春节、老年节，对老干部进行走访慰问，对异地居住老干部进行登门走访，对病重住院老干部进行探望。在纪念红军长征胜利80周年之际，走访慰问老红军谢刚，发放慰问金1万元，纪念章1枚。坚持按时为老干部送学习资料，从精神上给予关怀安慰。开展老干部文化娱乐活动，丰富活跃老干部娱乐生活，老干局协助配合老体协、音乐协会等社会团体组织开展了老干部文化娱乐活动。

【“四就近”服务老干部工作】 老干局与环城路、会仙桥社区建立“四就近”服务老干部工作，依靠社区资源，社会群体，多种服务方式，为老干部做好管理服务工作。环城路社区、会仙桥社区经常上门为年老体弱的老干部进行上门服务，帮助老干部解决生活中存在的困难，帮老干部办理高龄补贴，老年证，养老金，化解老干部家庭矛盾，就近组织老干部参加政治学习，参加支部组织活动。机关党员志愿到社区报名，参加社区服务工作，帮扶了一名贫困居民，帮老干部解决实际困难，促进老干部管理服务工作的开展。

【老干部信访工作】 修订完善老干部信访工作管理制度，落实信访工作责任分工，局机关干部坚持经常走访，随时掌握解老干部身心变化和生活情况，倾听老干部呼声，传达老干部的愿望。对老干部提出的困难和问题，做到认真听取，耐心解释，在老干局职权范围内能解决的及时给予解决，坚持做到件件有着落，事事有回音。巩固老干部信访工作“三无单位”。

【引导老干部发挥正能量】 组织引导老干部发挥正能量，为老干部发挥余热搭建平台，坚持从组织老干部做好“两个支持”工作，即支持改革开放，支持在职干部的工作，鼓励老干部为精准脱贫，关心教育下一代，维护社会稳定，创建平安县城，平安活动进社区，进校园，创建国家卫生县城，促进社会和谐，传承家规家风，为县域经济，社会发展和县委、县政府提出“五大战略”目标任务，为全面建设小康紫阳建言献策，发挥余热。老干部樊光安、张先厚、张宣强、陈贵源、袁世昌等老同志在上述方面积极奉献余热，发挥正能量，樊光安于2016年12月23日被省关工委授予全省“关心教育下一代”“最美五老”荣誉称号。

【老干部宣传工作】 坚持抓老干部工作方针、政策，中省市老干部会议精神，老干部历史功绩和老干部中的先进事迹的宣传。加强了对中办发［2016］3号文《关于进一步加强和改进离退休干部工作的意见》的宣传学习，上报老干部工作信息8篇，完成老干部工作调研1篇，办学习园地4期。

【联村扶贫工作】 包联的金竹村开展包联帮扶工作，局机关党员干部与20户贫困户开展结对帮扶，同时抽调2名科级干部长期驻村抓脱贫攻坚，制定驻村工作考核实施办法，协助村组制定村级发展规划和精准扶贫工作计划，2016年23户脱贫对象达到“六个保障”要求，已全部达到稳定脱贫标准。

（黄海毅）

紫阳县人大常委会

紫阳县第十八届人民代表大会常务委员会

主　任：张教志

副主任：贾学勇　程楚安　扈正安

　　　　李龙安

委　员：（按姓氏笔画排列）

　　　　王西兵　王华强（女，回族）

　　　　王学友　邓　涛　朱念方

　　　　朱紫兰（女）　　刘　涛

　　　　闫　锋　许海昌　李谢军

　　　　杨世文　吴世友　吴时林

　　　　张海波　陈正伟　陈英江

　　　　陈荣刚　陈俊瑞　罗　勇

　　　　金冠全　孟庆国　赵华伦

　　　　柳庆忠　贾学文　贾耀卿

　　　　夏　江　晏刚林　徐　嘉（女）

　　　　覃建财　曾朝和

紫阳县第十八届人大常委会代表资格审查委员会

主任委员：扈正安

副主任委员：王学友

紫阳县第十八届人大常委会专门委员会

财政经济委员会

主任委员：贾学勇

副主任委员：朱念方　贾耀卿

委　　员：陈正伟　陈英江　付益民

　　　　　朱良成

法制委员会

主任委员：李龙安

副主任委员：王西兵　贾学文

委　　员：许海昌　夏　江　阴文忠

　　　　　王华强（女，回族）

紫阳县人大常委会办事机构及其负责人

紫阳县人大常委会办公室

副主任：邓　涛

副主任：杨世文

紫阳县人大常委会人事代表工作委员会

主　任：王学友

副主任：朱紫兰（女）

紫阳县人大常委会法制民政工作委员会

主　任：许海昌

副主任：夏　江

紫阳县人大常委会财政经济工作委员会

主　任：陈正伟

副主任：陈英江

紫阳县人大常委会教科文卫工作委员会

主　任：赵华伦

副主任：李谢军

中共紫阳人大常委会党组

党组书记：张教志

党组副书记：贾学勇

党 组 成 员：扈正安　李龙安　邓　涛

【概况】　2016年是紫阳县十七届人大常委会任期的第五年。县人大及其常委会全面贯彻中共十八大和十八届三中、四中、五中、六中全会精神，深入学习贯彻习近平总书记系列重要讲话精神和治国理政新思想新战略，坚持党的领导、人民当家做主、依法治国有机统一，主动适应新常态，紧紧围绕县委决策部署和全县工作大局依法履行职责，一些创新工作亮点受到上级人大常委会充分肯定，较好地发挥地方国家权力机关作用。一年来，共召开常委会8次，组织开展重大调研、视察和执法检查活动6次，听取和审议县政府专项工作报告11项，作出决议、决定和审议意见14项。

紫阳县第十七届人民代表大会第五次会议

【紫阳县人民代表大会会议】　紫阳县第十七届人民代表大会第五次会议。3月23日至26日，紫阳县第十七届人民代表大会第五次会议在源森酒店召开。参加会议代表164名，会议由大会主席团主持，其成员按姓氏笔画排列有马文毅、尹正涛、王西兵、王春丽、王顺利、刘文平、孙昌龙、朱念方、朱紫兰、闫锋、张海波、张教志、李龙安、杨平、杨小明、沈长刚、陈莲、陈正伟、周静、周继林、周富林、孟庆国、罗云忠、金绍发、赵立根、侯在德、贾学文、康俊钦、康树民、扈正安、曾健、程楚安（32人）。秘书长由金绍发兼任。大会议案审查委员会主任委员扈正安，副主任委员闫锋、贾学文，委员马文毅、王西兵、朱紫兰。大会财政经济审查委员会主任委员金绍发，副主任委员周继林、朱念方，委员张海波、沈长刚、陈正伟、康俊钦、覃运常。会上，县政府代县长陈莲作《紫阳县人民政府工作报告》［《紫阳县国民经济和社会发展“十三五”规划纲要（草案）》《紫阳县2015年国民经济和社会发展计划执行情况与2016年国民经济和社会发展计划（草案）的报告》《紫阳县2015年财政预算执行情况和2016年财政预算（草案）的报告》印发代表讨论审议］，县人大常委会主任张教志作了《紫阳县人大常委会工作报告》，县法院院长毕传祥作了《紫阳县人民法院工作报告》，县检察院检察长杨小明作了《紫阳县人民检察院工作报告》。会议经过认真审议，决定批准上述报告，并作出了紫阳县第十七届人民代表大会第五次会议《关于紫阳县人民政府工作报告的决议》《关于紫阳县国民经济和社会发展“十三五”规划纲要的决议》《2015年国民经济和社会发展计划执行情况与2016年国民经济和社会发展计划的决议》《关于2015年财政预算执行情况和2016年财政预算的决议》《关于县人大常委会工作报告的决议》《关于县人民法院工作报告的决议》《关于县人民检察院工作报告的决议》。会议经过认真审议，通过了本次会议选举办法。会议选举陈莲为紫阳县人民政府县长，毕传祥为紫阳县人民法院院长。对上述当选人员，县第十七届人民代表大会第五次会议主席团发布了公告。

【常委会会议】 2016年，县人大常委会共举行8次会议。

县十七届人大常委会第二十九次会议。会议于2016年2月3日召开，会期一天。会议通过免去陈荣根紫阳县财政局局长职务，接受赵立根辞去紫阳县人民政府县长职务请求的决定，决定任命陈莲为紫阳县人民政府副县长、代县长，王鑫为紫阳县人民法院副院长。

县十七届人大常委会第三十次会议。会议于2016年3月10日召开，会期一天。会议听取并审议了县人民政府《关于2015年预算执行情况和2016年预算（草案）的报告》，表决通过了县人大常委会《关于紫阳县2015年预算执行情况和2016年预算草案的审查结果的报告》。会议通过接受钟军高辞去紫阳县人民法院院长职务的请求，决定任命毕传祥为紫阳县人民法院副院长，代院长。

县十七届人大常委会第三十一次会议。会议于2016年5月11日召开，会期一天。会议听取和审议县人民法院《关于落实民商事审判工作情况审议意见的报告》《县人大常委会人事代表工委关于县城停车场建设和使用管理情况专项视察的评议意见和建议（草案）》，并听取和审议了县人民政府县长陈莲关于提请本次会议拟任免人员的议案，以及县人大常委会人事代表工委关于对拟提请任命人员的审查报告。

县十七届人大常委会第三十二次会议。会议于2016年6月30日召开，会期一天。会议审查和批准《县政府2015年度财政决算》，听取和审议《县政府关于2015年度预算执行和其他财政收支情况的审计报告》《县政府关于2014年度预算执行和其他财政收支情况审计报告审议意见贯彻落实情况的报》《县政府关于紫阳县文化事业及产业发展情况的报告》，并听取和审议了县人民政府县长陈莲关于提请本次会议拟任免人员的议案，以及县人大常委会人事代表工委关于对拟提请任命人员的审查报告。会议通过王德喜同志因挂职期满辞去县人民政府副县长职务的请求，同意李平全因职务变动免去县人大常委会教工委副主任职务，选举并任命刘军号、何平为紫阳县人民政府副县长。

县十七届人大常委会第三十三次会议。会议于2016年8月30日召开，会期一天。会议听取和审议《县人民政府关于2016年上半年国民经济和社会发展计划执行情况的报告》《县人民政府关于2016年上半年财政预算执行情况的报告》《县人大常委会主任会议关于成立县、镇人大换届选举委员会的报告》《县人大常委会主任会议关于分配紫阳县第十八届人民代表大会代表名额及确定第十九届镇人民代表大会代表名额的报告》《县人大常委会主任会议关于紫阳县县镇两级人民代表大会代表选举日的报告》，并听取和审议了县人民政府县长陈莲关于提请本次会议拟任免人员的议案，以及县人大常委会人事代表工委关于对拟提请任命人员的审查报告。

县十七届人大常委会第三十四次会议。会议于2016年9月23日召开，会期一天。会议通过接受罗云忠辞去紫阳县人大常委会委员职务的请求，周继林、闫锋、刘济兵、陈荣根4人辞去紫阳县人民政府副县长职务的请求，杨小明辞去紫阳县人民检察院检察长职务的请求，决定任命罗云忠、陈佳斌、田鑫、张宗军4人为紫阳县人民政府副县长职务，王开富为紫阳县人民检察院副检察长，代检察长。会议听取了县人大常委会其他相关审查报告。

县十七届人大常委会第三十五次会议。会议于2016年10月31日召开，会期一天。会议审议和批准了县人民政府《关于2016年财政收支预算调整情况的报告》，听取和审议了《关于江南新区棚户区改造项目融资贷款担保的报告》《关于对全县小微企业发展情况审议意见落实情况的报告》，审议部分市三届人大代表履职情况的书面报告。常委会组成人员对《全县小微企业发展情况的报告的审议意见》落实情况和部分市三届人大代表履职情况分别进行满意度测评。

县十七届人大常委会第三十六次会议。会议于2016年11月25日召开，会期一天。会议听取审议并表决通过县十八届人大一次会议有关文件及名单草案，听取了县人民政府《关于县十七届人大五次会议代表意见建议办理情况的报告》和《关于政策性金融扶贫贷款项目有关情况的报告》并作出了相关审议意见和决议。听取和审议了县人民政府县长陈莲关于提请本次会议拟任免人员的议案、县人民法院院长毕传祥关于提请本次会议拟任免人员的议案和县人大常委会人事代表工委关于对拟提请任命人员的审查报告，免去冉远富紫阳县人民政府办公室主任职务，免去张慧君紫阳县人民法院执行局局长职务；汪淼紫阳县人民法院刑事审判庭庭长职务；高显超紫阳县人民法院高桥法庭庭长职务；郑黎明紫阳县人民法院审判员职务；刘运杰紫阳县人民法院审判员职务；李锦娥紫阳县人民法院审判员职务、蒿坪人民法庭庭长职务，任命张麟为紫阳县人民政府副县长；吴庆华为紫阳县人民法院副院长；汪淼为紫阳县人民法院副院长；高显超为紫阳县人民法院执行局长；刘强、蔡腾飞、樊瑛、王珩、胡伟、陈一华6人为紫阳县人民法院审判员。

【执法检查】 2016年，常委会围绕司法改革听取和审议县人民法院关于民商事审判工作情况的工作报告，提出要完善民商事案件审判监督制度、强化案件质量监管和考核、加大对各类疑案案件的研判力度、坚持重大事项请示报告和审委会研究决定制度、改进执行工作方式方法、提升执行工作效率等意见。

【视察调研】 2016年，县人大常委会共举行6次视察调研。分别对县人民法院民商事审判工作情况、全县城停车场建设和使用管理情况、县文化事业及产业发展情况、全县小微企业发展情况、紫阳上半年国民经济和社会发展计划执行情况、财政预算执行情况等方面进行视察调研。

【工作监督】 2016年县人大常委会听取和审议2016年上半年国民经济计划和财政预算执行情况的报告、2015年度财政预决算执行和其他财政收支情况的审计工作报告，要求进一步加强财政预算和其他财政财务管理、重视财政审计工作、预算单位财务、政府招标采购、公共资产管理人员实现专业化配备、加快滞留专项资金的安排使用、让收入基数回归现实、增加可用财力，充挥发挥好公共财政职能作用，努力提高财政资金的使用效益。听取和审议了2015年财政预算调整报告，审查认为，2015年财政预算执行情况总体情况良好，实现了“保工资、保运转、保民生、保重点”的目标。为推动事关人民群众切身利益问题的解决，常委会听取和审议了全县小微企业发展情况的报告，提出要进一步落实政策，创新举措，制定普惠办法，培育专业合作社，加强与农民的利益联接，既帮助农民脱贫增收，又促进企业壮大发展。对县城停车场建设和使用情况进行专项视察，建议县政府在县城停车场建设和使用上要加快建设进度、消除停车瓶颈，强化监督管理，提升管理水平，坚持规划先行、严格规划管控，加大宣传力度、坚持舆论引导，使全县停车场建设和管理水平有一个大提升。

【群众来信来访】 常委会高度重视群众诉求工作，坚持把信访工作作为践行党的群众路线的重要渠道，积极探索主任接访、协调联动、跟踪督办的信访工作机制，推动信访工作规范化、制度化。全年共受理群众来信22件，接待群众来访15起60余人次，转办省市人大信访案件6件、采取批办、交办、督办等方式，有效化解社会矛盾，维护群众合法权益和社会和谐稳定。

【乡镇人大工作】 常委会坚持指导重心下移，实行常委会领导联系镇人大工作制度，对镇人大召开的重要会议和组织的重大活动进行现场指导，全力促进镇人大工作水平提升和均衡发展。坚持实行镇人大主席列席人大常委会会议制度，全年镇人大主席列席常委会会议40人次，进一步提升了乡镇人大工作水平。

【议案、建议办理工作】 县十七届人大三次会议期间和闭会后，共收到人大代表建议、批评和意见53件。常委会在做好分类登记、及时交办的基础上，制定了了常委会领导包抓责任制。县政府高度重视代表建议、批评和意见的办理工作，形成了主要领导直接部署，主管副县长分工负责，承办部门尽职尽责的落实机制，很好地促进了办理工作。截至年底，代表提出的建议、批评和意见全部办复，代表满意和基本满意率达到100%。

【代表变动情况】 紫阳县第十七届人民代表大会应有代表189名。截至五次会议实有174名，自县十七届人大四次会议以来，有4名县人大代表依法自行终止了代表职务，其中3名调离本行政区域、1名死亡；有11名人大代表因职务调整，不便于履行代表职务辞去代表职务。在此期间，先后有21个选区对出缺的21名人大代表名额进行了补选。综上所述，应出席本次大会的代表总数为177名。

（邹一山）

紫阳县人民政府

紫阳县人民政府
县　长：陈　莲（女）
副县长：罗云忠　陈佳斌　田　鑫
　　　　周　斌　张宗军　刘军号（挂职）
　　　　何　平（挂职）　张　麟（挂职）
党组成员：陈　强　贾耀卿
副调研员：梅紫青

紫阳县人民政府办公室
主　任：
副主任：刘大勇
县政府信息中心主任：周　辉
县政务服务中心主任：汪泽海
县政府督查室主任：赵　峰
县政府法制办副主任：朱文涛
县外事侨务办副主任：
县应急管理办主任：聂　蕊（女）
县政务服务中心副主任：马　波
县政府信息中心副主任：陈　刚

【机构设置】　紫阳县人民政府办公室（县信访局县人民政府法制办公室）核定行政编制27名（含县级领导）。其中：主任（信访局局长）1名，副主任3名（其中负责政府法制工作副主任1名），负责信访工作副主任（信访局副局长）1名；关心下一代工作委员会办公室主任、督查室主任分别由政府办副主任兼任），科级信访督查专员2名。1. 县关心下一代工作委员会办公室为县关心下一代工作委员会的办事机构，正科级规格，不单设编制，职责由县政府办公室承担。2. 县外事侨务办公室为县人民政府办公室下属正科级事业单位，经费全额预算，事业编制6名。其中：主任、副主任各1名。3. 县人民政府信息中心为县人民政府办公室下属正科级事业单位，经费全额预算，事业编制7名。其中：主任、副主任各1名。4. 县政务服务中心为县人民政府办公室下属正科级事业单位，经费全额预算，事业编制10名。其中主任、副主任各1名。5. 县人民政府应急管理办公室为县人民政府办公室下属副科级事业单位，经费全额预算，事业编制4名。其中：主任1名。6. 县政府后勤服务中心为县人民政府办公室下属股级事业单位，经费全额预算，事业编制9名。7. 信访接待中心为县人民政府办公室下属正科级事业单位，经费全额预算，编制7名。其中主任、副主任各1名。另设督查室、政务股、综合股、机要股、法制股、信访股6个股室。

重要会议

【县政府常务会议】　是年，紫阳县人民政府共召开常务会议8次。

1月8日，县长赵立根主持召开2016年县政府第1次常务会议，审定《紫阳县建设工程管理问责办法》、听取民办综合医院项目招商情况的汇报、研究恒紫循环产业园区二路、三路建设问题、研究几宗用地有关问题、研究“惠民四期”限价商品房开盘预售有关问题、研究划拨县粮食购销有限责任公司原粮库资产问题、研究解除李发勤等3人行政警告处分问题、传达学习了市委三届九次全会精神，并就贯彻落实市委三届九次全会精神进行了安排。

3月7日，代县长陈莲主持召开2016年县政府第2次常务会议，审议《紫阳县国民经济和社会发展“十三五”规划纲要》、审议《政府工作报告（讨论稿）》、《紫阳县2015年国民经济和社会发展计划执行情况及2016年计划安排意见（草案）的报告》、《紫阳县2015年财政预算执行情况和2016年财政预算（草案）的报告》、研究机关事业单位养老保险制度改革有关问题、研究县养老公寓项目建设有关问题、听取全县安全生产工作情况汇报、传达贯彻全省教育工作会议精神、传达贯彻全市富硒茶产业创新行动计划动员会议精神。

7月27日，县委全委扩大会议、县政府全体会议暨重点工作半年巡查讲评大会

4月5日，县长陈莲主持召开2016年县政府第3次常务会议，研究2015年通村公路完善工程和2016年精准扶贫村通村水泥路建设有关问题、审定《紫阳县陕南避灾扶贫移民搬迁宅基地腾退复垦工作实施方案》、研究十宗矿业权延续问题、研究蒿坪、红椿、洄水等公安基层所队业务用房整合建设有关问题、审定《紫阳县贫困户到户项目资金扶持办法》、传达贯彻全市环境保护工作会议精神。

5月10日，县长陈莲主持召开2016年县政府第4次常务会议，听取一季度主要经济指标完成和重点项目推进情况汇报，安排部署下阶段工作，研究2015年度金融机构支持地方经济发展先进单位表彰奖励问题，研究河堤路西段防洪治污及棚户区综合改造工程有关问题，研究紫阳县棚户区改造融资贷款有关问题，研究四宗土地出让有关问题，研究命名2015年度县级卫生单位、卫生村的问题，审定《紫阳县促进电子商务发展扶持奖励办法（试行）》，审定《紫阳县特困五保户安置建议方案》，研究给予相关工作人员行政纪律处分问题。

6月30日，县长陈莲主持召开2016年县政府第5次常务会议，研究紫阳县公车服务中心公务用车调配有关问题、研究紫阳县兴安煤矿等四宗采矿权延续问题、研究计生特殊家庭特别救助和农村失独家庭补助提标及农村贫困计生家庭精准扶贫帮扶工作、传达贯彻全省移民（脱贫）搬迁工作推进会议精神、研究全县脱贫攻坚和扶贫开发公司组建工作、研究权河至双桥三级公路改建工程二期等三个交通工程项目变更问题、研究整合财政沉淀资金用于脱贫攻坚工作的问题、审定《紫阳县加快文化繁荣发展实施意见》、研究紫阳县文化旅游产业开发有限责任公司组建工作，会议通报了5月25日至29日陈莲县长带队赴浙江和福建学习考察特色小镇和美丽乡村及茶叶产业发展情况。

8月3日，县长陈莲主持召开2016年县政府第6次常务会议，研究县镇两级权责清单和县级公共服务事项清单编制工作、审定《紫阳县国家投资项目招标投标管理办法》和《紫阳县限额内工程采购管理试行办法》、研究“十三五”农村公路项目申报和精准扶贫村通村水泥路建设计划有关问题、研究安川高速紫阳连接线改建工程设计预算有关问题、审定《紫阳县村（社区）活动场所建设资金统筹方案》、研究八宗矿业权延续问题、研究“惠民三期”限价商品房销售价格问题、审定《紫阳县2016年脱贫攻坚工作考核实施细则》、审定《紫阳县产业精准扶贫实施办法》、审定《紫阳县茶叶产业创新行动计划实施方案》及《紫阳县“十三五”加快茶产业发展的十二条措施》、研究硒谷园区物流园综合建设项目招商问题。

10月14日，县长陈莲主持召开2016年县政府第7次常务会议，研究财政工作有关问题、研究紫阳县投融资开发有限公司组建工作、审定《紫阳县产业发展基金管理办法（试行）》、审定《紫阳县中小企业还贷周转金管理办法（试行）》、审定《紫阳县镇中小学和卫生院工作人员执行乡镇工作补贴实施办法》、审定《关于支持鼓励民营资本参与移民搬迁安置房开发建设的实施办法》、研究部分保障性租赁住房调整为移民搬迁安置房有关问题、研究两处交通工程变更和国道541援建有关问题、研究焕古集镇防洪工程变更问题、研究瓦房会馆片区旅游开发、富硒茶饮料及山泉水综合开发项目招商问题、研究六宗国有土地出让和两宗采矿权延续有关问题、听取电子商务有关情况汇报，审定《紫阳县电子商务进农村综合示范工作实施方案》、听取全县安全生产工作情况汇报、听取全县信访工作情况汇报、传达贯彻全市森林防火工作电视电话会议精神，安排部署全县森林防火工作。

11月21日，县长陈莲主持召开2016年县政府第8次常务会议，研究紫阳中学初中部东侧棚户区改造暨原城关镇家属楼征迁遗留问题、研究开源实业、盘龙茶业、紫诚旅游、康洪茧丝4家公司财信担保有关问题、研究退役士兵安置工作、研究乡村教师生活补助调整有关问题、研究县养老公寓、华阳医养中心项目用地和两宗采矿权延续问题、研究政策性金融扶贫贷款项目有关问题、研究困难残疾人生活补贴和重度残疾人护理补贴发放有关问题、研究紫阳文体活动中心续建工程变更有关问题、传达贯彻全省义务教育均衡发展现场推进会议精神、研究全县义务教育均衡县创建工作。

【县长办公会议】 是年，县政府共召开县长办公会议10次。

第一次，3月24日，县长陈莲主持召开办公会议，研究审定2015年度避灾扶贫搬迁集中安置点配套基础设施项目有关问题。

第二次，5月3日，县长陈莲主持召开县长办公会，研究西门河新区、仁和国际社区建设有关问题。

第三次，6月12日，县长陈莲带领相关县级领导及部门负责人到城关镇青中村调研脱贫攻坚和美丽乡村建设工作，听取城关镇青中村第一书记、城关镇政府及包联部门关于精准脱贫工作情况汇报，并主持召开县长办公会议，确定了有关事项。

第四次，7月4日，县长陈莲主持召开县长办公会，听取县住建局关于河堤路西段房屋征迁工作进展情况的汇报，专题研究河堤路西段房屋征拆工作。

第五次，7月14日，县长陈莲主持召开县长办公会议，听取县人社局工作情况汇报，研究解决唐孝兰养老保险待遇问题。

第六次，7月15日，县长陈莲主持召开办公会议，研究县避灾扶贫搬迁安置办公室机构编制人员划转移交有关事宜。

第七次，8月12日，县长陈莲主持召开办公会议，专题研究全县教育、卫生系统人员招聘、调整等问题，确定了有关事项。

第八次，8月15日，县长陈莲主持召开县长办公会议，专题研究河堤路西段征迁工作推进有关问题。

第九次，9月30日，县长陈莲主持召开会议，专题研究紫阳县改善贫困村人居环境建设项目有关问题。

第十次，11月16日，县长陈莲带领县环保、水利、农林科技等部门负责人督导检查全县重点环境突出问题整改落实情况，研究解决整改工作中存在的困难和问题。

【县政府专题会议】 是年，县政府共召开专题会议45次。

第一次，1月27日，县委常委、常务副县长周继林带领县招商局、文广局、扶贫局等单位负责人实地踏勘紫阳县道教文化养生谷旅游开发暨紫阳沟移民迁建项目。

第二次，1月29日，县委常委、常务副县长周继林主持召开县政府专题会议，研究工程建设领域拖欠农民工工资问题。

第三次，1月19日，副县长刘济兵主持召开会议，听取相关单位关于蒿坪镇金竹村魔芋标准化种植示范园建设情况的汇报，专题研究魔芋产业发展有关问题。

第四次，1月30日，县委常委、常务副县长周继林到红椿镇侯家坪村调研指导工作并召开县政府专题会议，听取县财政局、红椿镇关于侯家坪村精准扶贫工作情况汇报，研究确定相关工作。

第五次，1月19日，副县长刘济兵主持召开办公会议，听取相关镇和部门关于高桥镇权河村美丽乡村建设有关情况的汇报，专题研究落实县长办公会议纪要（2015年第10期）精神，推进美丽乡村示范村（权河村），支持任河漂流景区建设的有关事项。

第六次，1月27日，副县长刘济兵主持召开专题会议，听取县扶贫局工作情况汇报，安排当前脱贫攻坚具体工作。

第七次，2月19日，县委常委、常务副县长实地踏勘恒紫循环产业园区建设并召开县政府专题会议，听取园区管委会工作进展情况汇报，研究推进2016年“飞地经济”工作。

第八次，2月25日，副县长陈荣根带领县环保局、扶贫局和城关镇政府有关负责人到青中村现场踏勘，选定了该村垃圾堆放场建设地点，并主持召开县政府专题会，研究确定有关事项。

第九次，2月29日，副县长贾学勇主持召开县政府专题会议，安排部署紫阳华阳医院项目援建有关工作。

第十次，3月3日，副县长刘济兵召开会议，听取相关单位和企业汇报，专题研究现代农业产业精准扶贫试点有关工作。

第十一次，3月9日，县委常委、常务副县长周继林主持召开县政府专题会议，研究加快推进G541紫阳段征地拆迁和杆线迁移工作。

第十二次，3月16日，副县长刘济兵主持召开会议，听取相关部门汇报，专题研究焕古大连防洪堤建设有关问题。

第十三次，3月24日，副县长贾学勇主持召开县政府专题会议，安排部署春季旅游管理服务工作。

第十四次，3月22日，副县长刘济兵带领县国土局、县搬迁办工作人员，实地踏勘东木镇金竹园村移民搬迁安置点挡护工程建设，并召开会议专题研究解决该挡护工程建设中存在的问题。

第十五次，4月12日，县委常委、副县长闫锋主持召开专题办公会，安排部署启动县城紫府路临时停车收费有关工作。

第十六次，4月19日，县委常委、常务副县长周继林带领县监察局、招投标管理中心负责人实地检查龙洞沟大桥项目建设管理情况并召开专题会议，研究解决项目建设管理中存在的问题。

第十七次，4月20日，副县长陈荣根带领县经贸、规划、国土、环保等部门负责人现场踏勘了汉王镇加油站拟迁建选址，并主持召开专题会，研究该加油站迁址有关问题。

第十八次，4月21日，县委常委、常务副县长周继林主持召开县政府专题会议，研究解决城关至焕古营运车辆违规涨价问题。

第十九次，3月10日，副县长刘济兵主持召开会议，听取相关部门汇报，专题研究江南新区供水工程供水规模及水厂选址有关问题。

第二十次，5月9日，县委常委、常务副县长周继林主持召开县政府专题会议，听取龙洞沟大桥项目建设管理问题整改落实情况汇报，研究龙洞沟大桥项目后期推进工作。

第二十一次，5月16日，县委常委、常务副县长周继林主持召开县政府专题会议，研究县镇机构改革资产划转清交、财务清理移交、加强人事管理等工作。

第二十二次，5月27日，县委常委、常务副县长周继林主持召开县政府专题会议，听取相关镇、部门工作情况汇报，研究东木镇王华修信访有关问题。

第二十三次，6月6日，县委常委、常务副县长周继林主持召开县政府专题会议，通报原任县委书记王晓江、原任县长梁涛任期经济责任审计有关情况，研究审计发现问题整改工作。

第二十四次，6月15日，县委常委、常务副县长周继林主持召开县政府专题会议，研究城关镇大力滩汉江货运码头施工造成群众房屋损毁事故应对处置工作。

第二十五次，6月3日，县委常委、常务副县长周继林主持召开县政府专题会议，研究部署有关部门“十三五”专项规划编制修订工作。

第二十六次，7月1日，县委常委、常务副县长周继林主持召开县政府专题会议，研究政府投资项目工程变更规范管理工作。

第二十七次，7月5日，市政协主席陈勇带领市直有关部门负责人到红椿镇实地查看闽泉电站厂房及库区蓄水情况，了解该电站库区蓄水对群众通行造成的影响。县委常委、常务副县长陪同调研，并召开现场办公会议，研究解决闵泉电站水库蓄水造成群众通行难问题。

第二十八次，7月18日，县委常委、常务副县长周继林主持召开县政府专题会议，听取有关部门上半年经济运行情况汇报，研判分析形势，研究下半年经济工作推进措施。

第二十九次，7月25日，副县长刘济兵主持召开会议，听取相关单位汇报，研究解决县移民（脱贫）搬迁办公室运转有关问题。

第三十次，8月11日，副县长刘济兵主持召开专题会议，听取县脱贫攻坚指挥部办公室情况汇报，安排部署下阶段脱贫攻坚工作。

第三十一次，8月23日，副县长陈荣根带

领县环保局、国土局、搬迁办、瓦庙镇政府负责人及县交通局、建筑设计院设计人员现场踏勘，选定瓦庙集镇垃圾堆放场迁建地点，并主持召开县政府专题会，研究确定有关事项。

第三十二次，8月23日，副县长陈荣根主持召开县政府专题会，研究县城水源地保护有关问题。

第三十三次，8月29日，县委常委、常务副县长周继林主持召开县政府专题会议，听取县法院、公安局、水利局有关工作情况汇报，研究紫阳县华兴水电开发有限公司民间融资纠纷协调处置工作。

第三十四次，8月16日，县委常委、常务副县长周继林带领县交通局、城关镇、向阳镇负责人实地踏勘城关镇塘么子沟至向阳营梁产业公路线路规划设计情况并召开现场办公会议，研究加快推进项目建设的具体措施。

第三十五次，9月1日，县委常委、常务副县长周继林带领县文广局、住建局等部门负责人实地调研城关镇青中村脱贫攻坚工作并召开办公会议，研究加快推进该村脱贫攻坚工作的具体措施。

第三十六次，9月5日，县委常委、常务副县长周继林主持召开县政府专题会议，听取相关部门工作进展情况汇报，研究精准扶贫村通村水泥路建设推进工作。

第三十七次，9月22日，县政府党组成员张宗军召开会议，听取相关镇和部门工作汇报，专题研究全县农村环境综合整治示范项目有关问题。

第三十八次，9月23日，县政府副县长贾学勇主持召开专题会议，研究成立紫阳道教南宗文化研究会有关问题。

第三十九次，9月30日，县委常委、常务副县长罗云忠主持召开专题会议，安排部署国庆节期间全县安全生产及信访维稳工作。

第四十次，10月12日，县政府副县长田鑫主持召开县政府专题会议，研究2016年茶园建设有关问题。

第四十一次，10月27日，县政府副县长贾学勇主持召开专题会议，研究向阳镇天生桥村连接任河漂流景区便民景观吊桥项目建设有关问题。

第四十二次，11月16日，受县长陈莲委托，县委常委、副县长陈佳斌带领相关部门负责人到洞河镇实地踏勘国道541紫阳洞河至岚皋花里段公路改建工程（紫阳段）项目建设情况，并在洞河镇政府召开现场办公会议，专题研究工程项目援建有关问题。

第四十三次，11月11日，受县长陈莲委托，县委常委、副县长陈佳斌带领相关部门负责人到蒿坪镇实地踏勘紫阳县养老公寓、县级中心敬老院项目情况，并在蒿坪镇政府召开现场办公会议，专题研究紫阳县级养老公寓、县级中心敬老院项目调整作为陕南移民搬迁五保户集中安置点有关问题。

第四十四次，11月24日，副县长张宗军主持召开县政府专题会议，研究部署《紫阳环江文化旅游长廊及老城改造创意策划、重点地段建筑及景观概念设计、文化旅游创意策划方案》编制和征集工作。

第四十五次，11月27日，副县长张宗军主持召开县政府专题会议，研究部署酒泉—湖南±800千伏特高压直流输电工程紫阳段建设过程的有关补偿问题。

【工作综述】 是年，全县实现生产总值80.48亿元，增长11.2%。完成财政总收入2.92亿元，一般预算收入1.65亿元。完成全社会固定资产投资84.8亿元，增长25.9%；社会消费品零售总额22.61亿元，增长13.7%；城镇居民可支配收入25474元，农民人均纯收入8789元，分别增长8.1%和9.2%。

【政务工作】 按照主要领导亲自抓、分管领导具体抓的工作机制，认真抓好办理文件、会务承办、信息调研等工作。抓好文稿办理。坚持每月举办一次政务讲评活动，邀请专家或具有一定文字工作经验的领导进行辅导教学。每季度举办一次文稿讲评活动，每次选定一篇文稿，各政务工作人员开展互评、办公室领导进行点评。对重要综合文稿材料，以相互探讨、共同提高为主要形式，实行政务工作人员集中讨论拟定提纲，分人分块草拟，跟班主任审核把关，反复讨论和修改，进一步提高了文稿质量和水平。抓好会务承办。严格会议审批制度，协调县政府领导减少会议数量，缩小会议规模，腾出更多时间让各级领导干部集中精力抓工作、促发展。认真做好会务服务工作，会前精心筹备，会中搞好服务，会后督办落实，全年会务筹办工作零失误。抓好信息调研。大力开展全员调研、全员信息活动，办公室每名干部每季度选定课题开展调查研究，并撰写调研报告，及时呈送县政府领导参阅，每人每周撰写一篇政务信息，及时上报省、市相关科室和媒体。围绕县委、县政府工作重点和事关开化长远发展的重大方略、重大课题，围绕影响经济社会发展的重大问题、社会热点难点，深入调查研究，提出对策建议，充分发挥参谋助手作用。

【政务服务中心工作】 县政务服务中心不断深化完善“全程代理”运行模式，持续推进“放、管、服”改革，按照“互联网＋政务”的要求大力推进网上办事大厅建设，各项工作取得显著成效。在6月30日全省推进简政放权放管结合优化服务改革电视电话会议上，省长胡和平点名表扬了紫阳县，要求在全省总结推广“全程代理”运行模式；8月市政府下文号召在全市推广学习紫阳县政务服务“全程代理”运行模式；12月获得陕西省“五四红旗团支部”“精神文明建设工作创新奖”荣誉称号。梳理整理出了全县权力清单和责任清单；建成了标准化出入境办证中心；完成了招投标中心标准化建设；启动实施了“五证合一、一照一码”登记制度。建设了1个政务服务指挥中心和17个副中心，安装了语音视频监控指挥系统，使用统一的审批服务平台，实现县镇联网、实时监管。持续推进村（社）便民代办点的建设，推行包组联户干部和村干部轮流坐班值守，成为群众办事的代办员。率先建成运行全省首个县级网上办事大厅，中心53个部门420项行政审批服务事项实现100%网上预审、预约，88项全程网上办结，同步研发了手机网上办事客户端，将服务由实体政务大厅向网上办事大厅延伸，更好地方便群众办事。一年来，中心累计接待上级领导视察和外来参观考察58批次，办理事项13万余件，办结率100%，满意率达99.8%。

【督查工作】 围绕政府中心工作，坚持实事求是原则扎实开展督办督查工作，全年督办事项2200余件，完成人大代表建议和政协委员提案督办185件。发督查通报31期。

【精准扶贫工作】 2016年政府办包联蒿坪镇黄金村，组建以镇党委书记为联村领导，村党支部书记、村主任为责任所长的脱贫攻坚指挥所，编制《蒿坪镇打赢脱贫攻坚战实施方案》，制定了《驻村工作队管理规范》和《第一书记管理办法》。驻村“第一书记”与原单位工作脱钩，住在村里，镇、村干部每周办公时间保证5天以上。办公室每名干部帮扶3户贫困户，每月至少入户一次。针对黄金村基础设施薄弱特点，加大资金投入，改善生产生活条件，提升基础设施承载力。拓宽建设3.3公里7米宽的北沟口—显月观旅游专线公路，完成2.5公里黄金—狮子沟村村级公路，完成4公里到户组级公路“打底子”工程。新建水窖9

个，解决群众饮水困难。农村电网改造率100%，程控、移动电话进村入户覆盖率达90%，广播电视“户户通”达到全覆盖。村委会活动室、基层党组织活动室、村远教站点、卫生室等一应俱全。建成总规模52户的黄金村一期安置点（其中特困户“交钥匙”工程12户）。启动黄金村二期安置点建设，可搬迁22户，并实施“交钥匙”工程12户。对37户无搬迁能力仍需居住在土坯房中的群众全部进行旧房改造，切实改善贫困群众的居住条件。进城入镇搬迁24户。分散安置自建砖混结构楼房的7户。敬老院集中供养10户。通过这些工程的实施，黄金村126户贫困户住房全部得到保障。产业建设上坚持统筹考虑，长短结合，近期抓畜牧和劳务输出，定点劳务输出，增加劳务收入。中期抓林果产业，新建猕猴桃产业园150亩、核桃产业园1000亩，改造老茶园200亩。远期抓旅游，围绕显月观、七宝寨、五朵云等景点遗址，紧紧结合美丽乡村建设，大力发展乡村旅游。为确保产业扶贫落地生根，黄金村成立了紫阳县黄金村农业产业合作社，60余户贫困户加入合作社。由合作社先行垫资鼓励贫困户发展传统畜牧养殖产业，结合电商扶贫，积极拓展销售渠道，帮助贫困户实现养殖增收；与紫阳县天源富硒食品有限公司签订红薯种植协议，在黄金村发展红薯500余亩，保护价收购，形成了“企业+合作社+贫困户”的发展模式。针对因学致贫的贫困人口，实施好“扶智工程”。加大保学控辍力度，105名适龄儿童全部接受九年义务教育，就近入学，初中毕业生全部升入高中，贫困大学生实行政府资助、助学贷款、助学金帮扶全覆盖。充分利用“雨露计划”“阳光工程”等平台，动员近100名群众参加修脚、烹饪、月嫂等技能培训。全村新型农村合疗参合率和45岁以上人员养老保险参保率均达到100%，对“五保”、低保对象实施政策兜底保障，对贫困对象中符合医疗救助、临时救助、住房救助、教育救助等条件的，全部及时落实了相关政策，给予相应补助救助。

【信息中心工作】 全面加强政府网站建设，全年累计处理各镇、各部门存在的空栏目、错链接、部分栏目长期不更新等突出问题700余项，提升了网站的权威性和影响力，维护了政府公信力。加强网络日常维护和管理，强化网络舆情监控，加大“县长信箱”督办转办力度。全年及时、准确、客观、全面发布了2期县域内发生的突发事件，避免了媒体舆论发酵；累计审核督办“县长信箱”信件736件，答复728件，办结率达98.91%；开通微信、微博“双微”公众服务平台，专人管理“紫阳发布”微信公众号和“紫阳政务微博”，全年以微信微博形式同步发布政务信息529条，主动公开政府信息1673条，县政府网站和政务微信、微博的群众认可度、满意度和点击率不断攀升；全年累计上报政务信息288条，其中省政府网站全年刊发稿件76篇，市政府网站全年刊用新闻稿件143篇，位居全市前列。积极配合全县工作大局，适时增加了“实施五大战略实现五个赶超”“基层党建应知应会”“决战脱贫攻坚”等专题版块，开设了“聚焦两会共话发展”等宣传专栏，配合县委宣传部做好县第十五次党代会、县十八届人大一次会议、县政协十一届一次会议等重大时政报道，以及县内阶段性重点工作和先进人物事迹宣传报道，累计对外发布新闻2635条，为全县经济社会发展营造了良好舆论氛围。加强信息网络安全保障体系建设，及时修补网络安全漏洞，强化网络运行系统监测，及时自查并清除了7月份县公安局技术检测发现的“CryptXXX”勒索软件病毒，为全县政府系统网络安全、稳定、高效运行提供了有力保障。配合市政府电子政务办公室完成了数字证书年检工作，确保了全县电子公文交换系统正常使用。

【外事侨务工作】 一是加强交流提升对外开放形象。通过省友好协会牵线搭桥，与日本静冈县牧之原市开展友好联系与往来。2016年10月，日本静冈县牧之原市市长西原茂树一行13人对我县进行了交流访问，并考察了茶业产业，双方签订了友好交流备忘录，考察活动圆满成功，进一步提升了紫阳县对外开放形象。二是广泛参与侨届活动。积极组织参与“秦巴明珠、生态安康”摄影展、“第三届驻华外交官中国文化行。安康主题论坛”、统计2016年对外交流项目、困归侨侨眷脱贫攻坚等活动。三是加强内外联络联谊。积极营造尊侨、爱侨的良好氛围，采取走访、慰问等各种方式加强与侨眷的联系。

【后勤保障工作】 严格按照中央八项规定、党政机关厉行节约浪费条例和公务接待管理规定，突出地方特色，规范接待程序，严格接待标准，严控接待成本，加强接待工作的精细化管理，公务接待水平得到全面提升。严格执行党政机关公务用车制度，县公车服务中心高效运行，合理有效的配置公务用车资源，实现公务出行便捷合理、交通费用节约可控、车辆管理规范透明，极大地降低了行政成本。

【应急管理工作】 进一步修订完善《紫阳县突发事件总体应急预案》，建立了突发事件应急预案体系，为科学处置突发事件提供了可靠依据。坚持常态化开展应急演练，不断增强应急处突能力。加强应急值守，坚持24小时领导带班、工作人员值班制度，保证通讯畅通，信息上报及时，事件处置得当。

【党群工会工作】 深入开展“两学一做”学习教育，举办了“我承诺、我践行，争做合格党员”主体活动，持续加强作风建设，行政效能得到大幅提升。举办了对接帮扶进社区活动，组织干部利用业余时间深入社区帮扶孤寡老人、留守儿童，增添了办公室干部职工的工作乐趣。

（高贵伟）

信访工作

紫阳县信访局

局　长：（空缺）

副局长：陈支虎　王思强

【机构设置】 紫阳县信访局为县政府直属工作部门，核定编制10人（其中局长1名、副局长3名、行政岗4名、事业编制2名），实有人数8人，其中局长1人、副局长3人、工勤人员1人、事业编制3人。2016年11月，因全市信访机制体制改革，变更为紫阳信访接待中心，为紫阳县政府办公室内设正科级事业机构，同时在县政府办加挂信访局牌子，为全额拨款预算单位，下设办公室、案件督办室、县委接待室。

【概况】 2016年，信访局以“信访业务基础规范年活动”为契机，认真做好群众信访工作。全年共受理群众来信267件，其中联名信52件，较2015年分别上升12%、11%。接待群众来访577批次1095人，较2015年上升9.5%和11.1%；其中受理集体访35件612人次，人次较2015年上升21%。通过“市长信箱”“县长信箱”等交办平台，共受理群众投诉事项84件。在全国“两会”、G20（杭州）峰会、中共十八届六中全会等重大活动期间，实现了进京赴省“零访”，全年实现了“零非访”，被省综治办、省信联办授予“全省治理进京非正常访先进县”称号，市对县考核取得第一的佳绩。

【接访处置】 结合“两学一做”学习教育，信访局开展“共产党员亮牌接访”活动，认真听取群众诉求，耐心做好接访登记工作。2016年4月，在县司法局的支持下，落实了律师接访涉法涉诉类信访问题制度，确保涉法信访事项现场得到解答，50余件信访案件通过律师接访，顺利引导进入诉讼渠道，取得好良效果。

【县级领导接访包案】 2016年以来，紫阳县认真贯彻中办、国办《关于创新群众工作方法解决信访突出问题的意见》精神，努力推行联合接访。2016年县级领导共接待群众115件351人，其中集体访40件229人，99件得到妥善处理，10件引入诉讼渠道。县几大班子每周轮流安排1名县级领导值班接待，并将姓名、职务、联系方式等信息，用电子显示屏在县委政府大门口公开，全权负责信访事项的协调处理工作，做到零距离接触人民群众。为促进疑难信访事项得到解决，2016年5月、12月，分别开展了两次县级领导包抓重点信访案件活动，县级领导的信访工作责任进一步得到夯实，39件信访积案得到解决或有效稳控。

【网上信访信息系统】 全县49个县直机关、17个镇共66个责任单位全部“进驻”紫阳县网上信访大厅，达到了“纵向到底、横向到边”的工作要求。为加强网上信访信息系统的运用，2016年先后开展3次网上办信员业务培训，针对部分网上办信单位人员操作不规范、信访事项登录不齐等情况，对相关办信单位操作人员进行了轮训，各责任单位网上办信员基本能够胜任各自岗位工作，方便群众对信访事项办理情况进行查询，实现了信访事项可跟踪、可督办、可评价。

【信访听证评议】 2016年，市上交办紫阳县信访听证评议事项3件，实际共完成听证8件，完成率266%，居全市第一。为体现公平公正，在开展听证时，信访局邀请了“两代表一委员”、律师、社会知名人士担任听证评议员。在听证会前，还组织召开了培训会，详细介绍了积案情况，充分听取评议员的意见和建议，要求责任单位收集、完善相关证据材料。通过听证评议，其中高滩镇简银甫自愿息诉罢访，其他信访人情况稳定。

【联村扶贫】 2016年，信访局包联双桥镇莲花村，安排2人负责此项工作，协助村“两委”实施建设村级避灾移民安置点一个，32户统规自建房、9户交钥匙工程主体完工；新建河堤200米，挡墙150米，修复损毁公路2处；组织开展厚朴园管护1000亩，茶网蝽防治500亩，发展养羊大户5户，养猪大户10户，养蜂大户2户，香菇种植大户1户；为包联村困难群众争取困难救助及扶持资金2万余元。

（陈支虎）

政协紫阳县委员会

政协第十二届紫阳县委员会
主　席：康树民
副主席：周　静（女）　黄振宙　杨从国

政协第十二届紫阳县委员会各委室负责人
政协办公室
主　任：王　亮
副主任：周世红（女）

政协提案法制委员会
主　任：陈　勇
副主任：罗晓兰（女）

政协经济科技委员会
主　任：王定礼
副主任：程光明

政协学习文卫委员会
主　任：苏仁琼（女）
副主任：储晓荣（女）

政协民族宗教委员会
主　任：刘兴丽（女）
副主任：龚世宏

【政协全委会】　政协第十一届紫阳县委员会第五次会议。2016年3月16日~19日，政协第十一届紫阳县委员会第五次会议在县城举行。参加会议的委员应到176人，实到155人，请假21人，符合政协章程规定人数。会议邀请了县委常委、县人大主任出席会议；邀请了县政协原领导出席会议；驻紫市政协委员列席了会议。会上，受政协第十一届紫阳县委员会常务委员会委托，县政协主席王春丽作了政协第十一届紫阳县委员会常务委员会工作报告；副主席周学福作了关于政协第十一届紫阳县委员会四次会议以来提案工作情况的报告。会议期间各位委员认真听取和审议了政协常委会工作报告、提案工作报告，列席了紫阳县第十七届人民代表大会第五次会议，听取并讨论了政府工作报告、“十三五”规划纲要（草案）及其他有关报告。并作出了政协第十一届紫阳县委员会《关于常务委员会工作报告的决议》《关于第五次会议政治决议》。会议通报表彰了政协第十一届四次会议以来《关于加快推动紫阳电子商务发展的建议》等10件优秀提案，电商办、规划局、住建局、文广局、食药监局5个政协提案办理先进单位，双安镇、双桥镇、麻柳镇三个先进基层联络组。

政协第十二届紫阳县委员会第一次会议。2016年12月6日~8日政协第十二届紫阳县委员会第一次会议在县城举行，本次会议应到委员179人，实到178人，请假1人，符合章程规定人数。会议邀请县委常委、县人大主任出席会议；邀请了县政协原领导出席会议；会上，受政协第十一届紫阳县委员会常务委员会委托，县政协主席王春丽作政协第十一届紫阳县委员会常务委员会工作报告；副主席周学福作关于政协第十一届紫阳县委员会五次会议以来提案工作情况的报告；并作出政协第十一届紫阳县委员会《关于常务委员会工作报告的决议》《关于第五次会议政治决议》；会议通报表彰政协第十一届五次会议以来《关于引领非公企业参与脱贫攻坚工作的建议》等10件优秀提案和发改局、公安局、财政局、民政局、扶贫局5个政协提案办理先进单位，焕古镇、瓦庙镇、界岭镇3个先进基层联络组。

中国人民政治协商会议第十二届紫阳县委员会第一次会议

会议按照《紫阳县政协换届工作方案》进行换届选举。根据第十二届紫阳县委员会第一次会议选举办法，确定选举总监票人（兰俊华），副总监票人（吴世君）、监票人（陈平欣、方先念、马银鹏、岳琼、柯康林、余兴福），选举产生主席1人、副主席3人、常务委员25人。通过大会无记名投票的方式，选举产生了新一届政协常委会组成人员，康树民满票当选为政协第十二届委员会主席，周静、黄振宙、杨从国当选为副主席，王亮、王定礼、王雯、王义萍、程本裕、陈勇、陈梅、陈禄军、苏仁琼、刘兴丽、许晓玲、雷世军、吴德财、聂发奇、邓豆豆、陈义朝、张紫文、张家翥、张春祥、张新锋、张汉平、聂蕊、卢升艳、覃波、彭传明当选为常务委员。

【常委会议】 2016年，政协第十一届紫阳县委员会召开3次常委会议。

第二十二次，3月9日，县政协主席王春丽主持召开政协第十一届紫阳县委员会第二十二次常委会议。会议审议通过政协第十一届紫阳县委员会常务委员会工作报告（讨论稿）、提案工作报告（讨论稿），并推举报告人；拟定表彰2015年度优秀提案、先进政协联络组名单；《县政协2016年工作要点（讨论稿）》《县政协2016年协商工作计划（讨论稿）》；政协第十一届紫阳县委员会民族宗教工作委员会工作职责（草案）及其组成人员建议名单；审议通过县政协第十一届五次全会的时间、地点及其他相关事项；会议按照《中国人民政治协商会议章程》第二十九条和《政协紫阳县委员会届期内政协委员、常务委员调整办法》第四条规定，增补1名政协委员资格（杨健）。因工作需要，免去田波政协委员资格；因病去世，免去张明迪、纪昌林政协委员资格。

第二十三次，6月22日，县政协主席王春丽主持召开政协第十一届紫阳县委员会第二十三次常委会议。会议听取了县电商办负责人关于紫阳县电子商务工作开展情况的汇报和县政协经科委关于对成县等三县（区）电子商务发展情况的学习考察汇报。会议根据县委组织部紫组干［2016］12号文件提议和《政协章程》规定，以举手表决的方式，任命刘兴丽为紫阳县政协民族宗教工作委员会主任，免去办公室副主任职务。

第二十四次，11月24日，县政协主席王春丽主持召开政协第十一届紫阳县委员会第二十四次常委会议。会议专题协商紫阳县养老服务体系建设工作；民主评议县政协十一届五次会议以来提案办理工作情况；审议通过政协第十二届紫阳县委员会第一次会议拟表彰2016年度优秀提案、提案承办先进单位、先进政协联络组推荐意见；审议通过《政协第十一届紫阳县委员会常务委员会工作报告（征求意见稿）》《政协第十一届紫阳县委员会常务委员会关于提案工作情况的报告（征求意见稿）》，并推举报告人；审议通过政协第十二届紫阳县委员会委员人选建议名单，政协第十二届紫阳县委员会第一次会议召开时间、地点及相关事项。

【视察调研】 围绕养老服务体系建设情况开展调研，提出加强公办养老机构建设，积极探索和推进“公建民营”的运营模式等建议；围绕电子商务发展情况，组织部分委员和相关部门到成县等三县（区）开展学习考察调研，提出了电商服务引到农村产业合作社发展，政府支持奖扶政策等建议；围绕宗教场所管理情况开展调研，提出全面完善宗教场所设施，规范管理宗教制度等建议；在配合市政协开展的“投资环境建设”调研中提出的统筹县域经济协调发展，以市场秩序与投资政策相配套，提升招商引资软环境等建议受到重视。

1月14日，市政协主席王安利带领部分市政协委员以及国土、交通部门负责人一行到紫阳县汉王镇检查541国道汉王段建设情况进行调研。县政协主席王春丽，县委常委、常务副县长周继林陪同调研。

3月10日，市政协副主席马晓旬带领市政协研究室负责人一行到紫阳县就全市精准扶贫工作开展情况和工作推进过程中存在的困难进行专题调研，县政协副主席张立尧陪同调研。

5月11日，市政协副主席吴平带领市政协委员和市政协提案委负责人到紫阳县就职业培训和劳务经济进行专题调研。政府副县长刘济兵，政协副主席周学福陪同调研。

5月18日，省政协副主席千军昌带领省政协常委视察团一行到紫阳县就移民搬迁工作推进情况进行专题视察。市政协主席陈勇，市政协秘书长李云健，县长陈莲，县政协主席王春丽，县委常委、常务副县长周继林陪同视察调研。

11月2日，市政协办公室组织部分市机关离退休干部到紫阳县就县城建设及县域经济发展情况进行参观考察。县政协主席王春丽，县委副书记周继林陪同考察调研。

【社情民意】 2016年，县政协共收集反馈社情民意信息25条，关于重视全县家政服务产业发展的建议，得到了相关部门重视，在县城等集镇启动开办了2家较规模的家政公司，《关于加强安康茶叶市场管理的建议》被评为全市优秀社情民意，《关于对避灾扶贫搬迁工作的几点建议》经市政协采纳转送市政府。

【提案工作】 县政协十一届五次会议期间，共收到委员提案145件，经提案审查委员会审查，合并处理6件，在全部办复的139件提案中，办理结果被承办单位“采纳解决”和

“部分采纳解决”的有121件，占87%；被承办单位“留作参考”的18件，占13%。截至2016年年底11月底，所有提案全部回复完毕，委员满意率达97%。

县政协十二届一次会议期间，共收到委员提案128件，经提案审查委员会审查，合并处理16件，立案45件，社情民意49件，撤销18件，提案交由县委系统3个部门，县政府系统18个部门承办。

【史志工作】 文史资料第六辑《碑版校注》、第七辑《紫阳民间鼓乐乐谱》两部专辑出版，文史资料工作从一般性收集整理向专业性收集整理转化；以41名政协委员先进事迹编写的《政协委员风采》出版。

【民族宗教】 4月5日，组建县政协民族宗教工作委员会，副主席黄振宙兼任民族宗教委员会主任，确立工作人员，制定工作职责，正式对外办公。

【政协交流】 5月25日至27日，县政协主席王春丽带领调研组一行到汉中市略阳县、商洛市商州区、甘肃省成县考察、学习调研电子商务发展情况。

5月30日，甘肃省政协副主席马文云一行8人带领甘肃省部分政协常委、委员及政协民族宗教委员会人员到紫阳考察公共文化服务体系建设情况。县委副书记尹正涛、县政协副主席黄振宙陪同调研。

7月26日，广西环江毛南族自治县政协主席谭勉一行至紫阳调研考察富硒产品开发情况。县政协副主席张立尧陪同调研。

7月28日，县政协副主席黄振宙带领调研组一行到咸阳市阎良区德瑞养老中心、安康市康复托养中心、汉阴县城关镇、涧池镇考察学习养老服务体系建设情况。

10月18日至20日，县政协副主席黄振宙带领调研组一行到西安八仙宫、城隍庙、重阳宫、楼观台、明圣宫考察调研宗教场所建设与管理建设情况。

11月8日，榆林市政协委员、教文卫体委主任白云国一行13人到紫阳考察调研移民搬迁、乡村旅游工作做法和经验。县委常委、常务副县长罗云忠，县政协副主席张立尧陪同调研。

【“两学一做”学习教育活动】 县政协党组和机关党支部扎实开展了“两学一做”学习教育活动。先后组织学习了“两学一做”相关文献文章、领导讲话等43篇，专题辅导12次，专题研讨4次。通过讲党课、专题辅导、学习研讨等方式加强对党性修养的提升。围绕“四个专题”撰写发言材料，坚持边学边查边改，广泛征求意见，召开县政协党组专题民主生活会、县政协机关支部民主生活会和党员民主评议会，开展批评和自我批评，针对查摆出来的问题，班子及个人从思想作风、履职尽责等方面提出整改措施，制定完善制度26项。

【中心工作】 围绕城乡二十件实事，政协各位领导倾力投入，扎实开展“三包三联”工作，县政协领导坚持每月到包联的毛坝镇、双安镇参加“五个一”分析研判会，进村入户开展扶贫帮困活动，所联镇经济社会平稳快速发展。

【精准扶贫】 政协负责包抓毛坝镇德胜村，办公室干部田波驻德胜村任“第一书记”，政协机关包联贫困户50户，全年为包联的毛坝镇德胜村争取项目物资300余万元，硬化村级公路5.3公里，改造电网7.5杆公里，资助困难学生20名，改善家居环境52户，帮助86余户贫困户发展产业。

（李铁梅）

社会团体

工 会

紫阳县总工会
主 席：李龙安
副主席：郭 晴（女）

【机构编制】 紫阳县总工会编制6人，实有6人。

【茶业技能培训工程】 自2008年连续8年围绕茶叶产业开展“万人技有培训”，有效提高从业人员技能水平。年初与县茶业局、县人社局联合下发《2016年茶叶产业技术培训任务的通知》《2016年万人茶产业技能培训工作组织方案的通知》。举办了万人茶叶技能培训工程师资力量培训班，培训茶叶技术骨干60名；以15个镇和11家茶叶骨干企业为实施主体，以技术骨干为师资，分乡镇，分村组，分地块巡回开展茶叶技能培训，全年共培训茶农1万人次。联合省茶业协会等部门举办了紫阳县（初）中级教师茶艺师培训班和职工茶艺师培训班，共培训企事业单位干部职工、中小学教师80余名，颁发了国家级初、中级茶艺师资格证书。举办了茶评审活动，通过系列茶叶培训活动，在全县掀起了弘扬茶文化导向。

【茶产业劳动竞赛】 连续6年围绕茶产业开展茶事劳动竞赛，激活茶产业链条经济提质增效。县总工会从“种茶、采茶、制茶、营销能手、明星企业”等关键环节入手，以茶叶基地镇、村、企业为重点，开展“五项茶事”劳动竞赛活动。年初制定了《2016年度茶事劳动竞赛工作方案》，采取分环节抓竞赛方式，提升竞赛效果。年初，联合安康市劳动竞赛委员会召开了紫阳县2016年度茶事劳动竞赛表彰暨启动仪式大会，表彰2015年度“种茶能手”和“采茶能手”各25名，“制茶能手”和“营销能手”各10名，“明星企业”2个。

【服务职工】 完善《紫阳县困难职工援助中心帮扶办法》，实行困难职工档案动态规范管理，2016年建立困难职工档案1859户，涉及4666人。坚持定期援助与临时救助相结合，坚持每年1月、7月两次定期援助，平时开展大病援助、特殊困难救助、临时救助进行补充。切实解决了重大疾病、特殊困难职工的帮扶援助问题。一是认真开展了“送温暖”、“交友帮扶”活动。全县各级工会上下联动，共筹集帮扶慰问金60万元，走访慰问全县困难职工和困难农民工451人次。二是开展了女职工“关爱行动”，为52名身患大病的困难女职工发放救助金8万元。资助48名困难职工子女上学，发放助学金5.76万元；救助本人大病或直系亲属大病的困难职工家庭163个，发放医疗救助金32.7万元。组织39名困难职工和困难农民工到婺源茶校学习，发放帮扶培训费4.6万元。深入县城重点项目建设工地和主要街道，开展了送清凉活动，慰问农民工和环卫工人270余名。

【服务体系建设】 采取强化宣传、夯实责任、表彰奖励、周到服务等措施，切实把在职职工医疗互助保障工作做实做好。截至2016年12月底，全县共有170个工会组织参加了互助保险，参保率达98%，投保职工达8237人，全年县总工会就帮助患病职工371人次，兑付52万元保险金，有效缓解了参保职工看病就医压力。紫阳县总工会连续7年被省总工会授予“互助保障工作模范县”荣誉称号。

【职工维权】 一是依法推进工资集体协商。帮助指导职工签订劳动合同、集体合同和工资协议，全县有142家企业签订集体合同，有105家企业单独签订工资协议。对39家用工单位集体合同、劳动合同和工资协议的签订履约情况进行了检查。二是推进厂务公开民主管理工作。不断完善以职代会制度为载体的厂务公开制度，畅通职工利益诉求渠道。全县116家有一定规模的非公有制企业中建立了职代会。以创建“劳动关系和谐企业”为载体，建立健全劳动争议调解、劳动法律监督等制度。开展职业危害防治培训和安全生产法律知识进企业活动，广泛宣传《中华人民共和国安全生产法》、《职业病防治法》。深入开展“安康杯”竞赛活动，积极参与安全生产大检查。

【群众文化生活】 一是巩固充实紫阳县民间艺术协会社区工会联合会组建工作，共吸纳城区17支民间艺术团队加入联合会，成为传播弘扬紫阳特色文化的主力军。其中手牵手腰鼓舞蹈队在陕西省首届老年人广场舞交流大赛中，荣获二等奖。开展全县性的广场舞大赛4次，外出参加省级、国家级大型活动7次，赴韩国演出2次，并多次在重大比赛中荣获大奖。二是借助《安康文化》宣传平台，发行“紫阳茶文化专刊”，专刊收录了12篇紫阳茶故事和23首新创作的紫阳茶歌，丰富了紫阳茶文化内涵。三是联合相关单位举办了“爱我紫阳·凝心聚力”民歌舞蹈大赛及紫阳民歌舞蹈集中展演活动。全县共16支代表队参赛，陕西广播电视报艺术团应邀组队参演助兴，有力宣传了紫阳特色文化，打响了紫阳文化品牌，提升了文化自信。四是联合陕西广播电视报、紫阳县委宣传部等单位举办了2016西安·紫阳民歌舞蹈大赛。五是联合县委宣传部等单位举办了“爱我紫阳·凝心聚力”迎国庆合唱比赛。全县县直各机关单位的900余名干部职工，16支合唱队参赛。

【工会队伍建设】 一是推进农民工建会入会工作。2016年新建基层工会组织30个，发展新会员900人，吸纳农民工入会1861人，全面完成了市总下达的建会任务。二是发挥“党建带动工建、工建服务党建”的积极作用，以非公有制经济组织为重点，积极探索工会组织形式、组建方式。认真做好全县非公企业法人数据库的核查确认和录入工作。三是创新组建紫阳修脚产业联合工会，为修脚工人建设温暖之家。相继在西安、武汉、郑州、杭州、上海、深圳等省会城市组建基层工会、选举产生了工会班子并填制、发放“工会会员证”，共发展会员2500人；承诺十件实事，其中开展困难职工援助活动，帮扶困难职工15名，发放救助金2.2万元，组织会员向县职中困难学生捐助13万余元，通过远元集团慈善基金会向遭遇大病的乐正兰、侯选民等捐助30余万元，通过互帮互助的方式，有效解决了部分困难职工生活、上学、看病等困难。联合工会组织100名优秀员工外出考察学习，通过“紫阳修脚师”系列深度报道、员工会员讲茶乡文化、唱紫阳民歌等方式大力宣传紫阳。四是大力开展“六好乡镇（社区）工会”和“职工之家”创建活动，全年度以会代训200多人次。五是经审、女工委加强自身建设，县女工委在全县女职工中继续扎实开展了“书香伴我行”女职工系列读书活动，联合县委宣传部等单位举办了第二届道德模范暨首届美德少年、文明市民评选活动。加大对女职工帮扶力度，帮扶女职工503名，其中单亲困难女职工14人，女农民工69人。开展心理关怀320人。年初，对11个基层工会组织的工会经费进行了审计。

【理论研究和信息宣传】 一年来，紫阳县总工会采写的稿件被各级新闻媒体、工会内部刊物和网站采用162篇。《陕西工人报》采用17篇，陕西工会网站采用20篇，市总网站采用55篇，县政府网站30篇，县电视台15条，县广播电台25条。《陕西工人报》连续4期头版头条深入报道紫阳修脚产业行业工会的人和事。

【脱贫攻坚】 县总工会包联东木镇麦坪村脱贫攻坚各项工作。一是多渠道增加产业经济收入。组织春茶技术培训150余人次，落实200亩茶园标准化管护，落实贫困户34户养猪67头、5户养羊106只、1户魔芋种植3亩，扶持直补项目资金2.7万元，预计销售产值30万元以上。和中国农业大学科研所合作，与“三生公司”合力打造青春洋芋品牌。在麦坪村种植100亩富硒土豆，户均3亩，全村当年脱贫户增收3000元以上，为贫困户兑现肥料等补助资金2万元。二是引导融入足浴服务产业，稳定增加外出务工收入。2016年组织10名群众参加足浴培训，对接部分贫困户足浴店务工，实现月工资3000元以上。三是配合东木镇党委动员实施移民搬迁，针对主导产业发展较好，搬迁意愿不强的贫困户，鼓励群众主干公路旁自建房或实施旧房改造，改善人居环境。2016年启动实施了贫困户新建房7户，安置点购房3户，土坯房改造2户。村内安置点建设主体完工，安置住房困难10户。当年脱贫的34户贫困户住房基本得到解决。四是推进项目落实，改善全村基础设施环境。完成到组水泥路建设0.8千米，河堤0.37千米，饮水工程1处，农电改造6公里。五是资助包联的东木镇麦坪村贫困大学生4名，发放资助金0.8万元。六是筹资0.6万元举办文艺演出活动1次，受教育群众达300多人。

（郭　晴）

共青团

共青团紫阳县委

书　记：（空缺）

副书记：徐　嘉（女）

【机构编制】 共青团紫阳县委编制4人，实有3人（含借调人员1人）。

【青年就业创业】 组织全县17个镇的电商青年召开电商交流座谈会，并组织他们在蒿坪电商服务站和高滩镇电商服务站进行了现场交流学习。同时，推荐朱富玲等5名青年参加陕西茶叶电商大会暨茶叶电商转型培训会。推荐紫阳县三生网络科技有限公司参加了全省电商新农人大赛并荣获三等奖。电商培训班2期，举办农村青年领头雁茶叶技能培训2场次。推荐紫阳优秀电商青年林红梅当选为共青团团中央电商青年创业联盟理事、团省委电商讲师、中国县域联盟讲师团讲师。为激发广大青年创业热情，在“五四”期间，与紫阳县人社局联合开展了首届“十大创业之星”评选表彰活动，舒峰等10名创业青年荣获紫阳县首届十大创业之星荣誉称号。

【希望工程】 争取上海柏涛建筑设计咨询有限公司为红椿镇纪家沟希望小学再次捐款20万元，用于修建学生餐厅。争取白丽服饰有限公司为麻柳镇阳光希望小学捐助价值10万余元的餐厅用具及学生体育用品；为洄水镇小河村争取1所希望小学建设项目；加大贫困大学生的资助力度，2016年共争取到5个资助项目，筹集资助款项20余万元，累计资助贫困大学生39名。

【青少年维权】 发挥“青春驿站”（青少年综合服务平台）的主体功能，2016年先后在紫阳蒿坪镇、高滩镇等青少年较多的区域和乡镇新建“青春驿站”4个，不定期为青少年提供免费法律咨询、心理疏导、就业创业信息等多种服务。开展“青少年维权岗”工作，从法律援助、心理咨询、科普宣传和助学帮困等方面，先后开展法律宣传进校园10次，慰问农民工子女、农村留守儿童等弱势青少年2000余人。推荐紫阳县法律服务中心为“陕西省青少年维权岗”荣誉称号。

【青年志愿服务】 利用3月学雷锋活动、“六一”儿童节、“12·5”国际志愿者日等重大节日，组织青年志愿者先后在留守儿童较多的学校开展了关爱留守儿童活动20余场次。

【留守儿童关爱】 一是继续在全县留守儿童较多的学校建立“亲情联络室”，2016年新建4个。二是与紫阳县茉莉爱心公益联盟联合开展了首届留守儿童“爱初行”公益夏令营活动，安排志愿者带领来自20个特殊家庭的留守儿童走出大山，到紫阳县城、汉阴、西安等地游玩8天，圆了他们走出大山的梦想。三是与安康市青春驿站联合开展红领巾相约中国梦关爱留守儿童活动，组织志愿者带领紫阳县洞河镇中心学校的20余名留守儿童到安康博物馆、欢乐世界等景点游玩，让他们感受到了社会的关爱。四是联系安康市青春驿站的心理专家到蒿坪镇双星小学、向阳镇中心学校开展心理讲座2期。

【精准扶贫】 派肖宝到洄水镇小河村任第一书记开展精准扶贫工作。在产业扶贫上累计投入资金5万余元，为帮扶村建立电商服务点、购买茶叶修剪机、奖励产业养殖大户；在教育扶贫上，争取省希望办援建希望小学1所。

【年度荣誉】 2016年，共青团紫阳县委分别获得安康市共青团工作优秀奖和安康市少先队工作优秀称号。团县委办公室干部洪玉青获得陕西省优秀共青团干部荣誉称号；紫阳县政务服务中心团支部荣获陕西省五四红旗团支部荣誉称号；向阳镇中心学校五（1）中队荣获陕西省优秀少先队集体称号；紫阳县公安局张敏、创业青年胡维波两人荣获陕西省好青年提名奖。

（洪玉青）

妇　联

紫阳县妇女联合会

主　席：许小玲（女）

副主席：邓兴翠（女）

【机构设置】 紫阳县妇女联合会机关事业编制5名，其中主席1名、副主席1名。实有人数4人。不内设机构。

【妇女儿童思想宣传】 1. 组织全县广大家庭积极参与创建及家庭道德实践活动。开展“平安和谐家庭”“五好文明家庭”“最美家庭”“好媳妇”“好婆婆”“好妯娌”“好家风家训”等示范创评活动，积极推荐“优秀志愿者”“双学双比先进个人”“劳动模范”“道德模范”“陕西好人”等优秀典型，树立先进榜样，弘扬家庭美德，促进社会和谐。涌现县级以上示范家庭10余户，优秀妇女典型20余人。2. 举办白河《黄氏家规》专题报告会，报告会邀请白河黄氏后裔黄炜解读《黄氏家规》，全县500余名党员干部聆听报告会。3. 开展社会主义核心价值观进社区、机关活动。财政局、城关镇东城门社区、蒿坪镇双星社区、城关镇新田村、向阳镇营梁村分别被评为市级社会主义核心价值观进家庭示范单位、示范社区、示范村。4. 开通妇联微信公众号和新浪官方微博。在网络上引领妇女思想、拓展联系层面、延伸工作触角、提升服务能力。建立了维权、救助申请、普法宣传、技能培训等板块，利用媒体优势开展线上线下活动，形成了网络妇联的独特优势。5. 举办纪念“三八”国际妇女节106周年拔河比赛，24支代表队数百名干部职工参加比赛，电力局、公安局和县医院分获前三名。

【妇女儿童维权】 1. 妇女儿童相关法律法规宣传。利用“春风行动”“三八”维权周等活动，开展《中华人民共和国反家庭暴力法》、《中华人民共和国劳动法》、《中华人民共和国妇女权益保障法》、《中华人民共和国未成年人保护法》、《中华人民共和国婚姻法》等法律法规知识宣传20余场次，教育引导妇女学法、懂法、用法、守法，不断提高广大妇女的法制意识。2. 建立和完善妇女儿童维权机构，拓宽妇女儿童维权渠道。成立婚姻家庭矛盾纠纷调解中心。开通“12338”妇女维权公益服务热线，启动网上维权申请。3. 增强维权工作实效。共接待来信来访56件，调解婚姻家庭矛盾纠纷48件。采用网上信访系统进行管理，及时录入信息，定期进行总结。坚持主席信访接待制度，高度重视重大个案调解处理工作，发挥好妇联信访工作的窗口作用，积极参与社会矛盾排查和化解，维护社会大局稳定。

【关注弱势群体】 争取省、市妇联民生项目，救助“两癌”贫困妇女11名，救助权益受到侵害的儿童17名，资金共计11.3万元；争取到紫阳县“妇女人均一元钱”专项经费10.55万元，其中用于贫困母亲救助、两癌救助、妇女儿童维权救助9.2万元，共计救助42人；继续做好何崇本“春蕾”高中生助学项目，该项目资金共计40.2万元，资助紫阳中学40名品学兼优的学生读完高中课程，前3名考上一本的受助生可继续被资助读完大学本科。县妇联于4月19日在紫阳紫阳中学举办了何崇本“春蕾”高中生助学金发放仪式，40名高一年级贫困女生领到两学期助学金共计6万元。高考结束后，三名优秀学生获得该项目励志奖学金，共计4.2万元；为3名女大学生申请红凤工程助学项目；申请“母亲健康快车”公益项目，中国妇女发展基金会为高桥镇卫生院捐赠1辆价值134400元的流动医疗救护车；申报省妇联提高婚前检查率和家庭教育指导项目，争取到项目资金共计20万元。

【开展技能培训】 县妇联与陕西康嫂家政服务有限公司共同举办家政月嫂培训班，培训特邀陕西康嫂家政服务有限公司提供专职教师及金牌月嫂现场授课，采取理论结合实践的培训方式，进行为期11天的全封闭式专业集中培训，培训实行“三包两免一补”（包吃、包住、包就业，免学费、免教材费，补50元交通费）政策。培训结业后，经考试合格，发放全国通用的职业资格证书。联系陕西康嫂家政服务有限公司，结业经考试合格可与康嫂公司签订就业合同，月平均综合收入不低于3500元，普通月嫂通过努力可晋升银牌、金牌月嫂，月薪可分别达到5000元、8000元。康嫂公司紫阳分公司已在紫阳落户。本年度累计开设培训班6期，培训354余人，签订就业意向合同300余人。

【妇联组织自身建设】 1. 强化妇女组织建设。做好妇联系统兼职副主席配备工作，全县17个镇全部配齐兼职副主席，197个村、社区已有124个配备兼职副主席。指导37个机关单位妇委会换届选举，新建17个机关单位妇委会。重视非公有制经济组织中的妇女组织建设，对非公企业经济组织中的妇委会进行全面整顿，对全县非公企业逐个摸底建册，对僵尸企业及时进行清退。对原有的妇委会进行换届，新发展的企业女职工数达到要求的成立妇委会。2. “妇女之家”建设。在巩固原来28个妇女之家示范点及精品点基础上，新创建2个镇“妇女之家”示范点，并配套办公设备，规范妇女之家工作管理，统一制作制度牌和工作手册。每个点获得省民生项目2万元支持。3. 妇联干部能力建设培训。制定妇联干部培训计划，多次召开妇联干部培训会议，尤其对妇联系统民生项目进行细致有效的培训，同时选派妇联干部参加省、市各类业务培训，提高妇联干部业务能力和专业素质。

【精准扶贫工作】 县妇联包联城关镇全安村，针对贫困户现状研究制定全安村和贫困户年度脱贫规划，对全村建档立卡的贫困户进行拉网式全面摸底识别和核查，做到村不漏户、户不漏人，真实准确，数据统一，并实行动态管理。完成生产茶园管护1200亩，开垦荒芜茶园300亩，新发展茶园130亩、厚朴500亩、核桃350亩，维修公路7.8公里，硬化公路5公里，新建村活动室1个，文化活动场所200平方米，改造标准化卫生室1个，新建公厕3座，垃圾收集池3处，投放垃圾桶8个。扶持一批养殖户、培养一批掌握一项致富技能人员，对贫困大学生进行资助3户18200元，对贫困母亲和儿童救助13人1万元，采取各种措施确保贫困户达到住房有保障。规划项目已全面完成，群众满意率达100%。

【年度荣誉】 全省妇联系统先进个人：冷庆娥（东木镇）

陕西省第九届五好文明家庭：张龙波（城关镇）

陕西省“双学双比”先进个人：何高春（麻柳镇）

安康市三八红旗手：张良芬（蒿坪镇双胜村）、郑家琴（原焕古镇妇联干部）、张小红（紫阳县红十字会）、王祖琴（紫阳县国税局）

安康市三八红旗集体：红椿镇街道社区居委会

安康市“最美家庭”：张紫云家庭（城关镇河堤路）、刘元春家庭（麻柳镇社区）、叶茂家庭（紫阳县审计局）

安康市“好媳妇”：陈邦银（城关镇环城路）、海紫瑛（城关镇东城门）胡长芳（洄水镇桦栎村）、喻坤红（向阳镇社区）、邓承香（麻柳镇麻柳村）、罗奇菊（麻柳镇麻柳村）

安康市“好婆婆”：龙如珍（麻柳镇社区）

安康市“好妯娌”：杨善荣（麻柳镇社区）

安康市“巾帼创业就业示范基地”：紫阳县明芳现代中药材种植产业有限公司（符代芳）

安康市“平安家庭”示范镇：双桥镇、红椿镇

安康市社会主义核心价值观进家庭示范单位：紫阳县财政局

安康市社会主义核心价值观进家庭示范社区：蒿坪镇双星社区、城关镇东城门社区

安康市社会主义核心价值观进家庭示范村：城关镇新田村、向阳镇营梁村

（陆　巧）

工商业联合会

紫阳县工商业联合会（驻会）

主　　席：杨从国

党组书记：吴时林

副 主 席：卢升艳（女）

秘 书 长：张　刚

紫阳县总商会

会　　长：杨从国（兼）

副 会 长：吴时林（兼）

秘 书 长：徐初琴（女）

【机构设置】 紫阳县工商业联合会是中共紫阳县委、紫阳县人民政府联系非公有制经济人士的人民团体和民间商会。无内设机构，行政编制5人，主席1名，副主席1名，秘书长1名，其他工作人员2名。

【体制建设】 5月，召开工商联九届三次执委会暨非公企业参与社会扶贫工作动员会，会上，贯彻落实县委十四届九次会议及“两会”精神；贯彻落实市工商联三届五次执委会议精神；动员非公企业参与社会扶贫工作。加强基层商会建设，完善各项管理制度，为工商联发展提供坚强的组织和制度保障。

【参政议政】 工商联围绕县委、县政府中心工作，积极调查研究，充分发挥广大会员及其代表在参政议政中的作用，针对非公有制经济发展的热点、难点问题，着力从营造发展环境、服务领导决策、探索工作方法、完善工作机制、拓宽为非公企业服务渠道，既把握县委、县政府的中心工作，又当好非公经济人士代言人，为非公经济健康发展创造条件。推荐25名非公经济人士担任县政协委员；组织非公经济人士提交提案3篇，涉及全县政治、经济、社会等方面，有力地促进全县社会经济发展。

【维权信访】 全年共接待企业维权投诉2件，协调解决2件，全年无信访事件发生。

【招商引资】 充分发挥工商联组织的网络优势，积极开展招商引资活动，组织企业家参加考察调研。为推动招商引资，促进地方经济发展，与招商局等部门积极内引外联，落实招商项目2个，投资过亿元。

（樊　英）

残疾人联合会

紫阳县残疾人联合会
理 事 长：曹和新
副理事长：杨远忠

【机构设置】 紫阳县残疾人联合会成立于1990年，联合会执行理事会为副科级单位，机构设在县民政局一楼，隶属于县民政局管理；1996年3月，县残联执行理事会升格为正科级单位，脱离与县民政局的隶属关系；此后，历届县残疾人联合会主席一直由县政府分管领导担任，副主席由县政府办、民政局、残联负责人担任。2002年10月，县残疾人联合会机关迁至紫府路东段180号。县残联现机关人员编制5人，2016年实有干部职工11人。残联机关现内设行政办公室、劳动就业服务中心、康复办公室。

【残疾人康复工作】 2016年，残疾人康复工作实施了残疾儿童抢救性康复训练、精神病救助、辅助器具适配为主要内容的康复项目。全年共实施脑瘫、智力残疾儿童免费康复训练20人，聋儿机构康复2例；贫困精神病免费服药50人，重度精神病免费住院治疗300人次；为重度残疾人个性化辅具适配50套300件，假肢装配19例，发放拐杖等其他各类辅具100件；县残疾人康复中心得到不断地巩固发展；投入资金14万元实施残疾人无障碍改造40户，适配各类辅助器具214套。

【残疾人就业】 2016年新修订的陕西省《残疾人就业保障金征收使用管理实施办法》开始实施，县残联配合财政、地税部门积极做好残疾人就业保障金征收工作，共征收残疾人就业保障金64.56万元，其中县财政统一预算

25万元，地税征收39.56万元；事业单位定向招聘残疾大学生2名；新增农村残疾人就业281人，新增城镇残疾人就业69人；选聘镇、村（社区）残疾人专职委员299名，落实工作责任和工作补贴，为他们提供就业岗位；当年共有120名城乡残疾人参加计算机、洗脚、盲人按摩、电子商务等各类职业技能培训，全年共举办各级各类农村残疾人实用技术培训班12期，培训农村残疾人320名。

【残疾人扶贫】 残疾人扶贫工作。一是继续坚持基地带动、大户引领，加大残疾人扶贫基地建设和残疾人产业大户扶持工作力度，加快残疾人脱贫步伐。投入扶持资金30万元，建成县级残疾人扶贫基地6个（高桥镇深磨村明财养羊场、洄水镇小河村鹏达养猪合作社、东木镇柏杨村东成养鸡场、蒿坪镇东关村利源养殖合作社、界岭镇麻园村勇鸿养鸡合作社、蒿坪镇双胜村太平茶叶合作社），带动72户残疾人家庭发展养鸡、养猪、养羊和茶叶种植等产业发展。培植残疾人产业示范户260户，扶持资金86万元。二是多措并举，加大救助扶助工作力度。争取扶残助学资金9.2万元，资助残疾中小学生20名，资助贫困残疾大学生和贫困残疾人家庭子女大学生16名；“阳光家园计划项目”争取资金6.25万元，使125名重度残疾人享受居家托养补助。

【残疾人培训】 实施城乡残疾人职业技能和实用技术培训工程，争取资金20.6万元，专门用于残疾人实用技术和职业技能培训。2016年有91名城乡残疾人参加计算机等各类职业技能培训，全年共举办农村残疾人实用技术培训班17期，培训农村残疾人350名。选送2名基层残疾人专职委员参加清华大学远程网络教育培训，并顺利通过考试，获得“结业证书”；选派2名残疾人参加省、市康复、就业、专职委员业务等专项培训。

【残疾人证管理】 2016年县残联进一步规范残疾人证办理，继续采取县残联办证大厅集中办证与工作人员为交通不畅、行动不便的残疾人上门办证相结合的方式，有序地推进办证工作。全年共新办理二代残疾人证907份，其中上门办证103份。截至2016年年底，全县累计办理第二代残疾人证1.9万份，办证率达到63%。投入资金15万元，开展残疾人基本服务状况和需求信息动态更新专项调查工作，通过省市验收，建立残疾人基本信息数据库。

【残疾人信访工作】 县残联实行信访首问责任制和理事长信访接待日制度。2016年，县残联共接待群众来信来访来电120人次。其中来电83次，来信2件次，来访35人次，每个信访件都按规定程序交接办理，办结率为100%，群众对办理结果的满意度在98%以上，全县没有出现残疾人越级上访和群体上访事件。

【残疾人宣传工作】 2016年，成立新闻工作领导小组，出台新闻奖励办法，建立新闻工作考核制度。2016年在县以上新闻媒体共发表有关残疾人工作的各类新闻稿件34篇（件），其中县级13篇（条），市级9篇（条），省级以上12篇（条）。

【残疾人托养工作】 2016年，县残联对省级残疾人集中托养示范机构——紫阳县残疾人托养中心相关设施进行改造升级，争取省级示范机构资金9万元。投入资金9万元购置轮椅等辅助器具，解决重度托养残疾人出行问题。还争取项目资金6.25万元，实施“阳光家园计划”，为125名重度残疾人落实居家托养补助政策。

【残疾人“两项”补贴发放】 2016年，县残联积极做好残疾人生活补贴和重度残疾人护理补贴申报资料审核工作。当年审定残疾人生活补贴享受对象7272人；审核确定重度残疾人护理补贴享受对象5090人。

【残疾人基层组织建设】 推进残疾人基层组织体系建设，建立健全各级残疾人组织，选聘配备镇、村（社区）残疾人专职委员299名，签订劳动合同、颁发聘任证书、明确工作职责、建立考核机制、落实工作报酬，镇专职委员每人每月报酬达到800元，社区专职委员每人每月350元，走在全市、全省前列。全县17个镇建立残疾人联合会，175个行政村和22个社区普遍建立残疾人协会。通过连续三年的残疾人工作示范镇、村（社区）创建活动开展，到2016年年底，全县残联组织建设基本健全，职能作用发挥正常，队伍素质不断提高，服务意识和工作能力明显增强，工作机制日趋完善。

【年度荣誉】 2016年，理事长曹和新被评为“全省残疾人工作先进个人”。

（刘　慧）

科　协

紫阳县科学技术协会

主　席：朱富安

副主席：刘章海

【科普宣传活动】 一是举办第二十四届“科技之春”宣传月活动。全县共有16个部门和单位、17个镇、80余名领导干部和250多名科技人员参与了本次活动，累计共发放各种科普宣传资料和科技致富技术资料18600多份，举办大型科普宣传活动8场，咨询服务群众1200余人（次），张挂各类科普挂图260余幅，展出科普展板160多张，举办各类实用技术培训50多期，培训农民8300余人次，举办科普讲座16场，听讲人数6900余人次，开展义诊活动12次，义诊群众1600多人次。二是科技、文化、卫生、法律“四下乡”活动。组织部分科技人员深入到镇、村、组，开展茶叶、魔芋、蔬菜、养猪等培训。免费发送《茶园管理技术》《科学养猪200问》《柑橘病虫害防治》《魔芋病害防治技术要点》《老年科普知识》《低碳生活》《紫阳科普》等科普书籍等活动。三是2016年“全国科普日”宣传活动。组织县教体、计卫等十三家单位、两个企业协会，在县城广场举办“全国科普日启动仪式暨紫阳县主场活动”，共展示科普展品12件，展板20块，发放宣传资料3400份，咨询服务175人次，义诊68人次，受众达4300余人。

【科普工作】 1.“基层科普行动计划”。2016年继续开展农技协会、科普示范基地的建立和农村科普带头人的培育、典型推荐工作。被推荐的双安镇大湾特色种植协会荣获全国“科普惠农计划”先进集体、焕古镇东河村曾小飞荣获“全国农村科普带头人”称号、蒿坪富硒大蒜种植基地被省科协授予“科普惠农富民”先进单位；瓦庙镇瓦房坝茶叶协会、高桥镇深磨村中药材协会、紫阳县秦巴山富硒茶叶有限公司茶叶基地、城关镇会仙桥社区被评为2016年度“基层科普行动计划”先进单位，毛坝镇岔河村龙伦增、城关镇唐么子沟村杨德春2名同志被评为“基层科普行动计划”先进个人，蒿坪镇中心小学被评为科普示范学校。2. 组织科技人员到镇、村、组，通过举办培训班、开展咨询服务，共举办各类实用技术培训217多期，培训农民12830余人次，免费发送了《茶园管理技术》《科学养猪200问》《柑橘病虫害防治》《魔芋病害防治技术要点》《实用技术知识问答》《老年科普知识》《低碳生活》《紫阳科普》等科普宣传册15450多册（份），张贴科普宣传画138张。3. 科普示范创建工作。2016年，创建科普示范学校1

所、新建科普示范基地1个、科普示范镇（街道办）2个、科普示范村（社区）2个，建立科普惠农服务站10个。4. 青少年科技教育工作。共举办增强环保意识、爱护环境科普讲座2次，听讲学生人数1600余人；举办科普挂图展览、科技创新成果展2场，共展出挂图、展板90多幅（张）；组织“法律知识进校园”活动6场；开展科学小论文征集和科幻绘画竞赛活动。

【学会工作】 共向市上推荐县人民医院杨明安、县农林科技局侯炜等2名青年科技奖候选人，参加评选活动。组织广大科技人员进行学术交流活动，邀请相关学科专家、学者，会同县人社部门，组织筛选出有一定水平的学术论文15篇送市科协，参加全市表彰评选。

【扶贫帮困】 科协包联双安镇林本河村。一是做好千亩核桃园退耕还林项目申报工作，完成了800亩退耕还林项目林地丈量等基础性工作。二是会同县电信公司开展信息村建设，全村有81户农户安装电信宽带，接通使用互联网38户。为村委会设置信息室，购置电脑及办公桌椅。三是指导大湾特色种植，发展富硒莲藕、核桃、水稻特色种植，由协会统一技术培训指导、统一组织销售，解决种植户后顾之忧。2016年，协会被作为“科普惠农兴村计划”先进典型，获得中国科协、财政部的表彰奖励。四是发展养殖业，积极培植养牛、养羊大户。贫困户刘世友、陈德安、储德成、储德培等贫困户通过养牛、养羊走上了脱贫致富的发展道路。五是动员贫困户参加县上技能培训班，组织10余人参加修脚班和月嫂班。举办核桃管理、莲藕种植技术、科学养殖培训3场，要求参训人员都能熟练掌握1~2门农业种养新技术。六是对当年发展产业好，实现增收的农业科技示范带头人户均500元表彰奖励。

【科协建设】 一是科普硬件设施建设。2016年，拨付科普宣传专项经费9.5万元，在县城中心广场建立了科普长廊1处、在县职教中心、双安镇林本河村、城关镇青中村、向阳镇营梁村观光茶园等地建立4处科普宣传栏共37米。在所包联的双安镇创建科普示范镇，在所包联的大湾村创建科普示范村，建立大湾村科普活动室。二是科普信息化平台建设。在政府的网站建立科普网站《紫阳科普之窗》。与县联通公司联合，利用“E信通”信息平台，开通全市首家“科协手机报”，每月定期制作发送一期，其受众人群包括机关干部、教育、卫生、企业职工、村干部以及广大农民群众等，受众人数达到12万人左右。

（李志江）

红十字会

紫阳县红十字会

会　长：韩冠新

秘书长：王盛林

【概况】 紫阳县红十字会是从事人道主义工作的社会救助团体，是党委和政府在人道领域的助手。现有人员4人，其中会长1人，秘书长1人。

【贫困救助工作】 一是扎实开展红十字“博爱送万家”送温暖、献爱心活动。1月至2月，争取中国红十字总会和省红十字会捐赠价值16万元的大米、食用油、家庭包等慰问物资，为瓦庙、向阳、双安、高桥、焕古、城关等镇贫困户开展春节慰问，受益人数达3000余人。二是争取中国红十字基金会项目支持和自筹资金共11万余元为30余人开展贫困大病救助、贫困学生救助和受灾户生活救助。三是做好全县艾滋病人的慰问和人道关爱。

【志愿服务工作】　一是组织志愿者开展初级卫生救护知识“五进”活动，为全县所有初中以上学校师生开展“健康教育进校园”宣讲，开展应急救护、防灾减灾和传染病预防等知识讲座17场次，使16774人受到教育。二是组织志愿者为外出农民工开展“送健康、送平安”活动，发放宣传资料1100余份，健康包150个。三是联合民间公益组织慰问留守儿童、空巢老人，为60余名空巢老人、20名留守儿童送去慰问物资并进行心理安慰。

【脱贫攻坚工作】　一是健康扶贫。争取爱心企业捐赠10万元，在全县开展0~14周岁贫困儿童先天性心脏病免费筛查，筛查儿童近5万人，筛查出疑似先心病患儿500余人，经陕西省人民医院专家复诊，确诊先心病患儿42名，实施手术治疗28人。同时，争取中国红十字基金会彩票公益金80万元，每名确诊先心病患儿在定点医院手术治疗获得0.5万~3万元的救助，实际救助资金近60万元，极大地减轻了贫困户就医负担。争取河北石家庄以岭药业集团支持，捐赠药品“莲花清瘟胶囊”10件，价值6万元，全部由乡镇卫生院免费为贫困群众发放，有4000余人受益。二是驻村帮扶贫困村2个，安排专人常年在瓦庙镇新华村驻村，并兼任村第一支部书记，帮助该村制定年度脱贫工作方案、夯实脱贫工作措施、完善脱贫工作资料；帮助新华村新发展烤烟200亩、魔芋400亩；争取县慈善协会支持，新建慈安桥1座；争取安康市防汛办人畜饮水项目1个，项目资金15万元；争取中国红十字总会支持，实施“博爱家园”项目1个，项目资金40万元；超额完成修脚师培训任务；开展贫困户生活、困难党员慰问和贫困学生救助；从2016年10月开始，单位增加包联瓦庙镇新光村。组织单位干部集中入户宣传脱贫攻坚政策；邀请县直医疗团队专家到村为贫困户开展健康义诊；筹资1万元为20户因病、因学致贫的农户进行救助。群众对包联单位的知晓率和满意度大幅提升，完成贫困村出列第三方评估验收，并实现新光村整村脱贫。

【党建工作】　认真开展“两学一做”学习教育，深入贫困村开展讲党课活动，加强党风廉政建设工作，贯彻落实省委三项工作机制，树立典型，弘扬正气，一名优秀驻村干部得到县委提拔，一名干部被评为全县道德模范，受到表彰，形成敢于担当尽责、勤勉工作、乐于奉献良好氛围。

【年度荣誉】　县红十字会被县委、县政府表彰为2016年度脱贫攻坚工作先进单位，张小红评选为紫阳县第二届道德模范受到表彰。

（韩冠新）

军 事

人民武装

紫阳县人民武装部
部　　长：杨　平
政　　委：杨建华
副部长兼军事科长：归宗库
军 事 科 参 谋：季宜明
政 工 科 科 长：刘军锋
后 勤 科 科 长：孙帅明

【思想政治建设】 认真学习贯彻中共十八届四中、五中、六中全会精神和习主席系列重要讲话，分批参加理论读书班，加强对习主席治国理政新理念、新思想、新战略的学习领悟，切实掌握核心要义和精神实质，不断提高干部的坚定维护核心、主动看齐追随的思想自觉。推进“两学一做”学习教育常态化制度化。深入开展“学习践行强军目标，做新一代革命军人”主题教育，组织“战斗力标准”和“新一代革命军人样子”大讨论活动，帮助大家深化对强军目标的认识，筑牢党性军魂。扎实开展“两项重大教育”，对照习主席指出的15个方面的问题和“两学一做”要求，逐项分层梳理出具体问题，部党委专题研究解决措施，公开承诺，接受监督。围绕“适应新体制、履行新职能、担当新使命”，持续深入开展国防和军队改革教育，引导干部职工进一步正确认识改革、坚决拥护改革、积极投身改革。

【党管武装制度】 县委、县政府高度重视武装工作，认真落实党管武装制度，积极履行党管武装职责。2015年在人武部现地召开县委议军会议，专题研究解决专武干部选拔任用、鼓励高学历青年应征入伍和民兵应急连装备建设经费等问题，做到管方向、议大事、解难题、办实事。各镇党委把抓好武装工作当作自己分内的事，主动抓武装、管武装。深入开展“强军优属九件实事”活动，给在部队服役立功的官兵送喜报30余份，悬挂光荣军属牌120余块，营造“一人当兵、全家光荣”氛围。协调组织民兵预备役人员积极参加脱贫攻坚、助学兴教和抢险救灾等活动，抓好人武部联系点扶贫工作。通过军地双方共同努力，全县军政军民关系更加巩固。

【民兵整组】 2016年民兵整组工作，针对上级下达的民兵整组任务，突出应急队伍重点建的要求，本着五个有利于和“编为用，建为战”的原则，改进民兵编组办法，对应急队伍进行了属地编组、优化编组，重点抓好了民兵抗洪抢险应急分队和5个专业技术分队的组织整顿，按照一队多能、一队多用的原则，将1个应急连、6个民兵应急排编实、编强，满编达到100%。利用半个月的时间，对出入转队逐人核对，集中点名提出要求，确实将民兵队伍编实，建立一支稳定可靠民兵应急分队，达到各专业技术分队结构布局与战时兵员动员需要相适应的要求。在5月初接受军分区组织民兵整组点验中，到点率达到100%，合格率100%，圆满完成基干民兵整组任务。

2016年县委议军会

【战备训练】 一是着眼应急抓战备。针对夏季暴雨频发的实际，及时组织县武警、消防中队和民兵应急连干部骨干，召开防汛联席会议，修订县、镇两级抗洪抢险应急方案预案。县民兵应急连，按照《战备工作规定》补充配齐个人携运行物资和“四个一套”战备器材，各镇补充完善抢险救灾物资配备，严格落实“三分四定”，规范日常使用管理。要紧贴担负的使命任务，扎实开展民兵整组和应急分队训练。针对紫阳环境特点，重点抓好以防汛备汛为主的应急处突工作。持续推进国防动员信息系统建设，全面优化拓展系统功能，提高应急应战指挥辅助决策功能。突出对辖区内重点防空和重要防卫目标的数据采集和分析，依据战备方案，充实完善作战数据。二是着眼任务抓队伍。重点突出应急队伍编组，优先编组退伍军人和党团员，将民兵应急连和各镇应急排编实建强，基本形成以应急分队为主体，专业分队为重点，步兵分队为补充的力量结构。三是着眼实战抓训练。采取人武部集中训与各镇自行组织相结合的方法，突出防汛抗洪和防滑防泥石流科目，6月底前圆满完成260名基干民兵训练任务，民兵应急分队遂行应急应战任务的能力进一步提升。

【征兵工作】 围绕实现“一好三无”目标，利用民兵整组的时机，提前对各镇适龄青年进行调查摸底，4月，组织各镇武装部长召开征兵工作形势分析会，研究制定有针对性的对策措施。把征兵宣传作为抓好征兵的关键环节和基础性工作抓紧抓实，制作印发《参军入伍指南》1000余册，《征兵宣传页》5000余张，开通紫阳征兵微信公共账号，报名应征人数达565人。严密组织征兵体检、政治考核和定兵工作，层层签订责任书，发放廉洁征兵监督卡，公开举报电话和信箱，圆满完成新兵征集任务，其中大专以上学历达40人。

【后勤工作】 对射击场地进行整治和平整，重新按照大纲建设的标准进行设计，制作靶台、构建靶壕，购买射击场必备标识牌使射击场标准化。投入8万元为民兵应急分队更新配齐120套个人背囊。向上级请领3艘冲锋舟，筹措资金15万余元购置野战炊事单元、发电机、帐篷、野战桌椅、锹、镐、救生衣、灭火机、通信设备、铁扫把、雨衣、胶鞋、迷彩服等。投资2万元给干部宿舍安装空调、购置电脑、照相机、碎纸机等办公用品。投入10万余元改造新建一间库房，制作营区文化宣传栏，安装灯光，对营区进行绿化美化。

【安全工作】 一是人员管理从落实条令条例严起。建立健全安全工作领导小组，坚持定期召开安全形势分析会，查找存在问题及薄弱环节，持之以恒地抓好上下班、一日生活制度落实，加强对人员八小时以外的管理，强化军人职责意识，坚持学条令、抓养成、正形象、严作风，一点一滴抓形象、一举一动抓养成，达到人员管理不出格。二是武器库管理注重常抓严管。严格按照武器库管理制度，坚持3人管控要求，分开存放钥匙，坚持2人住库，干部带班制度；严格落实每日小检查、每周逐件检查、每月清点检查，确保武器装备始终处于良好的战技术状态。三是突出人技结合预防。加强对办公楼、车库等重点目标和要害部位的安全防范；加大对涉密文件、内部资料、电子文档的管理，严格保密文件传阅范围，严防了失泄密问题的发生。更换灭火器、防火沙，检修监控设施和报警系统，添置了报警器，小喇叭、应急灯、电警棍等应急防护报警器村。四是严格车辆管理。严格车辆派遣和行车各项制度，加强对驾驶员的安全教育管理，加强车辆平时维护，确保始终保持良好状态。突出对私家车的管理控制严格落实报备等各项制度。

【表彰奖励】 县人武部被省军区表彰为“基层建设先进旅团级单位”“先进团级党委”；部长杨平被省军区表彰并荣立个人三等功一次。县人武部被安康军分区评为“军事训练先进单位”和“安全稳定先进单位”；人武部军事科被军分区评为2016年先进科室；副部长兼军事科科长归宗库被军分区评为“军事训练先进个人”，军事科参谋季宜明被军分区表彰为“优秀机关干部”。

（季宜明）

武装警察部队

紫阳县武警中队

指导员：詹胜强

中队长：吴 飞

【历史沿革】 1949年11月，紫阳县解放，成立中国人民解放军紫阳县公安队。1950年12月，改称为紫阳县民警中队，隶属于中国人民解放军安康专区民警大队。1963年2月。按照中央精神，改称为中国人民解放军公安部队紫阳县中队。1966年7月，改称为中国人民解放军紫阳县中队。1976年1月，改称为紫阳县武装民警中队。1983年10月，武警部队成立，改称为中国人民武装警察部队紫阳县中队。

【支部建设】 2016年，围绕建设坚强的支部委员会，党支部坚持民主集中制，按照“十六字方针”讨论决定重大问题，公道正派的处理和解决热点敏感问题，严格执行上级命令和指示，支部“三个能力”不断增强。干部、党员队伍整体素质不断提高。坚持党管干部、党管党员。结合党课教育，在党员中开展了以学习践行“三个代表”重要思想，在推进中国特色军事变革中发挥先锋模范作用为主题的保持共产党员的先进性教育，不断提高“两个队伍”的“四个素质、一个能力”、全体党员事业心、责任感强，以队为家思想树的牢，工作作风扎实；团结协作好，相互关心、互相帮助、互相支持、相互补台，在党员队伍中形成了一种“有关怀、有友谊、有快乐、有情趣、有希望、有干头”的良好氛围。注重发挥群众组织桥梁和助手作用。中队团支部把开展团员青年思想道德教育作为一项重要工作，教育引导官兵树立正确的人生观、价值观，端正服役态度，打牢为部队建设做贡献的思想基础。积极引导团员青年在政治上要求上进，2016年，中队所有青年全部转化为共青团员。组织团员青年开展学雷锋活动，开展各种文体活动，不断丰富警营文化生活，陶冶官兵情操。以武警委员会为平台，积极推动队务公开。武警委员会经常发动官兵出主意、想办法、提建议，号召人人都参与到中队建设中来。不断加强和改进工作，加强对中队伙食、财务民主监督，提升骨干培训、考学、入党等敏感事务透明度，推动队务公开，增强官兵团结，促进部队建设。

【政治教育】 2016年年初以来，共召开了支部各类会议35次，进行24次党课教育，落实党的活动日34个，组织6次党员思想汇报，发展预备党员5名。注重加强对两个群众组织的领导，团支部和武警委员会组织官兵开展了学雷锋、义务植树和扫墓、公祭等活动。上半年，重点进行“坚定改革强军意志、投身改革强军实践”主题教育活动，在党员中进行保持先进性教育，穿插进行密切内部关系教育、法纪教育、保持健康心理教育、执勤教育、时事政策教育等。一是政治教育落实较好。2016年“2+2”教育模式开展以来，注重教育前进行认真调查摸底，掌握官兵的思想实际，对各项教育都进行科学周密的计划安排。编写教育授课方案，并组织课后讨论，加深对教育内容的理解和深化。改变过去“你讲我听，你说我做”的灌输式单一模式，大力开展群众性自我教育，拓宽教育渠道，保证了教育时间、人员、内容、效果的落实。二是运用各种有效载体，开展经常性思想工作。建立以党员、士官、班长为主体的思想工作骨干队伍，大力开展群众性谈心活动，充分发挥“三互”小组在经常性思想工作中的作用。对官兵在工作、学习、生活中产生的现实思想问题经常进行分析，在官兵中开展了“双四一”“三互”等活动。坚持贯彻疏导方针，以理服人、以情感人，官兵中出现思想问题能够及时发现，准确掌握，正确处理。成立预防工作领导小组，积极开展安全保卫和预防犯罪工作，充分发挥保卫委员、安全员、法律咨询员、心理咨询员的作用。坚持预防为主，综合治理方针，用科学的理论武装官兵头脑，有效杜绝了腐朽思想的侵蚀，实现了“三无”。三是加大文化工作力度，丰富警营文化生活。围绕中心工作，本着讲求实效、简朴节约、自娱自乐，有组织、有计划地开展多项文体娱乐活动，经常组织官兵开展球类、棋类、卡拉OK演唱活动和比赛。坚持“三个半小时”制度落实。加大对图书阅览室的建设和管理，不断充实图书和报纸杂志，方便官兵学习。

【军事训练】 武警紫阳县中队自组建以来，广泛开展“五小练兵”活动，中队军事训练水平不断提升。一是加强干部骨干训练。中队始终将干部骨干训练与部队训练捆在一起，每个课目训练前，任课教员都会认真备课、试讲，切实做到让战士听得懂、看得清。训练时，干部坚持跟班作业，不断指导，手把手教方法，传帮带，严密组织训练，既确保训练效果，又杜绝训练事故发生。二是狠抓应急力量建设。在支队应急力量建设现场会召开后，中队高度重视，依据会议精神，与公安局签订车辆保障协议，结合中队实际，及时修订方案。建立反恐装备器材室，规范设置，依据支队装备普查实施方案，分门别类购买台签。中队采取模仿与摸索相结合的方式，不断加强人装结合以及实兵演练。中队2016年先后选送28人次参加总队、支队集训，强化特战能力，培养特战骨干。3月在支队组织的军事比武中，中队取得团体第四名。三是加强体能训练。科学利用早操、开饭前，晚饭后、熄灯前等小块时间，组织部队开展“五小练兵”活动，有力调动全体官兵训练积极性，确保训练任务圆满完成。四是按纲施训，注重效果。组训中，严格按照《军事训练与考核大纲》和支队下发军事训练指示，严密组训，确保训练“四落实”。强化训练法规意识，坚持“十严禁、十不练”，克服训练随意性和盲目性，坚持把练动作、练组训与练思想相结合，因人施教，循序渐进，充分运用启发式、自主式和开放式教学模式，坚持从严检验、全面衡量、以考促训、以训促管的原则，每个课目结束后及时会操、考核、评比，颁发军事流动红旗。

【中心任务】 武警紫阳县中队担负紫阳县看守所的看守勤务。一是坚持中心居中，狠抓隐患治理。支部始终坚持中心工作不偏移，集中精力抓好执勤工作。坚持常抓常议，每天晚点名讲评当日执勤情况、扎实开展每周一勤务日活动，每周队务会查找执勤问题、每月给各班下达执勤分析议题，分析执勤形势。二是狠抓制度落实，加强勤务管控。在执勤兵力紧张、执勤工作压力大情况下，持续开展执勤教育，筑牢官兵居安思危忧患意识。

【后勤保障】 以“保中心，保生活”为重点，抓好规范管理，加强四项设施建设，积极为官兵创造良好的物质文化生活条件、落实“三分”“四定”，建立应急食品库，有效提高应急保障能力。

（向 勇）

法　治

政法委及综治

中共紫阳县委政法委员会
县委常委、政法委书记：王　毅
政法委副书记、县综治办主任：刘明彬
政法委副书记、县维稳办主任：陈海军
县委防邪办公室副主任：张雪梅（女）
县维稳办副主任、县社情民意调查中心主任：赵安红（女）
政法委综合办公室主任：彭　杨

【机构设置】　中共紫阳县委政法委员会机关行政编制10名，设书记1名、副书记2名。内设综合办公室、政工室、执法监督室3个副科级机构，各设主任1名。综治办为县社会治安综合治理委员会的办事机构，与县委政法委合署办公，正科级规格；维稳办为县委、县政府维护社会稳定工作领导小组的常设工作机构；县委防邪办与县委政法委合署办公，设副科级主任1名；县社情民意调查中心为政法委下属股级事业单位，经费全额预算，核定事业编制5名。

【政法工作】　严格执行县委《关于加强和改进政法工作的意见》，足额保障政法部门经费，按“重一线、重实绩、重公论”用人导向配备政法部门班子，严格用《紫阳县政法系统重大事项报告制度》《紫阳县涉法涉诉信访工作制度》等制度管理政法队伍，始终把“刀把子牢牢掌握在党和人民手中”。充分发挥政法委、综治办和维稳办牵头抓总作用，定期召开“三调联动”分析会议、综治维稳研判会议、案件评查会议，夯实各级政法综治维稳工作职责，协调解决工作中重大疑难问题，切实维护公平正义、平安稳定。强化考核，把政法综治部门服务发展、配合党委政府中心工作情况，纳入全县年度目标责任制考核，严格督促管理。

【平安紫阳建设】　一是突出信息化引领，将立体化社会治安防控体系建设纳入县“十三五”规划，先期投入800余万元，建设社会治安五级视频联网监控。把社会治安综合治理新信息化建设作为县域社会治理基础工程来抓，出台建设方案，计划分三期整合综治、维稳、公安、防汛防滑、市场监管、安监等职能部门，建立县级信息研判中心、视频指挥调度中心和镇村（社区）综治信息中心，在综治维稳、安全应急、抢险救灾等工作中实现一厅式研判、可视化指挥、扁平化调度。2016年实施一期工程，已投入270万元，软件开发工作初步完进入招标，县级指挥中心以及城关、蒿坪、向阳3个试点镇硬件招标、办公场所建设等工作顺利推进中。二是强化综合治理，建立民生保障和教育管理相配套的特殊人群管理服务机制，针对"留守妇女"群体，分期开办家政、家教、月嫂、医护培训班，培训1700余人次；建立刑释解教社区矫正基地2个，安置刑释解教人员11人；推行"点援制"法律援助，设立法律援助工作站26个、联络点20个，让群众就近获得法律援助。深化"破小案、暖民心"行动，严厉防范和打击"五霸""黄赌毒""盗抢骗"等危害投资环境、影响社会风气、威胁群众安全的违法犯罪行为，查处"五霸"案件29起、"159"赌博案件86起、涉黄案件3起、涉毒案件48起、盗窃案129起、诈骗案23起，打掉涉黑团伙6个。在全市率先首创"以芯换心"工程，全县升级"C级"锁芯6400户，政府投资30余万元，群众投资百万元，做法被全市推广。三是创新普法宣传，通过政府购买社会服务，由文化公司结合紫阳民歌文化编排节目送法到镇村，巡演17个镇44个村20个社区；编印《平安宣传年历》5万本免费发放，通过446期黑板报、640条标语、17万余份宣传资料书籍、688场次法治报告会，对19万余人次群众进行法治宣传。聘请64名基层政法干警担任法治副校长，常态化、全覆盖对全县104所中小学开展校园普法，集中开展"法律进校园"宣传周活动50余场次。改版《有理大家说》每月选取群众生活中的典型事例开展正面引导。新办《法之声》广播节目，每周一期根据诉讼案件类型、矛盾纠纷态势选题开展法律宣传。充分运用微博、e信、微信等新媒体，"小小白"张敏等政法公众号品牌已具备省、市级影响力。2016年公众安全感为96.16%，居全省第七、全市第二。

【矛盾纠纷化解】 构建"条块结合、无缝对接、优势互补、高效便捷"的"三调联动"矛盾纠纷多元化解机制。一是健全网络，以县调解中心为枢纽、以千名包组联户镇干部为排查网络、以212个镇、村人民调委会为调

紫阳县法学会成立大会暨第一次全体会员大会

解网络，实现排查化解全覆盖。二是综合研判，充分运用现代信息技术，发挥“4411111”紫阳热线作用，建立信息网上报送平台，实行信息中心每周综合分析、县镇领导每月“矛盾纠纷研判日”到镇村集中会商研判。三是协调联动，建立首问负责、层级对接、诉调对接、公调对接、跨界对接等联动机制，多元整合党委政府、调解组织、社会力量共同化解矛盾纠纷。四是强化保障，对调解实行“以案定补”，每起案件给予100~500元奖励。矛调中心、“老哈调解室”、诉调对接工作室等阵地作用发挥出色，因其成本最低、效率最高、效果最好，所以群众最易接受。2016年，共调解各类矛盾纠纷1319件，调解成功1294件，成功率97%，其中涉及全县重点工作、重点项目47件，调解成功47件，成功率100%。

【社会治理新途径】 升级整合社情民意调查中心“4412340”和“4411111”两部电话，打造全新“紫阳热线”，创新开展社情民意调查和群众热线来电督办工作。一是创新网络问政，借助网络平台，通过E信通、微博、微信公众号、微信群等新媒体开展“互联网+问政网络”问卷调查，18901人参加，其中“引进百名专业人才”“购买服务送法下乡”等8个建议列入全县2016年城镇建设实事。二是深化社情民意调查，开展脱贫攻坚、拟提拔对象群众满意度等10轮专项调查以及6轮镇干部包联群众工作满意度常规调查，累计拨打电话3.6万余次，收集意见建议3200余条。三是强化热线来电督办，扎实开展热线接听转办，微博、邮箱、热线电话、微信公众号四位一体，网上线下无缝对接受理群众诉求。2016年共接听群众来电11152个（有效来电10961个，其中咨询类8884个，诉求类2053个，建议意见类24个），直接转办190件，转政府督查室142件。为提升热线质效，联合两办督查室、电视台创办《热线跟踪》新闻专栏，播出8期。

【司法体制改革工作】 成立紫阳县司法体制改革试点工作协调领导小组，组织召开司改试点工作专题座谈会、专题调研会、专题协调会，积极稳妥推进法检两院司改试点工作，并将其纳入全县20项重点工作进行考核。法检两院员额制、司法责任制、法官检察官职业保障、人财物省级统一管理四项改革重点工作按时顺利推进。法院完善领导和内部人员过问案件登记、办案质量终身负责、错案责任倒查问责和案件评查等制度，案件上诉发改率、申诉率、抗诉率和投诉率明显下降。实行执行联动机制，面向社会公布失信被执行人名单，让“老赖”赖不掉、躲不脱，促使其诚信守法，把部门、乡镇依法支持法院执行工作情况纳入年度综治工作考核，增强执行合力。截至11月15日，法院受理各类案件1812件，结案1418件，结案率为78.26%，一线法官人均结案74.63件，均创历史新高。检察院强化自侦案件、诉讼环节监督，加强惠农脱贫、重点项目等领域职务犯罪的预防和查处，探索建立食品药品安全、环境资源保护等领域公益诉讼机制。1月至11月，县检察院受理提请批准逮捕案件61件77人，批准逮捕54件70人；依法提起公诉60案85人，出庭支持公诉59案97人；受理举报案件线索12件，归口办理并依法有序化解；摸排污贿赂犯罪案件线索26件，立案4件5人；初查渎职案件线索2件，立案侦查2件2人；审查民事行政案件24件，出席监督招投标会议179场次，开展行贿犯罪档案查询2174件。紫阳县司改试点成效显著，2016年6月，安康市法院系统司法改革工作研讨会在紫阳召开。

【公安改革工作】 创新推出“加减乘除”力促警务运行新发展，探索“互联网+警务”打造侦查破案“新尖刀”，整合警务资源提升实战效能，提高“三大能力”打造信息服务新格局，改革驱动提升警务实战能力，构建“三大体系”深化刑事案件“两统一”改革。2016年，全县共立各类刑事案件333起，破192起，破隐漏积协外案件150起，破案绝对数342起，抓获各类违法犯罪人员161人、逃犯47名，打掉犯罪团伙10个34人，查处治安案件497起，处罚1153人。其中公安部督办“7.6”特大制售伪劣产品系列案件破获，有力地保护了群众“餐桌安全”。

【社会风险防控】 防暴恐风险，组建一支50人防暴反恐应急处突专门队伍，完善各类预案，开展紧急拉练2次、反恐演练3次、反恐宣传2次，登记管理到紫阳重点人10名；防政治风险，严打“法轮功”“全能神”“门徒会”等邪教组织，查破邪教案件2起，治安拘留2人，收缴反动宣传制品9张，阻断“法轮功”邪教二次传播50余次；防金融风险，注重对非法集资式和电信诈骗进行监测研判和宣传警示，严厉打击非法集资、传销、合同诈骗等涉众型经济犯罪；防网络风险，开展网络监管和舆情引导，搜获各类信息400余条，超前处置不稳定因素17起（其中有群体可能5起）。防范公共安全风险，在县城区域外集中安置县城内寄递物流企业；推行政府法律顾问制度，重大决策事项全部进行社会稳定风险评估和合法性审查，政法机关运用司法建议、检察建议、法律顾问意见方式提供风险预警20余件次。

【助力城市经济】 一是助力城建规划，定期参与城市建设规划委员会召开的城市建设规划会议，讨论审议并参与制定县城棚户区改造、河堤路综合改造、西门河新区建设等规划设计方案；二是排除城建阻力，与县信联办联合，大力开展重大疑难信访案件化解，通过“领导包案”，对紫邑新城、尚都滨江商业街等8个城市建设项目中出现的信访事项夯实化解责任，实行定期督办、限期化解；三是预防工作风险，实行招商引资、城市建设等重大项目决策社会稳定风险评估及合法性审查，前置介入预防风险。

【脱贫攻坚工作】 继续包联高桥镇深磨村，2016年完成18户64人脱贫。建成投入使用饮水工程2处；供电全部完成网改、实现同网同价；维修通村主干道13.7公里；磨沟至香茶村公路硬化列入全县2017年第一批通村水泥路项目，年底前完成“打底子”工程；协调资金25万元连通村级断头路；投资3万元开通无线宽带，18户群众安装宽带。动员群众进城入镇15户、举家外迁2户；动员群众建房11户；完成旧房改造9户；在建“交钥匙”项目1个，可解决27户特困无房危房户住房难。管护厚朴2万亩、茶园900亩；争取退耕还林项目2000亩核桃建园计划；培育残疾人贫困养羊户10户、养蜂贫困户10户；扶持残疾人创业3人共6万元，带动发展11户贫困户发展养羊。与开源公司合作，免费发放籽种高于市场50%的价格回收，发展“正大12号”玉米试点200亩；与紫诚公司合作，常年定点收购陕南白山羊、黑猪、富硒土鸡和干菜，免费提供展销摊位；与远元公司合作，累计动员参加足疗培训并从事修脚产业86人。组织参加“月嫂”母婴家政服务培训3人、养生足疗28人，为新录取大学生联系捐资2.7万元，签订长期资助协议，机关干部为患病高中女孩捐款4220元。争取资金40万元，规划新建村活动服务中心一处，基础工程已完工。

【年度荣誉】 紫阳县被省综治委表彰为2016年度平安建设先进县，被省综治办、省信联办表彰为2016年度控制进京非访工作先进县；政法委被省委政法委表彰为2016年度人民群众满意的政法单位。

（陈明刚）

法治政府建设

【组织领导】 制定下发《紫阳县2016年依法行政工作要点》，全面部署、统筹规划，把依法行政与全县经济社会发展结合起来，积极推进依法行政。完善领导班子学法、依法行政报告、行政执法行为规范等各项工作制度，从根本上规范全县的执法行为，为依法行政推进奠定良好的制度基础。

【政府权责】 重新编制政府各部门主要职责内设机构和人员编制规定。梳理出全县24个县级部门职权事项3769项，镇级职权事项46项，并通过县政府网站向社会公布部门权责清单，解决部门管理越位、缺位、错位问题，防止行政不作为和乱作为。

【政务服务】 进一步简政放权，深化行政审批制度改革，对县政务中心进行第六次升级改造，新增大病保险和不动产登记两个窗口，建成标准化出入境办证中心，完成招投标中心标准化改造；完成“营改增”税务改革，开通网上办税服务。深入商事制度改革，全面启动实施“五证合一、一照一码”登记制度。完善探索并联审批服务，大力推进建设项目类和工商登记类并联审批，全年累计办理并联联审项目390件，推动“大众创业、万众创新”；完成17个镇便民服务中心标准化建设，服务网点向村（社区）延伸，利用统一审批服务平台，实现县镇联网服务。建成网上办事大厅，将服务由实体政务大厅向网上办事大厅延伸。53个部门420项行政审批服务事项实现100%网上预审、预约。梳理出全程网上办结事项88项，15项与群众密切相关热点事项开通“网上办事直通车”实行快捷导航直接网上办结。

【科学决策】 坚持在年初全县“两会”前开展“万人问卷”，将民之所望作为施政所向。先后制定《关于进一步规范县政府常务会议有关事项的通知》《紫阳县人民政府工作规则》，对政府决策、依法行政、政务公开、权力监督、会议制度、公文审批等明确要求，规范政府日常运行；修订完善《紫阳县国家投资项目招标招标管理办法》《紫阳县限额内工程采购管理办法（试行）》，规范县内国家投资项目招投标活动。制定招商引资合同审查制度，对招商引资合同审查签批程序、各相关部门审查责任进行明确，规范政府招商引资项目合同管理，防范合同风险；完善法律顾问制度，县政府及各部门均与县内律师事务所签订协议，由专业律师提供法律咨询服务，参与制定部门行政法规。各镇主要聘请司法所、公安派出所干警为法律顾问，为依法行政提供法律意见。所有重大行政决策出台前，都要组织法律顾问进行合法性论证，出台行政规范性文件，事先要经法制机构审查把关，防止越权决策、违法决策。

【权力监督】 自觉将政府工作置于党委领导之后，将行政权力运行置于人大法律监督和政协民主监督之下，认真研究处理人大常委会对政府工作提出审议意见，及时办理人大代表、政协委员提出的建议和提案，改进政府工作。2016年，53件人大代表建议办理工作全都结束，办理情况各承办单位全部以书面形式向代表进行答复，答复率100%，代表满意率100%；131件政协提案在规定时限内全部办理完毕，办结率100%、反馈率100%；加强政府内部监督，由县政府办公室（法制办公室）牵头，重点对县人社局、市场监管局、环保局、水利局、国土局等部门2015年至2016年办结的行政处罚、行政许可、行政强制执法案卷进行抽查，从实体、程序、文书到案卷整理进行逐项评析、逐案登记，针对证据收集、执法流程、处罚决定存在问题逐项提出反馈意见，明确整改措施，提高执法能力。建立行政执法投诉举报制度。

【文件管理】 按照《紫阳县规范性文件“三统一”制度管理办法》，对政府及部门制定规范性文件进行合法性审查，杜绝违法违规文件出台。全年共制发规范性文件4份，其中县政府制发1份，县政府办制发3份。

【执法行为】 牵头开展综合执法试点工作，其中县安监局制订《紫阳县委托镇人民政府行使安全生产行政执法权的实施方案》，将非煤矿山、烟花爆竹、危险化学品安监执法权委托乡镇执行，全县17个镇共开展委托执法检查104次，查处非法违法行为8起。县水利局将河道管理、水政执法、水土保持监督、渔政执法4项执法权委托乡镇执法。全年共开展渔政执法4起，水政执法1起，水土保持执法1起，责令整改、现场制止54起。环保局将水污染物防治监管及执法工作委托乡镇执行，2016年执法查处4起。监督指导各行政执法单位落实好行政执法全过程记录工作，力争做好执法步步留痕、有据可查。落实行政执行责任制，加强对行政执法人员的监督，坚决纠正和惩处不依法履行执法职责的行为；按照省市要求，对合同工、临时工、工勤人员以及因离职、退休、工作调动、岗位调整等不符合相关条件的人员进行清理，全县共清理各类执法人员61人。

【化解矛盾】 充实法制工作人员，畅通行政复议受理渠道，规范行政复议案件审理程序。2016年依法受理7起行政复议案件，3起不予受理的案件均向当事人作了法律解释；严格执行《中华人民共和国行政诉讼法》新规，2016年两起行政诉讼案均委派县政府分管县长出庭应诉，缓解群众对立情绪，及时纠正政府错误行政行为；完善畅通信访渠道，建立紫阳县网上信访大厅，全县49个县直机关、17个镇共66个责任单位全部“进驻”，实现网上信访责任单位全覆盖。完成市上交办的3件信访听证评议事项，其中一起案件当事人自愿息诉罢访。严格落实县级领导接访要求，全县29名县级领导共接待、走访、约访群众300余人次，其中集体上访13批220余人次。狠抓信访积案化解，排查出的52件信访积案已成功结案39起，其余案件上访人情况稳定。坚持工作创新，出台《紫阳县处理涉法涉诉信访问题办法》，对各政法机关处理涉法涉诉信访问题做出具体规定，推进涉法涉诉类信访问题进入专门渠道解决，建立诉前调解工作机制，抽调司法、律师在县法院立案庭成立诉前调解办公室，化解一大批重点涉诉案件，减少群众诉讼经济负担，取得良好的社会效益。

【政务公开】 加大政务公开力度，利用县政府网站，主动公开县政府工作报告、全县重点工作部署、各镇各部门财政预算、公共资源配置、重大项目建设等信息。加强“县长信箱”管理，及时交办、回复群众来信。截至12月27日，县政府网站共对外发布新闻累计2614条。审核督办“县长信箱”信件706条，已回复701条，回复率99.3%。主动公开信息1671条；县委宣传部、县政府信息中心共同组建网络舆情监测引导队伍，密切关注网上舆情，利用县政府网站、“紫阳发布”、“紫阳宣传”等自有平台主动发声，积极在相关网站回应网友关切，以正视听；2016年暑期遴选60名大学生走进政府机关开展为期40天见习。

（高贵伟）

公 安

紫阳县公安局

副县长、党委书记、局长、督察长：周 斌

党委副书记、政委：谢代军

交警大队队长：唐紫恒
副　局　长：王志军　杨　健
　　　　　　杨　韬　唐　亮
党委副书记、纪委书记：宋　峰
国保大队队长：杨德明
政工室主任：李茂成
治安大队队长：廖　聪

【机构设置】 紫阳县公安局内设13个队室：政工室、指挥中心、纪检监察室、警务保障室、国内安全保卫大队、刑事侦查大队（下设直属中队、技术中队、城关刑警中队、蒿坪刑警中队、毛坝刑警中队等5个中队）、治安管理大队、经济犯罪侦查大队、公安城市管理大队、法制大队、看守所、巡逻警察大队、网络安全保卫大队。直属机构交警大队（内设行政股、事故处理科、交通秩序管理科、车辆管理所，下设城区、蒿坪、权河、洄水、毛坝、红椿等6个中队）；派出机构：城关、蒿坪、双安、汉王、洞河、洄水、界岭、双桥、高桥、向阳、高滩、毛坝、瓦庙、麻柳、焕古、红椿、东木镇17个派出所。截至2016年12月底，全局有民警262人，工勤人员6人，基层一线占总警力数84.7%，派出所占总警力数43.1%。

【强化反恐维稳】 2016年，健全情报预警搜集、研判、处置、反馈“闭环运行”机制，预防和超前处置群体性事件5起、不稳定因素12起，查破一批邪教案件，采取“4+1”管理机制，对重点人员做到情况清、底数明、管控有效。加强反恐防暴应急处突工作，充实巡特警、消防、派出所等应急处突专业队伍，首届川陕鄂“三市一线”反恐怖协作座谈会在紫召开，开展反恐处突联合演练，确保关键时候队伍拉得出、冲得上、打得赢。加强安保警卫工作，确保各级“两会”、重要节点、敏感时段全县重大活动和各项安保任务万无一失。加强矛盾纠纷排查化解工作，共调处各类矛盾纠纷2150起，依法办结信访事项43起，查处非访案件3起，拘留6人，连续六年保持赴省进京“零上访”。

【严打整治专项行动战绩】 2016年，以“2016秦盾”严打整治为抓手，组织开展打击“盗抢骗”、整治“五霸”等一系列专项行动。重拳打击严重暴力犯罪，破获“3·31”县城商铺系列盗窃案、“6·16”杨某勇贩毒案、“8·3”方某义杀人焚尸案等一批大要案件，连续12年保持现发命案全部告破；持续“破小案、暖民心”工程，破获侵财性案件129起，全力追回涉案赃款并集中返还群众；严厉打击民生领域违法犯罪，查处“五霸”案件29起，批捕1人，拘留39人，打掉涉黑团伙6个。查处赌博案件100起，立刑事案件7起，处罚669人；查处涉黄案件3起，拘留5人；查处涉毒案件48起，抓获52人，强戒40人、社区戒毒18人、康复3人，收缴毒品235.9克，铲除罂粟原植物1423株。破获环境污染案件2起，逮捕1人，起诉2人；破获食品安全犯罪案件7起，刑事拘留9人。全年共立各类刑事案件333起，破192起，其中立重大案件35起，破18起，另破隐、漏、积、协外案件150起，破案绝对数为342起。抓获各类违法犯罪人员161人，刑事拘留146人，逮捕79人，移送起诉99人。抓获逃犯47名，其中协外抓逃11名，打掉犯罪团伙10个34人。查处治安案件497起，处罚1153人，其中拘留303人。

【健全治安防控体系】 2016年，以“6+5+x”防控体系建设为统揽，做优“五级巡防”空中监控网，新增150个监控探头、在建247个高清智能探头，视频监控网向乡镇、交通要道延伸覆盖，整合社会类视频监控268路，实现“探头站岗、五级巡防”。做强“四卡固边”地面包围网，建成陕川界、麻柳等2个省际治安检查站，城关、蒿坪等2个市际治安卡点，4个高清智能县际电子卡口，5个临时卡点。做大“五级巡防”街面防控网，整合巡特警、派出所、交警、机关部门力量，屯警街面、布警社区、驻警卡口，提升街头路面边界掌控能力。做实“四管共治”虚拟管控网，加强互联网舆情监测，完善舆论引导机制，及时处置负面舆情11起，落地协查23人次，查处一批利用网络开设赌场、买卖枪支案件，抓获违法犯罪嫌疑人29人，形成依法管网、以人管网、技术管网、综合管网“四管共治”防控格局。做亮“四防强基”基础防控网，围绕“三个精准防范”，开展“心防工程”，提高群众对电信诈骗等侵财性案件自我防范能力；实行“以芯换心”工程，遏制技术开锁入室盗窃多发势头，为群众更换新型防盗锁芯4676套，形成“小锁芯撬动大防范”；在全市率先推行“寄递哥APP”服务，安装GPS车辆防盗系统1016套，提升公众安全感。在全省公众安全感调查中，紫阳公众安全感达96.16%，位居全省第七和全市第二。

【公共安全管理】 2016年，强化投资环境治理，查处阻工等扰乱单位秩序案件14起，行政拘留16人。强化危爆物品安全，查处违反危爆物品管理案件4起，拘留4人；查处贩卖、非法持有枪支案件29起，抓获违法犯罪人员32人，捣毁网上贩卖枪支窝点2个，收缴气枪26支。销毁收缴过期雷管2270枚、导火线281米、炸药671公斤，实现危爆物品“零事故”。强化校园安全，开展法制讲座200余场次，排查化解涉校矛盾纠纷22起，组织校园应急演练32场次。强化交通安全，推行农村道路“125”和城区道路“113”管理模式，查处各类交通违法行为4万余起，道路交通死亡人数和受伤人数同比下降。强化消防安全，处置火警、抢险救援26次，实现火灾事故“零死亡”。强化监所安全，开展“监所场所医疗专业化建设”“看守所执法专项建设”，实现监所管理连续11年“零事故”。

【深化改革和“四项建设”成果】 2016年，深入开展受立案改革、“所队合一”“互联网+警务”“战训合一”教育培训、提高基层民警待遇、机关警务实战化等公安改革工作，有效整合警力资源，提升打防管控能力，形成警务内涵式发展、张敏警务室“三位一体”工作法等10余项创新成果，被公安部、省厅简报刊载推介，成为紫阳公安新名片。特别是张敏工作室“三位一体”工作法在全国公安改革创新大赛中荣获铜奖，受到中央政治局委员、中央政法委书记孟建柱、公安部部长郭声琨亲切接见。加强信息基础设施建设，完成公安网、视频网百兆带宽提速，视频会议系统建至基层所队。完成“三台合一”升级改造、短信报警平台建设，购置图控、视频无线图传等先进设备，高标准建成扁平化110指挥中心，建成网上视频督察系统，实现内部重点场所音像全覆盖。强化大数据应用建设，丰富情报线索来源，提高信息采集质量，抢抓“互联网+”战略，建立微博、微信平台，帮助4名失散近20年被拐妇女儿童，实现网络寻亲。推进合成作战中心建设，提高网上侦查能力，先后打掉技术开锁入室盗窃犯罪团伙6个，网络电信诈骗团伙3个，串并带破案件129起，实现规模破案。深化执法规范化建设，加强执法主体能力建设，推进执法权力运行机制改革，完成“两队一中心”建设，推行执法公开和“说理式”执法，修订完善执法管理制度，用好阳光警务执法办案信息公开系统和执法办案与监督信息系统，推进警情、案情、执法办案流程、处罚决定书等信息全面公开上网，对执法办案质量实行终生追责，倒逼执法办案质量和能力提升，连续十年被评为“全省执法质量考评优秀公安局”，连续五年被授予“全省执法示范公安局”。

【队伍建设成就】 2016年，突出政治建警，扎实推进“两学一做”学习教育，为基层党组织配齐教导员、副教导员等党务干部，制定《党建工作细则》，严格党内生活，增强政治、大局、核心、看齐意识，确保队伍绝对忠诚可靠；突出典型励警，精心组织“安康十大杰出警察”评选活动，选树扎根基层“老黄牛”刘兵、社区“微博警花”张敏、“交通保畅使者”李正斌等一批先进典型人物。突出从严治警，落实党风廉政建设“两个责任”和“一岗双责”，出台《协警管理办法》等制度，开展督察巡查90余次，梳理民警违纪违法线索11起，查办民警违纪案件4起，行政处分5人，警示谈话17人次，调整工作岗位1人，有效杜绝重大违法违纪问题发生。突出素质强警，坚持开展全警实战轮训，开办培训班8期，培训民警120余人次。突出从优待警，为全县公安民警和辅警购买人身意外伤害保险，组织全局民警体检，开展“送清凉”“送温暖”等慰问民警活动；协调推动警员职务套改、公务员职务与职级并行、警衔工资增长、基层民警乡镇补贴等政策落地实施，提振队伍士气。突出文化塑警，依托警官艺术团、警营兴趣小组开展各类文体活动，充分发挥警营文化教育作用，激励队伍斗志。同时，狠抓宣传工作，在市级以上主流媒体刊发稿件688篇。

【追赶超越结硕果】 2016年，全县公安机关按照全面深化公安改革、大力推进“四项建设”和“十项重点工作”的部署要求，着力防控风险、服务发展，着力改革创新、提升能力，着力破解难题、补齐短板，维护全县社会大局平安稳定，公安工作和队伍建设取得新发展。连续八年在全市公安系统目标责任考核中位列前茅，全年共有15个次集体和27人次民警受到各级党委、政府和上级公安机关的表彰奖励，有7人次荣立三等功，涌现出“安康市十大杰出警察”刘兵为代表的一大批先进典型人物。法制工作、队伍建设、网络侦查、公安信访等多项工作，先后在全省公安业务工作会上作先进交流发言，全年接待公安部、省厅调研组和外市县考察学习组10余次。

【年度荣誉】 公安部表彰：“张敏工作室创新警务模式”全国公安改革创新大赛铜奖。省公安厅表彰集体：1. 紫阳县公安局“2016年度全省公安机关执法示范公安局”；2. 指挥中心“2015年度全省公安指挥中心系统先进集体”；3. 指挥中心“全省公安信访窗口示范单位”；4. 情报中心“2016年度全省公安情报中心系统先进集体”；5. 看守所“全省公安监管场所安全管理和‘五化建设’工作先进单位”；城关派出所“2016年度全省公安机关执法示范科所队”。个人：1. 张敏“2016年度全省公安情报中心系统先进个人”；2. 张敏“2015年度全省公安情报中心系统先进个人”；3. 唐紫恒“全省公安信访‘抓源头、打基础、强机制、促规范’活动先进个人”；4. 杜广军“2016年度全省公安机关执法示范标兵”。省委组织部、省委宣传部、省人社局、省公务员局、省文明办等表彰集体：1. 城关派出所“陕西省人民满意公务员示范单位”；2. 指挥中心对外信息宣传及情报收集岗“陕西省人民满意公务员示范岗”。个人：张敏“2016年‘中国梦·青年志’寻找身边的陕西好青年”。

市公安局表彰：集体：1. 紫阳县公安局2015年度全市公安机关目标责任考核暨“爱民杯”竞赛活动优秀公安局；2. 紫阳县公安局“2015年度全市公安重点工作考核先进集体”；3. 紫阳县公安局“2015年度执法规范化建设先

进单位”；4. 紫阳县公安局“2015全市公安信息采集整顿专项行动先进集体”；5. 紫阳县看守所“2015年度全市公安机关目标责任考核暨‘爱民杯’竞赛活动全市优秀公安基层单位”；6. 国保大队“2015年度全市国保工作先进集体”；7. 国保大队“2015年度全市经济文化保卫工作优秀单位”；8. 经侦大队“2015年度全市公安机关经侦工作先进集体”；9. 指挥中心“2015年度全市接处警工作先进集体”。个人：1. 杨德明“2015年度全市优秀科所队长”；2. 黄杰“2015年度全市优秀科所队长”；3. 王习华“2015年度全市优秀民警”；4. 宋涛“2015年度全市优秀民警”；5. 曾钧阳“2015年度全市优秀民警”；6. 罗瑞（交警大队）“2015年度全市优秀民警”；7. 杨韬“2015年度全市优秀组织工作者”；8. 王术军“2015年度全市国保工作先进个人”；9. 汪海“2015年度全市公安机关经侦工作先进个人”；10. 侯健“2015年度全市公安机关优秀派出所经侦联络员”；11. 杜广军“2015年度执法规范化建设先进个人”；12. 刘兵“个人三等功”“首届安康我最喜爱的十大杰出警察”；13. 李正斌“个人嘉奖”“首届安康我最喜爱的十大杰出警察”提名奖；14. 张敏“个人嘉奖”“首届安康我最喜爱的十大杰出警察”提名奖；15. 喻坤才“2015年度全市经济文化保卫工作先进个人”；16. 张敏“2015市公安信息采集整合专项先进个人”；17. 杜广平“安康‘最美警察家庭’”；18. 杨松“2015年度执法办案与监督信息系统应用先进个人”；19. 张晓红“2015年度全市接处警工作优秀接警员”；20. 周琼“2015年度全市接处警工作优秀接警员”；21. 胡小山“个人三等功”；22. 贾学奎“个人三等功”；23. 廖聪“个人三等功”；24. 王习华“个人三等功”；25. 王永波“个人三等功”。市委及其他表彰：1. 张敏“安康市第五届先进工作者”；2. 张敏“第四届安康市助人为乐道德模范”；3. 冉龙俊“全市卷烟打假打私先进个人”；4. 张敏“全市优秀共产党员”。

（宋 涛）

道路交通安全管理

紫阳县公安局交通警察大队
交警大队长：唐紫恒
教 导 员：王永平
副大队长：崔 军 焦 山

【机构设置】 紫阳县公安局交通警察大队在编交警40人，聘请协警33人，管辖2660.8千米公路交通秩序，管理机动车保有量33124辆、机动车驾驶员41296人。交警大队下设一个城区交警中队、五个农村交警中队；大队内设政办、事故、交管、车管、法宣五个股室；县道路交通安全委员会办公室、县道路交通事故社会救助基金办公室办公地点设在交警大队。

【交通管理服务】 共为群众提供交通管理法律法规咨询3.3万余人次，查询机动车和驾驶人交通管理信息3.3万余条。共办理各类驾驶人业务7247起，其中初次申领2154起，增驾375次、满分学习32起，驾驶证补证292起，驾驶证换证2818起，转入276起、转出574起，注销登记395起，其他331人次。极大地方便了农村偏远地区群众。通过落实车辆管理系列惠民政策、查处轻微交通违法行为“十大便民措施”、简化群众办理车辆业务程序等诸多便民惠民措施，调解人员经常深入乡村现场调解交通事故赔偿纠纷。

【隐患排查治理】 制订《2016年道路交通安全隐患排查治理方案》，联合县安监局、县交通运输局、县公路段对全县主要道路交通情况进行排查和治理，共排查出危险路段32处，治理32处，事故多发点613处（省道路段42处、农村县乡道路571处），治理68处。联合安监局、运管所还定期对全县5家客运出租运输企业、3家危化品运输企业开展安全检查，对问题隐患实行跟踪整改，共开展安全检查22次，检查车680台次，排查驾驶人资质1030人次，督导整改问题隐患16处，在有关道路安装交通标志标识85处。

【文明交通宣传】 大队以“文明交通、安全出行”为主题，以“四创”（创交通安全村、创交通安全学校、创交通安全单位、创交通安全社区）、“五进”（进学校、进企业、进社区、进村庄、进家庭）、“八上”（上网络、上车辆、上电视、上路面、上广播、上宣传栏、上短信、上报纸）工作为载体，开展以“文明交通行动计划”为主要内容的交通安全宣传教育。共出动宣传警力438人次、出动宣传车313台次，发放宣传材料2万份，播放主题宣传片和警示教育片23场次，制作一期宣传光碟，深入党政机关、企事业单位、学校、客运站场、社区上交通安全课40场次，利用手机短信平台发送提示信息92批，受到警示提醒教育人数6.6万余人，张贴《紫阳县道路交通安全管理通告》2000份，制作酒驾温馨提示牌5块、道路限速标志25块。

【交通执法】 共开展18类专项整治活动，集中统一行动28次，查处各类违法行为4.2万起，含警告3.1万人次、罚款1.2万人次，与2015年同期相比查处各类违法行为总数上升18%。记分3800人次，扣车197辆，扣证100本，客运公司抄告6起。

【事故处理及调节】 全县共发生各类道路交通事故289起（其中简易程序213起；一般程序76起、其中统计事故3起、非统计事故73起、破获逃逸案件18起），死亡16人，受伤125人，造成直接财产损失145920元。与此同时，县交警大队和县司法局继续推进道路交通事故“三调合一”机制，专职法律工作者司法调解员常驻交警大队和交警共同参与调解，道路交通事故纠纷289起，为受害人挽回经济损失500余万元。

【车辆及驾驶管理】 共办理各类机动车业务13131起，其中车辆注册登记3796辆，核发车辆检验合格标志8263辆，转移登记440辆，变更登记107起，注销登记288辆，转入业务4辆，受托检验42辆，补换牌证191起；共办理各类驾驶人业务7247起，其中初次申领2154起，增驾375次、满分学习32起，驾驶证补证292起，驾驶证换证2818起，转入276起、转出574起，注销登记395起，其他331人次。

【专项整治】 2016年大队先后开展“春运严打整治专项行动”“守护生命严打酒驾、毒驾专项行动”“暑期交通隐患整治行动”“摩托车专项整治”“打非治违专项行动”“预防重特大道路交通事故行动”“治理黄标车行动”、“清理机动车营转非”等专项整治行动等专项行动。还保质保量地完成了国家、省、市到紫阳各类重要交通安全警卫任务和大型活动交通安全保卫任务23次，交通保畅保卫任务均做到万无一失。

【规范执法化】 一是加强教育培训，坚持一月一考法制培训。二是进一步健全交警执法工作制度和执法规范管理。三是建立执法全过程记录制度，全面推进执勤执法记录仪使用管理，健全民警执勤执法监督，加大执勤执法记录仪采集数据的综合深化应用，促进民警队伍管理机制建设。四是执法质量考评工作，强化日常考、动态考、专项考和网上考评，促进执法办案质量。五是加强执法公开，深入推进阳光警务活动，听取社会各界人士意见和建议，改进执法工作。评查案件数达到办案总数的80%，执法案件合格率达到100%，行政拘留执行率达到100%，刑事案件办结率达100%。实现无冤假错案、无刑讯逼供、无违反程序办案、无乱收滥罚、无“收黑钱”、无“公路三乱”“六无”目标。

【队伍建设】 大队坚持抓班子带队伍，抓管理树形象，抓安全保稳定，抓创新求发展的工作思路，通过“三会一课”“周五学习”等形式，深入开展队伍政治理论学习、作风教育、典型案件剖析等警示教育，重点开展执法质量、办案程序、事故处理、车管业务、交通指挥手势、服务用语和科技装备运用等教育培训。全体交警、协警未发生因违法违纪被媒体曝光造成恶劣影响的事件或受到上级查处的案件，实现“零曝光、零违纪、零违法”。

【“125”农村道路交通安全管理】 深入开展农村道路交通安全“125”社会化管理工作。2016年，道路交通安全整治工作提升到政府工程、民生工程、“一把手”工程来抓，并正式纳入相关职能部门、乡镇安全生产考评范畴，并定期召开联席会议，认真落实安康市人民政府《关于深入推进农村道路交通安全管理的实施意见》文件要求开展农村道路交通安全管理工作，切实推进了农村道路安全管理工作向纵深发展。有效遏制了农村道路交通事故高发势头。群众交通安全出行得到进一步保障，全年无重特大及影响恶劣的交通事故发生。

【脱贫攻坚】 交警大队2016年包联向阳镇银定村，当年计划脱贫户生活有保障、住房有保障、生态文明有保障、子女求学有保障、看病有保障、基础设施有保障，年末全部达到国家扶贫标准。在当年全县目标责任考核中，精准扶贫工作优良，在县考评办、纠风办的屡次考核、抽查中，银定村群众对交警大队全年扶贫工作评价较高。

（刘丽丽）

消 防

紫阳县公安消防大队

教导员：肖永生

大队长：张峻踊

参 谋：梁联产 张 晋

中队长：常文彪

【火灾形势】 2016年，全县共发生火灾33起，未发生亡人火灾事故，直接财产损失15万元。大队共接警出动106起，其中火灾接警出动33起，抢险救援及社会救助73起，出动车辆164台次，出动官兵427人次，抢救被困人员6人，疏散人员20人，抢救财产价值40万元。

【政治工作】 2016年年初和7月，大队党委对班子进行了两次增选和改选，完善各项制度，制定各项学习计划，按照安排组织落实，并签订了相关责任书，加强了班子建设。开展经常性思想教育、专题教育等政治教育96次，廉政法纪教育12次，大中队主官与官兵谈心50余次，确保官兵的思想稳定。3月5日，深入紫阳县城关镇敬老院开展扶贫帮困工作。3月14日，组织植树活动，共植树300株，送水30吨，用于植树活动。4月3日，消防大队、武装部、紫阳一中、武警中队等多个单位深入紫阳县烈士陵园，开展凭吊祭奠活动。9月30日全国公祭日，武装部、消防大队、武警中队等多个部门深入烈士陵园，开展重温入党誓词、打扫陵园卫生、向烈士纪念碑敬献花圈等活动。通过学习十八届中央纪委六次全会精神、总队、支队执法廉政要求，大队从执法入手，对所有执法处罚案件，均把《陕西省自由裁量标准》和有关消防法律条款依据对处罚对象公开，所有罚没款严格执行罚没分离制度。

在官兵考学、入党、学车、选取士官、评先评优方面本着实事求是、公正公开的原则进行公开民主选拔，公示监督。确实把干工作、踏实、认真的好同志选出来。

【部队管理】 一是专项活动有序开展，部队建设稳步提高。紫阳大队组织开展了五次通讯专项训练，就通讯使用和术语进行规范；业务技能实战化训练根据大队方案要求，着重就各种新装备、新技术确保了官兵做到“会操作、会讲解、会保养、会维修”，努力发挥了器材装备的最大效能。二是深化“五无”创建活动。扎实开展3月“条令学习月”、每月“条令学习日”和“队列训练日”活动，强化官兵条令条例意识和安全发展理念，3月9日大队专门召开军人大队就“条令条例学习暨纪律作风教育整顿”活动进行动员部署，在支队举办的条令条例知识竞赛和队列会操中大队取得一个理论考试第一和优秀指挥员的好成绩。实现无亡人责任事故、无刑事案件、无自杀事故、无违反“五条禁令”、无严重违纪的“五无”目标，确保部队安全稳定。三是年度岗位练兵多措并举，练兵成果转化战斗力。坚持按纲施训、按职施训，做到以训练场为战场，以训促战，保证训练项目、时间、人员、效果四落实。克服人员少的实际困难，在执勤、训练中发扬小中队也有大作为思想认识，在支队举办擂台赛中多次取得优异成绩，在第三期擂台赛中中队上士周小红取得结绳擂主，在第五期擂台赛中取得无编制中队综合第一。四是创新工作方法、与地方队伍形成互补。与紫阳县高速路管理所签订协议，两家单位进行联勤联训工作机制，高速路救援队到队驻班训练12期86人次，共联合出动四次火灾和抢险救援任务。五是夏防工作有序推进，取得良好效果。有序开展辖区“六熟悉”、演练工作，2016年，大队共“六熟悉”社会单位106家，演练社会单位52家，制作单位预案93份，修订完善灭火救援重点单位31家，完善数字化预案30家，制作了辖区水源手册，“秦剑1号”专项活动装卷上报支队司令部。六是狠抓部队正规化建设。狠抓“两个经常性”工作，规范部队“四个秩序”，严格执行安全工作一票否决制。3月25日，召开专题会议全体官兵和外聘人员逐人签订安全责任书。2016年，中队没有发生任何行政责任事故，部队持续保持高度稳定。

【后勤保障】 2016年年初，紫阳大队围绕部队中心工作，立足当前、着眼长远，整体推进、重点突破，实现消防业务经费保障，经费预算总额达96万元，解决紫阳大队消防工作中经费不足问题。争取财政专项资金33万元维修，营房漏水和外墙真石漆改造使用资金33万元，已经整改完毕，大队所有车辆都购买车辆保险，新购置城市主战消防车已列装部队。队站建成以后，各方硬件设施和软件设施还不完善，大队在日常开销大、经费紧张的情况下，节省公务招待等及其他开支，力保大队硬件设施建设不落后。单位财务实行零现金支付，大项开支前有党委会讨论记录，严格落实各项财务管理规定。厨房建设基本完工，已封顶，大队新餐厅综合楼已封顶正在进行内外粉刷阶段。

【防火监督】 **消除火灾隐患** 2016年以来，大队相继开展今冬明春火灾防控专项行动、施工现场专项检查、夏季消防安全排查整治等活动。大队先后联合公安、民政、教育、卫生、文化、工商、住建等部门开展多项联合执法，切实消除一大批火灾隐患。大队共检查单位1815家（次），发现火灾隐患或违法行为2722处，督促整改2657处，下发责令改正通知书份846份，下发行政处罚决定书76份，罚款240500元。**指导基层派出所** 不断明确派出所消防监督职责，规范派出所消防监督执法工作，强化派出所消防监督管理工作，实现依托基层公安派出所建设三级监管“网格化”管理工作的目的，在前期县公安局明确消防大队与派出所职责任务，形成所领导负责，专兼职民警抓落实的基础上，大队为各所下发了《消防安全管理实用手册》，帮助开展日常消防监督工作，针对派出所消防监督管理系统的应用问题，大队指派业务能力强的监督人员上门指导，现场教学，完成数据录入。1月7日、8日对基层派出所专兼职民警进行消防培训。紫阳县17个派出所开展消防检查共检查单位5149家（次），发现并督促整改火灾隐患3182处，下发责令整改通知书2007份。县公安局2016年度在全市公安机关消防工作中排名第一。**消防宣传** 消防宣传多种多样形式丰富。分别深入机关、团体、事业、企业、农村、社区、人员密集场所开展消防安全培训，2016年共培训5000余人次；充分利用县电视、短信、横幅、娱乐场所的电视、微博、微信、彩图等各种媒体资源，发布消防安全常识、灭火救援画面、预防煤气中毒、预防消防行为诈骗公告，精心打造“一楼一宣传”消防宣传亮点工程。指定专人负责每天推送消防微信更新、微博推送消息，定期通过大队开通的移动信息平台发放消防安全知识。利用省市县及电视、网站、新浪微博、报纸、杂志等各种媒体资源，发布消防安全常识、灭火救援画面、预防消防行为诈骗公告，全面构建多元化、立体式消防宣传“大格局”，增强各级人员消防安全素质和意识。**消防基础设施建设** 消防专职队伍建设稳步推进。县政府批复40万元用于紫阳县县城及各镇消防专项规划。紫阳县专职消防员招聘工作，2016年12月21日，30名退伍待安置军人到大队报到，成为现役消防部队的有效补充。

（常文彪）

检 察

紫阳县人民检察院

党组书记、检察长：王开富

副检察长：兰俊华 宋方甲 阴文忠

纪检组长：陈 宏

政治协理员：黄新春（女）

反贪污贿赂局局长：兰俊华（兼）

反贪污贿赂局副局长：郭燕玲（女）

杨 丁

反渎职侵权局局长：纪晓忠

办公室主任：黄英志

【机构设置】 紫阳县人民检察院有政法专项编制55名，在编49人。内设反贪污贿赂局、反渎职侵权局、公诉科、侦查监督科、民事行政检察科、控告申诉科、职务犯罪预防科、刑事执行检察科、案件管理中心、办公室、司法警察大队，一个驻镇检察室（蒿坪）。

【履行法律监督职能】 1. 共受理公安机关提请批准逮捕案件66件84人。经审查，共批准逮捕57件75人，不批准逮捕9件9人，不捕率10.7%；2. 受理审查起诉案件75案95人（其中公安机关移送71案90人，院自侦部门移送3案4人，市院指定管辖1案1人），经审查，依法向县法院提起公诉62案88人，上报市院审查起诉案件2案2人，不起诉1案5人，退回公安机关补充侦查13案17人，出庭支持公诉69案98人，审查县法院判决59案76人，均为有罪判决；3. 全年共接待来信来访71件（其中市院转办2件，本院受理来信16件，来访53件），初核案件2件，按照归口办理的原则，分流到反贪局办理14件，反渎局1件，转民行科1件，当面答复55件，做到了件件有着落。对辖区内5个镇的13名刑事被害人进行了摸底排查，并到各刑事被害人救助对象家里进行走访，向镇上包村干部和村干部核实情况，决定对符合条件的12名刑事被害人进行救助，举办2次法律知识和宪法日主题宣传活动。

【查办和预防职务犯罪】 全年摸排核查线索28件，其中反贪线索26件，反渎线索2件。立案侦查扶贫领域贪污贿赂案件4件5人，其中查办陕南移民资金贪污案件2件2人，查办教育扶贫贿赂案件2件3人。反渎职侵权局针对群众最关心的环境保护领域进行查访、摸排，查办破坏环境资源案件2件2人。在惠农扶贫领域专项预防工作中，与县扶贫开发局联合成立"集中整治和加强预防扶贫领域职务犯罪专项工作协调领导小组"，制定《关于组织开展集中整治和加强扶贫领域职务犯罪专项工作实施方案》，开展县扶贫局全员风险岗位排查和廉政承诺活动。全年共开展职务犯罪法律知识专题讲座28场次；出席监督招投标会议139场次；与县招标采购中心进一步研究查询制度，在大厅案管中心设立专门的查询窗口，共开展行贿犯罪档案查询2174件。

【诉讼监督】 全年共审查民事行政案件24件，其中向县人民法院发出一般检察建议14件、再审检察建议1件，县法院采纳一般检察建议14件，采纳再审检察建议1件；现场监督执行案件2件；向行政机关发出督促履行职责检察建议9件，行政机关采纳检察建议9件。强化刑罚执行和监管活动的监督，针对刑罚执行和监管活动中出现的违法问题发出《纠正违法通知书》9件，纠正率为100%，发出《检察建议书》1件，已被采纳。办理羁押必要性审查案件3件4人，经审查提出变更强制措施建议的2件2人，办案单位采纳建议并变更强制措施为取保候审的2件2人。开展监外执行和社区矫正专项检察，监督考察监外执行罪犯269人。办理强制医疗执行监督案件1件。

【检察队伍建设】 一是加强思想政治建设。认真学习中共十八大、十八届三中、四中、五中、六中全会和习近平总书记系列重要讲话精神，认真贯彻中共紫阳县委十五届一次全会和全市检察长会议精神，围绕全面贯彻落实县委决策部署，全力以赴抓党建，紧紧围绕生态立县、产业强县、旅游兴县战略，强化服务意识，促进法治建设，努力营造良好的法治环境。二是加强纪律作风建设。坚持从严治检，全面推进检察机关惩治和预防腐败体系建设，认真贯彻落实"两个责任"，严格执行"中央八项规定"精神，建立和完善《干警执法档案》《干警廉政档案》，从源头上预防检察人员发生违法违纪问题。在年初召开的2016年度检察工作会议上，党组书记、检察长分别与各位副检察长签订《党风廉政责任书》，各分管领导又与分管部门签订责任书，确保"一岗双责"责任落实到位，廉政监督责任到位，廉政纪律执行到位、执行纪律压力传导到位，确保作风建设常态化，全年干警零违纪。三是全面提高干警业务素能，组织开展岗位练兵、庭审观摩、文书展评、侦查技能竞赛活动，选派18名干警参加不同层次的业务培训，更新知识结构，提高执法水平。

【司法体制改革】 作为全省检察体制改革试点院之一，紫阳县检察院把改革试点工作作为一项重大政治任务，强化政治意识，坚定改革信心，围绕省检察院总体部署，召开动员大会，统一思想，引导干警正确对待进退留转，制定遴选员额检察官的工作方案和考核办法，全力以赴抓好司法责任制改革，试点工作实现平稳健康有序开展。当年9月前完成11名员额检察官选任、职权划分清单、机构整合方案等改革任务，受到省市委政法委、上级检察院领导高度评价，改革经验被安康市人民检察院转发。

【“两学一做”学习教育】 真学实做提升党性修养，真抓实干突出检察特色，明确责任、强化措施、突出重点、创新方式，做到过“六个到位”，即一是组织领导到位，制定学习教育方案；二是学习内容到位，制定党员学习计划；三是专题讨论部署到位，扎实开展专题学习讨论；四是践行标杆落实到位，引导党员向先进典型学习；五是以学促干到位，突出检察特色实践载体；六是氛围营造到位。促进学习教育扎实深入开展。

【检察宣传】 强化检察宣传主阵地和“两微一端”建设，拓展信息发布、沟通互动新平台。全年共在各级各类媒体上发表检察宣传稿件254篇，公开案件信息251条，公开法律文书35份。

【精准扶贫】 2016年，县检察院帮扶向阳镇三营村。上半年从办公经费中筹措资金3.2万元为贫困户购买38头猪崽发放到贫困户家中，确保每个贫困户年底至少能够出栏2头生猪。与镇村协调组织实施安置点工程，工程建设正在稳步推进。下半年挤出单位运转经费40600元，用于扶持村卫生室建设以及购买核桃树苗。全年按期完成三营村49户151人脱贫任务。

【年度荣誉】 是年，在全省人民群众满意度调查中，县检察院在全省检察系统中位列第17名，在安康市检察系统中位列第3名，被安康市人民检察院授予“人民满意检察院”称号；在安康市检察院交办查处市级大要案中，紫阳县检察院被集体嘉奖一次，纪晓忠被记三等功一次；谢英被安康市委政法委授予“人民群众满意的政法干警”称号；徐锋被安康市人民检察院授予“十佳检察官”称号；黄新春被安康市人民检察院授予“优秀检察官”称号。8月底，王成华代表安康市检察院参加陕西省检察院组织的案管业务竞赛，荣获“案管业务工作能手”称号。

（黄英志）

法 院

紫阳县人民法院

党组书记、院长：毕传祥

副 院 长：蒋晓安 吴庆华 汪 焱

执行局长：高显超

【机构设置】 紫阳县法院编制74人，临聘人员30人。党组成员5人，机关内设刑事审判庭、民事审判第一庭、民事审判第二庭、审判监督庭、行政审判庭、立案庭、执行庭、纪检监察室、政工科、办公室、审管办、研究室、法警队、装备科、信访办等15个审判、行政职能部门。设毛坝、蒿坪、高桥、洄水、红椿、汉城6个基层人民法庭。

全年共受理各类案1900件（其中新收案件1780件，旧存案件120件），结案1837件，结案率为96.68%，与上年相比，收、结案分别上升75.2%和79.9%。

【刑事审判】 2016年共受理刑事案件79件，审结78件，判处刑罚108人。严厉打击破坏社会治安管理秩序，审结危害人民群众生命财产安全的“两抢一盗”、故意伤害、强奸、敲诈勒索及电信诈骗等案件44件；严惩群众反映强烈的危害食品药品安全犯罪，成功审理被告人黄某某等11人生产、销售假酒一案；坚持宽严相济的刑事政策，对初犯、偶犯等罪行较轻并确有悔罪表现的20人（其中17人缓刑，3人免于刑事处罚）被告人依法适用缓刑、免于刑事处罚。

【民事审判】 2016年共受理各类民商事案件1365件，审结1314件，坚持“调解优先、调判结合”的原则，积极稳妥化各类民商事纠纷，高度重视民生案件，审结婚姻家庭案件368件，劳动争议案件28件；保护当事人合法权益，维护市场交易秩序，审结合同纠纷案件263件，审结各类侵权案件72件；化解金融风险，审结金融纠纷案件14件；依法保障重点项目建设，成功处置10余起阻挠重点工程建设案件。

【行政审判】 充分发挥行政审判职能，依法妥善化解行政纠纷，着力解决行政审判突出问题。全年审查非诉行政执行案件8件，学入行政机关开展法律讲座和培训3次，发出司法建议3条，促进行政机关依法行政。

【执行工作】 认真落实全县“基本解决执行难”工作会议精神，开展“百日执行会战”活动，集中执行多起要求履行行为案件，执结多年来未执行的家乐商贸公司与廖军排除妨碍、覃丕香与匡胜晏房屋买卖纠纷等多起执行信访难案和影响重大案件进行执结。全年公布失信被执行人员名单三期79人次。执行指挥中心建成并掺入使用，整合执行局和法警大队，初步实现执行警务化。全年共受理执行案件430件，执结419件，标的额为8455.42万元。

【司法改革】 2016年年初，紫阳法院被确定为司法体制改革试点单位后，坚持问题导向，有序推进司法体制改革试点工作。借鉴全国第一批司法体制改革试点法院经验做法，结合实际制定出司法改革试点工作实施细则及配套制度。成功举办全市法院司法体制改革研讨会，先后两批次选任出员额法官18名，初步完成人员分类管理，再次整合内设机构，科学划分审判单元，重新组建新型审判团队。建立健全专业法官会议制度，完善审判委员会制度，规范案件签署权，突出员额法官、合议庭的办案主体地位。完善案件质量监督评查办法，建立“第三方”案件评查机制。试点一年来，有6名员额法官年均结案在100件以上，院领导办结案件193件，人均39件。案件平均办理时长由2015年82天缩减至67天，审限内结案率、法官人均结案数、服判息诉率同比明显提升。同时新收案件信访明显减少，2016年被市委、市政府授予依法治访工作先进单位。

【队伍建设】 一是开展“两学一做”学习教育。采取集中学习、专家讲座、交流研讨等形式，通过开展党组书记讲党课、邀请纪委领导讲廉课、邀请党校教授讲党课、演讲比赛、学习模范先锋、组织干警观看警示教育片等方式，强化党性教育、优化党员管理、深化作风建设，增强法官干警的政治意识、大局意识、核心意识、看齐意识。结合法院工作实际，在全体党员干警中开展“六有六比”活动，每名法官干警紧密联系个人思想工作实际，深入剖析问题，研究整改措施，狠抓落实。二是强化司法能力建设。不断强化队伍宗旨意识、担当意识，保证理想不滑坡、信念不动摇、精神不“缺钙”。采取走出去、请进来的方法，加强干警的培训力度，不断提高干警的学历层次和综合素质。开展书记员业务能力测评考试、法律文书评比、庭审观摩评议等方式，提高法官干警司法能力水平。2016年共组织各类培训9次，培训干警160余人次。支持干警参加司法考试，有三名干警取得研究生学位，本科以上学历占全院干警总数的83%，全院有22名通过司法考试。三是狠抓党风廉政建设。强调重申“五项纪律二十条要求”，从严明整肃工作纪律、会风会纪、警容风纪入手，切实转变司法作风，规范司法行为，树立法院良好形象；持续开展审务督查活动，通过案件评查、信访投诉、日常督查、邀请廉政监督员明察暗访等途径主动发现问题、处理问题，对2名干警提醒谈话。四是提升调研宣传力度。完成调研文章10余篇，报送动态信息150余条，被法制网《陕西日报》《西部法制报》《陕西法院网》《安康日报》等各级各类主流媒体采用报道287条。

【精准扶贫】 选派富有农村经验的干部担任驻村第一书记，每名党员干警包联5户群众，全年帮助200余农户协调配套资金发展养殖业，在村道路环境、村容村貌建设、养殖种植以及乡村产业建设项目上加快建设加大资金投入和协调力度。全年投入资金近8.1万余元，技术培训投入0.5万元，为解决宝山平七、八组用电难投入资金2.6万余元，联户干警还为10户贫困户购置200支鸡苗。

【基础设施建设】 以“规范化人民法院”建设为中心，完成了高桥、蒿坪两个人民法庭规范化建设，5个人民法庭实现局域网、视频监控、审判管理软件在法庭的全覆盖，物质装备条件和信息化水平得到进一步改善。同时启动汉王法庭重建工程。

【年度荣誉】 2016年县法院被省法院评为新媒体运用先进集体、县法院微信平台被省法院十佳官方微信，两名干警被省法院分别评为调研先进个人和新媒体运用先进个人。

（吴庆华）

司法行政

紫阳县司法局

局　　长：朱永平

副 局 长：焦　峰　喻明权

纪检组长：孙智琴（女）

【机构设置】 紫阳县司法局内设7个股室：行政股、法制宣传教育股、法制与法律服务监督管理股、基层工作管理股、148法律服务所、法律援助中心（社区矫正中心）、矛盾纠纷调解中心。负责管理县公证处、陕西汉水律师事务所、陕西自信律师事务所、城关法律服务所和蒿坪法律服务所。县司法局机关政法专项编制20名，县公证处事业编制3名，县148法律服务所（调解中心）事业编制3名。

【普法教育】 县委、县政府将普法依法治理工作纳入各镇、各部门年度综合目标考核，印发《关于实行国家机关“谁执法谁普法”责任制的实施意见》，进一步夯实“谁执法、谁普法”责任，形成重点单位牵头，其他部门各司其职“版块式”大普法新格局。利用联系服务群众“五个一”和“一村一政法” 工作机制，形成镇镇都有一条法治文化街、村村都有一幅普法宣传标语和一块法制宣传栏、户户都有一名普法宣传员和一本普法读本的全覆盖普法工作网络。开通手机短信、微博微信、E信通等普法宣传平台，联合县委政法委、县电视台、县广播电台开办《有理大家说》和《法之声》普法栏目，配合县安银民俗文化传播有限公司编排“平安建设暨法治宣传”文艺节目，全年完成巡演17个镇42个村20个社区。开展了“12·4”国家宪法宣传日、“法律进校园”宣传周等重大日期集中宣传活动。组织全县1700余名公务员参加了《中华人民共和国宪法》、《中华人民共和国公务员法》网上学法用法考试。新建法治文化广场1个、法治文化墙5面，截至2016年年底，全县累计建成法治文化街23条，法治文化广场4个、法治示范小区10个，法治文化大院1个、法治文化园区1个。创建达标市级法治示范村（社区）25个、县级民主法治示范村（社区）10个、法治示范校园5个。

【矛盾纠纷排查化解】 1. 成立以县委政法委书记为组长的“三调联动”领导小组，成立县矛盾纠纷调解中心，统筹全县人民调解工作，建立10个专业性、行业性调解委员会，在县法院和县交警大队、派出所成立诉调对接工作室、交调对接工作室和公调对接工作室。县镇两级设立“三调联动”办公室，纵向收集汇总、分析研判，横向整合力量、参与化解。全县形成以县矛盾纠纷调解中心为主体，镇人民

法治宣传

立起规范化调解室10个、老哈调解室1个，统一组织人民调解员1期160人，参加省市培训40余人次。

调解组织、行业性专业性调委会为两翼，司法调解、人民调解、行政调解紧密衔接的“三调联动”的紫阳大调解工作格局。2016年，全县共调解各类矛盾纠纷1319件，调解成功1294件，调解成功率达97%。其中涉及全县重点工作、重点项目47件，调解成功47件。2. 县委、县政府制订出台《进一步加强人民调解、行政调解、司法调解“三调联动”工作实施意见》，构建“条块结合、无缝对接、优势互补、高效便捷”的矛盾纠纷“三调联动”多元化解决机制。制定《诉调对接中委派、委托调解工作规定》《公调对接实施方案》《行政部门邀请人民调解组织参与行政纠纷调解制度》《人民调解协议书司法确认制度》。3. 充分发挥“三调联动”机制，参与全县重点项目建设前期法治宣传、建设中纠纷调解，保障河堤路拆迁、国道541等项目建设有序推进。4. 县财政每年预算30万元专项资金实行“以案定补”，对每起案件根据复杂程度给予100~500元的标准补助。每年评选十大金牌调解员和十个“三调联动”先进集体进行表彰奖励。5. 基层调解组织规范化建设。在向阳、洞河、东木等镇建

【基层法律服务】 一是全面推进公共法律体系建设。在县、镇两级政务大厅设立公共法律服务中心18个，将司法行政职能服务事项全部进驻政务服务大厅，实现“一站式”办理。二是出台《紫阳县法律服务市场管理办法》，开发法律服务信息监督管理平台，对律师、基层法律服务工作者进行从收案到结案全程监督，加强法律服务市场监督管理。三是建立律师、基层法律服务工作者参与信访、矛盾纠纷化解工作机制，在县信访大厅派驻律师1名。四是进一步完善律师、法律服务工作者个人诚信档案，开展律师、基层法律服务工作者依法治国教育和诚信评价活动，对从业人员个人从业行为及投诉记入档案，纳入年终考核和执业年检，2016年，暂缓注册基层法律服务工作者4人。五是全面推行“点援制”援助模式，在县法院、各镇等单位设立法律援助工作站26个，在村（社区）设立法律援助联络点20个，让群众就近获得法律援助，2016年共办理各类法律援助案件283件，挽回经济损失1700余万元。六是扎实开展法律扶贫工作。2016年，为焕古镇东河村等30个脱贫村确定包抓领导、包抓部门和包抓责任人，为贫困村选聘法律顾问30人，确定城关镇富家村等9个脱贫村为法律扶贫试点村。

【社会管理创新】　1. 安置帮教工作。采取“一对一”帮教措施，对近三年刑释解教人员进行一次全面清理核实，切实掌握辖区刑释解教人员思想动态、流动去向。联合县人社局对刑释解教人员进行技能培训，通过培训教育，引导和扶持刑释解教人员依靠自身努力实现就业。2. 社区矫正工作。一是全面启用社区矫正服刑人员管理手册，对所有社区矫正人员全部建档，落实“一对一”监管措施。二是建立县、镇两级监控平台，对社区矫正重点对象实行24小时全程定位监控管理，实现社区矫正监管工作从“人防”向“技防”转变。三是开展社区矫正安全隐患排查专项整治活动，采取明察与暗访相结合方式，对检查出问题限期进行整改。

【法律援助工作】　紫阳县司法局以利民便民为工作出发点，通过对“点援制”等一系列行之有效便民服务措施大力推广宣传，有效维护困难群众合法权益。全面推行“点援制”援助模式，在县法院、各镇等单位设立法律援助工作站26个，在村（社区）设立法律援助联络点20个，2016年共办理各类法律援助案件283件，挽回经济损失1700余万元。

【干部队伍建设】　“两学一做”教育活动中，通过集中学习，专题讨论，查找问题，列出清单，建立台账，狠抓整改，用整改效果检验专题教育成果等系列作法，促进机关队伍建设。出台财务管理制度、固定资产管理、办公用品采购、差旅费报销、车辆管理制度等相关制度，坚持用制度管权、管人、管事。组织全系统开展“守纪律、讲规矩、建诚信、推法治、创业绩、树新风”主题活动，打造司法行政队伍新形象。

【综治平安建设】　履行综治成员单位职责，围绕“两率两度”积极开展各种形式的宣传活动，组织普法宣讲团直接深入到村镇、社区及学校开展法制报告会688场次，办黑板报446期，标语640条，全面宣传平安建设知识及平安建设成果。

【精准扶贫工作】　2016年，县司法局负责包抓焕古镇东河村，全年应解决安全住房的贫困户167户491人，实际解决164户482人，剩余3户9人采取预留保障性住房予以解决。公路硬化5.5公里，连户路2.4公里，新建砂石路9.5公里，新修水窖37口，人畜饮水3处，新建慈善桥1座，维护村级公路4公里，新建移动基站1处，宽带入户30户。新建村级卫生室80平方米，文化活动广场2000平方米。全村现有产业加工厂6个，招商引资秦巴山茶叶有限公司于2015年4月正式加工生产，春秋两季为农民增收140余万元，人均增收1200元左右，并出资为村民购茶叶修剪机10台，肥料36吨，新发展精品茶园1000亩（其中新建丰产密植茶园700亩，补植300亩），开展茶园管护技术培训2次，茶园基地管护500亩。

【年度荣誉】　紫阳县被省委普法办表彰为2011—2015年全省法治宣传教育工作先进县；县矛盾纠纷调解中心被省委办公厅、省政府办公厅评为全省维护稳定工作先进单位；陕西汉水律师事务所律师徐建忠被省律协评为“全省律师行业优秀党务工作者”、被市委评为“全市优秀党务工作者”。

（唐奇民）

农　业

农林科技

紫阳县农林科技局

局　　长：贾耀卿

副 局 长：伍贤密

局党委委员：冉章云　侯明华　曾德鑫

朱国茂　黄志富　吴世明

唐　勇　张　安　班定华

【机构设置】　县农林科技局于2016年4月28日由原县农业局（科技局）、原县林业局合并成立，行政编制32名（含紫阳县公安局森林公安分局政法专用编制10名，加挂紫阳县公安局森林公安警察大队和紫阳县森林防火指挥部办公室牌子，下设森林公安派出所，副科级规格，副科级领导职数2名），其中：局长1名，副局长2名，局机关内设行政股、计财股、农业股、林业股、法制股、科教股、资源股7个股室。事业编制未下达。现有在岗职工119人，其中行政在岗人员44人，事业在岗人员75人。

【综述】　全县农林科技工作以农民增收为核心，以科技服务为支撑，以现代农业园区为载体，着力发展农业特色产业，优化产业结构，深化农村改革，实现农村经济持续健康发展。实际完成第一产业增加值增速4.1%，围绕园区发展，实现固定资产投资7150万元；全年粮食播种总面积63.12万亩，总产11.15万吨，同比增长0.2%；油料播种总面积11.07万亩，总产1.25万吨，同比增长-0.5%；农村居民人均可支配收入达到8789元，同比增长9.2%；全年实现农业总产值20.15亿元，同比增长2.5%；全年猪牛羊出栏量达51.27万头（只），肉类总产3.3万吨，家禽出笼105.16万只，禽蛋总产4310吨；魔芋种植总面积6万亩，总产量6.7万吨，实现产值2.1亿元。全年造林总面积6.59万亩，林业总产值20.8亿元，森林覆盖率60.7%，荣获全国绿化模范县。

【农村改革】　全县农村土地承包经营权确权登记7.25万户67.76万亩，全部进行了空间测绘，公示了测绘结果。土地确权信息化管理系统已建立，“一户一档”资料收集、整理、建档工作已完成，具备颁证条件。

【魔芋产业】 全县共17个魔芋基地镇，魔芋种植总面积6万亩，较2015年扩大1.2万亩。商品芋总产7.4万吨，实现产值2.1亿元。发展魔芋重点镇4个，一村一品重点村4个，建市级魔芋产业示范园3个，县级魔芋产业示范园6个。

【林下经济】 全县发展以魔芋、蔬菜菜、食用菌、饲料为主的林下种植业17万亩，林下畜禽养殖业140余万头（只），林业产值达到20.8亿元。

【畜牧产业】 全年生猪出栏38.22万头，羊出栏13.05万只，家禽出笼105.16万只，肉类总产达3.3万吨，禽蛋总产4310吨。继续培育和支持生猪阳晨产业联盟发展，进一步提高养殖水平，吸引力民间资本，扩大养殖规模，增强市场抗风险能力。建成了东木军农养殖场、界岭双泉养殖场、高滩青勋养殖合作社3家生态养殖典范。

残疾青年朱明财和他养殖的羊群

【农村经济】 农村居民人均可支配收入达到8789元，同比增长9.2%；全年实现农业总产值20.15亿元，同比增长2.5%；全年粮食播种总面积63.12万亩，总产11.15万吨，同比增长0.2%；油料播种总面积11.07万亩，总产1.25万吨，同比增长-0.5%；全年猪牛羊出栏量达51.27万头（只），肉类总产3.3万吨，家禽出笼105.16万只，禽蛋总产4310吨；蚕茧总产量180吨，同比增长-2.7%；柑橘总产量4918吨，同比增长5.4%；水产品总产量7085吨，同比增长2.4%；烟叶种植总面积0.65万亩，总产量0.11万吨，分别同比增长-18.4%、-18.9%。

【农业机械】 2016年完成51万元农业机械补贴资金，推广茶叶机械、茶叶修剪机械、微耕地机械等各类机械390台，受益农户366户。

【退耕还林】 2016年，对全县29.86万亩一期退耕还林工程进行管护和政策补助兑现。对2014年实施的6000亩新一轮退耕还林工程进行检查验收和政策兑现。对2015年实施的10000亩新一轮退耕还林工程进行规划设计、检查验收。

【现代农业园区建设】 继续围绕茶叶、魔芋、畜牧和特色林果产业规划建设的28个农业园区，重点突出3个省级、19个市级园区，强化设施设备、生产功能、质量品牌和经济效益等方面提升，实现固定资产投资7150万元。全年建成红椿现代农业园区、蒿坪魔芋园区、和平现代农业园区等产值2000万元以上现代农业园区7个。全年新规划建设农业园区8个，新申报省级园区1个，市级园区11个。启动新建林业园区6个，创建申报市级林业园区5个，提质增效培育年产值2000万元以上的林业园区7个。

【农产品质量安全监管】 进一步健全县、镇、村三级监管体系和监管员队伍，推行农产品质量安全网格化管理，彻底解决“末梢监管不到位”问题，实现监管职责全覆盖。以农业园区、种养殖大户为重点，推行生产基地一对一监管制度，落实各级监管人员职责，定期检查生产基地环境、生产记录、农业投入品使用情况及安全间隔期（休药期）的执行情况，强化业主农产品安全生产责任。坚持问题导向，突出关键环节，深入开展高毒农药违规经营违法使用、非法添加“瘦肉精”、畜禽滥用抗生素、违规使用膨大剂、违法销售和屠宰病死畜禽及无证收购运输农产品等违法违规行为专项治理，始终保持农产品质量安全监管高压态势，有效防范农产品质量安全问题发生。

【林特生产】 全年完成造林绿化6.59万亩、义务植树75万株，实施森林抚育2.5万亩。全年营造以核桃和茶叶为主的经济林3.29万亩，改造低产低效经济林1.91万亩，管护抚育特色经济林27万亩。全年蚕茧总产量180吨，同比增长-2.7%；柑橘总产量4918吨，同比增长5.4%。

【森林资源管护】 对全县240余万亩森林落实双向管护责任，与17个镇签订管护责任书，聘用220余名森林管护员。兑现全县147.59万亩生态公益林补偿资金2163.59万元，涉及农户64021户。对全县范围开展胡蜂、松材线虫病防治工作，全年无重大胡蜂伤人事件，未发生松材线虫病害。强化秋冬季节森林防火工作。

【行业扶贫】 是年，出台了产业扶持办法，生态扶贫办法，将天然林保护、退耕还林等重点项目优先规划到贫困村实施，向贫困村下达以核桃、茶叶、小杂果为主的特色经济林建设指标17900亩，年投入177万元，通过就地聘用354名在册贫困户人员为生态护林员，解决贫困人员就业。组织现代农业园区、林业园区、涉农涉林企业、合作社、家庭农场与贫困村、贫困户进行对接帮扶。规划建设2个科技扶贫示范村，1个市级科技扶贫示范点，选派科技特派员63名，“三区”人才3名，展开贫困户“一户一技能”培训。

【科技创新】 根据省科技厅《科技创新驱动县域经济发展示范县建设工作方案》，与西安交通大学公共管理学院协同编制出台《紫阳县科技创新发展规划》和《紫阳县科技创新驱动县域经济发展示范县建设实施方案》。重点围绕硒资源开发和富硒产业升级发展，调查征集和制定全县三年科技需求清单。组织部分技术需求参加全国技术需求挑战赛（安康赛区）。

【硒产业研究】 落实“一县N高校，一县N院”所联席会议制度，与中国农业大学、西安交通大学、陕西科技大学等全国20多所科研院校进行对接，签订院地、校企科技合作协议16份，引进高层次技术人才85人次，凝练储备10个富硒产业链创新项目，首批启动“富硒畜禽饲料研制开发”等4个科技研发项目。聚力搭建科技创新平台，启动中国硒研究院规划建设，建立富硒产业孵化基地、电子商务孵化中心2个市级“众创空间”，组建紫阳硒产业“星创天地”1个并通过省级认定和国家认定公示。

【富硒产品开发】 依托县硒资源开发公司，联合10余家科研院所和富硒食品企业组建陕西硒产业技术联盟，推进硒开源公司富硒玉米硒含量标准制定。依托县硒资源研究所实施产学研项目5项，在研课题3项，引进转化技术成果2项，开展金花葵、大蒜等植物品种聚硒筛选试验，研制开发富硒魔芋、黑蒜、玉米等富硒新产品5个。完成富硒营养强化剂中试生产线研发，生产批量样品示范试用茶叶、水稻等，硒含量提升明显。

【科技业务】　R&D支出占GDP比重和规模以上工业企业R&D占主营业务收入比重两项考核指标完成。技术合同交易额240万元（占考核指标120%）、专利申请量完成65件（占考核指标的108.33%）、专利授权量完成24件（占考核指标的65%）。

【防震减灾】　贯彻《中华人民共和国防震减灾法》和《陕西省防震减灾条例》，完善和落实《紫阳县地震应急预案》。强化县级地震观测点管理，进行地震备案，地震宏观观测点和地震前兆观测台运行正常。2016年5月12日在紫阳广场举办防震减灾大型科普宣传活动，随后陆续走进社区、乡村免费发放《防震减灾知识读本》，申报城关镇新桃小学为市级防震减灾示范学校。

【年度荣誉】　2016年11月紫阳硒资源开发有限公司获得科技部备案为“紫阳硒产业星创天地”；2016年紫阳县畜牧中心获陕西省畜牧技术推广总站评为先进集体；2016年曾德鑫被陕西省畜牧局评为全省畜牧兽医先进个人；2016年唐志春、李名松被陕西省畜牧技术推广总站评为先进个人；2016年王志荣被陕西省疾病预防控制中心评为先进个人；2017年2月夏俭民被安康市农机局评为2016年度农机化先进工作者。

（沈长刚　廖文成）

茶 产 业

紫阳县茶业局
局　长：吴世明
副局长：李尤学

【机构设置】　紫阳县茶业局有事业编制8名，实有在册人员14人。内设行政股、业务技术股、综合管理股3个机构。

【产业概况】　2016年，紫阳县被省农业厅列入“十三五”全省农业主导产业转型升级3个茶叶示范县之一，给予支持建设。全县年茶叶产量5863吨（春茶4241吨、夏秋茶1622吨），实现茶叶产值8.8亿元，综合收入13.5亿元，较2015年分别增长11.4%、12.8%和8%。

【基地建管】　新建茶园7116.5亩（含陕茶一号纯种无性系茶园847亩），其中贫困村新建茶园4956.1亩，占比70.6%；建设茶业园区17个，其中省级园区2个，市级园区10个；培育母穗园2900亩，在红椿、蒿坪、高桥、东木等地完成苗圃地建设及繁育“紫阳群体种”、“陕茶一号”675亩；全年面上茶园管护率达85%以上，示范茶园管护率达95%以上；完成低产茶园改造1.5万亩；茶园茶网蝽虫害统防统治防控面积累计达8.2万亩，效果良好，稳定了茶农信心；开展夏季茶园机械化管理培育试点，实施面积2000余亩。

【产品加工】　和平茶厂完成绿茶、红茶智能化生产线建设各1条，新增加工能力200吨；康硒天茗茶业公司和紫晨茶业公司完成标准化茶厂及清洁化生产线建设，新增加工能力200吨；新建（扩建）茶叶初制加工厂18家，新增加工能力200吨，全部通过SC认证，全县SC认证茶企、茶厂达到了40家；规模以上茶企达12家（其中省级龙头企业3家，市级龙头企业5家）；新增注册资金500万元以上茶企5家。向阳茶厂新产品“青砖茶”研发成果通过市科技成果鉴定并报省科技成果登记，年产500吨青砖茶生产线开始建设。产品质量进一步提升，相关茶企产品获“国饮杯”一等奖3个，“中绿杯”一等奖3个；全省优质茶评选获奖24项，其中红茶金奖6个（占红茶金奖总数60%）、绿茶金奖5个；第二届安康硒博会获奖20项，占全市获奖总数的45.5%，其中“科宏牌”特级红茶获“红茶茶王”称号。

村民们在育苗基地里插茶苗

【产品营销】 境内外新增紫阳富硒茶实体店52家、网店20家。举办2016西安·紫阳富硒茶及生态旅游推介会、2016陕西紫阳富硒茶北京推介会；参加“共护南水北调水源汉江，同建安康生态富硒茶乡”活动启动仪式及安康富硒茶科研成果新闻发布会、第七届中国国际茶业及茶艺博览会、第十届茶博会暨第二届丝路茶文化节、上海国际茶交会、2016年安康美食文化节、“安康富硒茶进校园”宣传推介活动。特别是在全国最大、知名茶市北京马连道举办紫阳富硒茶宣传推广会取得良好效果和影响，促成紫阳11家茶企与马连道国际茶城经销商对接合作。在陕西电视台二套《都市快报》，西安地铁、西安市内省、市单位办公楼LED等媒体投放广告，加大品牌、产品宣传，促进营销。

【品牌建设】 紫阳富硒茶获中国茶叶流通协会认定“全国推荐绿茶公用品牌”，2016年中视金桥国际传媒“吾谷网”百万网友心中的全国“一村一品”十大知名品牌；在中国茶叶区域公用品牌价值评估排行榜中品牌价值位居第25位，较上年晋升一个位次，增长1.72亿元；陕西省农业厅授予紫阳县茶业协会“品牌创新奖”；紫阳县被中国茶叶流通协会评为“2016年度中国茶业发展示范县”和“全国重点产茶县”。

【产业培训】 继续推进基层专业人员培养和素质提升工程，分两期选送50名初中以上文化程度的毕业生到江西婺源茶校接受一年期专业培训学习；实施全县茶产业万人技能培训工程，举办培训会106场次，培训7800人次；举办骨干教师，绿茶、红茶、黑毛茶加工，评茶员、茶艺师等专项精准培训6期，培训500人。

（康绍山）

水 利

紫阳县水利局
党委书记、局长：刘洪涛
副　局　长：刘义庞　黄治平
　　　　　　王永顺　陈春风
党　委　委　员：唐志毅
防汛办副主任：朱贵山

【机构设置】 紫阳县水利局内设行政股、综合计划股、水电管理股、水政水资源股4个股室，下设防汛抗旱指挥部办公室、水土保持工作站、水产渔政管理站、水利水电勘测设计队以及县供水公司等5个事业单位，局机关在岗人员44名。

【项目资金争取】 2016年累计争取省市各类水利资金8146万元、争取汉江干流防洪工程基金5100万元。

【城乡供水】 一是实施农村安全饮水工程。2016年年初县政府下达农村安全饮水任务30处，该局围绕贫困村建设，通过深入调查，实际实施饮水工程41处，已建成投入使用33处，剩余8处工程主体已建成。二是开工江南第三水厂工程，因县政府调整方案，工程在11月下旬完成招标，目前正稳步推进。三是全力保障县城供水。进一步加强供水服务，及时发现处理跑、冒、滴、漏等问题，县城供水持续正常，全年安全供水135万立方米，水费和安装劳务收入达330万元。四是强化集镇供水建设和管理，启动实施高桥、高滩两处集镇供水改扩建工程，全县17个集镇供水管理基本规范，供水正常；纳入县村镇供水总站管理10个集镇2016年累计售水近107万立方米，水费和安装劳务收入170万元，基本实现“以水养水”。

【汉江综合整治工程】 一是建成焕古大连防洪工程，田坝段完成浆砌石挡墙493米；大连段完成浆砌石挡墙305米，方格骨架4800平方米，累计完成投资1235万元。二是续建任河咀防洪工程，自2016年复工以来共计完成扶壁式挡土墙70米、浆砌石挡土墙50米、碾压加筋土挡墙75米、回填石渣20000立方米，截至2016年12月累计完成河堤364米、二级挡墙30米，完成投资1500余万元。三是实施河堤路环境整治工程，279米河堤、3个车库以及配套附属景观工程全部完工，累计完成投资2300余万元。四是完成河堤路西段、金川、和平、洞河4处防洪工程的初步设计，计划在2017年启动实施。

【丹治项目】 实施肖泗溪、泗溪河两条小流域治理工程，生物治理措施完成茶苗栽植368万株，工程治理措施完成红椿镇大青村河堤1040米，坡改梯挡坎8条550米，田间路200米，排水沟150米；在红椿镇民利村建成河堤690米，在向阳镇银锭、金盆村实施灌溉工程3处，田间道路1处，累计治理水土流失面积43.19平方公里，完成投资1250万元。

【小农水建设】 一是完成2016年小型农田水利项目县的前期工作。二是结合脱贫攻坚工作，整合项目资金262万元，在城关、东木、高滩、汉王、蒿坪、焕古、红椿、向阳、洄水、高滩10个镇15个村实施8处管道灌溉工程和60口水窖灌溉工程。三是维修改造安五、茨沟、天池等堰渠及取水坝工程，新增及改善灌溉面积500亩；在双安廖家河、东木三堂等村新新修基本农田620亩，新增灌溉面积297亩。

【渔业产业】 一是巩固全县12000亩大水面和1000口网箱养殖成果，2016年全县水产品总产量达到7085吨，产值达3.6亿元。二是在洄水目连新发展富硒渔业园区一个，已申报市级渔业园区。三是严查电鱼、毒鱼、炸鱼违法行为，全年巡江、蹲守执法80余次，查处电鱼、毒鱼案件4起，没收电捕鱼设备4套。四是帮扶渔民发展，争取和兑现渔业产业补助资金128.46万元。

【污水处理厂建设及运行管理】 一是县城污水处理厂持续正常运行，2016年县城总计完成污水处理179万吨，污水理率达到96.23%。二是新建成焕古、洞河、向阳、江南新区4个污水处理厂，蒿坪、汉王、任河咀污水处理厂建设以及县城污水处理厂提升改造项目的前期工作已完成，定于2017年年初招标。三是实施西门河水源地保护污水收集管网工程，完成投资58万元。

【重点项目配合】 一是完成瓦房店景区配套防洪工程的设计和申报工作。二是以任河漂流景区为中心，完成任河省级水利风景区的规划和申报工作，任河省级水利风景区已获省水利厅正式命名；围绕任河漂流景区配套设施监建设，完成了二期中小河流治理项目编报工作。三是配合西门河新区建设，启动实施了西门河拦渣坝工程。

【防汛工作】 一是强化值守，班子成员轮流24小时带班和干部值班，积极应对强降雨过程，确保各类信息和指令准确、及时上传下达，本年度共发布预警信息8次40万余条，提前转移群众6695人。二是认真开展防汛检查。从4月初开始，分别对各镇、各电站及重点企业进行了汛前检查，共下发整改通知书16份，限期整改到位16处。三是是深入开展培训工作，强化对防汛、防滑，气象及预案修编等知识的系统学习和开展山洪灾害内业调查专题培训，共培训180余人次。四是全面落实责任。按照重点地段、重要河流、水库分别落实了县镇责任人，签订了《防汛工作责任书》245份。五是组织防汛设备检修。安排专人对全县防汛专网、自动雨量站、自动水位站、视频监控点等设备进行了全面检测维护、维修，确保了防汛预警设备运行正常。六是加强非工程措施建设，17个镇的防汛视频会商系统全部建成，新安装预警广播213套、简易水位报警站112处、简易雨量报警站519处。通过一系列的有效措施，顺利实现了“少受损、零伤亡”的年度防汛工作目标。

【小水电建设】 一是完成界岭、狮子岩、八庙梁“十二五”电气化项目的总体竣工验收。二是申报农村水电增效扩容改造项目4个，批复中央补助资金1630万元，到位427万元。

【水政执法】 一是加强河道管理，每月至少对全县大小河道进行不定期巡查2次，汉江、任河等主要河道采砂管理工作秩序正常；严查乱挖乱采违法行为，全年共查处河道采砂违法案件15起，调解砂石纠纷2起，查处非法倾倒弃渣案件1件，处罚款5000元。二是强化水土保持监督，依法查处未编制水土保持方案企业4家，督促3家企业编制完成水土保持方案，征收水土流失费7.5万元。三是按时完成交办和转办涉水执法事项，先后完成上级交办涉水案件12起，完成信访局转办涉水信访件4起，处理结果按时按要求进行回复，满意率100%。

【水资源管理及汉江水质保护】 一是实行严格水资源管理，加强用水总量控制，较好地完成用水总量控制目标，2016年全县实际用水总量为6746万立方米，有效控制在市下达用水总量6834万立方米之内。二是开展水资源费征收。2016年市对县下达水资源费征收任务为50万元，实际完成征收74万元。三是强化入河排污口监管，定期开展重点入河排污口检查，查处水污染案件1起。四是加强汉江大水面视频监控系统的运行管理，落实专人负责，及时发现处理涉水事件2起。

【精准扶贫】 包联白马村，从产业建设、基础设施、人居环境改善、技能培训四个方面入手扎实开展帮扶工作，包联村成效显著。一是新建茶园100亩，新建核桃园500亩，发展林下养鸡2.6万羽、100羽以上的大户25户；养羊450只，20只以上大户4户；养牛50头，养猪200头，养鱼1万尾。二是完成公里路面铺设3公里，解决6个组300余户的出行难问题；完成农电网升级改造2公里；完成饮水改扩建建2处，完成堰塘修复4口；新建和恢复水窖30口。三是动工迁建新房65户，新建化粪池50口，改厕、改圈、改厨56户，院坝硬化30户。四是资助贫困大学生4名，落实雨露计划3名，机关组织捐资助学1万元，争取社会助学资金3万元。五是邀请专家进行种养殖技能培训5次223人，组织贫困户参加修脚师培训13人、厨师培训17人。2016年度实现脱贫40户。

（张子强）

扶贫开发

紫阳县扶贫开发局（县世行办）
扶贫开发局局长：鲍务林
扶贫开发局副局长：李贵洲　张宣铭
马孝明
世行办主任：胡　月（女）
世行办副主任：范　羿

【机构设置】　紫阳县扶贫开发局为县政府直属事业单位，参照公务员法管理，事业编制22名，其中：局长1名，副局长3名。内设行政股、资金管理股、规划指导股、信息统计监测股、行业及社会扶贫股、金融及产业扶贫股6个股室。局下属单位县移民搬迁领导小组办公室，正科级事业单位，事业编制6名；县扶贫世界银行贷款项目办公室，为正科级事业单位，事业编制5名。

【脱贫攻坚】　**完善脱贫攻坚工作机制**　县委县政府成立脱贫攻坚指挥部，县委、县政府主要领导任总指挥，分管领导任责任指挥，相关部门负责人为成员；各镇组建脱贫攻坚工作团，由联镇县级领导任团长，镇党委书记、镇长任责任团长；各村派驻驻村扶贫工作队，副科级以上领导担任工作队队长，县级包村部门领导任"第一书记"，形成县、镇、村三级工作机构抓脱贫攻坚的指挥机制。**制定脱贫攻坚政策措施**　结合中、省、市出台的相关政策和紫阳县实际，县委、县政府出台《紫阳县打赢脱贫攻坚战实施方案》《县级领导包抓脱贫攻坚"三个一"工作机制》《紫阳县脱贫攻坚工作考核实施细则》《紫阳县脱贫攻坚明察暗访办法》等30多项政策文件；围绕"七个一批"，分别出台《移民（脱贫）搬迁工作实施办法》《产业精准扶贫实施办法》《县技能脱贫实施办法》《县教育脱贫实施办法》《县健康扶贫实施办法》及《提高最低生活标准加强农村低保和扶贫开发政策衔接工作的通知》，明确脱贫攻坚政策体系，保障脱贫攻坚各项措施落实。**整合脱贫攻坚涉农资金**　2016年度整合发改、交通、水利、扶贫、国土、农林科技、财政、经贸、茶业、人社、卫计、教育、烟草、电力14个部门涉农资金1.3亿元，保障"八大脱贫工程"顺利实施：投资6812万元用于村级道路维修硬化、低压线路改造、村活动室卫生室建设、安全饮水等贫困村基础设施建设；投资4945万元用于贫困村产业发展及产业贷款贴息等，鼓励贫困户发展产业；投资1400万元，用于贫困村学校建设、维修、购买配套设备及健康、医疗、养老等公共服务建设，使贫困群众基本生活得到有效保障。**夯实脱贫攻坚"八大工程"**　实施移民搬迁工程。完成集中安置6604户，分散安置1251户，交钥匙安置1080户，旧房改造790户；实施产业提升工程。安排1296万元项目资金直补到户，围绕"五大特色种植业""五大特色养殖业"带动5600余贫困户发展特色产业，引导全县新建核桃园15400亩；新建茶园6200亩；实施技能培训工程。坚持把免费职业技能培训作为提高劳动者就业能力、帮助贫困户增收脱贫最有效的途径，围绕修脚足浴、电子商务、民歌茶艺、特色烹饪、家政服务等重点项目，累计进行各类免费技能培训6629人，就业率达70%以上。实施生态建设工程。把生态旅游与精准扶贫有机结合起来，鼓励贫困村、贫困户大力发展山林经济、乡村旅游，先后引导4000余名贫困群众从事旅游及其服务行业；实施教育扶贫工程。印发《紫阳县教育脱贫攻坚实施方案》，从学前到大学完成贫困家庭学生各类资助16196人次，资金1283万元，生源地信用助学贷款2187人次，金额1416万元，建档立卡大学新生贷款455人，金额297万元，确保贫困家庭子女能公平接受有质量的教育。实施健康扶贫工程。出台《紫阳县健康脱贫实施方案》，将贫困人口全部纳入重特大疾病救助范围，推行“先看病后付费”“住院零押金”“出院一站式”结算诊疗模式。全县贫困家庭治病就医合疗共减免809人，减免费用164.43万元，住院352人次，共帮扶5456人；实施基础设施建设工程。重点实施30个精准扶贫村136公里通村水泥路建设，同步推进水、电、讯等基础设施建设和公共服务建设，使贫困群众出行更加方便，用水安全稳定，供电同网同价。实施社会保障工程。按照“瞄准特困对象、实行兜底保障、开展精准扶贫”的工作思路，实现“两线合一”，城乡低保7399户15199人、“五保”5061人。全县社会养老保险、农村合作医疗达到全覆盖。

2016年，全县22个贫困村出列（城关镇全安村，蒿坪镇黄金村、王家河村，双安镇闹热村，汉王镇兴塘村，向阳镇三营村，焕古镇大连村、东河村，洞河镇田榜村，洄水镇燕山村，界岭镇麻园村、金狮村，双桥镇香茶村，高桥镇双龙村，红椿镇侯家坪村、上湾村，东木镇木王村，高滩镇龙湾村、蓼坝村，毛坝镇观音村，麻柳镇书堰村，瓦庙镇新光村）、1.5万贫困人口脱贫摘帽。

【规划编制】 围绕全县建档立卡贫困人口、贫困村及2014年以来脱贫的按政策规定需要继续扶持的人口，按照贫困户、贫困村退出“六七标准”和贫困县摘帽“十条标准”，采取自下而上的方式，完成《紫阳县“十三五”农村脱贫攻坚规划》编制工作。规划共涉及项目5813个，覆盖全县3.1万贫困户和9.55万贫困人口，重点实施产业发展、易地搬迁、教育扶贫、转移就业、健康扶贫、政策保障、生态保护、基础设施建设和公共服务等八大类项目，规划总投资94.35亿元，资金来源包括涉农整合资金、专项资金、金融机构信贷资金、自筹资金和社会扶贫资金。

【专项扶贫】 按照贫困村、贫困户稳定脱贫“六七”标准，围绕2016年度30个重点贫困村，先后下达财政专项扶贫资金5526万元，用于贫困村基础设施、产业发展、能力建设。

【产业精准扶贫】 与陕西省供销集团合作，会同紫阳县供销联社，加强产业精准扶贫的组织协调和管理工作。富硒食品公司和开源实业科技公司与贫困户通过订单生产、技术培训、土地流转、劳务务工、股金分红等多种扶贫模式，精准包联1050户贫困户，实现贫困户资产型增收。

【金融扶贫】 开展政策性金融扶贫实验区建设，组建县扶贫开发投资有限责任公司为扶贫开发融资平台。牵头完成国开行、农发行政策性金融扶贫贷款前期申报工作，省市核准基础设施建设、移民搬迁、产业发展等项目批发贷款资金20.5亿元。按照“5321”扶贫小额信贷政策，完成了91个村9289户贫困户差异化评级授信工作，接受4890户贫困户申贷申请，发放扶贫小额贷款1.02亿元。

【教育扶贫】 资助2015年度应届贫困家庭大学生595人，续补2012年、2013年、2014年贫困大学生1297人；在2016年计划脱贫出列的30个村中，委托2家有资质培训机构实施雨露计划短期技能培训13次，培训1250人；投资30万元，组织开展各类技术培训1.1万人次。

【信息管理】 完成2015年度扶贫对象建档立卡数据信息采集及录入工作；组织开展2016年度扶贫对象建档立卡数据信息采集及录入工作，完成脱贫6749户22907人，新增符合条件的贫困户1768户5491人，返贫498户

1890人，实现净脱贫4483户15526人，同时对漏登和信息不全贫困户进行补充完善和修正清洗系统错误数据。

【农业综合开发】 完成紫阳县300亩山地旅游示范茶园项目建设，总投资157.00万元，其中财政资金60万元、自筹资金97.00万元。新建紫阳大叶泡优良品种茶园300亩；新栽植绿化树500株；新建蓄水窖20座160立方米，新建引水管道500米，观光路800米，梯田坎1000米。

【驻村帮扶】 县扶贫局驻村帮扶界岭镇麻园村，组建驻村工作队，全局33名干部包联帮扶165户贫困户，逐户落实结对帮扶责任；深入开展“乡风文明”活动，评选出敬老孝亲奖、卫生文明奖等16名群众，累计奖励12800万元奖品，培养了全村知荣辱、讲正气、做奉献、促和谐的民风；以联系服务群众“五个一”工作机制为抓手，加强村级组织建设，改善办公条件，扩建麻园村村两委活动室，硬化村活动广场；改善群众生产生活条件，新修生产道路2.5公里、硬化村组道路3.2公里；新修便民桥4座；农网改造1公里；新修饮水工程4处；完成集中安置57户、交钥匙工程15户，组团安置82户，旧房改造12户；举办茶园管护及茶树病虫害防治、核桃栽培技术、魔芋种植技术培训620人次，完成足浴培训19人；新成立经济合作组织2个，带动235户贫困户；新发展核桃园500亩，特色玉米种植680亩，鼓励群众养猪2197头、养羊1005只；实现麻园村2016年度整村脱贫出列目标。

【机关建设】 坚持“围绕扶贫抓党建，抓好党建促脱贫”的工作思路，以“两学一做”为抓手，全面推进全局党员干部的思想、组织、作风和制度建设，全年集中学习10余次，领导干部讲党课6次，每位领导干部撰写6000字学习笔记、4篇心得体会，组织谈心谈话5次，召开民主生活会2次。贯彻落实党风廉政建设工作责任制，实行领导干部“一岗双责”制度，将年度目标任务、重点工作分解到人头，签订承诺书，实行“承诺上墙、挂图作战”，组织观看警示教育片4部，邀请检察院专业人员围绕预防职务犯罪讲专题党课1次。完善修订了《扶贫局机关内部管理制度》《扶贫局领导责任分工》《扶贫局日常工作管理》等18项管理制度。加强信访维稳及宣传工作，办理来信来访27件，组织开展“10·17第三个全国扶贫日”大型宣传活动1次。

【年度荣誉】 2016年获得县委、县政府脱贫攻坚单项考核一等奖。

（张明杰　喻朝锋）

移民开发

紫阳县移民开发局

局　长：周厚军

副局长：熊智斌

【机构设置】 紫阳县移民开发局属于参照公务员管理的事业单位，内设行政股、计财股、开发股，现有干部职工14人。

【脱贫攻坚】 一是全面完成库区移民避险解困305户1205人；二是完成2016年度库区移民贫困户脱贫86户305人；三是对部门包抓精准扶贫工作进行了人员充实，对贫困对象信息资料进行了精准识别，完善相关信息资料，按照一户一策确定帮扶措施和帮扶计划，完成了当年23户89人的脱贫任务。

【文化旅游】 援建任河漂流二期工程已全面启动，新增投资2000万元，全面完成年度建设投资计划。

【城镇建设与管理】 一是市县共建库区移民重点镇汉王镇，已完成3年建设规划，完成了1300平方米农贸市场和部分配套基础设施建设任务。二是由移民部门投资300万元的焕古镇民居仿古改造93户全面完成。

【富硒特色产业】 完成了库区城关、向阳、焕古、洞河、红椿、汉王、毛坝等镇山地茶园标准化管理1.25万亩。

【生态文明建设】 全面完成了向阳镇贾坪村水库移民示范村建设任务，其中：新修并硬化连户路500米、改造村级公路2.5公里，改造茶园540亩，建成任河吊桥并交付使用。

【移民业务工作】 一是及时核减移民直补人口，按期兑现移民直补资金。全年共核减直补人口45人，截至2016年年末，全县移民直补人口为6006人，分四季度共兑现移民直补资金360.36万元。二是项目实施与管理水平得到提高。2016年省市移民部门下达全县各类水库移民扶持项目119个，资金2719.86万元，当年完工81个。三是完成了园区建设任务。市级现代农业园区——焕古镇千宇现代农业茶叶示范园，全面完成建设规划，通过市级验收。四是民生工程得到有效落实。全年资助库区贫困移民大学生22人，发放资助金11万元；大病救助9人，发放救助金9万元；技能培训1人补助5000元。

【信访维稳】 一是信访工作责任得到落实，抽调熟悉水库移民政策、工作经验丰富、责任心强的干部担任移民信访工作。二是对库区潜在的不稳定因素进行了认真排查，建立台账，制订预案。三是及时化解各类矛盾纠纷，对移民群众的来信来访，热情接待，及时处理，不回避、不上交，将矛盾纠纷化解在萌芽状态。四是及时处置信访件，全年共接收群众来访来信25人次，全部办结，未出现集体或越级上访现象。

【党建、党风廉政建设】 全面落实“主体责任”和“一岗双责”。以“两学一做”为契机，强化干部学习教育，切实转变干部作风，制定了“两学一做”学习教育实施方案和学习计划，着重增强党员干部学习自觉性的培养，注重学习效果，增强了全体党员党的意识和规矩意识。理想信念更加坚定，热爱党、热爱社会主义事业的思想更加巩固，干部工作热情更加高涨，在人员短缺的情况下全面完成了年度目标任务。一年来，单位和干部个人未出现违规违纪现象。

（李贵南）

工　业

经济贸易

紫阳县经济贸易局
局　　长：扈天芳（女）
副 局 长：曹和荣（女）王紫安　明　勇
行办主任：邓小军

【机构设置】　正科级建制，现有工作人员36人，下设3个股室，分别是行政股、经济运行股、商贸流通股，另设副科级事业单位工业行业管理办公室（县煤炭安全监察大队），股级事业单位县市场运行管理办公室（茧丝绸协调办公室）。

【企业改革】　全县规模以上工业企业38家，其中国有（控股）企业2家，民营企业36家。2016年完成工业总产值94.27亿元，同比增长15%，实现工业增加值37亿元，同比增长16%。非公有制经济实力不断壮大，为混合所有制经济改革发展奠定了基础。

【技术改造】　天地板石有限公司转变开采方式，针对紫阳瓦板岩矿体特征，露天开采剥荒、弃渣量大，且不利于生态环境的情况，由露天转入地下开采，按照硐采技术路线，经设计评审的通过的方案进行实践，在K2、K3号矿体地下硐采条件下采用“金刚石绳锯切割矿体、机械撬分矿快落矿、人工分选荒料”的工艺技术，达到了预期目的。实践表明，与露天开采相比较，弃渣排放量减少3/4以上，废渣排放减少占用土地；采矿成本减少40%。硐采技术的成熟运用，不仅为建设环保矿山奠定了基础，而且突破了紫阳瓦板岩开采技术的瓶颈。湘贵锰业有限公司经过与西安交通大学联合研发的电池级硫酸锰生产工艺采用沉淀洗涤法，成功获得高纯度硫酸锰结晶粉末。该技术处于国际领先位置。2016年6月，陕西有色冶金矿业集团组织专家对原初设计方案进行了评审，将“间歇操作、单线运行”的设计方案推翻，提出“连续运行、双线切换”的设计理念，在不增加主体生产设备的情况下，将产能由1万吨提升至1.8万吨，极大地降低了设备折旧费用。

【新产品开发】 开源科技公司开发出黄金米系列产品；闵秦茶业公司引入并开发出红翠茶系列产品；湘贵锰业有限公司电池级硫酸锰项目完成终试。

【商品流通】 2016年，紫阳县完成社会消费零售总额22.61亿元，增速为13%。新增限额以上商贸流通企业7户（紫阳县火狐狸服装有限公司、紫阳县蓝天生态有限责任公司、紫阳县秋玲商贸有限公司、紫阳县龙泉山庄休闲度假有限公司、紫阳县丽水时光餐饮有限公司、紫阳县水调歌头乡村文化旅游服务有限公司、紫阳县智平富硒餐饮文化有限公司），限额以上商贸流通企业累计达32户。

【外贸出口】 2016年，全年外贸出口总额8100万元，新增有进出口经营权备案企业1户（陕西省紫阳县焕古庄园科技茶业有限公司），累计有进出口经营权备案企业20户。

（陈一松）

硒谷生态工业园区

紫阳县硒谷生态工业园区管理委员会
主　任：陈平欣
副主任：闫　平

【机构设置】 紫阳县硒谷生态工业园区管理委员会属紫阳县人民政府派出机构，正科级，内设2个股室为综合股、规划建设股。核定事业编制7名，其中：主任1名，副主任2名。现实有工作人员4人。

【经济运行】 园区全年完成工业总产值195100万元，较上年（166210万元）增长17.38%；实现销售产值187000万元，较上年（157187万元）增长18.97%；营业收入220500万元，较上年（189800万元）增长16.17%；实缴税金1982万元，较上年（1823万元）增长8.72%；利润总额11420万元，较上年（10352万元）增长10.32%。2016年年底，园区工业企业23家（核心区8家），规模以上企业9家，富硒食饮品企业5家。新培育规模工业企业1家。

【重点企业】 第一，富硒食品、绿安农业、天源食品、硒谷产业等入园企业达产增效。一是富硒食品公司产销两旺，魔芋即食食品销售市场进一步扩大，魔芋面条、雪魔芋、魔芋干、膳食纤维等系列产品拓展销售市场取得实效，低黏度膳食纤维新产品研发成功，现正在积极筹划改扩建生产线，630户产业精准扶贫和魔芋种植基地发展势头很好。二是绿安公司两条黑蒜生产线和腊八蒜已投入正常生产，产品深受消费者喜爱，市场销售情况良好，现正在与陕西科技大学和香港约克夏生物科技集团有限公司合作，积极研发新产品，并已完成新产品研发前期准备工作，大蒜种植基地发展势头良好，公司与县扶贫局进行产业扶贫对接，帮扶在册贫困户515户。三是天源食品公司富硒粉条销售市场供不应求，并在蒿坪镇黄金等村落实了优质红薯种植基地。四是硒谷产业公司洪山水厂生产正常，380毫升、600毫升、1.5升、3.8升、15升五个规格的富硒矿泉水产品采取内供和外销及线上线下销售模式，在西安、北京、上海、天津、济南、广州、深圳等一线城市建立了销售网点。第二，康兮寿兮、金星烟花爆竹两户企业建成投产。一是康兮寿兮公司富硒麦芽粉和姬松茸压片糖果和茶叶分装三条生产线设备安装调试检验合格，并于11月初投入生产，产品销售市场看好。二是金星烟花爆竹公司鞭炮和礼花两条生产线已全面投入生产。

【基础设施】 截至2016年年底，工业园区基础设施累计投资13020万元。并于2016年12月完成紫阳县硒谷工业园区核心区土地测绘及土地平整设计项目和紫阳县硒谷工业园区标准化钢结构厂房建设设计项目招标工作。

【招商引资】 策划包装招商项目3个（富硒萝卜深加工项目、富硒马铃薯深加工项目、富硒茶饮料综合开发项目）；完成招商引资到位资金1.51亿元；组织外出招商引资活动5次，完成新引进入园企业2家。紫阳县强祥驾驶培训服务有限公司的“硒谷园区物流园综合开发项目”工程建设进展顺利；与紫阳山福泉富硒兔业食品科技有限公司达成投资意向，公司已在紫阳注册，并已完成项目选址和用地初步规划设计。

【一岗双责】 一是以“两学一做”学习教育和基层党组织提升年活动为契机，制定了“一岗双责”工作责任考核办法，落实了党风廉政建设主体责任，将党风廉政建设工作与园区中心工作一同安排布置，一同抓好落实，推动深化作风建设的常态化、长效化。二是执行民主集中制，遵守党的政治纪律、组织纪律、廉政纪律，在落实中央八项规定、坚决反对“四风”等方面，针对园区的工作特点，坚持高标准、严要求，切实提高管理服务水平，持续加强机关作风建设和企业党组织建设，以优良的工作作风促进了园区各项工作的稳步发展。

（曹树信）

恒紫循环产业园区

紫阳县恒紫循环产业园区管理委员会
主　任：秦宗道
副主任：王　玉　詹金泉

【机构设置】 县政府与恒口示范区管委会于2013年联合成立“飞地经济”工业园区。2013年11月15日成立恒紫循环产业园区管委会，2013年12月5日成立恒紫园区投资开发有限公司，作为园区的管理服务主体和投资建设主体，按“两块牌子一套人马”运行。内设综合办公室，投资建设股和项目规划股，实有工作人员6人。

【园区区位】 园区位于恒口示范区大同镇，紧邻安康市中心城区，十天高速、包茂高速、316国道、月滨大道绕境而过，安康富强机场、五百万吨级铁路货运站近在咫尺，四通八达、高效便捷的交通网，直接将园区发展纳入省会1小时经济圈和重庆、成都、武汉等周边大中城市的强辐射中，发展前景十分广阔。园区内，土地平整连片，地质环境稳定，水源电力充足，生产要素齐全，建设成本相对较低。

【征地拆迁】 全面完成一期1100亩建设用地户外丈量确征工作，收储净地1100亩，并对1000亩建设用地进行报批挂牌，签订土地出让合同。投入近千万元，搬迁私营企业5家，拆迁民房6户，砍伐杂木1300余株，迁移坟墓2座，回填大小坑塘40余万立方米，建设护地围墙、围栏5000余米，对园区内土地进行整平，全部达到“五通一平”条件，企业落地即可开工建设。

【基础设施】 全年完成基础设施建设投资6998万元。一是投资1600多万元，长970米、宽26米园区中心大道3月底完成全部工程，正式竣工投入使用。二是总投资178万元，长620米的三里沟泄洪渠4月底竣工交付使用。三是投资1194万元的园区二路、园区三路南段建设工程完成路基及雨水、污水、供水管道、强弱电管沟、路基工程及水稳层铺设工作。

【招商引资】 围绕园区产业发展方向，积极策划包装项目，由领导带队外出洽谈对接，招商工作取得突破。一是2家入园企业厂

市长徐启方在恒紫产业园区调研

房建设工作进展顺利。截至2016年年底，总投资6.1495亿元陕西超群医药集团紫阳佛缘中医药仓储与超微精细加工项目一期项目中的6栋厂房基础工程全部结束，其中5栋共计28500平方米标准化厂房主体工程全部完工；总投资9300万元的陕西睿智实业有限公司轻质环保建材生产线项目（一期）工程完成厂房基础工程和标准化厂房钢结构主体吊装工作。二是与县招商局紧密合作，精心策划包装招商项目，共同组建招商小分队，积极开展有针对性项目考察招商活动。三是全年共接待各类投资考察活动40余次。开展邀请商会、紫阳籍在外创业成功人士、知名企业家进园考察等形势广泛的招商活动，分别与6余家企业达成投资意向，签订意向协议。

【年度荣誉】 荣获2016年度工业集中区建设先进单位。

（行　甜）

商 贸

供 销

紫阳县供销合作社联合社
主 任：吴冰峰
副主任：罗安涛 文 军

【机构设置】 紫阳县供销合作社联合社为紫阳县正科级财政全额预算事业单位，内设办公室、发展改革股、合作指导股、资产管理股4个股室，负责监管4个基层供销社和2个直属企业。在职职工212人，其中县联社机关在职干部10人。原办公楼因棚户区改造已被拆迁，办公地点为紫阳县广场负二楼。

【流通网络】 指导、支持紫阳县思兰商贸有限公司、家家福商贸有限公司等企业，建设县城物流配送中心、各镇超市和村级加盟店及直营点。2016年围绕电子商务发展，支持思兰商贸有限公司建设县城桑树沟现代电子商务物流配送中心，工程建设顺利，2016年年底基本建成；拟建6个乡镇物流配送中心，已建5家；工程建设顺利，2016年年底基本建成；2016年9月指导帮助思兰商贸建成手机“智慧超市”平台。

【农村主导产业合作社建设】 一是紫阳县盘龙农民茶叶专业合作社联合社、紫阳县农民魔芋专业合作社联合社和紫阳县开源富硒谷物专业合作社联合社目前发展顺利，在联接产业发展，带动贫困户增收脱贫方面发挥了重要作用。二是新发动和平茶厂组建民和茶叶专业合作社联合社；发动秦巴山公司组建了硒康茶叶专业合作社联合社。

【产业精准扶贫试点】 一是紫阳富硒食品有限公司、紫阳开源富硒科技有限公司两个投资试点企业目前运行良好，魔芋、玉米等产业项目发展加快，综合增收措施得到落实，3500万元资金（富硒食品公司2100万元、开源公司1400万元）全部注入企业，1050户贫困户建档立卡任务全部完成，企业开展了不少于2轮的到户落实增收措施、指导产业发展等工作，预计今年可完成340户贫困户收入脱贫任务（富硒食品公司130户、开源科技公司

210户）。二是协助省供销集团于8月中旬派工作组对两家企业精准扶贫工作进行了阶段考核。三是县供销联社发挥作用，7月份协同县扶贫局深入两家企业检查指导，研究解决问题。配合中国农村研究院开展现代农业产业精准扶贫调研。配合陕西省电视台录制现代农业产业精准扶贫电视节目，先后在省电视台和中央电视台播出。四是启动第二批产业精准扶贫试点工作，2016年8月下旬，协助完成企业实地考察任务，县政府与省供销企业集团于2016年9月29日签署第二批产业精准扶贫试点合作

家佳福超市献爱心

协议，双方拟各出资2000万元，共计4000万元用于第二批产业精准扶贫试点工作。2016年10月17日组织县政府推荐4家企业赴省供销企业集团进行合作模式谈判，2016年12月启动省供销企业集团对各企业资产审计工作。

【企业改制与信访维稳】 继续做好高滩供销社改制工作，确定将高滩供销大楼交由高滩镇政府统一开发，修集中安置点的方式，妥善处理资产，周到安置职工。服从双安集镇改造需要，协助蒿坪供销社妥善处理双安供销点资产。认真处理原洄水、汉城供销社资产纠纷事件，维护职工利益。对城关供销社原主任司法案件，配合作好取证和职工安抚工作。

【党建和党风廉政】 将党建工作作为关总，严格按照“7 + 1+2”的重点工作内容作好各项工作。“两学一做”按照要求完成各个环节任务，规定动作全部到位，自定工作具备特色。党风廉政严格落实党委主体责任和“一岗双责”责任要求，认真学习《中国共产党廉政准则》和《中国共产党纪律处分条例》，严格落实“三重一大”工作制度，密切配合派驻纪检组工作，全年未发生过违犯党政纪律的人和事。重视宣传工作，开通供销手机报，向有关方面推送供销政策信息。对综治、双创、安全等工作均高度重视，落实办理责任。

【部门脱贫攻坚】 一是结合所包联的红椿镇共和村当年脱贫任务，制定科学、可行的帮扶计划。二是派驻工作组驻村工作扎实，联社一名副主任担任共和村“第一书记”，履职认真，考核良好。三是2016年28户脱贫户信息准确，增收措施有效（县供销联社联系富硒食品有限公司在该村带动53户贫困户增收脱贫），帮扶得力。四是已协调支持该村实施通村水泥路底子工程2公里。该村茶园秋季管护300亩已落实。

（刘晓川）

盐　业

紫阳县盐务管理局
党支部书记、局长：张梦斌
副　　局　　长：张红霞（女）

【机构设置】 根据紫政办发［2015］6号文件《关于印发紫阳县政府职能转变和机构改革方案的通知》精神，2015年12月29日，紫阳县盐务管理局由紫阳县政府直属事业单位调整为紫阳县市场监督管理局下属正科级事业单位。事业编制4人，经费由地方财政全额拨款。县盐务局管理下属企业紫阳县盐业公司，公司实行独立核算、自负盈亏、自主分配、照章纳税、属三级批发经营的国有企业。

【市场监管和质量安全管理】 2016年，盐务局坚持依法行政，注重行政执法人员能力素质培养和提升，有效发挥监督管理职责，确保食盐安全。一年来，组织盐政稽查人员定期进行执法知识培训，遇典型案例分析、讨论和讲评，用案例教学，增强法规应用培训，不断提高盐政执法能力。加强日常市场盐政巡查工作，重点检查涉盐违法行为记录在案经营商户，对其进行盐业法律法规再教育、再宣传，促进客户守法经营、诚信经营。贯彻落实省公安厅、省盐务局联合下发《关于严厉打击涉盐违法犯罪行为的通告》精神，在全县开展以宣传和专项整治涉盐违法活动。全年共查处盐业违法案件17起，共查获违法盐产品710公斤。

【健康用盐宣传工作】 通过“3·15”、“5·15”“12·4”等宣传日为平台，宣传盐业法规和食盐安全知识，通过短信平台、节日宣传、日常宣传和走访宣传等有机结合，形成立体宣传形式，为盐业市场监管提供舆论氛围，做好消费者的释疑解惑工作、普及碘缺乏病防治和食盐安全知识，解答群众关心的盐业法律法规及政策，提高群众的法律意识和保护自身权益意识；组织盐政执法人员，到镇村对群众和食盐经营户宣传不合格碘盐食用的危害性、如何识别真假盐的小知识，提高群众自觉抵制不合格碘盐意识，确保全年无食盐安全事故发生。

【巩固创建“食盐安全县”成果】 巩固创建“食盐安全县”成果，保障群众食用盐安全。紫阳县盐务管理局在确保全县食盐安全监管率、食盐放心店覆盖率达到98%、投诉举报处理率达100%的基础上主动作为，严格执行制定的保障巩固机制，加强宣传教育和社会监督力量充分发挥群众参与、社会监督，全方位监管的市场管理氛围，实施市场监管的常态化。排查安全隐患，加大日常监管力度和专项整治力度，安排全体干部职工对食盐零售网点、用盐单位和盐业市场等进行安全隐患大排查、大整治，严厉打击盐业生产经营中的违法犯罪活动，严防劣质盐流入市场，使食盐市场从监管和服务上有一套有效保障监管机制，保证食盐市场安全健康和供给稳定有序。

【“两学一做”专题学习教育】 盐务局开展“两学一做”专题学习教育，把党的思想建设放在首位，以尊崇党章、遵守党规为基本要求，以用习近平总书记系列重要讲话精神武装思想为根本任务，促使全局党员干部做到“四个进一步”，进一步坚定理想信念，提高党性觉悟；进一步增强政治意识、大局意识、核心意识、看齐意识，坚定正确政治方向；进一步树立清风正气，严守政治纪律政治规矩；进一步强化宗旨观念，勇于担当作为，在生产、工作、学习和社会生活中发挥先锋模范作用，在思想上政治上行动上与党中央保持高度一致。

【驻村精准扶贫】 盐务局主要领导任“第一书记”进驻城关镇全安村，走访全村三个村民小组172户贫困户，了解、核实贫困户的现状以及需求，做到基本情况精准。通过召开村民大会、党员大会、支委会、村组干部会议了解全安村现面临急需解决困难，科学编制以解决村基础建设、贫困户住房保障和收入保障为主脱贫规划，做到施策精准。按照2016年扶贫方案、脱贫基础建设项目和到户项目，全力帮助村上和贫困户逐步、逐项实施，做到推进精准。确保全村172户481人贫困户档案资料真实准确，对照“六大标准”和“六大保障”166户459人均达到脱贫标准，通过三年帮扶，使城关镇全安村顺利实现整村脱贫摘帽目标。

【双创工作】 紫阳县盐务管理局积极落实“双创”任务，承担“双创”包抓街区的建设和监督管理工作。从2009年开始，连续9年负责落实会仙路环境卫生的日常维护，圆满完成“双创”春秋季造林任务。

【党风廉政与精神文明建设】 2016年来，盐务局严格落实“一岗双责”责任制，始终把党风廉政建设工作作为“一把手”工程，放在突出位置切实抓好抓实。注重讲党性、重品行、作表率，做到自重、自省、自警、自励，常修为政之德、常思贪欲之害、常怀律己之心。认真贯彻落实县委关于建立健全惩治和预防腐败体系的部署要求，依据《中国共产党廉洁自律准则》《中国共产党纪律处分条例》狠抓落实，严格落实党风廉政建设目标责任制，积极开展“以人为本、执政为民”教育活动，转变服务观念，始终坚持权为民所用、情为民所系、利为民所谋。把干部职工思想道德教育，作为提高干部职工的廉洁自律意识，作为做好党风廉政建设和反腐败斗争工作的基础。积极与城关镇会仙桥社区党组织，开展“在职党员进社区”“文明社区和谐家园”活动，推动社区党建和精神文明建设协调发展。

【年度荣誉】 2016年度荣获紫阳县脱贫攻坚部门包联工作良好奖。

（张红霞）

物　资

紫阳县物资贸易总公司
总　经　理：徐东方
副　经　理：来明星　刘剑锋
爆破公司经理：来明星

【机构设置】 紫阳县物资贸易总公司于1993年由紫阳县物资局改制成立，属自负盈亏、独立核算的国有企业。下设子公司——紫阳盛泰爆破工程有限公司。有在岗职工17人。内设行政办、财务科、批发部、保卫科、库管办、车队。

【工作概况】 3月上旬组织全体职工开展为期一周的春季培训，系统学习各项民爆物品管理法律法规，学习中共十八大精神及《国有企业领导人廉洁从业若干规定》《中国共产党廉洁自律准则》《中国共产党纪律处分条例》等党内各项规章制度。2016年，按照上级部署，公司党支部开展了“学党章、党规，学系列讲话，做合格党员”的学习教育。全体职工签订《安全生产责任书》，中层管理人员签订《党风廉政建设责任书》，将各项责任落实到人。职工养老、医疗、工伤、生育、失业保险和住房公积金全额上缴，按比例缴纳残疾人保障金。

【经营情况】 2016年总公司和爆破公司总收入450万元，上缴税费104万元。民爆物品销售处于亏损状况。

【安全生产】 企业安全生产组织机构健全。公司设有安全工作委员会、保卫科，安全责任落实，分工明确，逐级逐岗位签订安全责任书，每月有安全监督，坚持多年领导带班和24小时轮流值班制度，每月一次安全大检查和不定期抽查，发现隐患，随时整改。2016年全年总公司和子公司未发生任何不安全事故。

【党建文明】 加强组织建设。党支部认真组织开展“两学一做”学习教育，坚持“三会一课”制度，组织生活正常开展。2016年公司党支部继续开展“党员进社区”活动。对上一年确定扶持的一名社区贫困大学生提供第三学年资金帮扶，助其顺利完成学业。

（唐小娟）

烟　草

紫阳县烟草专卖局（分公司）
党支部书记、局长、经理：丁　波
副局长：吕　亮
副经理：张常宪

【机构设置】 2016年内设办公室、专卖管理股（稽查大队）、内部专卖管理监督派驻组、卷烟客户服务部、烟叶生产技术服务部共5个股室。在岗人员47人，内退1人，离、退休11人。

【综述】 2016年收购烟叶0.76万担，销售卷叶7096箱，实现“两烟”税收773.39万元，其中烟叶税178.6万元，查获假冒卷烟396条，追究刑事责任2人。紫阳县局（分公司）在全市八项主要对标指标中，3项排名第一，3项排名第二，1项排名第四，两烟生产经营和企业管理等各项工作位居全市前列。

【烟叶生产】 2016年，全县共签订烟叶种植合同面积2800亩，分布4个镇、13个村、156户，收购烟叶0.76万担，收购均价21.35元/公斤（含补贴均价22.78元/公斤），烟农售烟总收入866.58万元（其中产后补贴54.43万元），户均收入5.55万元。烟叶质量较往年有了大幅提升，实现了“烟农、政府、企业”三方满意。

【卷烟销售】 2016年，全县销售卷烟7095.09箱，完成计划任务7200箱的98.55%。单箱收入2.66万元，含税销售额18845.59万元。建成现代零售终端140户，其中现代零售终端标杆户12户，140户网配户使用成功率达到100%。

【专卖打假】 2016年，共查处涉烟违法案件49起，涉案金额2.66万元。其中未在当地烟草专卖批发企业进货40起，查获真品卷烟0.28万支，案值2.0335万元，罚款1174.5元；查获符合省标案件2起，涉案金额250余万元，刑拘4人，起诉判实刑2人；查获网购快递销售假烟案件7起，查扣假冒卷烟396条，涉案金额13.707万元。

【党风廉政】 积极开展党建工作，深入开展好创先争优、学习型党组织、党建特色活动、党风廉政、精神文明等各方面工作，扎实开展“两学一做”活动，全面推进机关党的思想、组织、作风、制度和反腐倡廉建设。坚持党风廉政与业务工作同安排、同部署、同检查，廉政责任逐级落实。县局（分公司）党支部书记丁波，在2016年7月被中共紫阳县委授予优秀党务工作者荣誉称号，并当选为中国共产党紫阳县第十五次代表大会代表。

【脱贫攻坚】 扎实开展精准扶贫工作，深入贯彻中央、地方党委、政府和行业对精准扶贫工作要求，积极投入服务县域经济发展大局。加强领导，落实责任，科学规划，精准施策，依托产业扶贫，走出一条“公司+贫困户”路径。实施种十几亩烤烟、养两三头猪羊、栽几分蔬菜、喂十来只土鸡精准扶贫策略。2016年7户贫困户种植烤烟达100亩，产值达到44.99万元，户均收入达到6.42万元以上，7户贫困户因种植烤烟当年越线脱贫。

【企业管理】 2016年始终坚持节约为本，效益优先的管理原则，坚持以人为本的管理思想，倡导“管理从我做起，从小事做起工作作风，用理念引导人，用制度约束人，强化员工思想教育、安全教育、责任教育和节约意识的培养。一年来，会议费、差旅费、招待费、办公费、水电费同期分别下降16%、8%、49%、16%、3%。

（万晶晶）

石 油

中国石油天然气股份有限公司陕西安康紫阳销售分公司

经理（兼）支部书记：贺习洪

副　　经　　理：欧小斌

【机构设置】 机关设综合管理办公室，下属加油站：城关加油站、钟鼓加油站、蒿坪加油站、汉王加油站、权河加油站、毛坝加油站。在册职工35人。

【经营指标】 截至2016年11月底完成油品销售总计11186吨，完成进度任务的87.32%（同比95#汽油同比增长314吨，92#汽油同比增长188吨），批发完成3564吨、完成进度任务的86.4%，区内直销油完成2285吨。

【安全管理】 年初与各站经理和全体员工签订“安全环保责任书”“全员安全合同”“加油现场服务承诺书”，相关安全协议的完善和签订对促进了员工的安全意识，制定安全工作计划，更新应急救援预案并定期进行演练。2016年4月27日省安监局专家库专家对城关加油站进行安全验收后、于5月1日开始试运营。进入汛期后落实了防汛值班责任人，各部门都能严格按照防汛要求认真巡查、巡检，坚持24小时零报告制度，确保安全经营。特别是从6月15日后的持续35度以上高温天气的出现后，及时安排将防暑药品、西瓜、饮料送达加油站一线员工手中，同时加大安全巡检频次。9月8日开始对钟鼓加油站进行油气回收改造施工、所有加油站全部实现油气回收，确保加油站的安全经营。

【加油站管理】 要求当班员工做到“一客一示二乎二问三不发生”的规范服务，目的是达到员工工作标准化、规范化。加油站站务管理工作要求做到定制化管理，从站房内的用具、物品到加油站的整体设备、器材的摆放位置都做到了逐项明确，规范加油站管理行为，使物品、用具使用和保养管理井然有序，促进加油站员工的规范操作。片区坚持定期安排人员到站进行安全、现场服务等工作进行检查、公司机关员工定期到站进行帮扶、在站协助营业现场、发现问题立即整改。有效地保证了加油现场的安全、高效运营。在油品损耗管理方面，从实行地罐交接以来各加油站都能严格按照卸油操作流程规范操作，出现差异立即上报上级主管部门协调解决，严格执行“三到场、三签字”原则，严格遵守铅封管理制度，定期到站通过20升容器检测。

【财务管理】 在加油站资金安全管理上，与各站签订资金安全责任书，针对资金安全工作制定资金应急预案，明确资金安全人员，每月不定期对加油站进行检查。要求加油站每天的营业日报要对应到每日的解款单必须相符，以此保证各站油品销售款项准确无误，严防管理漏洞。资金安全工作是管理工作中的重要工作之一，要求各站严格遵守保险柜的使用制度，保险柜、防盗门密码分设，并明确到人。定期更换密码等工作要求，加强检查并要求营业款超过300元必须投入保险柜内，从而保证资金安全。通过严格按照可控费用管理要求，强化预算管理执行力，严格落实可控费用定额管理、事前控制和费用报批开支制度。

【党风廉政】 采取讲党课、微信平台等形式，广泛开展学习宣传贯彻党的十八届五中全会精神活动。组织开展“学党章党规、学系列讲话，做合格党员”学习教育，以习近平总书记系列重要讲话、党章、准则和条例抓好支部中心组学习和党员分站学习。做好互联网时代的思想政治工作。发挥思想政治工作凝心聚力、解疑释惑的作用，把思想政治工作融入经营管理各环节、融入改革发展稳定全过程。运用微信平台等设立了片区党员微信群、畅通沟通渠道，准确把握党员和员工思想状况，注重人文关怀和心理疏导，做好一人一事的思想工作。1. 加强工会、共青团组织建设。完善工会组织，片区根据人员变动实际情况，组织召开员工大会，选举产生新的职工代表，增补新一届工会委员会及工会小组委员会，履行工会职能。2. 在春节来临之际支部组织到站给加油站一线员工包饺子、送祝福，将分公司党委的关怀及时送到了员工心中。3. 在“三八”妇女节来临之际支部书记带领分别到加油站对在节日期间坚守岗位的女员工进行了慰问，让女员工在节日期间能感受到安康销售分公司的关爱，充分享受到了“家文化”带来的喜悦。4. 结合片区工作实际，组织学习贯彻十八大精神，把学习活动与推进经营部发展相结合，与全面完成今年各项工作任务相结合。充分利用中心组学习、党员学习日学习，各站要通过站务会等学习机会进行学习。持续开展大庆精神、铁人精神再学习再教育活动，把“我为祖国献石油”变成为广大干部员工共同的思想基础。5. 在2016年“两会”、G20杭州峰会及国庆等维稳重点时段、支部精心安排、加强经营场所的安全隐患排查、有效的保证安全经营和稳定。

（贺习洪）

交通

紫阳县交通运输局

党委书记、局长：朱元地

党委副书记、农村公路管理局局长：徐兴万

副 局 长：王永国 陈 爽

唐明锋（兼海事局局长）

总工程师：王章勇

【机构设置】 紫阳县交通运输局下设副科级事业单位3个：农村公路管理局、运管所、航务管理局（地方海事处）；股级事业单位2个：交通建设管理站、交通建设工程质量监督站；企业5家：县汽车站、通达客运公司、顺捷客运公司、宏达公交公司、驾校。干部职工总人数123人，局机关内设行政股、综合股、规划统计股、资金审计股。

【交通项目建设】 悟真观至刀背梁4公里公路已全面完成路基路面建设任务。文笔山环线公路续建项目，路基已完成3.8公里，完成工程量95%，正在进行滑坡治理，原设计挡墙5000余立方米，设计变更增加7000余立方米，合计挡墙量12000余立方米，完成11000余立方米。新改建塘么子沟—向阳江河旅游环线公路项目11月底开工，完成路基土石方开挖2.5公里。启动环江旅游文化休闲长廊景观道路和单车专用道路规划设计。初步完成桑红公路瓦房店景区隧道工程设计方案。权双公路二期续建项目基本完成。G541援建工作，涉及拆迁17户，已完成16户，完成沿线征地295亩，迁移各类电杆26根，路基建设完成工程量80%。汉江客运码头已基本竣工，货运码头因滑坡方案未定，处于停工状态。汉王镇跨汉江大桥和向阳江河大桥正进行勘察设计。双桥周家坝桥已建成。焕古肖家沟桥因汉江水位上涨淹没桥台基础导致目前无法施工。东木小石河桥已完成项目批复和招投标工作，于11月底开工，双安双河口桥已完成项目批复，计划已下达，进入招标阶段。洞河集镇客运码头因需变更设计，加之库区水位上涨，无法施工，完成工程量20%；焕古集镇客运码头、金川集镇客运码头、汉王集镇客运码头项目省海事局均未组织施工队进场。农村公路安保工程已完成设计，已下达39.2公里计划，已完成30公里招标工作，已完成施工5公里。交通脱贫通村水泥路项目，2016年度下达计划145.6公里，已全面完成路基建设任务，完成路面建设29.15公里。提前完成高滩镇三坪村2公里通村水泥路建设任务。通村公路完善工程，200公里项目前期工作已完成，已开工建设160公里。已完成界岭镇金狮村中药材产业公路6.5公里路基工程，完成路面工程3.5公里，因气温过低目前已停工。高滩镇望夫寨现代农业园区4公里路基路面建设任务已全面完成。龙洞沟大桥24根桩基已全部建成，总计466米桥墩全部建成，104片预应力桥梁已全部完成架设，已完成全部混凝土桥面铺筑，桥护栏完成，桥梁主体完成。安川高速公路紫阳连接线改建工程完成设计及设计图会审工作，进入招投标程序。

【农村公路养管】 2016年先后投入养护资金531万元，人力2800余人次，机械台班60个，清理边沟185公里，整修边坡路肩314公里，清理塌方15800立方米，清除路障630余处，对金东路、焕金路、桑红路、红燎路、金王路、权洄路、洞双路、毛瓦路修补损害混凝土面板，修复挡土墙，涵洞及其路面病害。制作标牌64块，植树6万株。及时开展小修保养，累计投入1750余万元，对11个乡镇25条农村公路路面病害进行修复。

【交通运输管理】 2016年，共查处“黑车”、路边带客、异地经营、非法营运等客运违章车辆90余台次。共查处违章货运车辆50余台次。分2批次对全县215辆出租车302名驾驶员进行了集中培训，利用“4422710”运政投诉热线电话平台，24小时接受举报，对群众举报做到及时登记、及时调查，及时处理，及时反馈。对38名拒载、乱收费、不使用计价器、强行拼客等违规经营行为的驾驶员给予了处罚。开辟“双星社区—蒿坪镇—北沟口”双向运行公交线路，投放全空调公交车4辆。2016年共发生水上安全事故1起，受伤1人，

3月9日，高速路引线龙洞沟大桥建设项目开工仪式

经济损失约5000元。水上运输事故件数、死亡人数、沉船艘数、直接经济损失四项指标分别下降50%、100%、100%、96%。辖区安全形势稳定。全年排查各类船舶2000余艘次，纠正各类违章10起，其中给予行政处罚5宗，收缴罚金5000元，督促完成隐患整改3起，整改隐患船舶10艘。2016年，全县共完成货运量34万吨，货运周转量1000万吨公里，共完成客运量70万人，旅客周转量1780万人公里。乡镇渡口共渡运旅客13万人/次。组织紫阳县客货运码头建设援建，紫阳沟客运码头完成主体工程，货运码头正在完善滑坡治理方案；完成19处停靠点建设，投资20余万元对5处枯水期无法使用停靠点进行了改扩建。

【精准扶贫】 交通局帮扶高滩镇三坪村，2016年脱贫任务24户91人。24户已达到脱贫的标准。突出全村“当家产业”千亩核桃、千亩茶的“双千工程”，全年完成核桃建园1150亩（定款已上解县扶贫局），实施老茶叶改造520亩，补植茶苗20亩，茶籽种植54亩。新建专业标准的茶叶加工厂1个，配备绿茶、红茶等工艺设备，现通过县茶叶局、质检局认证并投入实生产。建设养鸡孵化专业合作社1个，厂房建设已完工。通过五户联建、组团安置的形式，全年新建贫困户49户，工程进度完成80%。建设村办公室1处，建筑面320平方米，主体工程已完工。完成全县第一条、第一个开盘新标准通村水泥路2公里建设。6组人饮工程建设一处，进度90%。完成年度足浴培训任务15人，组织学习老茶园改造3场268人次的。2016应届贫困户大学生4人每人12000元的补助。全村贫困户参合率、养老100%、最低生活保障户整户纳入。加快通村水泥路建设，推进行业扶贫。2016年度下达计划145.6公里，已全面完成路基建设任务，完成路面建设29.15公里。提前完成高滩镇三坪村2公里通村水泥路建设任务。通村公路完善工程，200公里项目前期工作已完成，已开工建设160公里。

（朱元地）

公路管理

紫阳公路管理段
段　　长：张　乔
党支部书记：杨晓康
副 段 长：赵小军

【机构设置】 紫阳公路管理段隶属于安康公路管理局正科级事业单位，担负S310线（恒口—紫阳—渔渡）107公里养护任务。有在岗职工93人，党员21人。机关内设办公室、公路股、路政股、财务股、效能监察室，下设茨沟、堰沟、米溪、长滩、桑树沟、权河、新滩、毛坝、麻柳9个道班。

【日常养护】 2016年，清扫路面18万平方米，处治路面病害1100平方米，疏通淤塞涵洞480立方米，清理水沟1541千米，修补警示桩和百米桩163根，年均优良路率达99.06%，公路养护综合指数MQI为92.63。

【应急保畅】 将公路防汛抢险工作纳入重要议事日程，完善各类抢险预案。坚持防汛抢险24小时值班制度，做到准备充分、值班到位、信息畅通、抢险及时，累计清理塌方7180立方米。实现了“即毁即抢、即抢即通”的目标。尤其2016年春运期间，堰沟、米溪境内道路多次积雪结冰，段班两级放弃节假日，坚守岗位，及时除雪保畅、救助遇险车辆，确保管辖路段安全畅通。

【路政执法】 2016年，查处路政事案14起，收回路产赔（补）偿费6.4万元；联合交警、城管和沿线各乡镇，开展过境路段综合治理，清除占道杂物500余平方米，设置隔离栅2公里、栽设道口桩150根，硬化平交道口15处，查处率和结案率均为100%，超限超载率控制在2%以内，有效维护了路产路权。开展新部令宣传教育，发放宣传资料500余份，配合安康公路局完成了执法场所标准化建设任务。

【公路绿化】 以“美丽公路”、“美丽乡村”建设为契机，协调当地政府和沿线乡镇，做好地方与行业的绿化对接，共同推进公路绿化工作。修建权河高速路口K100+900至K102+400、麻柳镇K138+000至汉中界K142+700共计6.2千米绿化平台；按照县双创工作要求，因地制宜、因路制宜，组织道工填土整修路侧适宜地段种植三叶草1200延米，采取工程措施对K36、K94两处滑坡点种植刺槐1000余株。重点抓好了长滩沟道班至桑树沟道班日常养护，完善绿化美化，打造节点亮点。

【质量安全】 严格落实质量安全责任制，注重过程监管，各类质量安全资料有图片、有台账，有计划、有总结，全面完成了安康公路局下达的养护工程计划任务，工程质量合格率100%，单点合格率达到90%以上，关键指标抽查合格率达到92%以上。坚持安全生产问题导向，全年组织安全检查和隐患排查14次，上报并整改安全隐患22处，设置警示标志35副。认真落实桥梁安全管控责任，一、二类桥梁稳定在95%以上。实现了“安全生产零事故、工程质量零缺陷、监管范围零盲点”的预期目标。

【行业建设】 强化预控管理，“三公经费”同比下降80%。参与市县两级开展的脱贫攻坚、劳动竞赛、安全生产、文明创建等重点工作。做好对一线职工夏季“送清凉”，冬季“送温暖”活动，慰问困难职工群众22人。以“两学一做”学习教育为主线，围绕养建抓党建，抓好党建促发展。在县交通局召开的庆祝建党95周年大会上，段党支部获得“先进党支部”称号，3名党员获得“优秀党员”殊荣。

（邱志清）

电　力

紫阳县供电分公司
经　　理：罗　洋
副 经 理：胡晓华　白鹏飞
主任会计师：娄　平

【公司概况】 紫阳县供电分公司隶属陕西省地方电力（集团）有限公司的一个县级供电企业。现有35千伏运行线路22条224.626公里，10千伏线路44条1547.557公里，0.4千伏线路5148.459公里，基本形成了35千伏电网为主体，10千伏配网延伸全县的电网格局，供电可靠率、安全率得到大幅提升。并网水电站28座，总装机容量5.848万千瓦。拥有固定资产2.7亿元。现有全民合同制职工103人，聘用制合同工127人，共计230人。主要承担全县17个镇236个行政村的工农业生产和城乡居民生活供电、服务、管理工作，供电面积2204平方公里，供电人口35万人。

【机构设置】 公司下设职能部门：行政办公室、财务经营部、基建部、市场营销部、安全监察部、生产技术部、电力警务室、工程公司。下设城区、任河嘴、向阳、红椿、汉城、蒿坪、洞河、洄水、双桥、高桥、高滩、毛坝、麻柳13个供电所。下设江南、贾坪、蒿坪、蒿堰、高滩、斑桃、毛坝7个变电站。有葫芦颈、罗家坪、高桥3个水电站。设生产班组：江南运维班、毛坝运维班、调度所、计量所、修试所、保线站。

【经营指标】 2016年全年完成售电量1.89亿千瓦时，同比上升2.12%；主业收入完成10268.06万元，同比上升14.69%；利润完成累计完成-2724.74万元，同比增长30.69%；辅业营业收入2703.91万元，同比上升96%，年利润21.42万元，同比下降85%；综合线损率完成7.90%，同比下降4.62个百分点。

【电网建设】 完成35千伏输变电工程2项，其中蒿堰35千伏变电站第二电源工程架设3.2千米线路，完成投资395万元；双安至汉阴漩涡35千伏输电线路工程，架设35千伏线路19.5千米，完成投资1036万元。完成配变台区计量改造安装1591台，完成投资348万元，实现台区集抄全覆盖。完成农村电网改造升级工程102项。新建和改造10千伏线路332.72千米，安装配变179台27.055兆伏安；改造低压线路237.93千米，完成投资3813.02万元。农网升级改造工程有条不紊向前推进，完成工程量80%，完成投资1500万元。全年新增固定资产3765.45万元，为“十三五”期间加快推进一流配电网建设奠定了坚实基础。

【安全生产】 坚持以“电网坚强智能、设备稳定可靠、全员安全高效”为安全生产目标，严格落实安全生产责任，不断完善安全管理体系，巩固安全监督网络。按照“一岗双责”“党政同责”和“三管三必须”基本要求，全面落实以安全第一责任人为核心的各级安全生产责任制，签订安全责任书35份，安全承诺书160份。公司积极开展“安全月”“5·17”“6·16”电力设施保护宣传等多项活动，全年开展各类安全大检查、安全隐患大排查活动6次，查处隐患56处。截至2016年12月31日，实现长周期安全生产487天。

【精神文明建设】 2016年公司积极按照省级文明单位网络测评体系要求，开展丰富多彩的创建活动，党总支、工会、共青团先后参与县文化演出会演、体育赛事、扶贫济困，组织志愿者关爱“母亲河”、关爱老年人和社会公益事业等30余次志愿服务，募捐资金4.5万元，捐献衣物1万余件。2016年精神文明建设网络测评得分93分。

【宣传工作】 新闻宣传工作始终把握唱响发展主旋律这条主线，不断提升企业宣传思想力度，截至2016年12月31日，在陕西省地方电力（集团）有限公司、安康供电分公司网站上稿140篇；在紫阳县政府网、有线电视台、广播电视台上稿165篇，全县中省驻紫单位排名第一。

【学习教育】 2016年以学习中共十八大精神、建设学习型机关为主线，狠抓干部员工的学习教育。采取集体学习与个人学习相结合，开展了一系列学习教育活动。举办专题学习讲座4次、党课4次、各类培训16次，撰写调研文章5篇，开办学习园地6期，专题研讨4次，学习交流心得体会文章252篇。

【年度荣誉】 荣获紫阳县2016年度脱贫攻坚工作先进集体、2016年度新闻宣传工作先进单位。

（李　花）

邮政·通信

邮　政

中国邮政集团公司陕西省紫阳县分公司
总经理、党支部书记：崔晓波
副总经理、工会主席：金相平

【概况】 中国邮政集团公司陕西省紫阳县分公司位于城区紫府路66号，在邮政体制改革时于2015年5月1日由紫阳县邮政局更名。全县共有信箱信筒10个，ATM自动柜员机16台（其中CRS存取款一体机4台），邮政车辆6辆。邮路34条，长度609公里，其中，县城自办汽车邮路2条，县镇汽车委办邮路10条。年末在岗职工95人，其中AB类合同工58人，劳务派遣工37人。本科及以上学历7人，大专学历41人，大专及以上学历占全部从业人员的51%，高中及以下学历46人。服务面积2204平方公里，服务人口35万人。2016年全年邮政业务收入2444万元，完成年度计划的94%，与上年同期相比增幅达10%，占全市总收入的9.3%，收入规模位列全市邮政各县分公司第三位；完成业务支出1324万元，同比下降19.96%；实现收支差额1120万元，企业有效收入2084万元，列全市县分公司第一位。

【机构设置】 紫阳县分公司内设职能部室2个，生产班组1个。下辖蒿坪、汉城、毛坝、高滩、高桥、双桥、洄水、红椿、向阳、西关、紫府路营业厅11个邮政综合（含金融）网点及1个单一邮政营业网点。

【代理金融业务】 紫阳县邮政分公司上下齐心协力，奋战业务发展旺季，深入推进“网点转型”“跨年度劳动营销活动”“金猴献瑞开门红”“一点一策攻坚战”等活动，克服种种困难，积极采取有效措施，逐步加大考核力度，不间断的督办业务进程和深挖市场，通过开展各种短程竞赛活动，网点PK赛、网点包片帮扶等措施，在激烈的市场竞争中取得较好成绩。至12月31日，全县邮储余额规模达到12.83亿元，全年净增1.4亿元。

【理财业务】 紫阳分公司继续深化“大理财”的经营理念，正确认识储蓄与理财的协调发展关系，组织开展了“大理财”专项营销活动，强化了网点负责人营销意识，通过推介会、走出去、大客户维护等多种措施推动理财业务在全县邮政网点特别是农村网点全面开花。截至12月31日，该分公司年销售理财产品12230万元。

【代理保险业务】 代理保险业务着力构建以网点金融超市的主体功能转型为依托，网点柜员为保障，大堂经理为支撑的专业营销体系队伍，形成了全方位的立体营销体系；深入落实网点晨会、例会制度，把控营销工作的全过程；通过进一步提高对培训工作的重视程度，夯实了业务发展的基础。为满足客户的理财收益、其他保障等的综合需求，提供了收益高、保障高的各类银保产品。截至12月31日，该分公司共代理销售保费2200万元。

【邮务类业务】 随着信息化、现代科技的发展和应用，快递市场的全面放开。对传统邮政的函件、报刊、集邮、包快业务等多项业务市场形成冲击。函件业务通过不断创新思路，始终坚持邮政普遍服务大旗，创新少儿书信大赛活动方式，全年累计实现函件业务收入13.48万元。集邮业务随着发行制度改革，紧抓集邮稀缺资，紧跟市场步伐，全力贴合集邮爱好者需求，全年累计实现集邮业务收入12.7万元，增幅达到34.65%。报刊发行业务把握大收订黄金机遇，以畅销报刊为重点，组织收订人员携带报刊宣传单、样报样刊、赠品进驻社区、小区扎点收订，开展各种促销收订；以随堂教辅类产品为重点，全面做好校园市场开发；把党报党刊发行征订作为报刊业务首要政治任务来抓，全年累计实现报刊业务收入58.08万元。居全市各县分公司第二位。

【包裹快递改革】 紫阳县分公司认真贯彻落实中国邮政集团公司的“一体两翼”战略部署，全力推进省、市、县包快业务改革，配合全网提速做好网运处理，以揽投队伍建设为基础，全面开展协议客户开发，以“降费提速”为重点，加大速递市场竞争能力。通过理顺机制、强化营销、充实揽投人员等手段，全力改变业务发展现状，提升服务能力，逐步扭转发展态势。2016年全年实现包快收入81万元。

【企业成本】 2016年，严格执行市公司成本支出规定，全年成本支出1324万元，比上年减少281万元，企业费用成本更为合理，促进企业降本增效。其中主要用于业务支出比上年减少112万元，生产车辆维修费同比下降7万元，信息技术设备维修费同比下降6万元，房屋维修费同比减少43元，业务材料用品、单册等费用同比增加了12万元，招行费用年仅1.25万元，比上年同期下降3万元，办公费支出同比下降10万元。

【企业管理】 抓好员工队伍建设，宣传落实市公司《代理金融网点负责人绩效考核办法》《精品网点人员转型绩效积分办法》《普邮投递人员计件制考核办法》《邮政人才评价考核办法》等，提高执行力。调整红椿、向阳、汉城、西关、紫府路5个支局所负责人；积极宣贯省、市分公司关于员工报考保险、基金、银行从业等资格证书的激励政策，并组织70人/次员工参加全市代理金融网点转型、全市支局长轮训、全省支局长轮训等培训班。2016年有1名员工通过岗位晋升途径实现劳务工转招正式工。三年来，紫阳县分公司获得身份晋升员工数量居全市之首。安排金融、保险、基金从业及技能鉴定人员资格考试培训。宣传贯彻《陕西省分公司人才评价选拔管理和实施办法》，有2人获聘全省2016年度初级人才。

【安全生产】 紫阳县分公司成立两个专项检查领导小组，认真开展人员排查和邮政业务稽查等工作。认真落实"4+4检查机制"，开展邮银联合资金安全大检查、金融机构安全评估自查和人员排查工作，完成岗位轮换工作，为全部网点更换消防器材，更换高清监控设备。由于制度到位，责任落实到位，检查工作到位，保证各项工作安全开展，没有发生一起重大经济案件、重大安全事故、重大违规经营行为。

【新闻宣传】 紫阳分公司围绕市分公司党委中心工作，以各类新闻媒体为阵地，紧抓新闻热点，精心策划专题活动，广泛宣传紫阳邮政经营发展、企业管理、优质服务、网点转型、包快改革等方面优异成绩，极大提升紫阳邮政的品牌形象。其中省公司新闻稿件3篇（条），市分公司新闻稿件8篇（条）。

【服务质量】 2016年，紫阳分公司把改善服务作为企业经营的重要举措，强化日常检查工作，以省、市邮政"全面提升服务质量"活动为载体，下发紫阳邮政"全面提升服务质量"营业、储蓄、投递服务量化考评办法，修订了邮政通信质量考核办法，再次学习代理金融业务"十条禁令"，严格执行邮政短信业务各项管理规定、业务流程和七条禁令，转发投递服务五条禁令。配合中心局优化干线邮路交接时间，加快邮件报刊传递速度。开展了定期或不定期地对网点、部门、中心通信质量和服务质量情况进行检查，加大服务质量的考核力度，提高员工贯彻规章制度的自觉性和服务技能，确保全县邮政通信质量和服务质量指标达到市局考核要求。

【基层工会】 2016年，紫阳分公司继续深入推进基层工会送温暖活动，"冬送温暖，夏送凉爽"全年共节假日慰问员工60人次、职工生日95名、困难员工家庭7家、职工住院5人次，员工亲属去世补助2人，在职员工及退休职工离世发放慰问金、困难补助金、职工亲属死亡补贴、医疗补贴等共计6万余元。

【职工小家建设】 积极推进"职工小家"建设，全县10个农村支局（所）建成为标准"职工小家"，1个农村支局被评为"模范职工小家"，1个农村支局被评为2016年全市邮政先进集体，3人被评为2016年全市邮政先进个人。

（魏定武）

通　信

中国电信紫阳分公司

党支部书记、总经理：黄　飞

副 总 经 理：李晓杉　李清安

总经理助理：吴大波

【机构设置】 中国电信紫阳分公司内设前端支撑中心、后端支撑中心和九个支局。

【经营业绩】 中国电信紫阳分公司企业经营2016年超额完成各项收入目标，经营收入同比增幅25%，上缴地方税收42万元。光纤宽带网络覆盖率城市达到99%、农村达到72%，移动信号2G/3G/4G/4G+网络覆盖127个行政村。

【服务领域】 为客户提供智能连接、智能平台、智能应用以及营造三者深度融合而成业务生态圈，服务于数十个行业信息化应用。基于高速光网宽带的智慧家庭组网给家庭客户提供更加优质的服务，智能家庭WIFI、4G/4G+通信、高清IPTV等业务让广大用户充分享受到中国电信积极践行国家宽带战略所带来的信息化红利；积极践行“光网紫阳”整体解决方案，打造综合能力平台，为客户带来众多崭新的信息化应用，光纤宽带推动物联网、云计算等新兴产业发展，在光纤化进程中，加快推进个人、物和组织之间的物联化和互联化。

【公司效益】 中国电信紫阳分公司“宽带中国·光网紫阳”助力社会治安、金融服务、教育医疗、政务服务、行业扶贫等领域信息化服务的快速发展，企业用户规模不断扩张、用户数量增幅加快；企业收入和税收上缴不断攀升，连年完成利润考核任务，顺利实现国有资产保值增值。

【网络能力】 加快光宽网络建设，让骨干网带宽优势得以充分体现，形成一个骨干网与接入网相匹配的大规模、高速率的宽带网络。城区实现光纤全覆盖、农村光纤覆盖率72%，家庭接入带宽实现千兆引领、百兆主流。启动“宽带中国·光网紫阳”工程，全力打造智慧家庭组网，以无源光网络（PON）技术结合高性能路由集群等关键技术，打造宽带化、IP化、扁平化、融合化为核心特征的可管可控的绿色高性能光通信网络，向家庭客户和政企客户提供满足不同需求的高质量、高速率的接入和行业应用解决方案。

【创新能力】 积极打造翼支付互联网金融生态圈，支持各类线上线下民生支付应用，通过添益宝、交费助手、交费易等业务为个人、商户提供综合性的互联网金融服务，便捷的线上线下交易丰富和改变着民众的日常生活。助力推动互联网+，在农村通信市场积极探索建用结合的可持续发展模式，注重农村信息化重点产品的推广应用，“农技宝”“健康通”和“平安联防”等农村特色应用得到地方各级党委政府的认可和推广。

【运营体系】 落实倒三角管理体系，通过组织架构的扁平化和三级维系体系的搭建，建立起以客户为中心全业务组织架构与管控支撑体系。

【服务能力】 相继推出网上营业厅、掌上营业厅、QQ网上客服、网厅微信公众号、网厅易信公众号等线上服务，客户自助服务能力显著增强；加强社会渠道合作建设，终端销售、营销服务网点遍布城乡，全网通手机终端类型不断丰富；加强各类人才队伍建设，强化服务力量配置，支撑能力和服务能力大幅提升，用户满意率不断提升。

【社会责任】 “以安全之盾，铸社会之责”，为党政机关、金融机构、企事业单位量身打造“加密通信”及“安全手机”；“平安联防互助网络”民心工程助力政府创建平安和谐社会，深化镇村平安建设，提升人民群众安全防范能力；扎实推进农村光宽网络建设和4G/4G+移动网络建设，72%的行政村实现光纤通达并开通光纤宽带和2G/3G/4G/4G+网络；积极承担农村党员干部现代远程教育网络建设任务，开展多场信息下乡宣传活动，农村信息化建设成绩斐然；主动接应国家提速降费号召，率先取消长途费和漫游费，组织党员和干部员工走村入户进行点对点的通信服务和提速降费宣传讲解，通过耐心细致的比一比、算一算帮助用户减少了家庭通信消费开支，赢得了用户的广泛认可；积极消除"阉割版"手机终端壁垒，大力倡导、宣传和普及全网通手机终端，让用户享有手机终端知情权和入网选择权，降低用户在手机终端消费上的开支，获得社会各界和广大手机用户的一致好评；在应急通信保障中屡建奇功，得到上级公司和地方各级党委政府以及人民群众的充分肯定。

【精神文明】 2016年，顺利通过"省级文明单位"动态化管理测评验收，获得省级"十佳县级分公司"和市级"最佳经营单位"称号，在县脱贫攻坚工作考核中获优秀格次，紫府支局获得省级"十佳城市支局"称号，高滩支局、毛坝支局和汉城支局获得市级"农村标兵支局"称号，多名员工获得市级荣誉。

（吴大波）

陕西广电网络传媒（集团）股份有限公司紫阳支公司
经　　理：周　驹
副经理（兼任支部书记）：刘山林
经理助理：刘　川

【公司概况】 陕西广电网络传媒（集团）股份有限公司是陕西省电子政务传输网支撑企业。紫阳支公司主要开展的业务有数字电视、宽带、数据集团专线专网、智慧业务等项目。2016年有线电视在网用户1.4万户，个人宽带用户3700余户，专线专网30余条，蒿坪双星智慧社区已经开通运营。

【机构设置】 公司下设综合管理部、工程建设部、维护部、市场部、财务部，拥有员工18名。各镇都开通了业务网点，有镇级代维人员14人。

【网络建设】 从2014年实施《紫阳县农村数字电视整体转换实施方案》以来，公司认真贯彻落实县委政府确定的目标任务，大力发展农村基础网建设，目前已建成到紫阳机房到各镇的光缆线路222千米，分配网134千米。网络已覆盖17个集镇、32个行政村。2017年将开工建设各集镇到全县175个行政村、移民安置点和集中居住区的光缆延伸，该工程将全部采用光纤到户的模式投资建设。

【重点工程】 2016年年底，紫阳县人民政府与省公司签订《紫阳县政府为农村群众购买有线电视户户通项目协议书》，项目的主要内容是：政府在2019年12月前，实现全县各镇用户集中区域有线广播电视网络全覆盖，确保农村约4万户，特别是贫困群众都能收看到有线电视节目。由网络公司投资网络建设，群众自愿选择标清或高清互动数字电视，群众每年分别缴纳50元/80元收视维护费，政府每户每年分别按120元/180元补贴到网络公司，补贴期限至2020年年底。该项目计划在2017年年底完成1.5万户的发展目标，且政府将此项目列为2017年农村10件惠民工程之一。

（周　驹）

中国移动通信集团陕西有限公司紫阳分公司
总 经 理：宋彤辉
副总经理：邱建勋

【简介】 紫阳移动分公司隶属于安康分公司，公司在全县自建18个移动自控营业厅，开设了5个营销分部，终端卖场2个，收费网点遍布城乡。截至2016年年底，紫阳移动分公司客户规模超过15万户，运营收入过亿元，市场占有率78%。

【践行企业社会责任】 持续实施企业社会责任，打造企业软实力，连续10年开展“爱心100”助学行动，资助50名贫困生圆梦大学殿堂；积极响应县委县政府“帮扶”号召，精准扶贫帮困向阳镇三营村、染沟村，改善通信网络、修建通村公路，加快“新农村”建设进程；为全县大型活动提供坚实的通信保障；为紫阳“双创”“平安紫阳”工作免费发送宣传信息；广大员工无私奉献，忘我工作，涌现出了许多可歌可泣的动人事迹，树立了公司良好的企业形象，受到了党委政府和群众的好评。

【精神文明建设】 紫阳移动精神文明建设取得了累累硕果，获得市、县级“文明单位”和“青年文明号”以及“职工之家”“巾帼文明示范岗”“窗口文明示范岗”“抗洪抢险先进集体”等称号，连续几年荣获县级“支持地方经济发展”一、二等奖、县级“价格诚信单位”，历届行风评议中名列前茅。

【企业发展】 牢固树立“客户为根，服务为本”服务理念，打造4G精品网络，全县城乡、高速公路、重点旅游景点网络信号实现100%全覆盖；全县212个网点和电子渠道为客户提供随时随地便捷服务；相继推出手机报、手机支付等新业务，满足客户多元化需求；为各大行业量身打造移动OA、警务通、司法通、烟信通、公安天眼、防汛监控、气象监控、行车卫士等一批亮点工程，有效推进紫阳城乡信息化进程。

（张晓霞）

中国联合网络通信有限公司紫阳县分公司

总经理：任小华

副经理：张凌博　党忠涛

【机构设置】 中国联合网络通信有限公司紫阳县分公司于2001年5月1日正式挂牌成立，设置5个部门：综合市场部、城市营销中心、集团营销中心、农村营销中心、维护站。

【指标完成情况】 2016年全年各项经营指标排全市第八位。

【业务工作】 集团大项目拓展较好，以扶贫局、住建局、公安局重点项目入手，为2017年项目储备夯实了基础，以上重点项目预计签约金额700万元左右，预计2017年当年带来收入300万元左右。E信5000元以上的包年用户保有率达到85%。配合县水利局加强对水资源监控工作，在主干流和分支流安装40个监控点投入使用。全面完成了14个乡镇宽带光政任务，新增接入端口5400个。全年新建通信基站76个。

【存量维系】 以存量维系收入用户保有任务指标为中心，建立也是发展、维系也是创收工作思路，创新维系工作模式、精细组织落地执行，2016年集团维系工作取得较好成效，截至12月累计用户保有率为75%，高出任务目标5个PP。

【扶贫项目】 一是与扶贫局共同创建扶贫服务平台，已在高桥权河村、汉城镇汉城村、金川村进行推广使用。二是开通贫困脱贫村深磨村、三官溏村、草川村、金旗村、青中村、全安村等八个村宽带业务。

（胡紫平）

城建·环保

住房和城乡建设

紫阳县住房和城乡建设局
局　　长：刘　磊
副 局 长：王圣敏　徐初平
城管大队队长：朱清奎
城管大队副队长：石黎明　邹学平
房管局局长：刘　波
人防办主任：邱斌赞
保障性住房管理中心主任：王　玉

【机构设置】 内设机构：人防办、行政股、建管股、城建股、规划股；下设正科级事业单位：县城市管理综合执法大队；下设副科级事业单位：房管局、保障性住房管理中心、村镇规划建设管理办公室；下设股级企事业单位：环卫办、园林所、质监站、建筑设计院、建筑行业劳动统筹办公室、清洁队。紫阳县住建局核定行政编制17名，事业编制未核定，2016年年底实际在岗98人，其中行政28人，事业70人。

【规划管理】 一是启动《县城总体规划》修编工作，依据县城总规，完善了县城各片区修建性和控制性规划，编制了地下综合管廊、消防、燃气、市政、绿地等专项规划；启动了编制蒿坪控制性详细规划、美丽乡村及农村人居环境改善专项规划，组织编制完成了30个避灾扶贫安置点规划，组织评审了30个避灾扶贫移民安置点规划。二是严格规划管控，依法办理规划审批许可，全面推行阳光规划，2016年累计受理各类申请264件，依法办理各类规划许可216件；依法对全县城乡规划区内的各类建设依法进行监管，确保各类建设严格按照规划实施。2016年累计依法查处各类违法违章建设61起，其中罚款处罚7起，限期整改并整改到位27起，责令停工14起，依法拆除13起。

【县城建设】 一是启动实施了河堤路西段综合改造，提前一年时间全面完成了12个单位、193户住户、208间门面的房屋征迁任务，征迁总面积4.2万平方米。二是稳步推进西门河新区开发，建成7号商住楼，实施了移山造地、高压铁塔迁移、排洪渠等工程，妥善有序解决了项目建设过程中的矛盾纠纷。三是加快尚都商业步行街开市运营，完成了所有债务清算工作，协调处理了建设过程中的历史遗留问题，启动实施了消防、亮化、绿化、硬化等配套基础设施建设，同时全面开展招商工作。四是全力推进保障房建设，建成惠民三期，惠民四期、黄金商贸城主体已封顶，农业局片区正在进行主体19层施工，曹家坝、火车站老进站路棚户区改造已全面完成。五是加快县城气化工程建设，天然气合建站已基本建成，中压管网累计完成铺设5.2公里，入户安装3000户。六是创建国家卫生县城已通过升级技术评估，即将命名授牌，创建省级生态园林县城有序推进，共营造重点区域绿化3.5万亩。

【村镇建设】 一是加快推进蒿坪副中心镇建设，建成蒿坪中心卫生院、中心幼儿园、下茨坝入口酒店、万和公寓及集镇亮化工程，生活污水处理、殡仪馆及公墓等6个项目有序进行，累计完成投资10290万元。二是加快推进集镇建设，建成建筑垃圾堆放场17座，启动实施生活垃圾、污水处理工程配套建设了排污（水）管网，完善了道路、交通、电网、“四化”等市政和基础设施建设。三是加快推进农村人居环境改善，编制完成《紫阳县改善农村人居环境专项规划》，制定并印发《紫阳县改善农村人居环境工作实施方案》，启动了蒿坪、向阳、焕古示范镇和贾坪村、营梁村、前河村、双星村、新田村、新桃村、权河村、焕古村及大连示范村建设，累计完成投资1500万元。

河堤路拆迁

【城市管理】 一是定期对县城区主街道、公共场所、背街小巷实行一日两清扫，全天候保洁；对商场、超市、公共场所等重要路段实行18小时保洁，对一般路段实行12小时保洁，采取管理员与保洁员高效整合，实行错时、错峰上下班，实现环卫保洁无缝隙管理。继续推行生活垃圾定时定点收集管理办法，实现了垃圾不落地，避免了垃圾二次污染。二是严格按照划行归市管理要求，统一划定经营区域，做到合理分布，分类管理，禁止出店经营、占道经营、沿街流动叫卖。同时错时加班，不间断巡查等工作措施，加大市容秩序巡查监管力度，强化车辆通行和停靠管理，营造了整洁有序的市容环境。三是完善提升了县城区重要节点的绿化景观效果，全面加强了县城区绿化景观建设，县城区绿化管护长效机制逐步健全，绿化管护水平进一步提升，为全县人民创造了优美的城市环境。

【行业管理】 一是加强建筑和燃气安全生产管理，全年共组织开展安全生产大检查12次，其中查处建筑工程安全生产隐患125处，限期整改108处，发出停工整改通知书17份，查处燃气安全生产隐患32处，限期整改27处，发出停工整改通知书5份，全年无一例安全生产事故发生，有效推进了建筑市场有序发展。二是加强县城市政公共设施维修管护，实行分片包干进行日常巡查，全年累计清淤5800米，更换雨水篦65套，对损毁的检查井井盖、人行路面、车行道路面、垃圾箱累计维修74次865余处，县城亮化及景观灯累计维修540次3200余处。三是加强房屋产权管理，全年共办理房屋初始登记85宗，建筑面积9708.65平方米，办理房屋转移登记289宗，建筑面积34680.25平方米，新建商品房登记295宗，建筑面积33925.48平方米，房屋抵押登记250宗，抵押面积30084.33平方米。

（马孝忠）

安康市住房公积金管理中心紫阳县管理部

副主任：邱洪涛（主持工作）

副主任：胡　苗（女）

【机构设置】 紫阳县管理部是隶属于安康市住房公积金管理中心（以下简称“市中心”）的正科级派出机构，内设综合业务办公室、财务室。紫阳县管理部核定编制6人，2016年实有工作人员8人。

【住房公积金归集和提取】 2016年全县205个单位建立住房公积金制度，缴存职工7110人。2016年全县归集住房公积金7192万元，与2015年相比增长21%，历年累计归集总额36154万元。2016年全县按使用规定办理缴存职工提取住房公积金3774万元，比2015年增长55%。截至2016年12月，紫阳县住房公积金余额23748万元，与2015年相比余额增长了15%。在归集方面，2016年4月紫阳县再次提高全县机关事业机关在职干部职工住房公积金财政配套缴存比例2%，达到国家规定的上限12%。这是紫阳县继2015年将全县党政事业机关在职干部职工津补贴纳入计算住房公积金缴存基数后缴存政策的又一较大调整，政策惠及全县机关事业单位5500余户在职干部职工。住房公积金财政配套基数的大幅提高，切实保证了广大干部职工的合法权益，个人住房消费及改善居住水平的能力得到很大提升。2016年11月，会同紫阳县财政局、紫阳县卫生和计划生育局联合发文，将全县21个镇卫生院在职财政供养人员财政配套住房公积金纳入县财政预算管理，执行全县机关事业单位同样的缴存标准，切实维护了基层卫生院职工合法权益。在提取使用方面，连续三次调整住房公积金提取政策，放宽住房公积金提取条件，进一步支持职工住房消费，2016年紫阳县缴存职工提取使用住房公积金总额达到历史最高点，资金使用效果明显。

【个人住房贷款】 2016年全年发放职工个人住房公积金贷款209户5481万元，比2015

年增长24%；历年累计贷款发放住房公积金个人住房贷款3971户37185万元；2016年全年回收贷款本息3907万元。截至2016年12月全县住房公积金个人住房贷款余额为17216万元。期末逾期贷款率为零。住房公积金个贷率为72%。2016年以来，根据中省市相关文件精神，积极贯彻落实放宽的住房公积金个贷政策，个贷限额由原来的40万元提高到了50万元，装修贷款由原来的20万元提高到30万元，延长了购、建房资料时效期，全面长期开展购房、建房、装修房、二手房、商转公积金贷款（置换贷款）等贷款业务，全力满足全县住房公积金个贷需求，2016年当年发放住房公积金个人住房贷款5481万元，年度发放额达到历史最高纪录，完成市中心下达的全年个贷目标任务122%，较好地满足了全县干部职工的个贷需求，对刺激住房消费，促进房地产业“去库存”，推进本地房地产稳定发展发挥了积极的作用。加强了住房公积金个贷发放管理，切实保证资金安全和正确用途。注重协调好与委托银行的业务关系，切实保证个贷办理过程的流畅。加强贷后管理，按月积极主动采取有效措施催收逾期个贷，2016年全县住房公积金个人住房贷款实现全年12个月零逾期。

【增值收益、风险准备金】 2016年全年全县住房公积金营运实现收入506.2万元，支出279.2万元（支付缴存职工住房公积金利息238万元，支付受委托业务手续费41.2万元），实现增值收益226.8万元。提取住房公积金贷款风险准备金21万元，历年累计提取风险准备金275.6万元。风险准备金充足率为1.6%，超过财政部、建设部规定的1%。

【队伍建设】 2016年共四次参加由市中心组织的全员业务知识综合培训，认真领会、学习和熟悉把握市中心下达的业务工作流程、业务要求、规章制度，统一答复口径、统一操作流程，逐步建立起用制度管事、办事的良好格局，努力使广大住房公积金缴存职工感受到每一项业务都在同一政策规定下办理的公正、公平。坚持理论联系实际，注意把紫阳县本地住房公积金管理情况与国家、省、市的相关规定结合起来，坚持实事求是，走群众路线，以群众满意作为评价各项工作的根本标准，积极探索问题、发现问题、解决问题并及时向市中心反映问题，积极参与市中心组织的业务探讨、意见征求等工作，推动管理工作不断进步。扎实开展“两学一做”专题教育活动。按照市、县“两学一做”的实施方案和要求，紫阳管理部以参加市中心、县委、住建系统总支、单位内部的组织的集中学习和平时的自学为基础，结合本职工作，展开问题思考和学习讨论，自觉增强党性观念，树立起管好用好住房公积金，切实为广大住房公积金缴存者服好务的思想。以学促做，在做上见实效，自学习教育活动开展以来，紫阳管理部把学习教育与年度目标任务、重点工作结合起来，立足本职岗位工作，突出重点，聚焦问题，解决问题。全面推行服务承诺制，认真落实“首问负责、一次告知、马上就办”制度，坚持开展微笑服务、文明用语服务、上门服务、挂牌上岗服务，继续坚持开展具有紫阳特色的节假日预约服务、乡镇个贷工资财政代扣还款服务。

【年度荣誉】 被安康市住房公积金管理委员会评为2016年度优秀管理部；紫阳管理部驻县政务服务中心住房公积金窗口于2016年5月、6月、12月三次被评选为红旗窗口，窗口工作人员纪传红两次被评选为团员示范岗，获县政府办通报表彰。

（邱洪涛）

环境保护

紫阳县环境保护局

局　长：刘健骅

副局长：李发勤　陈小刚

【机构设置】 紫阳县环境保护局内设行政股、环境管理股（污染防治股）两个股室。下设环境监察大队、环境监测站，分别为副科级事业单位。实有干部20人。

【环境概况】 2016年，全县环境质量良好，汉江出紫断面水质保持在国家地表水Ⅱ类标准；城镇集中式饮用水质达标率达到100%；县城优良天数达306天；区域环境噪声控制在国家标准以内。紫阳县政府被安康市政府授予“环境保护工作先进单位”称号。

【汉江水质保护】 紧盯垃圾、污水两大治理重点，系统实施汉江综合整治、水污染防治、重金属污染防治等重点治理项目，不断加大治水力度。投资3亿元实施河堤路拆迁改造。“三镇一区”污水处理工程和七个集镇垃圾堆放场建成投运。6镇30个村农村环境综合整治示范项目、县城饮用水水源地保护工程全面完成。小米溪沟及田家湾水污染治理项目有序推进。生态创建扎实开展，创建省级生态镇5个、生态村1个，市级生态村6个，市级绿色文明示范工程单位2个。完成流域治理110.2平方公里， 完成造林绿化7.09万亩。健全“河长制”，联合督查、水质监测、汉江漂浮物打捞监管等机制常态运行，汉江出紫断面水质稳定达标。

【大气污染防治】 全面推进“减煤、控车、抑尘、治源、禁燃、增绿”六项措施，依法依规治污，科学精准治霾。累计关停砖厂1家，完成油气回收改造1家、挥发性有机物治理项目2个，淘汰“黄标车、老旧车”98辆。“气化工程”累计铺设中压管网5.2公里，天然气入户安装2350户。县城建筑工地基本落实了“洒水、覆盖、硬化、冲洗、绿化、围挡”六个100%要求，县城机扫率达90%。

【污染减排】 全年实现化学需氧量、氨氮、二氧化硫、氮氧化物、挥发性有机物排放量分别消减1.9%、1.9%、2.1%、2.2%、0%，分别完成任务127%、127%、105%、110%、100%。

【执法监管】 严把环境影响评价关，全年累计办理环评审批361件，重点项目环境影响评价率达100%；坚持“铁腕执法”“重拳出击”，以环境保护大检查、“五黑”（黑废水、冒黑烟、黑废油、黑废渣、黑企业）专项整治为主线，出动检查人员380余人次，检查企业100余家，限期整改26家，行政处罚5起，查封扣押5起，停产整治1起，行政拘留2人，申请法院强制1起，形成有效震慑。完成了“4·12”巴山氢溴酸车侧翻泄漏和“5·8”毛坝一号隧道油罐车追尾两起突发环境事件应急处置。加强“12369”环保投诉电话管理，积极做好环境信访工作，完成环境信访案件办理57件。

【突出环境问题整治】 县委、县政府成立了环境保护督察巡查工作领导小组，从县委办、县政府办、宣传部、公安局等部门抽调16名工作人员集中办公，高效做好中央环保督察配合保障工作。55家环境问题企业、94个违法违规建设项目清理整顿销号全面完成。累计投入资金500余万元，用于秦岭生态破坏点、红蝶化工应急处置、农村环境综合整治和排污口整治等工作，一批突出环境问题得到较好解决。从快从严查办中央环保督察环境信访交办件2件，责任追究3人。

11月9日，全市汉江水质保护推进会

【宣传教育】 采取多种形式，广泛深入开展生态环境文化“六进”活动，依托手机短信平台定期发送环保短信20余万条，全年累计在各类媒体发表新闻稿件50余篇，环保宣传更加深入人心。陕西电视台、安康电视台等省、市新闻媒体先后就全县汉江水质保护、生态建设等工作进行采访报道，引起良好社会反响。

【机制建设】 先后出台《紫阳县各镇政府及部门环境保护工作责任规定（试行）》、《环境保护“一票否决”制度实施办法》，环保“党政同责”“一岗双责”机制进一步夯实。

【精准扶贫】 包联汉王镇兴塘村，2016年发展种植富硒稻米500亩、种植莲藕12亩、发展核桃160亩、新建茶园50亩。完成村57户贫困户254万元扶贫小额贷款。积极推进基础设施建设，建成集中安置点1处。完成全村78户贫困户安全住房，其中进城入镇17户、集中安置15户、分散安置30户、交钥匙工程10户、土坯房改造6户；新建村卫生室1个,村活动室1个，便民桥1座，道路硬化1.2公里，人饮工程1处，维修茨沟堰8500米，全村水、电、路、通信等基础设施得到较大改善，精准攻坚工作顺利通过市上第三方评估验收。

（唐 博）

财 税

财 政

紫阳县财政局
局 长：储成斌
副局长：张 庆 马银鹏

紫阳县人民政府农村综合改革办公室
主 任：张 庆（兼）

紫阳县公共资产管理局
局 长：杨大群
副局长：雷世军

紫阳县财政监督检查局
局 长：张书轩

紫阳县政府采购中心
（县政府投资项目招投标管理中心）
主 任：王 鹏
副主任：饶帮才

【机构设置】 紫阳县财政局内设行政股、预算股、国库股、综合计划股、行政政法教科文股、社会保障股、农业股、经济建设股、会计股、采购管理股10个股室，有紫阳县人民政府农村综合改革办公室、紫阳县公共资产管理局、紫阳县国库支付局、紫阳县财政监督检查局和紫阳县政府采购中心（县政府投资项目招投标管理中心）局属事业单位5个。

【收支情况】 2016年财政总收入累计完成29155万元，占全年任务的116.6%。地方一般预算收入完成16550万元，占年预算的

106.8%。全县地方一般预算支出累计完成227310万元，同比增长8.2%。

【收入征管】 一方面把组织收入作为财政工作的重点，根据年度财政收入目标，全面落实收入责任，采取一系列措施，应对经济下行等因素影响，依法科学组织收入，确保应收尽收、足额入库。另一方面，向上反映紫阳县的财政困难，力争获得上级更多支持。全年争取财力性补助资金8.2亿元、革命老区建设资金1124万元、“一事一议”资金1159万元、债券资金3.796亿元，确保经济社会发展资金需求。

【社会民生】 2016年民生支出196542万元，占财政总支出的86.5%，较上年增支26894万元。通过“一卡通”发放涉农补贴18项，共2亿元，惠及11万农户；全年共实施“一事一议”奖补建设项目81个，项目总投入2622.33万元，其中财政奖补项目资金1517万元，整合配套部门资金436万元，重点用于精准扶贫村、美丽乡村及便民桥项目建设。

【财政管理】 盘活财政存量资金，整合新增债券资金14500万元和两年以上沉淀专项资金2910万元，用于年初本级预算安排的陕南移民搬迁、脱贫攻坚、文化旅游发展支出；整合了以前年度沉淀资金4870万元，弥补2016年财政收入短收形成的财力缺口，多渠道整合部门资金1.24亿元用于农村公路、饮水工程、产业扶贫、村活动室建设等脱贫攻坚项目；完善国库集中支付制度，扩大改革覆盖面及力度。全年国库集中支付资金22.27亿元，其中直接支付20.55亿元，占支付总额的92.3%，有效防止资金被挤占、挪用、截留，确保资金安全。因手续不齐资金、费用超标、项目工程超进度等原因，拒付支付申请1256笔，进一步规范资金使用范围，提升资金使用效益；加强政府采购管理。共审批政府采购项目487个，采购预算资金为5098万元，实际采购金额4308万元，节约资金790万元，资金节约率15.5%；有重点、有针对性地开展开展全县52个单位范围内的财政监督检查工作，其中乡镇10个，县级预算单位40个，企业单位2家，核查单位和企业会计核算的真实合法性、会计信息披露的完整性、财经制度执行、财务管理、单位“八项规定”、“三公经费”执行情况以及资金、资产管理和机构改革后资产移交等问题；积极推进部门预决算及“三公”经费公开，县级财政及县镇预算单位在县政府网站、部门门户网站或公示栏向社会公开。

【财政改革】 推进“营改增”试点改革。成立以县政府分管领导为组长，县财政、国税、地税部门为成员的营改增工作领导小组。印发关于做好全面推开营业税改征增值税试点准备工作通知，2016年5月1日起，将建筑业、房地产业、金融业、生活服务业全部纳入营改增试点范围。县地税部门于4月11日将包括个体户894户、企业244户、外来报验登记户44户和委托代征户3户在内的1185户试点纳税人信息正式移交给国税部门；创新财政资金扶持方式。按照“拨款变投资、资金变基金、直接变间接、分散变集中、无偿变有偿”思路，制定《紫阳县产业发展基金管理办法（试行）》，集中扶持企业的财政资金，建立产业发展基金，发挥基金的放大作用，采取股权投入等方式，制定《紫阳县中小企业还贷周转金管理办法（试行）》，引导和撬动社会金融资本投入产业发展。

【党风廉政】 2016年局党组共组织4次专题研讨学习教育活动及党小组会，重点学习习近平系列讲话精神，党章及廉洁纪律，并严格按标准和程序完成党员评优工作；在机关支部中积极推广“手机+党支部”，有效地推进党建工作深入开展，提升党建工作科学化水平；认真落实“一岗双责”，全面落实廉政主体责任，把党风廉洁建设和反腐败作为各项财政业务工作开展的前提保障，始终坚持党组主动担责、主要领导带头尽责、班子成员有效分责，持续用力、狠抓落实、协调推进，实现党风廉洁建设与财政工作的良性互动。大力推进正风肃纪，不断优化办事流程，持续推进作风转变，严格干部教育管理，有效提升依法理财、为民服务能力；成立财政系统内部控制机构，根据局内部经济活动工作流程、风险点和相关业务处理依据（规范性文件）等进行系统梳理，制定了预算编制、指标管理、预算执行、集中审核支付等八项内控制度，进一步强化对财政权力运行的制约监督，构建科学、规范、完善的权力内控机制，有效防控廉政风险及其他风险。

【精准扶贫】 包联侯家坪村作为2016年度拟脱贫村，扎实推进各项脱贫工作开展。一是认真开展"回头望"，逐户摸清贫困户基本情况，建立《贫困户精准扶贫台账》，并对《贫困户手册》进行及时更新，每户制定帮扶计划，帮扶措施。二是争取交通脱贫项目，投资760万元，硬化村级公里14.1公里，使全村形成"小路条条连，大路环形通"格局。三是通过大力实施移民搬迁和组团安置建房，积极宣传住房保障政策，动员农户到交通便利地势安全的集中安置点建房，依托统一规划、村委会代建、亲友帮建的方式，确定7个组团安置点，全村207户贫困户安全住房全面得到保障。四是突出资源优势，发展特色产业，通过实行产业奖励扶持政策，引导农户大力发展茶叶、魔芋、养殖等特色产业。全村改造茶园1700亩，发展魔芋425亩，发展生猪200头，山羊625只，耕牛30头，实现人均增收同比增长14.2%。五是通过积极宣传动员，鼓励引导参加由县培训中心组织的修脚师、烹饪、月嫂培训，全年共培训36人次，动员参加镇上组织的茶叶、魔芋栽培技术培训220人次，贫困户具有劳动能力的人口基本掌握一项劳动技能，实现了稳定就业、稳定脱贫。实现全村年度贫困发生率下降到2.08%，贫困户家庭人均纯收入实现3500元以上。

【年度荣誉】 紫阳县人大常委会、紫阳县人民政府授予紫阳县财政局"2016年度代表建议办理工作先进单位"。

（张　珍）

国　税

紫阳县国家税务局

局　　长：张宏伟

副 局 长：代定朝　兰俊辉　邹文涛

纪检组长：段清宇

【机构设置】 紫阳县国家税务局在册人员121人，其中：在职干部职工76人，离岗1人，退休44人，在职人员平均年龄为43岁。在职党员干部50人，占65.79%。该局下设4个分局（城区、向阳、毛坝、蒿坪）、1个稽查局。该局机关内设10个职能科室、1个事业机构，主要承担全县7512户纳税户的国税征收、管理和稽查等工作。

【组织收入】 2016年，紫阳县国家税务局全年共组织税收收入6976万元，与上年同期比较增收2216万元，增长47%。

【收入概况】 1. 分税种看"三增一减"。"三增"分别是增值税完成：5122万元，与上年同期比较增收2207万元、增长76%，企业所得税完成1477万元，与上年同期比较增收180万元，增长14%。消费税完成6.64万元，与上年同期比较增收0.31万元，增长5%，"一减"是车辆购置税368万元，与上年同期比较减收171万元、减少32%。2. 分级次看，新预算格局助力地方级收入增收明显。1~12月完成预算总收入6976万元，中央预算收入3930万元，与上年同期比较增收740万元，占市局年终收入考核调整指标的100%，省级1283万元，与上年同期比较增收596万元，县本级收入1763万元，与上年同期比较增收879万元。3. 分行业、税源看，传统工业产业疲软，三产增长迅速。工业完成税收1234万元，与上年同比减收215万元，同比减收14%，三产完成税收4356万元，与上年同期比增收1054万元，同比增长32%。

【收入特点】 1. 收入总量同比增长。得益于“营改增”改革全面实施，扩大增值税税基，全年共组织各项收入6976万元，其中：营改增实现入库税款2608万元、占总收入的38%，新扩围四大行业入库2157万元、占营改增收入的82.7%。2. 非即期收入对全年收入影响加剧。2016年全年共计组织异地清算税款“非即期收入”860万元，占当年税收收入总收入的12.31%，其中：烟草400万元、电信109万元、电力100万元、农商银行提前预缴四季度企业所得税250万元，非即期税款的入库，为完成2016年收入目标给予强有力的助推。3. 政策性减收效应显现。全年共计减免增值税1845万元，企业所得税1183万元，车辆购置税55万元，减免税金占当期入库税款的44.19%。4. 企业所得税税源结构单一。企业所得税税源结构及重点企业单一，导致收入抗风险能力较差，税收受宏观经济及企业经营业绩影响波动大，全年入库企业所得税收入1477万元，与上年同期比较增收180万元，增长14%，其中，金融业所得税入库1427万元，较上年同期增长22%，占所得税总收入97%。

【组织收入措施】 一是年初该局领导班子深入基层了解征管情况，搜集掌握各种影响税收收入的数据信息，指导征管工作深入开展，并对县域经济运行及国税收入形势做出客观判断，为开展税收收入工作提供了数据参考。二是强化收入措施，层层分解下达税收任务。通过认真研究分析，制订了具体的收入方案，采取纵向分解与横向扩散相结合的方式，将收入任务层层分解到各基层分局和科室，落实岗位责任制和责任追究制。三是做好分析预测，强化重点税源监控。加强对重点税源行业和重点税源企业的经济税收分析，抓住发电、供电、金融业、烟草、建材等重点行业及重点税源大户的税收管理，充分发挥重点税源监控制度对组织收入的有效支持作用。四是紧扣组织收入纪律的红线，做到坚持“依法征税，应收尽收，坚决不收过头税”的组织收入原则，实现真实、没有水分的增长，又不折不扣地落实好小微企业等税收优惠政策，助推企业转型升级。

【税收征管】 1. 稳步夯实征管基础管理。按照征管质量考核标准和要求，坚持抓好税源调查和控管工作，定期与工商、地税部门进行信息交换，认真落实定期巡查管理制度，对双定户实行动态跟踪管理，进一步规范建账户，不断摸清税源底数。严格增值税抵扣、申报、征收管理，进一步加大对关联企业的税收管理，防止关联企业之间避税行为的发生，定期对超标小规模纳税人进行全面清理。2. 扎实做好企业所得税日常管理工作。一是针对2016年度汇算清缴工作需要，及时组织所得税汇算业务培训，促进了所得税汇算清缴工作顺利开展。通过汇算清缴，222家企业共计调增应纳税所得额2758万元，调减应纳税所得额79.79万元，汇缴企业所得税391.08万元。二是加强企业所得税核定征收工作，组织核实企业财务核算情况，对财务不健全，不能准确核算收入、成本、费用的企业采取核定征收方式征收企业所得税。对266家企业所得税纳税人实行核定征收136户。三是狠抓企业所得税后续管理风险应对和大企业审计补税工作，2016年审计入库52.30万元，风险应对管理评估税款17.68万元。3. 大力加强税收优惠政策落实。2016年，紫阳县国家税务局共计减免增值税1008万元（其中小微企业151.79万元）；企业所得税1717万元（其中小微企业12.38万元）；车购税42万元。4. 大力加强纳税评估工作。加强税源监控分析，开展了对多个行业的纳税评估工作。利用“数据应用”结果分析，全年评估32户，查补税款58.5万元。适时对重点企业和行业进行评估检查和全面评估，并结合实际对企业法人代表和会计人员进行政策宣传，有效防范偷骗税行为。5. 多措并举打造良好协税护税环境。结合县域经济实际和税收征管模式，针对前期“营改增”工作中发现问题，结合实际向地方政府报送关于优化纳税服务加强税收征管一体化管理的建议，得到了县政府高度肯定和大力支持，以正式文件形式印发《紫阳县优化纳税服务加强税收征管一体化管理办法（试行）》。

【依法治税】 **“营改增”扩围攻坚** 完善工作机制。及时倒排工期、顺排工序，制订时间表、路线图和应急预案，逐条分解任务到岗、落实责任到人，积极向地方党委政府汇报工作，加强与地税沟通联系，确保改革落地有声。节点工作有序推进。广大干部职工积极发扬“五加二”“白加黑”精神，顺利接收地税移交试点纳税人1086户，分5个组做好征管数据接收和整理工作，分行业、分纳税人类型开展测算，夯实征管数据基础；抓紧完成各信息系统的升级与联调测试，确保了5月1日“开好票”；组建专家团队，实行一对一的辅导，确保6月1日“报好税”；新增税控设备9个，创新地利用KVM切换器打造“双机一屏”模式，有效实现了委托地税业务的无缝对接。召开试点纳税人培训班4期，培训153人次，利用纳税服务QQ群、税收公告、广场电子显示屏、微信公众号、“12366”服务热线等多种媒体，向试点纳税人发布试点政策和通知公告600余条，积极推行“畅易开票”平台，做到线上线下同时推进。完善应急预案。以畅通、安全、平稳为原则，分项梳理可能出现的紧急情况，着重围绕系统停电、群体聚集、秩序维护等方面情况，建立和完善应急处理预案。依托市局工作组力量，成立强有力的应急处置小组，妥善应对和处置可能出现的各种情况，密切关注纳税人动态，努力实现税企良性互动，税制平稳顺利转换。**强化衔接，完善征管稽查执法链条** 认真落实各项职能，从人员数量、队伍素质、业务衔接和制度建设等方面加强保障，依托综合征管信息系统和各类管理监控系统，与地税部门开展联合稽查，对重点行业和税负异常户进行重点稽查，深入开展打击发票违法犯罪活动，达到以查促管、以管助查的目的。2016年共检查17户，查补入库202.31万元。**上下联动，完善税收宣传工作** 围绕“营改增”税制改革和“金税三期”上线工作，完善税收宣传机制，优化税宣形式。4月联合地税部门开展“聚焦营改增，主力供给侧”为主题的税收宣传月启动仪式，召开税企座谈会，送税法入村、进学校，税收政策宣讲会等一系列重点突出、形式生动、内容丰富、渠道多样的税收宣传活动。**苦拼实干，打赢“金三”上线阵地战** “金税三期”税收管理系统的成功上线对于税务系统信息化提升管理水平有很大意义。确保涉税信息准确。分7个组，对“金三”数据库转移的2万余条信息进行逐个核对，确保信息准确。做到汇报信息保证及时。按照市国税局“金三”工作组下发的任务单，及时分解和安排各项节点任务，坚持日总结，周汇报制度，定期对业务和问题进行汇总讨论，为上线后流畅办理业务打下基础。确保双轨运行顺畅。在安排11名业务骨干到汉阴该局学习经验后，该局以“以测代培”模式，分3组进行指导，20余业务人员轮流上机操作，提前介入硬件网络运维环境，调配7台电脑、2台打印机和扫描枪等硬件，有效解决双轨运行“硬件”紧缺的问题。倡导网上申报，合理安排时间，采取预约办税、错峰申报、延时服务等措施，全力服务纳税人，做到不遗漏、不断档，确保良好的征管秩序。避免大厅拥堵发生涉税负面舆情。

【队伍建设】 2016年，紫阳县国税局多措并举，全面加强机关党的思想，组织，作风和制度建设，为推动税收现代化事业提供坚强组织保障。学做结合，确保“两学一做”入脑入心。及时召开专题会议学习，研究讨论具体落实措施。成立“两学一做”学习教育领导小组，制定《“两学一做”学习教育实施方案》和《学习教育计划表》。通过专题会议统一全体党员思想，确保完成“两学一做”学习教育各项工作。制作5块“两学一做”学习教育展板外，利用党组中心学习微平台和国税交流群等载体，宣传“两学一做”学习教育内容，使“两学一做”人人知晓。明确重点，丰富内容。围绕“学党章党规、学系列讲话，做合格党员”主题，要求每一名党员重点学习《中国共产党章程》等内容，注重从革命先辈的英勇事迹中汲取养分，从违纪违法案件中吸取教训。注重形式，讲究方法。把个人自学与集中学习结合起来，明确自学内容和要求，开展集中学习7次。搞好结合，务求实效，“两学一做”活动与2016年各项重点工作有机结合，学以致用。突出效果，加强教育培训。开展好各类针对性培训学习。结合“金税三期”上线、“营改增”工作特点，累计组织干部培训5期231人次，“营改增”纳税人培训4期153人次。深入推进会计（审计）资格达标考试。在会计资格达标考试中，该局3人顺利通过。开展“岗位大练兵，业务大比武”活动，印发活动实施方案，建立学习活动组织领导机构，按照5个专业类别对全体干部进行分类培训。加强青年干部培养、推行“导师制”管理办法，由领导、部门负责人和素质能力强老同志结对联系年轻干部，确定导师14名，对21名学生加以指导。深化人事制度改革，激发干部队伍活力。扎实做好中层领导选拔任用工作。严格按照确定的程序、方法进行选拔，最终确定7名工作能力突出、群众公认度高的干部走上中层正副职岗位。大力推进“数字人事”试点。强化数字人事制度学习、宣传，深入学习相关文件，自系统试运行以来全体干部职工每天按时填报工作纪实，及时开展领导评鉴和工作自评，自评率和领导评鉴率均达100%。平稳有序推进职务与职级并行制度。稳步推进全县国税系统职务与职级并行工作，制定本级的工作实施方案，严格按政策组织实施，做好摸底、初核、测评、报备等工作，该局7人晋升正科职级，12人晋升副科职级。完善考核运行机制，发挥绩效“指挥棒”作用。年初召开绩效管理工作会议，传达学习省市局绩效会议精神，坚持月例会制度，每月召开绩效专题会议，布置和落实绩效考核工作，确立全员绩效意识，克服消极麻痹思想，变被动考核为主动担责。建立健全考核制度。加班加点制定印发该局对分局、对科室以及个人三套绩效考核办法，制定绩效考核结果运用办法，对考核指标制定、下达、实施、考核和奖励等各方面工作予以规范。科学规划指标设置。各科室落实指标认领任务，具体责任细分到人。承接市局三级指标62个，结合自身工作实际，制定考核指标50项，切实解决“上下一般粗”和“层层加码”问题。统筹推进系统上线。对各项指标进行修改完善，新增完成时间、考评时限等内容，按时将考核指标导入绩效系统，按照对口原则对该局各科室进行指标定责。按时完成绩效考核任务。对53项指标按照时间节点进行考评打分，占全年指标45%，其中系统考评指标33项，共性考评指标13项，个性考评指标7项，扣分指标22项。精神文明建设，推动国税文化发展。充分发挥志愿服务队作用，开展一系列志愿服务活动。春节慰问离退休老干部，植树节组织志愿服务队开展义务植树传播绿色公益活动。开展道德建设主题实践活动，通过线索平台官网和手机短信的渠道，积极向文明委推荐"身边好人"，举办道德讲堂2期。

【脱贫攻坚】 2016年，紫阳县国税局继续包抓双桥镇许河村，把改善基础条件作为"先行工程"，协调解决资金、项目等问题，紫阳国税局先后投入20万元资金，通过协调解决2公里道路硬化问题。把产业帮扶作为"致富工程"，一改"千篇一律"转向"量身定做"，充分发挥富硒资源优势，结合村情民意分类制定脱贫"作战图"，筹资6万元为贫困户购买仔猪和山羊，建成2个林下养殖示范点，利用"龙头企业+合作社+贫困户"扶贫模式，通过企业、党员干部等龙头带动，建立利益联结机制，因地制宜发展产业，壮大茶叶、魔芋、中药材、富硒蔬菜等特色种植业。先后出资1.5万元购置奖品和学习用具，在每年的"六一"儿童节期间为孩子们送去节日慰问。建立助学基金会，用"圆梦基金"帮扶7名贫困学生完成大学梦；开辟以"孝老、法治、和睦"为主题文化宣传专栏，开展"孝老爱亲"为主题的"乡村道德讲堂"，学习紫阳县道德模范——双桥镇中良村陈英彩孝老爱亲的感人事迹。

【廉政建设】 以上级通报的各项违法违纪案件和典型案例，收看《永远在路上》大型反腐专题片，进一步提高反腐倡廉教育的实效性，丰富国税廉政文化建设内容。贯彻落实中央八项规定，狠抓作风纪律建设，严格公务经费管理，严格执行财务制度和接待规定，公务接待一律在机关食堂就餐。强化对行政管理权和税收执法权的监督，依托内控促廉系统，强化对税收行政管理权和税收执法权运行中重点部位、关键环节的过程和结果监督，有效保证了全年无风险事件发生。同时抽调业务骨干对代开机打作废的844份普通发票进行核查，及时纠正职能部门在日常工作中监管缺位、管理不善行为。不断加大明察暗访力度，以零容忍态度治理"四风"问题、严防违纪行为滋生蔓延。对全系统工作纪律、廉政纪律、纳税服务、办税环境和落实中央八项规定以及纠正"四风"问题进行多次明察暗访，发现和纠正错误行为6人次，对21人次进行点名通报批评。

【年度荣誉】 紫阳县国税局城区分局、紫阳县国税局办税服务厅分别被安康市国家税务局授予"基层建设达标单位"称号。张宏伟被陕西省劳动竞赛委员会授予"陕西省劳动竞赛标兵"称号，王祖琴被安康市文明委授予第二届"安康好人"、安康市妇联授予"安康市三八红旗手"，安康市国家税务局授予"最美国税人"称号。

（肖建锋）

地　税

紫阳县地方税务局

局　长：张虎明

副局长：宋文军　冯　涛

副局长、纪检组长：熊　华

【机构设置】 紫阳县地方税务局成立于1994年。2016有在岗干部职工70人，离退休人员21人，内设有办公室、政治工作股、计会股、监察室、征管股、信息股、税政股、基金股、纳税评估所9个职能股室。有稽查局、直属税务分局、办税服务大厅3个直属机构。有城郊税务所、毛坝税务所、蒿坪税务所、向阳税务所等4个基层税务所。负责全县17个镇地方税收、社保费及各项基金的征收管理工作。

【组织收入】 2016年，安康市地方税务局下达紫阳地税局全年税收任务9300万元，紫阳县政府下达全年税收任务6000万元，截至12月29日，共组织入库各项地方税费收入12317万元，其中：完成税收收入任务9747万元，占年度税收目标任务9300万元的105%，剔除“营改增”因素，同比增长13%，增收1386万元；完成社会保险费2350万元，占年度目标任务2260万元的104%，同比增长4%，全面完成市局考核目标任务，实现组织收入“满堂红”。完成县本级收入任务5608万元。

【征管改革】 地税局按时收缴税收发票及网络在线发票，于4月11日正式将包括个体户894户、企业244户、外来报验登记户44户和委托代证户3户在内的1185户试点纳税人信息正式移交给国税部门。5月1日上午8：30分，在全市率先开出第一张个人住房出租增值税普通发票，标志着“营改增”新政在紫阳县正式落地实施。“营改增”后，对营改增试点行业重点纳税人进行了营业税专项清查，依法追缴欠缴营业税190万元，清收移民安置工程所欠税款1381.86万元。发挥“特别能吃苦，特别能奉献”的陕西地税精神，保质保量地完成“金三”信息采集、涉税信息补录和数据质量治理工作。组织业务人员到兄弟单位宁陕和石泉县局考察学习“金三”操作流程，对双轨试运行期间发现的问题及时上报省市局，确保纳税人业务的顺利办理和“金三”、数据管税、电子税务局等系统成功上线运行。按月按时上报国地税合作成效表，恢复在机构撤并中被撤销的向阳地税所，率先在全市实现基层国地税互派入驻全覆盖。建立国地税联席会议制度，不定期召开国地税联席会议，及时沟通解决征管信息传递、征收管理等方面存在问题，联合堵塞征管漏洞，优化纳税服务。国地税双方每月定期交换或比对征管信息，利用房地产和建筑业预缴增值税信息与地税土地增值税预征及清算信息进行比对共征收土地增值税，利用资源开采企业的增值税信息与地税资源税信息进行比对，利用国税机关征收增值税、消费税信息与地税城建税、教育费附加等进行比对，利用交换和共享的涉税信息开展漏征漏管户清理、纳税信用等级评定、税收宣传以及打击发票违法犯罪等工作，提高征收管理和服务水平，国地税合作走向纵深。加强与其他部门协作，不定期进行信息对比，清收耕地占用税、契税。积极开展自然人信息采集工作，强化房产税、城镇土地使用税管理。推动县政府及时出台《紫阳县财税收入保障办法》和《紫阳县优化纳税服务加强税收征管一体化管理办法（试行）》，紫阳县协税护税的综合治税局面正在形成，“先税后证”机制得到有效落实。

【税政征管】 落实各项税收优惠政策。1—4月708户纳税人享受小微企业营业税优惠政策，减免税款172.91万元；1—9月，2户小微企业（盐业公司、建筑设计院）预缴企业所得税严格按照小微企业优惠政策执行，享受减免0.41万元。2015年度企业所得税汇算清缴中，13户企业符合享受小微企业企业所得税税收优惠，减免企业所得税6.21万元，3户企业属于国家鼓励类产业，享受西部大开发优惠政策按15%征收企业所得税，减免税额178.24万元。不断强化所得税管理。完成63户企业所得税汇算清缴工作，严格执行企业所得税核定征收办法，全年共征收企业所得税1756万元，同比增收近200万元，再创历史性高；做好年所得12万元个人所得税申报工作，扩大行政事业单位个人所得税代扣代缴覆盖面，实现全县个人所得税全员全额明细申报，财政统发的232个行政事业单位以及515户企业全部实现明细申报，仅1—10月就入库代扣代缴个人所得税648.52万元。全年征收个人所得税929万元，同比增收30万元。存量房和商用房估价系统平稳运行。全年共有213户交易通过估价系统，评估增值529.33万元，增收税款30余万元。

【纳税服务】 开展“便民办税春风行动”，落实“订单式”一次性告知、首问责任、延时服务、预约办理等服务制度，全年共延时服务100户次，预约服务80余户次。推行办税无纸化免填单服务，免填单服务范围涉及税务登记、申报纳税、优惠办理3大类业务，包括14种表证单书。全年新设税务登记1013户，变更税务登记536户，共评定8户A级、252户B级、72户C级、3户D级企业纳税人。2016年共组织各类纳税人培训6期，培训人数达600余人。其中，国地税联合培训2期，内容分别为2015年度企业所得税汇算清缴业务培训及一般纳税人与小规模纳税人纳税申报培训、财行税分税种申报表培训，这是国地税联合开展培训的首次尝试。积极响应国家税务总局在全国范围内推广应用涉税事项“二维码”一次性告知服务工作和“营改增”知识二维码工作，利用办税服务场所的公告栏、电子显示屏以及政府网站、QQ群等形式，将二维码进行公示，将《纳税服务规范》和“营改增”二维码、办税事项、办税流程、资料报送等进行公告，在全县范围内实现全覆盖。

【税务稽查】 围绕全县地税中心工作，以税收专项检查、重点税源企业轮查、重大税收违法案件查处、打击发票违法犯罪活动为重点，坚持依法行政，加强稽查管理，创新工作方法，提高队伍素质，着力发挥以查促收、以查促管、以查促查、以查促遵的职能作用，实现稽查工作质量和效率全面提升。2016年，共选案检查和组织纳税人自查32户，组织纳税人自查和实施税务检查查补各项收入89万元，其中入库税款65万元、滞纳金11万余元、罚款6万元，各项基金及附加7万元，依查促管征收入库各项收入500余万元。认真落实轮查工作“四统一”要求，对市级监控范围的21户重点税源企业进行了轮查，按要求完成了自查辅导阶段的各项工作，自查入库各项税款、滞纳金、基金70.36万元。加强纳税评估工作，截至12月29日共完成上级推送和县本级专业纳税评估任务219户次，县本级风险评估应对25户次，入库税款28.31余万元，加收滞纳金0.10万元；指导税源管理单位完成风险评估应对194户次，评估入库税款金额688.00万元；国地税联合风险应对做出评估处理1户次，入库税款0.31万元，评估移交稽查1户次。完成数据管税平台推送风险应对任务189户，其中，一般性结果处理102户，辅导纳税人通过“电子税务局”自查自纠4户，无异常处理83户。

【行政效能】 大力弘扬勤俭节约，反对铺张浪费，全面为机关运行“减负瘦身”。办好机关“廉政灶”，通过控制接待标准、规范接待程序、加强监督管理等措施，进一步规范公务接待活动。严厉遏制公款吃喝、铺张浪费的现象发生，2016年，在落实公务接待、公车使用、办公用房整改、“三公”经费、中央“八项规定”等方面，无一违规列支、超支，转嫁摊派现象发生，“三公”经费支出比2015年下降35%，公车运维费同比2015年大幅下降。

【机关党建】 扎实推进“两学一做”学习教育，一是提高认识强化组织领导。成立“两学一做”学习教育协调小组，全面统筹全县地税系统的“两学一做”学习教育工作，认真开展党员党组织关系排查，把每名党员纳入党组织有效管理，争取全体党员学习全覆盖。二是坚持“六有”确保“两学一做”取得实效。做到支部学教有方案，党员学习有计划、有重点、有标杆，学习教育有特色，学习教育有氛围。三是严格督促检查。制定印发《“两学一做”学习教育实施方案》《“两学一做”学习教育工作计划》，由县局党总支负责总体督导，由县局各党组成员分别督导各自联系单位，由总支各委员分别包抓一个支部的学习教育。同时，采用集中督查、随机抽查、调阅材料、现场调研等方式进行，掌握各支部工作开展情况，总结推广好经验好做法，发现问题及时提出改进建议和意见。2016年，先后组织开展集体学习5次、专题讨论3次，实施党员抄写党章100天活动，开展“弘扬巴山精神、争做合格党员”“看红色电影、忆峥嵘岁月”主题党日活动，组织“戴党徽、亮身份、树形象”活动，对局机关办公楼廉政文化墙进行更新。7月1日，对表现突出优秀共产党员、优秀党务工作者进行表彰，对省局树立“最美地税所”蒿坪税务所典型事迹进行宣讲学习。

【干部管理】 积极开展公务员年度考核和备案工作，全系统共表彰三等功3名，嘉奖9名，圆满完成考核任务。组织召开全县人事教育工作会议，安排部署2016年工作。严格队伍管理，起草下发《紫阳县地方税务局考勤和请销假制度》。实施人文关怀，对全系统17名退休干部进行慰问，推荐2名同志作为市局慰问对象。完成2015年17名退休干部信息采集和机构编制报表、退休减人手续，省级机关事业单位工资审核表，津补贴数据核对等工作。做好工资发放与建立实名制财政供养台账资料报审工作，解决1人未通过审核遗留问题；完成4名职级并行人员系列考察上报工作，执行蒿坪、毛坝乡镇补贴上报审批工作，完成2015年度63名在职干部工资晋级晋档工作，2016年度在职人员公务交通、艰边津贴上报审批工作；组织实施在职在岗2014年、2015年度养老保险缴费基数申报工作，日常工资系统基本信息表和审批表的录入、审批工作。

【廉政建设】 在全县地税系统积极开展《中国共产党廉洁自律准则》《中国共产党纪律处分条例》和《中国共产党问责条例》主题教育活动。以教育预防为主，邀请县检察院干部做预防职务犯罪专题讲座2次，召开全系统警示教育大会2次，县局党组书记、局长做廉政教育讲座1次，学习通报国家税务总局通报的发生在税务系统违规违纪案例7起，召开作风整顿大会1次。落实省市局党风廉政会议精神，落实党风廉政建设主体责任、监督责任和领导干部“一岗双责”。开展“五个一批”廉洁过节专项行动。县局党组书记、局长与6个分局所县局9个股室签订了党风廉政主体责任书，县局副局长、纪检组长和分管领导与各分局所、机关各股室签订党风廉政监督责任书。紧盯元旦、春节、“五一”、中秋、端午节等重要时间节点，加大警示提醒和检查力度，倡导文明健康勤俭过节。抽调监察室、政工股、办公室人员成立检查组，组织明察暗访10次，发出检查通报5次。

【精神文明】 推荐蒿坪税务所为省地税系统“最美地税所”，推荐蒿坪税务所副所长来登培为全市地税系统优秀共产党员人选；县局领导班子获得陕西省地税系统优秀基层领导班子称号，督促指导蒿坪、毛坝所创建县级文明单位。举办“道德大讲坛”，积极宣传学习身边先进典型，弘扬正气，传递正能量。总结精神文明创建工作经验，及时完善创建措施，制定《2016年度精神文明创建工作时间任务一览表》，把握时间节点，做到以旬保月、以月保季、以季保年，按期完成每个阶段的工作任务。深入开展群众性精神文明创建、深化志愿服务和深化诚信主题教育三项活动，在陕西省文明创建常态化管理系统中取得103分好成绩。

【税收宣传】 4月1日，联合县国税局，在紫阳广场联合举行第25个税收宣传月活动启动仪式。向广大群众发放税收法规宣传资料，接受群众税收政策咨询，活动当天发放宣传资料500余份，接受群众咨询80余人次。局长接受县电视台采访，围绕税收宣传主题，全面介绍税收宣传月主要活动情况。4月13日，税收宣传走进紫阳人民广播电台“法之声”栏目，以“聚焦营改增试点　助力供给侧改革”为主题，以“走近税收关注民生”为视角，通过喜闻乐见的方式将税收政策渗透到老百姓思维中。与紫阳小学合作，特邀50余名小学生为“小小税收宣传员”，协助宣传房产税、城镇土地使用税、契税等税收政策。紫阳地税局各基层所也不拘形式开展丰富多彩宣传活动，结合“便民办税春风行动”活动，走进纳税人，贴近纳税人，通过发放税收法律法规，上门入户与纳税人面对面讲解税收政策，利用辖区内LED显示屏滚动播放税收宣传政策等形式，解答纳税人普遍关注的税收热点和关系到切身利益的税收法规政策。利用税企联系QQ群微信群等方式宣传税收政策。

【精准扶贫】 2016年，紫阳地税局继续包联高滩镇牌楼村。协调对接县发改、交通、移民扶贫和电力等相关部门，为牌楼村争取项目资金30余万元用于公路建设。向移民局争取库区移民后扶持项目资金33万元，在一组修建砂石路1.2公里，维修公路1.6公里，解决一组群众生产生活困难。争取财政局一事一议项目资金10万元，修建五至六组通组公路1公里，地税局帮扶资金3.5万元，年底前完工，解决六组群众到村上办事需经龙湾村绕行问题。完成牌楼村至红椿镇大青村3.5公里连镇公路建设，动员村民做好新修公路维护工作。积极向上级部门争取，在牌楼村安置点新修村委会办公室和村卫生室各一个，目前正在进行房屋主体建设，预计2017年下半年可竣工并投入使用。安置点建设，“交钥匙”工程和村安置点正在加紧施工，预计2017年6月前交房入住，2016年15户脱贫户中，自建砖混结构房屋有12户，在本村购房1户，在县城购房1户，在龙湾安置点购房1户。积极动员村民参加县组织足浴培训20人次，牌楼村村民外开洗脚店达到26家，带动本村贫困户就业60余人；参加特色烹饪培训26人次，月嫂培训1人；协调茶叶局技术专家11月在牌楼村开展茶叶栽植培训1场60余人次。2016年栽茶苗100亩，点茶籽100亩，为新栽茶苗购地膜600公斤，购茶籽补助6000元，栽植核桃308亩。发展养猪、养羊、养牛、养鸡传统畜禽养殖产业，发展养猪200头，养牛30头，养羊300只，鼓励发展养殖大户20余户。

【社会公益】 年初，组织开展“送温暖　献爱心”活动，为包联的高滩镇牌楼村送去过冬衣物100余件。蒿坪税务所干部职工自发组织捐赠，多次为辖区两位村民送去米面粮油等生活必需品，并为一名大学生送去学费2500元，帮助其完成学业。联合环城路社区，多次看望社区贫困少年刘高杰，为他送去米面粮油等，表达地税部门的关心。

【年度荣誉】 县局荣获市局绩效管理与目标责任考核优秀单位，蒿坪税务所被表彰为全国税务工作先进集体和全省地税系统“最美地税人”先进集体，信息化建设工作、“金税三期”上线、风险管理评估、优秀风险指标、优秀案例、综治维稳工作、公文质量、税收宣传、精准扶贫等多项单项工作受到市地税局和县委县政府的表彰，10人荣获三等功，16人获得市级以上荣誉和表彰。

（邱可欣）

金融·保险

金　融

中国人民银行紫阳县支行

行　　长：余佑学

副 行 长：张春刚　刘汉清

纪检组长：罗　鸿

【机构人员】　支行内设3股1室，即行政办公室、国库会计发行股、综合业务股、保卫股。截至2016年年底正式职工20人（女职工8人），平均年龄40.6岁，其中：中级职称6人，初级职称13人；本科学历15人，专科学历1人。

金融宣传

管辖机构：农发行、工行、农行、邮政储蓄银行、农商行、长安银行6家银行金融机构，辖40个营业网点；有财险、寿险、中华联合3家保险机构。

【宏观管理】　通过强化窗口指导，持续优化县域融资环境。按月收集利率报表信息，强化县域利率市场监测分析，促进利率政策执行的有效性。指导紫阳农商行参与金融机构合格审慎评估，成功将其发展成为市场利率定价自律机制观察成员，可以按照人民银行及自律机制的安排，参与发行同业存单等涉及市场基准利率培育的金融产品。认真贯彻执行存款准备金政策。针对县农行“三农金融事业部”未达标实际，2016年，通过沟通、协调，及时转发文件等措施，激励县农行继续深化“三农金融事业部”改革，争取达标享受差别存款准备金率，为服务实体经济提供更大空间。下调紫阳农商行执行11%的存款准备金率，低于国有商业银行6.5个百分点，有效释放了流动性。以再贷款货币政策工具，撬动和引导金融机构扩大涉农信贷投放，创新开展“2×3工程”和“四位一体”再贷款支持地方经济发展模式，引导农商行持续加大涉农信贷投放。并按季开展再贷款现场检查，及时上报各类监测报表及台账，督促农商行合规用好再贷款。再贷款管理工作在中支2016年货信工作会议上进行经验交流。2016年，发放支农再贷款3亿元，累计支持金融机构发放涉农贷款6.44亿元。

【金融扶贫】 2016年，紫阳支行围绕“移民+脱贫”“产业+脱贫”“电商+脱贫”的三项工程，制订和印发《紫阳县扶贫小额贷款工作实施方案》和《紫阳县扶贫小额贷款对象评级授信操作程序》，联合金融办、农商行、扶贫局出台《紫阳县金融支持服务脱贫攻坚工作实施方案》和《金融支持扶贫攻坚相关工作指导意见》，在落实《2015紫阳县政银移民搬迁安置合作协议》基础上，2016年，与相关签约单位又续签《金融扶贫业务合作协议》，将“高山移民避险搬迁贷款”升级为“扶贫搬迁贷”，担保基金从500万元增加至800万元，信贷对象从71个贫困村危困户扩大为全县所有在册贫困户，可贷金额从3万元上升至5万元，优惠政策从“免担保”增加至“免抵押、免担保、全贴息”，促进再贷款扶贫效应进一步放大。落实“5321”金融扶贫工程。指导紫阳农商行推出“扶贫搬迁贷”和“产业脱贫贷”两种扶贫小额贷款，执行6.6%的年利率，较同档次小额农户贷款利率低4.08个百分点。

截至12月末，紫阳县金融机构各项存款余额84.71亿元，较年初增加13.09亿元、增长8.28%。各项贷款余额35.72亿元，较年初增加5.87亿元，增长19.66%。

【维护金融稳定】 2016年，坚持按季对辖内金融机构进行综合评价，并将评价结果发送政府、各金融机构市级单位，加大对综合评价的运用。以贯彻落实“金融服务与管理制度落实年”活动为契机，在8月，支行对全县银行业、保险业金融机构“重大事项和重要信息报告制度”贯彻落实情况进行了现场核查，促进辖内金融机构“重大事项和重要信息报告制度”执行的规范性，强化了人民银行对辖内银行业、保险业金融机构的宏观审慎管理。在中支的指导下，参与存款保险远程培训、存保评级、存保核查等措施，并密切关注新情况、新问题，不断强化信息反馈，提升存款保险制度落实工作的质量，确保辖区金融稳健运行。

【国库工作】 全年维护TCBS系统参数10次700余条，利用周末高质量完成TCBS系统、TIMS系统、TCBS测试环境的升级，为税款及时报解、入库和财政资金划拨奠定了坚实基础。配合中支开展业务系统测试和新建系统的应急演练。顺利完成国库内部往来专用凭证的账务处理及上缴工作，账账、账实、账表均相符。撰写月度、季度统计分析报告共计7篇，做好国库统计分析工作。开展了财政专户摸底调研工作。制订《加快推广横向联网业务发展的实施方案》，加大财税库银工作配合度，拓展国库会计标准化的内涵和外延，推动营改增、“金税三期”系统、事后监督系统按时成功上线运行。加强国债管理。完成了紫阳县近十年来国债数据迁移工作，上报国库重点调研课题《储蓄国债发行渠道建设的国际经验借鉴》。圆满完成国库会计年终试决算工作。截至12月末，2016年共办理预算收入22349笔，金额29612.64万元；支出8865笔，金额305367.77万元；预算收入退付61笔，金额143.14万元；更正调库61笔，金额7870.07万元。

【会计支付清算】 贯彻落实中央“八项规定”，做好集中采购、固定资产、项目建设、财务费用的管理，圆满完成了人员、公用、行政事业费用指标执行，保证全行履职管理需要。组织对长安银行新开户业务的指导和培训，以及加入民银行支付系统的考试。完成了会计重点调研课题《普惠金融视角下对于改善新时期农村支付环境的调查与思考》。制定《紫阳县“支付+”特色金融服务实施意见》《紫阳县2016年农村支付“互联网+”建设工程实施方案》，指导辖内金融机构大力改善辖区支付结算环境建设。按照时间节点完成了中支下达的《优化“支付+”支付绿色通道，构建电子支付示范区》特色工作。《紫阳县“支付+茶业产业”工作实施方案》被中支进行了转发推广。《金融时报》《陕西日报》分别对紫阳县“支付+电商+扶贫”工作模式进行了多次宣传报道。紫阳支行银行卡推广工作及应用工作成绩突出，被中支推选为分行级银行卡推广应用先进单位。认真组织学习《ACS业务标准化》手册，按时完成了ACS系统3次的版本更新和升级测试工作，指导辖内农行、农发行、农商行安装使用更新后的数字证书和综合前置系统上线工程，使ACS电子对账参与单位增至5家。积极配合中支开展ACS业务“双百”竞赛活动，紫阳ACS业务成功率连续六个月达到100%成功率，成效凸显。完成标准化服务大厅改造方案等工作。

【货币发行】 以发行库标准化示范库建设为主线，以规范操作为切入点，加强对管库员培训、库房管理、日常业务规范等多层次、多结构的风险隐患安全检查。统一购置800条发行基金专用袋，积极推动发行库袋装化管理。完善了《出入库管理办法》《发行基金调拨管理细则》《库貌库容管理办法》等相关制度，组织全体管库员参加陕西省管库员上岗资格考试并取得了优异的成绩。紫阳发行库被西安分行命名为安康辖区唯一“优秀发行库”称号。认真做好假币收缴鉴定工作，全力保障现金供应。组织开展了进单位、进学校、进社区、进农村、进市场、进车站“六进”反假宣传工作，做好假币的鉴定和收缴工作，完成了辖内邮储银行现金存取业务的审批事项。全年完成调拨任务10次，总额107630.5万元，现金投放总量98572.1万元，现金净投放50637.1万元，残损币回收17720万元，收缴假币817张，金额1.76万元。

【金融统计】 2016年，紫阳支行严格落实金融统计工作制度，在金融统计数据的及时性、准确性下功夫。创新型要求县农商行按时报送金融机构报送金融指标调查表、法人贷款明细表、资产负债表、损益表、业务状况表及货币信贷形式分析报告等，为分析金融数据信息县域经济运行的影响。深入开展互联网金融统计工作及社会融资规模的监测分析等制度性调查工作，按月编制《紫阳县金融机构货币信贷统计月报》，主动承担支行重点调研课题，并积极展开自主实地调研，努力为上级行与地方政府的决策和研究，提供科学准确数据信息。

【征信工作】 以“3·15”、“6·14”、金融知识宣传月、银企座谈会等为契机，加强征信知识的宣传、普及与应用。强化与康宏小贷公司的培训与管理，落实征信业务流程风险管控，推进信用报告信贷信息的有效整合。在日常征信查询服务工作中，创新“三问”制度模式：问用途、问使用主体、问是否知道信用信息泄露可能引起的后果的，有效防范个人征信信息泄露的风险。召开“税信助”银税合作座谈会，签订了税银合作备忘录，强化小微企业信用培植，拓宽投小微企业融资渠道，2016年共受理个人征信查询1311笔，同比增加212笔，受理企业查询56笔，同比增加27笔。累计发放机构信用代码证257份，同比增加55笔。累计更新机构代码证43份。

【金融管理】 以“两综合、两管理、一保护”为抓手，积极开展按季通报，年度综合评价工作。以“六统一”“五标准”“四个有”为要件，在全县建立了30个金融知识普及示范点和3个示范乡镇。其中，向阳镇营梁村金融知识普及示范点建设被西安分行通报表彰。所撰写的稿件《农村最后一公里是如何打通的》《安康中支以“1+3”模式深化农村“金融知识普及示范点”》《送知识也是有效金融服务》《消费者使用、兑换硬币遭拒引发舆情案》《购物刷银行卡资金被盗案》先后被《金融时报》、《西安分行金融消费权益保护典型案例》《西安分行金融消费权益保护工作简报》采用。完成个人金融信息安全执法专项检查。加强日常人民币银行账户管理工作。完成了对紫阳人保险公司的反洗钱现场执法检查等反洗钱宣传、评估、监管工作。

【青年职工培养】 修订完善《人行紫阳县支行青年职工管理办法》《人行紫阳县支行青年职工年度考核暨优秀青年工作者评选办法》。3月支行党组完成三名副股级干部的考察聘任，推荐2名青年职工赴中支借调学习，搭建跟班、借调等学习平台，探索建立青年职工培养“紫阳模式”。支行2名青年职工分别被中支评为优秀党务工作者和优秀共产党员，2名青年职工通过中级经济师资格公示。撰写的《“链接式导师制”助推紫阳县支行青年职工快速成长见成效》被分行《组织人事工作简报》采用，上报总行。作为支行特色工作——中支“链接式”导师制“紫阳模式”效果逐渐显现。

【安保综治】 坚持人防、物防、技防为重点，突出制度建设和队伍建设，扎实开展保卫值班标准化建设。守卫值班室顺利搬迁，监控系统工程验收合格，系统运行良好且符合要求。人、机配合日益熟练，安防管理提质增效，紫阳保卫股获取2016年安康中支技防操作比赛团体“桂冠”奖。积极组织配合县综治办、公安局等单位，开展了“平安银行”创建、防范新型电信网络诈骗、“错版人民币”诈骗、银行卡诈骗等专项活动。认真做好支行临聘人员劳务外包合同签订、机关大院外来人员入住信息登记和排查等工作。保密知识宣传、培训及管理工作扎实有效，计算机信息安全规范有序，在7月信息安全专项检查中，得到分行检查组高度肯定和赞赏。深化文明单位创建工作，顺利完成职工宿舍、楼梯过道等维修改造工程和办公用房出租回收等工作。实现了全行全年零风险、零案件、零事故目标。

【信息调研】 信息调研质量稳步提升，全年编发《紫阳金融信息》3期，在《金融时报》、《陕西日报》共发表宣传稿件13篇，县政府网站5篇。中支信息专报14篇，其中分行专报采用6篇。中支信息简报6篇，上报政务信息线索18条。完成2016年全行重点调研课题3项，其他高质量专项调研5篇。

【公开承诺及扶贫包抓工作】 配合县政府，积极做好支行2016年紫阳县重点工作公开三项承诺：2016年全县金融机构贷款余额增长10%、确保支农再贷款余额不低于3亿元、配合县委政法委做好扶贫包抓工作。通过派驻专人驻村、党组成员带领工作组共计5次深入深磨村18户贫困户家中，了解情况，精准对接，张贴脱贫帮扶联系人、脱贫致富项目计划公示牌，夯实帮扶工作责任。两次组织捐款活动，配合政法委完成了2016年18户63人的脱贫任务。2016年支行扶贫工作被县委县政府及县脱贫指挥部考核为优秀格次。

【政治学习】 严格落实学习例会、三会一课等制度，通过党组中心组、党支部、党员大会、上党课等方式，组织全行职工全面系统的学习中共十八届五中、六中全会精神、习近平总书记系列重要讲话读本和“七一”讲话、党章党规等。用党的最新理论成果武装头脑，指导工作，坚定党组班子政治定力和理想信念，增强党组织的凝聚力、向心力和战斗力。

在全行干部职工营造良好的抄党章，写心得，熟悉条例、熟悉准则氛围。全年共组织党组中心组学习12次，支委会学习6次，支部大会3次，“一把手”讲党课2次。全行职工结合工作实际，撰写心得体会四个批次96篇。9月29日，召开全体党员“两学一做”专题组织生活会，支部委员及党员认真撰写自评材料，全体党员能够自查不足，剖析根源，立行整改，批评与自我批评开门见山，直指要害。党员民主评议大会有记录、有总结，组织生活会程序规范，达到扯袖咬耳、红脸出汗预期效果。

【党群工团】 以党课廉课一起讲，党建履职两手抓为主题，邀请中支党委委员、纪委书记张洪军为紫阳支行全体干部职工上党课讲廉。全年共编发《“两学一做”学习简报》11期，顺利通过中支“两学一做”督导组的现场检查。组织开展了纪念建党九十五周年系列活动、“七一”慰问困难党员和老党员活动、党员干部远程培训学习等活动。建立和修订《党建工作责任制》《党员公开承诺》等制度，坚持政务、财务、行务、党务四公开，着力打造决策、职责、考核三透明，为完善基层党内约束机制和民主集中制奠定良好的基础。顺利完成党支部换届选举工作，选举配备两名年轻优秀党务工作者，为党员干部配备党建学习读物10余种，丰富党员干部精神文化生活。完成对程亮等三名发展党员对象的考察工作，将3名积极分子纳入预备党员发展对象重点培养。组织全行职工分批到安康市中医院体检中心进行体检，将“关爱暖行”落到实处。

【党风廉政建设】 支持配合中支监察室探索县支行监督机制建设，上报《县支行纪检监察统派直管实施方案》和《县支行监督体系建设指南》，完成分行重点调研《县支行监督机制建设实践与探索》等理论文稿的撰写上报工作，顺利承办2016年中支纪委四季度工作例会在紫阳召开。认真贯彻落实“两个责任”，强化行政问责制度，继续夯实岗位（廉政）风险管理与内部管理相结合，确保了支行无风险事故发生。制作“明道惜德，笃志思进”紫阳支行“一行一品”廉政文化宣传展板，总结上报紫阳支行“一行一品”汇报材料《筑牢廉政文化“一行一品”建设根基 助推基层央行事业持续跨越发展》和解说词。

【理论学习成果】 4月，中支党委联合市农行党委中心组在紫阳召开以“谋划信贷创新，助推金融脱贫”为主题“双学双带”中心组研讨会，把信贷产品“富硒茶贷”作为中心组理论学习成果，与紫阳县政府主要领导进行现场座谈对接。经农总行批准，“金穗陕茶贷”率先在紫阳县试点推出。截至12月末，紫阳县农行对8家小型茶叶加工厂和1户茶叶经销商发放富硒茶贷350万元。所撰写《学习面对面 实践点对点——人行安康中支“两学一做”到实地解难题求实效》被《金融时报》、《陕西日报》采用。《金融时报》等主流媒体先后4次以“有了扶贫茶叶贷 一年三季做茶卖”等为主题，对紫阳县创新信贷产品，服务地方经济的好做法和成效，进行宣传报道。“金穗茶叶贷”的结果，是安康中支党委“双学双带”中心组学习，从理论到实践升华转变又一成果。

（张梦茜）

中国工商银行股份有限公司紫阳县支行

行　长：胡先维

副行长：廖　翔　曲志强

【基本情况】 中国工商银行股份有限公司紫阳县支行内设机构“两部一室”，即客户经理部、营业部和办公室，一个营业网点，8台ATM机自助银行服务区。其中：紫阳县营业部附行式ATM机5台，紫阳县紫府东路华国臻品离行式ATM机3台。现有在职员工23人，其中，男员工14人，女员工9人，研究生学历1人，本科学历14人，专科以上学历7人。

【主要指标】 1. 存款：截至2016年12月末，各项存款余额 14.57亿元，较年初增长3.66亿元，其中，储蓄存款余额5.7亿元（含结构性存款），较年初增长4600万元，对公存款余额8.84亿元，较年初增长3.18亿元。2. 贷款：截至2016年12月末，各项贷款余额7.39亿元，较年初增长2.85亿元，其中：个人贷款余额9400万元，较年初减少1770万元，公司贷款余额7.39亿元，较年初增加2.85亿元。3. 中间业务收入：截至2016年12月末实现中间业务收入514.24万元。4. 利润：2016年实现拨备前利润1424.48万元。5. 创新类产品：全年围绕“节节高、大额存单，薪金溢，存管通”等系列产品开展销售。6. 新增客户：全年新增个人五星级以上中高端客户998户，新增96户；个人客户总量达39100户（有效客户数量为24947户，较上年增加2617户）。7. 安全内控：支行全面各项经营活动规范安全，无重大差错事故和案件发生。

【业务发展】 2016年支行开展“三进”工作，即进单位，进市场，进社区，取得较好成效。一是进企业开展中小企业贷款营销，互联网金融业务宣传和推广，汽车分期付款营销和法人理财产品宣传；二是进单位开展公务卡，手机信用卡，三方存管，贵金属迪士尼画册和大纪念红包，工银安盛保险、工行融e联，商户二维码等营销活动；三是做好阵地营销。组建青年营销团队开展厅堂微沙龙业务营销竞赛活动。同时，加大重大项目营销工作力度，支持围绕县域重点项目，重点工程和重点企业服务，取得重大营销成果。①成立县机关事业单位养老保险金业务营销小组，取得了该项业务政府指定独家代理行资格，开立了全部账户。②成立紫阳县城河堤路拆迁项目营销小组。与牵头单位紫阳县城投公司、城关镇拆迁安置办进行通力配合，取得拆迁户目录清单，吸收存款1100万元。③开展法人客户贷款专项营销，筛选茶叶，魔芋等特色产业，储备小企业贷款12户资源，筛选4户企业达成融资意向。④加强与政府相关部门联系，及时掌握县域重点项目及招商引资项目情况，实际落地的项目共7个，支行均进行了联络，并将持续跟进，其中已实施的项目2个，均在支行开户。⑤参与的华电集团银团贷款7亿元资金顺利投放。

【服务客户】 一是牢固树立以服务促发展，以服务赢客户的发展思路，整合资源，改善柜组，增加电子智能机，引导客户分流业务量，减少柜面工作压力，提高工作效率。二是强化大堂经理考核机制，充实大堂经理人员，实现营业区无间歇服务，提升客户满意度。三是开展网点旺季服务整治季活动，抓服务环境治理，强化业务窗口服务。四是推行行长午间坐班制度，主管行长定期到营业部午间坐班，强化服务监督和业务营销指导，规范服务管理。五是开展“优质客户回馈”客户答谢、理财沙龙等活动，增加与客户的粘连度，推介互联网金融产品营销，取得较好的成效。六是做好客户维护慰问，把握有利商机开展全员营销和专题营销活动，定期开展厅堂微沙龙讲解，举行客户交流座谈会，为开拓业务市场打下基础。

【党风廉政】 支行党支部按照《中共中央关于在全体党员中开展“学党章党规、学系列讲话，做合格党员”教育活动》要求，抓党建与业务经营管理相结合、充分发挥支部和党员先锋模范作用。一是修订完善党内各项规章制度，强化“三会一课”有效落实，营造浓厚活动氛围，夯实党建工作基础，促进党建工作上台阶。二是开展“三亮、三比、三抓、三评”，争创优质文明服务窗口，提升支行服务质量。三是抓好“三会一课”制度，完善会议召开形式和学习内容，支部书记定期讲党课。四是党员亮身份，带党徽、设先锋岗，表明身份，自律行为。五是党员压担子，通过参与重大营销活动，发挥党员作用，体现先进性。六是组织学习《中国共产党章程》、《习近平关于严明党的纪律和规矩论述摘编》、《中国共产党纪律处分条例》以及《中国共产党廉洁自律准则》，教育支行党员要自觉遵守党章，严格执行党的纪律，自觉接受党纪监督，规范自己一言一行。七是要求党员做出承诺，撰写教育活动心得体会，进一步提高对教育活动认识。八是开展专题党员活动，到安康老地委机关紫阳芭蕉村参观学习，感受共产党人在艰苦卓绝岁月的奋斗历史，珍惜来之不易的和平年代生活。九是年终开展全体党员民主评议，通过党员自评、互评以及群众打分，多维度综合评定党员是否合格，是否起到先锋模范作用，激发党员责任意识和担当意识。

【风险管理】 一是支行坚持内控案防一把手负责制，落实领导主体责任和内控安防监督责任，层层签订党风廉政建设，内控安防，安全生产暨安保工作责任书，夯实责任。二是加大风险事件防范和案件排查力度，强化员工“按制度办事、按流程处理”的底线意识。三是按月召开内控案防分析会，按照风险排查方案，制定支行排查方案，落实责任人，加强员工行为动态排查，关注员工异常行为，守住业务发展的基础。四是重点针对省行“强化管理责任、扫除风险隐患”以及分行运管部、保卫部、银监局、公安部门各项检查中存在问题整改落实和分析，进行再教育工作，提高支行风险管控工作。五是强化安全检查，落实安全管理责任，及时学习安全风险提示通知，按月分析辖区安全形势，加大问题整改力度，为经营发展提供有力安全保障。

【脱贫攻坚】 工商行包联毛坝镇双星村，出资2万元，用于服务村民茶叶、魔芋、养殖产业发展。

（叶道平）

中国农业银行紫阳县支行

行　长：张武峰

副行长：樊晓俊　黄冰娥（女）

【概况】 中国农业银行紫阳县支行成立于1951年，历经三次分设和合并，于1978年恢复。2009年股改上市后更名为中国农业银行股份有限公司，内设综合管理部、客户部两个职能部室；下辖支行营业部、金桥分理处两个营业机构；建成蒿坪镇自助银行、高滩镇自助银行、高客站自助银行三个驻点式自助银行；现有职工65人，退休职工38人。

【业务发展】 截至2016年年末，农行各项存款82743万元、各项贷款15595万元。

【服务措施】 1. 贷款投放及重点项目进展情况。全年投放涉农贷款1706万元，重点支持了茶叶产业、小微企业及消费金融。2. 服务小微企业情况。主动营销县域经营情况较好小微企业。先后与和平茶叶、思兰商贸、紫阳春、阳光混凝土公司等多家企业进行对接，为信贷介入做好准备。集中力量发展贷业务。充实信贷业务人员配备，实行专业化、集约化营销管理，全年累计投放涉农贷款1706万元。3. 业务创新情况。加强信贷产品创新，因地制宜，积极支持新型农村经营主体、产业大户和农户经营发展。以焕古镇为集中地，重点围绕紫阳富硒茶叶的种、产、销产业链上的各个环节，创新“富硒茶叶贷”信贷产品。主动对接县茶叶局、金融办和相关乡镇，获取全县各个茶叶加工企业和重点乡镇茶叶加工大户信息资料，完成茶叶产业信息采集，成功投放“富硒茶叶贷”210万元，为服务三农，支持地方主导产业打开突破口。4. 支持新兴行业和“走出去”企业情况。以“E商管家”业务产品，积极对接思兰商贸电商业务，思兰商贸电商业务于2016年12月份顺利上线，当月实现线上交易42笔，交易金额58万元。

【服务“三农”】 1. 财政业务发展情况。截至2016年末，财政国库集中支付在农业银行开立零余额账户共38个。代理高滩镇四个村社保卡3276户，2016年实现批量代缴社保费1662笔，金额34万元。2. 服务“三农”产品模式创新。结合紫阳实际情况，对接紫阳县支柱产业，创新“富硒茶叶贷”信贷产品，解决茶叶产业链客户融资，抵押担保等难题。3. 促进普惠金融服务发展。一是加强金融知识宣传力度，全年开展各类宣传活动20余期，投放各类宣传资料1万余份。二是加强惠农服务站建设，72个惠农服务站全年办理业务12841笔，代理惠农汇兑、存取款金额5510万元。

【精准扶贫】 继续包联双桥镇取宝村，制定取宝村脱贫攻坚工作计划和包联部门帮扶计划。先后进村入户3次，对包联的30户贫困户逐户进行摸排，找准贫困原因，制定发展规划和脱贫计划，完善贫困户软件资料。筹资2万余元对村委办公室进行改造，购置办公用品。启动安置点一处。启动一处3公里生产道路建设，修便民桥一座。新发展茶园130亩、新发展核桃园500亩、发展20只以上养羊大户10户、发展3头以上养猪大户20户、3头以上养牛大户4户。加大资金帮扶力度，为该村老茶园300亩每亩帮扶肥料一袋共计2.1万元、购置修剪机一台，除草机一台共计帮扶资金0.55万元，为当年脱贫的4户贫困户购猪4头帮扶资金0.36万元，出资0.4万元在“七一”表彰该村先进党员。还通过加大信贷扶持力度，全年投放涉农贷款1706万元，通过金融扶持产业带动1668人脱贫。

【金融服务能力】 2016年，在支行营业部实行6S管理工作的基础上，聘请第三方专业公司进行为期3周导入培训。全面推进金桥分理处6S管理工作，通过软硬件投入和形象改善，提高营业网点综合服务品质。新建高滩镇、高客站两个驻点式自助银行，改建完成锦江自助银行。全县布放存取一体机10台、取款机2台、自助发卡机5台、查询机5台、超级柜台3台。建成72个村级惠农服务站，达到全县所有乡镇全覆盖，实现村民足不出村办理惠农汇兑、小额存取现目标。2016年全年营销信用卡4267户，授信总额12801万元，投放消费类贷款1706万元。满足城乡居民理财，客户可在营业部、金桥分理处、蒿坪镇自助银行、高滩镇自助银行、城关镇高客站自助银行等5个对外营业网点柜台及自助设备上办理投资理财业务。开通手机银行客户可以自助办理投资理财业务。通过建成72个惠农服务站办理惠农存取款及转存定期存款业务。

【党建工作】 以从严治党、从严治行为引领，持续抓好支行党建基础管理工作。近三年以来，先后组织开展党的群众路线教育实践活动、“三严三实”专项教育活动和“两学一做”专项教育工作。制定落实《党委班子成员联系重点员工工作制度》《五个严管工作制度》《党委班子周例会制度》《支行中层周工作例会制度》《支行机关集中学习制度》和《紫阳支行综合管理办法》等管理措施。通过三年坚持执行，取得很好的效果。支行组织所辖党支部先后开展集中学习4次以上、专题党课两次、开班学习专栏三期、学习笔记和心得体会交流体会一次，专项工作开展做到支部和全体党员的全覆盖。开展“回忆党史、强党性、争先锋”主题实践活动。组织全辖党员观看红色影片，参观党史教育展、开展主题讨论、争做实践先锋思想交流，同时结合“知法、守法、敬法”专项教育工作，不断加强党员的守法合规意识教育。认真落实党风廉政建设与案件防控工作。制订《紫阳支行党风廉政建设考核方案》，年初以正式文件下发全行执行。将支行党委班子主体责任、纪委的监督责任、党委主要负责人主体责任、党委班子成员的主体责任以工作清单的形式予以明确。突出抓好党委书记“八个一”、纪委书记“八个一”、党委班子成员和中层干部“六个一”的工作责任落实。层层分解任务表、层层签订责任书，真正将党风廉政建设与案件防空工作落到实处。集中精力组织抓好中共十八届六中全会精神学习与贯彻，先后参加总行、省行和县委组织集中学习。

（曾启照）

陕西紫阳农村商业银行股份有限公司

党委书记、董事长：付益民

行　　长：邵义鑫

纪委书记、监事长：杨兴强

副 行 长：李新泰　蔺海东

【基本情况】　陕西紫阳农村商业银行股份有限公司（以下简称“紫阳农商银行”）内设行政综合部、业务发展部、财务会计部、风险管理部、合规部、稽核审计部、电子银行部、信息管理部、安全保卫部和监察室共10个职能部门，下辖1个营业部、13个支行和9个分理处共23个营业网点。现有在职员工213人，其中：研究生学历2人，本科学历81人，大专学历98人，2016年末已聘任专业技术职务人员91人。

【经营业绩】　截至2016年年末，各项存款余额379464.71万元，较年初增长50156万元，增长15.23%；各项贷款余额为234648.68万元，较年初净增28076万元，增长13.5%；实现财务总收入25305万元；贷款损失准备充足率为184.31%，拨备覆盖率为235.43%，拨贷比为4.41%。拨备覆盖率和拨贷比分别超过监管指标85.43和1.91个百分点。是全县营业网点分布最广、贷款投放最多、服务“三农”力度最强、资产规模最大的农村金融机构。

【支农服务】　做实做优评级授信工作。全年累计对农户建档评级66797户、授信金额35.54亿元，城镇个体工商户建档评级1014户、授信金额1.48亿元；大力发展电商业务。借助“互联网+金融扶贫+电商+合作社”模式，把金融服务、农副产品生产、加工和销售等环节通过互联网平台有机结合起来，通过与紫阳县电商协会协商，由电商协会在本行设立担保金，该行向电商企业发放贷款，该业务目前已正在积极开办中。截至2016年末，有123户电商开立有结算账户，交易资金通过该行进行清算，账户平均余额2000余万元。

【金融扶贫】　及时制定《紫阳农商银行金融扶贫工作实施方案》，成立以商行董事长为组长金融扶贫工作领导小组，指导全行开展金融扶贫工作；出台金融扶贫相关管理制度，对贷款发放工作纪律、操作流程、贷款限时办结等方面进行规定，指导分支机构规范操作办理扶贫贷款。加强“银政”金融扶贫对接，扎实开展贫困户评级授信工作。2016年初，紫阳县委县政府将该行作为扶贫主办银行，签订《紫阳县金融扶贫合作协议》，累计注入1000万元贷款风险保证金。严格按照《紫阳县扶贫小额贷款工作实施方案》对73个国家级贫困村和9个省级贫困村开展评级授信工作，各镇及村组成立风控小组，并对在册贫困户进行初评、农商行进行复审，最终确定贫困户信用等级和授信额度，全县累计向7985户贫困户授信35933万元，累计发放小额扶贫贷款2356户、10385万元。在全行积极开展向贫困户送贷下乡活动，5月24日在焕古镇松河村召开的向贫困户送贷下乡会议。加大金融扶贫宣传力度，先后在高速路沿线布置“金融扶贫攻坚、信合一马当先”巨幅标语，向市县各级媒体发表该行在金融扶贫工作中亮点稿件十余篇，每月向省联社和县政府报送金融扶贫动态3篇。快速推进双基联动工作。与县委组织部联合下发双基联动工作指导意见，成立以董事长为组长工作推动领导小组，制定实施方案，召开全行双基联动工作动员会议，在10天内全县198个村支部全部签订《业务合作协议》，为各协议单位制作统一铜牌和宣传牌，全面收集农户电子信息档案。

【党风廉政】 一是抓党风廉政机制建设。制定实施《紫阳农商银行党委中心学习组制度》《紫阳农商银行纪检监察廉政短信提醒制度》《紫阳农商银行落实党委主体责任和纪律监督责任实施方案》和《紫阳农商银行2016年党风廉政和反腐败工作责任分工》等制度，并与各职能部门、各分支机构及员工层层签订《党风廉政建设工作责任书》。二是抓员工思想道德教育。3月14日，在2016年工作会上，对参会人员进行集中警示教育讲话，认真分析当前干部员工自身所存在问题，提出明确要求，有效增强员工廉洁自律、合规经营意识；4月初，对拟任10名中层管理人员进行任前廉政谈话，组织开展廉政考试，促使领导干部加强自身管理，严格廉洁从业；4月19日，组织全体员工召开紫阳农商银行作风整顿暨“合规建设推进年”动员大会，邀请县纪委干部到现场作反腐倡廉教育宣讲。三是抓廉洁自律工作。严格执行中央“八项规定”和省联社“六项规定”“十个严禁”纪律要求，坚持问题导向原则，强化执纪监督问责力度。与员工层层签订《员工廉洁自律承诺书》，严禁干部职工利用婚丧嫁娶等事宜伸张趋势、大操大办、收钱敛财、用不正当手段谋取私利，每逢节假日通过短信平台对每位员工发送廉政短信，提醒干部员工严谨请吃收、送礼、参与赌博等。

【形象能力建设】 2016年，先后完成焕古分理处办公场所建设、改造、装修工程，界岭支行、高桥支行原址重建，完成蒿坪支行新办公大楼的购买。

【新闻宣传】 紫阳农商银行持续加大新闻宣传工作力度，全年共向省市县各级新闻媒体投稿60余篇，获得2016年度新闻宣传先进单位荣誉称号，对紫阳农商行在支持县域经济发展、金融脱贫攻坚以及业务创新等方面进行很好宣传。

【年度荣誉】 2016年，紫阳农商银行荣获省级职工互助保障工作先进单位荣誉称号，获得县委县政府颁发的“支持地方经济发展一等奖”。

（周家霆）

中国农业发展银行紫阳县支行

行　长：唐　瑞

副行长：周　兵

【机构设置】 下设两部（计划信贷部、财务会计部）一室（办公室）。有职工11人。

【绩效经营】 2016年，共发放贷款5300万元，收回贷款5300万元。2016年年底贷款余额8777.52万元，投放基金5100万元，3.5亿棚户区改造贷款获批待放。实现净利润12.99万元，贷款利息收回率98.43%，各项日均存款8751万元，清收财补利息78.96万元，中间业务收入3.59万元，不良贷款继续保持为0。全年会计工作范围，增收节支，柜台服务质量良好。全体员工廉洁从业，合规履职，政治思想得到良好教育，全行无重大责任事故。

【信贷】 2016年完成3户企业贷前调查和贷款展期工作，对2户企业发放贷款1户企业办理贷款展期，对市县级储备粮油贷款3笔204.5万元办理贷款展期，确保粮油信贷资金安全运营，大力做好商业性贷款客户维护工作，受国家产业行业政策调整、经济金融危机和管理水平等诸多因素影响，许多支行部分信贷企业出现风险信号，采取审慎稳妥的策略开展营销工作，将商业性贷款营销重点转为对现有客户的维护。2016年9月前，支行发放产业化龙头短期贷款5300万元支持全县魔芋和茶叶产业发展。通过以支持本地区具有领军作用产业化龙头企业为基点，辐射带动农民专业合作社等经营主题发展，从原料种植，采购，加工以及销售等环节提供信贷支持，进一步延伸其发展链条，支持全产业链发展。

【存款】 坚持存款立行战略，大力开展存款营销，年初，支行就确立“狠抓存款”经营目标，管好企业存款，加大力度营销公共存款，营销社会存款。利用陕移民办发［2016］4号文件，开立专户契机，不断积极与县政府和财政沟通汇报，开立紫阳县移民（脱贫）搬迁办公室共管账户，2016年营销存款36038.2万元。以贷揽存，有效发挥联动作用，紫阳县城建投资开发有限责任公司向农发行申报紫阳县江南新区棚户区改造贷款，同时紫阳县城建投资开发有限责任公司开立项目资本金专户，并于2016年11月转入10000万元项目资本金，本年度日均存款余额达到8751万元。

【精准扶贫】 2016年，由原来的毛坝德胜村调为洄水镇桦栎村，在全行仅11人的情况下，派出一名责任心强的干部长期驻村开展帮扶工作，行长亲自带领本行职工每月进村入户开展帮扶工作，为贫困户解决实际困难；配合驻村工作队做好扶贫对象核实及数据清洗工作；配合驻村工作队抓好基础设施建设；配合驻村工作队抓好特色产业发展。

（张　群）

保　险

中国人寿保险股份有限公司
紫阳支公司
总经理：刘　宁
副经理：张冰茹

【基本概况】 中国人民保险公司成立于1949年10月20日。1984年保险业务从人民银行划出，建立独立经营的保险公司。1996年中国人民保险公司改组为中国人民保险（集团）公司，下设中保财产保险有限公司、中保人寿保险有限公司、中保再保险公司。1996年5月17日，中国人民保险公司紫阳支公司分设为“中保财产保险有限公司紫阳支公司”和“中保人寿保险有限公司紫阳支公司”。1999年3月，国务院决定撤销中保集团，以原中保集团子公司中保人寿保险有限公司为基础改建成立中国人寿保险公司，同年5月，中保人寿保险有限公司紫阳支公司更名为中国人寿保险公司紫阳支公司。2003年6月中国人寿保险公司进行重组改制，组建中国人寿保险（集团）公司，改制后紫阳支公司更名为中国人寿保险股份有限公司紫阳支公司（以下简称中国人寿紫阳支公司）。办公地址为紫阳县紫府路东段83号。

【机构设置】 公司下辖个险部、团险部、银保部、客户服务部四个部门。下设1个城区服务部和7个农村营销服务部、11个银邮代理网点，全县有420余名营销代理人。

【经营状况】 2016年紫阳公司树立“全省有名次，全市有位次，对外有荣誉，对内有收入”整体目标，坚定信心、攻坚克难、奋力推动各项指标取得新突破。2016年全县总保费收入突破5285.34万元，同比增长23.99%。其中，个险业务首年保费2016年个险渠道实现首年保费1285万元，较2015年同比增长101.48%，其中10年以上保费730.74万元，同比增长16.68%。全年长险举绩319人，综合举绩421人，2015年个险渠道各项指标综合排名全市第一名。2015年团险渠道实现短期保费587.57万元，其中学生险296万元，小额信贷167.3万元，建工险和法人业务37.77万元，摩驾险43万元，农村小额保险43.5万元。2016年被荣获银保首年保费2016年银保渠道实现首年保费1013.48万元，同比下降0.67%，期交420.63万元，同比增长51.95%，理财规划师队伍建设40人。2016年银保渠道各项指标综合排名全市第1名。续期保费收入实现4240万元同比增长33.90%。各项主要经济指标均超序时进度并在全市排名靠前。

【运营服务】 服务提升形象。以视频、晨会、现场会等形式对柜面标准化服务培训演练，树立典型标杆，倡导“大运营、大服务”“提升服务质量、提升服务效率”，唱响勇于担当“贴心服务”的主旋律。服务助推发展。组织开展“6·16”、“国寿客户节”、客户满意度调查、柜面服务暗访等活动，设立总经理接待日，公布并率先执行各项服务承诺，提升服务质量，保障客户权益，防范化解风险，有力地助推了发展。服务更有效率。通过业务培训、经验交流、技能竞赛，不断提升工作技能和工作效率，各项运营服务指标明显提升。2016年度，公司客户服务部考核在全省第七，安康第一的位次。

【理赔服务】 2016年运营渠道短险赔付率为35.53%，新单回访率、续期转账率、零现金、理赔时效等关键指标均考核达标。2016年度，紫阳支公司累计处理各类赔案1052件，支付各种赔款给付金393万余元，在各项重大灾害事故中及时快速理赔，充分发挥自身优势和保险的功能作用，减轻了政府救灾救济压力。

【宣传保障】 全年在各级媒体发表35篇稿件及新闻图片，全年上报省公司简讯50期、动态信息60条，把宣传助推发展作为评价宣传质量的标尺来衡量，通过理赔宣传、典型及感动人物挖掘、微博互动等来传递正能量，推动团队经营和业务发展。继续与紫阳小学、紫阳县幼儿园联合开展“国寿小画家”等活动，确保公司在紫阳保险市场强势品牌地位。

【党建工作】 加强学习教育，开展组织生活，提升党组织活力和影响力。实施“双培养”，发展壮大党员队伍。开展“双促进”活动，助推业务发展。

【企业文化】 坚持文化引领，弘扬先进、形成积极向上、人心思进的文化氛围；在管理上，注重学习与创新，让学习成为发展的推动力，在紫阳公司，讨论已经成为一种习惯，思维碰撞已经成为一种常态，创新正在成为一种品格。

【风险防范】 2016年，公司成立销售督查小组，分别对基层营销部进行定期或不定期检查，自查和清理不合规的死角。认真贯彻执行“两个加强、两个遏制”“严厉打击非法集资”，确保公司依法合规，健康发展。

【年度荣誉】 2016年度紫阳公司荣获陕西省公司颁发的“2016年省公司先进集体荣誉称号”，安康分公司颁发的“先进单位”、个险渠道的“成长进步先进单位”等荣誉称号。

（覃程祥）

中国人民财产保险股份有限公司
紫阳县支公司
经　理：杜广珍（女）

【机构人员】 下设承保出单中心、理赔分部、办公室、业务部，员工11人。

【经营指标】 2016年实现保费收入1585万元，同比减少89万元，增速-5.3%，完成全年任务的82.69%。理赔各项关键数据达到上级公司要求，应收保费率7.72%。

【业务工作】 车险，从严考核，以客户为中心，不断强化数据库的管理和车险经营过程中的战略规划，开展形式多样的营销活动，持续开展三进入活动，宣传人保品牌，促进业务正常发展。财产险，对县域内企业险和分散家财险的业务客户进行细分，分管领导逐笔对续保进行跟踪，督导每笔业务完成签单工作。责意险，2016年成功竞回以前由平安承保的医责险，收取保费20万元，竞回由中华联承保的水运承运人责任险，收取保费8万元，深挖教育行业的各项保费资源，充分利用手机销售出单平台，扩大学幼险的业务量，确保业务稳中有升。农险，配合上级公司做好农险事业部改革工作，在县域内重要乡镇蒿坪和毛坝筹建三农营销服务办公室，通过上级公司对推荐的筹建负责人公开面试考评，对网点装修和设备配置，选配网点负责人员和农险服务专岗人员，提升公司在农村市场的竞争能力。推进新险种的试点开办工作，成功办理魔芋种植保险，收取保费50万元。

【风险管控】 提升理赔服务保效益。理赔出效益、理赔出市场，2016年，公司加大理赔管理力度和理赔队伍建设，严格执行理赔中心的各项考核指标，理赔指标的持续改善，为公司业务发展提供有力保障。

【品牌宣传】 2016年在各乡镇投放“一村一墙”户外广告，LED滚动宣传，公司职场通过装修改造，面貌焕然一新，提升了公司的整体形象。

【重点工作】 地面呼出团队建设：截至年末，实现保费收入10多万元。三农网点建设：公司前期申报了蒿坪、毛坝、界岭、城关、红椿五个三农保险服务办公室，蒿坪和毛坝已经开业，正式对外营业。二网大卖场建设：6月1日公司及时与县域内唯一一家二网经销商汇鑫汽贸公司签订合作协议，业务稳定有序开展，截至年底已签单40笔，收取保费20多万元。营销管理系统推广应用：公司通过制定营销管理系统考核办法，安排专人对保单进行清分，要求每天登陆处理待办任务，严禁在柜台算单出单，促使销售人员转变以往的销售习惯和管理模式。理赔资源精准投放：充分发挥理赔精准送修资源优势，2016年公司每月超额完成城区4S店的送修任务，县域内签订五家协作修理厂，基本完成资源互换工作任务。

【精准扶贫对接】 及时与县扶贫局进行对接。为确保保险精准扶贫工作的顺利推进，公司已进一步与县扶贫局进行沟通协调，有望在2017年第一季度签订战略合作协议。

（杜广珍）

中华联合财产保险股份有限公司
紫阳支公司
经　理：汪　华

【公司简介】 中华财险，全称中华联合财产保险股份有限公司，是经中国保监会批准，于2006年12月由中华联合保险控股股份有限公司发起设立的全国性财产保险公司，也是全国唯一一家以“中华”冠名的保险公司。2012年年底，公司引入资本实力雄厚的中国东方资产管理管理公司及中国中车集团作为控股股东和战略投资者，从根本上提升了可持续发展能力，迈进了新的历史阶段。2016年，惠誉国际评级机构授予中华财险“A-”财务实力评级，长期展望为稳定。经中国保监会核准同意，公司注册资本金达到146.4亿元人民币。偿付能力充足率达到225%，达到偿付能力充足Ⅱ 类公司标准。2015年，中华财险实现保费收入近400亿元，各项经营指标在行业内名列前茅，市场规模位居国内财险市场第五，农险业务规模位居全国第二。紫阳支公司于2016年8月25日搬迁至紫阳县紫府路三岔路路口办公。

【机构险种】 中华财险的业务经营范围涵盖非寿险业务的各个领域。截至2016年12月底，公司经营的险种已多达4549个（含附加险），包括机动车辆保险、企业财产保险、家庭财产保险、工程保险、船舶保险、货物运输保险、责任保险、信用保证保险、农业保险以及短期健康保险和意外伤害保险等，涉及社会生产生活各个方面。

【业务发展】 2016年全年全险种保费690万元。其中上缴增值税50余万元，另代征车船税46万元。各项理赔支出（已决加未决）475万元，综合赔付率达到68.8%。其中仅汉城镇交通事故单笔支出赔款40余万元。农房保险2016年保费收入23万元，理赔支出17万元。

【公司服务】 优化服务内容，2016年支公司聘请专业培训机构，对公司全体承保窗口及查勘定损流动窗口人员进行为期100天“窗口标准化服务培训”。优化承保和理赔大厅职场环境，让客户感受到更好的服务环境。全体窗口服务人员形象更加职业及标准化，使用标准化语术及手势接待每一位客户，获得客户的一致好评。做好理赔工作，打造“理赔无忧”服务品牌，为客户提供“快、便、好”理赔快捷服务，提高理赔效率。车险查勘服务实现“四个一”（一句话、一瓶水、一本理赔指南、一次满意度回访），实行小额车损速赔。2000元以下车损单方事故无人伤、物损案件从查勘到付款时限24小时，1万元以下车损双方事故无人伤、物损案件从查勘到付款时限72小时；明确理赔各环节的时效规定，对案件从查勘、定损、核损、材料接收、医疗跟踪、医疗审核、理算、核赔、结案九个环节流程明确节点操作时限；在理赔大厅材料接收窗口为重要客户设立“绿色通道”，为每一位重要客户指定一名由理赔主管担任理赔责任人，为其提供专业保险理赔咨询、赔案协调、案件处理服务。

（李陈呈）

经济管理

发展和改革

紫阳县发展和改革局
局　　长：蒋学军
副 局 长：罗　华　吴小刚
党委委员：蒋学军　罗　华　吴小刚
　　　　　陈立安
粮 食 局
局　　长：
副 局 长：袁贵林　徐　坤

物 价 局
局　　长：张　旭
物价检查所所长：唐家松

紫阳县重点建设项目办公室
（南水北调办公室）
主　　任：罗　华
副 主 任：张紫文　郭　峰

紫阳县节能监测监察服务中心
主　　任：陈义坤

【机构设置】　紫阳县发展和改革局内设行政股、综合股、投资金融股、粮食局（副科规格）、物价局（副科规格）。下设紫阳县重点建设项目办公室（正科级事业单位）、紫阳县节能监测监察服务中心（副科级事业单位）、紫阳县价格认证中心（股级事业单位）。核定编制40人，其中行政编制24人、事业编制16人。事业编制中，紫阳县重点建设项目办公室9人，紫阳县节能监测监察服务中心3人，紫阳县价格认证中心4人。

【规划编制】　2016年，发展和改革局牵头编制《紫阳县美丽乡村总体发展规划》（以下简称美丽乡村规划）和《陕西省紫县富硒产业行动计划》（以下简称富硒产业行动计划）。等级结构划分为：示范村、推进村、达标村，其中示范村20个，推进村37个，达标村118个。空间结构为：一轴（包茂高速紫阳段为交通主轴），一带（汉江民俗风情观光带），两环

（凤凰山旅游环线和大巴山旅游环线），多点（以美丽乡村示范村为各镇旅游发展的中心点，发挥带动和辐射作用，实现以点连线，以线成面的县域美丽乡村全覆盖）。主要建设内容为：宜居家园建设行动、生态保护行动、产业振兴行动和文化传承行动。美丽乡村建设估算投资143.6亿元，资金来源为：争取省市财政资金77.6亿元、县级整合专项资金42亿元，群众自筹资金24亿元。2016年紫阳县启动城关镇新田村、青中村，向阳镇营梁村，高桥镇权河村美丽乡村示范村建设。富硒产业行动计划内容框架包括：总则、综合条件分析、总体发展思路、主导产业选择、重点建设项目、关键技术支撑、重点发展策略、保障措施，共九章。总体发展思路中，对区域品牌的定位是“中国硒谷”；提出的发展思路是：区域引领、深度产融、精品主导、平台服务。主导产业选择思路是：以硒茶产业为主导，N项特色产业为支撑的“1+N”产业体系。重点建设项目围绕硒茶国际化、硒茶基地提升、硒茶科技提升、硒茶特色小镇建设、硒茶文化品牌建设、硒茶扶贫建设、硒茶景观建设、富硒精深加工提升“八大行动计划”，规划25个重大项目。关键技术支撑包括硒产业相关技术、有机生产技术、食品加工技术。重点发展策略是：先营地域后谈产品，一业主导多品开发，多业融合三产为重的富硒产业策略；多方合力推动紫阳富硒茶品牌再提升，借助IP化策略推动字样富硒公共品牌提升的富硒品牌策略；打造中国富硒高端特供圈的富硒营销策略。

【计划执行】 2016年，紫阳县坚持稳中求进总基调，以提高经济发展质量和效益为中心，深化供给侧结构性改革，统筹推进稳增长、调结构、促改革、惠民生、防风险各项工作，国民经济和社会发展计划执行良好，实现了“十三五”稳健开局。完成生产总值80.48亿元，同比增长11.2%，超计划0.2个百分点。全社会固定资产投资84.8亿元，同比增长25.9%，超计划7.6个百分点。农村常住居民人均可支配收入8789元，同比增长9.2%，低于计划2.8个百分点。城镇常住居民人均可支配收入25474元，同比增长8.1%，低于计划1.9个百分点。实现社会消费品零售总额22.61亿元，同比增长13.7%，超计划0.7个百分点。万元生产总值能耗下降3.99%，超计划0.29个百分点。万元生产总值二氧化碳排放降低4%，超计划0.2个百分点。汉江出紫断面水质保持国家地表水Ⅱ类标准。三次产业结构调整优化为14.1∶55.4∶30.5。非公经济增加值占GDP比

泾阳茯茶原料基地（紫阳）建设项目对接座谈会

重提高到50.7%。

【项目建设】 紫阳县坚持把项目建设作为稳增长的第一引擎，执行项目建设责任、督导、巡查制度，逐个明确时限要求，靠实推进措施，保障建设环境，2016年实施重点固定资产投资项目110个，完成投资81.8亿元，同比增长27.1%。其中，县城高速路引线改造、县城客货运码头、保障安居工程、西门河新区开发（二期）、康硒天茗富硒茶叶园区、中药材仓储与超微精细加工、年产150万平方米轻质环保建材生产线、湘贵锰电池材料生产线、县中医院综合住院楼、思兰电子商务及现代物流中心等10个市级重点建设项目全部开工，完成投资7.53亿元，占年度投资计划的146.8%。由发展和改革局组织实施的2015年以工代赈项目竣工验收；县城气化工程建成加气和储配站，铺设中压管网4.5千米，发展用户757户。建成国家重大项目储备库，储备项目731个。完成35个重大项目前期工作，其中跨江河桥梁建设、紫阳县江南新区开发、北五省会馆片区旅游综合开发、汉文化体验园建设、紫阳天然补硒度假村建设、延长石油紫阳钒钛磁铁矿开发、紫阳县农村环境连片综合整治等7个项目被纳入市级重点前期项目计划。开展重大固定资产投资项目社会稳定风险评估16个，稳评率达到100%。

【脱贫攻坚】 县发展和改革局2016年继续进驻双桥镇香茶村开展脱贫攻坚工作，时任发展和改革局纪检组长陈立安担任驻村工作队队长，节能监测监察服务中心股长邱洪勇担任第一书记。截至2016年年底，该村实有在册贫困人口174户、517人。2014—2016年，累计投入香茶村各类扶贫资金1670.6万元，累计解决152户、429人的住房保障问题；新建周家坝大桥1座，拓宽硬化村组道路6.7公里，新建生产道路0.63公里、人行梯步路180米、联户路1.46公里、人饮工程2处，扩建移动通讯基站1座；组建茶叶专业合作社1个；建成县级标准化村卫生会120平方米、村委会活动室135.8平方米、图书阅览及文娱活动室75平方米、文化活动广场1000平方米；建成投运垃圾池8个，配备垃圾车1辆。义务教育阶段适龄儿童入学率达100%。2016年农村居民人均可支配收入达到7384.5元。通过安康市人民政府组织第三方机构评估认定，香茶村于2016年实现脱贫出列。

【物价监管】 2016年，发展和改革局突出四项重点抓监管，实现紫阳县物价总体稳定。一是规范价格秩序。针对节假日等重要时段，宾馆、超市等重点场所，景点、涉企、学校、药品等重要领域，开展价格巡查和收费检查，受理价格举报与咨询32起，及时处理平息了焕古至紫阳客运班线司机擅自涨价事件，责令幼儿园退还超标准收费9.3万余元。二是加强停车收费管理。出台县城3处停车场服务收费标准，制定了县城城区车辆停放收费标准。三是开展价格监测预警。每月定点定时对粮、油、肉、菜、蛋等72种商品价格全面监测，关注市场动态，分析价格走势，发布监测信息。2016年上报价格监测数据864条、分析报告12篇，完成价格课题调研4个。四是做好成本审核和价格认定。对任何漂流景区财务收支情况、平安停车场服务成本进行了监审。制定了紫阳县幼儿园统一的收费公示栏。完成价格认定29起，认定标的金额10万元。

【粮食工作】 2016年，因机构改革，紫阳县粮食局撤销并入紫阳县发展和改革局。投资1100万元的紫阳县中心粮库竣工使用。完成紫阳县城东关农贸市场改建并被市文明办、市工商局授予市级文明市场荣誉称号。解决2005年以前退休的270名职工医疗保障问题和2005

年粮食企业改制后新增的15名遗属生活费问题，粮食改革成果得到巩固，粮食系统保持稳定。

【改革创新】 2016年，紫阳县发展和改革局重点推进以下四项改革创新：一是深化机构改革。2016年，紫阳县原物价局、粮食局并入发展和改革局。机构合并后，取消了已由县政府公布取消的行政审批事项；将粮食局、物价局职能整体划入发展和改革局，新增加了综合协调紫阳县南水北调有关工作的职责。2016年6月5日，紫阳县人民政府办公室印发了发展和改革局主要职责内设机构和人员编制规定（紫政办发〔2016〕66号）。二是深化供给侧结构性改革。初步建立紫阳县产业准入负面清单。遵循国家产业政策、行业标准、准入条件等规定要求，依法审批项目416个，控制了科技含量低、产能过剩、开发粗放的项目开工建设。牵头争取资金，扩大资金供给总量，弥补发展短板，2016年到位项目建设及政策性补助资金22.77亿元，较2015年净增4.77亿元。三是深化投资体制改革。依托陕西省投资项目在线审批监管平台，建成投运紫阳县投资项目在线审批监管平台，完成项目在线审批84个。启动政府和社会资本合作试点工作，筛选上报城镇污水处理工程、瓦房会馆小镇建设、擂鼓台森林公园开发等7个项目进入市级PPP项目库，估算总投资20.87亿元。四是推进金融服务创新。完成农村土地承包经营权和农民住房财产抵押贷款调研；启动利用资本市场直接融资试点，筛选2家企业作为培育试点。

【年度荣誉】 2016年3月，紫阳县发展和改革局党支部被县委评为“先进基层党组织”。2016年6月，紫阳县发展和改革局社会发展股股长王向阳被授予陕西省发展改革（物价）系统先进工作者荣誉称号。

（唐　超）

审　计

紫阳县审计局

局　　长：刘兴华

副 局 长：林家华　张显平

党组成员：唐　波

国家投资项目审计办公室主任：李晓林

【机构设置】 紫阳县审计局内设6个股（局）：经济责任审计局（副科级）、国家投资项目审计办公室（副科级）、行政法制股、财政金融审计股、行政事业审计股、信息技术股。实有在册人员24人。

【审计成果】 完成审计项目123个，审计发现非金额计量问题17个，共计查出管理不规范资金6746万元，其中应上缴财政4634万元，应减少财政拨款和补贴2005万元，应缴纳其他资金1万元，应做调账处理106万元。

【财政预算执行审计】 完成财政（预）决算执行审计项目18个，对城关镇、东木镇、汉王镇、蒿坪镇、双安镇、毛坝镇、瓦庙镇等7镇的财政决算完成情况进行了审计，对全县预算执行及12个县级部门的预算执行情况进行了审计，查处问题资金共计758万元。

【国家投资审计】 完成国家投资审计项目35个，核减工程造价2005万元。对三个超过1000万元以上的县重点工程实施了全过程跟踪审计，及时发现建设过程中存在的问题，推进年度重点项目建设。

【民生项目及环境资源审计】 完成专项审计6个，对紫阳县陕南循环发展项目资金进行了审计，查处问题资金39万元；开展了精准扶贫专项资金跟踪审计（含移民搬迁资金），查处问题资金1593万元；开展了财政补贴、贴息资金审计调查，查处问题资金1272万元；重点流域水污染防治相关资金审计，查处问题资金645万元；开展了稳增长、促改革、调结构、惠民生、防风险政策措施落实情况跟踪审计以及全市交通事故社会救助基金专项审计，并提出了审计建议。

【经济责任审计】 完成对县移民局、发改局等9个县级部门一把手，乡镇7个（其中城关、毛坝、双安、瓦庙、东木、蒿坪6个镇实施党政“一把手”经济责任同步审计），共纳审党政领导22人，查处问题资金2198万元，对相关问题出具移送处理书移交纪检监察机关。

【计算机审计】 完成计算机审计项目4个，上报AO实例4篇，首次撰写完成计算机审计方法1篇，实现零的突破。在安康市审计局AO实例评选中获得1个优秀奖，2个应用奖，1个鼓励奖，计算机审计方法获应用奖。

【建言献策】 审计业务工作得到县政府领导批示41项，办理政府议定事件1项，完成政府自身建设重点工作1项；上报审计要情1期，向纪检监察机关移送审计线索5条，下达审计决定4份。

【机关党建】 将“三严三实”教育贯穿始终，巩固路线教育成果，强化“两个责任”落实，明确领导班子成员分工，认真履行“一岗双责”，强化廉政风险防控工作，采用“一把手”讲党课、组织集中学习、观看廉政警示教育片等多种形式，提高党员干部遵纪守规意识；开展“党员八带头”活动，据岗定责，公开承诺，全程纪实；收集学习笔记100余条、组织学习150余人次，成效明显。2016年转正党员1名，发展预备党员1名，培养入党积极分子1名，壮大了局机关党员队伍，使机关党组织焕发出新的生机和活力。党建工作在县级年度考评中为优秀。

【队伍建设】 集中学习与自学相结合，创办学习园地与学习论坛，加大干部职工思想、文化、业务交流。24名干部职工中，有大专以上学历20人，取得中级以上专业技术职称8人。组织集体学习30余次，多人次参加了省厅、市局组织的业务培训。

【信息宣传】 依法公开信息163条，其中国家级网站报道109条、省市网站报道42条、县级媒体报道12条。

【精准扶贫】 选派一名班子成员、一名审计干部负责驻村帮扶工作。全面完成移民搬迁、基础设施建设、产业建设、技术培训及脱贫目标任务。全村脱贫31户，共计124人；全村移民搬迁10户、发展魔芋125亩、发展养羊大户16户、养牛大户6户、落实贫困大学生助学2人、大专“雨露计划”4人、好贫困户小额贷款授信147户、新建便民桥1座、新修到户路1公里、公路维修及硬化3公里、组织修脚师培训11人次。

【年度荣誉】 2016年，紫阳县审计局被安康市审计局授予“县区审计业务综合考核优秀单位”、被授予全市陕南移民搬迁专项资金审计先进单位、全市新华书店有限责任公司资产负债损益审计先进单位、全县脱贫攻坚先进单位。在安康市审计局AO实例评选中获得1个优秀奖，2个应用奖，1个鼓励奖。

（舒　婷）

市场监督管理

紫阳县市场监督管理局

局　　长：曹仲之

党委委员：朱忠礼　侯贵全　马　东
　　　　　李　星　侯伟民　李爱明（女）
　　　　　张梦斌　李　平　林紫平

【机构设置】 紫阳县市场监管局为县政府工作部门，局机关总编制60名，其中行政编制29名，下设行政股、法制股、市场秩序监管股、消保维权股、食品安全监管股、药品化妆品监管股、质量标准计量股、特种设备安全监管股。事业单位编制31名，下设市场监管综合执法大队、食品药品和质量技术检验检测中心、注册分局、盐务局。另设立17个镇市场监督管理所。2015年12月，紫阳县委、县政府发文将食品药品监督管理局、工商行政管理局、质量技术监督局部门职责进行整合，组建县市场监督管理局，盐务局为下属事业单位，2016年4月，县市场监督管理局正式挂牌成立。

【商事登记制度改革】 全面推进商事登记制度改革，“五证合一、一照一码”和个体工商户“证照整合”登记改革顺利实施。2016年简化证照办理程序和时限，助力全县电商发展，推动大众创业、万众创新。引导和培育本土电商企业56家，电商产品供应商14家，电商专业合作社12个，培育天猫旗舰店3家，京东旗舰店2家，淘宝店铺379家，带动3000余人创业就业。全县新增企业344户（含农民专业合作社112户），同比增长84.95%（其中农民专业合作社同比增长119.61%）；新增个体户1669户，同比增长14.69%。发放“三证合一”营业执照780户，“五证合一”执照74户；“两证合一”营业执照190户。紫阳由于商事制度改革工作成效明显，成为全省唯一入围国家工商总局推荐国务院办公厅《深化商事制度改革加强事中事后监管成效明显拟予激励支持地方名单》名单的县。

市场监管

【食品药品行政审批】 实施食品流通许可证、餐饮许可证“两证合一”。通过证前多次服务指导，为16家食品生产企业发放了食品生产许可证即SC证。申报省市级守合同重信用企业各1户，评定3星级经营场所5家、2星级经营场所1家。办理食品经营许可证652户，食品小作坊许可证114户，小餐饮经营许可证419户，药品经营许可证12家，健康证3081个。

【食品安全监管】 监管全县17个镇175个行政村，20个居委会，343543人。监督管理食品生产加工企业450家，食品经营单位3657家，实行食品安全包片负责制，网格化、三小整治、农村食品安全治理等工作有序推进，开展专项检查38次、专项整治13次，检查学校、幼托机构64所，检查食品经营单位4300余家次，整改规范196户。查办案件52起、结案52起，发出协查函2件，移送公安机关1起，移送森林公安机关国家保护动物眼镜蛇1条，向汉滨区、西安、成都、广东等省市监管单位发送食品药品协查信息6次，均已收到回复，全县未发生重大食品药品安全事件。

【药械监管】 制订《紫阳县药械化妆品综合检查工作方案》，在全县范围内开展药品、医疗器械、化妆品等排查检查19次1885家次，GSP跟踪检查52家，飞行检查17家，下发责令改正通知书22份；监测药品不良反应189例，医疗器械不良反应57例，立案查处药械案件28件。

【特种设备安全监管】 开展特种设备安全大检查8次，检查经营使用单位270家次，出动检查人员628人次，下发指令书54份，复查意见书54份，消除一般特种设备隐患69起、重大隐患6起，立案处理3起；封存特种设备14台，淘汰拆除燃煤锅炉4台，开展应急演练2次，培训操作人员36人。

【商标品牌】 积极打造“中国硒谷”地域品牌和城市名片，围绕富硒特色产业，建立品牌培育梯度，推进品牌区域化建设，构建品牌激励机制，落实名牌战略专项资金20万元。2016年紫阳富硒茶荣获国家“质量之光”年度魅力品牌，连续三届荣登“中国十大富硒品牌”榜首，品牌价值达到19.67亿元。培育10家诚信计量自我承诺示范单位，8家企业申报陕西省企业质量信用A级评价，2个省名牌产品通过到期复评，1个市特色品牌通过初审，4家茶企申报使用地标专用标志，1家企业申报“中国安康富硒食品专用标志”。顺利完成2015—2016年度市对县质量工作考核的目标备案、自查自评、实地核查、整改落实等，完成2016—2017年度目标备案，制定《紫阳县进一步加强质量工作的实施方案》《紫阳县贯彻实施质量发展纲要2016年行动计划》。

【网格化监管】 在原有监管网络基础上，结合紫阳县联系服务群众“五个一”工作法，细化实施方案，对辖区内所有的食药经营单位实行领导包片、干部包户、责任到人，实现“一对一、点对点”监管，全县建成全覆盖、无缝隙的县镇村三级监管责任网络体系。同时建立了全县食品安全信息零报告制度，逐级上报食品安全信息，发挥网格员作用，确保了监管网络立得住、运行好、效果实。

【示范县创建】 县委、县政府将创建食品安全示范县列为20项重点工作之一，在2014年创建“食品安全放心县”工作基础上，扎实开展“食品安全示范县”创建工作，并将其作为一项民生工程来抓。加快构建完善监管责任体系、社会监督体系、企业信用体系、应急救援体系、风险监测和检验检测体系，加强农产品种养殖、食品生产加工、食品流通、餐饮消费等重点环节监管，严厉打击食品制假售假等违法经营行为。注重抓点示范，鼓励食品生产经营单位积极参与示范创建，9月底，示范县建设顺利通过了市级验收。

【市场秩序监管】 加强对节日市场、成品油市场、旅游市场等各类市场的日常检查巡查力度，开展专项检查8次。重点加强对紫阳富硒茶县域内和安康、渭南、咸阳、宝鸡专项整顿，严厉打击了一批商标侵权及以外地茶冒充紫阳茶等违法行为，维护“紫阳富硒茶”品牌声誉。对80家企业进行了回访，对129户“名存实亡”企业立案调查，依法吊销99户；抽检农资22个批次、成品油16批次、家具板材16批次、液化气3批次、富硒产品6批次。

【检验检测】 整合全县检验检测资源，成立县食品药品及质量技术检验检测中心，并顺利通过省质监局检验检测机构资质认定到期复审。取得了茶叶、粉条等6个产品67个参数的检验资质。与西安阳光科技检测中心开展技术合作，加大食品药品抽检力度。2016年共抽验食品和农产品321批次、药械43批次，食品快检4852批次，其中：中心检测茶叶136批、面条12批、粉条15批。培训食品快检人员60

余人，聘请计量义务监督员9名。全年检定指示秤210台，非自行指示秤120台，燃油加油机160把枪，电子汽车衡5台，拌料秤5台；一般压力表25块；血压计（表）120台。

【消费维权服务】 整合“12315”“12365”“12331”投诉举报电话，制作统一的消费投诉举报工作规范和举报文书，构建统一高效的维权平台。受理各类咨询800余起，受理、调处投诉81件，处理省工商局指挥中心分流案件21件，协助、指导工商所处理消费争议案件5件，移交其他有关行政部门处理消费争议案件4件，调查处理并及时回复信访案件3件。

【政风行风建设】 制定党委班子和班子成员党风廉政建设主体责任清单，签订责任书，加强党风廉政教育宣传工作，特邀县纪委第6纪检组作专题教育。“两学一做”，学做结合。以双融双争活动为载体，精心制定工作方案，及时召开动员大会，组织集中学习和自学，扎实开展专题研讨，筹备召开专题民主生活会和专题组织生活会。建章立制，强化落实。加强考勤、车辆管理、请休假和公务接待制度的执行力度，全局上下精神面貌焕然一新。规范执法、依法行政。制定出台《案审会制度》《案件主办人制度》《行政执法过错责任追究制度》。清理执法证件，统一执法文书和执法程序，开展执法培训。

【党风廉政建设】 制订目标责任书，层层签订并落实党风廉政责任，制订《紫阳县市场监督管理局2016年度党风廉政建设和反腐败工作责任分解表》，下发各股室及下属单位，推动各项工作落实到位；做到“三重一大”、行政审批、行政执法等事项必须经局党委领导班子集体讨论并邀请第六纪检组参加会议指导再做出决定，认真执行相关政策法律规定，及时向县委第六纪检组报备；在节假日对干部值班情况开展了明察暗访，并召开了局务会议对暗访情况进行了通报，下发了通报文件，局机关没有迟到、早退、中途溜岗等现象，上班及值班情况良好。

【精准扶贫】 2016年，市场监管局包联毛坝镇腰庄村、焕古镇松河村、向阳镇显钟村，在完成精准扶贫各项规定动作的同时，结合部门职能优势，通过“合作社+贫困户”模式精准扶贫；通过“合作社+超市”模式，解决农产品“卖难”；指导成立家庭农场2家、农民专业合作社4家，培育产业大户18户；压缩办公经费筹措资金13万元、争取社会扶贫资金25万元，成立产业发展基金3万元，新建合作社2家，建立“乡风文明”基金10000元，表彰10户。

【年度荣誉】 2016年，紫阳县市场监督管理局被市工商局授予“全市工商及市场监管目标责任考核”优秀单位、被县委、县政府授予“平安建设”先进单位；组队参加安康市食品药品稽查能力大比武，取得了县区代表队第一名、全市第二名（二等奖）的优异成绩，张佑军同志被市局抽调参加全省大比武并被评为“全省十大办案能手”；高荣平被国家工商总局评为商事制度改革先进个人；紫阳县成为全省唯一入围国家工商总局推荐国务院办公厅《深化商事制度改革加强事中事后监管成效明显拟予激励支持地方名单》名单的县。

（曾凡琼）

国土资源管理

紫阳县国土资源局

局　　长：夏德晏

副 局 长：杨学军　刘风英（女）向连华

纪检组长：张　纹

地质总工：胡　坪

紫阳县人民政府土地统征储备中心

主　任：程　刚

紫阳县移民（脱贫）搬迁工作办公室

主　　任：熊耀松

【机构设置】　2016年县国土资源局由“三大职能”（土地资源管理、矿产资源监管、地质灾害防治）增加到“五大职能”，增加不动产统一登记和移民（脱贫）搬迁两大职能工作，新增紫阳县移民（脱贫）搬迁工作办公室和紫阳县不动产登记中心两个局属事业单位。内设行政股、资金资产股、土地利用股、地籍规划股、矿产开发股和地质环境股6个股室，设紫阳县人民政府土地统征储备中心、移民（脱贫）搬迁工作办公室、不动产登记中心、国土资源执法监察大队、防滑办、地质环境监测站、土地整理中心7个局属正（副）科级事业机构。

【用地保障】　报批在建、拟建5个批次共514.5亩建设项目用地，取回用地批复2个，批准用地总面积345.2亩，有效保障全县发展用地需求。对全县重点项目用地提前介入，跟踪服务，及时做好用地征收、房屋拆迁安置、补偿资金兑付、矛盾纠纷化解、用地手续办理，20项重点工作共征用土地706.5亩，确保了重点项目顺利推进。对批而未征、批而未供、批而未用和低效利用等闲置土地进行清理处置，盘活存量建设用地230亩。按照中省市方案规定的时间节点，完成了土地利用总体规划调整完善和永久基本农田划定，全县耕地保有量和基本农田保护面积分别核减了7万亩和13万亩，为生态保护和建设发展预留了空间。2016年招拍挂出让土地10宗，收取土地出让价款2183.8万元。

【耕地保护】　耕地和基本农田保护责任落实到了镇、村，面积落实到了具体图斑地块，层层签订了《耕地和基本农田保护目标责任书》，确保了全县66.6万亩耕地和66.5万亩基本农田面积不减少、用途不改变。补充耕地1088亩，实现了占补平衡。结合脱贫攻坚总体方案，在集中连片、基础条件好、贫困人口多的镇、村建设高标准基本农田1.17万亩，改善当地群众生产生活条件。

【矿产监管】　为推进生态国土建设，开展了保发展、治粗放，保安全、治隐患，保生态、治污染矿产资源“三保三治”专项整治，打非治违，排查安全生产隐患，注销采矿权5家，关闭采石场5家，关闭砖厂9家，下发安全生产整改通知26份，收取地质环境恢复治理保证金78.3万元。对83个采矿权和13个探矿权进行了年检，办理采矿权延续24宗。在重点区域蒿坪镇组建了紫阳县国土局蒿坪执法中队，安排专项经费，配备专用执法车辆，对各矿区进行常态化巡查，有效打击非法开采、私挖滥采矿产资源行为。

【地灾防治】　2016年编制完成县级防治方案、应急预案、“十三五”地质灾害防治规划经县政府发布实施，会同相关部门对10余处地质灾害灾险情进行了应急调查，形成了专题报告，提出处置措施。完成地质灾害应急演练260场次，参加人数4227人，覆盖了全县各镇及各村隐患点。与县气象局和联通公司建立了地质灾害预警信息平台，发送预警短信13000条。宣传培训23场次16700人，成功预报地质灾害2起，129人安全脱险，避免经济损失350万元，689处在册地质灾害隐患点未发生人员伤亡。紫阳中学滑坡治理项目已竣工，争取了紫阳中学初中部、毛坝中学、城关楠木3个滑坡治理项目，地质灾害应急体系建设项目1个，争取资金1215万元。潘家坡马家坡特大滑坡治理项目前期工作已启动，投资2500万元矿山地质恢复治理项目完成可研和上报。对地灾隐患点受威胁群众进行调查摸底，为精准实施避灾搬迁提供依据。

【不动产登记】 为切实保护不动产权利人合法权益，根据中、省、市关于不动产统一登记的部署和要求，按照“建强机构、配齐人员、保障履职”的要求，迎难而上，按时完成了县不动产登记局、不动产登记中心机构组建工作和服务窗口设置、人员划转、制度建设、数据整合、流程再造等工作。将分散在县国土资源局、住建局、林业局、农业局等部门的不动产登记职责，统一整合到新成立的不动产登记机构，构建了覆盖全县、权界清晰、有序对接、权责一致、运转高效的不动产统一登记体系，实现了不动产登记的“登记机构、登记依据、登记簿证、信息平台”四统一。在信息平台建设方面，以计算机电子信息等现代科技手段为依托，建成了不动产登记发证系统、权籍调查系统、档案管理系统和信息共享系统，为不动产统一登记奠定了基础。新成立的紫阳县不动产登记中心，主动加强与房地产企业、金融机构、办事群众等的沟通协调和政策宣传，赢得了社会各界对不动产登记工作的支持和理解。2016年5月完成了不动产登记人员培训和资料移交等工作。2016年6月16日不动产统一登记正式对外开展“停旧颁新”登记业务，在县政务服务中心举行了不动产权证书首发仪式，发出该县第一本“不动产权证书”，结束了林权、房产、土地分散登记的历史，掀开了紫阳不动产统一登记的新篇章。在县政务服务中心设置2个不动产登记窗口，实现了不动产登记申请、受理、登记、发证全流程软件系统办理，登记政务全面公开。在全市率先厘清了不动产登记与房屋交易职责边界，联合房管部门开展规范整治，化解了不动产分散登记时期大量遗留问题，解决了登记中的难题，确保了不动产权登记平稳过渡。

【移民搬迁】 2016年9月，移民搬迁安置工作正式从县扶贫开发局划转县国土资源局管理，设立紫阳县移民（脱贫）搬迁工作办公室。该机构成立后加速推进移民（脱贫）搬迁工作，制定下发了《紫阳县移民（脱贫）搬迁实施办法》等7个政策性文件，采取超常规措施，组织开展了“集中开工周”“聚力冲刺月”“百日大会战”活动，有效推进移民搬迁工作进度，迅速扭转移民（脱贫）搬迁工作被动局面。2015年5100户搬迁户所有安置房屋全部达到入住条件，2016年全县76个集中安置点全部开工建设。2016年移民（脱贫）搬迁8080户，其中：集中安置6604户，分散安置1476户。2014—2015年85个安置点挡护工程全部竣工并验收，2016年64个安置点挡护工程全部完工。

【旧宅腾退】 2016年6月，为加快推进避灾扶贫移民搬迁土地综合利用水平，确保全县避灾扶贫搬迁安置点建设用地“占补平衡”，积极贯彻落实中省市生态移民搬迁用地政策，以“一户一宅、建新拆旧、以拆定用”总要求启动移民搬迁宅基地腾退复垦工作，制定《陕南移民避灾扶贫搬迁宅基地腾退复垦实施方案》，完成宅基地腾退复垦1260亩。到2020年年底，对列入全县《避灾扶贫搬迁土地综合利用规划实施方案》的35194户126850人的原有宅基地20350亩（包括房基、院落及附属设施用地、废弃村镇道路、砖瓦窑等）予以腾退。通过对搬迁户旧宅基地进行复垦，达到新增耕地13232亩、园地4071亩、林地3047亩。

【脱贫攻坚】 脱贫攻坚包抓帮扶毛坝镇观音村和快活村两个贫困村，实行一名领导包抓、第一书记驻村、干部结对帮扶的办法，毛坝镇观音村已通过第三方评估退出脱贫；毛坝镇快活村2016年完成79户213人脱贫，2017年列入贫困村脱贫序列。

【年度荣誉】 2016年5月，地质遗迹保护项目“中志留统底界层型剖面——陕西紫阳科普基地”，在全国科技活动周“科研机构和大学向社会开放”活动中，受到科技部表彰奖励；2016年6月，成功预报一起滑坡地质灾害，受到陕西省国土资源厅表彰奖励；2016年7月，被中共紫阳县委授予“先进基层党组织”荣誉称号；2016年9月，在全市国土资源系统地质灾害防治摄影比赛中获得一等奖；2016年12月，在全市国土资源系统2016年度工作考核排名第一，受到安康市国土资源局表彰奖励。

（赵华瑞）

统　计

紫阳县统计局

局　　　长：张春涛

副　局　长：罗　涛　马晓莉（女）

总 统 计 师：涂述平

普查中心主任：叶　勇

【概况】 县统计局为县政府直属正科级全额预算单位，局编制10名，内设行政股和综合业务股。局下属县经济社会调查中心为全额预算副科级事业单位，事业编制7名，设主任1名。局下属县经济社会普查中心为全额预算副科级事业单位，事业编制3名，设主任1名。2016年末统计局有干部职工17人。

【统计调查】 认真执行统计调查制度，完成35个专业统计工作任务，协调县国家调查队开展了贫困户调查、城乡居民收入一体化调查，规模以下工业调查。督促指导全县86家“四上企业”按照企业“一套表”的要求开展网络直报。全县统计报表质量稳步提高，报表质量处于全市前列，26个专业在省市获奖，统计数据客观真实反映了全县经济社会发展成果。在1%人口抽样调查工作荣获全省先进集体荣誉称号。

【农业普查】 按照省市第三次农业普查工作安排，统筹协调成立了县、镇普查领导机构，落实了办公地点，人员及普查经费，做好了农业普查的宣传发动。完成了普查区、普查小区的划分及地图绘制工作。全县选聘了“两员”1200名，组织了普查试点和普查业务培训，全面收集农业人口、农业用地、行政区划等相关资料数据，全面完成普查前摸底汇总审核，为2017年1月1日开始正式入户登记做好了准备。

【重点工作】 作为“四上”企业申报入库纳统责任部门之一，面对全县“四上”企业总量偏少的情况，主动与经济发展部门沟通，积极争取政府支持，以政府文件明确培育工作任务，对包抓企业认真开展调研，帮助企业解决实际困难和问题，对符合标准的企业，各专业人员积极协助责任单位企业备齐相关资料，全年申报入库“四上”企业15家。

【统计基础】 以县政府办名义下发了关于改进统计工作的通知，为在新形势下推动全县经济健康发展和强化统计基层基础工作厘清了关系。投入22万元完成了17个镇名录库延伸到乡镇的统计网络改造升级。争取县政府支持兑现了2015年新进17家“四上”企业奖补资金85万元用于统计网报设备和台账建设。组织县局、镇、企业统计人员参加各类统计培训10场次，参训人数达500余人。

【统计服务】 编辑印发了2015年《统计提要》，撰写统计分析34篇，发布统计信息100余条，所撰写的《探析紫阳生态经济发展路径对策与建议》被省、市统计网采用,《对发展紫阳旅游业的几点思考》获得全市统计分析评比二等奖,先后被省市统计网、《安康发展》刊用,《关于紫阳县精准扶贫工作的调查与思考》在《安康发展》杂志刊发,多篇统计分析调研得到了县委县政府的高度肯定和批示,充分发挥了统计参谋助手作用。

【党的建设】 严格落实党风廉政建设"主体责任"和"一岗双责",通过层层分解责任,传导压力,不断加强学习提升廉洁自律意识,加强督促检查促进工作落实,全局党员领导干部严格执行党风廉政建设各项制度规定,全局干部无违法违纪情况发生。局内1名党员获得全县优秀共产党员荣誉称号。

【两学一做】 扎实开展"两学一做"专题教育活动,认真开展学习、讲党课、专题讨论、民主生活会,党组织凝聚力进一步增强。圆满完成年初承诺的第三次农业普查、"四上"企业申报、统计监测分析、精准扶贫帮扶村等四项工作任务。

【精准扶贫】 选派一名专职"第一书记"常驻毛坝镇核桃坪村开展精准扶贫帮扶工作,制定2016年度扶贫工作方案和脱贫计划,以奖代补投入扶持资金15万余元。完成投资2公里公路扩建工程,实施人饮工程二处,实施安置点扩建工程20户。全局党员干部每人包联5户贫困户,每月开展走访联系,解决实际困难和问题,先后联系申请2人享受"雨露计划",4名大学生得到助学资助,10人参加足浴培训,2016年计划的20户90人脱贫任务全面完成。

【双创工作】 积极履行牵头单位职责,对包抓从长滩沟至钟鼓湾路段环境卫生开展了经常性整治。2016秋季绿化工作中,积极协调各责任部门筹措资金3万余元,按照要求全面完成包抓责任区绿化工作任务。创建"生态县"中积极承担相关经济社会发展指标核算和资料提供。加强了干部职工健康教育,筹资2万元开展了健康检查,添置3000元绿色盆栽对机关环境卫生整治美化,全面完成了各项创建资料整理装档和管理工作。

(唐友刚)

安全生产监督管理

紫阳县安全生产监督管理局

局　　　长:赵堂武

副　局　长:许　松　李朝新

执法大队队长:付　炜

【机构设置】 紫阳县安全生产监督管理局编制15人,实有工作人员13人,内设综合监督管理股、危险化学品监督管理股、矿山监督管理股、安全生产监察执法大队。

【安监格局】 印发《关于落实安全生产党政同责一岗双责要求进一步夯实安全生产工作职责的通知》,明确了镇人民政府安全生产监管职责和26个重点行业部门安全生产监管职责。提请县政府与各镇、县安委会各成员单位,各行业部门与所辖企业层层签订《安全生产责任书》。联合县考评办印发《紫阳县2016年安全生产工作考核细则》,安全生产责任体系进一步健全。各镇成立安全生产委员会,下设安委会办公室。全县党政领导高度重视,各镇、各行业部门密切配合,全社会齐抓共管的工作格局已然形成。

【企业责任落实】 印发《紫阳县企业安全生产主体责任落实年活动实施方案》,并于5月中旬举办了企业安全生产主体责任落实专题培训班,聘请市安全生产专家对全县17个镇、22个行业主管部门的分管安全生产领导和56家重点企业主要负责人进行培训。组织非煤矿山、危险化学品、烟花爆竹企业主要负责人、分管安全生产负责人、各岗位安全管理人员签订安全生产承诺书132份，安全生产职业健康协议114份。通过完善企业“十项制度、一个能力”建设，以及严格执法检查，基本健全了企业安全主体责任体系。

【隐患排查体系建设】 印发《防范和遏制较大及以上安全生产事故工作方案》，明确了遏制较大及以上事故工作的总体目标、主要任务、重点措施。认真落实打击违法违规行为“五个一批”要求，依法加大打击惩治、公开曝光各类非法违法生产经营行为的工作力度。继续开展安全生产专项整治、大检查、督查、大排查大整治等活动，对检查中发现的较大以上安全生产隐患进行挂牌督办，下达安全生产隐患督办通知，明确隐患整改要求、时限、责任。共查出隐患150处，整改150处。参加全市安全生产突击交叉检查12次，共下达安全隐患督办通知20份，挂牌督办安全生产隐患67处，已整改67处。

【安全生产法治建设】 持续推进安全生产委托执法，各镇都能按《紫阳县委托镇人民政府行使安全生产行政执法权的实施方案》要求，开展安全生产委托执法工作。县安监局组织开展了对各被委托镇的规范执法、文明执法、公正执法专项整治，指导各镇及时整改存在的问题，确保了委托执法合法化。全县17个镇共开展委托执法检查104场次，查处非法违法行为6处，委托执法案卷被市安监局评为优秀案卷。

【宣传教育工作】 认真组织开展安全生产月活动，6月16日在紫阳广场开展了第15个安全生产月宣传咨询日活动，共发放安全生产宣传资料共计1.5万份，设置宣传展板62块，接受群众咨询3500人次。开展各级各类安全生产培训和安全知识公益讲座60场次，组织地质灾害应急演练8场次、消防演练10场次，防灾减灾应急演练20场次。建立了“紫阳安监”微信公众平台和“企信通”移动短信平台，及时、准确发送相关信息。9月中旬，组织各镇分管领导、业务人员60余人进行了安监业务培训，11月份，开展了村委会（社区）安全生产监管人员培训，全县村委会（社区）主任或安全协管人员共计225人参加了培训，12月份，组织对全县烟花爆竹经营网点负责人进行了培训，培训人员450人。

【示范点建设】 根据全市安全生产示范点的创建要求，创建了安全生产标准化、安全文化、职业卫生、农村道路交通安全管理等4大类6个示范点。对每个示范点明确了责任单位、责任领导和工作人员，开展一对一的指导和督促检查，确保了抓点工作顺利推进。

【改革创新】 启动安监视频监控指挥系统建设，在非煤矿山、危险化学品、烟花爆竹等重点企业的关键环节、安全生产重点部位安装监控设备，连接到县安监局视频监控指挥系统，实时直观采集存储前端监控对象的各种信息，实现对企业的实时监控。

【直管主业】 切实抓好非煤矿山、危险化学品、烟花爆竹及职业健康监管工作。严格落实《安监总局关于非煤矿山安全生产风险分级监管工作的指导意见》和非煤矿山“双十条”规定，对全县非煤矿山实施安全风险分级、区别、动态监管。对危险化学品生产、经营、储存、使用、运输企业，从建立责任体系、健全制度、教育培训、应急救援、隐患排查治理、工艺、设备、安全投入等方面入手，全方位地进行排查和整治，提升了危化行业的本质安全水平。加强了对烟花爆竹运输、储存、销售、燃放各环节的安全监管，严格落实了烟花爆竹批发企业“六严禁”和零售点“两关闭”、“三严禁”要求。

（王克成）

招商引资

紫阳县招商局
局　　长：刘　毅
副 局 长：亢海珍（女）

【机构设置】　紫阳县招商局是负责全县招商引资工作的县政府直属正科级事业机构，内设行政股、项目股、招商股3个股室。编制11名（含工勤人员1名），经费实行财政全额拨款。

【招商引资】　2016年共促成钜源鞋服厂、华阳医养中心、园区物流中心、瓦房旅游综合开发、电子商务产业园、富硒特色养殖、富硒山泉水开发等15个重点招商项目签约落地，合同总投资36.8亿元；全县新续建项目共完成招商到位资金36.5亿元，占市下达35.4亿元任务的103.12%。

【外出招商】　组团先后参加安康市名优特色产品走进湖北、渭南、辽宁、新疆、四川展销暨重点项目合作推介会、西安·紫阳生态旅游推介会、第七届茶博会、西洽会、富硒茶北京推介会、陕南绿色经济项目推介会、农高会等节会，牵头组织了由县政府领导带队，赴福建省莆田市、泉州市和浙江省杭州市的招商考察，组织小分队到山东、内蒙古、东莞对接项目等招商活动，大力宣传推介县优势资源和重点招商项目，主动寻求合作空间，切实引进县境外客商到县投资发展。

【党建亮点】　立足单位实际，认真开展“两学一做”学习教育，增强党员干部纪律意识、规矩意识，提升党性修养。以“手机+党支部”网络平台为载体，认真抓好基层组织建设提升工作，推进支部标准化建设，以开展“党员结对援建重点项目”活动为载体，将党建工作与招商业务工作有机结合，每名党员干部包抓联系3个重点招商项目，使党员干部在实际工作中彰显党员的先进性和时代先锋作用。

【脱贫攻坚】　“精准扶贫”村组为高滩镇牌楼村，在2016年度脱贫攻坚工作中，为包联村新修公路2公里、移民安置30户、新建茶园200亩、改造老茶园100亩、新建核桃园600亩、培育发展养殖大户20余户。动员47人参加县上举办的足浴、特色烹饪等技能培训。联系公益组织，开展助学促脱贫，为村上6名高中生、2名初中生、14名小学生共计发放助学金2.56万元，向牌楼小学捐赠图书1000余册，捐赠课桌椅等学习用品350余套，价值6万余元，为牌楼村教育扶贫奠定基础。筹资1.5万元为15户脱贫户实施了改厕工程，全面完成了15户、66人的年度脱贫任务。

（程　姝）

社会事业

人力资源和社会保障

紫阳县人力资源和社会保障局
党组书记、局长：李小华
副局长：张修安　任　磊
副局长、县城乡居民养老保险经办中心主任：李从根
县社会保险经办中心主任：马文毅
党组成员：钟长江
县社会养老保险经办中心主任：苟祖明
县退保办主任：贾学平
县人力资源服务中心主任：蔡　斌

【机构设置】 2016年，紫阳县人力资源和社会保障局局机关设有行政股、人事股、工资福利与退休管理股、专业技术人员管理股、劳动工资与社会保险股、劳动用工管理及劳动争议调解仲裁股8个股室；下设县机关事业单位退休养老保险办公室、县人力资源服务中心、县劳动监察大队3个副科级事业单位和县城乡居民社会养老保险经办中心、县社会保险经办中主2个正科级事业单位。有行政编制21名，事业编制39名，现有在岗干部60名，协管员20名。

【概况】 2016年，实现农村劳动力转移就业8.4万人，创劳务收入12.5亿元，全县新增城镇就业2210人，发放创业贷款6513万元，养老保险参保20.3万人，城镇医保参保3.19万人，全年招录各类人才196人，受理劳动保障维权案件62起，为900余名劳动者追讨工资3380万元。大力实施“龙头企业+基地培训+定向就业+收入保底+维权保障”的技能扶贫新路子，累计培训1.3万人，带动3万贫困群众实现稳定就业。2016年，宣传工作在全县部门发稿积分排名第一，被县委、县政府表彰为2016年度新闻宣传工作先进单位。档案管理工作被市委、市政府表彰为先进单位；2016年全市技能脱贫现场会在紫阳召开，由人社局负责的“免费职业技能培训”工作被市领导肯定为“紫阳技能扶贫模式”。

紫阳县发展修脚产业推进技能脱贫动员大会

【创业就业】 通过开展“春风行动”、2016春季人才招聘会等促就业活动，进一步加大高校毕业生和困难人员安置就业工作力度，确保了就业形势稳定。共组织高校毕业生就业见习114人次，累计发放见习补贴60余万元；城镇下岗失业人员再就业712人，就业困难人员实现再就业345人，城镇登记失业率为3.17%；劳务输出完成8.4万人，创劳务收入12.5亿元；完成农村居民进城落户9488人，累计发放创业贷款6513万元。顺利完成四个镇级标准化社保站建设工程。

【社会保障工作】 完成城乡居民社会养老保险参保19.21万人，征收基金1400余万元，参保率达99.2%，全年累计发放养老金6000余万元，待遇发放率为100%；完成城镇基本医疗保险参保3.19万人，征缴基金3600万元。

【人事人才工作】 有序推进各项人事人才工作。稳步实施人才招引计划，全年共招录各类急需人才173人；全面完成了2016年度机关事业单位工作人员工资调标工作，配合完成了公车改革补贴审核发放工作；认真做好干部教育培训工作，组织全县政府机关966名公务员进行了公务员网络培训学习，开展了8期专业技术人员继续教育培训，培训人员586人。

【劳动用工管理及劳动争议调解仲裁】 严格执行农民工工资保证金制度，全年共征收185个工程项目3129万元农民工工资保证金，退还142个工程项目工资保证金2439万元。受理各类举报投诉案件60余起，立案34起，结案29起，时效期内结案率达100%，移交公安机关立案2起，为900余名劳动者追讨工资3380余万元；开展用人单位劳动年检62户，劳动用工备案86户；受理劳动争议仲裁案件25起，已结案18起，时效期内结案率100%；开展了以农民工工资支付情况专项检查、清理整顿人力资源市场秩序、劳务派遣用工情况以及建筑施工企业工资支付专项检查等为主要内容的专项执法检查5次，共出动执法人员60余人次，检查用人单位82户，涉及劳动者1500余人；参与处理突发事件5件，涉及人数380余人。

【精准扶贫】 2016年继续包联洞河镇楸园村，制定《洞河镇楸园村2016年度脱贫攻坚实施方案》，明确脱贫攻坚目标任务及帮扶措施，结合六个保障对2016年脱贫户编制“一户一法”脱贫方案；自筹资金13万元，从产业增收、居住条件、设施改善和教育、医疗、养老六个方面，逐户落实帮扶措施并给予相应补助；完成村安置点15户主体工程建设，启动实施20户交钥匙工程；组织开展茶园管护培训现场会两期，培训160人次。

【自身建设】 认真组织开展“两学一做”学习教育。制定实施方案，组织召开动员大会和四次专题讨论交流，参学干部按要求撰写学习笔记、心得体会，制定班子及个人学习计划并组织实施。狠抓党风廉政建设工作。严格按照党风廉政建设责任制要求，认真贯彻落实各项反腐倡廉工作措施，全系统呈现出风清气正的良好工作氛围。

（曾　冬）

紫阳县养老保险经办中心

主　任：苟祖明

副主任：罗　敏

【机构编制】 为省属机构，与人力资源和社会保障局属于业务关系。服务范围：企业职工和灵活就业人员的基本养老保险经办工作（基本养老保险费征缴核定、离退休人员待遇拨付管理工作）编制11人，实有10人。内设三个科室：财务、业务、办公室。

【概况】 截至2016年12月底，全县参保单位239户，参保人数11599人（其中在职人员6905人，退休职工4694人），比2015年净增参保职工212人。全年实地稽核参保职工1385人，占参保职工的20%，核查享受待遇人数3987人，占全部退休人数的85%。全年共为4694名离退休人员发放养老金11002万元，社会化发放率100%，退休人员社区管理率95%，异地居住退休人员资格认证率100%，当年新退休人员指纹采集率达到100%。

【养老保险发放】 一是抓好到达退休年龄人员及时申报缴费办理退休手续。在全省在岗职工平均工资公布之前到龄人员，本人有预发要求的，先按当地最低养老金标准预付基本养老金，待平均工资公布并办理退休手续后再按标准补齐。二是按要求及时准确地完成2016年退休人员调待工作任务，共为4558名退休人员进行待遇调整，人均增资134元。三是按政策及时申报新退休人员养老金、死亡职工丧葬抚恤金、退休人员享受独生子女补贴、离休人员、军转干部和志愿军补贴，分类计算，及时发放。

【常抓扩面】 一是积极为退役军人及异地参保人员办理养老保险转移手续，截至12月底已办理转移手续190人，维护参保人员的合法权益，为他们提供优质高效服务。二是与人社局劳动监察大队紧密配合，通过劳动执法积极宣传动员私营企业主、医疗机构为其聘用人员参加养老保险，做到应保尽保，2016年比2015年净增参保职工212人。在抓好扩面工作的同时，认真清理以前年度“零账户”人员，现已将历史“零账户”人员清理完毕。

【预缴制度】 上半年共征收64户企业预缴款410万元。同时积极宣传和引导企业按“双基数”申报缴纳养老保险费，全省在岗职工平均工资公布后，按照“双基数”的要求，及时足额向地税部门传递养老金缴费基数和征缴计划，全年传达征缴计划超过地税部门征缴任务数。继续做好网上业务经办工作，方便企业办理有关业务，与158户正常缴费企业全部签到了“网上服务办公”用户承诺书和用户注册表，参保单位网上业务经办使用率达到67%以上。

【管理模式】 一是为规范管理程序，优化服务流程，拓宽办理渠道，提升服务质量，中心于2015年11月30日正式启动业务经办综合柜员制操作模式。经过一年多的运行，我们认为在实际操作和办理业务中总体平稳有序，试点工作稳步推进。结合本单位实际，利用上半年业务经办空闲时段，进一步加强综合柜员制业务培训，不断提高业务素质和操作水平。为积极开展综合柜员制扩大试点工作，中心按照市处安排积极筹备推行综合柜员制扩大试点观摩培训动员会，并于4月1日在紫阳县成功召开了旬阳、汉阴、岚皋四县推行综合柜员制试点观摩培训会，得到了市处和参会人员的好评。二是积极探索更加便民的经办服务模式，将业务大厅按使用功能划分为导引服务区、业务受理区、公开公示区。增加了双屏显示、服务评价器、电子监控、指纹签到设备、举报投诉电话、复印机等硬件设施，以适应群众业务办理需要。同时加大电子监控、指纹签到和服务评价器结果的运用。

【养老金资格认证】 截至12月全县离退休职工4694人，其中当年新退休人员246人指纹采集率达到100%。重点是对80岁以上高龄人群、长期卧床不起、外地居住、代领养老金等方面特殊人群进行核查，确保养老金安全完整。采取经办机构认证与社区认证、乡镇社会保障服务站协查认证有机结合起来，对离退休职工居住集中的乡镇和行动不便的人群实行上门认证服务，对居住外地的离退休职工开展网上视频认证和异地经办机构协查认证，既保证任务完成，保证不出安全问题，降低资格认证成本，方便广大离退休人员，得到离退休职工赞扬。为杜绝冒领养老金现象发生，按月与公安、民政等部门进行数据筛查，及时了解退休人员生存状况。

【业务规范自查】 一是严格按照规定使用省局制定的各种标准化表格办理日常业务，严格执行重要信息变更、漏报人员参保、新参保企业补费报市处审批的有关规定。二是反复核对参保人员基本信息。通过自查发现问题及时纠正解决，不断促进业务经办的精确化管理。三是按照“办控分离，监督有效”的养老保险经办内控模式，加强事前审批、事中监督、事后复查，维护政策法规的严肃性。及时办理来信来访，全年没有发生养老保险行政诉讼、违规办理业务等上访事件，无行政不作为等问题的发生。

【养老保险稽核】 一是坚持以实地稽核为主，以私营、民营企业漏保人员为重点，督促其按规定为员工办理参保手续，以稽核促扩面。全年实地稽核参保职工1385人，占在职总人数的20.05%。二是按照内部控制制度暂行办法要求，继续加强内部控制制度建设，严格执行业务内部传递审批制度，对新录入信息由复核岗位进行全面复核，严把数据入口关，确保新录入数据100%准确。三是对业务经办环节中容易出现风险的项目、要求、责任人等列出风险点清单，定期对照清单进行督促、监督和检查，确保各项风险点管控工作万无一失。

【档案管理】 一是及时整理2015年文书和业务档案，已整理完毕交档案室统一编号归档，共归集文书档案5盒，业务档案82盒。二是积极开展档案查询和佐证功能，不断提高档案利用水平，共为参保人员查阅调取档案50人次，并按照相关审批程序予以更正参保信息，使他们的养老保险待遇得以落实，维护了参保职工的合法权益。三是从2016年1月起，严格按照部中心《社会保险业务档案管理规范》（GB/T31599–2015）要求整理业务档案，基本具备电子化管理和查询能力。

【基金经费管理】 认真做好基金和经费的控制、核算、分析、考核等工作，严格遵守财经纪律，规范财务管理，抓好“三公”经费支出控制，实行收支两条线管理，严格执行部门预算，按支出功能科目进行细分，各支出按对应收入，控制在可使用范围内，没有超额开支。按时上报基金、经费管理情况和报表。加强固定资产管理工作，新购固定资产严格执行政府采购手续，认真清理固定资产，核对固定资产实物账和财务账，做到账实相符。认真、及时做好社会保险金管理自查工作，不断完善内部财务管理制度，提升财务会计核算水平，确保财务管理制度化、规范化。按月与地税部门进行养老保险票据传递工作，履行相关签字盖章手续，认真做好单位缴费、欠费台账，进一步核实参保单位欠费数据库，提高欠费数据库数据准确率。

【精准扶贫】 2016年继续包联高滩镇天桥村。将包村工作列入重要议事日程，抽调专人驻村帮扶，突出精准施策，科学编制脱贫攻坚规划，因地制宜发展特色种养业，抓好包扶村脱贫工作。发展核桃1200亩、魔芋100亩、烤烟100亩，投资15万元新建饮水工程一处，连续几年投入资金30余万元，帮助该村拓宽通村公路，方便群众出行，为2017年通村水泥路建设奠定基础。支持重点项目建设，对重点项目推进中发生信访问题，积极想方设法化解矛盾，按县长办公会议纪要代办有关业务，使重点项目按计划推进。

【党风廉政建设】 经办中心坚决贯彻落实好“一岗双责”责任制，形成一级抓一级、层层抓落实的党风廉政建设机制。开展经常性反腐倡廉教育活动，把党风廉政建设各项制度落到实处，从源头上预防腐败行为的发生。坚持纪律作风建设不放松，扎实开展养老保险经办系统作风纪律专项整顿工作，通过集中学习、对照检查、组织整改、总结提升四个步骤，形成作风纪律建设的长效机制，切实提升窗口单位文明服务质量，提高满意率。严格执行财经纪律，严控“三公”经费支出，重大支出班子集体讨论决定，倡导厉行节约，缩减不必要的开支。扎实开展《文明服务五项规定》活动。重点查找干部作风、上下班纪律、文明服务、工作落实等方面问题，对查找出的问题，及时进行整改。积极推行政务公开。通过建立永久性政务公开栏，真实完整地公布政务公开内容，在紫阳人社区网站开辟养老保险专栏，及时将有关养老保险政策进行公开。坚持挂牌上岗，接受群众监督。严格执行文明礼仪服务。坚决杜绝“门难进、脸难看、事难办”的不良习气。通过电子监控系统、服务满意度电子评价系统的正常使用促进干部职工提高服务质量。加大明察暗访力度，将服务质量与职工年度考核挂钩。深化思想认识。通过召开专题会议、印发学习资料等形式，把“两学一做”教育迅速传达到每位党员干部。采取集体学习研讨和个人自学相结合的方式，深入学习党章党规、系列讲话、宪法法律，明确做合格党员的标准和条件。民主生活会以学习“学党章党规、学系列讲话、做合格党员”为主题。在学习上变被动为主动，提高自主性，自觉挖掘学习的深度和广度。把学习讨论与查摆问题有机结合起来，切实把问题找准找实，坚持以服务规范化、严明纪律和文明服务用语为主要内容，以群众满意为标准，以自查自纠、公开承诺、群众监督评议为主要手段，认真组织实施。切实提升经办服务质量，注重干部职工服务意识和文明礼仪培养，严肃工作纪律，认真落实社保经办人员“20个不准”规定，建立作风优化长效机制，为群众提供便捷优质的服务。

（王宏莲）

卫生和计生

紫阳县卫生和计划生育局

局　长：周礼伟

副局长：孔凡新　詹世友

副局长、县合疗办主任：雷　安

副局长：柯康林

县计生协会副会长：陈　蕾

县红十字会会长：韩冠新

县卫生监督所所长：李　兵

【机构设置】 紫阳县卫生和计划生育局内设机构11个，即：行政股、党务办、医政医管股、公共卫生股、计划生育股、计财股、法制股、中医药管理股、统计与信息股、扶贫办、爱卫办。2015年12月29日根据紫发［2015］6号文件撤销紫阳县卫生局、计划生育局，组建紫阳县卫生和计划生育局。2015年12月29日根据紫发［2015］6号文件经批准设立紫阳县卫生和计划生育局党委。2016年1月纪委实行“三转”撤销纪委书记职数。

【卫生计生队伍】 2016年，全县共有医疗卫生机构268个，其中县直5个（县医院、县中医院、县妇幼保健计划生育服务中心、县疾控中心、县卫生监督所），镇中心卫生院11所，一般镇卫生院6所，村卫生室215个，个体诊所31个；编制床位863张。2016年，全县卫生计生系统核定编制数674人（其中，县卫生和计划生育局核定行政编制19人、计生协会3人，流动办3人，信息中心3人，县医院核定编制160人，县中医院核定编制40人，县妇幼保健计划生育服务中心核定编制31人，县疾控中心核定编制27人，县合疗办13人，监督所5人，镇卫生院核定编制370人）。现有职工1172人，（其中局机关29人，县医院356人，县中医院115人，县妇幼保健计划生育服务中心96人，县疾控中25人，县合疗办13人，县卫生监督所6人，镇卫生院532人），其中在编在岗640人，临时聘用人员532人。截至2016年年底，全县具有副高专业技术职称的人员共37人，全县有执业医师资格的人员271人，执业助理医师201人，在岗的注册护士450人，乡村医生306人。

卫生工作

【医药卫生体制改革】 县级公立医院改革，健全内部管理制度。完善医院内部决策和制约机制，实行“三重一大”集体讨论并按规定程序执行；加强医院财务管理，严格财经纪律，公用经费控制在合理、合规的范围，在设备购置、药品采购等方面强化按照程序规范操作、阳光采购。按照市政府办下达三家县级公立医院床位650张和人员编制974人的总规模。县级公立医院实行全员聘用制、岗位绩效工资制度等人事分配改革工作稳步推进。县人民医院绩效考核分配方案在全市二级以上医院推广。对县医院、县中医院按照“核定收支、定额补助、保障运转”的原则确定财政补偿办法，并持续加大财政对公立医院的投入。开展医院“创等达标”，提升医疗服务水平。县人民医院达到二级甲等综合医院标准。惠民便民措施有效落实，改善医疗服务行动计划有序开展，无假日医院等工作有序推进。群众就诊环境不断改善，县级医院警务工作室达到省市标准，为人民群众构筑起和谐有序的就诊环境。“优质护理示范工程”、抗菌药物专项整治、“临床路径管理”等单项改革稳步推进。建成规范化的公共卫生管理科、犬伤门诊、二孩门诊和肠道、发热门诊，完善了县级公立医院公共卫生服务支撑体系建设。对口支援工作有序开展。第二批城市医院对口支援县人民医院对口帮扶已经启动，与南京市第一人民医院已经签订帮扶合同，支援医院深入到县人民医院重点科室，完成了技术援助、评估。已选派相关科室业务骨干到南京学习培训和进修。县级医疗卫生机构从分级诊疗、多点执业、学科建设、人才培训等方面对口支援镇卫生院工作稳步推进。新农合工作健康有序运行。2016年参合269230人，参合率99.91%，筹资总额15346万元。全县共有19.2万人次获得补偿，补偿金额9324.20万元，参合农民受益率达71%。其中：住院补偿32893人次、补偿8094.75万元；门诊统筹补偿166321人次、补偿963.50万元；特殊慢性病补偿511人次、补偿97.04万元；特大病救助142人次、补偿152.41万元。完善了困难人群疾病救助制度，做好低保困难群众住院救助无缝衔接、重特大疾病救助和健康扶贫对象医疗救治工作，提高了最高报销额和报销比例，提升了重大疾病保障水平。“两保合一”已启动实施。基本公共卫生和重大公共卫生服务项目扎实有序推进。以“慢性病综合防控示范区”省级复审为抓手，以“预防接种规范化管理”省级评估、“公共卫生服务管理合格县”和“妇幼健康优质服务示范县”创建为契机，狠抓各项工作的落实。疾病预防控制、妇幼保健、健康教育、爱国卫生、农村改厕、病媒生物防治工作扎实有效开展，卫生行政执法工作不断加强。突发公共卫生事件应急处置率达100%，无重点传染病疫情发生。免疫规划疫苗接种率达到95%以上，全县共计218个接种点，361名预防接种人员，接种点、接种人员资质合法性达100%，预防接种规范管理专项活动省级考评已完成。制定《紫阳县公共卫生执行情况问责制度》。落实艾滋病、结核病、狂犬病等专病专策防控工作措施，艾滋病、结核病定点救治规范运行。县人民医院、县中医医院公共卫生管理科建成并规范运行。县镇两级妇幼和计生服务资源整合工作有序推进，孕产妇死亡率、婴儿死亡率分别控制在20/10万和10‰以内。卫生监督协管覆盖率、规范化管理率保持在98%以上。开通“紫阳公共卫生微信公众平台”。充分发挥县级公共卫生机构、镇卫生院和镇公共卫生管理服务中心职能，各类指标达到省市要求。进一步完善以服务数量和服务质量为主要内容的公共卫生服务绩效考核方案，加大对公卫项目资金管理力度，确保资金使用安全、管理规范。药品供应保障机制不断健全。镇村全部配备使用基本药物，不断提高实行药品零差率销售的效果和质量。国家基本药物制度药品零差率销售及药品“三统一”工作持续、规范、健康运行。累计配送“三统一”药品总价值4743.8万元，平均配送率99.56%，使用率100%，零差率销售100%，为患者减轻用药负担711.5万元。基层医改不断巩固完善。县镇医疗机构全面执行人事薪酬制度改革，建立了全员聘用制度和岗位管理制度，实现由固定用人向合同用人转变。镇村医疗卫生机构健全了绩效考核机制，推进分配制度改革。在财政补偿上，人员支出和业务支出等执行综合预算管理。县镇医疗服务一体化管理和镇村卫生管理一体化工作规范实施。公益性的管理体制、竞争性的用人机制、激励性的分配机制、规范性的药品采购机制、长效的多渠道投入补偿机制初步形成。

【项目建设】 县中医医院综合楼工程已完成主体竣工，进入室内装饰阶段；蒿坪镇中心卫生院改扩建项目有序推进，11月中旬主体完工；县妇幼保健院内部装修工程正在施工；已完成38个标准化村卫生室建设（年初下达30个）；洄水镇、高滩镇两所中心卫生院门诊楼项目，已开工建设；县、镇、村区域卫生信息化平台建成投入使用，已通过省卫计委评估验收，远程会诊规范实施。

【卫生人才队伍建设】 制定印发《紫阳县“十百千万医疗卫生人才培训培养工程”实施方案的通知》和《紫阳县乡村医生到镇卫生院轮训学习实施方案》，加快医疗卫生人才队伍建设，全面提升医疗卫生服务质量和服务能力。在县镇医疗卫生单位选派学科带头人、业务技术骨干、一般人才到省、市三级医院、城市对口支援医院和医学高等院校培训、培养和培育。完成百名人才培训培养5人，计划任务5人，完成任务100%；完成千名人才培训培养95人，计划90人，完成任务105.6%；完成万名人才培训培养996人，计划900人，完成任务110.7%。举办各层别学术交流活动183

期，乡村医生到镇轮训35616人次。举办市级以上短期培训班3期，计划任务数2期，完成任务150%，获得市级Ⅱ类学分350人。利用定向招聘医学类本科生、人才振兴计划、免费订单、定期招录等政策和措施，2016年共招录引进50名专业技术人才。为县人民医院引进1名B超学科带头人。

【医政医管】 开展基层卫生、妇幼暨新生儿复苏、中西医技能岗位大练兵大比武竞赛活动；县人民医院、县中医医院积极创建和申报省市重点专科建设；开展“医院感染管理年”活动。根据《实施方案》要求，组织培训督导，有效预防、控制医院感染；市、县、镇分级诊疗模式初步搭建。制定出台《紫阳县推进分级诊疗工作实施方案》《关于印发紫阳县推进分级诊疗工作实施细则的通知》和《关于做好分级诊疗工作相关事宜的通知》等文件，推动分级诊疗工作全面展开。加强组织机构建设，县镇两级医疗机构成立全科医学科（室），确定专人负责双向转诊工作。根据县镇服务能力和水平，分别遴选公示疾病诊疗目录。建立69个技术协作型医疗联合体，县级医疗机构分别与三级医院等组建医疗联合体，与各镇卫生院分别签订双向转诊协议，畅通转诊渠道。2016年镇卫生院上转387人，县级医疗机构上转532人，市县级医疗机构下转133人。完善转诊手续，省、市、县、镇分级诊疗模式初步搭建，初步形成“基层首诊、双向转诊、急慢分治、上下联动”的就医格局。继续开展“人民群众满意乡镇卫生院”创建工作。双桥镇、红椿镇中心卫生院创建“人民群众满意乡镇卫生院”已通过省级验收，并申报创建国家级“人民群众满意乡镇卫生院”，国家卫计委已公示结束待命名。持续加强“改善医疗服务行动计划”，医护人员工作积极性普遍提高，职业精神和职业自信得到增强，群众看病就医满意度大幅提高；成立临床药事质量、护理质量、医院感染、病历处方书写、血液安全、中医医疗质量6个质量控制中心；严格实行村卫生室静脉输液备案制管理和个体诊所抗菌药物静脉输液准入制度。

【疾病预防控制和妇幼保健】 全面实施扩大国家免疫规划工作，接种率均达到95%以上；积极落实专病专策工作措施，认真落实国家“四免一关怀”“五扩大、六加强”政策，艾滋病规范治疗成为陕西省现场会观摩点；建立完善的防控体系，认真开展手足口病防治专题培训，推行“84化”规范消毒和七步洗手法，免费为儿童发放“84”消毒液16218瓶；开展了15岁以下人群、医务人员、吸毒人员和乙肝患者家属的乙肝疫苗查漏补种工作，对5946人进行了乙肝疫苗补种，进一步提高了乙肝疫苗接种率，降低了乙肝病毒感染率；建立“123456”结核病防控工作机制，围绕组建一套班子、执行两个不准、建立三项制度、夯实四个落实、确保“五个率”达标、做到六个到位，切实落实全县结核病防治工作；设置县人民医院为犬伤规范化处置门诊，各镇卫生院设置犬伤门诊，严格按照国家新修订的《疫苗流通和预防接种管理条例》《预防接种工作规范》等要求，规范化开展狂犬病疫苗和免疫球蛋白的采购、运输、存储、使用。保障犬咬伤患者能及时就近处理伤口并接种疫苗，有效降低了狂犬病的发病率；制定“八项”工作机制，抓紧、抓细、抓实学校传染病防控工作，组织全体教职员工和全校学生学习传染病防治知识；采取“十个一”举措，全方位、无死角开展健康教育传播，利用县、镇医师团队，扎实开展健康教育“六进”活动，用“10+6”法促推了健康教育提质扩面。2016年，全县孕产妇数2914人，活产数2937人，早孕建册数2911人，早孕检率99.11%，孕产妇系统管理数2911，系统管理率99.11%，产后访视率99.11%，住院分娩率99.89。高危孕产妇管理率100%。新生儿访视率99.79%，3岁以下儿童系统管理率99.88%，0—6岁儿童健康管理率99.88%，新生儿死亡率1.70‰，婴儿死亡率2.04‰，无孕产妇死亡。

【卫生监督】 及时组织开展了公共场所、学校卫生、传染病防治监督、放射诊疗、医疗废物、消毒监测等专项整治活动和打击非法行医专项行动。共检查520户次，其中检查学校57所次、放射诊疗23户次、公共场所261户次、医疗机构179户次。对177家下达限期整改意见书。处理举报案件8件，查处案件7件。没收药品或器械2箱（件），罚款21100元。开展医疗机构消毒监测、公共场所公共用品、生活饮用水水质、餐饮具消毒监测和量化分级管理工作，共计抽取样品192份。同时重点加强了对医疗废物、废水重点工作的定期、不定期检查和督导。

【中医药服务】 巩固和提升国家中医药工作先进单位创建成果，积极开展中医药适宜技术培训。完成对基层250余名医务人员中医药适宜技术推广培训工作。加强省级中医重点专科建设2个，发挥中医药学会作用，编制整理名老中医医案3期，发掘民间土方验方200个，推荐申报国家中医药优秀乡村医生1名，积极开展“杏林寻宝”活动，选送献宝节目3个；医养结合已印发实施方案，县级医院积极筹建老年专科门诊和老年病绿色通道，积极协助民政部门完成养老院内建设护理中心和华阳医养中心建设任务。

【爱国卫生】 创建国家卫生县城已通过省级检查验收拟向全国爱卫会推荐命名，陕西省人民政府网站公示结束。爱国卫生组织管理、农村改厕、病媒生物防制等工作成效显著。截至11月底，全县已全面完成农村改厕任务486户。“三级联创”工作已完成验收，待省市公示命名。健康城市已印发实施方案，正在有序推进。

【医废处置】 各医疗卫生机构建立健全了各项制度，实行定人、定点、定时操作与管理，按照《医疗废物管理条例》及有关配套规章、文件的规定，提高了全体医护人员的责任意识和职业卫生安全防护意识，按照“村收集、县镇集中暂存、市转运处理”原则，县镇村三级医疗废物全部纳入市级集中处置，医疗废水处理系统正常有效运转。开展医废专项巡查1次、季度督导4次，县镇举办医废污水规范管理处置培训45次，受训达921人次。

计划生育

2016年全县有育龄妇女79906人，其中已婚育龄妇女62652人。2016年期内共出生2529人，人口出生率8.68‰，死亡率6.87‰，自然增长率1.81‰，性别比107.7∶100。

【保障工作】 县卫计局班子在生育政策调整和机构改革时期，确保了干部思想稳定、队伍不散、力度不减、节奏不变；召开了全县计划生育工作会和落实全面两孩政策的动员大会，签订了计划生育目标责任书，落实了计生工作责任和目标任务；代县委政府两办起草下发了《紫阳县2016年计划生育目标责任制考核办法》；坚持季度检查和专项督查计划生育工作制度，要求各镇计生办针对存在问题定期开展自查，认真落实整改。

【实施两孩政策】 集中组织县镇村三级共计500余人次以新颁布的《陕西省人口与计划生育条例》为主的培训学习。利用宣传服务车、人口健康文化阵地建设、干部进村入户等多种宣传形式，累计受教育人数达到8万余人次。代县委、县政府“两办”起草了紫阳县《关于实施全面两孩政策改革完善计划生育服务管理的实施意见》，印制中央决定和《陕西省人口与计划生育条例》知识读本、宣传折页各5000余份。

【依法行政】 一是简化办证程序和流程，将县政务大厅卫生计生便民服务窗口整合，统一了办证内容，办事流程。二是全年共接待群众来信来访6件，结果案件报结率达到100%。三是坚持每半年开展1次打击两非专项整治行动，每季度召开一次联席会议。卫生计生、公安、市场监管等部门联合下发了《打击“两非”专项治理行动实施方案》和《打击“两非”有奖举报公告》，在全县城乡农村、社区张贴500余份，对全县64台B超进行了重新登记备案。终止妊娠手术审批手续查验率100%。

【出生人口监测及生育服务登记】 加强人口动态监测，建立出生人口监测和预警机制。2016年正式启动出生人口动态监测工作，制定出台了切合实际的出生人口动态监测工作实施方案，成立了工作领导小组，确定各相关单位的工作监测员。通过卫计、民政、公安、统计、人社等部门充分发挥现有工作网络优势，不断拓展信息采集途径，通过入户、办事、共享、协作等采集方法，及时、准确、完整的采集各种监测信息，建立出生人口动态监测直报制度，完善人口信息共享、人口信息统筹、人口信息采集长效工作机制，为科学预测出生人口动态变动趋势，准确评估政策实施效果，制定人口发展战略，为推动健康紫阳建设提供了强有力地数据支撑。实施全面“两孩”政策以来，2016年1月至10月出生2164人，二孩以上出生1146人，占总出生人口的53%。严格执行两孩内生育登记制度，在县镇政务便民大厅卫计窗口制做了温馨提示牌，告知生育登记的流程和预约机构及联系方式。优化再生育审批流程。落实首接责任制、代办制和承诺制，推行网上传输资料，现场办理即时办结。推行生育服务登记证与孕产妇系统公共卫生项目手册等有机结合，实现一证多用。

【计划生育服务管理】 通过机构整合、资源共享，第五轮农村母亲健康检查共完成母亲健康检查16249人，占总任务27591人的59.1%，孕前优生筛查1474对，占应查任务1850对的80%，婚前医学检查1256对夫妇。将计划生育技术服务项目纳入公卫、妇幼项目同实施同管理。加强孕产妇、新生儿危急重症救治能力建设，在县直各大医院建立危急重症救治绿色通道。将流动人口纳入城镇基本公共卫生计生服务范围。推进城关镇、蒿坪镇、高桥镇、高滩镇、向阳镇、毛坝镇创建市级流动人口公共卫生计生服务均等化示范镇工作；节假日在县城车站、码头、广场等流动人口聚居场所，共为11184人次提供咨询服务，发放宣传品8915份，办理婚育证明378人，慰问返乡农民工留守老人、妇女和儿童3552人，发放慰问金23000元。开展17个“诚信计生”群众自治示范村创建，其中省级1个、市级16个。

【计生网络队伍建设】 整合卫生计生行政管理和技术服务资源，建议各镇确定一名副职领导分管卫生计生工作，在党政办公室加挂卫生和计划生育办公室牌子，配备1—2名公务员；强化村级“两室一校”阵地建设，实行“表卡册牌”档案资料规范化管理，选聘197名计生专干、1500名计生中心户长。村（社区）计生专干补贴待遇保持原有基数不变，拟将中心户长的报酬提高到每人每年360元以上（人均不低于2元的标准），确保基层有人管事、有钱办事、照章理事。深入推进蒿坪镇、高桥镇市级计划生育精细化管理、城关镇东城门省级社区网格化服务创建工作。认真落实人口信息共享机制，加强对全员人口信息数据库管理，为全县17个镇集中购置了离线信息数据采集器，解决在线数据采集难的问题，实现系统自动生成育龄妇女档案卡、两项工程等花名册目标。

【计划生育奖励扶助政策】 2016年确认上报各类奖励扶助对象3675人，争取政策性资金655.1万元；确认2016年农村计划生育家庭参合对象7729户，16707人，政府为计生“两户”父母及个人代缴合疗费198.81万元。对21户因重大自然灾害、火灾、交通事故等意外事件造成特别困难不能维持基本生活的独生子女和双女户家庭，给予每户5000元的一次性特别救助，对其子女突发重大疾病不能维持基本生活的给予3000元的一次性特别救助；各类奖扶优惠政策资金兑现率达到100%。计生贫困家庭移民搬迁或进城落户购买保障房、商品房的，在享受普惠政策的基础上，每户追加5000元搬迁购房补助。提高特别扶助标准，将221人年满60周岁以上的农村失独家庭夫妇特别扶助金标准由每人每月800元提高到每人每月1000元；对248户失独家庭、独生子女伤残家庭和计划生育手术并发症家庭，每户每年按照1000元的标准，办理健康体检、意外伤害保险等保障性特别救助；农村计划生育特殊家庭成员纳入医疗救助范围，对其住院报销比例按照医疗机构等级分别提高5个百分点。在二次报销中优先给予高于其他人群20%的比例补贴。建立计生特殊家庭殡葬救助、联系人、就医绿色通道三项制度。计生特殊家庭成员死亡的，由所在镇政府提供3500元的丧葬服务补贴。聘请了计生特殊家庭帮扶联络员132名，采取“一对一”帮扶。各医疗机构都设立了计生特殊家庭就医绿色通道，让特殊家庭成员能够快速入院就诊。

【党建、党风廉政】 学习型党组织建设。制定出台《紫阳县卫计局例会制度》，每周一由局党委委员轮流开展一次集中学习辅导，各股室负责人轮流开展业务知识培训。认真落实党委主体责任，制定局党委落实从严管党治党主体问责办法；开展“两学一做”学习教育，成立专题教育领导小组，制定了实施方案和学习计划，明确了责任分工，积极召开动员会，按照“带着问题学，针对问题改”的要求，以“践行‘五个一’、争当好先锋”为载体，联系工作实际，认真谋划，精心组织，周密制定实施方案，创新学习方式，强化工作结合，按照良好氛围营造到位，组织集中学习到位，突出卫计工作特色到位，搭建有效载体到位，重点工作落实到位。始终坚持周一例会集中学习，扎实推动学习教育和工作落实。认真落实“两个责任”，专题就党建工作，党风廉政建设和主体责任清单进行详细的安排和分工。根据陕组通报第23期反馈情况，认真对照检查，制订整改方案，补齐工作短板，各项工作顺利推进。在职党员到社区开展服务活动扎实开展，全年共组织机关党员到服务社区环城路社区开展志愿活动2场次，组织医疗卫生单位到社区开展义诊活动2场次。按照县政府要求对重点工作在电视台进行公开承诺。医德医风和行风建设。深入开展“创三无提三率促三好”、“三好一满意”、“我承诺、我践行”等主题活动。严格执行《医疗卫生行风建设九不准》有关规定，落实《医务人员不良执业积分管理制度》，完善行风监督员队伍建设，开展行风评议。按照行风建设活动要求，组织召开了院长及相关科室负责人集体提醒约谈会，对5名镇卫生院院长任期经济责任进行内部审计。组织全县镇卫生院院长、县直医疗单位领导班子、局机关全体党员和职工学习《中国共产党纪律处分条例》、《中国共产党廉洁自律准则》《中国共产党问责条例》《关于新形势下党内政治生活的若干准则》《党内监督条例》《三项机制》。不断加强舆论引导作用，2016年共发稿280篇。

【精准扶贫】 2016年县卫计局继续包联焕古镇三坝村、向阳镇金盆村。基础设施不断完善。村组公路硬化5公里，新修码头两个，新修便民桥两座，主村道路维修及示范路建设11.5公里，修复新建引水工程6处，新修水窖50口，建蓄1500立方米水池1个，变压器增容2台；产业建设有序推进，招商引进紫阳县宏威富硒农业有限公司流转土地开发丰产密植茶300亩。完成低产茶园改造及管护共计1200亩。发展贫困户种植大蒜50亩。扶持3户发展魔芋种植。发展畜牧养殖大户52户；人居环境得到改善。安置点购房56户，完成2016年24户脱贫户住房保障；公共服务规范落实。争取社会资助、雨露计划及政策性教育补助96人。组织茶叶、烹饪、修脚培训500余人次，医疗保险、养老保险全覆盖。享受低保91户、“五保”39户。

【健康扶贫】 联合印发《紫阳县健康扶贫工作实施方案》和《紫阳县“天使健康扶贫活动”实施方案》，农村贫困人员患病情况摸底全部录入陕西省贫困人员健康管理平台。采取健康扶贫与提升医疗卫生机构服务能力、医保、公共卫生服务、分级诊疗、医患结对帮扶、对口支援、计划生育资源、爱国卫生活动等八个相结合措施助推健康扶贫。全县共成立17个镇级和3个县级健康扶贫医师团队。17个镇级健康医疗服务团队由各镇卫生院的全科医生、公卫人员、医技人员、乡村医生等人员组成。镇卫生院将辖区因病致贫返贫人员按照轻、重、缓、急进行分类，根据分级诊疗制度分类管理。能在本辖区救治的对象，根据健康扶贫服务团队成员个人特长，与服务对象一对一签约服务。3个县级健康扶贫医师团队由各县直医疗单位的主任医师、副主任医师、专科医生组成，分阶段定期到全县精准扶贫村开展义诊活动，实现精准扶贫村义诊全覆盖，形成“镇+县医师服务团队”健康扶贫模式。全县医护人员已进行帮扶5456人次，已建立健康档案5991人（份），建立脱贫档案4440人（份），其中年度30个脱贫村已进行帮扶因病致贫人数2150人，开展帮扶2873人次，取得了很好的效果。从新农合基金中提取500万元，对参合贫困人群进行重点帮扶，并出台《紫阳县新农合健康扶贫实施方案（试行）》，将贫困参合患者在省、市、县定点医疗机构住院补助比例分别提升5个百分点，年度累计住院自负费用仍在5000元（含5000元）以上贫困参合患者，全部纳入贫困人口最低医疗保障范围，农村参合贫困人口新农合基本报销完成后，符合大病保险进入大病保险范围，起付线降低50%。据统计新农合健康扶贫已受惠809人，已使用救助资金164.4万元。

【综治维稳】 积极开展“平安医院”创建，强化“三横五纵一张网”作用，强化年度纠纷源头防范，加强“三防”建设，深入开展矛盾纠纷隐患大排查，建立矛盾隐患排查台账，实行“有事即报告，无事月报告”制度。认真落实安全生产“五级五覆盖”及安全监管“一岗双责”，实行安全监管网格化、网络化管理，建立安全监管台账，实行安全生产月报告、月通报制度。多频次开展安全生产专项督查，对重大安全隐患部位、特种设施、危险化学品、易燃易爆物品、建筑施工场所等进行严格排查，对隐患部位已进行重点监控，全年无安全事故发生。推行医疗责任保险制度，医疗纠纷第三方调解规范运行。2016年共接待群众咨询36人次，受理医疗纠纷案件8起，其中进入第三方调解成功6起，进入医疗事故鉴定程序2起。调解6起纠纷共补偿52万元，其中，保险理赔21.5万元。全县3所公立医院和21所镇卫生院参加了医疗责任保险，共缴纳保险费36.8万元，其中县级财政补助14.72万元。通过全面推行医疗责任保险和建立第三方调解机制，有效降低了医疗风险，最大程度缓解了因纠纷导致紧张医患关系，化解医患矛盾。

（陈青山）

民 政

紫阳县民政局
局　　　长：文　艺（女）
副　局　长：郭家成　哈红黎　蔡英彪
老龄办副主任：毛良兵

【机构设置】 2016年紫阳民政局应编制32人，其中行政编制13人（其中局长1名，副局长2名），事业编制19人，实有在编行政人员23名，事业单位6人。内设机构：行政股、救灾和社会福利慈善股、基层政权和社会事务股、优抚安置股、民族宗教股。直属事业单位：县老龄工作委员会办公室、县城乡居民最低生活保障办公室、县社会福利院、县救助管理站、县婚姻登记管理所、县殡葬管理所（县烈士陵园管理所）。

【防灾减灾】 自然灾害应急预案进一步修订完善，各类救灾物资储备进一步加强，城关镇河堤路社区成功创建为省级“综合减灾示范社区”，“5·12”防灾减灾宣传活动形式多样，效果良好。冬春困难群众生活救助力度和覆盖面不断加大，确保困难群众温暖过冬、无忧过年。

【城乡低保五保管理】 持续开展城乡低保和五保整治工作，清退拆户保及死亡低保对象448户797人（其中城市低保对象101户149人，农村低保对象347户648人），清退不符合农村“五保”供养政策对象120人，及时遏制了城乡低保、五保工作中存在的违规施保现象，有力促进了社会公平正义。

【福利慈善】 对全县儿童福利系统实行动态管理，对在册的56名孤儿（其中：集中供养3人，分散供养53人）发放基本生活费，散养孤儿标准800元/月·人；集中供养孤儿标准1000元/月·人，全年累计发放孤儿生活费52万元。

【优抚安置】 积极落实安康市争创“全国双拥模范城”系列工作任务，5月下旬出台《紫阳县双拥创建工作实施方案》，将9个方面71项工作任务分解到相关创建成员单位，现已完成实施阶段工作任务（宣传教育、优抚政策、强军优属九件实事、军民共建示范点）。安置退伍军人18名到镇事业单位工作，过渡安置退伍军人75名到县公安、消防任协警。5月，组织10名优抚对象到省荣军康复医院进行15天疗养，免费培训退役士兵39人。

【社会事务管理】 1. 婚姻登记。2016年，办理结婚登记2319对，离婚登记625对，补发结婚登记948对，补发离婚登记4对，出具婚姻状况证明105个，婚姻登记合格率100%。2. 殡葬服务管理。城区殡仪馆接待集中办丧138起，进入神峰山公墓集中安葬102起，全年殡葬服务安全有序运行。3. 流浪乞讨人员救助管理。全年共救助594人次，其中：自主返乡447人，护送返乡144人，滞留本地2人，投入救助费用共计13万元。4. 社会组织管理。提请县政府印发《紫阳县行业协会商会与政府机构脱钩方案》，民办非企业、社会团体注册、认定、审批、年检等工作正在组织实施，县行业协会商会与政府机构脱钩工作全部完成。

【老龄工作】 全面落实高龄补贴政策，第二届“敬老文明号”创建圆满完成，涉老部门、为老服务组织、公共窗口行业踊跃参与，敬老氛围进一步浓厚。县人社局被省老龄办授予“省级敬老文明号”；县民政局、城关区域敬老院被授予“市级敬老文明号”；县老干局、县卫计局、县文广局被授予“县级敬老文明号”。2016年，调整充实村（居）老年协会班子197个，成立老年活动室65个。为65周岁以上老人办理“敬老优待证”562份。老年维权深入开展，办理法律援助案31件；免费代书12件；法律咨询105人次；减免收费80余万元。

【民族宗教】 投资80万元，硬化城关大力滩回民公墓道路1.8公里。县道协第二届换届完成，选举产生了新一届道协机构。投资100万元，完成擂鼓台道教场所停车场建设；投资30余万元，完成正殿的配套改建工程；投资100万元，架通到擂鼓台照明线路，一举结束了不通电的历史。投资20万元，对显月观的钟楼、护档、安装监控视频；筹资80万元，对黄金村安置点房屋置换1幢450平方米。悟真观云房建设完工，解决了教职人员的生活设施用房问题。洞河镇菜园村列入省民委“十三五”少数民族村镇发展规划。

【项目资金】 2016年度累计争取上级资金16105.46万元，其中项目资金1875.2万元，政策补助资金14230.26万元。

【重点工作】 民政重点项目建设。养老及殡葬服务设施项目整体推进。2016年，县委、县政府将养老及殡葬服务设施列入年度20项重点工作，县民政局作为牵头责任单位，落实了项目包抓责任领导、责任股室和项目代表，加大了项目实施力度。县养老公寓已完成用地批复、规划、地勘、工程设计、图审、造价等工作。县城殡仪馆迁建工程完成综合楼、吊唁大厅主体工程。在双安、东木、瓦庙、洞河、洄水、界岭、城关等7个集镇启动了集镇殡仪馆和公益性公墓建设项目，并完成建设选址、立项审批工作，其中：洞河镇、瓦庙镇已完成殡仪馆主体施工，界岭镇动工建设。儿童福利院前期工作有新推进。该项目总投资650万元（其中：中央投资520万元，地方投资130万元），完成选址、规划设计、地勘。

民政重点工作。1. 各项惠民资金安全发放。全年累计发放各类惠民资金11783.85万元，其中：发放农村低保5817户12688人2435.4万元；城市低保935户620.8万元；农村五保950户2856.4万元；医疗救助1146.3万元；临时救助380万元；冬春救助230万元；孤儿54人52.08万元；高龄补贴发放24547人1758.87万元；各类优抚对象2790人，发放优抚生活补助、一次性地方经济补助金、义务兵家庭优待金等各类优抚资金2304万元。2. 镇村综合改革全面完成。镇村撤并、镇村更名工作已于5月前全面结束，撤并后的17个镇197个村（居）按新的体制运行良好。3. “三留守”群体信息录入工作完成。按照安民发［2016］3号文件要求，积极开展“三留守”摸底排查工作。对全县留守儿童6777人、留守妇女3549人、留守老人8110人的“三留守”电子数据信息完成了电子录入。4. 第二次全国地名普查工作稳步推进。成立了地名普查领导小组，出台了《紫阳县第二次全国地名普查实施方案》，落实了工作人员。全县采取政府组织与购买服务相结合，普查技术服务综合外包和成果转化由市上统一招标。截至12月底，各镇全部完成信息上报工作。5. 敬老院星级创建及民政服务机构安全管理进一步加强。全县敬老院健全了各项规范管理制度，各镇按县民政局印发的模板，已完成牌匾制作上墙，12月6日，省民政厅对县星级敬老院创建进行了验收。6月、11月，在县安监、消防、食药监等部门的协助支持下，对敬老院、福利院、救助站、殡仪馆、社区日间照料中心、农村幸福院等民政服务机构安全管理情况进行了专项检查，对存在的问题及时进行了整改，同时对各民政服务机构进一步健全了各类管理制度、应急预案，完善了消防设施，使民政服务机构的安全网编织的更加牢固。6. 扶贫兜底保障有力。与县财政局、扶贫局联合下发了《关于提高低保生活保障标准，加强农村低保和扶贫开发政策衔接工作的通知》（紫民发〔2016〕253号），对年人均纯收入在3015元以下的贫困户按政策程序进行认定，低保线与扶贫线“两线合一”从10月1日正式实施，实现了救助标准提标，保障范围扩面。7. 社区服务工作全面提升。出台《紫阳县城镇社区建设提升年工作实施方案》，印发了《紫阳县城镇社区管理事务和服务项目清单》，在城关镇、蒿坪镇、高桥镇、向阳镇等13个镇社区服务用房在300户以上的17个城镇社区，设置了一站式便民服务大厅。为了加大社区网格化数据建设力度，完成了紫阳县社区网络信息平台建设。8. 残疾人“两项补贴”发放工作扎实开展。承接原残联工作职能，开展了残疾人“两项补贴”的摸底、审核、发放工作，进一步规范和调整了残疾人“两项补贴”的发放条件、标准，实现了工作有序衔接过渡，保障了残疾人的合法权益。

【精准扶贫】 2016年继续包联高滩镇龙湾村，派出1名副科级领导和1名年轻干部进驻高滩镇龙湾村按照贫困村出列、贫困户脱贫的“双六标准”，扎实开展了各项脱贫攻坚工作，并取得明显成效。12月10日，顺利通过安康市第三方评估验收，如期完成了整村脱贫出列任务，脱贫攻坚工作年度考核中被评为优秀等次，并获县委、县政府表彰。

（文 艺　唐友兵）

教育·体育

紫阳县教育体育局

党委书记、局长：朱　平

党委副书记、副局长：毕锦国

党委委员、副局长：刘登全

党委委员、学生资助中心主任：汪忠智

【机构设置】 紫阳县教育体育局内设科室有行政股、教育体育股、安全管理股、规划财务股、人事股、县政府教育督导室、学生资助中心、考试管理中心。直属事业单位有教师进修学校、教研室、电教中心、体育运动管理中心。

【基本情况】 2016年，全县公办学校104所，其中：高级中学1所，完全中学1所，中等职业教育学校1所，中等职业培训机构1所，初级中学9所，九年一贯制学校9所，小学61所（不包括教学点24个），幼儿园21所（不包括民办幼儿园21所）。全县公办学校教学班1182个，其中：高中80个班，中等职业教育学校14个班，初中185个班，小学651个班，学前教育266个班。在校学生47476人，其中：高中5303人，中等职业教育学校1212人，初中9764人，小学22409人，学前教育8788人（其中公办幼儿园4528人，民办幼儿园2694人，小学附设学前班1566人）。全县寄宿制学校55所，其中：小学34所，初级中学9所，九年一贯制学校9所，完全中学1所，高级中学1所，中等职业教育学校1所。寄宿生12509人，其中：小学3191人，初中5484人，高中3429人，中等职业教育学校405人。全县教职工2492人（不包含民办幼儿园教师194人），专任教师2464人（不包含民办幼儿园专任教师122人）。其中：

高中317人，专任教师279人；中等职业教育学校42人，专任教师42人；初中776人，专任教师757人；小学1193人，专任教师1133人；公办幼儿园157人（不包含民办幼儿园194），专任教师124人（不包含民办幼儿园122人）；教师进修学校7人，专任教师7人。全县校舍建筑面积415302.06平方米，其中：高级中学40995平方米，完全中学16471平方米，中等职业教育学校19579平方米，初级中学71005.43平方米，九年一贯制69166.7平方米，小学148543.45平方米，幼儿园49541.48平方米（包括民办幼儿园19041.8平方米）。全县公办学校固定资产37124.73万元。其中：高级中学4285万元，完全中学538.8万元，中等职业教育学校3759.79万元，初级中学及九年一贯制学校13761.31万元，小学14779.83万元。

【教育质量】 2016年，全县1965人参加高考，二本以上达线1183人，达线率60%，比去年增加135人，提高了5个百分点。紫阳中学二本以上达线1111人，首次突破千人大关，一本、二本达线率在全市县级高中位居第一；紫阳中学王瑞敏同学以优异的成绩被北京大学录取，实现了紫阳人民期盼多年的北大梦。中考成绩稳中有升，全县中考综合评定成绩位居全市前列，小学教学质量统一检测，成绩较上一年有了大幅攀升。

【教育投入】 加大争取上级资金力度，2016年，争取上级资金14258万元，其中：项目建设资金5986万元，政策性补助资金8272万元。加大学校项目建设力度，2016年完成投资6710万元，超额完成市下达的投资5511万元的任务数。其中：投资1500万元，续建县第三小学，2016年秋季开学已投入使用。投资3940万元，实施13所薄弱学校改造工程，年底全面完工。投资820万元，完成洄水、东木两所镇中心幼儿园建设，预计2017年秋季正式开园招生。投资450万元为镇中心小学以上学校配备电子白板，已全部安装到位。教育民生普及普惠。从2016年秋季起，紫阳中学、毛坝中学两所普通高中实施了免学费政策，紫阳县开始全面实施十三年免费教育。学前一年免费教育、“两免一补”、营养改善计划等系列教育惠民政策全面落实。全面落实乡村教师生活补助和乡镇干部工作补贴等政策。

【管理水平】 修订出台《紫阳县教师队伍管理办法》，推动教师队伍管理规范化、制度化；积极推进义务教育学校教师校长交流轮岗工作，圆满完成市政府下达的115人的目

9月9日，庆祝教师节暨表彰大会

标任务；加大选聘力度，为高中学校接收安置免费师范生8名、引进硕士研究生11名，为农村中小学幼儿园招聘特岗教师80名；积极开展骨干教师培养，推荐评选出省级学科带头人培养对象1人、省级教学能手1人、市级学科带头人培养对象2人、市级教学能手7人、县级教学能手54人，成立名师工作坊3个；通过“国培计划”、省级研修、校（园）长及名师大篷车培训、薄弱学科教师“浸入式”培训、暑期岗位培训、新任教师岗前培训等形式培训中小学幼儿园教师近1000余人次。完成第二轮校（园）长聘任。修订完善《紫阳县中小学校幼儿园校（园）长聘任办法》，坚持科学合理、公平公正原则，完成了紫阳小学等16所县直中小学、幼儿园和镇中心学校校（园）长公开选聘工作，教育系统呈现新气象。

【各类教育】 学前教育加快发展，全县公办幼儿园21所，民办幼儿园21所，公民办幼儿园占比达到50%。全县适龄儿童9442人，在园儿童8788人，学前三年毛入园率达93.07%，超额完成了市上下达的学前三年毛入园率93%的任务。义务教育均衡发展水平进一步提升，入学率保持在100%，小学阶段巩固率100%，初中阶段巩固率始终保持在98%以上，残疾儿童随班就读率常年保持在90%以上。高中教育规模不断扩大，普通高中、职业中学招生3022人，入学率达97.1%，超额完成了市上下达的97%的任务。坚持面向市场发展职业教育，优化专业设置，学生就业率持续增长。

【体育工作】 指导全县20余所学校举办综合性运动会，40余所学校举办单项体育活动；完成27个镇级农民体育健身工程；组织开展迎新春登山比赛、中老年健步走等全面健身活动；组队参加游泳、自行车、象棋等省市赛事活动和安康市第十六届龙舟赛并取得较好成绩；成立冬泳、自行车等四个单项体育协会。

【学生资助】 2016年落实各类教育资助共计2650.0415万元，惠及35705人次，办理大学生信用助学贷款1416万元，惠及2187人。对全县贫困家庭学生全面摸底核查，登记造册，建立精准扶贫学生档案，建立了国家助学政策从学前教育到高等教育的全覆盖，不让一个学生因家庭经济困难而失学。

【特色工作】 一是办学水平不断提高。紫阳中学正式通过省级示范高中的复查评估，成为全市三所示范高中学校之一；毛坝中学成功创建为省级标准化高中，全县高中办学层次迈上一个新的台阶。紫阳小学机器人代表队在2016年WRO世界青少年机器人奥林匹克竞赛中，代表陕西队参加在广西南宁举行的中国总决赛取得优异成绩。二是德育工作成效显著。焕古镇中心学校学生梁生霞作为全市唯一候选人被评为陕西省美德少年；紫阳中学学生贾睿涵、张仕清，毛坝中学学生周英娜分别被评为省级三好学生和优秀学生干部；县幼儿园被推荐评选省级德育工作先进集体、紫阳中学初中部陈德安老师被推荐评选省级德育工作先进教育工作者。三是安全创建成果丰硕。毛坝中学成功创建省级平安校园；焕古镇中心学校等4所学校创建为市级“平安校园”；紫阳中学等5所学校成功创建为“安全文化示范校”；蒿坪镇初级中学成功创建为“毒品预防教育示范校”；县教体局被市综治委、市公安局授予“市级平安单位”称号；全市防溺水暨接送学生车辆（船只）安全管理工作会议在紫阳县召开，紫阳县接送学生车辆“五落实”、接送学生船只“五定”等安全管理先进经验和亮点做法在全市推广。

（禹继佳）

文化·文物·旅游·广播·电视

紫阳县文化文物旅游广电局
局　　长：李振国
副 局 长：兰　琼　毛先进

县广播电视台
台　　长：毛先进
副 台 长：夏开松

县民歌汉剧研究中心
主　　任：唐文生

【机构设置】　紫阳县文化文物旅游广电局于2010年12月由原紫阳县文化旅游局和紫阳县广播电影电视局合并而成（2016年6月30日更名为紫阳县文广旅游局），编制67人，其中行政编制16人，事业编制55人。内设机构有：行政股、文化文物股、旅游股、广播电影电视股；下属事业单位：广播电视基层管理站、紫阳县文管所、紫阳县图书馆、紫阳县文化市场综合执法大队；直属事业单位：紫阳县广播电视台、紫阳县民歌汉剧文化研究中心、紫阳县文化馆。

【群众文化】　1. 组织开展“茶乡飞歌迎新年”、“茶山对歌”、“富硒之旅”、“爱我紫阳凝心聚力”合唱大赛、“舞动紫阳”广场舞大赛等文艺活动，惠及群众达10万余人次。2. 春节系列文体活动7类（民间社火、登文笔山健身活动、“茶乡飞歌”新春文艺晚会、群文社团新春文艺演出、电影放映、灯谜活动、基层文化活动）。3. 组织开展清明节“茶乡欢歌”富硒茶之旅、五一茶山会演系列活动。4.“爱我紫阳凝心聚力”系列文体活动（“唱响紫阳”民歌红歌合唱比赛、“爱我紫阳立足岗位比学赶超”演讲比赛、紫阳县第二届道德模范颁奖晚会暨迎国庆文艺演出、“爱我紫阳·民歌民舞乐活紫阳”舞蹈大赛、“爱我紫阳·‘乒’出自我”乒乓球比赛、“新丝路·紫阳茶”书画大赛）。5. 策划组织实施“两会”开幕暨纪念长征80周年文艺晚会。6. 开展2016西安·紫阳富硒茶及生态旅游推介会活动。7.“紫阳富硒茶　茶乡歌飞扬”全民饮茶日系列文艺活动（茶山对歌活动、茶艺表演、茶联书法）。8. 组织开展安康市“共护南水北调水源汉江，同建安康生态富硒茶乡”活动。9. 联合县工会举办“舞动紫阳”广场舞大赛。10.“我要上龙舟节”系列群众文化活动及专场演出（“安康节拍”广场舞、民歌大赛、群众歌舞综艺、地方戏曲、综艺类晚会“茶乡飞歌”专场演出、紫阳民歌剧《嫁嫂》专场演出）。

【文化建设】　修改完善《紫阳县文化繁荣发展实施意见》《紫阳县文艺作品创作奖励办法》《紫阳县群文社团奖励扶持办法》等文件；制定《紫阳县加快构建现代公共文化服务体系落实方案》；协助各镇启动49个基层文化综合服务中心建设；建设“安银民歌文化传承基地”；编辑出版《紫阳民歌歌谣集》；组织申报省、市级非物质文化遗产传承人共3个；举办民歌创作、演唱培训班五期，培训500余人次。

【文化惠民】　组织编排大型民歌剧《一孝千金》，剧本创作已完成；创作小戏小品《温馨》《儿子的礼物》《美丽的误会》3个，舞蹈《小探妹》《山歌情韵》2个，快板《夸夸我们新农村》《普法知识记心间》2个，新创作歌曲《亲情紫阳茶》《哥哥妹妹上茶山》《郎在对门唱山歌》《莫把乖姐晒黑了》4首；拍摄制作广场舞民歌光碟《舞动紫阳》（10首）；对传统二黄剧目《拾玉镯》进行了改编排练；创作生

2月3日，紫阳首家三星级3D数字影院投入运营

产书法、美术、摄影作品共100余件；组织开展以《茶山情》《王二嫁嫂》为代表的巡演及惠民下乡演出100场次。

【文物保护】 全面开展全国第一次可移动文物普查工作，共查可移动文物471件(套)；协助安康市住建局开展对紫阳詹氏花屋、庞家大院、武家花房子的普查登记，收录于《安康老院子》一书；北五省会馆彩绘修复和会馆群消防工程设计方案已通过国家文物局立项和专家评审，江西会馆布展方案完成；瓦房会馆小镇规划设计已通过评审，完成任河渚河口至瓦房沟河堤设计方案初稿。

【文化市场监管】 组织召开4次文化市场经营业主培训会议；与网吧和歌厅业主签订《文化娱乐场所经营管理责任书》35份，明确责任措施，加强网吧管理人防技防力度；持续开展网吧的转型升级工作，目前已成功转型升级6家，阳光网咖正在积极转型中；针对网络对青少年的影响、如何引导青少年对待网络等内容制作宣传展板，并在县城各个学校及乡镇进行了巡回展示宣传；开展文化执法260人次，联合公安、工商等部门开展专项整治5次，检查文化经营单位70余家，收缴非法出版物2500余册，盗版光碟400余张。

【图书】 开展“三秦书月、书香紫阳”全民阅读活动，在县图书馆、县新华书店、网吧、个体饭店设立4个“书香紫阳”阅读点，受益者1万余人；“全民阅读进机关”活动，在文广局范围内组织开展“五个一”读书学习活动，即：每天学习一小时，每月借阅品读一本经典，每季度撰写一篇读书心得，每年一万字的学习笔记，每名领导带头推荐一本好书。赴安康市参加以“三秦书月·书香紫阳”主题的地方特色文献联展征集活动；为深圳高新区中学“启爱之旅”公益团队进行了公益授课、组织相互交流、解答咨询服务；与“丽姐助学”公益组织联合举办“关爱留守儿童爱心赠书图书”活动，为留守儿童提供免费服务，并赠送书籍。组织开展“公益小天使”与“留守儿童”手牵手走进图书馆阅读活动。

【景区建设】 文笔山景区建设。2016年启动并完成南宗大道景观步道工程，提升文笔山景区内涵品质；建设修丹亭至烈士陵园景观步道；悟真观至郭家梁旅游公路拓宽改造完成并投入使用；悟真观停车场项目、文笔山环线路开工建设；真人宫生态景观码头已竣工；已与正源旅游管理有限责任公司签订瓦房店片区旅游综合开发项目开发协议，茶山酒店按计划装修；任河漂流二期工程启动，完善配套设施和游乐项目，开发淡季旅游项目，并与周边市县100余家旅行社进行深度合作；投资3.6亿元，启动紫阳县城环江旅游文化休闲长廊建设项目，2016年年底已完成拆迁工作并同步进行环江文化旅游长廊规划设计；全面开展焕古及瓦房店古镇建设，配合实施营梁村、焕古村、新田村、权河村、裴坝村、白马村、西河村扶贫旅游村建设。

【旅游服务体系建设】 汉安三星级酒店创建成功；新增公安局、一中、紫邑新城、农业局、滨江商业街、河堤路黄金商贸、任河国际惠民四期停车场7个，增加停车位1568个；无障碍旅游标识体系建设。在高速公路、景区景点等重要位置设置多块旅游标识牌，确保标识完整性，方便游客出行。

【特色培训】 开展民歌培训、讲解员培训、乡村旅游民宿管理培训、茶艺培训等一系列培训，累计培训旅游服务人才1500余人，显著提升旅游接待服务能力和质量。

【旅游规划】 围绕“一城两镇四村八景”重点，委托三家公司对全县旅游重点区域进行了旅游详规设计（其中：成都意道公司负责老县城、环江文化旅游长廊及新田村三个片区，北京大地公司负责营梁村及权河村两个片区，上海东联公司负责焕古硒茶小镇片区）。此次规划编制工作对于紫阳旅游产业布局，重点景区建设、旅游产业链完善具有重要的意义。

【旅游宣传推介】 1. 紫阳富硒茶进京，惊艳“中国茶叶第一街”。5月24日下午在首都北京西城区马连道茶城隆重举行的2016紫阳富硒茶北京推介会。省、市各级领导和中国茶叶股份有限公司等60余家京、陕两地茶叶企业代表，茶业界、文化界、商会负责人出席活动。新华社、《人民日报》、中央电视台等50余家中省市新闻媒体采访报道本次活动；2. 紫阳县人民政府、陕西省茶业协会联合举办的“汉江画廊　茶歌紫阳2016西安—紫阳富硒茶及生态旅游推介会”在陕西西安曲江南湖公园举行，近20家特色富硒食饮品企业现场展销；3. 在西安、安康投放大型旅游宣传广告；4. 在安康电视台开办《不老的紫阳民歌》专栏7期；5. 积极推进文旅结合、茶旅融合。在“五一”“十一”等法定假日积极开展民歌茶艺进景区大型文旅活动，在茶山开展了30场的“茶山对歌”和“茶乡飞歌　唱响紫阳”活动；6. 开展“全民饮茶日”活动，茶园婚纱秀、旗袍秀、少儿茶艺表演等特色文旅活动；7. 与多家媒体及旅行社合作开展春季富硒茶之旅自驾游活动40场次。

【旅游接待】 截至2016年12月底，累计接待游客260万人，同比增长16.33%，实现旅游综合收入13.78亿元，同比增长21.09%。

10月1日—7日，县内外游客在北五省会馆参观

【广播电视电影】 1. 对全县调频广播发射台、野外广播收扩点进行全面维护、检修，确保了全县广播长期通、优质通；2. 为贫困户免费安装“户户通”设备380套，维护“户户通”设备5000余套；3. 完成神峰山发射塔基础设施建设，新建机房66.89平方米，场地硬化591.87平方米，围墙150米、安全防护网150米，道路硬化395米、路基宽度4.5米、硬化1.5米，供水管道800米；4. 12支农村电影放映队全年累计放映电影2540场次。

【新闻宣传】 1. 内宣工作：在《紫阳新闻》中开辟了“狠抓落实　加快发展”“联系服务群众五个一”“聚焦重点工作冲刺全年目标”“平安紫阳”等多个主题报道活动；法制栏目《有理大家说》，全年播出节目12期；组织开办普法专题栏目《法之声》、旅游美食节目《玩转紫阳》，制作完成全县旅游宣传片，完成全县各类专题汇报片10余部。2. 外宣工作。全年在省台发稿60多篇，在市台发稿300多篇，广播电视外宣工作稳居全市前三名。3. 取消晚间电视剧集播放，《有话直说》《紫阳新闻》《记者再报告》《观点致胜》组成晚间新闻资讯大板块，使得作为主流权威媒体的紫阳广播电视台传递出更强大的“声音”和影响力。配合各类主题活动、重大节日、纪念日开展公益宣传活动，加大公益广告播出频次，提高公益广告制作质量，增强公益宣传影响。

【年度荣誉】 获全市法治宣传教育工作先进集体称号；荣获2016年度全省广播电视宣传工作先进集体。在第十六届“我要上龙舟节系列群众文化活动”中，紫阳县参赛的4个类别共10个节目取得了一等奖3个，二等奖3个，优秀奖4个。

（梅　力）

档案史志

紫阳县档案史志局

局　　长：焦家燕

副 局 长：唐小平　周　燕（女）

【档案工作】 2016年对4个撤并镇和涉及机构改革单位的业务档案和重点民生档案整理收缴全部完毕，完善移交清册。出台并下发了《紫阳县关于加强和改进新形势下档案工作的实施意见》。同安康学院资深专家周政签订合作协议，进行紫阳方言语音建档工作，出台紫阳县《方言语音建档实施方案》，遴选确定发音人，录音、录像、光盘刻录等工作结束。对2015年以前的214卷13078件陕南移民搬迁档案全部移交档案馆。会同业务主管部门，深入各镇现场对重要业务档案整理装订工作进行现场指导。开展以城关镇东城门社区为试点的社区建档工作。重点针对县住建、教育、水利等10余个部门集中开展了专项重点项目建档登记和验收工作。2016年累计完成文件级目录录入1.8万余条，全面完成国家重点档案目录的报送工作。

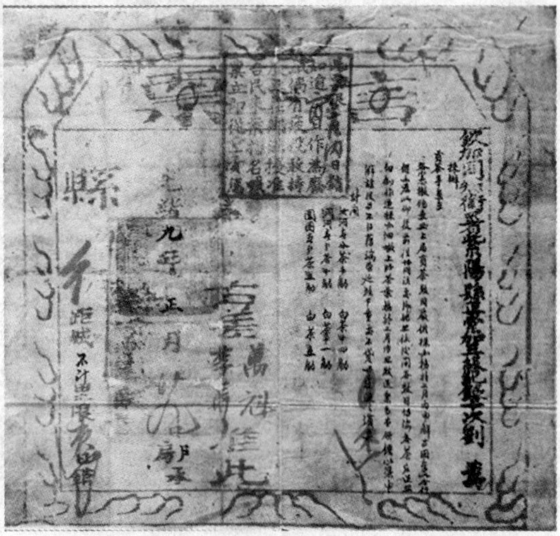

珍藏于陕西省档案馆的光绪九年茶叶信票

【党史编研】 成立党史正本编委会和编辑部，落实编写人员，拟订方案，《中共紫阳县历史（1921—1978）》（正本）编写形成初稿77个专题、约35余万字。编制《紫阳县党史研究5年规划（2016—2020）》，完成《2014年中共紫阳县委纪事》、《紫阳县1975—1987年党史大事记》等常规专题编写任务。完成省市下达的《紫阳县对个体手工业的社会主义改造》《紫阳县社会主义新农村》《紫阳的抗美援朝运动》等约5万字的专题编写任务。修订再版党史丛书《红色记忆》500册。在省级刊物发表党史专题文章5篇。

【地方志工作】 《紫阳县志（1986—2010年）》顺利通过复审，并于2016年11月报省终审。10月编纂完成58万字的《紫阳年鉴（2016卷）》，由方志出版社公开出版，成为全市县级综合年鉴公开出版的第一个县区。完成县政府领导交办的《安康年鉴（2016）》紫阳条目资料的编写和报送任务。紫阳地情网全年共计上传文章150篇，图片100余幅。审查通过同意出版《紫阳县政协志》。

【脱贫攻坚】 档案局包联东木镇三堂村，全年累计帮扶资金4.5余元。开展管护茶园190亩、新建丰产密制茶园60亩，新建移民安置点2个、特困户安置点1处、改造低压线路0.7公里。制定《三堂村产业扶持及奖励办法》，召开养殖培训会4场次，发展养猪大户1户、茶叶加工厂1处、完成15名修脚师培训任务，兑现奖励资金1万余元，2016年计划脱贫4户，均有稳定增收项目和安全住房，均达到验收标准。新建垃圾处理池1个、完善七元河大田坝便民公路桥1座，已投入使用。完善《村规民约》，开展以“孝老爱亲”、“勤劳致富”、“诚实守信”为主要内容的模范户评选活动。

【年度荣誉】 2016年12月，紫阳县档案史志局被陕西省地方志办公室评为陕西省二轮修志工作先进单位和年鉴工作先进单位。2016年1月，陈平军被陕西省地方志编纂委员会授予地方志工作先进个人称号，被陕西省地方志办公室授予第二届全省地方志系统业务技能大赛优秀选手称号。

（陈平军）

气　象

紫阳县气象局
局　　长：王从军
副 局 长：张　艳（女）　王立超

【机构设置】 下设综合办公室、防灾减灾科、气象台、技术保障中心。

【测报业务】 各类测报数据质量均按省定达标，月报表按照MDOS最新要求制作，合格率为100%，全年无责任性事故发生。对全县所有区域站进行现场核查，在毛坝镇新建六要素区域自动站一套，进一步优化全县区域站站网布局。严格按照台站标准化建设要求对观测场、值班室进行改造，完成了降水天气现象仪器的安装并投入使用。

【防灾减灾】 紫阳县气象局防灾减灾项目获得县委、县政府和各级气象部门的大力支持，项目进展顺利。截至年底项目建设防滑桩、护砍等隐蔽工程全部完工，新业务楼主体建设已竣工，旧楼改造基本完成。

【预报服务】 在政府网站开辟专栏每天两次向公众发布天气预报，通过网络、广播、电视、电话、传真、手机短信等多种方式发布预报服务产品。利用新媒体发布各类气象信息，获得了一定的关注度。通过多种形式为县委、县人大、县政府、县政协及相关单位提供预报服务。共发布《预警信号》42期、《重要天气消息》12期、《雨情通报》17期、《雨情快报》38期、《短期预报》149期、联合防滑办发布《地质灾害风险预警》4期，春节、清明、端午、五一、中秋、国庆等节假日专题53期，电话及传真预报400余次，发送手机短信58000余条。及时准确地做好“5·31”、“6·23”、“7·12”、“7·14”等4次强降水过程气象服务工作。

【人工增雨作业】 2016年8月初至9月全县出现连续高温少雨天气，8月降雨创同期历史最少纪录，全县范围出现了不同程度的旱情，部分乡镇因干旱对人饮造成了一定的影响，大部分地区晚玉米受干旱影响出现绝收的情况。针对旱情气象局联合县防汛抗旱指挥部，于8月25—26日，9月14日两次开展人工增雨作业，攻击发射火箭弹8枚，取得了良好的增雨效果，缓解了旱情。

【新媒体气象服务】 做好气象信息的传播、灾害防御、灾情调查、报告、气象防灾减灾知识宣传等工作，促进气象服务工作上水平，不断创新气象服务手段，丰富服务内容，利用新媒体开展气象服务工作，拓宽气象服务受众面。新媒体能随时发布最新气象信息，大众通过移动互联网能实时解最新天气信息，能够在第一时间掌握最新动态。同时由于微博、微信的及时互动，加强与信息受众之间沟通，为气象工作提供更好的宣传平台。

【为农服务】 完善现代化农业气象监测系统。全县新建农田土壤水分自动监测站2个，针对龙头企业、专合组织和产业大户，建立直通车式气象服务模式。完善现代农业气象预报预警系统。通过引进瑞万思乡镇天气预报辅助系统，在紫阳县电视台开播电视天气预报节目。与县农林科技局合作开展森林火险气象等级预报。

【和谐单位建设】 加强政务、财务、党务公开，通过陕西省气象局局（事）务信息公开平台、局务公开栏等多种形式公开事项30余项，真正做到局（事）务公开化和透明化。积极开展各类文体活动，展现单位和职工的风采。组织三八妇女节登山活动、七一趣味运动会，通过一系列活动增加单位凝聚力。关心关爱退休老职工和遗属，在传统节假日进行走访，帮助解决他们的困难和需求。不断改善职工工作和生活环境，先后改建精神文明活动室、党员活动室、阅览室、职工食堂，新建省、市、县高清视频会商系统，扩建职工宿舍，配置电视、空调、热水器、卫生间等设施，修建羽毛球场，购买乒乓球台。局大院整体规划建设科学合理，办公区、生活区环境优美整洁。

【党建与扶贫】 积极参加“党员进社区”各项志愿者活动，年内共开展“3·23”世界气象日、世界地球日、安全宣传月、科技之春、全县防汛防滑应急演练、“道德讲堂”等多种文明创建活动，顺利完成年度精神文明创建工作，省级文明单位最终得分86分，继续保留“省级文明单位”荣誉称号。大力开展党员“两学一做”主题活动。认真贯彻落实中央、省、市、县关于“两学一做”活动相关文件精神，紫阳县气象局党支部召开4次专题会议研究党建工作。要求每名党员以立足本职岗位，履行岗位职责，干好本职工作，组织党员开展学党规、抄党章活动。开展党员三包三联，为贫困户送温暖。进一步落实各级政府关于“精准扶贫”工作相关文件精神，夯实机关党员干部联系服务群众的工作责任，所有党员都亲自到包联农户家中走访，实地了解贫困户的生活情况，并送上亲切慰问。指派干部长期驻村开展扶贫工作，联合县工会下发帮扶奖励文件，对麦坪村贫困户进行产业帮扶。组织单位职工购买鸡苗免费发放至东木镇麦坪村贫困户手中，支持他们产业扶贫。

（张　艳）

创建卫生县城和园林县城

紫阳县双创办
主　任：张　安

【机构设置】　紫阳县于2008年6月启动创建市级卫生县城和中国优秀旅游目的地工作，同时成立双创工作指挥部。县委、县政府成立以书记、县长为总指挥，相关县级领导为副总指挥，相关部门负责人为成员的创建省（市）级卫生县城和中国优秀旅游目的地工作，指挥部全面负责全县各项创建工作任务的安排部署。双创指挥部下设办公室，从全县各部门抽调得力人员组建双创综合协调、宣传教育、督察评估考核、卫生综合、旅游综合及软件资料管理等五个工作组，具体负责各项创建工作协调实施。

【双创概况】　紫阳县市级卫生县城创建自2008年6月开始，2010年5月顺利通过市级验收并命名，随即于2010年6月启动省级卫生县城创建，2011年通过省级验收，11月省政府正式命名。同时，启动国家卫生县城创建，于2016年8月顺利通过省级代国家现场技术评估。在创建卫生县城的同时，自2011年10月同步启动创建省级园林县城，于2012年10月通过省级考核验收，2013年5月获得省政府命名，于2014年12月启动省级生态园林县城创建工作，现正在申请验收，组织申报相关工作。

【双创措施】　1. 围绕各个阶段创建任务与指标，于年初将创建任务分解到各个职能部门，分别实施。2. 实行县级领导包片包抓、部门包路段包落实的方法，进行统一协调，分头行动，各负其责，形成合力。3. 在创建工作过程中县双创办充分发挥组织、协调、督办、检查的职能作用，积极探索，研究工作方法，创新工作方法，实行“月初提醒、月中督办、月末检查通报”及红黄绿三色督查办法的机制推动双创工作。即县双创办根据年度任务安排，每月初对照年度任务安排，对各责任单位当月应完成的工作发出《双创工作任务通知单》予以提醒，督促抓好落实；月中对任务完成情况进行检查督办，确保任务按时完成；月末对重点工作完成情况进行检查通报，表扬先进，鞭策后进，激励创建工作热情。4. 将各单位的双创工作任务纳入年度考核，每一个阶段检查结果作为各责任单位双创工作年度考核的依据，为双创工作的有力推进加上制度保险。

【双创工作亮点】 1. 扎实有力推进县城环卫工作，加大投入，下大力气购置环卫设施，聘请环卫工人，提高环卫工待遇，逐步实现县城街道垃圾不落地，使城区居民生活环境大幅提升。2. 建立城管数字化平台，城市管理逐步走向精细化。依托县城数字化城市管理平台，对县城区重点地段、重点区域实行24小时监控管理，对占道经营、流动叫卖、乱扔乱倒等城市管理顽疾实行电子抓拍固定证据，利用现代化管理手段，整合管理力量，科学调配管理人员，通过现场处理、上门处理、上网锁定处理等手段进行严厉处罚，城市管理顽疾得到有效根治。3. 在大力整顿市容市貌的常规性工作的基础上，分类规划了修车洗车、建材、餐饮、易燃易爆、家电维修、水果早餐摊点、夜市排档等经营场所，实行划行归市管理。4. 创新机制大力推进物业服务进社区，从根本上解决了环境卫生从“面子”到“里子”管理难的问题。

紫阳县创建国家卫生县城现场评估结果反馈会

【双创效应】 1. 实现了汽车站外迁，将原位于紫府路的老汽车站迁至曹家坝缫丝厂附近，有效缓解了县城的交通拥挤的状况，原有汽车站位于县医院与紫阳中学之间，化解了病人看病，学生上学所带来的安全隐患。2. 为化解紫府路街道狭窄所带来的交通拥挤的现状，实现紫府路单循环，单向通行，化解了紫府路车辆十分拥挤的道路压力。3. 开通了四路公交车，解决了市民出行难的问题，达到国家规定的人均拥有公交车的标准。4. 对县城出租车进行规范管理，组建出租车公司对车辆实行统一管理，统一标识，统一定价，彻底扭转出租车管理混乱的问题。

【县城基础设施建设】 2007—2009年，每年坚持办好城市建设10件实事，三年来累计投资4亿多元，相继完成了紫阳广场、体育场升级改造、紫阳港及观江平台建设、紫府路、红广路、神峰路、火车站进站路改造、县城二期供水和净化工程、县城防洪工程、重点防汛设施维修工程、垃圾填埋场、县医院门诊楼、县福利救助站建设，新建农贸市场3个，改建公厕18所、改造背街小巷54条。

2010年，筹资3.47亿元，再办城镇建设10件实事：一是新建跨汉江公路桥，带动江南旅游休闲区开发；二是建设江南沿江长廊工程，打造江南旅游休闲区；三是实施西门河移山造地工程，造地320亩，开发建设一个现代新区，拉大县城骨架；四是对县城高速路下站口及县城周围棚户区改造，建设板石特色民居；五是新建任河嘴农贸市场、桥沟路水果专业市场，改造河堤路，进一步完善城市基础设施；六是实施农业局地段综合开发，新增地下停车位200个，基本解决县城街道停车问题；七是实施城区电网改造，提高供电质量；八是新建廉租房四期工程1万平方米，解决低收入居民住房困难；九是实施县城亮化工程；十是实施蒿坪集镇改造，打造县城副中心。

2011年，截止11月底完成了全县2011年度中央补助地方农村改厕项目2000座的建设任务，并通过省市县检查组验收。

2012年，先后投资4000万元新建文笔山公园和滨江景观长廊，投资6450万元建设县城污水处理厂，投资4850万元建设县城垃圾填埋场，投资320万元购置26辆公交车，开通3条公交线路，新建县城高客站，搬迁县汽车站；投资600万元实施东三叉路口滑坡治理工程；投资179万元，改建、新建公共厕所20座；启动汽车修配市场、建材批发市场、工业品批发市场、物流中心等项目建设，投资3000余万元实施蚂蝗梁、中心城区、汉江水景、高速路沿线亮化工程建设。

2013年，完成县城总规修编、各片区详规和20个集镇的规划编制工作，实现规划全覆盖。围绕“一江两岸、一城四区”的城市总体布局，加大基础设施配套建设，文笔山紫阳阁、尚都滨江商业街均已主体竣工，西门河新区、任河咀新区开发速度加快，河堤路东段改造工程、惠民四期保障性住房等项目强势启动，紫阳港跨汉江大桥、西门河跨汉江大桥正在加紧施工，县城垃圾处理场、污水处理厂规范达标运营。县城区新建公厕4座，改造提升公厕3座，新建二小停车场，新增停车位110个，正在实施紫阳中学体育场综合改造，可增加停车位280个。新西关农贸市场建成投入使用，市场面积扩大，功能更加完善。县城后备水源、气化工程、建材批发市场等重点项目正在抢抓进度、快速推进。

2014年，围绕“一江两岸、一城四区”的城市总体布局，加大基础设施配套建设，紫阳港跨汉江大桥、西门河跨汉江大桥建成通车，江南保障房新区、惠民一、二、三、四期保障房建设、仁和国际社区、西门河新区、物流中心、观光河堤、河堤路综合改造、县城后备水源、汽化工程等重点项目正在抢抓进度、快速推进。结合紫阳中学文体中心建设新建停车位280个，结合河堤路东段改造新建停车位100个，选址规划新建公厕9座。

2015年，新安装太阳能路灯43盏，新增果皮箱45个，城区硬化路面700米、维修1000米，维修清理排水沟2000米；在惠民2期和4期之间新建6米宽城市道路600米，连通紫府路和桥沟路，完善城市路网。

2016年，一是投资1000万的建筑垃圾填埋场已完成主体工程；二是河堤路东段防洪工程河堤填筑施工至329.00高程，完成紫阳港大桥西侧停车场和建材厂停车场车库主体与室内粉刷，车库顶部广场交付使用；三是新建公厕2座，改造提升5个；四是文体中心停车场（280个停车位）、西关停场（720停车位）建成投入使用，新增1000个停车位，在紫府路合理设置临时停车位82个，有效缓解县城停车难问题；五是全面加强市政公共设施更换维修力度，确保正常使用。

【绿化、美化、亮化工程】 2009—2010年，紫府路栽植香樟树、广场栽植桂花树，投资209万元，在县城对面蚂蝗梁和任河咀山体安装太阳能星星灯3073盏；投资23.6万元，在广场国税局家属楼和县政府大楼安装空中变色旋转激光射灯2个；更换城区道路所有路灯，对主街道临街建筑、汉江大桥、广场和体育场实施了亮化工程，实现了城区道路亮、桥梁亮、牌匾亮、橱窗亮、广告亮、山体亮，营造了优美的城市夜晚景观。围绕美化市容市貌工程，积极开展市容街景整治、临街店面整治、户外广告牌匾整治、临街建筑立面墙改造和乱贴、乱画行为专项整治，启动棚户区改造180户，粉刷楼体250栋、新建围墙3.75万平方米、清理破损陈旧广告牌360余处、规范户外广告520处、清除乱贴乱画和“牛皮癣”2万多处，城市容貌全面改观。

2011年，县城建成区绿化覆盖率40%，绿地率32%，人均公共绿地面积8平方米。

2012年，聘请陕西省规划设计院编制完成紫阳县城绿地系统规划，县城规划区内累计投资3500万元，对城区空地进行了全面绿化，新增加绿化面积4.5万平方米。在广场栽植桂花树50棵，摆放盆景30盆，在紫府路、河堤路、环城路、桥沟路栽植香樟树1008株，摆放盆景200盆；对县城出入口、火车站、汉江桥头等空地进行高标准绿化；利用春秋季植树黄金季节，组织机关干部职工在县城周边义务植树造林300亩；各部门、各单位对所包责任路段绿化区域内的缺株断行现象全部进行补植；

2013年，成立市政园林管理所，对县城区绿地、绿化景观、桶装树、行道树进行了市场化管理，由县财政每年拿出近60万元绿化管理专项费用，通过公开招标的形式，聘请专业绿化管护公司，负责县城绿化的日常养护管理。加大拆墙透绿、绿化景点建设力度，打造绿化精品景观。对全县的古树名木实行挂牌管理。

2014年，组织实施县城垃圾场、县城污水处理厂、五省会馆、紫阳阁、悟真观、文笔山公园、引线路、岚紫路、蒿坪双星小区、向阳魔芋堡、双桥兰家坪小区、焕古大连小区等14个重点地段绿化工程。

2015年，依托天保工程、退耕还林、汉江绿化等国家林业重点工程机遇，着力抓好地方重点区域绿化工程、建设好特色产业经济林等，推进城乡一体化造林绿化，全县森林面积逐渐增加，质量不断提高。全县森林覆盖率达60.6%，县城建成区绿化覆盖率达42.47%，绿地率达36.39%，县城主干道绿地率达25%，次干道绿地率达20%，机关、学校、医院等单位绿地率达到35%，工矿企业、交通枢纽及仓储场所等绿地率占20%，新建小区绿地率占30%，改造的旧居住小区绿地率占25%。由财政投资，在县城规划区内建成占地面积86.72公顷的文笔山森林公园，由政府部门统一管理，免费对公众开放，人均公园绿地面积9.63平方米。

2016年，利用春季植树造林黄金时期植树12500亩，完成义务植树60万株，累计完成城市森林85公顷、城周屏障900公顷、乡镇森林330公顷、村庄森林424公顷、森林廊道1949公顷的建设任务；培育擂鼓台、文笔山2个森林公园，向阳渚河、城焕汉江山地2个（共20300亩）茶叶观光示范带和权河、焕古、营梁、新田村等特色旅游示范村，打造西门河、悟真观和北五省会馆3个义务植树基地。

【环卫管理】 2009年，投资95万元新购4辆垃圾清运车。县城共有洒水车1辆、环卫车7辆、保洁车27辆，环卫保洁人员184人。投资1500万元，完善县城垃圾堆放场，设置垃圾定点收集点33个，在主街道及公共场所设置果皮箱150个。对城区垃圾实行定点收集、日产日清，对县城主街道、公共场所、背街小巷、楼院实行划片管理，责任到人，一日两清扫、全天候保洁，对县城区公厕落实专人管理，县城环卫保洁率、垃圾清运率、公厕保洁率均达到100%。群众对县城环境卫生状况满意率达98%。

2010年，进一步完善环卫保洁制度，增添环卫保洁设施，环卫监察中队在管理人员有限的情况下，合理安排，科学调度，通过对保洁员考勤考核制度和奖罚结合的激励措施的实行，对一般地段、场所实行10小时环卫保洁制度，对主要干道、宾馆、商场和交通路口等重点地段、场所实行18小时保洁制度，同时，聘请了13名协管员，与环卫保洁队伍高效整合，基本实现了城区主街道环卫保洁无缝隙管理。对背街小巷、无主户地段环境卫生抓住创建省级卫生县城这一契机，落实整治经费，加大整治力度，对辖区内卫生死角每月开展一次集中整治，县城区主街道达到了一天两清扫，垃圾日产日清，取缔了垃圾中转站和垃圾收集池，全部实行垃圾袋装化收集清运管理，避免了垃圾倒运的二次污染，县城区环境环卫保洁质量大幅提升。

2011年，县城区主街道实行“一日两清扫、全天候保洁”，清扫保洁率达到100%，县城路灯亮化率达100%。垃圾实行密闭化管理，集装集运，日产日清，清运率达100%。县城街道建有水冲式公厕18座，均有专人管理，保洁率100%。建成区现有垃圾填埋处理场1座，果皮箱150个，环卫车辆6辆，保洁车27辆，环卫设施设备完好率在98%以上。市容市貌整洁，集贸市场管理规范，对马路市场全部进行了清理、规范和分流；所有建筑工地设置了高度不低于1.8米的隔离护栏，管理符合规定要求；县城内河道水面清洁，岸坡整洁，无垃圾杂物。

2012年，对县城主街道、公共场所、背街小巷实行划片管理，责任到人，定时洒水、一日三清扫、全天候保洁；对垃圾实行定时、定点密闭收集清运、填埋处理，做到日产日清；县城环卫保洁率、垃圾清运率、公厕保洁率均达到100%。坚持每季度组织全体干部职工、广大市民开展一次卫生大清扫活动，提高市民卫生意识，促进城市环境面貌进一步改善。

2013年，对县城主街道、公共场所、背街小巷实行划片管理，责任到人，定时洒水、一日三清扫、全天候保洁；对垃圾实行定点密闭收集清运、填埋处理，做到日产日清；对县城公厕落实专人管理，一日两清扫，县城环卫保洁率、垃圾清运率、公厕保洁率均达到100%。开展市容街景、临街店面、户外广告牌匾等专项整治，新建围墙960平方米，清除乱贴乱画和“牛皮癣”野广告9000多处。全面落实城区各单位、部门、个体经营户的“门前四包”责任，新签订责任书337份，实行定期检查，公开曝光，实现城区环境卫生由单一管理向综合管理转变。

2014年，坚持常态管理与突击整治相结合，对保洁员实行考勤考核和奖罚结合的激励措施，对一般地段、场所实行10小时保洁，对主要干道、宾馆、商场和交通路口等重点地段、场所实行18小时保洁，实行错时、错峰上班，实现了城区主街道环卫保洁无缝隙管理。

2015年，建立健全县、镇、村三级护水体系，各镇都组建保洁队，落实650人的保洁队伍负责江河沿岸垃圾的收集、清运和处置和376名“河长”分段防污治污，实行台账式管理。沿江安装46个监控摄像头，建成汉江大水面视频监控系统，实行境内汉江全线24小时监控全覆盖。督促73艘客运船舶和货运船舶配备了垃圾桶、安装油污处理器。制定《瀛湖库区漂浮物打捞监督管理暂行办法》，确保漂浮物及时打捞。实施农村改厕及移民搬迁安置点、水源地、重点移民户改厕27895户，教育系统、卫生系统、户外公共场所改厕463座，集镇及沿江住户基本达到卫生厕所全覆盖。县镇两级医疗机构配备医源性污水处理设施30台，改造医源性污水收集池39个。2015年共投资140.2万元，新建垃圾池（房）493个，购置垃圾桶987个，全部建成投入使用，基本实现农村交通道路沿线垃圾池（房）全覆盖。

2016年，县城区主街道、公共场所、背街小巷实行划片管理，责任到人，定时洒水，一日两清扫，全天候保洁；定期开展环境卫生综合整治，消除卫生管理死角；对主街道、商场、超市、公共场所等重要路段实行18小时保洁，对一般路段实行12小时保洁，采取管理员与保洁员高效整合，实行错时、错峰上下班，实现环卫保洁无缝隙管理，继续推行垃圾定时定点收集清运，实现“垃圾不落地”，最大限度的避免二次污染。

【市容综合管理】 2009年至2011年，一是由县执法大队牵头，定期组织有关部门开展专项整治和综合整治活动，重点整治占道经营、乱设摊点、交通秩序、户外广告、农贸市场、建筑工地等，自2009年以来，共开展综合整治19次，专项整治27次。二是对城区所有临街门户全部落实了“门前四包”责任制，并实行挂牌管理，单位包户，定期检查，按月通报，对不履行“门前四包”责任的门店在县有线电视台公开曝光。三是制定《紫阳县城区户外广告管理办法》，规范户外广告审批权限和程序，对城区户外广告实行统一规格、统一审批、统一管理。四是加强建筑市场和建筑工地管理。定期组织开展建筑市场和建筑工地专项整治，巡回各建筑工地实行跟踪监察，城区所有建筑工地都按规定设置隔离栏，建筑材料堆放整齐，建筑垃圾及时清运。对违章建筑实行强制拆除，共纠正各类违章建设行为173次，拆除违章建筑81处。五是对城区道路划定交通标示线，设定停车车位，紫府路实行车辆单向行驶；坚持每月开展一次交通综合整治，严厉打击各种交通违章行为；针对河堤路车辆维修门店挤占公路的现象，组织联合工作组进行了专项整治，对不符合修车条件的予以关闭，河堤路经常堵车现象得到解决。六是制定《县城划行规市实施方案》。七是各乡镇每月开展一次综合整治，双创办每月进行一次巡回检查，集镇市容市貌和环境卫生大大改善。

2012年至2016年，对县城主街道、公共场所、背街小巷实行划片管理，责任到人，定时洒水、一日三清扫、全天候保洁；对垃圾实行定时、定点密闭收集清运、填埋处理，做到日产日清；县城环卫保洁率、垃圾清运率、公厕保洁率均达到100%。坚持每季度组织全体干部职工、广大市民开展一次卫生大清扫活动。组织开展市容环境卫生专项整治和综合整治，重点整治占道经营、乱设摊点、交通秩序、户外广告、建筑工地等；积极开展市容街景整治、临街店面整治、户外广告牌匾整治、临街建筑立面墙改造和乱贴乱画专项整治，全面落实“门前四包”责任，明确了城区各单位和个体经营户市容卫生管理范围、主要职责及日常管理人员，签订责任书，实行定期检查，公开曝光，实现了城区环境卫生由单一管理向综合管理转变。

2012年粉刷楼体250栋、新建围墙3.75万平方米、清除乱贴乱画和“牛皮癣”2万多处，市容市貌显著改观。

2014年，新建县城数字化城市管理平台，对县城区重点地段、重点区域实行24小时监控管理，对城市管理顽疾实行电子抓拍固定证据，利用现代化管理手段，整合管理力量，科学调配管理人员，通过现场处理、上门处理、上网锁定处理等手段进行严厉处罚，今年以来，通过视频监控系统，发现城市管理违法违章案件98起，查处98起，有力地震慑了违反城市管理的各种行为。组织开展市容街景、临街店面、广告牌匾、建筑工地等专项整治。落实“门前四包”责任，实行定期检查，公开曝光。

2015年至2016年，对主街道、商场、超市、公共场所等重要路段实行18小时保洁，对一般路段实行12小时保洁，采取管理员与保洁员高效整合，实行错时、错峰上下班，实现环卫保洁无缝隙管理，继续推行垃圾定时定点收集清运，实现了“垃圾不落地”。开展创建紫府路城管示范一条街活动，对沿街商户、门店逐一签订门前四包责任书，并严格落实门前四包责任，对不按要求落实门前四包责任的严格按照《陕西省城市市容环境卫生条例》从严从重进行处罚；加大日常巡查力度，采取执法车辆与执法人员步行巡查相结合，实行错时上下班，双休日、节假日轮流值班制度，对县城区主街道流动商贩密集的路段实行不间断巡查，消除了管理盲区。2015年，通过视频监控系统查处向汉江直排污水、乱倒垃圾等违法违规行为66人次，处罚66人次。每月定期开展车辆乱停乱放综合整治，对县城区违规停放的车辆，一律强制拖离现场，全年共拖移机动车37辆，摩托车220余辆，确保县城区道路交通通畅。

【城区环境保护】 2009年，严格执行建设项目环境影响评价制度和“三同时”制度，加大环保执法力度，加强各类污染治理，按时对各项环评指标进行检测，随时掌握环境质量动态。对歌厅等可以产生噪声污染的行业实行定点监测，有效降低噪音污染。对城区所有医疗单位的医疗垃圾实行专用车辆统一清运、焚烧、填埋等无害化处理。划定了县城和乡镇集镇饮用水源地保护区，落实了保护措施；投资15万元建设了农村饮水安全水质监测中心，对县城及城乡供水进行全过程检测化验，确保全县人民群众喝上安全放心的水。县城污水处理场建设项目已向省市申报，现正在积极衔接争取。

2010年，严格执行建设项目环境影响评价制度和“三同时”制度，加大环保执法力度，加强各类污染治理，按时对各项环评指标进行检测，随时掌握环境质量动态，城区环境质量不断改善。对建筑工地限定施工时间，夜间施工不得超过十点；对机动车辆城区鸣笛音量和次数进行了控制，对歌厅等可以产生噪声污染的行业实行定点监测，有效降低了城区噪音污染，区域环境噪声平均值为51.7分贝。对城区所有医疗单位和个体医疗诊所的医疗垃圾实行专用清运车辆统一清运、统一焚烧、填埋等无害化处理，杜绝医疗垃圾污染；畅通环保投诉电话，加强烟尘污染治理力度。城区一期、二期饮水工程建成投入使用，投资15万元建设了农村饮水安全水质监测中心，对县城及城乡供水进行全过程检测化验，确保全县人民群众喝上安全放心的水，县城污水处理场已完成申报规划立项工作，将结合“丹治工程”项目，确保于明年11月份建成投入使用。

2011年，县城烟尘控制区覆盖率为100%；集中式饮用水水质达标率为100%；区域环境噪声平均值为51.7分贝，未发生重大环境污染事故。

2012年，组织开展市容环境卫生专项整治和综合整治，重点整治占道经营、乱设摊点、交通秩序、户外广告、建筑工地等；积极开展市容街景整治、临街店面整治、户外广告牌匾整治、临街建筑立面墙改造和乱贴乱画专项整治，粉刷楼体250栋、新建围墙3.75万平方米、清除乱贴乱画和“牛皮癣”2万多处，市容市貌显著改观。全面落实“门前四包”责任，明确了城区各单位和个体经营户市容卫生管理范围、主要职责及日常管理人员，签订责任书1515份，实行定期检查，公开曝光，实现了城区环境卫生由单一管理向综合管理转变。分类规划了修车洗车、建材、餐饮、易燃易爆、家电维修、水果早餐摊点、夜市排档等经营场所，实行划行归市管理。

2013年，加大环境保护执法力度，强化日常监管，严格落实节能减排措施，确保企业污染物稳定达标排放。定期开展水、气、渣、噪声污染治理，对建筑工地限定夜间施工时间，对歌厅等产生噪声污染的行业实行定点监测，城区环境噪声平均值为51.7分贝。加强水源地保护，建设了饮水安全水质监测中心，对县城及城乡供水进行全过程监测化验，城镇集中式饮用水源地水质合格率达100%，汉江出紫断面水质保持在国家地表水环境质量二类标准。特别是央视《焦点访谈》栏目曝光了紫阳县汉江污染相关问题后，县委、县政府高度重视，立即对防治汉江污染相关问题进行了全面安排部署，迅速完善了县城垃圾处理场、污水处理厂后续工程；对县城污水直排口进行了工程处理，确保生活污水全部收集入网处理；全面加强了沿江沿河三产整治工作，沿江集镇组建了河岸垃圾和水面漂浮物打捞队伍，实行常态化打捞；投资70万元，安装了汉江污染防治视频监控系统和数字化城市管理系统，对汉江污染防治进行全天候监控抓拍取证，进一步强化汉江污染防治技防措施；采取制作宣传牌、发放宣传单、电视、广播等宣传形式，大力宣传《中华人民共和国环境保护法》、《中华人民共和国水污染防治法》等法律法规。

2014年，督促指导各镇按照通过自我管理、适当收费、村民自治等途径，按照“一镇一策”或“一村一策”的方式，建立健全垃圾收集处理长效机制，完善征收垃圾处理费工作程序，启动征收垃圾处理费工作。推行沿江沿河河长负责制、沿江沿河住户门前四包责任制和干部分片包段管理责任制，落实垃圾收集处理主体责任。落实208个公益性岗位用于农村环境卫生管理。组织开展以“治五乱”、“管三口”、“抓三改”、“促三进”为主要内容的农村环境卫生整治，有效促进农村环境条件改善。

2015年，建立健全了县、镇、村三级护水体系，各镇都组建了保洁队，落实了650人的保洁队伍负责江河沿岸垃圾的收集、清运和处置和376名“河长”分段防污治污，实行台账式管理。沿江安装了46个监控摄像头，实行境内汉江全线24小时监控全覆盖。督促73艘客运船舶和货运船舶配备了垃圾桶、安装油污处理器。制定《瀛湖库区漂浮物打捞监督管理暂行办法》，确保了漂浮物及时打捞。实施农村改厕及移民搬迁安置点、水源地、重点移民户改厕27895户，教育系统、卫生系统、户外公共场所改厕463座，集镇及沿江住户基本达到卫生厕所全覆盖。县镇两级医疗机构配备医源性污水处理设施30台，改造医源性污水收集池39个。投资140.2万元，新建垃圾池（房）493个，购置垃圾桶987个，全部建成投入使用。

2016年，全面开展西门河水源地综合治理，新建了县城饮用水水质监测中心，认真贯彻落实《生活饮用水卫生监督管理办法》、《传染病防治法》、《公共场所卫生管理条例》和《中华人民共和国职业病防治法》，实行监管、监督与监测并重的管理机制，制定了《紫阳县水污染突发事件应急处理预案》，组织对县城饮用水源地进行全面治理；开展以“治污降霾保护蓝天”为主题的环境专项治理行动，规范医疗机构医废处置，杜绝发生二次污染，加强水、烟尘、大气和噪声污染监测治理力度，相关指标符合国家卫生县城标准。

【传染病防治及病媒防治】 2009年认真贯彻《传染病防治法》和《突发性公共卫生事

件应急预案》，大力宣传传染病防治知识，努力提高工作人员业务水平。实现了全县传染病网络直报，通过网络平台定期对全县传染病进行分析评价。高度重视甲型H1N1流感防控工作，严格按照有关要求，制定完善防控预案，落实防控措施，强化防控知识宣传，积极做好疫苗接种，严防疫情传播扩散。在全县各医疗单位开展了麻疹、流脑、乙脑、乙肝等传染病的检测，设立了肠道专科、发热门诊，认真做好不明原因肺炎、人禽流感等呼吸道疾病的监测和防治，加强甲肝、乙脑、流感等疫苗的接种，有效控制了传染病的发生流行。制订《紫阳县除四害管理办法》《紫阳县鼠、蚊、蝇、蟑螂密度监测方案》，明确了各乡镇、各部门除“四害”工作任务，确定了具体责任人。县爱卫办就除四害知识进行了专题培训，统一调购了除“四害”药物，组织对城区进行了两次集中投放和消杀。各单位、各乡镇根据实际，定期组织进行消杀，铲除四害滋生地，促使城区四害密度达到国家标准要求。

2010年，贯彻《中华人民共和国传染病防治法》和《突发性公共卫生事件应急预案》，大力宣传传染病防治知识，在全县各医疗单位开展麻疹、流脑、乙脑、乙肝等传染病的检测，设立肠道专科、发热门诊，认真做好不明原因肺炎、禽流感等呼吸道疾病的监测和防治，加强甲肝、乙脑、流感等疫苗的接种。本年，县爱卫办就除四害知识进行了多次专题培训，统一调购了专用鼠药和高效低毒杀灭蚊蝇专用药物，成立专门队伍，对城区及单位进行集中投放和消杀，做到全面覆盖，不留空白。同时各单位、各乡镇定期组织进行消杀，铲除四害滋生地，保证了灭鼠效果，控制了蚊蝇传播疾病的发生。同时积极开展病媒生物监测和防治工作，病媒生物得到有效防制。

2011年，积极开展病媒生物消杀活动，降低了四害密度。据统计，在活动月间，共出动1.2万人次，出动车辆200余台次，消除垃圾1300余吨，消灭卫生死角115余处，疏通下水道5600多延长米，印发卫生宣传资料2500多份。

2012年，制定下发《2012年病媒生物防制工作计划》《病媒生物防治实施方案》《除“四害”工作有关的设施及防制要求》和《病媒生物防治标准》等一系列文件。与西安康驰消杀公司协作，按照“谁主管谁负责，谁受益谁投资”的原则，由单位自行出资，在全县范围内开展了春、秋季病媒生物消杀工作，有效控制了“四害”密度。

2013年，病媒生物防制工作有序推进，召开了病媒生物防制工作培训会，与专业消杀公司协作，对县城区、城乡结合部进行了病媒生物消杀。

2014年，双创办对病媒生物防制工作高度重视，细化任务，夯实责任，强化检查，做好消杀和三防设施建设，经省爱卫专家组现场检查，紫阳县通过考核鉴定，考核结果为好的县(第一梯队)。

2015年，组织开展专题培训，采取专业消杀和群众消杀相结合，药品消杀和器械消杀相结合的办法，聘请专业消杀公司对县城公共区域进行了两次统一集中消杀，确保“四害”密度降低。

2016年，县政府投入专项资金，采取专业消杀和群众消杀相结合，药品消杀和器械消杀相结合，对县城公共区域全面进行了病媒生物集中消杀，组织开展了病媒孳生地治理，“四害”密度控制在国卫标准范围内。

【食品卫生监督】 2009年，抽调县卫生、工商、文化旅游、公安、质监等部门人员组成专门工作队伍，对“六小”行业进行了专项整治，取缔无证和不达标的小餐馆及其他小门店11家。开展了集贸市场专项整治和检查，严厉打击违法经营和制售假冒伪劣行为，共查处假冒伪商品21起。切实加强卫生监督、监测和技术指导，强化行业卫生管理，加强公共场所、饮用水卫生监督管理，全县食品、公共场所、饮用水生产经营单位全部办理了《卫生许可证》，从业人员均进行了卫生知识培训并取得了健康证，共组织从业人员体检1789人次、集中培训1789人次，审发卫生许可证923个，监督覆盖率、从业人员体检率、培训率、“五病”调离率均达到100%，全县无重大食品中毒事件发生。

2010年，抽调县卫生、工商、质监等部门人员组成专门工作队伍，对小餐馆、小网吧、小美容美发店、小歌厅、小浴室、小旅馆等“六小”行业进行了专项整治，取缔了无证和不达标的小餐馆、小门店。开展了集贸市场专项整治和检查，严厉打击违法经营和制售假冒伪劣行为，切实加强卫生监督、监测和技术指导，强化行业卫生管理，加强公共场所、饮用水卫生监督管理，全县食品、公共场所、饮用水生产经营单位全部办理了《卫生许可证》，从业人员均取得健康证并进行了卫生知识培训，共组织从业人员体检2789人次、集中培训2789人次，审发卫生许可证1423个，监督覆盖率、从业人员体检率、培训率、“五病”调离率均达到100%，全县无重大食品中毒事件发生。

2011年，认真贯彻落实《食品安全法》，制定了《紫阳县重大食物中毒事故和食品安全应急预案》；全县无农药、兽药及畜产品、水产品违禁药物滥用，药物残留超标得到有效控制；食品生产经营单位各项卫生制度健全，从业人员持有效健康证和卫生知识培训合格证上岗操作；小饮食店卫生符合要求；餐饮业和学校食堂食品卫生量化分级管理率达100%；“两证”持证率、“五病”调离率均达100%，生猪实行定点屠宰，无注水肉和病畜肉上市。连续3年无重大食物中毒事件发生。

2013年，强化了食品药品安全监督管理机制，集中开展食药品安全专项整治15次，下达整改通知书23份，取缔不合格经营店6家。

2015年，坚持把集中整治与日常监管结合起来，以餐饮行业示范街、示范店创建评选活动为载体，创建餐饮示范点100家，全面加强餐饮行业管理，实行餐饮业量化分级管理，严格执行食品原料查验购进索证索票台账制度、食品留样制度等，通过强化监督、督促整改，餐饮服务单位的管理水平、依法诚信经营意识逐步提高。

2016年，以餐饮行业示范街、示范店创建评选活动为载体，积极创建省级食品安全示范县，提高餐饮服务单位的管理水平、依法诚信经营意识。

【爱国卫生运动】 2009年制定《紫阳县爱国卫生管理暂行办法》，调整充实县爱卫会成员，由县政府常务副县长任主任，相关部门（单位）主要负责人为成员，县爱卫办设置为正科级单位，核定编制5人，配备专职领导，预算专项爱卫工作经费，做到财务专列、经费专用。制定爱国卫生长远规划和年度计划，将爱国卫生工作纳入目标管理，整个工作开展有计划、有安排、有检查、有总结。

2010年，各单位、各乡镇、各村（居）委会均成立爱国卫生机构，配备兼职爱国卫生工作人员。大力开展爱国卫生月活动，通过形式多样的宣传活动，积极倡导健康生活，提升市民文明素质。广泛发动群众，大力开展环境卫生集中整治，对农贸市场、背街小巷、房前屋后、庭院卫生、厨房厕所等进行综合整治，进一步营造了清洁卫生的环境。

2011年4月是第二十三个爱国卫生月活动，结合创卫工作，按照“属地管理，单位负责”的原则，充分发挥镇、村、组的作用，在全县掀起以“讲文明、讲卫生、讲科学、树新风”为主的爱国卫生月集中整治活动。农村重点治理垃圾乱倒、粪土乱堆、污水乱泼、柴草乱垛、杂物乱摆的“五乱”现象；城区以环境卫生综合治理为重点，减少和切断疾病的传播途径。

2012年，结合第二十四个爱国卫生活动月，配合做好中国紫阳第八届富硒茶文化节和置县五百年庆典活动的开展，组织开展了“推进城乡联创，保障全民健康”为主题的爱国卫生月活动。制定下发了《紫阳县2012年爱国卫生活动月实施方案》，号召城乡居民开展以卫生清扫为主的义务劳动，清扫双创卫生责任区、机关单位、村庄院落、居民住户的环境卫生，定期组织进行自查评比，活动月期间共发出各类创卫宣传资料1万份，更新健康教育宣传栏400余次，办健康教育培训班3期，受教育人数4000多人，关停资质不够的医疗药店6家，整改超范围经营户3家。

2013年，发出各类创卫宣传资料5500余份，办健康教育培训班181期，受教育人数8333人，更新健康教育宣传栏447期，对“六小”行业检查指导12次，培训“六小”行业业主、卫生管理员和从业人员720人次。病媒生物防制工作有序推进，召开了病媒生物防制工作培训会，与专业消杀公司协作，对县城区、城乡结合部进行了病媒生物消杀。健康教育“四进”活动深入开展。制定了《2013年健康教育工作计划》，编制了健康教育教材，确定了授课时间、地点、授课人和课时安排和参加健康教育对象，全县更新各种健康教育板报150多块（期），广播电视播放健康教育知识讲座3期。群众和居民的健康教育知识知晓率明显提高。强化了食品药品安全监督管理机制，集中开展食药品安全专项整治15次，下达整改通知书23份，取缔不合格经营店6家。

2015年，结合爱国卫生月活动，深入开展爱国卫生运动，组织广大干部群众开展义务大扫除活动4次。

2016年，开展以“灭蚊防病　健康你我”为主题的爱国卫生活动，每月组织干部群众开展1次卫生大扫除活动，县城区卫生状况长期保持一流状态。

【健康教育宣传】　2009年，一是成立健康教育所，制定健康教育工作计划和长远规划，全面开展了健康教育“四进”活动。二是制定健康教育工作方案，建立健全健康教育网络，利用电视、网络、广播、宣传栏等形式，积极开展健康教育活动，全年共发放宣传资料6万余份，编印《紫阳县健康教育知识读本》2万册。三是全县中小学开设了健康教育课，教育引导学生掌握健康一般常识，养成良好的生活学习习惯。四是县电视台开设了健康教育专栏，围绕人体健康、营养与卫生、预防食物中毒、疾病防治、除害防病等民众比较关心的话题，对广大市民进行健康知识传播；各机关单位开办了健康教育专栏，引导全民增强健康意识，树立健康生活理念。利用爱国卫生月和世界无烟日等时机，积极开展控烟宣传活动，创建无烟单位和无烟科室。通过广泛宣传教育，全县健康教育知识知晓率达89%以上，健康行为形成率达63%以上。

2010年，一是制定健康教育工作计划和长远规划，设立宣传阵地，开展健康教育进社区、进机关、进学校、进家庭活动，全县健康教育得到进一步普及。二是制定健康教育工作方案，建立健全健康教育网络，利用电视、网络、广播、宣传栏等形式，积极开展健康教育知识进社区、进机关、进家庭活动，共发放宣传资料8万余份，编印《紫阳县健康教育知识读本》3万册。三是在全县中小学开设了健康教育课，每学期组织医学专家到学校进行一次健康教育知识讲座，教育引导学生掌握健康一般常识，养成良好的生活学习习惯。四是县电视台、县广播电台开设了健康教育专栏，围绕人体健康、营养与卫生、预防食物中毒、疾病防治、除害防病等民众比较关心的话题，对广大市民进行健康知识传播；各机关单位开办了健康教育专栏，定期更换内容，引导全民增强健康意识，树立健康生活理念。积极开展控烟宣传活动，创建无烟单位和无烟科室。

2011年，全面开展了健康教育进社区、进机关、进学校、进家庭活动，全力提升健康教育知识知晓率。团中央知心姐姐报告团来我县开展了5天10场青少年心理健康教育活动，总共参学人数达27800人次；全县各中小学校全面开设健康教育课程，县双创、卫生、教育部门联合在38所学校开展健康知识宣讲60余场次，参训师生累计35000余人次；印制《紫阳县健康教育知识读本》12000余册，免费分发到全县各单位、村组，并按进度进行全民测评，健康教育工作的扎实开展，提升公民素质行动稳步推进。

2012年，印发《2012年健康教育工作计划》、《控烟活动实施方案》和《无烟单位创建活动安排意见》等文件，更新各种健康教育板报600（期）块，广播电视播放健康教育知识讲座六期，在中小学校全面开设健康教育课程，要求各学校要做到健康教育有课表、有教材、有备课课件、有代课老师、有考试试卷和成绩、有健康教育检测和综合评价，全面提升健康教育质量和普及率。慢性病示范县创建工作顺利通过了省级验收命名，11个市级、16个县级无烟单位已通过验收命名。

2013年，发出各类创卫宣传资料5500余份，办健康教育培训班181期，受教育人数8333人，更新健康教育宣传栏447期，对“六小”行业检查指导12次，培训“六小”行业业主、卫生管理员和从业人员720人次。

2014年，采用在县有线电视台、广播电台、政府网站等新闻媒体的主要版面和黄金时段开辟专栏、标语、宣传栏、公益广告、倡议书等多种形式，有针对性地对各类人群进行宣传发动。充分发挥社会舆论监督作用，对创建中的热点、难点及先进典型进行跟踪报道，对完成双创任务不力的部门、单位和破坏公共设施、不文明、不卫生等行为进行通报批评或公开曝光。

2015年，建立健全健康教育网络，制定健康教育工作计划和长远规划，设立了宣传阵地，开展健康教育进社区、进机关、进学校、进企业、进家庭活动，发放宣传资料9万余份，编印《紫阳县健康教育知识读本》5万册，在全县中小学开设了健康教育课，定期组织进行健康教育知识讲座，教育引导学生掌握健康常识，养成良好的生活习惯，在县电视台、广播电台开设了健康教育专栏，围绕人体健康、营养与卫生、预防食物中毒、疾病防治、除害防病等民众关心的话题，对广大市民进行健康知识传播；各机关单位开办了健康教育专栏，定期更换内容，加强职业健康防护，引导全民增强健康意识，树立健康生活理念。在县城广场、公园、主街道等重点场所设有固定的健康教育宣传栏，围绕卫生防病工作进行宣传。聘请健康教育专家开展了全县性的大型健康教育活动5场次。

2016年，认真开展健康教育“四进”活动，在公共场所开展健康教育宣传活动24场次，发放宣传资料4万余份，编印健康教育知识读本2万余册，在全县中小学校开设健康教育课，定期组织进行健康教育知识讲座，在县城广场、公园、车站、码头等重点场所设置有固定健康教育宣传栏，围绕卫生防病工作进行宣传。

【城乡三级联创及卫生单位创建】 2009年，共创建卫生单位87个，卫生集镇6个、卫生村37个、卫生示范户1319户。加强城乡结合部环境卫生整治力度，投资200多万元，对钟鼓湾加油站至县城三岔路口和汉江大桥至桑树沟大桥段低矮、破旧棚户进行了全面改造，定期对汉江沿岸垃圾以及城乡结合部垃圾死角进行清理，对乱堆乱放现象进行了彻底整治，确保环境卫生整洁有序。制定农村改水改厕工作规划及方案，县城周边农村改水改厕工作全面展开。

2010年，共创建卫生单位87个，卫生集镇6个、卫生村37个、卫生示范户1319户。制定农村改水改厕工作规划及方案，县城周边农村改水改厕工作全面展开。

2011年，验收上报省级卫生单位4个，市级卫生单位7个，省级卫生集镇2个，市级卫生镇3个，省级卫生村3个，市级卫生村6个。并全部通过省市级检查组验收命名。县政府命名县级卫生先进单位20个，卫生镇3个，卫生村19个。

2012年，印发《关于2012年城乡三级联创工作的安排意见》，明确了创建目标，细化了任务，落实了督导责任。成功创建省级卫生镇1个，市级卫生镇2个，县级卫生镇3个；创建省级卫生村3个，市级卫生村5个，县级卫生村43个；创建省级卫生单位5个，市级卫生单位5个，实现了县级部门卫生单位全覆盖。

2013年，认真组织开展卫生镇、卫生村、卫生单位创建活动，印发了《2013年创建卫生镇、卫生村、卫生单位工作方案》，对三级联创工作进行了全面安排部署。目前，省政府正在对我县新创建的3个省级卫生镇、3个省级卫生单位、5个省级卫生村进行公示，市政府正在对我县新创建的3个市级卫生镇，5个市级卫生单位，4个市级卫生村进行公示，即将正式命名。结合卫生村创建工作，全面开展了以“治五乱”（柴草乱放、粪土乱堆、垃圾乱倒、污水乱泼、畜禽乱跑）、“管三口”（道路交叉口、村口、门口）、“抓三改”（改水、改厕、改造环境）、“促三进”（健康知识进户、卫生习惯进户、清洁卫生进户）为主要内容的农村环境卫生整治，组织群众清除房前屋后垃圾、杂物，清理畜圈粪便，引导群众自觉养成良好的卫生习惯，有效促进了农村生产生活条件的改善。

2015年，全年共创建省级卫生村10个，单位4个，市级卫生镇3个，村10个，单位3个，县级卫生村8个，单位9个。

2016年，开展卫生镇村、单位晋级创建，指导焕古、洞河、洄水镇认真开展国家卫生集镇创建活动，落实创建省级卫生镇2个，市级卫生镇1个，省级卫生村3个，市级卫生村6个，省级卫生单位2个，市级卫生单位2个。

（万世召）

各镇概况

城　关　镇

中共城关镇委员会
书　　记：李作奎
副书记：乌胜鸿　高紫春
组织委员：谭正红（女）

中共城关镇纪律检查委员会
书　　记：方世繁

城关镇人大主席团
主　　席：姚开明

城关镇人民政府
镇　　长：乌胜鸿
副镇长：杨维军　马孝松　袁　超
　　　　郑学坤

城关镇人民武装部
部　　长：童　勇

【机构设置】　2016年度镇党委、镇政府内设党政综合办公室、社会管理办公室、公共事务办公室、经济发展办公室、农业综合服务站、公共事务办公室、社保站、文化站、人口和计划生育服务站、财政所、司法所、村镇规划所。全额编制78人，在岗在编76人，其中行政36人、事业40人。

【概况】　城关镇系中共紫阳县委员会、紫阳县人民政府驻地，是紫阳县政治、经济、文化、信息中心，总面积为119.9平方公里，辖4个社区13个村，共115个村民小组，总人口45042人，其中：农业人口16445户，21068人。城关镇交通便捷。襄渝一线、二线铁路、包茂高速公路、陕川省道公路、汉江水路纵横穿境而过。全镇规模生态林业面积达14万亩，其中：规模化富硒茶园面积2.2万亩，金钱橘园2000亩。城关镇是紫阳名茶和金钱橘生产地，早在唐代，城关镇的“桂花庄”茶和汉江大力滩的“金钱橘”就是紫阳进贡朝廷的两大“宫廷贡品”，茶园已被国家列入原产地保护区。现已建成8个茶叶产业大村，以和平茶业为代表的茶叶加工厂企业已成为西北地区最有名的茶叶加工、销售企业，所加工的各类名茶连年在国际国内获得大奖。现已建成金钱橘产业大村4个。以板石、石材为代表的矿产资源潜力巨大。现有资金实力雄厚的恒佳矿业和金牛矿业有限公司等一批企业落户城关镇，从事板石开采和石材加工，其产品销售市场看好。旅游资源前景广阔。人文景观、道教文化、汉水风情形成独特魅力，镇内已有乡村特色板石民居群、紫阳真人宫、魔王沟瀑布、农家乐等多处旅游景点景观，西门河新区、任河国际社村旅游新村、楠木山庄正在加紧建设开发。

【脱贫攻坚】 紧盯村出列和户脱贫两个重点，集中所有力量投入脱贫攻坚主战场，对照“双六”标准，加快水、电、路、讯、房等设施建设。全安村5.6公里村组道路硬化已开盘，修建公路平板桥1座，投资12.8万元修建连户路3200米，投资17万元修建生产便道路2.6公里。新建村委会活动室竣工投入使用，2处饮水工程已完工，10口水窖已建成投入使用，建成公厕1座；富家村通村道路25公里全部畅通，其中9.3公里硬化已开盘，修建连户路1.8公里。新建村委会活动室1个、公厕2座，建成灌溉工程1处，完成了宽带进村、广播进村；青中村6.2公里通村水泥路建设完成硬化1600米。郭家梁安置点配套设施全面完工，特困户安置点全部入住，建成村卫生室1个、联通通讯基站1座，光缆入村完成架设，垃圾堆放场及1.33公里进场道路建设完工；双坪村完成路基改造5.1公里，8.6公里通村公路正在硬化；马道村完成路基改造7公里，硬化工程完成招标，至2016年年底已硬化1公里；西门河村路基改造3.5公里正在施工。狠抓产业扶贫和金融扶贫，青中、双坪、西门河、全安、富家茶园新建任务完成，富家、全安两个茶叶产业合作社完成登记注册运转有序。青中茶厂通过食品安全认证，青中村种植露地蔬菜60亩。2016年贫困户产业扶持覆盖6个村908户，其中，养殖业218户、茶园管理625户2701.5亩、橘园管理65户183亩。贫困村发放核桃树苗9220株，全年兑付产业扶持到户项目资金73.6万元。加大技能扶贫，培训修脚足浴380人，培训月嫂27人，培训厨师115人。完成6个村705户贫困户评级授信，申请贷款301户1833万元，目前农商行已放贷873万元。教育扶贫、社会保障兜底政策全面落实，救助入学大学生46人23万元，所有建档立卡贫困户全面发放“健康扶贫保障证”，农村医疗救助贫困人口35人11.85万元，合疗参合率100%，养老保险10371人。入户精准对接完善基本信息，完成了贫困户动态调整和建档立卡工作。安全村结束了市第三方评估验收，富村按照整村脱贫标准正在全力冲刺，全镇232户834人的年度脱贫任务全面完成。628户移民（脱贫）搬迁任务完成672户。其中，江南阳光小区二期和楠木钟鼓湾保障住房小区购房120户，组团安置16户、农村集中建房96户，全安、富家特困户安置14户，进城购房152户，新桃村36户、双坪村30户特困户安置点，楠木村208户五保户安置点已完成招投标工作，正在进行施工前期准备。

【重点项目建设】 围绕县委、县政府确定的20项重点工作，全力搞好项目援建和环境保障。截止2016年年底，河堤路东段综合改造全面完成，黄金商贸城完成总工程的90%，外侧河堤主体竣工；河堤路西段综合改造38户拆迁任务全部完成，房屋拆除接近尾声；全面完成汉江客货运码头项目征地拆迁任务，征地40余亩，化解矛盾纠纷25起，江南客运码头建设已完工，紧急撤离安置了8户因货运码头施工造成的项目区域滑塌群众的安置工作；解决和调处县城高速引线改造项目群众反映的遗留问题及各类矛盾纠纷20件，2016年年底已完成项目设计和招投标，即将开工建设；全面完成龙洞沟大桥项目土地征用工作，征地21亩，化解矛盾纠纷5件，目前大桥桥梁已合拢，主体已竣工，预计2017年4月份工程全面竣工；全面完成龙洞沟排洪沟工程土地征用工作，调解矛盾纠纷10件，目前工程已完工。西门河新区泄洪隧道口拆迁户张帝根拆迁协议已签订，房屋已拆除，防洪明渠及泄洪隧道工程已开工建设。7号商住楼正在进行地上第九层施工；仁和国际社区项目土地完成报批，3号商住楼主体完工，2号楼至3号楼之间裙楼已经完成挖孔，正在浇筑孔桩。4号楼完成地勘，因仁和社区安置房建规划调整，原申报成功并经市国土局评审的挡护工程，需进行较大调整和变更，变更设计已经提交，现正向市国土局申报变更，同时由企业委托第三方准备招投标事宜。任河咀旅游综合体开发项目整体详规通过评审，旅游码头、亲水堤岸、观景廊道已开工建设，河堤斜坡和平台已经完工，圆弧已完成总工程量的50%；保障了惠民四期、黄金商贸城、农业局片区保障性住房建设的外围环境，项目建设顺利；加强了曹家坝、任河咀、火车站老进站路棚户区改造的外围宣传动员工作，完成火车站老进站路棚户区改造150户。道教养生谷拆迁户安置房稳步推进，积极化解矛盾纠纷12起；完成县城气化工程征地拆迁任务及环境保障工作，项目顺利推进，县城综合管廊正在铺设；2016年新引进落地招商项目6个，完成招商资金4.9532亿元，当年完成投资1.29亿元，其中，紫阳县龙腾富硒茶业有限公司综合开发项目完成投资1000万元，紫阳县华阳医养中心项目完成投资2000万元，紫阳县思兰商贸有限公司电子商务及现代物流中心建设项目完成投资6000万元，城市气化工程项目完成投资1100万元，青中村皇茶园富硒茶叶加工及茶园基地建设项目完成投资800万元，紫阳县和平茶厂富硒茶生产及配套关联产业融合建设项目完成投资2000万元。

【生态保护】 一是建立镇村两级护水体系，49名“河长”、29名网格化管理员、15名农村卫生监管员工作责任全面落实。二是发放各类宣传资料13000余份，设置大型宣传标语10个，与沿江河农户签订门前“四包”责任书5000余份。三是与保洁公司签订了汉江331水位线以下岸边垃圾清理合同，实行江面漂浮物临时打捞和江岸垃圾全天候巡查、常态化保洁，确保一江两岸干净整洁。青中村垃圾堆放场及1.33公里进场道路建设完工，购买配置垃圾桶109个，通过政府购买服务的方式，落实保洁公司对已建成垃圾房（池）的垃圾实行统一清运。各村卫生室医疗废弃物全部收集到镇中心卫生院，统一进行处理规范。四是全力实施农村改厕项目，完成农村改厕100户，建设三格式化粪池114口。认真做好中央环保督查组到紫督查的各项准备工作，全面整治城乡结合部三堆六乱问题，拉网式排查沿江沿河排污口，及时治理排污口20余处。五是扎实开展县城饮用水水源地保护。西门水源地流转土地134.28亩实施绿化，安装2200米围栏、污水管网及化粪池建设全面完工。完成了长滩沟400米围栏安装、取水口上移工程。完成了瓦房沟1000米围栏安装、截水坝建设。六是配合相关部门完成了县城建筑垃圾堆放场建设、江南新区污水处理工程建设。七是新田等7个重点村的村容村貌整治效果良好，以秸秆焚烧、垃圾焚烧、砖窑扬尘为主的大气污染防治工作扎实开展，江河漂浮物监管、打捞职责履行到位。

【产业建设】 一是组织茶叶技术培训4000人次，新建茶园2500亩，完成低产茶园改造2500亩，全镇2.7万亩茶园（含3400亩企业管理示范茶园）茶网蝽防治和春秋两季管护工作已全面完成，完成1万亩库区山地观光茶园秋冬季茶园管理工作。新扩建茶叶初制加工厂5个，发展紫阳富硒茶直销体验店5家，发展紫阳富硒茶网店5家。和平茶厂贡茶苑现代农业园区已完成总体规划和设计，大楼主体建设和进厂道路建设完工，完成投资4000余万元。新建核桃园820亩。二是加快发展旅游产业。新田、青中两村美丽乡村建设完成规划设计，完成了文笔峰三期步道、炼丹亭建设，悟真观至郭家梁4.8公里道路拓宽改造工程完工投入使用，文笔峰炼丹亭至紫阳沟步道路完成规划设计。炼丹亭至东山烈士陵园步道开工建设，完成土地征收30户13.75亩。启动了新田村美丽乡村建设，投资200余万元实施了文笔山景区及景观绿化工程，新田安置点小区完成绿化3300平方米，完成300米特色板石阶梯路建设，安装路灯65盏，完善新田安置小区5号楼至6号楼院场硬化及安置点排管网修复工程，安装垃圾箱35个，提升10户农家乐综合服务水平和接待能力，新田村美丽乡村建设项目通过县相关部门验收。三是积极发展电子商务，全面完成了桑树沟电子商务及现代物流中心项目土地征收工作，目前项目主体工程已完工。配合县级部门完成了县城重点公共区域免费网络覆盖工程。启动了青中电商扶贫示范村建设，“青中农庄”“臻硒”两个农产品线下体验店投入运营。组织电商培训80人，带动100余人就业。

【城市管理】 扎实开展“创卫、创园、创森”工作，全面开展城区及城乡结合部公共场所、机关企事业单位、住户楼院及卫生死角、公共厕所等重点部位的病媒消杀，“创国卫”病媒生物防治通过省级专项技术评估。扎实开展爱国卫生教育，发放健康教育宣传资料5万余份，设置健康教育宣传栏90块、禁烟标识1000处。联合规划、市场监管、环保、卫生等部门，广泛发动市民参与，全面开展市容市貌综合整治行动50次，对城区背街小巷、城乡结合部主次干道车辆停放管理、出店占道经营、卫生死角、三堆六乱、绿化美化等进行了专项整治，实行全天候保洁，彻底治理脏、乱、差重点部位60处，清理环境污染场所95处，清理卫生死角70处，维修公厕17座，维修安装污水管网75处3500余米，县城市容市貌显著改善。高标准完成创建资料的收集、整理、归档，“创国卫”省市专家暗访和评估、国家级抽检复验工作顺利通过，市对县“双创”年度考核各项工作全面完成。加大市政配套设施建设力度，完成惠民四期、文体中心、河堤路东段、紫邑新城1400个停车位建设。实施“物业进社区”增容扩面，全面完成社区物业区域划分和4000户的入户登记工作，电表、水表安装到户有序推进。

【农村面貌改善】 一是积极完成塘么子沟至江河环线公路外围协调工作，工程已开工，项目进展顺利。全镇2016年新修村组级公路8公里。实施通村公路路基改造工程42.6公里。实施通村公路硬化39.7公里，硬化工程进展顺利。完成双坪、马道、天星通村公路完善工程11公里。新建连户路6公里，修建公路桥涵7座，完成水毁公路修复13.7公里，维修村级道路4公里，完成通村水泥路规范化管护16条68公里。文笔山至青中村4.8公里旅游环线公路建设及安保工程已全面完成，太平至蚂蝗梁4.1公里公路路基建设已完成待硬化。全面完成了G541城关段征地补偿调查摸底工作，目前征地拆迁已经全面启动。二是江南供水工程完成主体工程土地征收，征用土地8.5亩，项目完成评审和招投标，即将开工建设。配合县水利局积极做好任河嘴防洪工程的矛盾纠纷调处，2016年年底河堤斜坡和平台已经完工，圆弧已经完成总工程量的一半。大力解决农村安全饮水困难，塘么子沟村1处人饮工程已经竣工，富家村1处灌溉工程和1处人饮工程已完工，全安2处饮水工程和10口水窖已完成建设，太坪、楠木分别新建饮水工程各1处。

【社会事业】　一是坚持保基本、兜底线、促公平，认真落实城乡低保、“五保”、医保等普惠政策，实施城乡低保1076户1978人，“五保”集中供养率达75%。加大困难救助、大病救助、临时救助力度，发放各类救助91.8万元。环城路、东城门、会仙桥三个社区日间照料中心建设按期完成，运行状态良好。楠木、新桃、新田、塘么子沟、太坪5个农村幸福院建设完成并通过验收。养老公寓建设项目完成土地征用，项目进入招标程序。完成了县城殡仪馆迁建项目的征地拆迁，调处各类纠纷6起，目前殡仪馆主体楼已完工，正在进行附属设施建设。二是加大创业就业培训力度，参加足浴、电商、厨师、月嫂等免费技能培训522人次；完成城乡居民养老保险10371人，新农合参保率达97%。三是紫阳第三小学主教学楼建成投入使用，里侧边坡治理工程全面完成，附属楼工程已开工建设。全面完成了紫阳中学初中部校建工程援建工作。实行共治共建，积极开展平安校园创建，新桃小学创建市级“平安校园”顺利通过评估验收。全面普及六年义务教育，高标准完成了“双高双普”各项工作任务。四是按时完成了镇卫生计生单位和村卫生室信息化平台建设并正常运行，建成全安、富家、双坪、青中4个标准化农村卫生室。全镇居民健康卡信息采集和核对工作按时完成，待省上制作完毕后统一发放到户。基本药物制度全面实施，基层医疗服务进一步规范。五是全面落实二孩政策，深入开展计生优质服务，全面落实奖励优惠政策，大力开展流动人口计划生育基本公共服务均等化管理建设，完成了楠木、新田人口文化示范点，新田村民主自治示范村、环城路流动人口均等化管理及网格化管理经市级验收合格，“创国优”工作达到验收要求。

【综治维稳】　一是深入推进“平安建设”，开展宣传活动13场，发放“平安紫阳”和法制宣传资料1.1万余份，受教育人数2万余人。严格落实安全生产“一岗双责”，会同安监局、市场管理局、教体局、派出所、消防队等部门组织开展安全检查105次、纠正各类交通违章行为70起、查处道路交通违法行为7起。共检查特行、娱乐场所、涉危涉爆单位、“九小场所”、大型超市、车站码头、校园周边和人员密集场所1638家，发现问题和隐患227处，当场整改178处，下发限期整改通知书51份，共发现案件线索、受理各类案件17起，全年无安全生产事故。二是深入推进“七五”普法，开展法制宣传45场次，受教育人数4万余人，制作宣传标语45条，发放宣传资料3万余份，解答法律咨询2670余人次，开展人民调解员培训2场次，培训调委会主任2次，组织全镇机关干部参加会前学法2次。“六五”普法工作被市委、市政府授予“2011—2015年度法治宣传教育先进单位”荣誉称号。三是高度重视信访工作，严格落实定期研判、领导包案、责任督办、按时办结机制，2016年共接待并办结来信来访161起，报结率100%。加强三调联动工作，人民调解主导三调联动化解民间纠纷68起，行政调解主导三调联动化解信访纠纷26起，司法调解主导三调联动化解诉讼纠纷8起。四是全力推进社会治理信息化建设，投资

100万元建成城关镇综治中心、三调联动办公室和东城门综治信息化平台，均已投入使用。完成了城关镇政府和东城门社区公共应急综合平台建设，四个社区网格化服务管理试点工作全面完成。五是全面落实惠农政策，公益林生态补偿基金、粮油补贴、退耕还林补贴全面兑付，农村土地确权登记颁证工作进入颁证阶段，胡蜂防控成效明显，森林防火工作有序开展，农村大局总体稳定。六是防汛防滑责任全面夯实，建立了应急分队，应急物资储备齐全，开展应急演练40场次，实现了安全度汛。七是扎实开展省级食品安全示范县创建工作，联合开展“三小”综合整治行动，出动执法人员600人次，车辆500余次，抽检品种400余份，检查各类从业单位495余户，下发整改通知150余份，累计提升整改小作坊70家，规范许可30家。规范农村家宴备案、巩固提高18家标准示范餐饮店，省级食品药品标准化示范所获得省食安委复核和高度好评。八是积极按照行政审批服务改革要求，结合全镇实际清理规范审批事项，“网上办事大厅”监控、音响等设备安装调试完成，镇便民服务中心作用充分发挥。

【党的建设】 一是镇党委坚持每月召开一次党委中心组学习会，深入学习《中国共产党章程》《中国共产党廉洁自律准则》《中国共产党纪律处分条例》《中国共产党问责条例》《中国共产党党内监督条例》《关于新形势下党内政治生活的若干准则》，认真学习中共十八届五中、六中全会和习近平总书记系列重要讲话精神，不断增强班子的政治坚定性，班子成员始终严格遵守党的政治纪律和政治规矩。二是认真落实党委主体责任、纪委监督责任和班子成员“一岗双责”，层层签订了《党建工作目标责任书》《党风廉政建设工作目标责任书》，下发了《党委及班子成员履行党风廉政建设主体责任清单》，班子成员签字背书，责任层层夯实。三是认真贯彻执行民主集中制，严格按照党的组织原则和政治原则办事，坚持重大事项集体决策，保证了各项决策的民主性和科学性。注重协调好与班子成员的关系，结合班子成员个体情况，明确分工又相互协作，形成了团结一心、共谋发展的良好氛围。四是认真抓好省委巡视组反馈问题的整改工作，制定了整改工作方案，逐项进行整改，健全完善了问题整改印证资料。坚决落实省委“三项机制”，通过集中学习、组织“三项机制”知识测试等方式让干部思想得到教育，激发干部的干事热情。五是牢牢把握正确的舆论导向，围绕全镇重点工作和中心工作，唱响主旋律，弘扬正能量，全年在县电视台发稿91条，广播电台发稿63条，县政府网站发稿61条，省市媒体发稿25条，被县委、县政府授为“2016年新闻工作先进单位”称号。六是把加强干部队伍的学习教育放在首位，书记带头讲党课、班子成员对分管范围对象讲党课11次，组织召开了中共以十八届六中全会、县十五次党代会宣传为主的专题培训会6次，干部参训1000余人次。完善了“五个一”考核办法，通过电话调查、随机到村抽查等办法，每季度对干部包联情况进行调查，对包组联户工作满意率低于全县平均水平干部实行谈话提醒。

【“两学一做”】 4月29日召开“两学一做”学习教育动员大会，县委书记赵立根和县委政法书记康树民到会分别做重要指示，按照赵立根指示精神，结合本镇的实际，确定争做“经济发展的领头雁、改革创新的先行者、和谐稳定的排头兵”的学习教育活动载体，制定详细的实施方案和年度学习计划。各支部紧紧围绕“六有”标准和赵立根和康树民的指示要求，切实做到了支部有方案、党员有计划、学习有重点、践行有标杆、学教有特色、宣传有氛围。各支部首先从支委班子入手加强学习，不断提升支委班子的党性觉悟，做好村民群众的思想带头人。其次以村小组为单位深入群众开展“两学一做”学习教育宣传动员活动，力争让每个群众都知晓“两学一做”的具体内容，更要让党员群众时刻谨记自己的党员身份，不断提升自身的党性修养。学习中，采取在家党员集中学习、集中讨论、个人自学，外出党员网络交流学，年老体弱党员送学上门等多种学习方式，确保学习教育全覆盖。通过党委班子成员讲党课、党委民主生活会、支部专题组织生活会、分组讨论、撰写体会文章等方式，使党员干部进一步坚定理想信念。开展农村无职党员设岗定责、党员承诺等学教活动，让党员在学习教育中发挥模范带头作用，服务农村经济社会发展。切实做好基层党建“7+1+2”重点任务及组织建设提升年工作。认真开展党员组织关系排查，让288名失联党员、“口袋”党员回归组织参加学习教育，全镇无失联党员。集中排查清理党代表和党员违纪违法行为，已排查1名党员，并给予了党内警告处分。完成党费收缴3.6万元，其中补交党费党员50名。扎实开展非公企业党建工作巩固提升年活动，对全镇34个非公企业、2个社会组织进行排查摸底，下派党建指导员和联络员。切实加强基层支部建设，支部换届按期完成，选优派强支委班子和“第一书记”。以“党建+”工作模式和“支部+X+贫困户”引领精准扶贫，通过党员干部主动与贫困户结对子，主动化解生产生活难题，传授实用科学技术、提供致富信息、实施精准服务。加强软弱涣散村支部整改，全面加强阵地建设，投资451万元，新建活动室7个，修缮改建3个。目前新桃、大力滩、和平、全安、东城门已投入使用，其他5个村主体已完工。建立20个“手机+党支部”信息平台，发挥“远教”功能，加强网络党支部和党员的教育管理。规范执行党群例会制度和“三会一课”制度，坚持“54321”决策议事工作法，加强村社区干部管理和大学生村官的培养，规范党员发展，认真实施发展党员规划，严把“入口”，畅通“出口”，重视从非公企业和社会组织中发展党员。推进村级组织运行制度化、规范化、公开化。建好流动党员服务站，提升流动党员管理服务水平。

【党风廉政】 年初镇党委分别与各部门和村、社区签订党风廉政建设工作目标责任书，坚持每季度召开一次专题会议，听取班子成员落实党风廉政建设责任情况的汇报，研究部署党风廉政建设工作。镇党委全力支持纪委履行监督责任，准确把握和运用“四种形态”，认真落实“三转”要求，全面推进“三化”建设，加大监督执纪问责力度，全年完成问题线索初核12件，立案8件，党政纪处分10人。以廉政教育为重点，严格坚持“廉政谈话制度”，党委书记对班子成员、班子成员对分管范围内的干部做到了经常提醒和督促，要求党员干部牢固树立廉洁从政意识。完善了《城关镇机关干部管理制度》《城关镇村级班子和干部队伍管理办法》《城关镇干部外出报备制度》《进一步规范村、社区干部操办或参加婚丧嫁娶等相关事宜的通知》《村（社区）干部坐班值守工作制度》，对公务用车、公务接待、村级财务管理、上下班纪律等方面进行了明确规定。严格开展机关干部的上班纪律情况督查工作，对督查中发现的问题在全镇范围内通报，并与干部年度考核挂钩。扎实开展党务村务公开、惠农政策落实情况的监督检查，每月对镇村干部出勤、在岗情况不定期抽查，及时通报曝光。深化完善了镇纪委直管村（社区）监委会工作机制，成立了领导小组，出台了实施意见和考核办法，直管工作有序开展，逐步实现常态化，基层党风廉政建设进一步加强。

（郑学坤）

蒿 坪 镇

中共蒿坪镇委员会
书　　记：秦宗道
副 书 记：张　锐　胡先东

中共蒿坪镇纪律检查委员会
书　　记：杨　波

蒿坪镇人大主席团
主　　席：焦　鹏

蒿坪镇人民政府
镇　　长：张　锐
副 镇 长：龚　飞　郑晓飞

蒿坪镇人民武装部
部　　长：钱　进

【机构设置】 镇机关内设党政综合办公室、经济发展办公室、社会管理办公室、宣传文化办公室、公共事业办公室、财政所六个行政机构；农业综合服务站、人口和计划生育服务站、社会保障服务站、文化综合服务站、村镇规划建设管理所、食品药品监督管理所六个事业机构；县直部门派驻机构畜牧兽医站；另有司法所、派出所、法庭、交警中队、硒谷工业园区办公室、供电所、国土资源所、邮电支局、信用社、卫生院、供水站、国税分局、地税所、中国人寿保险公司、工商所、移动分公司、联通分公司、电信分公司等驻镇单位。

【基本镇情】 蒿坪镇地处巴山腹地，位于紫阳县东北部，距紫阳县城16公里，安康市区42公里。东与汉滨区大竹园镇相邻，南与本县洞河镇相连，西与紫阳县双安镇毗邻，北与汉滨区洪山镇接壤，总面积113.09平方公里。地势北低南高、东低西高，有20余公里地势较为平坦的河谷川道。平均海拔710米，最高点森林村明垭沟，海拔1286.5米；最低点天紫村蓑衣洞，海拔379米。境内河溪密布，主要有

蒿坪镇脱贫攻坚工作会议

自西向东流入汉江的蒿坪河、王家河，自东向西汇入汉江的沔浴河等3条河流。夏无酷暑、冬无严寒，属亚热带半湿润气候区。年平均气温在15.1℃左右，年平均降水量为1200毫米，降水多集中在5—10月。蒿坪镇是紫阳县的北大门，镇内交通发达，全镇通村水泥路145.8公里，基本覆盖所有村组院落。恒紫路、蒿汉路、蒿大路呈十字型贯穿全镇，包茂高速穿境而过，高速路出入口引线距离集镇仅1公里。全镇辖蒿坪、改革、金石、东关、平川、双星、双胜、电光、王家河、黄金、狮子沟、兴隆、全兴、金竹14个村、1个街道社区委员会74个村民小组。共9212户28879人。民族以汉族为主，有较少回族居民。2016年，全镇生产总值增长13%，实现工农业生产总产值19.65亿元。社会固定资产投资增长23.5%，镇级财政总收入1078.7万元，财政总收入增长3.5%；城镇居民人均可支配收入增长13%；农民人均纯收入增长15%，城镇居民人均可支配收入32685元，农民人均纯收入8599元。积极落实节能减排任务，区域内水质达标。

【优势资源】 境内自然资源丰富，水土中富含硒元素，盛产花岗岩（米花石）、煤炭。有页岩砖、异型石材等新型建材，以富硒茶、矿泉水为主的食饮品享誉省内外，板石及富硒矿泉水储量丰富，紫阳县富硒生态工业园区建在本镇，是紫阳县自然条件较好的工农业经济大镇。

【特色经济】 经过多年持续发展，蒿坪镇在巩固茶叶，养殖业等传统农业产业和矿产资源开采的基础上，依托富硒工业园区建设，大力发展以富硒食品深加工，花岗岩石材加工为突破口的产业化建设道路。至2016年，形成了以茶叶加工、富硒矿泉水、永华魔芋、绿安大蒜为主的富硒食品加工产业链；以宝石、泉兴，金磊花岗岩石材加工和兴旺砖厂为主的建筑材料加工产业链。有效管护茶园12340亩，改造低产茶园200亩，培育母穗茶园100亩，新育茶苗50亩700万株，完成茶叶技能培训800余人次，茶叶产量达540吨，实现产值3500余万元；已建成设施蔬菜基地200亩，新建了20亩莲藕循环立体农业示范点；积极壮大发展魔芋产业，种植魔芋1030亩，形成富硒食品有限公司为龙头的魔芋加工企业；在绿安食品开发有限公司的引导下大力开展大蒜研发，带动农户发展大蒜种植增加收入；培育食用菌种植大户15户，发展香菇菌棒30万袋，食用菌产业已成为农户增收的重要来源。全镇新建畜牧养殖圈舍6130平方米，培育畜牧养殖大户23户，其中养鸡大户3户，养猪大户10户，养羊8户，养牛2户。大牲口存栏605头，出栏213头；生猪存栏25637头，出栏28962头；羊存栏6970只，出栏7265只；家禽出栏9.16万只，农村传统养殖正逐步向规模化，集约化方向发展。

【集镇建设】 建成一座占地4.8亩的自来水净化厂，2个容量为400立方米的蓄水池，净化水质标准达国家三类净化水，改造主干网管道1.4万米，支网管道2.5万米，集镇自来水普及率达到100%。建成一个占地4300平方米，可同时停放150辆汽车的临时停车场。充实了集镇管理及环卫工作队伍，新修建垃圾转运池18个，投放垃圾桶180个，硬化了集镇垃圾填埋场入场公路，修建了垃圾倾倒平台，新购置压缩式垃圾清运车1辆。翻修改造了下茨坝入口和新镇桥破损集镇道路，新增标划集镇道路标线250米，标划小车停车位60个，摩托车停车位200个。加强集镇环境综合治理，在集镇主要街道实施了绿化亮化；整治车辆乱停乱放行为，规范店铺经营；对下茨坝街道进行了局部修补；对老街进行了仿古改造，铺设石板路面。在集镇周边新增环卫保洁路线4条

1200米，将河道沿线的10个村纳入环卫服务区，做到了定时清运垃圾，生活垃圾处理率85%。完成了高速路引线800米道路绿化及道路拓宽工程，在集镇主要街道投放绿化盆景苗木300盆。镇区绿化覆盖率35%、绿地率32%，人均公园绿地面积3.2平方米。

【基础设施建设】 新建河堤5200余米，修复水毁堰渠3300米。建设农村供水管网7000余米，服务村庄8个，服务农村家庭4500户，直接受益1.8万人。新建平川、双星人饮工程2处，改建龙泉村人饮工程1处，有效解决了250余户的人畜饮水问题。争取丹治工程项目在双胜、金石、王家河、兴隆4村新栽植杉树950亩26万株，柏树2500株。对全兴、森林、兴隆、王家河、狮子沟、金竹7村的电网进行了升级改造，改造里程126杆公里，1000余户群众受益。建成通村示范路29.4公里，连村公路3.5公里，连户路11公里，新硬化金竹、双星通村公路1.43公里，有效管护全镇14个村的水泥路150.6公里，人均道路面积8.5平方米。

【招商引资】 引进劳动密集型服装加工企业美姿服饰有限公司；引进平川万利养殖场已投资1800万元；东关村餐具消毒服务中心已试生产；殡仪馆和公墓项目已启动；新建的双星农贸市场已投入运行，2016年实现招商到位资金5000万元，富硒油茶综合开发项目计划投资3000万元以上。油菜农业观光综合开发项目计划投资3000万元。深度包装“富硒茶饮料”1个招商项目，改革村精品示范茶园经过精心包装已成重点招商引资项目。蒿坪镇2016年开工建设12个城镇固定资产投资项目，完成投资7094万元；同时严格落实项目包抓责任制，项目开工率达100%。

【新兴产业发展】 2016年1月15日成立蒿坪镇电商办，依托星源实业有限责任公司作为创业孵化基地，为蒿坪电商创客提供配套服务。目前，蒿坪镇已新建镇级服务站1个、贫困村服务点5个，组织电商培训200余人次，组织和参加各类活动3次（其中李子销售收到陕西农业网报道、蒿坪电商受到安康电视台专访），2017年预计帮扶贫困户实现脱贫200户。蒿坪镇电子商务协会成立于2016年8月17日，由19名电商企业及“创客”发起组成，以抢抓“互联网+”为机遇，打造中国富硒电商第一镇为定位，目前协会有会员31名，其中天猫店2家、淘宝店26家，微商从业人员者多人。蒿坪电商协会依托本地农产品，以互联网思维整合镇内特色资源，从策划、包装、推广等方面进行电商化改造，开发适销对路的电商产品。

【教育卫生】 教育：有幼儿园4所，其中民办幼儿园3所；小学8所，初中1所，初中适龄人口入学率、小升初升学率、九年义务教育覆盖率均达100%；完成了蒿中、蒿小公寓楼、前进小学综合楼、电光小学综合楼建设项目，启动了蒿小绿化、围墙和初级中学综合楼建设项目。加强教学常规管理，进行“双高双普”规划，落实了留守儿童帮扶制度，完成了蒿小教学楼、蒿中操场建设工程的规划和评审工作。卫生：镇中心医院占地2900平方米、集疾病预防、妇幼保健院、医疗、合疗、经办为一体，有床位50张，职工45人。镇内下设20个村卫生室，承担辖区及部分外镇村民的基本医疗服务工作。

【党风廉政建设】 一是建设法治政府。定期开展学法知法活动，强调依法行使职权。依法治访，打击非访、闹访、强包工程、强力阻工等违法行为，整治社会治安突出问题。二是建设落实政府。定期召开“五个一”包组联户工作联席会议，执行党群例会工作机制；认真办理“4411111”便民热线、切实解决群众诉求，切实为民排忧解难；全面推行首问负责制，建立了全天候为民服务工作机制。三是建设高效政府。贯彻落实精简会议和文件，坚持抓干部作风转变，治理“慵、懒、散”，狠抓工作落实。四是建设廉洁政府。坚持信息公开，勤俭办事，严控“三公经费”，反对铺张浪费；严格执行廉洁从政规定，认真落实“一岗双责”，坚决纠正不正之风，严肃查处了各类违纪违法案件。

【社会保障】 努力办好农村实事，制定“一户一策”扶贫开发政策，指导发展茶叶、魔芋、大蒜产业，学习修脚技能增收，协助帮扶资金；5个精准扶贫村脱贫计划正在积极实施中；开展订单定向免费技能培训210人。通过助学、兴产业、搞基础设施帮助指导脱贫。开展捐资助学3次，结对帮扶减少贫困人口；蒿坪集镇殡仪馆和公墓已启动实施；新建的蒿坪镇幼儿园教学楼已投入使用。严格落实好社会保障事业，城乡低保、医保等普惠政策全面落实，加大困难救助、大病救助、临时救助、贫困助学力度，提高救助标准，切实解决困难群众实际问题。教育卫生事业有效发展，成功创建教育强镇，持续改善办学条件，教育教学质量不断提升，中考综合考核排名全县前列。加强教师队伍建设和管理，实行校长聘任制和教师全员聘用制，实行了教师轮岗交流，加强留守儿童的关爱和管理。发动群众参与体育健身活动，繁荣民间文化事业，广泛开展群众文化活动，凝聚发展正能量。成功创建镇示范卫生院，提升医院综合服务能力，构建和谐的医患关系。

（舒　心）

汉 王 镇

中共汉王镇委员会
书　　记：娄　芳（女）
副 书 记：谢平方　洪谦伟
组织委员：詹　波

中共汉王镇纪律检查委员会
书　　记：刘志平

汉王镇人大主席团
主　　席：刘　涛

汉王镇人民政府
镇　　长：谢平方
副 镇 长：孙久权　汪柏术

汉王镇人民武装部
部　　长：曹　伟

【自然概貌】 汉王镇位于紫阳县城以北62公里处，是紫阳县北部的历史名镇和边贸重镇。相传西汉刘邦东征伐楚，在此地建土城，驻扎军营而得名汉王城。汉王镇政府是原汉城区公所政府所在地，1997年撤区并乡建镇。汉王镇东与汉滨区牛蹄镇相连，南与本县双安镇接壤，西北与汉阴漩涡镇为邻，是紫阳、汉阴、石泉、汉滨三县区交汇点。全镇总面积101平方公里，有耕地面积16223亩，其中水田6875亩。2016年全镇辖7个行政村，1个社区居委会，57个村民小组，4368户，2.1万人。汉王镇交通便捷，水路有汉江瀛湖黄金水道，陆路有横贯全镇的紫石公路，镇内通村公路265.8公里，其中硬化路147公里，示范路120.3公里，通户率达到93%以上。

【资源优势】 汉王镇自然资源丰富，森林覆盖率达75%以上，各类林特产品资源丰富，作为膳食果品的有富硒大米、富硒变蛋、柑橘、富硒皱皮柑、硒菇等。汉王旅游资源丰富，汉王镇境内北部有省级森林公园陕南著名风景区——擂鼓台，素有“陕南小武当”“关南第一峰”之称，常年来此旅游观光和膜拜的游客不断。距集镇1公里处有全县重点移民开发项目，汉江旅游景点——中坝岛，蕴涵着深厚的汉文化、道教文化和汉江文化，岛上有15个品种的鲜果200余亩供游客品尝，风景秀丽、环境优美，是集休闲度假和观光娱乐为一体旅游度假地。

【经济成就】 2016年，全社会固定资产投资23982万元，增长18%；社会消费品零售总额15046万元，增长15%；农民人均纯收入9831元，增长13%；招商引资4100万元。2016年度，汉王镇被授予“省级生态镇”荣誉称号。

【特色经济】 1. 皱皮柑产业：富硒皱皮柑为汉王镇所独有，以味甜、汁多、形美而出名，因其具有祛寒、镇咳的药用效果，又有提神醒脑、特效解酒的保健功能，乃果中珍品。2. 畜牧产业：全镇共发展养猪1820头，养牛980头，养羊2000只、养鸡24850只，已培育畜禽养殖大户60户，其中扶持建设畜牧大户20户，畜禽收入达到1500万元以上。3. 茶叶产业：汉王镇草川村、汉城村依据地理条件优势，发展茶叶2000亩，改造茶园200亩，新建了陕茶1号丰产密植茶园500亩，新发展了100亩茶叶育苗基地。采取“公司+基地+农户”的发展模式，建成汉城村绿保茶叶合作社1个，年生产茶叶4余吨。紧紧围绕“产态立镇，产业强镇，旅游兴镇”的发展思路，依托区位资源优势，结合乡村旅游开发，通过招商引资3500万元，建成汉王韵富硒茶生态观光园，采取土地流转、承包等方式，一期新建500亩标准化陕茶1号富硒茶观光园，改造低产茶园200亩，新建观光果园100亩，新建3000平方米标准化茶叶加工厂1个。二期将新建旅游观景台、休闲住宿饮食娱乐于一体的民俗山庄，引导农户开办标准化、特色化农家乐。同时配套观光步道、停车场等相关基础设施。项目建成后可解决周边300余人就业问题，帮扶150户贫困户脱贫致富。4. 电商产业：汉王镇实施了稻田改造和品种改良，规范了“富硒稻米”“富硒变蛋”“皮豇豆”等小食品加工，同时建设标准化电商服务中心一个，培育村级电商扶贫示范点3个，通过统一包装、统一销售、网络化手段对外推销本地特色农产品，带动农户增收致富。

【招商引资】 通过招商引资，投资建设一所大型民办幼儿园——小童星幼儿园，占地面积1642平方米，建筑面积4000平方米，总投资1200万元，教学楼按照市级农村示范幼儿园设计为1栋5层，设有35人标准教室12间以及12个班级幼儿的活动室、图书阅览室、卫生保健室、舞蹈房、生活用房等，可满足600多名幼儿的入园需求，2016年已建成投入使用，有教职工19人，学生242人。

【脱贫攻坚】 2016年，全镇脱贫157户530人，实现了兴塘村整村脱贫摘帽。通过“六个有保障”和“七个一批”，坚持长短结合，积极发展以富硒稻米、富硒变蛋、茶叶、修脚等长效持续增收项目，同时为确保限时脱贫，坚持把短期脱贫攻坚任务和促进贫困户稳定长效增收相结合，全镇形成以发展蔬菜、皱皮柑、养殖为主的短、平、快增收产业。组建成立两个专业合作社，采取“企业+合作社+农户+基地”和“支部+X+贫困户”的模式，让132户贫困户和紫阳乾元绿佳富硒农业科技有限公司签订收购12.5万公斤富硒稻米种植协议，贫困户每户人均可增收1500元。

【基础设施建设】 全镇新建垃圾临时堆放池69个，完成农村改厕242户，各村均以实现“垃圾集中堆放、定期清运处理”管理机制，村容村貌得到较大改善。在兴塘村新建核桃园118亩，养鸡1万羽，改造砂石路1.8公里，新建化粪池42口、垃圾池4个。草川村新建茶园300亩，养殖大户4户养鸡5000羽，养牛2户10头，养羊1户120头，改造砂石路2.5公里，新建公路桥1座，新建化粪池10个、垃圾池7个。开展贫困户技能培训170人，实施“一户一法”实现脱贫71户984人，国道G541汉王段建设工程于2015年6月正式启动，汉王镇实行“一名主要领导牵头主抓、一名分管领导具体负责、一支队伍用心落实、各级协调配合”工作机制，在援建工作上硬抽人、抽硬人，以强有力的工作措施，积极引导群众对项目建设的支持，认真化解了各类矛盾，全力做好了G541国道援建工作，为国道的早日建成创造了良好的外部环境。

【移民搬迁】 结合实际，挖掘古汉文化潜力，高起点定位，高规格设计，规划实施集镇避灾移民搬迁集中安置点建设工程。规划时限为2016年–2030年。安置点东靠集镇，西邻汉江，南接石紫公路，北连货运码头，呈由南朝北纵深发展趋势，是县上确定的移民搬迁安置示范点之一，工程建设年限为五年，分三期实施。规划占地180亩，计划搬迁1000户约3500名群众进镇居住，建设安置房1000套，在规划区内修建了长1.5公里、宽22米的汉王大道，中央休闲广场、供水、路灯、电力、通讯、消防、垃圾收集等基础设施配套齐全，使特色建筑与公共配套浑然一体，促进集镇旧貌换新颜，以此推动城镇化建设进程，建设规模化、商贸化、特色化新型集镇。2016年实施了集镇二期工程和兴塘、汉城、五郎坪、西河等村5个安置点建设，搬迁群众171户。同时，集镇安置社区一期、二期工程已建成并投入使用，三期工程建设安置房108套主体已完工，正在进行内外装修，预计2017年7月前建成并投入使用。

【教育卫生】 教育：2016年，汉王镇有初级中学1所，中心小学1所，村级完小2所，教学点1个，公办幼儿园1所，民办幼儿园1所，中学生662人，小学生1288人，入园学生551人。全镇有教职工115人，其中高级职称教师8人，中级职称教师43人，初级职称教师64人，教育教学质量逐年攀升，为市级教育强乡镇。卫生：汉王镇中心卫生院现有职工21人。其中：中级职称3人，初级职称18人。下属8个村卫生室。拥有200MAX光机、电子胃镜、B超、心电图机、半自动生化分析仪及常规检验设备。能开展四肢骨科手术、住院分娩、阑尾、疝气及内、外、妇、儿的常见病、多发病的诊断和治疗。设有住院部、普通内科、外科、妇科、儿科、中医科、妇产科、药品仓库等主要科室；附设有心电图室、放射室、检验室等辅助科室。开设床位20张，外设一个门诊部。2016年，汉王镇全力做好医疗卫生、计生等服务水平提升工作，努力办人民满意中心卫生院。

【党风廉政建设】 全面落实党委主体责任，建立党委主体责任清单，建立健全党委书记主抓、班子成员齐抓共管的工作机制，并落实领导牵头主抓分管领域党建及党风廉政建设工作责任清单。全面落实党委主体责任和纪委监督责任，强化执纪监督问责。持续加强镇纪委直管村监委会工作，全年共计组织培训2次，每月按时召开村监委会工作会议，村监委会上报问题初核线索8件，信访了结6件，立案2件，结案2件，给予党纪处分2人，其中侵害群众切身利益不正之风和腐败问题案件初核4件，立案1件，处理1人。汉王镇狠抓干部作风建设，严格落实机关考勤和请销假制度，并加强对干部工作纪律明察暗访。全面加强侵害群众利益不正之风和腐败问题整顿工作，全年查处群众身边不正之风和腐败问题6件，结案6件，处分10人。汉王镇通过“内强素质、外树形象、严管干部”，努力让风清气正的干事创业环境和苦拼实干的优秀干部队伍成为汉王最亮丽的风景。

【社会管理】 汉王镇积极推进“平安汉王”建设工作，加大人防、物防、技防力度，推进“三横五纵一中心”矛盾纠纷排查化解机制，实行信访维稳责任倒查，利用“五个一”机制平台，召开包联工作研判会12次，解决群众诉求145件，全年落实接访335余人次，共计调处矛盾纠纷85起，化解重点信访15起，落实重点稳控3起，未出现县级以上上访。汉王镇进一步夯实防汛防滑、安全生产、胡峰防治、食品药品、森林防火等安全工作措施，坚持“安全第一、预防为主、综合治理”的方针，按照“党政同责，一岗双责”要求，层层夯实领导带案下访和包案接访责任，认真排查各类险情和安全隐患，确保人民群众生命和财产安全，确保全镇和谐稳定。

（李永岗）

焕古镇

中共焕古镇委员会
书　　记：蔡英宏
副 书 记：覃承军　王　军
组织委员：杜鹏志

中共焕古镇纪律检查委员会
书　　记：朱　棋

焕古镇人大主席团
主　　席：周　鹏

焕古镇人民政府
镇　　长：覃承军
副 镇 长：黄晓德　甘贻催

焕古镇人民武装部
部　　长：张　琦

【机构设置】 2016年度，焕古镇政府机关下设党政综合办公室、经济发展办公室、社会管理办公室、公共事业办公室和财政审计所，事业单位下设农业综合服务站、社会保障服务站、文化综合服务站、村镇规划建设管理所、畜牧站和食品药品监督管理所。

【基本镇情】 焕古镇位于紫阳县中部，镇人民政府驻地焕古街道距县城20公里。焕古镇因宦姑滩而得名，宦姑滩是唐代贡茶生产地。境内万山综错，沟壑密布，烟波浩渺，海拔331米至1300米，最高点为蜂桶殿，海拔高度1300米，最低点为瀛湖库区331米水位线。北有秦岭相阻，南有巴山为屏，形成了冬无严寒、夏无酷暑的北亚热带湿润季风气候区，其特点是四季分明，雨热同季，光照充足，年降雨量800毫米至1000毫米，年平均气温15.1℃，无霜期为268天。有耕地38689亩，茶园2.3万亩。汉江横贯全镇长达20公里，是当地不可或缺的一条重要水道。全镇总面积100.25平方公里，辖焕古村、春堰村、金塘村、腊竹村、大连村、刘家河村、东红村、东河村、黑龙村、苗溪村、松河村11个村民委员会和一个街道社区居委会，94个村民小组，3827户，14232人。

【优势资源】 矿产资源丰富，旅游资源潜力巨大，绿色产业蓬勃发展。旅游资源聚古镇文化、道教文化、茶乡风情于一体。一是汉江横贯全镇，境内江域20公里，5600亩；二是老街保存有古香古色的石阶路、石板房；三是有千年古刹——东明庵，曾有“先有东明庵、后有紫阳县”之说；四是镇政府周围群山环抱，上有齐星寨，下有石女寨，对面有牛头寨、天池垭，后有云雾寨、蟒寨、蜂桶殿等奇山异峰，怪石嶙峋，是一个天然的旅游景区；五是沿江腊子园、铁炉沟、七里沟、八里扁、鲢鱼河、洒鱼河、松河口等山水交融，岛屿相连，烟波浩渺，是休闲度假旅游的绝佳去处。

【经济概况】 生产总值从2011年11232万元增长到2016年的30891万元，同比增长175%，其中农业生产总值同比增长40.6%。“十二五”期间全社会固定资产投资5.1亿元，同比增长410%；农民人均纯收入由2011年的5330元增长到9246元，同比增长73.5%；城镇居民人居可支配收入由2011年的19066元增长到2016年33493元，同比增长75%；人口自然增长率控制在2‰以内，城镇登记失业率控制在4%以内。

【主导产业】 围绕茶园规模、品牌建设和招商引资持续发力，不断做大做强立镇产业。一是强化管护，确保茶叶高产质优。组建管护专业工作队进行统管统防，全面完成全镇2.6万亩茶园管护，发放药品2.5万袋。二是抢抓机遇，不断扩大基础规模。2016年新建茶园1470亩，农户自行购苗点籽300余亩。三是持续招商，逐步强化产业龙头。2016年成功引入两家茶叶企业，共计投资6800万元，均已落地在建。四是坚持标准，着力建设示范园区。春堰村茶叶观光示范园区观光路建设及园区管护和补植补栽工作完成；三坝村茶叶观光示范园完成核心区整地300亩，其中核心园区150亩栽植陕茶1号；焕古村茶叶观光示范园区完成茶园管护和观光人行梯步，已完成整地。五是塑品牌，不断提升知名度。焕古村获全国一村一品示范村称号，紫阳焕古富硒茶成功入选全国“‘一村一品’十大知名品牌”。六是多元发展，丰富农产品种类。鑫昌万头生猪养殖场建成投产，引入大长母猪100头试运行繁殖，已产仔917头，完成仔猪出售692头；松河村莲藕专业合作社、骏峰养殖专业合作社、食用菌专业合作社运行良好。完成1150亩的魔芋栽植任务，400亩烤烟已完成生产销售。

【脱贫攻坚】 2016年，成立脱贫攻坚工作团及驻村工作队，镇、村层层签订责任状，按照“书记负总责，工作到村，扶贫到户”总要求，精准谋划，精准识别，精准帮扶，强化监督，顺利完成大连、东河两村第三方评估验收。一是顺利完成年度脱贫任务。2016年实现356户1125人脱贫人口脱贫，顺利达成年度目标。通过产业扶持186户695人，在精准识别的基础上，按照“一户一策，精准施策”的原则，采取长短结合、产业到户，有针对性地进行帮扶。2016年新建茶园1470亩，对有条件的贫困户实施茶园发展全覆盖，同时因户施策发展猪、羊、牛、鸡、食用菌、莲藕、烤烟等当年脱贫增收项目；积极发动贫困户参加修脚、电商、烹饪、家政服务等实用技术培训，通过劳动力转移就业，有效实现了275人的贫困人口转移就业，实现培训一人，脱贫一户；实现贫困户参加合作医疗及养老保险全覆盖，完成了年度55名贫困大学生教育资助；按照脱贫标准完成大连村、东河村道路、饮水、通讯等一系列基础设施工程。二是顺利完成移民搬迁年度任务。全镇开工建设集中安置点7个，共落实搬迁户500户。黑龙村安置点50户基础施工；刘家河村安置点50户四层主体施工；大连村安置点56户开工建设；续建松河村安置点33户（主体在建24户、已完工9户）；东河村安置点60户（已完工40户，主体在建20户）；东红村安置点48户开工建设；进城入镇24户，分散安置24户；特困五保安置点155户已完成招标并开工建设。

【城乡统筹】 按照县镇规划，提出打造“中国紫阳硒茶小镇”的发展理念，进一步明确了发展定位，进一步推进各项基础建设，并将“硒茶小镇”建设纳入镇“十三五”发展规划重要内容，镇域经济、社会、文化发展后劲进一步增强。一是围绕定位着力编制和完善旅游古镇修建详细规划，在基础建设和旅游功能方面着力提升文化内涵和综合效应。二是集镇老街已完成民居改造68户，完成老街排污管网安装、路灯线网安装和老街板石铺面；集镇老街电网改造已完成主线路建设，正在分户。三是田坝新区仿汉唐集镇新区已完成一、二期建设，三期8栋64户主体完工。四是集镇汉江防洪河堤主体已竣工，正在进行路面、栏杆等后期装饰工程，配套客运码头主体已完工；滨江观江步道已完成毛路开挖；庙沟桥已完成建设，肖家沟桥正在建设当中。五是逐步提升小镇接待能力，培育了8户旅游餐饮经营户，集镇老街游客接待中心已开工完成加层，正在进行外部改造。

【基础设施】 坚持以完善镇村基础设施为重点，狠抓重点工程建设和农村环境整治，着力塑造便民、宜居、整洁人居环境。一是集镇污水处理厂、防洪河堤建设有序推进。污水处理厂投入使用。防洪河堤主体已竣工，正在进行路面、栏杆等后期装饰工程。二是镇村交通基础设施逐步完善。集镇田坝客运码头主体完成，大连码头即将动工；庙沟大桥竣工，肖家沟大桥因需正变更设计；农村道路硬化方面，已完成农村道路新建和硬化6.87公里（东红村2.5公里、金塘村1公里、苗溪1.37公里，东河村2公里改造。），12.7公里正在建设当中（东河5.5公里，大连村4公里，三坝3.2公里）。三是农村安全饮水工程得到加强。三坝村人畜安全饮水工程、刘家河生产用水工程均已完工；黑龙村人畜饮水工程即将完工；东河村15口水窖、灌溉工程及水坝均完工。四是农村通讯水平进一步加强。腊竹村通讯基站（移动）建设已完成；三坝村宽带建设正在进行。大连宽带网络96户无线网络已开通。

【社会事业】 教育教学质量稳步提升，办学条件进一步改善，启动投资530万元的镇中心学校教学楼操场及附属工程，正在建设中，预计2017年秋季投入使用。扎实做好公共卫生工作和妇幼工作，投资300万元的镇中心卫生院项目投入使用。投资300万元的农商银行焕古分理处新办公楼已完成主体封顶，即将投入使用；集镇老街电网改造已完成主线路建设，即将投入使用；全面提升计划生育工作质量，低生育水平持续稳定，新建东红村、金塘村、社区三处活动中心，改建了黑龙村活动中心。农村低保、城镇低保、五保管理趋于规范，一大批五保、低保、重病、重度残疾人得到应有生活和医疗保障。

【综治维稳】 2016年，大力推进“平安建设”，开展各种社会治安综合治理活动，社会管理不断加强。办法制宣传板报18期，举行法制宣传讲座36场次，受教育人数11000人次。进一步落实“三调联动”机制，全年落实“以案奖补”55件。共接待各类来信来访34起，接县级转办的信访件13件，自办信访件13件，均得到妥善解决。切实抓好安全生产工作，一年来，安全生产态势持续平稳，无重大安全事故发生。不断完善工作机制和措施，努力实现信访工作“一控双降”。加大对安全生产工作的领导，确保交通、矿山安全。落实食品安全监管岗位责任制。“两率两度”稳步提高，社会大局和谐稳定。

【政府自身建设】 坚持把“两学一做”学习教育，聚焦到强化基层党组织建设、营造风清气正发展环境、带动镇村经济社会发展上来。各支部按照“六有”标准，扎实推进学习教育。一是采取“七学法”丰富学习形式。同步发放各类学习资料720余册，确保学习教育覆盖到全镇每名党员。二是开展“党员中心户”创建活动，采取支部带中心户、中心户带普通党员，普通党员带贫困户的“三级帮带”模式，同步宣传国家各类惠民政策、致富门路，帮助贫困户谋发展，促增收。三是结合庆祝建党95周年开展评选表彰活动，营造浓厚学教氛围，评选各类先进典型139人。四是开展支部、党员“承诺践诺”工作，定下了整改目标并在年底接受承诺事项集中测评。五是大力营造学教氛围。利用展板、喷绘、横幅、微信、QQ群等媒体在全镇范围内营造浓厚学教氛围。

（吴子勇）

向阳镇

中共向阳镇委员会
书　　记：詹世勇
副 书 记：佘在随　王　敬
组织委员：马贵文

中共向阳镇纪律检查委员会
书　　记：张凤鸣

向阳镇人大主席团
主　　席：晏刚林

向阳镇人民政府
镇　　长：佘在随
副 镇 长：覃　华　吴著成

向阳镇人民武装部
部　　长：汪富奎

【机构设置】 向阳镇机关内设“六办二所五站”，即党政综合办公室、扶贫办公室、移民办公室、综合治理办公室、计划生育办公室、村镇规划办公室、市场监管所、财政审计所、农业综合服务站、民政工作站、公路管理站、文化服务站、社会保障服务站。目前，实有在编在岗人员59人。

【自然概貌】 向阳镇距紫阳县城6.5公

里，东与城关镇接壤，北与焕古镇毗邻，南与高桥镇交界，西与红椿镇、高滩镇相连。镇内地势南高北低，平均海拔820米，最高点海拔1537米，最低点海拔360米。境内河流密布，主要有自西南向东北入汉江的任河、自西向东入任河的渚河，境内山梁河谷纵横交错，属山区河谷地势。春夏多雨，冬秋寒凉，年降雨量1938.6毫米，降水多集中在5—10月，属典型的巴山气候。全镇面积130.9平方公里，下辖贾坪、营梁、江河、院墙、显钟、鸡鸣、天生桥、钟林、芭蕉、月池、止凤、悬鼓等12个村、1个集镇社区委员会，108个村民小组6792户2.53万人。

【优势资源】 境内资源丰富，林地覆盖率达54%，其中天然林保护林区6.8万亩，飞播林6.1万亩，生态林8.1万亩，经济林3.1万亩，主要有马尾松、杉树、柏木、厚朴等。镇内交通发达，通村水泥路覆盖全镇村落，包茂高速在域内有两个进出口，310省道及县道桑红路穿镇而过。水资源优势明显，任河、渚河流经全境入汉江。任河漂流、渚河水上乐园的建设将带动旅游产业再上新台阶。旅游资源主要有瓦房店综合旅游项目、富硒茶文化观光园、山地茶叶观光园、安康老地委所在地—芭蕉口、千年古枫、三叠泉等。2016年主要打造瓦房店北五省会馆、富硒茶文化观光园、山地茶叶观光园、并在旅游沿线扶持特色农家乐和乡村旅馆多家，旅游接待水平得到提升，旅游收入稳步提高；芭蕉发现大片古生物化石带——志留纪古海洋生物化石——弓笔石，为地质海洋变化和生物进化研究提供了依据。

【特色经济】 现有生产茶园2.87万亩，是全县茶叶大镇之一，有名优茶加工企业51家（1家富硒红茶加工基地）。2016年，改良低产茶园500亩，培育生态茶园1000亩，管护山地示范茶园2750亩，完成了2.81万亩茶园春秋两季管护工作，管护率达98%以上，发展紫阳富硒茶直销体验店1家、网店1家，完成4000亩魔芋种植任务，发展烤烟600亩、发展花椒300亩；扶持发展1个家庭农场；有序组织劳务输出1万余人次，实现劳务收入2.2亿元。

【脱贫攻坚】 2016年，三营、院墙两个贫困村通过第三方评估验收，整村出列，完成精准扶贫脱贫任务834人；开工建设485户4个避灾移民搬迁集中安置点，预计2017年6月底前完成，并完成各项配套设施。

【基础设施建设】 2016年全镇基础设施显著提高。新修村级公路13公里；硬化村级公路6公里；完成农全年实施建成5处安全饮水工程；完成贾坪吊桥；江河茶园观光路全面竣工。2016年，向阳镇以汉江水质保护为重点，全力抓好生态环境建设，实施村容村貌整治，完成了标准垃圾池建设11座，添置垃圾桶100个；完成三格化粪池22个，投入3万余元对沿河环境集中整治3次，确保垃圾、污水处理长效机制健康运行。2016年，集镇移民安置搬迁400余户，集镇人口增加2000多人，安置点五期工程开工建设，预计迁入190余户，集镇规模将进一步扩大。为加强集镇管理，配套了相关设施，充实了环卫队伍，确保垃圾日产日清，集镇进一步亮化美化。为加强小区住户管理，社区成立了专门队伍，加强矛盾纠纷排查调处工作，确保新老入住户能安居乐业；集镇殡仪馆建设已完成，建设面积600平方米，功能性用房400平方米，公墓建设用地全面完工，硬化道路120米；完成了向阳集镇污水处理厂建设。

【教育卫生】 2016年年末全镇共有幼儿园2所，小学4所，初中2所，小学在校生1280人，专职教师95人，初中在校生700人，专职教师55人，九年义务教育覆盖率达100%；成立向阳镇“双高双普”工作领导小组，各学校对照标准进行自查，并上报“双高双普”工作领导小组办公室；印发《向阳镇加强保学控辍工作实施办法》，夯实镇域各学校保学控辍工作；加强实施“13年免费教育”宣传，营造舆论氛围；组织实施镇属各校园第二轮常规检查。医药卫生体制改革稳步推进，12个村建立了标准化卫生室，2016年农村合作医疗参合2万人，农民参合率达100%，食品药品放心工程扎实推进，医疗条件和环境明显改善，药监所充分发挥职能，加强对农村红白喜事、餐饮业监管，确保不发生一起食品安全事件。

【农村改革】 积极推进农业产业结构调整，充分发挥本地特色资源优势，发展特色产业，促进土地流转。启动机关事业单位工作人员养老保险制度改革人员信息核对摸底工作；启动镇村综合改革，撤并、设置相应机构，办事效率日趋更合理、便利。

【党风廉政建设】 “两学一做”学习教育扎实开展，全面达到“六有”，各显特色主题。各支部相继完成第三次关于“强化宗旨意识、联系服务群众”专题讨论；对照“组织提升年”工作内容，江河、芭蕉、钟林3村进行了阵地“清零”。对江河村下派了第一书记并进行后进整顿。各支部进行规范化布局建设；镇村积极完成庆七一活动，镇党委筹资1.5万元对50名困难党员进行慰问，举行优秀党员、党务工作者、先进党组织表彰活动。全年共发展积极分子10名、新发展党员4名、转正党员4名，各支部开展重温誓词、唱党歌、看专题片等各类庆祝活动；严肃换届纪律，多次组织观看《镜鉴》，按程序完成两委换届各环节工作；认真执行“五个一”工作机制，推动防汛防滑、脱贫攻坚等各项工作任务；科学制定了村干部绩效考核管理细则，各支部规范落实“三会一课”制定，党群例会日制度和“54321”民主决策机制。

【经济主要成就】 2016年全镇农村经济总收入21043万元，农村居民人均可支配收入18285元，农村居民人均可支配收入9001元。其中，种植业收入3753元，养殖业收入1451元，二、三产业经营收入1690元。

（周志新）

洞 河 镇

中共洞河镇委员会

书　　记：田元彬

副 书 记：徐恒鑫　伍　鹏

中共洞河镇纪律检查委员会

书　　记：杨军仓

洞河镇人大主席团

主　　席：李平全

洞河镇人民政府

镇　　长：徐恒鑫

副 镇 长：侯启龙　覃小强

洞河镇人民武装部

部　　长：程　健

【机构设置】 镇机关内设党政办公室、经济发展办公室、社会管理办公室、公共事业办公室、财政所五个行政机构；村镇规划建设管理所、脱贫攻坚指挥所、农业综合服务站、人口和计划生育服务会站、社会保障服务站、药品食品监督管理所、文化综合服务站七个事业机构；县直部门派驻机构畜牧兽医站；另有派出所、司法所、国土资源所、供电所、信用社、卫生院、中心学校、移动分公司、联通分公司、电信分公司等驻镇单位，2016年实有在编公务员30人，事业编人员32人。

【概况】 洞河镇位于紫阳县东部，东与岚皋县的大道河镇接壤，西邻城关镇，南与双桥镇为邻，北接蒿坪镇距县城12公里处。洞河镇还是一江（汉江）两河（汝河、洞河）交汇的地，襄渝铁路穿境而过，四大公路相互贯通（岚紫公路、洞大公路、城洄公路、磙三公路），水路交通十分便利。洞河镇气候湿润，高温多雨，雨热同步，冬无严寒，夏无酷暑，年平均气温为15.0℃，年均降水量1127.8毫米。全镇总面积共94.2平方公里，水域面积居多，辖12个行政村（洞河、云峰、马家庄、石家、菜园、小红光、前河、联丰、楸园、田榜、红岩、香炉）和1个居委会，总人口5919户，约17451人。其中少数民族（回族）总人口1226人，是一个回汉杂居的民族集镇。劳动人口7916人，占全镇总人口的45%，常年外出务工者4081人，占全镇总人口的23%。洞河镇的水、林、矿产以及旅游等资源极为的丰富。丰富的水资源为百姓带来了丰收的喜悦，鱼的种类和数量也是十分充裕；森林资源也是不容小觑的，葱郁茂密的大山为洞河镇的旅游事业锦上添花；矿产资源中尤其以煤、铁、铜、锰、石英石等十分优质；旅游资源有古戏楼、狮子崖、会馆梁、汝河清真寺等多处景点，再加上洞河镇依水而建，青山绿水，江边垂钓，渔歌唱晚，悠闲自得，成为游客旅游观光最佳去处。

【脱贫攻坚】 2016年，抢抓秦巴山区连片开发和精准扶贫政策机遇，围绕“六个保障”，着力脱贫攻坚。大力实施移民搬迁，先后在集镇、田榜、楸园、前河等村新建避灾移民集中安置点，修建保障房500余套，搬迁2500余人，累计发放购房补贴1688万元；因地制宜，鼓励群众大力发展茶叶，核桃、柑橘、养羊等种植、养殖业，共新建茶园2500余亩、改造茶园2500余亩、种植烤烟2000余亩、发展柑橘800余亩，巩固发展渔业产业；严格执行民政优抚政策标准，阳光操作，认真落实“五保”、低保政策，积极实施困难生活救助、大病救助。累计发放各类民政资金2200余万元，为困难群众和弱势群体提供了最低生活保障；全面落实农村合作医疗，养老统筹、全镇参合率达到98%以上，大力实施雨露计划、困难学生救助政策，救助困难学生1000余人次200余万元，为群众教育、就医、养老提供基本保障；全面兑现各类惠民政策，累计发放粮食直补、耕还林等惠农补贴1500余万元，惠及全镇人民；积极探索就业新模式，寻找创业新契机，组织群众开展修脚师、烹饪、茶园管护等劳动技能培训，拓宽就业渠道，解决就业1000余人。

【产业发展】 发挥茶叶基地和大户示范带动作用，通过“基地+农户”的模式，着力培养以马家庄、香炉、田榜、楸园为中心的茶叶重点村，带动全镇发展茶叶突破2万亩。投资千万发展大水面渔业养殖，建成2000余平方米双层立体生态网箱；全镇发展烤烟600余亩，产值达300余万元；魔芋2000亩，产值达500余万元；茶园管护面积近4000亩，产值达800余万元；桑园面积1000余亩，喂养蚕种500余张，产值80余万元；全镇肉牛存栏量199头、山羊存栏量10252只、生猪存栏量2.2万头。山林经济快速发展，林下养殖户持续增多。在前河、菜园、小红光村发展精品橘园500亩，李子园400亩，核桃园500亩。进一步完善产销对接，积极与市县电商办协作，采取“电商企业+专业合作社+贫困户”的电商扶贫，创新发展“网赢天下”的产销新格局。

【基础设施建设】 基础设施投入加大，镇村面貌明显改善。一是加强农村基础设施建设，提升生活质量。积极争取资金项目，先后在各村实施公路新建、改造工程150余公里，修建便民桥7座，同时541国道在洞河境内全面开工建设，跨汉江大桥列入“十三五”规划。先后投资1000余万元，在田榜、联丰等村修建河堤2000多米，饮水工程20余处，同时实施了农村电网改造，实现了同网同价。二是加快集镇建设，提升集镇品位。集镇面貌是一个镇的名片和脸面，街道脏、乱、差现象一直是困扰历届党委、政府的一大难题，也是居民关心的一个热点问题，本届领导班子克服种种阻力，积极争取资金项目，先后实施了街道硬化、绿化、亮化工程，对集镇线路、供水管道、背街小巷进行了改造，同时对文化广场和戏楼进行了改造修缮，集镇安置点配套设施全面完善，新建集镇饮水净化工程一处，污水处理厂一处；旅游观光码头、集镇农贸市场即将开工建设，居民的居住环境和集镇形象得到了有效提升。三是加强网络通讯建设，提升农村信息化水平。全面推行农村广播电视“户户通”，修建移动、联通发射塔，推动电信光纤网络建设，基本实现网络到村，广播电视、通讯全覆盖。

【生态环境】 镇党委、政府将环境保护和汉江治污作为一项政治任务，进行广泛宣传动员，做到人人皆知，全民行动。各村配备1~2名卫生保洁员，落实江河长责任制，签订门前“四包”责任书，逐年完善各村垃圾池、化粪池、垃圾填埋场的建设。先后共投资1000余万元，改圈改厕500余户，修建垃圾池67个、化粪池500余口，垃圾填埋场4处，污水处理厂1处。镇村环境环境卫生明显改善，群众环保意识有效提升，确保一江清水送北京。

【社会事业】 一是加强市场整治，确保食品药品安全。成立食品药品监督管理所，填补了监管空白和监督死角，全面实行农村家宴申报备案制度，大力查处违法经营行为，共立案处罚30余起，确保了辖区人民饮食用药安全。二是加大教育投入，提升教育教学质量。加强校园安全管理，狠抓教师队伍建设，教育教学质量名列全县前列；先后争取资金1000多万元，新建镇中心幼儿园、石坝小学教学楼等校园基础设施建设，改善办学条件，提升了办学水平。三是积极开展文化活动，提高群众生活品质。先后争取资金改造文化广场，节约办公经费购置了文化器材和演出服装，积极组织群众文艺团体参加文艺演出比赛和文化交流活动，并多次县级表彰，提升了群众生活品质。四是转变工作职能，提高计生卫生服务质量。整合资源，优化办事流程，简化办事手续，严格兑现奖扶资金，围绕“国优”创建，提升计生工作水平，加强医护队伍的教育管理，不断加大资金投入，更新医疗设备，提升服务质量。五是做大做强招商引资和旅游产业，拉动地方经济发展。先后引进企业10余家，累计完成招商引资1亿余元。对公路、河道沿线村庄实施绿化、亮化工程，为下步打造旅游强镇奠定了坚实的基础。六是加强社会管理，促进民族和谐。加强安全管理，大力查处农用车辆、农用船只载客和摩托车超载现象；多方筹措资金，积极化解历史债务，确保了社会和谐稳定。充分尊重少数民族宗教信仰和生活习惯，在学校为回民师生设立“回民灶”，大力扶持清真寺等宗教场所建设，利用暑假举办“民族语言”培训班，传承和弘扬少数民族文化，认真执行计划生育、牛羊肉补贴等民族优惠政策。

【自身建设】 全面落实从严治党，营造风清气正的政治生态。一是扎实开展学习教育，加强干部作风建设。领导班子带头示范，持之以恒抓好学习，不断提升班子成员的党性修养和政治理论水平，全体党员干部在学习中受教育，懂规矩，讲政治。结合本镇实际，先后出台了财务管理制度、考勤制度等十八项规章制度，严格干部队伍管理，着力解决干部身上存在的“四风”问题，“不严不实”问题、懒政怠政问题，主动适应从严治党新要求、作风建设新常态，打造了一支政治可靠、素质过硬、作风优良的优秀干部队伍。二是深入开展包组联户，密切联系群众。镇党委深入开展包组联户“五个一”工作机制，严格落实领导联村、镇村干部包组联户，要求干部进村入户，访民情，解民意，解民忧，做到责任到人，突出贫困户，实行“一对一帮扶”，精准施策，帮扶发展产业，增加群众收入，并将干部工作开展情况纳入干部年度考核，严格兑现奖惩。三是加强基层组织建设，打牢基层基础。通过在村级党组织开展一系列党的学习教育，不断强化农村党员干部的教育管理，提升农村党员干部的政治信仰和政治觉悟，增强基层党组织的凝聚力和战斗力，充分发挥党员干部的表率示范作用和基层党组织的战斗堡垒作用。严格执行村级财务管理制度和村干部值班制度，认真落实党群例会制度，坚持“54321”工作法，开展“我是党员我承诺”“党员亮身份”“评星定级”等党建活动，让村组干部、党员、群众代表共同参与讨论和决策村上事务及群众关心的热点问题，充分发扬民主，主动接受群众监督，确保公平公正、公开透明。四是全面落实从严治党，筑牢防腐之墙。全面落实党风廉政建设两个主体责任，始终把党风廉政建设和全镇主要工作放在同等位置，做到同研究、同部署、同落实、同考核。狠刹“五股歪风”，严禁“人情风”“赌博风”，坚决纠正查处损害群众利益的不正之风和腐败问题，党员干部作风明显改善。立案查处违纪案件12起，给予党政纪处分14人，达到了查处一个、挽救一批、教育一片的效果。

（余勇军）

洄 水 镇

中共洄水镇委员会

书　　记：甘贻松

副 书 记：郭申堂　邓存军

组织委员：暴升华

中共洄水镇纪律检查委员会

书　　记：梁胜重

洄水镇人大主席团

主　　席：罗　勇

洄水镇人民政府

镇　　长：郭申堂

副 镇 长：董长江　刘　伟

洄水镇人民武装部
部　长：陈　兵

【地理位置】　洄水镇地处紫阳县东南部，距县城38公里，是紫阳县的边贸重镇，东与洞河镇接壤，南与岚皋县堰门乡隔河相望，西与斑桃镇比邻，北与双桥镇相接，权洄、紫岚公路穿境而过，辖区总面积88.67平方公里，共有1个社区、8个行政村，73个村民小组3827户，辖区总人口13782人，劳动力8997人，全年劳务输出5165人，2016年人均纯收入9210元。

【资源优势】　洄水镇属于典型的山地地形，秦巴低山斜坡状，地形坡度较缓。境内汉江支流洞河穿境而过，水资源丰富，水力蕴藏量约150万千瓦，可开发量100万千瓦，可利用水域面积90万亩，是水产开发的理想之地。农业资源。洄水镇是传统的农业经济镇，农业产业以茶叶、蚕桑、魔芋、畜牧、林下经济为主导产业。交通便利。近年来，新农村的建设，农村的交通条件得到了极大的改善，基本上实现了村村通水泥路，群众的出行和农资物品运输问题得到了解决。随着G541国道建设，将会极大地拉近与县城的距离，实现一个小时往返两地之间，极大的改善人流、物流。

【特色经济】　茶叶产业发展初见规模。洄水镇已成为全县12个产茶重点镇之一，全镇现有生产茶园10377亩，5家茶叶加工企业，全部实现茶叶机器化生产，年产茶20余吨，实现年产值达400余万。500亩富硒茶园示范区初步建成，建紫阳茶母穗园600亩，无性繁殖茶苗100亩。畜牧产业健康发展。以生猪、山羊为主的畜牧产业发展势头强势。近年来累计培育养殖大户138户，培育庙沟华成养殖场公司、燕山养猪场等龙头生猪养殖企业，实现全镇年出栏生猪2万余头。现有山羊养殖户30户，年出栏200头以上的3户，在连桥建万羽林下养鸡场1个。现代示范农业产业园区建设速度不断加快。庙沟“猪沼菜”循环农业示范园和茶稻村生态茶叶观光园初具规模，稻村生态茶叶观光园成功申报市级农业园区。茶稻村生态茶叶观光园的300亩冬桃园已建成，一期100亩冬桃园成功试果，市场前景广阔，并计划在联沟村新建千亩冬桃园。魔芋产业形势喜人。全年商品芋栽植2000亩，种芋300亩，紫阳佳欣魔芋产业有限公司建成投产，年加工鲜魔芋300余吨，带动200余户贫困户发展魔芋种植。水资源得到初步开发。全镇范围内以建设成水电站3座，已建成目连桥、团堡流水养鱼场2处，鱼塘20余亩，年养殖能力达20万余尾。生态旅游资源丰富，生态旅游产业发展潜力大。目连桥下关田库区开发的休闲垂钓园已正式运营，后期目连桥、九塔十三碑、一百单八步等人文景观，有待进一步开发，以生态旅游的茶稻茶叶观光园已初具规模，以生态旅游为主的新型产业正在悄然兴起。

【脱贫攻坚】　精准扶贫。一是围绕村脱贫六大标准、户脱贫六大保障，完成全镇419户1254人全面脱贫任务。针对住房无保障贫困户，针对住房无保障贫困户，采取集中安置、组团安置、交钥匙工程安置、土坯房改造等多种方式解决贫困户住房问题。如期完成小河、燕山村当年整村脱贫任务。燕山顺利第三方评估验收情况良好，完成小河整村脱贫第三方评估验收的各项准备工作。二是移民搬迁工作稳步推进，圆满完成了移民搬迁工作人。共实施集中安置93户，实施村集中安置220户，实施分散安置73户。三是贫困户帮扶成效显著。启动扶贫小额信贷工作，共完成贫困户授信596户，授信金额2365万元。产前兑付资金14.8万元，共有275户贫困户获益；产后共兑付资金25.53万元，共有538户贫困获益，通过鼓励贫困户发展产业，达到增收的效果。去年实施贫困大学生获得补助23名，共计资金11.5万元；通过短期雨露计划培训贫困户178户，兑付补助7.1万元；贫困户在校学生无辍学现象，九年义务教育学生均享受两免一补。市统计局、县委宣传部、县农商行、团县委等驻村帮扶部门筹措资金20余万元，对产业发展带头人进行奖励扶持。产业扶贫。一是大力发展茶叶、魔芋、畜牧等特色产业。全镇8个村累计组建16个专业合作社，以“合作社+基地+贫困户”的模式，新建小型茶叶加工厂2个、魔芋加工厂1个，引导企业参与脱贫攻坚，发展吸纳贫困户入股分红企业7个，完善企业包帮扶贫困户产业脱贫相关资料。全镇实施生产茶园管护1.1万亩（其中丰产密植茶园1000亩），荒山茶园改造500亩，新建本地种茶苗繁育基地80亩；发展标准化魔芋基地300亩，商品芋基地2000余亩；发展养羊大户30户，100只以上养鸡户20户。企业反哺农户免费发放肥料20吨，魔芋种15吨。二是产业园区建设不断加强。1. 着力打造了茶稻村冬桃园。2016年新栽植冬桃200亩，完成园区道路硬化3公里，配套实施园区灌溉工程1处，积极申报了园区道路环保建设项目，在观光园内发展特色农家乐一家。首批试种的100亩冬桃全面挂果。同时，完成联沟村千亩桃园土地流转和土地整理工作。2. 结合目连沟流域流水养鱼及库区休闲垂钓项目，打造了目连桥流水渔业养殖园。完成目连桥库区休闲垂钓园绿化300平方米，新修游客休息室30间，增设特色小吃项目，渔家乐已投入运营；完成目连桥首期流水渔业养殖园区项目扩建工程，扩建鱼塘3亩，完成首批鱼苗孵化100余万尾。同时，启动了团堡村流水养鱼二期项目建设，组建了流水养鱼合作社，由合作社牵头，完成团堡村建鱼塘15亩。

【基础设施建设】 2016年申报基础设建设项目31个，公共服务类建设项目10个。共实施通村水泥路面硬化工程8.2公里；完成村级道路拓宽工程2公里；实施村级砂石路3公里；实施人饮工程5处、灌溉工程1处。建联户路11公里。实施村级道路完善工程33.9公里。集镇中心卫生院门诊楼建设项目已开工，中心幼儿园、中心小学薄弱学校改造项目进入施工阶段，集镇公墓、殡仪馆建设项目获得批复立项，完成选址及征地，完成项目业主洽谈、达成建设投资意向，正在组织实施，完成10千伏高压供电114溃路改造10公里。新建、扩建村活动室2个，改建及完成产权置换村活动室2个。完成集镇二街三期工程街面硬化170米及化粪池配套工程；完成四期附属河堤建设 180米连接集镇二街葫芦包桥、小学沟桥完成项目勘丈设计，进入项目招投标阶段，完成二街陈家沟河堤建设180米，实施了安置点污水集中收集处理。开展集镇综合整治5次，完成社区活动中心改建工程。完成中学路口至安置点路面硬化150米。

【生态文明建设】 巩固了省级生态镇建设成果，切实加强农村环境整治和环江水源保护工作，制定了《洄水镇集镇环境综合整治工作实施方案》，启动庙沟、连桥、茶稻3个美丽乡村建设，申报建联沟、社区县级文明示范村相关资料。完成镇集中安置点物业管理前期业主洽谈。建立完善环境保护软件资料，张贴门前“四包”责任书400份，完成全镇河长管理组长更新，开展环境卫生集中整治5次。

【民生社保】 新农保完成任务90%；新农合及城镇医保完成8897人（完成任务数100%）。配合完成541国道项目建设援建工作。全年共实施贫困户生活救助44人次，发放救助资金16.7万元；实施医疗救助38人次，发放救助资金13.6万元。发放残疾补贴402人次1.52万元；贫困户高龄补贴741人次，发放补贴资金13.23万元。

（李青山）

界 岭 镇

中共界岭镇委员会
书　　记：何泽民
副 书 记：高显刚　张达瑞
组织委员：谢凯均

中共界岭镇纪律检查委员会
书　　记：金和平

界岭镇人大主席团
主　　席：刘大宏

界岭镇人民政府
镇　　长：高显刚
副 镇 长：王志安　彭意聪

界岭镇人民武装部
部　　长：曾嘉庚

【机构设置】 根据紫阳县委、县政府镇村综合改革的要求，原界岭镇与原斑桃镇进行改革并镇，原“斑桃镇”划归至“界岭镇”，办公地点设在原斑桃镇办公楼，原界岭镇政府更为界岭镇工作站。全镇在编人员66人，其中领导9人。政府机构设“四办两所三站”，即党政综合办公室、人大办公室、经济发展办公室、社会治理办公室，市场监管所、财政审计所，农业综合服务站、社会保障服务站、公共事业服务站。另有司法所、派出所、卫生院3个县级派出机构。

【自然概貌】 界岭镇位于紫阳县南部，东与安康市岚皋县官元镇接壤；西与本县的双桥镇相连；南与四川省、重庆市交界；北与本县洄水镇相连。境内自然植被丰富，山清水秀，风光秀丽，溪流众多，八道河、秀道河集镇交汇，流于汉江。辖区地势呈南北走向，山大沟深，自然植被丰富。辖区总面积241.2平方公里，全镇辖8个行政村1个社区、52个村民小组、2951户、总人口12058人。

【优势资源】 境内矿产资源主要以钒钛磁铁为主，地质储量大，集中分布在麻园秀道河一带。此外绿板石（又名绿丝岩、软玉）藏量丰富，以其天然色泽和花纹远销国内外，广泛用于建筑装饰和石刻工艺材料。优质煤炭和铁矿储量大，纯净矿泉水资源也十分丰富。同时，界岭是林业大镇，林地广布，林地林种主要有材林、薪炭林和灌木林，盛产杉木、松木、栗类。

【特色经济】 2016年培育标准化农业园区1处，管护茶园1730亩，茶叶加工点7个。完成魔芋种植3600亩，核桃建园700亩；发展网店5家，巩固远沣万头猪场和紫岭生态农业园区发展成果，壮大3个千头养猪场；发展袋料食用菌8.5万袋；发展冷水鱼1万尾；养蜂200桶；新培育养羊大户5户，养鸡2.5万只。劳务输出2882人次，其中开展修脚师技术培训130人次。全镇农业生产种植业以洋芋、苞谷为主，杂粮有胡豆、豌豆、小豆、绿豆、荞麦、燕麦，本地蔬菜品种繁多。除此之外，具有特色的竹藤编制、传统刺绣、木工手艺依然传承不息。境内的钢鳅鱼等口感鲜美、细腻，已成为馈赠佳品；同时生活着明宗羊、山鸡、麂子、娃娃鱼（大鲵）等国家级保护动物。

【基础设施】 2016年巩固提升生态环境治理工作成效，全面完成集镇垃圾堆放场的迁建工程，同时配套建设1.75公里入场道路硬化；完成麻园村垃圾堆放场建设项目；完成斑桃村市级卫生村的创建。加强社区和界岭工作站集镇新区物业精细化管理；完成8个村生态环境治理和村容村貌整治，实施沿河岸新建垃圾收集池10个和三格式化粪池12个；开展沿河道水质保护工作，严防水污染。完成麻园村人饮工程2处，金狮村人饮工程2处，松树村人饮工程1处。协助做好新建权河口至洞河四级公路安防措施界岭段的建设；实施八道河公路桥建设；实施麻园村、金狮村整体脱贫村基础设施项目（麻园村6、7组道路改造及硬化，垃圾场道路拓宽改造及硬化，村级公路维修，便民桥2座；金狮村校场坝公路硬化改造续建）。全力推进标准化社区创建，配套完成水、电、路、讯、绿化、亮化等基础设施，完善红白理事会、社区活动室等功能建设；启动集镇殡仪馆和公益性公墓建设；完成中心学校综合楼校门及附属工程。

【精准扶贫】 2016年实现麻园、金狮2个精准扶贫村整体脱贫，完成两村共374户1181人的脱贫任务，完成松树、双泉、双明、箭竹共57户216人的脱贫任务，共计431户1397人。启动移民（脱贫）搬迁集中安置点5个（其中金狮村1个、双泉村1个、松树村1个、斑桃村1个、集镇五期），全年完成搬迁安置410户；完成工作站集镇新区四期安置点续建工程；完成社区四期安置点续建工程；完成麻园村安置点统建；完成金狮村村委会安置点续建工程。

【汉江水质保护】 投入3万元开展了四次农村环境综合整治，继续巩固双明村、双泉村市级生态镇。省级生态镇创建获得验收命名。实行“三员”管理，全面落实河长负责制度，实行了督察监管制度，建立监管体系，实行“每月一检查、季度一排名、年终一考核”的动态监管制度，汉江水质保护工作取得实效。开展了八个村生态环境治理和村容村貌整治，在各次环保工作督查中均获得较好评价。在松树、新坪埡、双明、双泉、金狮等村沿河岸新建垃圾收集池10个、三格式化粪池12个，已通过验收并投入使用。结合中央环保督查工作，开展了河道清理、采砂治理、道路清理、垃圾池清运、排污口治理、农户环境卫生整治等一系列工作，对违规行为进行了处理，关停了养殖场2个、采砂场2处；新建的集镇垃圾填埋场投入使用，并对旧垃圾填埋场进行了回填。

【党的建设】 巩固“三严三实”专项教育活动成果，认真组织开展“两学一做”学习教育，认真落实基层组织“7+2+1”专项活动，严格落实党委主体责任，加强干部教育培训，修订完善机关干部管理制度。完成“手机+支部”的机构建立及平台完善。开展建党95周年庆祝及表彰大会，对2个优秀基层党支部、2位优秀支部书记、12名优秀共产党员及12名“五个一”好先锋进行表彰。基层组织建设年活动扎实推进，村干部报酬按月发放，党群例会、“三会一课”等制度执行到位。后进村整顿全面完成。完成镇人大、政府换届选举工作，选举产生政府镇长、镇人大主席团主席、政府副镇长。

【教育卫生】 狠抓学校和幼儿园教育教学管理，完成教学楼排危；完成五一小学法治示范校区创建及界岭中学文明校园创建；完成界岭镇斑桃中心小学综合楼建设项目。教师末位淘汰制度、校长聘任制及教师全员聘用制全面落实，实施了镇中心学校和初级中学寄宿制学生管理、营养计划、留守儿童关爱工作。教育教学基础设施得到进一步完善。教育脱贫相关政策得到积极落实。全面落实计划生育各项优惠政策，依法治理生育秩序，全面推进母亲健康、优生促进、计划生育户创业三大工程，继续扎实做好流动人口一盘棋工作。全面实行医技人员聘用制和绩效工资管理制度，完成合疗收缴任务14185人，配合县合疗办实施新农合各项制度；完成城乡养老保险收缴任务5743人，城镇居民医疗保险180人次；全面落实低保五保政策，达到应保尽保。

【年度荣誉】 纪检宣传干部曾庆华获得全县纪检监察工作先进个人和优秀通讯员荣誉称号。

（徐彩云）

双 桥 镇

中共双桥镇委员会
书　　记：罗　彬
副 书 记：陈威强　王忠军
组织委员：林斗安

中共双桥镇纪律检查委员会
书　　记：曾　军

双桥镇人大主席团
主　　席：胡培海

双桥镇人民政府
镇　　长：陈威强
副 镇 长：饶荐斌　周　娟（女）

双桥镇人民武装部
部　　长：吴　冬

【概况】 双桥镇位于紫阳县南端，东临岚皋，南通四川，地处高桥、苗河、斑桃、洄水等乡镇交汇部。距县城54.9公里（包茂高速-权双路），总面积184.88平方公里，辖10个村45个村民小组15768万人。

【资源】 双桥群山怀抱、两河环绕、雨量充沛、四季分明，河谷盆地地貌，亚热带季风湿润气候。宜农林牧业生产，盛产茶、蚕、魔芋、山野菜、棕、桐等土特产，厚朴、杜仲、天麻、党参等中药材，铁、煤、板石等矿藏及森林，水能资源异常丰富。地方小吃，别具风味。有香炉山、狮子堡、古龙洞、铁寨子、小石桥等旅游资源。

【经济成就】 2016年，双桥镇全年实现农业总产值14814万元，增长12%；工业总产值1626万元，增长14%；完成固定资产投资6800万元，增长26%；农民人均可支配收入达到8907元，增长11%；人口自然增长率控制在千分之3.6‰。

【精准扶贫】 2016年双桥镇完成346户1146人的脱贫。346户脱贫户中住房无保障的农户282户，全部通过新建改造住上了安全舒适的房屋。其中进城入镇32户，自建131户，旧房改造30户，住交钥匙工程38户，购二手房、外迁等51户。全年新修公路3公里，改建公路17.7公里，建设公路安保工程8公里，新建连户路13公里，新建公路桥2座55延米，建设慈善便民桥2处。新修饮水工程3处。改建0.4千伏安线路17.5公里，低压线路变压器增容6台，贫困户的用电全部升级改造到位，实现了同网同价。当年脱贫户移动通讯信号达到全覆盖。通过包帮干部走访对接，科学规划，精准施策，贫困户通过发展畜牧养殖、种植业、外出务工等方式家庭人均可支配收入超过3500元标准，达到7000元以上。较2015年增长21%。2016年贫困户发展茶园100亩，新建核桃园138亩，养猪627头，养羊1589只，养蜂225箱。全年兑现产业到户扶持资金19万元，为787户贫困户进行了评级授信，发放扶贫贷款1672万元。贫困学生无一因贫辍学，义务教育巩固率达到100%。初中毕业生全部升入普通高中、职中或中等专业技校学习。贫困大学生全部得到助学补助。贫困居民养老保险参保率、参合率均达到100%。

【移民搬迁】 2016年双桥镇完成搬迁群众490户。五个集中安置点建设全面开工。解放村92套、取保村安置点54套已完成挡护和房建基础施工；四坪安置点二期84套搬迁房主体完工、224户特困户保障房已完成挡护和基础施工，香茶安置点二期20户及金旗村40户已完成主体建设，2015年的296套搬迁任务实际完成321套，目前全部达到入住条件。

【主导产业】 以闽秦茶业、康硒天茗两个茶叶企业为龙头，按照“企业+基地、合作社+农户”发展模式做大茶叶产业。新建茶叶专业合作社2个，茶叶粗制加工厂3处，新建茶园100亩。改造低产茶园1200亩，11000亩老茶园管护实现全覆盖。新发展魔芋4650亩，规范化种植1000亩。坚持建管并重，完成厚朴园管护10万亩。新建解放、庄房两个农业园区。

【生态环境】 以农村环境综合整治、汉江水质保护为突破口，严格执行“河长制”和网格化环境监管，加快垃圾污水处理设施建设，扎实推进农村环境综合整治，建设美丽乡村，选配河长11名，新建垃圾池18处，三格式化粪池20个，基本实现了河道无污染，公路主干线、大型院落的日常整洁。以双桥集镇为中心，按照亮化、净化标准，投资245万元改造提升集镇老街道800米，新建垃圾场2个，购买垃圾桶100个，配备保洁员11名，确保集镇保洁常态化。以天然林保护、二轮退耕还林等工程建设为契机，在现有森林资源的基础上，继续扩大森林覆盖率，努力将双桥打造成为国家级生态镇。2016年，双桥镇已被命名为“省级生态镇”，双河、四坪两村被命名为“市级生态村”。

【社会事业】 优化办学条件，重点加强留守儿童关爱、营养餐实施、教育教学管理。加快镇村两级公共卫生体系建设，2016年镇卫生院被省评选为“省级群众满意乡镇卫生院”，改造达标两个标准化村卫生室，切实改善农村基本医疗服务水平。依法治理生育秩序，全面推进“母亲健康”、优生促进、农村计生家庭创业工程，强化优质服务工作。一年来实施“母亲健康工程”检查700余人。全面抓好社会保障工作，完成城镇职工医疗参保299人，参加新型农村合作医疗15413人，城乡居民社会养老保险参保6979人，完成职业技能培训224人。加大民政救济工作力度，公正公平评定了五保、低保户。落实五保供养358人、城乡低保303户510人、重点优抚96人，实施大病医疗救助40人次105775元，所有困难弱势群体基本生活得到保障。

【安全生产】 2016年政府各级组织严格履行“一岗双责”制度，安全生产责任落实到各分管领导和部门，责任到人。一年来共签订各类安全生产目标责任书400余份。强化安全培训，加大宣传引导，印发各类宣传资料900余份。扎实推进安全生产政府监管网格化、行业直管专业化、企业管理精细化为主的三化建设。突出重点，深化整治。紧紧抓住道路交通、食品药品、危化物品、烟花爆竹、地质灾害、非煤矿山、建筑工地、森林防火、防汛防滑、消防、企业、校园等重点领域安全生产的检查监督和整治。一年来无一起安全生产责任事故发生。

【综治维稳】 夯实包组联户“五个一”工作机制，修改完善了联系服务群众考核办法。每月定期召开包组联户工作汇报会，及时收集汇总群众反映的热点难点问题，并召开研判会逐个答复解决。全面落实便民服务“全程代理”模式，对镇便民服务中心落实专人专岗，完善考核考评制度，方便群众办事。利用镇、村政务公开栏，加强惠农政策、资金公示力度，推行“阳光政务”。重视群众来信来访。推行领导接待日和领导包案制度，畅通信访渠道，妥善处理好群众诉求。加强矛盾纠纷排查调处力度，做到“小事不出村，大事不出镇”。深入推进“六五”普法和平安双桥建设。强化和创新社会管理，严厉打击各类违法犯罪活动，不断增强人民群众安全感。2016年镇被评为安康市“平安家庭”创建活动示范镇、综治平安建设示范镇。

【党风廉政】 利用“两学一做”专题教育在全镇党员干部队伍中大力宣传中央和各级党委反腐败工作的重大决策，大力宣传反腐败斗争形势，把党风廉政建设与政府各阶段的中心工作紧密结合。坚持廉洁勤政，认真抓好自身和政府领域廉政建设工作。在工作中自觉遵守廉政准则，严格按照政策原则和程序办事，自觉接受组织和干部群众监督，自己带头做老实人、说老实话、办老实事。认真履行“一岗双责”，对重大决策部署执行情况、强农惠农政策落实情况、重点工程项目和村级重大事项实施情况自觉接受监督。带头贯彻执行民主集中制，严格遵守县委党风廉政建设相关要求，紧紧围绕中心工作，维护集体权威。对重大问题从不自作主张，均提交会议研究决定，充分听取分管领导和站所办意见。

（马安成）

高 桥 镇

中共高桥镇委员会
书　　记：谭高礼
副书记：曾　健　琚　华
组织委员：张宁培

中共高桥镇纪律检查委员会
书　　记：陈红兵

高桥镇人大主席团
主　　席：张福华

高桥镇人民政府
镇　　长：曾　健
副镇长：陈义锋　刘大鹏

高桥镇人民武装部
部　　长：李国勤

【自然概貌】　高桥镇地处大巴山区，地形以山地为主。属北亚热带大陆性季风气候区，四季分明，气候温和，雨量充沛，无霜期长。垂直地域性气候明显，年平均气温15℃左右。年降水量在750—1100毫米之间。全镇无霜期210—270天，平均8个月以上。主要气候特点是：冬季寒冷少雨雪；夏季多雨并有伏旱；春暖干燥；秋凉湿润并多连阴雨。境内有权河、任河等大小河流4条，水资源丰富，权河由西向东横贯全境注入任河，隶归长江水系。

【行政区划】　高桥镇因集镇有清代修建的两座木廊桥而得名。解放初期设立高桥人民公社，1997年撤高桥区并高桥乡、铁佛乡、龙潭乡建高桥镇，2000年深磨乡合并为高桥镇深磨村。高桥镇地处紫阳县西南部，东与双桥镇接壤，南与绕溪镇为邻，西邻高滩镇，北接向阳镇，人民政府驻地为原高桥区公所政府所在地，位于兰草村。2016年末，全镇辖权河、兰草、双龙、裴坝、板厂、铁佛、何家堡、龙潭、深磨9个行政村，1个社区居委会。

【人口】　2016年末，辖区总人口20176人，镇内居民以汉族为主，有极少数少数民族群众居住；全镇总面积为150.77平方公里，耕地72949亩，林地140136亩。

【优势资源】　境内矿产资源丰富，主要有煤、钛磁、硫铁、板石、水能、风能等。已探明的钛磁矿储量达2亿吨、二氧化钛533万吨，具有极大的开采价值；水能、风能都具有很大的开发价值。

【特色产业】　完成管护生产茶园1万亩，管护幼龄茶园500亩，低改茶园1500亩，开展茶叶技能培训1138人次，粗制茶叶加工厂已投产，继续扩大红茶、陕青茶生产规模，全年产茶430吨，实现综合产值3200万元。关南春茶厂不断发展壮大，产品多次获得省市大奖，成为全镇茶产业龙头企业。全镇厚朴总面积达10万亩；已完成管护厚朴园工作，实现产值2000万元规范；发展魔芋4200亩，培育养殖大户180余户，全镇农民人均纯收入逐年攀升。修脚产业茁壮成长，将修脚产业作为实现群众转移就业和致富增收的重要途径，加大宣传力度，组织开展免费技师培训，引导群众外出从事修脚行业，巩固6000人修脚队伍，组织动员300人参加修脚产业培训，在全国各地开有修脚店1000余家，实现修脚产值3亿元，带动了大批群众增收致富，铁佛村成为远近闻名的修脚“第一村”。开源现代农业园区种植管理得到加强，带动农户发展订单种植玉米9500亩，其中发动全镇贫困户261户种植本地玉米550亩，截至目前已累计生产玉米营养餐2352万杯，金香玉米430吨，实现综合产值1.2亿元。园区养猪场养殖本地黑猪380头，将按照“公司+农户”模式，为贫困农户奢售仔猪，已与228户农户签订养殖本地黑猪合同，猪养大后公司再回收，进一步延长企业带动群众增收链条，园区种原材料、工厂废料养猪、猪粪施肥的循环农业模式初步形成。

【招商引资】　将招商引资作为加快高桥发展的重要引擎，立足资源优势，精心策划包装项目，创造良好投资环境，加大招商引资力度。几年来，全镇累计引进资金1.3亿元，成功引进并建成了开源实业、紫诚旅游、森域木材、梦庄园旅游、金俏醇酒业、山野菜企业和中药材种植企业等七个项目，镇域经济发展活力进一步增强。生态旅游融合发展。任河漂流旅游项目投入运营，权河、兰草、裴坝旅游村建设有序推进，乡村旅游发展基础进一步夯实。积极发展农家乐、农家旅馆，旅游接待能力不断提升。全年新引进项目4个，续建项目3个，洽谈项目1个，包装项目1个，完成到位资金3000万元。

【乡村旅游和电商产业】 借助任河漂流带动效应，加快乡村旅游发展，将裴坝、兰草村列为乡村旅游重点村，通过民居改造、发展茶叶观光园、整治村容村貌、发展农家乐和农家旅馆等，夯实乡村旅游基础，全镇发展标准化农家乐8家，年接待游客3万人次，实施旅游收入800万元。通过旅游发展，解决群众就业300余人。高度重视电商产业发展，成立领导机构，有效开展工作。加大电商业务培训，组织参加县镇两级培训达到120人次。已建成村级扶贫网点3家，均有20平方米以上店面，有网货、有线上交易额、有帮扶贫困户协议书。发展电商扶贫试点项目，采取“公司+合作社+基层+贫困户+电商”的模式，梁明山注册山野食品有限公司，在权河成立洋河姜专业合作社，发展基地200亩，带动20户以上贫困户种植洋河姜。在集镇已建成60平方米以上镇级电商服务站，农特产品展示区、办公区域、孵化区域，采取企业运作的模式，实现服务站有物流及代购服务、培训场所、有公司、有基地、有产品、有销售渠道。

【移民搬迁】 双龙桂花树安置点1#、3#、4#楼主体完工，2#、5#楼招标公示期。深磨安置点主体完工。分散安置进城入镇已完成26户。铁佛村、板厂村移民搬迁集中安置点现已启动建设，正在进行档护、河堤基础工程桩基开挖完毕；双龙村五保户及周转房完成设计，已完成招标，现做建设准备工作。全年建安置房231套，完成搬迁270户1053人。移民搬迁“一区一策、一户一法”工作力度加大，通过农业园区流转土地、园区务工、“订单农业”、工厂就业、修脚产业、整合用工岗位等途径，多渠道解决搬迁群众就业增收问题，实现了“搬得出、稳得住、能致富”目标。开源公司带动群众流转土地3400亩，发展“订单农业”9500余亩，园区解决群众务工398人次，加工厂安置搬迁群众42人，争取项目资金300万元，扶持贫困搬迁群众224户带资入股分红。郑远元专业修脚带动搬迁群众1500余人外出就业。

【基础设施建设】 双龙1.1公里通村水泥路路面硬化已完成；板厂村磨子沟公路硬化3公里已完工；权河1.3公里已完成路面拓宽，打底子；双龙已卯庄通村公路硬化工程县交通局追加2.2公里，完成集资18万元，已基本完成。

【集镇建设】 集镇二街690米路面硬化工程现已全面完工。编制了集镇老街改造风貌规划，按照廊桥古镇风貌，启动集镇老街改造，集镇面貌将不断改善。集镇老街850米街面改造硬化工程项目正在争取中，图纸组织设计。加强集镇综合管理，集镇环境卫生良好。集镇过境公路改造工程已完成，实现了雨污分流，弱电入地。集镇电网升级改造全面完成，居民用电质量大大提升。集镇殡仪馆和公墓建设完成征地工作，道路硬化和水电等基础设施建设完成，殡仪馆正抓紧建设，集镇服务功能不断完善。

【社会保障】 全年共发放各类惠农资金447万元，有477户1088人享受城乡低保政策，发放农村低保金170万元，城市低保金21万元；有五保对象343人，发放五保供养金181万元；走访慰问特困户、残疾人及优抚对象700户，发放救济款及解困资金30余万元；困难患者大病医疗救助120人次，发放大病医疗救助金45万元。城乡居民养老保险任务全面完成，组织农民工转移就业培训280人，较好地完成了社会保障各项任务。

【精准扶贫】 将精准扶贫工作作为农村工作重点，党政“一把手”亲自上手，充实干部力量，摸清底子，搞准对象，帮扶到户，因户施策。在市林业局、县政法委帮扶包抓下，双龙、深磨两个村累计投入资金231.8万元，发展茶园100亩，建核桃园900亩，贫困户增加养猪110头、养羊1000只、养鸡535只，动员参加修脚技师培训38人，有52人外出从事修脚行业；改造沙石公路12公里，完成搬迁67户，改造家居（粉刷墙壁、硬化地面、改橱改厕）71户，扎实搞好建档立卡“回头看”工作，逐户科学编制脱贫计划和发展规划，为做好精准扶贫工作奠定坚实基础。全镇当年脱贫914人，其中省级320人、国家级594人。

【教育卫生】 中心校综合楼建设主体完工，预计本月底五层全部竣工，启动操场改造工程。全镇义务教育阶段学生入学率达到100%，学前三年幼儿入园率达到95%。建立留守儿童关爱机制，定期开展校园及周边环境安全整治活动。创建餐饮业食品安全示范点8家。为创建标准化村卫生室，针对村卫生室进行全面的检查和验收，软件资料和卫生室硬件已完善。计划生育创“国优”工作通过验收，计生工作质量和服务水平大大提升。

【生态环保】 逐村制定印发环境卫生《村规民约》，通过干部入户和召开群众会议等方式，加大宣传力度，引导村民养成良好的卫生习惯，人人动手保护环境卫生。公路沿线农户逐户签订“门前四包”责任书，包组联户干部定期上门检查，群众卫生意识大大增强。严格落实“河长”责任制，定期不定期抽查和暗访工作落实情况，确保河流水质不受污染。定期开展环境卫生专项整治，组织干部群众人人动员，清扫房前屋后和垃圾死角，脏、乱、差问题得到彻底解决。各村已规范建设垃圾池，新增6立方垃圾车一辆，已投入使用；完成三格式化粪池修建80口；权河村顺利通过市级卫生村验收；权河高速路出口至任何漂流完成了500米公路两侧绿化工作；建立健全河长责任制和三级网格单元责任建设，责任落实到人，裴坝村省级卫生村申报工作有序开展。人居环境和生态环境不断改善，群众文明素质和生态环境意识逐步提高。

【社会治理及平安创建】 深入推进“平安高桥”建设，把平安建设作为全镇人民的共同任务，突出工作重点，进一步提升全镇“两率两度”，深入开展“七五”普法，进行普法宣讲讲座，搞好“六进”、“法制宣传日”活动，组织学校开展法制报告会。健全人民调解、行政调解、司法调解相互衔接联动的调节工作体系，整合调解职能，提高预防和调处解决矛盾纠纷的能力，使矛盾纠纷调解率100%，调解成功率97%以上。开展信访基层规范化提升年活动。完善社区网络化服务管理体系，将工作触角延伸到基层，为建设美丽富裕和谐新高桥创建平安稳定的社会环境。法制宣传进村86场次；三调联动化解矛盾纠纷76场次；开展矛盾纠纷排查化解151起，调解成功率100%。深入落实干部包组联户“五个一”工作机制，及时帮助解决群众生产生活中的困难问题，排查化解各类矛盾纠纷，定期召开工作例会研判分析，努力把各类矛盾化解在萌芽状态。认真贯彻落实新《中华人民共和国安全生产法》，严格落实“一岗双责”责任，加强宣传教育，夯实安全责任，强化日常监管，狠抓专项检查整治，及时消除安全隐患，全年无不安全事故发生。深入宣传《中华人民共和国食品安全法》，全面落实村协管员责任，扎实抓好农村宴席、学校周边、集镇和农村超市（商店）、村卫生室等食品药品安全管理，确保了人民群众舌尖上的安全。扎实抓好防汛防滑、森林防火、胡蜂防治等各项工作，切实保障了人民群众生命安全。

【党风廉政】 结合“两学一做”学习教育，组织开展《中国共产党章程》《中共共产党纪律处分条例》《中国共产党廉洁自律准则》《中国共产党问责条例》等党纪法规学习，严格落实党委主体责任。全镇共召开“两学一做”学习教育四次集中学习讨论会，镇党委按照“六有”目标开展学习教育自查活动。党建七加一项重点工作任务全面完成，全年完成党费收缴任务57575元。书记与班子成员及中层负责人关于“严肃换届纪律”进行了集体谈话，同时与班子成员一对一进行了谈心谈话，围绕“严肃换届纪律教育，正确对待进退留转”为主题召开了民主生活会。顺利完成了镇党委、人大、政府换届选举工作。将党风廉政建设和反腐败工作内容纳入学习型党组织建设，把廉洁从政教育列入党员干部教育培训内容。开展廉洁从政专题学习，主要领导带头讲廉政党课，深化岗位廉政风险教育，增强党员干部廉洁自律意识，倡导崇尚廉洁的价值理念，推进廉政文化建设，弘扬新风正气。要严明政治纪律，牢固树立党章意识，贯彻落实中央八项规定精神和省委、市委实施意见，健全作风建设制度体系，强化对执行情况的监督，开展重要时间节点的检查，持之以恒纠正“四风”。做到坚守正道、弘扬正气，坚持原则、恪守规矩。班子成员襟怀坦白、光明磊落，对上对下讲真话、实话，严格按党纪国法办事，对一切不正之风敢于亮剑；要求别人不做的事情，自己首先不做；要求别人做到的事情，自己首先做到。以上率下，正确行使权力，清正廉洁，在各种诱惑面前经得起考验。镇党委政府根据近半年的实际工作考察，本着充分发挥干部个人特长，选人用人原则调整了部分干部的工作岗位，按照站办所包村的总体部署，调整了干部包联村组，完成了上级安排的各项日常工作任务。按照“两推一选”原则，严格村干部任免程序，加强村干部队伍建设，坚持党群例会制度，完善村级民主监督管理制度。镇党委下发《关于明确2016年重点工作包抓方案的通知》，明确了包抓责任领导与责任人。同时还成立了镇督查考评办公室，已开展工作督查2次。有效治理了村干部“慵、懒、散”不作为等问题。

（曹义刚）

红 椿 镇

中共红椿镇委员会
书　　记：龚　颖（女）
副 书 记：覃　桦　邱洪靖
组织委员：高　俊

中共红椿镇纪律检查委员会
书　　记：周高清　王　琦

红椿镇人大主席团
主　　席：吴义林

红椿镇人民政府
镇　　长：覃　桦
副 镇 长：金先强

红椿镇人民武装部
部　　长：刘大军

【机构设置】　红椿镇编制63名，实际在岗53名，其中领导9人，内设党政办、考评办、经济发展办、公共事业办、财政审计所、计生办、文化站、社保站、畜牧站、农业综合服务站、食品药品监督管理所、社会治理办公室。另有派出所、交警中队、法院、卫生院、中小学等5个县级派驻机构。

【自然概貌】　红椿镇位于紫阳县城西北，米仓山中部，渚河中下游。东邻本县焕古镇，向阳镇，南与芭蕉镇，广城镇相交，西接汉中市镇巴县巴庙镇，北与东木镇接壤。是渚河流域经济、文化、交通枢纽中心。政府所在地盘龙村，距离紫阳县城28公里。2016年年末全镇总户数4447户，总人口17472人，农业从业人口14572人。辖纪家沟、盘龙、七里、白兔、大青、候家坪、上湾、尚坝、民利、共和10个行政村，1个街道居委会。

【优势资源】　红椿镇地处中国最大的天然富硒带，硒矿极具有开发价值。镇内绿板石、煤炭储量丰富，集中分布在尚坝、盘龙村一带。

【特色经济】　红椿镇以茶叶为主导产业，年产干茶675吨，年产值过亿元。有（省级）盘龙现代农业示范园区1个，龙头茶叶企业3家（盘龙、紫阳春、郁禧园），小型加工厂25余个。2016年全面完成了24856亩的茶园管护任务，管护率达到95%以上；完成夏秋茶布点7个，培育机采示范茶园200亩；改造低产茶园1500亩，管护生产茶园2.3万亩；开展茶叶技术培训5期28个场次，培训2800人次，逐步提升农民各项技能；加强茶蝻蟥虫害的防治，防治面积1.1万亩；盘龙茶业（省级）农业示范园区续建工作扎实推进，新建保障性住房40套，场区绿化、培训中心、良种繁育基地等配备工程基本完工；积极引导镇内3家茶叶龙头企业、25家茶叶加工厂改进生产工艺，提升茶叶质量，拓展销售渠道，全面完成570吨春茶生产任务；因地制宜发展魔芋产业，完成魔芋种植3100亩，多渠道增加农民收入。

【生态保护】　扛实压牢“保护一江清水”的政治责任，层层签订《汉江水质保护工作责任书》，严格落实“河长制”护水工作机制和《紫阳县江河水质保护工作责任追究办法》，建立镇村两级护水体系、32名“河长”及分片包段干部、20名镇村保洁员工作责任全面落实，形成了网格化环境监管工作格局。发放宣传资料2200余份，制作固定宣传牌32块，签订门前“四包”责任书4300余份；投入172万元，建成集镇垃圾填埋场并投入使用，修建三格式化粪池30座。投资150万元，新建集镇排污管网工程，新建绿化带3公里。加强企业环保监管力度，针对库区漂浮物问题，及时要求闽泉电站进行打捞，共计打捞漂浮物2300立方米。通过政府购买服务的方式对农村垃圾实行统一清运，“户投放、村收集、镇处理”的农村生活垃圾处理机制规范运行，有效遏制了农村垃圾乱堆、污水乱排的现象，群众环保意识逐步增强，农村环境卫生状况有效改善，顺利通过省级生态乡镇复验并命名，盘龙村、纪家沟村被命名为市级生态村荣誉称号。

【脱贫攻坚】　完成上湾和侯家坪两个贫困村整村出列任务，顺利通过第三方评估验收；完成313户1048人贫困人口脱贫（其中上湾村脱贫140户462人，侯家坪村脱贫145户465人，共和村脱贫28户121人）；全年3个精准村新建（购）房226户，改造27户，2个整村出列村贫困户住房问题得到全部解决；突出茶业、魔芋和畜牧产业，组建专业合作社带动发展，落实兑现366户贫困户享受产业到户资金68.5万元；组织厨师、修脚师培训达276人次；突出基础设施条件改善，投入行业资金3494万元，对贫困村水、电、路、讯、房等基础设施进行建设，贫困村面貌发生翻天覆地变化；突出金融扶贫，全年共发放扶贫贴息贷款188户830万元；通过建立专业合作社、贫困户代资入股、土地流转、订单收购、技能培训、就近就业等多种方式，带动652人就近就业，1248户分红，周边1650余户茶农增收致富，增强脱贫村、脱贫户持续增收能力，巩固脱贫后续保障。

【移民搬迁】 全年新建续建移民搬迁安置点5个，完成592户移民搬迁任务，其中，达到入住条件258户，主体完工156户，基础在建178户（含下半年新增的特困安置房5处120户、五保户42户周转房）。2015年搬迁任务323全部达到入住条件，已陆续交付使用。集镇新区二期基础设施配套建设完工，候家坪、上湾、尚坝3个村安置点基础设施正在建设。

【基础设施】 2016年全镇基础设施取得突破性发展。投资230余万元，新建人饮工程5处，灌溉工程1处，解决6500余人饮水困难；投资600余万元，完成大青村小型农田水利工程（河堤）、民利村防洪工程和盘龙村河堤工程；投资550余万元，完成公路硬化5条15.8公里，连户路5公里。投资170余万元，全年完成公路改造、新建6条23.6公里。投资100余万元，完成村道完善工程2条11.3公里；提前启动2村6.1公里路基改造；提前启动2村道路完善工程；完成4村21.6公里公路硬化工程施工设计。新修便民桥2座，实施电网改造3村3杆公里，实施宽带入村2个。

【社会事业】 全镇有初中1所，小学3所，幼儿园2所（含一所民办幼儿园），中小学在校学生1885人，教师105人，中小学入学率、巩固率均100%，中学、中心校及村级完小教学设施设备规范配套。全镇有1所卫生院，医护人员28人，个体诊所7个。全面完成“双高双普”各项工作，尚坝小学教学楼主体完工，中心学校教师周转房建成并投入使用，办学条件持续改善，教育教学质量稳步提升。新建侯家坪村、白兔村2个村卫生室，完成省级“人民满意的乡镇卫生院”创建任务，并通过验收。继续保持低生育水平，全面完成节育措施落实、“两非”综合治理、流动人口管理等计生各项工作任务。建立健全了镇、村、组三级食品药品安全网格化监管体系，顺利通过市级食品药品安全示范县创建工验收。积极组织动员群众参加修脚足浴、电子商务、茶叶加工、特色烹饪等技能培训，全年完成技能培训456人，其中，足浴171人，月嫂27人，厨师42人，电商16人，钜源鞋业制鞋培训200人。认真落实城乡低保、五保等惠民政策，困难群众社会保障实现全覆盖。大力实施大病救助、临时救助、贫困助学、雨露计划，解决广大群众生活困难。城乡居民养老保险、新农合应保尽保。

【群众文化】 多次举办了庆“佳节”活动，社区朝阳社团参加紫阳广场舞大赛，组织紫阳老年社团和紫阳文广局开展两次“文化下乡”活动，丰富了群众文化生活。

【社会保障】 投资100余万元的镇殡仪馆项目已经投入使用；添置了中心卫生院医疗设备，极大改善了群众的就医条件；全镇参加农村新型合疗人数13976人，参加农村社会养老保险人数7298人，社会稳定和谐。

【名胜旅游】 盘龙观距集镇0.5公里，它蕴涵着深厚道教文化，境内植被茂密，风景秀丽、环境优美，有100余亩生态茶园共游客采摘品尝，是集休闲度假和观光娱乐为一体的旅游度假休闲胜地。

【工业经济】 全力做好企业生产经营环境保障和服务工作，前卫实业150套公租房完工并投入使用，盘龙茶业40套保障性住房完工；积极培育工业经济新主体，全年新增规上企业1家（钜源鞋服），个体转企业1家，新增个体工商户68家。积极引导镇内6家规上企业建现代企业制度，提升企业管理水平，全年规模以上工业生产总值达24亿元，较上年增长19.2%。

【社会管理】 “平安建设”深入推进，通过多层次、多频次宣讲消防安全、道路交通安全、食药品安全、防火防盗防骗等安全知识，大大提升群众自我防范能力。加大“三留”人群和精神病人摸底排查，实行“一人一策”点对点关注和帮扶。全面推行城乡社区网格化管理，制定和落实公共应急预案和机制，应急处理能力明显提升。“七五”普法扎实推进，信访“三无县”创建工作成效明显，全年全镇无进京赴省上访，无到县集体访。严厉惩治各类违法犯罪，通过“三调联动”机制及时化解各类矛盾纠纷，社会大局保持和谐稳定，群众对“平安创建”知晓率和社会治安满意率持续提升。

【党的建设】 扎实开展“两学一做”学习教育，顺利完成镇党委、人大、政府换届工作，认真抓好“基层组织建设提升年”各项工作落实，全面完成村活动室清零任务（新建2个，改建3个），后进村各项整改达标。继续深化服务群众“五个一”包组联户工作，群众对镇村干部满意率不断提升。狠抓“两个责任”落实，制定和落实“两个责任清单”，严格落实责任，持续推进“三化”建设，认真做好村监委会直管工作。全面加强干部的学习教育和监督执纪，全年初核线索10件，其中立案6件，结案6件；实施诫勉谈话5人，提醒谈话12人。干部作风持续改进，为推动全镇工作持续快速发展提供了坚强有力的组织保证。

【年度荣誉】 全县20项重点工作：脱贫攻坚工作优秀等次。

（洪清薇）

高 滩 镇

中共高滩镇委员会
书　　记：彭　勇
副 书 记：肖孝建　牟远刚
组织委员：张文军

中共高滩镇纪律检查委员会
书　　记：夏圣华

高滩镇人大主席团
主　　席：靳　松

高滩镇人民政府
镇　　长：肖孝建
副 镇 长：汪红梅　冯仁平

高滩镇人民武装部
部　　长：李福武

【机构设置】 镇机关内设党政综合办公室、经济发展办公室、社会管理办公室、公共事业办公室、财政所5个行政机构；农业综合服务站、人口和计划生育服务站、社会保障服务站、文化综合服务站、村镇规划建设管理所、食品药品监督管理所6个事业机构。县直部门派驻机构畜牧兽医站，另有司法所、派出所、供电所、国土资源所、邮电支局、农商支行、卫生院、供水站、水文站、移动分公司、联通分公司、电信分公司等驻镇单位。

【基本镇情】 高滩镇位于紫阳县西南部，距县城26公里，东邻高桥镇、向阳镇，南毗四川省万源市庙子乡，西与毛坝镇、瓦庙镇接壤。北与汉中市镇巴县相连，总面积245.67平方公里，耕地面积73143.5亩，其中常用耕地62170亩，包括水田10973.5亩。有林地面积248987万亩，其中天然林93664万亩，退耕还林32482.4万亩，飞播造林11万亩，森林覆盖率75%。属北亚热带湿润季风气候，年平均气温15摄氏度，无霜期268天，日照百分率为36%，年平均降雨量为1304毫米。春夏多雨，秋冬寒凉，属典型的巴山气候，任河流经全镇，境内全长16公里，有流域10平方公里以上的河流四条，分别是：黄瓜溪、竹瓜溪、绕溪河、渔溪河、杆獐溪。襄渝铁路双线运行，境内全长15公里，有火车站1个，310省道横贯五个村，安毛高速公路贯通任河两岸，境内全长15公里，有服务区1个，高管所1处。18个村全通水泥路。全镇辖牌楼、龙湾、三坪、高滩、大坝、文台、白鹤、百坝、八庙、朝阳、万兴、天桥、双柳、蓼坝、两河、关庙、岩峰、红庙18个村。1个社区居委会（高滩）、132个村民小组，共9703户，28356人（其中农业人口302810人），人口密度每平方公里123人，汉族居多，少数民族有回族8人、土家族3人、黎族1人。

【优势资源】 境内资源丰富，林地覆盖率达75%，主要有阔叶林、针叶林等，矿产资源主要有花岗岩、石灰岩、板石，煤炭、钒钛磁铁矿等，海拔750米以上地区盛产枣皮、杜仲、天麻等名贵中药材，并有大面积的生漆园。

【特色经济】 继续稳定烤烟种植面积，全年共种植烤烟3000亩，收购烟叶25万公斤，实现烟叶综合收入450万元。以白鹤、百坝、高滩、朝阳、万兴、龙湾、大坝7个村为重点，魔芋产业平稳推进，全镇共种植魔芋总面积7600亩，其中，规范化种植5300余亩，种芋繁殖2300亩，实现综合收入1000万元。畜牧产业稳步发展，全镇培育养羊50只以上大户35户，生猪、山羊、家禽年饲养量分别达到2.8万头、0.7万只、6.5万羽。

【集镇建设】 完成了集镇安置点二期工程，启动了三期200户安置工程；投资40万元完善了集镇巷道、亮化、排污等附属设施设。投资30万完成了集镇垃圾场建设。投资80万元修建了集镇公墓、殡仪馆。启动供销社拆迁工程，新建集镇临时农贸市场，投资20万元完善镇中心小学操场改造工程；投资458万元新建集镇供水工程，集镇有线电视全部数字化。

【基础设施建设】 2016年，电网改造项目完成线路改造升级5杆公里，3处电网扩容工程，3杆公里网改工程，安装户表工程450户。道路工程项目，强化通村水泥路65公里的管护，新修通组公路4公里，改造村级公路5公里，新建连户路10.2公里。投资50万元完成村道完善工程15公里；投资20万元修建便民桥3座，投资250万元修建高滩村望夫寨农业园区道路硬化工程已竣工。人饮工程项目，投资400万元在各村建人饮工程5处，修建水窖53口。移民搬迁全年共完成602户，启动龙湾、三坪、大坝三个村的村级集中安置点项目立项前期工作。环境治理项目，投资50余万元，累计修建垃圾房（池）59个，小型垃圾填埋场3个，购置垃圾桶85个，修建三格式化粪池61处750余立方米，安装排污管网4000余米。

【教育卫生】 教育：全镇有初级中学2所，中心小学3所，村级完全小学3所，中心幼儿园2所，附设学前班3个，民办幼儿园3所。现有中学生757人，12个教学班；现有小学生1764人，26个教学班；现有学前幼儿526人，20个教学班。现有在编教职工100人，专任教师96人（其中高级教师8人，中级教师37人，初级教师51人）。2016年小学教育适龄学生入学率100%，辍学率为0，全部就近免试入学。初中教育学生适龄人口入学率99.7%，毕业率为98.8%。卫生：新建镇卫生院综合楼1栋，面积1541.08平方米，所有10个科室全部新楼办公，设病床30张，医护职工36人。全镇下设18个村卫生室，2016年门诊43295人次，住院病人1366人次。

【党风廉政建设】 在镇村干部中深入开展“两学一做”教育活动，解决实际问题，扎实开展“五个一”包组联户工作，不断创新包组联户考核机制，使镇村干部在广大群众中的工作满意度和信任度不断提升。注意领导班子自身建设，提升政府形象。党委、人大、政府班子成员心齐、风正、扎实、肯干，战斗力强，注重建章立制，狠抓中央“八项规定”对照落实，严格落实公务接待，狠抓公车管理，严格财经纪律和廉政规定，公开承诺兑现各项便民服务措施，认真做到用心服务、依法行政、廉洁履职。

【农村改革】 流转土地3000亩，发展农业主导产业（烤烟、魔芋），启动土地颁证工作，完成了全镇3200户农户的承包土地外业丈量工作。

【社会保障】 2016年城镇最低生活保障户数66户，人数108人，支出29.796万元，比上年减少21%，月人均276元，比上年增长8%；医疗救助45人次，资金17.75万元，民政部门资助参加合作医疗627人，共支出6.27万元。农村最低生活保障户数342户，人数749人，支出120.786万元，月人均1613元。国家抚恤、补助各类优抚对象69人，抚恤事业费支出30.9609万元。敬老院1家，床位50张，收养农村五保老人员35人。社区服务中心1个。参加新型农村养老保险14050人，参保率95%，享受待遇5784人，发放养老金620万元；农村参合27697人，核发合疗证8500本，全面录入电子信息；特大病二次补偿180人120万；创业培训550人次。

【2016年经济工作主要成绩】 2016年实现生产总值18307万元，农村经济总收入11678万元，工业产值679万元，农民人均纯收入8876元，财政收入85万元（其中财政23万元，烤烟返税62万元）。龙湾村、蓼坝村顺利实现脱贫摘帽。

【年度荣誉】 2016年度获得省级诚信计生、群众自治示范村（双柳村）；安康市委推动解决群众身边“四风”和腐败问题先进集体；被安康市委评为计划生育工作先进单位；被安康市委评为计生生育工作进步奖；被紫阳县委县政府评为全县人力资源和社会保障工作综合考核二等奖；被紫阳县委、县政府评为创业担保贷款工作先进单位。

（余　伟）

毛 坝 镇

中共毛坝镇委员会
书　　记：刘从平
副 书 记：叶　飞　程　锐
组织委员：胡斯晗

中共毛坝镇纪律检查委员会
书　　记：叶小山

毛坝镇人大主席团
主　　席：吴成刚

毛坝镇人民政府
镇　　长：叶　飞
副 镇 长：余兴健　李　蕾

毛坝镇人民武装部
部　　长：夏　涛

【自然概况】 毛坝镇位于紫阳县西南部，辖11个行政村1个社区113个村民小组6004户20449人。全镇总面积229.8平方公里，耕地面积30421亩、水田1353亩，森林覆盖率75%。集镇距县城35公里，镇内交通便捷，包茂高速、襄渝铁路、310省道贯穿全境。毛坝镇先后被授予“市级平安示范镇”“省级卫生集镇”“市级文明机关”等荣誉称号。

【优势资源】 境内矿产资源主要为无烟煤、毒重石、高龄土、碳酸钙、板石，地质储量7500万立方米，可采储量为5000万立方米，集中分布在东西段。地下水资源可利用量为1025.5万立方米。

【脱贫攻坚】 对全镇的贫困户进行了动态调整，全镇退出贫困户781户2798人、返贫6户25人、新增贫困户57户153人，户成员自然新增167人，户成员自然减少153人。全镇现有脱贫贫困户1432户4333人。2016年，全镇360户1291人脱贫户落实“一户一册”产业扶持办法，快活、德胜、观音3个村整村脱贫，各村制定到户脱贫项目规划，与紫阳县思兰商贸有限公司、锌硒粮农业开发有限公司、紫阳县振农农业开发有限公司、安康舍顿茶业科技研发有限公司及深圳同森交通工程有限公司合作，落实贫困户产业到户项目。观音村、快活村、德胜村组建了种养殖农民专业合作社。观音村、快活村整村脱贫顺利通过市第三方评估验收。

【移民搬迁】 完成移民搬迁任务487户（其中集中安置370户、分散安置117户）。全镇新建4个移民安置点。集镇四期安置点统规统建规划新建安置房250套；染沟村特困户五保户安置点规划新建安置房150套，其中五保户安置房100套、特困户安置房50套；鲁家村安置点规划新建住房38套，其中特困户住房12套，新建进场道路350米；核桃坪村安置点规划新建安置房20套，其中特困户安置房8套。完成异地扶贫搬迁脱贫93户。实现全镇当年拟脱贫户全部都有安全住房。

【特色经济】 结合毛坝镇的实际，大力发展特色产业。加强对6500亩茶园管护，在瓦滩村培育山地观光茶园1200亩，建设观光梯步路1200米，在岔河村新建茶叶加工厂1家，招引客商对瓦滩村富硒茶园基地和瓦滩村千亩茶园改造进行了包装规划。全镇规范化种植魔芋3700亩，发展烤烟400亩、油用牡丹300亩。成立了岔河村盘厢河养殖农民专业合作社、双新村高山土豆深加工合作社、紫阳县紫维康药材专业合作社、鲁家村畜牧专业合作社、染沟村（德胜）种养殖合作社、温家坪村油用牡丹合作社。

【基础设施建设】 快活村完成了0.3公里到组公路、660米到组砂石路、1100米联户路和1.1公里到组水泥路建设，新建了17户67人受益的组团安置点安全饮水工程、两处灌溉工程、公厕两处，完成防洪堤建设1处；实施了网络入村、宽带入户工程，对1500米电网进行了升级改造。德胜村完成了2.3公里到组水泥路、3.6公里环形砂石路建设，实施了53户220人受益的人饮工程1处。瓦滩村新建连户路2.2公里。完成了温家坪村学堂坝安置点饮水工程、双新村一组饮水工程、核桃坪村一、四组饮水工程建设。腰庄村新建防洪堤120米。在竹山村、岔河村实施了通村公路安保工程。

【新型工业及招商引资】 完成规模工业总产值34800万元。培育工业企业四家，紫阳县振农农业发展有限公司，投资总额为3000万元；紫阳县誉腾商贸有限公司，投资规模达1200万元；紫阳县长祀殡葬服务有限公司，投资规模2000万元；紫阳县良香食品有限公司，投资规模达5000万元。完成新增限上商贸企业培育企业一家：紫阳县乐万家生鲜超市，投资规模达3000万元。新开工工业项目建设一家：紫阳振农农业发展有限公司，实施盘厢河农业综合开发园区。完成10个大个体户转企。完成个体户培育97户，农民专业合作社9家。陕西天目丰硒食品开发有限公司紫阳分公司（毛坝街道）建设项目毛坝镇集镇四期避灾扶贫搬迁集中安置点，总投资6000万元，现已完成2800万元。紫阳县誉腾商贸有限公司建设项目毛坝旅游商务总体建设，总投资1200万元，现已完成300万元。紫阳县振农农业发展有限公司建设项目盘厢河农业综合开发田园建设3000万，当年完成200万元。完成华国商城综合开发建设项目主体全已竣工，完成投资800万元。紫阳县长祀殡葬服务有限公司，建设项目毛坝镇殡仪馆及公益性公墓建设，总投资1000万，当年完成300万元。紫阳县良香食品有限公司，建设项目毛坝镇盘厢河田园休闲养生谷，总投资5000万，当年完成300万元。本年度共完成招商引资项目4700万元。

【集镇建设与管理】 成立了集镇管理工作机构，落实了人员、经费、办公场所。建立健全了集镇规划管控、镇容镇貌、环卫、财务、人员队伍、基础设施、清运车辆、清运工具等管理制度。规范、完善了规划许可审批制度及流程，严格落实《紫阳县城规划区及各集镇规划区违法建设专项治理工作五年行动方案》《紫阳县禁建区和控制区建设管理办法》，加强日常巡查，强化集镇规划整治力度。对各类建筑工地实施了严格管控，对集镇道路交通进行了综合执法整治，颁布了《关于规范毛坝镇机动车停放的通告》，规范了集镇道路交通秩序，启用了毛坝高客站和集镇公交线路。加强了集镇市容市貌常态化管理，严格落实了“门前四包”责任制度。制定了集镇生产生活垃圾处理办法，配备了清运保洁车辆和保洁用工具。在集镇及周边根据实际情况，合理设置垃圾池（房）、垃圾桶，并配备保洁员及时清理、清扫；规范了集镇排污体系，建成多个三格式化粪池。制定落实《社区网格化管理办法》《社区物业管理实施办法》《社区岗位事务管理和服务工作清单》，落实工作岗位并上墙公示，制定落实《社区干部包组联户工作管理考核办法》。建成标准化社区便民服务大厅，开展社区管理和服务工作。对河堤路进行了升级改造，新建河堤路广场一处，拓宽道路600米并修建了人行道，配备了太阳能路灯，投资10万余元在集镇及周边安装了电子监控抓拍系统，完善了集镇道路交通安全与集镇治安防控体系。

【民生工程】 教育教学质量快速提升。毛坝中学新建了教师公租房，成立了关爱留守儿童组织机构，开通了免费电话，落实了帮扶责任，开展了13年免费教育政策宣传。毛坝中心小学启动了综合楼建设和操场场地平整，出台了相关学生成绩考评制度，组织月考对学生成绩、教学质量进行摸底。落实了义务教育均衡发展政策，配备电子备办，实现“班班通”。计生卫生事业突破发展。加强计生卫生工作，新建了卫生院职工公租房，改造2个标准化村卫生，完成了母亲健康工程，全面落实了失独、双女、独生子女家庭的计生奖扶政策。落实各类计生家庭合疗减免478户1019人共计13.247万元，落实各类计生家庭奖励扶助159人，22.296万元，发放独生子女保健费3.156万元。社会事业长足发展。城乡居民基本医疗保险及社会养老保险100%参保，完成城镇医保1049人，劳动技能就业培训128人。加强对五保户、低保户及其他困难群众的生活救助和医疗救助。

【电子商务】 成立了镇级电商服务站，在镇内组织进行了电子商务培训会，邀请了从事电商行业的专业人员，对电商知识进行了讲座。出台相关扶持电商发展的优惠政策，并通过微信、网络、张贴公告等形式，进行了电商招募。建立供销产业链，对镇内各种养殖农户进行大面积定向采购农产品，对外分销。成立了京东服务站，注册两个农产品品牌。紫阳县盘厢河养殖农民专业合作社、紫阳县新联高山土豆深加工合作社、紫阳县紫维康药材专业合作社与农户签订合作协议，对协议农户进行定向指定生产、加工和农产品的收购。

【社会管理】 加强安全生产、防汛防滑及食品药品监管，定期对农村道路交通、烟花爆竹、校园安全、建筑工地等进行安全抽查检查。完善社会综合治理突发事件应急预案，加强群防群治队伍建设，开展“红袖章”队伍日常巡防工作。深入推进“平安建设”开展了“以芯换心”和“行车卫士”两项物防技防工程。“三调联动”各项工作有序开展。举办法制报告会和法制宣传会演共开展25次，出动法治宣传车进入各村宣传法律知识，发放宣传单800余份。深入推行领导挂牌接访、点名接访，及时收集各类矛盾纠纷，每月定期组织召开了包组联户工作研判会，最大限度解决群众反映的突出问题。完善了信访维稳工作机制及制度，受理、答复网上信息系统转交的信访事件15件，本年度自办理各类信访事项13件，全年无进京上访，赴省到市集体访、到市以上越级访。扎实开展服务群众“五个一”工作机制，强化民意调查和政务大厅管理与服务，不断提升服务水平。

【党的建设】 一是扎实基层组织提升年。强化党员教育管理，全年发展党员3人。严格落实党群例会日制度，定期组织党员活动。认真开展“手机+党支部”工作，搭建了工作队伍，确保信息上传和软件使用逐步进入常态化阶段。严格落实村干部值班坐班制度、便民服务制度，做到了群众接访有记录、信访接待有登记。二是“两学一做”学习教育制定了学习教育实施方案，每个支部都达到了“六有”，建立了覆盖每名党员的个人问题清单，整改台账。开展了党员组织关系排查，党代表、党员的违纪违法清理排查，基层党组织按期换届排查和党费收缴专项检查工作。对排查出的55名党员，进行了主动沟通联系，对5名失联时间较长的党员，通过与公安等部门的配合，与全镇所有失联党员取得了联系，收齐应补交党费1987元。三是强化执纪问责，做到有案必查，应查尽查，不压案、不瞒案。2016年，办结信访举报案件10件，立案查处6件，信访了结4件，给予8人党纪处分。其中发生在群众身边的“四风”和腐败问题4起，给予6人党纪处分。四是加强精神文明建设，积极挖掘和发现身边的好人好事，并积极主动完成了道德模范、中国好人推荐工作；充分利用标语、广告牌等形式，大力弘扬和宣传社会主义核心价值观等。成立志愿服务组织，建立了相应的志愿服务工作机制，开展了志愿服务活动。五是高度重视人大、政协工作。完成县镇人大代表换届选举工作，选举出镇代表54名，县代表11名，组织召开了镇十九届一次代表大会，选举出了人大主席、镇长、副镇长。办理县十七届人大五次会议建议1件，代表给予满意回复。选举产生了出席县第十二届政协委员。六是全面落实党管武装。完成了镇民兵整组工作和民兵军事训练任务。征兵工作完成上站兵源30人。

（何聪荣）

瓦 庙 镇

中共瓦庙镇委员会
书　　记：王晓鹏
副 书 记：张　文　彭友虎
组织委员：龚　辉

中共瓦庙镇纪律检查委员会
书　　记：彭友虎

瓦庙镇人大主席团
主　　席：龙伦兵

瓦庙镇人民政府
镇　　长：张　文
副 镇 长：彭祥银　彭绍英

瓦庙镇人民武装
部　　长：徐成奎

【机构设置】 瓦庙镇在岗人员55名，其中领导9名，内设党政办、社管办、经发办、公共事业办、农综站、社保站、民政站、畜牧站、文化站、规划所、食药监所、财政所。另有派出所、司法所、信用社、卫生院4个县级派出机构。

【基本镇情】 瓦庙镇位于紫阳县西部偏南，总面积85.48平方公里，东邻高滩镇，南壤毛坝镇，西、北两面与镇巴县观音、田坝、白河乡镇交界，属北亚热带季风湿润气候，境内海拔450~1800米。辖老庄、堰塘、瓦房、新光、新华、新房、新民、庙坝8个行政村60个村民小组和1个街道社区，年末人口13488人。镇内无少数民族居住，是一个汉族乡镇，距离县城70公里。

【优势资源】 境内资源丰富，有林地

67505亩，宜林荒山12748.5亩，天然林保护林区59000亩，飞播林57000亩，生态林32400亩，经济林4100亩，主要有短柄槲栎、栓皮栎、松树、杉树、椿树、三角枫等；矿产资源主要有板石、毒重石、煤炭，集中分布在全镇各地。

【特色经济】 2016年全镇标准化种植魔芋5000亩，茶园1500亩，烤烟500亩，新建核桃园2008亩，生猪饲养27457头，羊存栏4595只，家禽存栏38021只。

【脱贫攻坚】 完成新光村出列任务，顺利通过第三方评估验收；完成276户贫困1014人脱贫。全年成立专业合作社10个，促成153户贫困户654人就业增收；新建避灾移民搬迁集中安置点3处，完成避灾扶贫搬迁270户，全面完成地灾户、洪灾户、特困户搬迁任务，分散安置62户，使贫困户住房有保障；完成劳务输出5334，技能培训580人次。

【基础设施】 新建连户路6.8公里，新民村、新光村2处新建人饮工程以投入使用，新华村1处人饮工程完成招标设计工作，解决了158户721人吃水困难；新建标准化村卫生室2个（新华村、新光村）；投入通村公路养护经费113400元，配备养护工人27人，管护里程101公里，管护率达到100%、好路率达到68%以上，已完成市级"好路杯"示范镇创建工作。

【教育卫生】 始终把教育放在优先发展的战略地位，全力推进素质教育，教育教学质量稳步提升，全镇学前教育毛入园率达到95%，初中毕业生升学率达到76%，留守儿童"三知、三多、三沟通"的包联工作机制和信息网络实现了高效运行；本年度出生人口126人，人口自然增长率控制在2‰以内，"三查"和母亲健康检常规计生工作开展有序，全年完成4862人次，创"国优"工作已完成并通过验收，各项优惠政策得到全面落实，兑现计生利益导向资金48.231万元。

【社会保障】 新型农村合作医疗参保率达到99.8%，群众看病难、看病贵的问题得到有效解决；困难群众生活帮扶长效机制有效发挥，2016年低保、五保、救助、残疾人管护资金已全面发放到位：兑现农村低保253户117.012万元，城镇低保6户4.182万元，农村"五保"202户107.06万元，残疾人生活补贴17.184万元，重度残疾人护理补贴14.832万元，临时救助12.7748万元，医疗救助22.3492万元。

【农村改革】 以"三严三实"专题教育为主线，继续深入开展联系服务群众"五个一"工作法，9名班子成员对8村1社区进行包联，直向联系农户30户，31名镇机关干部对60个村民小组开展了包组联户工作，广泛深入村组农户访民情、察民意，积极解决群众关切的热点、难点问题，发挥和调动了干部联系群众、凝聚群众、服务群众的积极主导作用，增进了党群干群关系。全年培育3名践行"五个一"好干部先进典型，受到县委、县政府的表彰。便民服务大厅窗口设置及人员配备整合升级，设置党政综合、计划生育、民政残联、社会保障4个综合窗口，人员实行A、B岗，定人定责，全面投入使用了县行政审批电子监察系统，实现了"一窗受理、内部运作、网络处理、电子监察、限时办结、统一送达"的"全程代理"服务模式，彻底改变了群众办事难的现象，使权力运行"晒"在了群众监督之下。

【经济成就】 全镇实现粮食总产量48150吨；工业总产值达到8810万元；实现财政收入24.4万元；农民人均纯收入达到9000元。

【年度荣誉】 在全县20项重点工作中，脱贫攻坚工作处于良好等次。

（唐学丽）

麻 柳 镇

中共麻柳镇委员会
书　　记：喻铭星
副 书 记：冯流燕（女）　贺习财
组织委员：邓以文

中共麻柳镇纪律检查委员会
书　　记：肖　杰

麻柳镇人大主席团
主　　席：张贤军

麻柳镇人民政府
镇　　长：冯流燕（女）
副 镇 长：魏东兴　刘　上

麻柳镇人民武装部
部　　长：林朝军

【机构设置】 麻柳镇内设机构统一设置为"四办二所"即党政综合办公室、人大办公室、经济发展办公室、社会治理办公室、和财政审计所、市场监管所。镇事业单位统一设置"三站"，即农业综合服务站、社会保障服务站、公共事业服务站。

【区域概况】 麻柳镇地处紫阳县西南部，南与四川省万源市毗邻、西南与汉中市镇巴县接壤，素有"秦川锁钥"之美称。全镇总面积78.56平方公里，共辖6个村1个社区居委会，57个村（居）民小组，共3025户，11913人。境内交通便捷，包茂高速公路陕川段横穿全境，襄渝铁路在麻柳镇有客运站，310省道穿过集镇，使麻柳成为由陕入川的咽喉。

【优势资源】 麻柳镇资源丰富，有常用耕地面积2.2046万亩，有茶园1.1万亩，林地面积87880.17亩。境内已探明煤、锰、高磷锰、铅锌、石灰石、黏土矿等各种矿产资源，层位稳定、品种多、储量大、杂质少，已经开采的锰等资源为全县工业经济发展提供坚强后盾。除此之外，还有赵溪村九组黄家坪高山草甸、染房村五组陡天坡、水磨村五组黄草梁的红色革命遗址等极具开发价值的优势旅游资源。

【党建工作】 2016年，麻柳镇召开镇十五届党代表大会，选举产生新一届党委。召开了第十九届人民代表大会第一次会议，选举产生了人大主席团和新一届政府组成人员。镇党委组织成立了党建工作领导小组，建立了党委成员包抓党建工作联系点工作制度，向各支部选派了第一书记和党建工作指导员，组织开展"两学一做"学习教育并按照"六有"即支部有方案、个人有计划、讨论有重点、践行有标杆、学教有特色、"两学"有氛围的标准将"两学一做"引向深入，取得了一定成效。镇党委按照成熟一个组建一个的原则，组建了"个体非公有制经济联合支部和天赐茶业支部"两个非公有制经济企业党支部，实现非公企业党建全覆盖；完成了镇党委政府机关和教育支部改选，开展了党组织关系排查和失联党员排查，强化了党员管理，发展新党员4人。新建成社区党员活动室，完成赵溪村后进村整建，全镇党建工作迈上新台阶；严格落实“三会一课”、党群例会等制度；利用新兴媒介加强党员联系，建立党员微信群、QQ群、开通手机+党支部、展示相关工作动态；表彰了一批优秀党支部与党员，多种形式的促使党员不断增强党员意识、规范党员行为、提升党员形象。镇党委以上率下，积极探索机关党员帮助、带领农村党员强化党的意识，农村党员帮扶、带动农村贫困户快速致富脱贫的“双帮双带”模式，充分发挥基层党员先锋模范作用。据统计，全镇有基层党组织13个，党员404名。

【脱贫攻坚】 麻柳镇自2014年已全面启动脱贫工作，有贫困村7个，在册贫困户1395户5170人，贫困量大、面广、程度深。2016年，该镇将书堰村列为当年脱贫出列目标，在县人大、县法院的大力帮扶，全镇广大干部群众攻坚克难，以金融扶持、产业发展、技能培训、医疗帮扶、民政救助、和教育资助等多种措施；精准施策，着重解决贫困群众在住房、医疗、教育、养老、增收中面临的困难，顺利实现书堰村101户330人脱贫摘帽。及时部署启动2017年麻柳村、染坊村、原青岩村共598户2054人贫困人口脱贫出列工作。

【产业建设】 曾为紫阳县工业重镇的麻柳镇，在有序推进湘贵锰业万吨电池级硫酸锰项目的基础设施建设的基础上，逐步转变发展思路。坚持以绿色健康产业强镇，牢固树立绿水青山就是金山银山的理念，重点围绕茶叶、魔芋、特色林果、富硒食用菌扽分特色种植业。努力推动浙陕水泥厂转产升级为秦硒食用菌开发有限公司，招商引资6000余万元在染房村新建鼎龙茶业有限责任公司，同步启动赵溪、染房观光茶园建设，组建茶叶合作社6个，为发展乡村旅游，走出了一条生态立镇、绿色健康发展的道路打下坚实基础。

【集镇管理】 以生态立镇为目标、以“双创”工作为抓手，大力开展环境综合整治，落实专人具体包抓，强化保洁员管理，每日进行量化考核，确保垃圾日产日清，街道干净整洁；积极开展防治病媒生物专项行动，聘请消杀公司专业人员对农贸市场、垃圾池以及卫生死角等地进行彻底清扫和喷洒化学灭蚊蝇药物，切实做好病媒防治工作；组织专门力量集中整治私搭乱建和占道经营等现象，重新规划停车位严格规范停车秩序；加大集镇老街改造力度，更换路灯60盏，疏通和改造封盖污水沟800余米，清理和规范各类网线及供电线路，杜绝“蜘蛛网”密布；投资40余万元，将310省道与集镇相连长约5公里的路段两旁进行了绿化，将其打造为由川入陕的“绿色长廊”，对街道上损坏或枯死的花草、绿化树木进行补植，进一步美化人居环境；进一步落实河长制，全面落实农户门前四包责任，明确了生活垃圾、污水责任主体。对沿江农户生活污水实行台账式销号管理，实行沿江沿河排污口和污水点源常态化巡查监管机制，配合县环保局等9部门进行联合执法，整治、查处汉江水质保护工作中的重点、难点问题4件。同时，营造浓厚创卫氛围，采取会议、车载广播、设置文化墙以及刷写标语等形式广泛宣传，教育引导群众养成良好生活习惯，共建美好家园。

【社会事业】 镇内有中心学校1所、小学校5所、幼儿园2所，有在校学生1600余人，在编在册教师82人。2016年该镇加大投入力度，不断完善教育基础设施，不断加强教育管理，教学质量稳步提升，为2017年实施教育均衡发展打下坚实基础。镇内有中心医院1所，标准化卫生室8个，拥有由村级防疫医生、镇中心医院为一体的卫生防疫网络。为努力实现群众便捷就医、安全就医、有效就医，进一步改善提高辖区医疗服务水平，该镇倾力支持镇卫生院迁址新建项目，为2017年镇卫生院迁建项目打下了坚实基础。镇内拥有敬老1所，现居住五保老人45人。镇中心文化广场1个，镇文化综合服务站与社区居委会互相配合，经常组织群众开展广场舞、送电影下乡、送科技下乡等丰富多彩的文化活动，赢得了全镇群众的好评。

【平安建设】 社会治理工作中坚持平安建设常抓不懈，深入校园、（社区）村组、厂矿企业大力开展综治平安建设、反邪教、“法律六进”等普法教育活动；制定完善“三调联动”工作机制，全年累计化解各类社会矛盾纠纷123件，办理行政案件21件，办理刑事案件10件，有效化解了各类纠纷，打击了各类违法犯罪。同时，加大对安全生产工作的领导，落实食品安全监管责任，加强基层信访网格化建设，确保麻柳在和谐稳定的环境中持续发展。

【年度荣誉】 2016年，省爱委会授予该镇2016年省级卫生乡镇荣誉称号，省国土厅对该镇2016年成功预报1起地质灾害给予奖励，省妇联授予全省“双学双比”优秀先进个人1人；市妇联授予全市“最美家庭、好婆婆、好媳妇、好妯娌”共5人；同时在2016年中小企业经济运行监测工作中收到市级部门表彰；县委授予全县优秀共产党员2人，优秀党务工作者1人，“践行五个一”好先锋2人，优秀通讯员1人；县妇联授予优秀妇联主席1人。

（黎晓程）

双 安 镇

中共双安镇委员会
书　　记：姜显国
副 书 记：金宙军　杨大来
组织委员：张　碧

中共双安镇纪律检查委员会
书　　记：李　鹏

双安镇人大主席团
主　　席：马小静（女）

双安镇人民政府
镇　　长：金宙军
副 镇 长：罗　枫　王　博

双安镇人民武装部
部　　长：吴　兵

【自然概貌】 双安镇位于紫阳县北部，西邻汉水，南与汉王镇相邻，东与汉滨区牛蹄镇为界，北与蒿坪镇接壤，平均海拔600米左右，境内沟壑纵横，林本河横贯全境，与沙坪河交汇注入汉江。境内煤炭资源储存量大，主要分布在林本河村、廖家河村、沔浴河村、四合村等；水资源十分丰富，沟河密布。全镇总面积109平方公里，共有耕地面积35949亩，其中常用耕地面积16537亩（水田3964亩，旱地12573亩），临时性耕地18412亩，植被覆盖率达65%。紫石（紫阳—石泉）公路横贯全境，沿紫石公路可直达汉滨区及汉阴、石泉县城，距“包茂”高速15公里，交通便利。

【人口】 全镇辖12个行政村，2个社区，86个村民小组，5633户，18716人。

【优势资源】 双安镇是我国的第二高硒区，紫阳县富硒区的中心地带。水土检测出硒含量大约在45/100克，是全国平均的5倍。

【特色经济】 全力抓好富硒研究所建设，率先在镇内建成了全县唯一一个镇级科研机构。并积极引进源硒地等公司，流转土地近千亩，启动了全镇高端农业基地建设和市场开发工作，并着力开展闹热富硒旅游生态养生度假项目规划编制工作，为双安“富硒”这一世界级的宝藏开发，迈出了可喜的第一步。

【基础设施建设】 2016年共完成避灾移民搬迁任务462户；其中集镇第三小区，3、4号楼建设安置房71套；集镇敬老院及供销社片区建设五保户安置（周转）房160套；林本河建设安置房90套；白马、三元建特困户交钥匙工程45套；进城入镇及分散安置96套。完成双牛公路安防工程6.3公里，拓宽并改造大湾组级公路2.3公里，集镇垃圾填埋场进场道路硬化2.1公里，拓宽改造白马村5公里沿江公路路基完善工程，新修并完善了闹热村油茶观光园区公路5.4公里，维修闹热村组级公路15公里。完成了珍珠、桐安、闹热、双河口饮水工程5处。完成了林本河、廖家河、白马电网改造。完成闹热、大湾等村宽带入户工程，农村户户通和集镇数字电视工程全覆盖。2016年集镇和蒿汉公路沿线安装路灯118盏。

【教育卫生】 2016年双安镇中心学校全面贯彻党的教育方针，以科学发展观为指导，积极实施规范化、科学化、人文化、制度化管理。紧紧围绕“教学为中心、育人为要务”两个核心体系，进一步强化“质量立校、特色活校”意识，牢固树立“办人民满意学校”的办学思想。2016年中考中，学校5个科目成绩均位居全县前五名，共有64名学生中考上线。修建了中学教师公租房、安坪学校、林本河教学楼以及完善了中学校园文化建设。全体师生努力朝着“特色鲜明、家长满意、社会认可”的办学目标不断奋进。逐渐形成了“明理、崇德、励志、创优”的校风、“踏实、严谨、创新、进取”的教风和“尊师、勤学、善思、合作”的学风。加大医疗系统的投入，2016年新建双安中心卫生院1所，占地面积1300平方米，共有床位30张，医护人员20人。新农合参合率97.9%。

【经济成就】 2016年，全镇国民生产总值达到16950万元，农民人均纯收入达到10662元，城镇居民人均可支配收入23000元，全社会固定资产投资23458万元，财政总收入721.41万元，人口自然增长率1.7‰。2016年在脱贫攻坚工作中，闹热村整村脱贫摘帽。

（柯贤林）

东 木 镇

中共东木镇委员会
书　　记：蔡英雄
副 书 记：苟克乾　秦　涛
组织委员：汪义康

中共东木镇纪律检查委员会
书　　记：种满卫

东木镇人大主席团
主　　席：卢升乾

东木镇人民政府
镇　　长：苟克乾
副 镇 长：赖贞虎　储小兵

东木镇人民武装部
部　　长：何元元

【机构设置】　镇机关内设党政综合办公室、经济发展办公室、社会管理办公室、公共事业办公室、财政所五个行政机构；农业综合服务站、人口和计划生育服务站、社会保障服务站、文化综合服务站、村镇规划建设管理所、食品药品监督管理所六个事业机构；县直部门派驻机构畜牧兽医站；另有司法所、派出所、信用社、卫生院等驻镇单位。

【基本镇情】　东木镇位于紫阳县西北部，渚河上游。1996年12月底撤区并乡时和原三官堂乡（驻地位于三堂村）合并为东木乡，2010年12月撤乡并镇时和原燎原乡（驻地位于油房村）合并为东木镇。东木镇东与红椿镇相邻，南与汉王镇、焕古镇相连，西与汉阴县上七镇毗邻，北与汉中镇巴县接壤。镇政府所在地距县城42公里，全镇总面积124平方公里，耕地面积14.4万亩，辖11个行政村，60个村民小组，3670户14146人。2016农民人均纯收入达到9511元。东木境内水资源丰富。共有木杨河、东七元河、西七元河、田坝河4条支流，各支流均汇入渚河流入汉江。沿河共计8个村（军农村、关庙村、月桂村、木王村、三官堂村、燎原村、麦坪村）1个社区（街道社区），沿河住户共计1420户5653人，其中相对集中居住点67个1056户4190人。

【特色经济】　该镇按照因地制宜、一村一品、规模发展的原则，着重抓好了“茶叶、魔芋、烤烟、畜牧”4大主导产业，着力打造渚河流域特色产业经济带，实现富民增收。1. 茶叶产业：全力推进育苗基地建设。在月桂新建50亩大棚轻基质穴盘茶叶繁育基地，传统小棚扦插育苗100亩，为全县提供3000亩优质种苗；2016年新发展茶园216亩，当年脱贫户完成了717亩的生产茶园和870亩的幼龄茶园管护，同时跟进春茶采摘、加工、管护培训，共培训茶农1400余人，茶艺人员27名。2. 烤烟、魔芋及核桃产业：在木王村发展烤烟120亩，发展魔芋2200亩，其中种芋100亩。在木王、军农两村已栽植薄皮核桃541亩，修剪、防虫到位，成活率高。落实新一轮退耕还林493亩，完成了8700亩生态公益林补偿兑现及流转，实现贫困农户增收目标。3. 种养殖产业：全镇新落实栽植富硒绿安大蒜150亩，麦坪高山无公害青春洋芋1000亩已走上“互联网+”通道实现网络营销。全镇发展了11个养殖在100只以上的大户和40个中小养殖户，规模养羊达3200头。动员创业大学生发展富硒土黑猪养殖，已建养殖场2000平方米，放养场60亩，肉制品已通过连锁经营的形式顺利进入西安、漯河、安康、紫阳市场销售。4. 劳务输出及技能培训有序推进。组织贫困户及各村剩余劳动力到山西、广东等地务工。全镇完成足浴培训76人，茶艺培训27人，烹饪培训105人，合格学员都已走入工作岗位，组织劳务输出4000人，实现劳务收入5000万元。通过系列产业建设，促进贫困农户增收。

【集镇建设】 按照东木镇总体规划和集镇建设控制规划，强化集镇的龙头作用，下大力气把集镇建好，把产业、人气积聚起来。一是集镇三期安置点快速推进。三期1栋36套安置房自10月开工以来，加强组织领导，加强质量监管，加快工期推进，预计2017年5月底可交房。二是大力实施老集镇升级改造。老集镇改造工作已全面完成，有效改善了老集镇脏乱差的环境，提升了集镇形象。按期完成了集镇二期道路建设工作，按时完成了垃圾场迁建工作。集镇小石河大桥完成招标进入施工，东木镇幼儿园项目开工建设。加大汉江水质保护和农村环境综合治理。与各村签订了目标责任书，修订完善河长责任制，开展垃圾清理，确保天更蓝，水更清，环境更美丽。完成了省级生态镇创建，推进国家级生态镇、省级卫生镇创建，着力打造宜居东木，努力提升群众幸福指数，同时，为强化集镇监管，近期在新区、老街安排了40盏路灯，提升了集镇品位；为规范集镇停车摆摊问题，实施了集镇道路及个体

东木镇一角

户门前规划画线，使集镇管理规范有序。

【民生工程】 一是按时完成了2016年城乡居民养老保险参保任务和2016年农村合作医疗保险参保任务。二是扎实有序做好民政低保及350名残疾人生活补贴及优抚等发放工作。三是计生工作稳步提升，优质服务创建达标。全面推进“母亲健康”、优生促进、农村计生家庭创业三大工程。四是全力推进平安创建工作。加强治安防控体系建设。建立“阳光紫阳”信息公开平台。加大依法治访力度，对涉法涉诉信访问题实行书面答复。开展安全生产大排查大检查活动，有效防范了各类安全事故。

【招商引资】 一是推进天地板石标准化加工车间投产，逐步达到年产50万平方米产能，综合产值5000万元。二是与家家福签订合同，投资1200万元新建1500平方米综合大型超市。三是完成盘龙及光辉育苗企业投资，建设50亩大棚茶叶育苗和100亩小棚育苗，茶苗长势良好。四是新引进卓望茶叶加工企业一个，金银花加工企业一个，采用“贫困户+企业”模式，带动贫困户增收，促进了贫困户脱贫。

【教育卫生】 教育：全镇有初级中心小学1所，6个教学班，现有中学生356人；村级完全小学3所，21个教学班，现有在校学生270人；中心小学1所，7个教学班，现有小学生427人；村小附设学前班3个，现有在校50人；中心幼儿园1所，现有学前幼儿165人，4个教学班。现有在编教职工71人，专任教师68人，高级教师3人、中级教师25人、初级教师38人。2016年小学教育适龄学生入学率100%，辍学率为0，免试入学，就近入学，小学统考中成绩名列全县前茅。初中教育学生适龄人口入学率100%，辍学率为0.8%，毕业率为100%，升入高一级学校学生逐年攀升，初中毕业学业考试成绩名列全县第一名。卫生：镇中心医院集疾病预防、妇幼保健院、医疗、合疗、经办为一体，设科室7个、病床18张，职工12人，镇内下设8个村卫生室，承担本辖区及部分外镇村民的基本医疗服务工作。2016年门诊人次12707余人，住院病人204余人，65岁以上老年人体检649余人，慢病体检932余人，0—7儿童体检965余人。计划免疫接种针次1578余人次。

【党风廉政】 一是大力整治“庸懒散奢软”现象，促进镇干部作风大转变、服务效能大提高。二是坚持不懈地推进党风廉政建设和反腐败斗争，健全建设项目招投标、政府采购、专项资金使用等制度。三是认真开展效能风暴工作，坚决贯彻执行中央“八项规定”，坚持厉行节约、勤俭办事，坚决反对铺张浪费。对“三重一大”事项提交班子会集体决策研究，并通过干部职工大会或者其他形式听取干部和群众的意见和建议，充分吸收各方面意见，从源头上遏制腐败。加强作风建设和党风廉政教育，通过开展纪律教育学习和岗位廉政风险防范管理活动，进一步提高了干部廉洁自律意识，提升政府执行力。

（李元春）

李龙安 男，1962年3月出生，1982年参加工作，先后担任县世行办主任、县委办主任、县总工会主席。

自2006年任紫阳县总工会主席以来，心中时刻装着职工群众，多年来一直践行着自己的诺言。完善《紫阳县困难职工援助中心帮扶办法》，建立困难职工档案1859户，涉及4666人。仅2014年，共筹集帮扶慰问金40万元，实现对在档困难职工的“全覆盖、不遗漏”，全县工会医疗救助、“送清凉”、“金秋助学”帮扶困难职工家庭和困难农民工家庭482户，解决就业、医疗等实际问题109件次。共免费举办各类技能培训班6期，对261余名下岗失业职工和农民工进行了免费培训，帮助15名下岗失业职工实现再就业。扎实做好职工医疗保险“第三道防线”，全县共有170个工会组织参加了互助保险，参保率达86.9%，投保职工达8237人，仅2014年县总工会就帮助患病职工400余人次，赔付50万元保险金。

积极探求繁荣社区工会文化和活跃职工群众精神生活的结合点，不断探求社区工会“二次覆盖”的有效形式，探求活跃职工群众文化生活的有效方法。针对过去职工群众业余文化生活场地不足、无组织、无秩序、缺方向等现状，在借鉴西安、宝鸡、阳泉等外地经验的基础上，将县城从事民歌演绎、舞蹈健身、诗词楹联的15家民间艺术团体组织起来，组建社区民间艺术工会联合会，吸纳会员500多人。还扩大组建范围，打造社区工会“升级版”，将农民工、下岗失业人员、在职职工、退休职工、移民安置区职工组织起来，实施“二次全覆盖”。截至2015年，全县已经建成社区民间艺术工会组织共36家，发展工会会员1500多人。对有班子、有阵地、有制度、有队伍、有资金条件的社区工会，扶持配备一套音响设备；对在县城为建成的民间艺术社区工会免费提供水、电、房；对部分特殊团队补助配套文化设施；对下乡慰问演出，出县、市、省及出国演出，给予标准不同的补助；对新曲目、新舞蹈、新项目免费举办骨干培训班。积极支持团队出县参加演出、比赛和联谊活动。阳光合唱团及老来俏、俏姑子等表演队多次参加省、市演出，并再次走出国门，与韩国进行了民间文化艺术交流。3年来，开展全县性的广场舞大赛3次，外出参加省级、国家级大型活动7次，赴韩国演出2次，传播弘扬了紫阳民歌文化，扩大了社区工会的影响力。

把工会工作纳入到全县经济发展大局之中去谋划，积极发挥工会组织优势，坚持从“种茶、采茶、制茶、营销能手，明星企业”等关键环节入手，以茶叶基地镇、村、企业为重点，大力开展“五项茶事”劳动竞赛活动。为防止培训走过场，搞花样，他每年年初都牵头研究制定详细的培训方案和培训计划。每年春茶采摘前夕，举办万人茶叶技能培训工程师资力量培训班，再分乡镇，分村组，分地块巡回开展茶叶技能培训，再实施茶叶初制工、营销、茶艺、评茶、茶歌创作等培训班。几年来，共举办各类培训班400多期，培训各类技术骨干2万余人次，提高了茶农种管技术和采摘水平，提升了茶叶生产科技含量，增强了茶商营销技能和品牌意识。共推荐表彰种茶、采茶、制茶能手和营销能手1260名，明星企业18个。正是因为有一个好的领路人，紫阳茶叶产业持续健康发展，紫阳茶园面积增加到18万亩，3家企业成为标杆企业，紫阳富硒茶连锁加盟店从无到有，23家企业分布在全国15省市，并走出国门，远销俄罗斯、日本、韩国等地。紫阳富硒茶先后获得国家地理标志保护产品认证、中国驰名商标，成功创建为“全国富硒茶知名品牌创建示范区”。茶叶综合收入由2006年1.3亿元增长到2013年11亿元，10万茶农因此增收。

李龙安先后荣获“安康地区科技进步一等奖”“安康市人民满意公务员”“安康市优秀公务员”“陕西省优秀工会工作者”“陕西省十大质量人物提名奖”“中国富硒行业十大风云人物”等荣誉称号。2015年12月4日，中华全国总工会发出《中华全国总工会关于表彰全国模范职工之家、全国模范职工小家、全国优秀工会工作者的决定》，李龙安荣获“全国优秀工会工作者”称号。

邱红英 女，紫阳县茶业局助理农艺师。她近30年如一日勤苦搞茶叶科研开发，深入基层推广先进的农业实用技术，10万茶农依靠科技改变了贫困生活。1989年邱红英从安康农校毕业分配到县茶研所工作，成为独当一面的技术骨干。在人生成长起始舞台一干就是5年，她以这里200亩茶园为实验基地，参加一系列紫阳茶科研课题组的研究工作，其中《紫阳富硒茶品质、含硒水平、保健作用及其富硒茶系列开发》研究课题获得原安康行署科研特等奖；《名茶技术开发与推广》课题获省政府三等奖和地区一等奖。以茶研所为主要单位创制的“紫阳银针”在1991年被国家旅游局、中国杭州国际茶文化节组委会评为“文化名茶”，1992年获得香港国家食品博览会银奖。她还主持开展了《紫阳富硒保健—紫阳金桔茶、紫阳金花茶研制课题》、《紫阳大叶泡提纯选育》、《低产茶园改造和丰产茶园栽培研究》等科研项目，取得了重大突破，这些技术开发从根本上提升了紫阳茶的品质，对紫阳茶叶产业的发展壮大起到了“脱胎换骨”作用。

她立足茶叶生产一线搞科研，改革老茶园改造技术，采用40—50厘米的重修剪代替了惯行的离地砍，生长期大大缩短，甚至修剪当年就能采叶，使老茶园丰产期加长，丰产效果明显。她改革紫阳毛尖茶生产工艺，由传统的茶叶烘青型改为烘炒型，提高了茶叶的香气和口感。研制出新名茶“紫阳银针”，并获得地区科技成果鉴定。她改革大装茶生产工艺，由烘一滚一滚改为烘一烘一滚，不仅节省了工作时间，还明显减少了成品茶的碎末，充分保持茶叶外形的完整，提高了高等级茶的产出率。她改革茶园施肥技术，催芽肥由春分后施改为立春后施，使春茶及早获得肥料养分，发芽早、齐壮，高档茶增产明显。

除茶叶研究之外，邱红英一年约有200余天时间奔波在各镇村、企业、农户中抓茶叶产业技术培训。在每年春茶上市之际，她白天要抓住时机培训茶企、茶农春茶生产技术和茶叶规范采摘方法，晚上要示范加工，每天都休息不到5个小时，因此，每年春茶结束时，她体重都要减少几十斤。秋冬季，她便到农户、茶园、地块巡回开展茶园管理和新茶园建设培训。因为她讲课生动活泼又联系实际，县上组织的茶产业培训，都要邀请她主讲。县级部门举办的村干部培训和村妇联主任培训班、县人事局开办的全县乡镇的茶叶专干和安置退伍军人岗前培训班，邱红英都应邀主讲茶叶技术。多次应邀到白河县、汉阴县开展茶叶加工指导培训。

邱红英工作不怕吃苦受累，不计较个人得失。待人真诚，经常主动帮助他人。茶农咨询来电必接，重要技术环节必亲临现场指导。她组织观念强，作风踏实，品行高尚，公私分明，外出讲课培训，不收分文报酬，不提生活条件要求，生怕给别人添麻烦。每次讲课，邱红英都认真备课，制作浅显易懂的多媒体课件进行演示培训，多年来，共制作幻灯片课件80余个。她还结合日常工作经验，广泛查阅最新茶叶技术资料，编写了《无性系茶苗栽培技术》、《无公害茶园综合管理技术》、《茶叶科学采摘》、《机械化采茶技术规程》等30多万字培训教材，为紫阳富硒茶生产新要求提供了科学的培训内容。近两年她利用微信公众平台，制作茶叶技术公众号“青梅煮茶”普及茶叶技术，在微信平台上回答茶农的问题，弥补茶叶技术人员不足无法事事亲临现场指导的缺憾。她多次荣获市级优秀中青年科技工作者、“安康好人”等荣誉称号，2012年被全国总工会授予全国五一劳动奖章，在2017年中国技能大赛——“遵义绿杯”全国手工绿茶制作技能大赛中，她是陕西唯一的参赛选手，首次代表紫阳亮相全国技能大赛并获得个人奖项。

中共紫阳县委 紫阳县人民政府 关于印发《紫阳县打赢脱贫攻坚战实施方案》的通知

各镇党委、镇人民政府，县委和县级国家机关各部门，各人民团体，中省驻紫各单位：

为认真贯彻落实中省市脱贫攻坚会议精神和《中共中央国务院关于打赢脱贫攻坚战的决定》（中发［2015］34号）、《中共陕西省委陕西省人民政府关于贯彻落实〈中共中央国务院关于打赢脱贫攻坚战的决定〉的实施意见》（陕发［2015］20号）、《中共安康市委安康市人民政府关于印发〈安康市打赢脱贫攻坚战实施方案〉的通知》（安发［2015］20号），确保全面打赢我县脱贫攻坚战，如期够格实现小康目标，现将《紫阳县打赢脱贫攻坚战实施方案》印发给你们，请认真组织实施。

中共紫阳县委

紫阳县人民政府

2016年4月11日

紫阳县打赢脱贫攻坚战实施方案

为打赢我县脱贫攻坚战，确保到2020年全面实现贫困县摘帽、贫困村脱贫、贫困户越线的目标，结合我县实际，特制定本实施方案。

一、指导思想

全面贯彻落实习近平总书记脱贫攻坚战略思想和中省市脱贫攻坚会议精神，牢固树立抓扶贫就是抓发展、抓扶贫就是抓民生的理念，以脱贫攻坚统揽县域经济社会发展全局，遵循精准扶贫、精准脱贫基本方略，坚持治标与治本结合、输血与造血并举，开发扶贫与保障扶贫两轮驱动、县域发展与精准扶贫统筹推进，确保各项政策措施落到实处。深入推进脱贫攻坚机制创新、方式创新、模式创新和管理创新，整合各类资源，凝聚各方力量，坚决打赢脱贫攻坚战，同步实现全面建成小康社会目标。

二、任务目标

（一）贫困人口全部脱贫。到2020年底，全县3.1万户、9.55万贫困人口全部脱贫越线。贫困人口脱贫标准：收入有保障、住房有保障、设施有保障、教育有保障、医疗有保障、养老有保障。

（二）贫困村全部“出列”。根据贫困村基础、脱贫意愿、项目安排等实际状况，将全县147个贫困村分批次进行推进，到2019年全部出列。贫困村脱贫标准：基础设施、产业发展、民生改善、公共服务、能力建设、生态环境“六要素”根本改善。

（三）贫困县按时“摘帽”。按照贫困县退出机制要求，与国家全面建成小康社会涉及的主要指标对接，到2020年达标“摘帽”。贫困县“摘帽”标准：农村贫困人口全部脱贫（不含当年返贫人口）；贫困村全部脱贫；基础设施较为完善；基本公共服务领域主要指标接近全省平均水平。同时积极争取脱贫攻坚成果巩固相关政策，确保“摘帽”不“返贫”。

年度具体目标为：2016年脱贫14884人，脱贫30个贫困村；2017年脱贫15000人，脱贫30个贫困村；2018年脱贫19000人，脱贫40个贫困村；2019年脱贫28000人，脱贫47个贫困村；2020年兜底脱贫18664人。

三、基本原则

（一）坚持党委领导，政府主导。充分发挥各级党委总揽全局、协调各方的领导核心作用，严格执行脱贫攻坚一把手负责制，县、镇、村三级书记一起抓。强化政府责任，实施政府、市场、社会“三轮”驱动，构建专项扶贫、行业扶贫、社会扶贫互为补充的大扶贫格局。

（二）坚持协同推进，合力攻坚。建立“三包三联”脱贫攻坚包抓机制，实行县级领导包镇联村、科级领导包村联组、第一书记驻村落实，一般干部联户帮扶制度。整合县级部门项目资金，统筹县镇村三级干部力量，协同推进脱贫攻坚工作。

（三）坚持精准扶贫，工作下沉。深刻认识脱贫攻坚的主战场在贫困村、贫困户。坚持工作下沉，准确定位，落实扶贫对象、项目、资金、措施、派人、成效等“六个精准”，解决“扶持谁、谁来扶、怎么扶”的问题，做到扶真贫、真扶贫、真脱贫。

（四）坚持生态为本，产业优先。牢固树立绿水青山就是金山银山的理念，围绕“生态立县，产业强县，旅游兴县”三大战略，坚持生态经济化、经济生态化，探索生态脱贫新路子。围绕县域特色种植业和特色养殖业，拓展富硒美食、民歌茶艺、电子商务、修脚足浴等新产业，培育壮大一批具有地方特色和竞争优势的主导产业，促进贫困群众增加收入、脱贫致富。

（五）坚持扶志立业，激发动力。以扶志为先导，扶业为根本，教育引导群众牢固树立“宁自立、不苦等，宁苦干、不苦熬”的脱贫观念，推进开发式扶贫增强造血功能，激发贫困群众自我发展的内生动力，调动贫困地区干部群众的积极性和创造性，增强摆脱贫困的信心。

四、重点工作

对全县4.99万人需要产业扶持脱贫，2.99万人需要劳务输出脱贫，4.3万人需要生态补偿脱贫，5.72万人需要易地搬迁脱贫，1.24万人需要医疗救助脱贫，1.51万人需要教育扶贫脱贫，4.62万人需要兜底保障脱贫的贫困人口，综合运用各种政策，采取多种措施，实现贫困户稳定脱贫。

（一）实施移民搬迁工程，改善生产生活条件脱贫一批。坚持把易地搬迁与新型城镇化、新农村建设紧密结合，紧扣“精准搬迁、精细管理、精确施策”主题，落实“提速度、上水平”要求，不断完善新型农村社区规划、新型社区管理、产业配套、资金监管等机制，加快搬迁进度，规范搬迁管理，提升工作质量，加快搬迁进程。坚持“三优先”搬迁原则，分散安置指标重点用于“两灾户”、特困户搬迁安置，确保2016年底前全面完成“地灾户、洪灾户”搬迁任务，2019年底前全面完成贫困户搬迁安置任务。强化社区管理，结合镇村综合改革，依据社区建设规模和实际状况，按照“新设、融合、挂靠”等方式，将搬迁社区管理纳入城乡行政管理体系，明确社区组织架构，落实人员和工作经费，确保搬迁社区有人管事、有钱办事、有场所议事。加强社区公共设施配套，努力创建山水园林、生态宜居、文明和谐的避灾扶贫搬迁新型社区。推进搬迁群众就业增收，采取企业带动、产业支撑、园区辐射、技能提升、资金互助等有效模式，深入推广“一区一策、一户一法”经验，确保搬迁户增收致富。推进旧宅基地资产处置利用，增加搬迁贫困户收入的同时，实现可耕地扩张和生态修复的双赢效果。探索改造实施闲置房“梯次搬迁”办法，加大环境整治力度，保护传统村落，扎实推进美丽乡村建设。

（二）实施产业提升工程，发展特色产业脱贫一批。依托生态富硒优势，按照“低山茶叶蔬菜、中山魔芋林果、高山木本药材、库区渔业养殖”的立体布局，加快农业产业化发展，重点壮大茶叶、魔芋、中药材、特色林果、富硒蔬菜五大特色种植业和黑猪、黄牛、白山羊、乌骨鸡、富硒鱼五大特色养殖业规模效益。加快农村小型加工业、富硒美食、民歌茶艺、电子商务、修脚足浴等二三产业发展，做到村村有产业、户户有项目、产品有销路、增收有门路。采取龙头企业带动、合作组织互动、景区园区牵动、能人大户联动、综合帮扶驱动的“五动”精准扶贫办法，实施“一村一品、一户一业”产业推进行动。支持贫困村、贫困户因地制宜发展乡村旅游、特色种养、传统手工和农产品加工业，促进扶贫龙头企业、农民合作社、家庭农场、能人大户与贫困户建立利益联结机制，实现一二三产业融合发展，让贫困户更多分享农业全产业链和价值链增值收益。积极推行互联网+电商扶贫、企业+产业扶贫模式，创新特色产业扶贫模式，促使传统产业提质增效，帮助群众实现稳定增收。

（三）实施技能培训工程，促进就业创业脱贫一批。统筹各类培训资源，引导企业扶贫与职业教育、技能培训相结合，确保贫困家庭劳动力至少掌握一门致富技能，实现就业创业脱贫。依托县职中教学设施，建立县级技能培训基地，整合部门培训资金，实行定点培训、订单培训、定向培训，完善劳务输出对接机制，实现培训一人、转移一人，就业一人、脱贫一户。围绕新兴劳动力市场需求，推广远元公司“企业+就业培训+贫困户”的修脚足浴模式，开展免费订单定向技能培训，促进贫困群众就业创业。加大创业就业扶持力度，推动大众创业、万众创新，鼓励外出成功人士回乡创业就业，帮助更多贫困户实现就近就地就业和增收。

（四）实施生态保育工程，结合生态保护脱贫一批。加大生态保护修复力度，支持鼓励贫困村、贫困户充分利用林地、坡地、水域等资源，大力发展山林经济、山水旅游，推动山林经济由种养型向加工市场销售型转变，把一批山林经济园区打造成为从种植到深加工再到旅游的产业新体系，让更多贫困村因生态而美、更多贫困户因生态而富。完善生态补偿转移支付机制，安排一定比例生态补偿转移支付资金用于脱贫攻坚，增加贫困户政策性收入。加大退耕还林等生态工程建设力度，鼓励有条件的地方25度以上坡耕地全部纳入退耕还林范围，创新生态资金使用方式，利用生态补偿和生态保护工程资金使当地有劳动能力的部分贫困人口转为生态保护人员。开展生态综合补偿试点，实行公益林补偿标准动态调整。

（五）实施教育扶贫工程，通过斩断穷根脱贫一批。把教育扶贫作为“断穷根”的重要支撑，全程施策，帮助每一个贫困家庭子女上得起学。对贫困家庭学生从一年级到高中阶段教育全程免除学费；对贫困家庭的中高职在校生，落实“雨露计划”等国家职业教育资助政策帮扶，再给予3000元扶贫助学补助；对贫困家庭在校大学生实行政府资助、助学贷款、助学金帮扶全覆盖。加强乡村教师队伍建设，全面落实乡村教师生活补助政策，为乡村学校定向培养留得下、稳得住的一专多能教师。合理布局农村中小学校，改善基层办学条件，加强寄宿制学校建设，提高义务教育巩固率。

（六）实施健康扶贫工程，落实救助政策脱贫一批。完善医疗救助机制，落实救助政策，扩大救助范围，实施健康扶贫工程。完善农村合疗制度，门诊统筹率先覆盖所有贫困对象，建立贫困人口健康卡，对贫困人口大病实行分类救治和先诊疗后付费结算制度；将贫困人口全部纳入重特大疾病救助范围；加大农村贫困残疾人康复服务和医疗救助力度，扩大纳入基本医疗范围的残疾人医疗康复项目。加强乡村医生队伍建设，落实和完善乡村医生工资补助、养老、培训政策。实施贫困地区儿童营养改善、新生儿疾病免费筛查、农村适龄妇女“两癌”免费筛查、优生健康免费检查等公共卫生项目；县、镇医疗机构医生与因病致贫贫困户对口帮扶，解决群众因病致贫、因病返贫问题。

（七）实施基础设施完善工程，提升公共服务水平脱贫一批。整合项目资金，加大投入力度，倾斜支持贫困村基础设施和基本公共服务建设，改善贫困户基本生产生活条件。贫困村尽快修通硬化3.5米宽以上村级道路，长期居住百人以上的自然村落实现通组路沙石化；加大农村电网改造，实现同网同质同价；实施农村饮水安全巩固提升工程，90%以上农户吃上安全卫生饮水。通讯、广播和宽带通村率达到100%。统筹脱贫攻坚与县域发展，科学谋划，精心组织实施一批关乎全面脱贫与全县发展的水、电、路、讯等重大基础设施项目。

（八）实施社会保障工程，落实政策兜底脱贫一批。加快完善城乡居民基本养老保险制度，适时提高基础养老金标准，引导农村贫困人口积极参保续保。核准兜底贫困人口，实行农村低保标准与扶贫标准“两线合一”；实行暂退低保帮扶措施，对当年超过低保标准但收入尚不稳定的农村家庭，延续1　2个月低保政策，其中残疾人家庭可再适度延长救助时限；加大贫困群众临时救助力度，帮助农村贫困群众应对突发性、紧迫性和临时性基本生活困难；加快敬老院、幸福院等养老设施建设，实现孤残特困人员集中供养。健全留守儿童、留守妇女、留守老人和残疾人关爱服务体系。对农村“三留守”人员和残疾人进行全面摸底排查，建立翔实完备、动态更新的信息管理系统，与精准扶贫信息管理系统进行有效对接。建立家庭、学校、基层组织、政府和社会力量相衔接的留守儿童关爱服务网络，健全孤儿、低收入家庭重病重残等困境儿童的福利保障体系；落实困难残疾人生活补贴和重度残疾人护理补贴制度；引导和鼓励社会力量参与特殊群体关爱服务工作。

五、保障措施

（一）完善脱贫攻坚机制

1. 建立三级工作机构。县上成立脱贫攻坚工作指挥部，全面负责组织领导全县的脱贫攻坚工作。由县委书记任第一总指挥长，县委副书记、县政府县长任总指挥长，县人大主任、县政协主席及相关县级领导任副总指挥长，县委、县政府分管领导任责任指挥长。指挥部下设办公室，由分管副县长任办公室主任，县扶贫局局长任办公室副主任。办公室下设综合协调组、信息宣传组、项目推进组和督查考核组。指挥部实行挂图作战、人员统管、经费单列。各镇设立脱贫攻坚工作团，具体负责全镇的脱贫攻坚组织领导工作，由联镇县级领导任团长，各镇党委书记、镇长任责任团长，镇分管扶贫领导和县派1名科级领导干部任责任副团长，从县级部门抽调1名干部到镇经济办组成团部办公室。调整充实贫困村脱贫攻坚驻村工作队，负责贫困村脱贫攻坚工作。由镇副科级领导任队长，县级包村部门选派1名副科级领导或后备干部任副队长，并兼任村“第一书记”。工作队员抽调包村部门和镇干部组成。

2. 落实领导干部包抓工作责任制。实行县级领导包抓脱贫攻坚“三个一”工作机制，即：一名县级领导联系一个镇，包抓一个村，负责一项精准扶贫重点工作，真正把领导力量聚焦到脱贫攻坚上。

3. 完善目标责任考核机制。脱贫攻坚工作考核覆盖县镇所有单位和干部，创新考核方式，完善考核体系，并增加脱贫攻坚工作考核权重，脱贫攻坚年度考核分占各镇年度综合考核60%，占部门综合考核40%。实行“一票否决”，对完不成脱贫任务的领导和干部一律不评优、不提拔、不换岗，体现考核导向作用。

4. 强化督查问责机制。加大脱贫攻坚工作督查力度和频次，实行重点督查、专项督查、随机督查、定期督查、跟踪督查、明察暗访相结合等方式进行。坚持月督查、季通报、年考核办法，实行脱贫攻坚工作指挥部责任指挥长、脱贫攻坚工作团团长、责任团长和驻村工作队队长述职制度和全体县级领导及科级干部联镇包村脱贫攻坚工作情况年度报告制度，并将结果记入干部年度工作考核。

（二）加大扶贫投入力度

1. 县财政每年预算安排不低于2000万元资金用于专项扶贫，并保持逐年递增。

2. 捆绑整合项目资金。将全县所有项目资金向脱贫攻坚集中，加大部门争取项目资金力度，捆绑各类项目资金聚力脱贫攻坚。

3. 用好用足金融扶贫政策。全面落实县级扶贫担保基金对搬迁户、贫困户低息贷款惠民政策，加大贫困户产业发展贷款贴息覆盖面。筹资2000万元注册成立县扶贫开发投资公司，通过金融融资平台每年筹措不低于1亿元资金投入扶贫开发。设立县扶贫专项基金，增加效益、科学运营，推动大扶贫。

4. 加大招商引资力度，吸引社会投资扶贫开发。狠抓有利于帮助群众脱贫的招商引资项目，紧扣本县特色独到、市场广阔、绿色环保、与群众增收脱贫关联度高的茶叶魔芋富硒食品等产业，优惠条件、优化效率，积极吸引社会资本进入扶贫开发领域，形成全社会合力扶贫的良好格局。

（三）建立健全激励机制

1. 激励干部全心全力抓扶贫。为脱贫攻坚工作提供必要后勤保障，保证必需的工作经费。提高脱贫攻坚工作队伍年度评优比例，单列“第一书记”考核评优、提拔使用指标；提拔使用优先考虑有脱贫攻坚工作经历的干部。将村干部报酬与脱贫攻坚任务完成情况挂钩，激发调动各级干部参与脱贫攻坚的积极性和能动性。

2. 激励企业参与投入扶贫。鼓励参与扶贫项目，积极完善产业精准扶贫办法，充分运用市场手段，采取带资入股、土地有偿流转、订单农业和安排务工，将扶持资金与企业带动贫困户发展挂钩，推广“企业+基地+贫困户”的模式，让贫困群众在产业链上增收。

3. 激励群众发奋苦干奔小康。创新贫困群众思想教育帮扶方式，通过加强扶贫脱贫政策培训、考察学习、典型引导，激发贫困群众主动投入、支持推动脱贫攻坚的热情和干劲。

（四）加强舆论宣传引导

1. 全面强化政策宣传。加强县镇村驻村工作队干部培训，熟练掌握脱贫攻坚政策和业务。广泛宣传国家、省、市脱贫攻坚政策，形成县镇村三级干部立体宣传工作态势，将中央精神和具体政策宣传发动到院落、到贫困户，做到家喻户晓、妇孺皆知。

2. 积极挖掘扶贫典型。广泛宣传报道在脱贫攻坚领域做出成绩、取得实效的干部，使其有为有位有名；积极褒扬投身脱贫攻坚的企业，使其付出就有回报，得到社会认可；深入宣传通过苦拼实干实现脱贫的农户，营造自立自强、劳动光荣、致富可敬、积极健康的社会风气。

中共紫阳县委
关于印发《紫阳县巡察工作实施办法（试行）》的通知

各镇党委，县委各部门，县级国家机关各部门、各人民团体、中省驻紫各单位党组织：

现将《紫阳县巡察工作实施办法（试行）》印发给你们，请认真贯彻执行。

中共紫阳县委
2016年11月24日

紫阳县巡察工作实施办法（试行）

第一章　总　则

第一条　为扎实推进全面从严治党，强化各级党组织管党治党的政治责任，加强对基层党组织和党员干部的监督，根据《中共陕西省委关于加强市、县（市、区）党委和部分省直部门党组织巡察工作的意见》和《中共安康市委关于全面开展党风廉政建设巡察工作的意见》规定，结合我县实际，制定本办法。

第二条 巡察工作要全面贯彻党的十八大和十八届三中、四中、五中、六中全会及习近平总书记系列重要讲话精神，认真落实中央巡视工作方针和省委、市委部署要求，把握好政治巡察定位，在政治高度上突出党的领导，在政治要求上抓住党的建设，在政治定位上聚焦全面从严治党，着力发现和推动解决基层党的领导弱化、党的建设缺失、全面从严治党不力等突出问题，发挥震慑、遏制和治本作用，推动全县党风廉政建设和反腐败工作上台阶上水平，为打赢脱贫攻坚战、全面建成小康紫阳提供坚强的组织保证和政治保障。

第三条 巡察工作坚持以下原则：

（一）坚持政治巡察，聚焦从严治党。认真落实习近平总书记“坚定政治方向”“坚持问题导向”“坚守价值取向”重要指示，严格在《中国共产党章程》《中国共产党党内监督条例》《中国共产党巡视工作条例》等党内法规和中央、省市县党委规定的范围内开展工作，始终保持正确政治方向。

（二）坚持统一领导，明确工作责任。在上级党委统一领导下，由县委和县委巡察工作领导小组具体领导，相关部门协调配合，巡察机构负责实施。

（三）坚持问题导向，强化成果运用。紧贴基层实际，畅通基层干部群众反映问题的渠道，及时发现并推动解决发生在群众身边的突出问题，真正把问题解决在基层一线。

（四）坚持注重实效，推动探索创新。创新体制机制，探索方式方法，着力发现被巡察单位在违反政治纪律、组织纪律、廉洁纪律、群众纪律、工作纪律和生活纪律等方面的突出问题，提高监督实效。

第二章 组织领导和队伍建设

第四条 县委成立巡察工作领导小组，全面负责全县巡察工作，接受市委巡察工作领导小组和县委领导，向县委负责并报告工作。县委巡察工作领导小组组长由县委常委、县纪委书记担任，副组长由县委常委、县委组织部部长担任，成员由县纪委负责日常工作副书记、县委组织部常务副部长和巡察工作领导小组办公室主任组成。

巡察工作领导小组组长为落实巡察工作主体责任的第一责任人。

第五条 巡察工作领导小组的职责是：

（一）贯彻中央和省、市、县委有关决议、决定；

（二）研究审定巡察工作规划、年度计划和阶段任务安排；

（三）听取巡察组工作汇报，提出相关意见、建议；

（四）向县委报告巡察工作情况；

（五）对县委巡察组进行管理和监督；

（六）研究处理巡察工作中的其他重要事项。

第六条 巡察工作领导小组下设办公室（以下简称巡察办），为其日常办事机构，主要承担巡察工作的统筹规划、综合协调、组织指导、政策研究、制度建设、监督管理和服务保障等。县委巡察办设在县纪委，为县委工作部门，正科级建制。

第七条 根据实际需要设立若干巡察组，在巡察工作领导小组领导下承担巡察任务。巡察组实行组长负责制，设组长、副组长，每组5—7人，组长、副组长从全县科级干部中选任，成员从纪检监察、政法机关和组织人事、审计、财税、信访等单位和各镇抽调。人员实行动态管理，一次一选派，一次一授权，在巡察期间不承担原单位工作。

第八条 采取专职和兼职相结合的方式，加强巡察干部队伍建设。专职巡察人员的编制由县编办在全县编制总盘子内予以明确。按照忠诚、干净、担当的要求，建立巡察人才库。落实回避制度，定期对巡察干部进行轮岗交流。巡察组人员参与巡察工作时的表现情况作为对其选拔任用的重要依据。对不适合从事巡察工作的人员及时予以调整，对违纪违法的人员严肃处理。

第三章　巡察对象、范围和主要任务

第九条 县委巡察的对象及范围：

（一）县委工作部门、政府各部门党委（党组）、人民团体党组织领导班子及其成员；

（二）镇党政领导班子及其成员、人大主席；

（三）县属企事业单位及县直部门下属科级事业单位党组织领导班子及其成员；

（四）行政村（社区）党组织主要负责人；

（五）县委确定需要巡察的其他党组织领导班子及其成员。

第十条 对巡察对象执行《中国共产党章程》和其他党内法规，遵守党的纪律，落实党风廉政建设主体责任和监督责任等情况进行监督。紧盯党的领导弱化、党的建设缺失、全面从严治党不力三大重点，检查基层党组织和党员领导干部贯彻党的路线、方针、政策以及中央和省市县委决策部署是否坚决，核心作用、战斗堡垒作用是否有效发挥，履行全面从严治党主体责任是否到位，围绕基层群众关心、关注的突出问题，着力发现以下问题：

（一）违反政治纪律和政治规矩，执行党的路线方针政策不力，有令不行、有禁不止，阳奉阴违，上有政策、下有对策等问题；

（二）违反组织纪律，不严格执行上级党组织决定，违反民主集中制原则以及不按规定请示报告重大事项等问题；

（三）违反廉洁纪律，以权谋私、贪污贿赂、腐化堕落等问题；

（四）违反群众纪律、工作纪律、生活纪律，“为政不为”、不依法履职、吃拿卡要和破坏发展环境等问题；

（五）违反中央八项规定精神和作风建设规定，搞形式主义、官僚主义、享乐主义、奢靡之风等问题；

（六）上级党委巡视巡察反馈意见整改和移交事项办理中存在的问题；

（七）其他问题。

第十一条 县委每届任期内原则上对所有巡察对象巡察一次。具体每轮巡察时间根据工作量确定，原则上为2个月左右。

第四章　工作方式和权限

第十二条 巡察组采取以下方式开展工作：

（一）听取被巡察单位党组织的工作汇报；

（二）与被巡察党组织领导班子成员和其他干部群众进行个别谈话，向有关知情人询问情况；

（三）抽查核实领导干部报告个人有关事项情况；

（四）调阅、复制有关文件、档案、会议记录、财务凭证等资料；

（五）召开座谈会，进行民主测评、问卷调查；

（六）列席被巡察部门、单位的有关会议；

（七）对专业性较强或者特别重要问题的了解，可以商请有关职能部门或专业机构协助；

（八）县委巡察领导小组批准的其他方式。

第十三条 巡察组依靠被巡察党组织开展工作，不妨碍被巡察单位的正常工作，不履行执纪审查职责。

第十四条 巡察组应当严格执行请示报告制度。巡察期间，发现被巡察单位存在下列情况的，应当及时向巡察工作领导小组报告：

（一）被巡察党组织领导班子成员以及其他干部涉嫌严重违纪违法的问题；

（二）被巡察单位党政负责人违反民主集中制原则，严重影响工作和领导班子建设的问题；

（三）关系群众切身利益、干部群众反映强烈、影响改革发展稳定的重大事项；

（四）巡察组认为应当及时报告的其他事项。

第五章 工作程序

第十五条 巡察组开展巡察前，要制定巡察工作方案，报巡察领导小组审定后实施；向纪检监察、政法机关和组织人事、审计、财税、信访等部门了解被巡察单位党组织领导班子及其成员的有关情况。

第十六条 巡察组进驻被巡察单位后，应当向被巡察党组织通报巡察任务，公布巡察对象及范围、人员安排、工作时间、联系方式等有关情况，按照规定的工作方式和权限开展巡察工作，对反映被巡察党组织领导班子及其成员的重要问题和线索，可以进行深入了解。

第十七条 巡察结束后，巡察组应当如实报告了解的重要情况和问题，并提出处理建议。对党风廉政建设等方面存在的普遍性、倾向性问题和其他重大问题，应当形成专题报告，分析原因，提出建议。

第十八条 县委巡察工作领导小组应当及时听取各巡察组的巡察情况汇报，研究提出处理意见报县委决定。

第十九条 县委“五人小组”应当及时听取巡察工作领导小组关于巡察情况的综合汇报，研究决定巡察成果运用。综合汇报材料和县委主要领导的讲话材料报市委巡察工作领导小组备案。

第二十条 巡察组应当在巡察结束并经县委同意后7个工作日内，向被巡察党组织领导班子及其主要负责人分别反馈相关巡察情况，指出问题，有针对性地提出整改意见。根据需要将巡察的有关情况通报县委和政府有关领导及其职能部门。

第二十一条 被巡察党组织收到巡察组反馈意见后，应当认真整改落实，并于2个月内形成整改情况报告和主要负责人组织落实情况报告，通过巡察办报送巡察工作领导小组。

被巡察党组织对落实整改工作负有主体责任，其主要负责人为落实整改工作第一责任人，应当认真制定整改方案，落实整改措施，确保整改成效。

第二十二条 按照县委作出的处置决定，巡察办会同巡察组，依据干部管理权限和职责分工，对巡察发现的问题和线索进行移交。对领导干部涉嫌违纪的线索和作风方面的突出问题，移交纪检监察机关；对执行民主集中制、干部管理等方面存在的问题，移交组织人事部门；其他问题移交相关单位。

每轮巡察结束后，巡察办及时将巡察中发现的县委管理的党政主要负责人和后备干部违纪违规问题线索，整理报市委巡察办备案。

纪检监察机关、组织人事部门收到巡察移交的问题或者线索后，应当及时研究提出谈话函询、初核、立案或者组织处理等意见，并于3个月内将办理情况反馈巡察办。

第二十三条 巡察组、巡察办在向被巡察党组织反馈2个月后或移交问题3个月后，适时开展整改督查、巡察回访和专项巡察等工作，督促被巡察单位整改落实并向巡察工作领导小组报告。

第二十四条 县组织人事部门、督察考评办应当把巡察结果作为被巡察单位干部考核评价、选拔任用和年度目标考核的重要依据。

第六章 纪律与责任

第二十五条 纪检监察、政法机关和组织人事、审计、财税、信访等部门及其他有关单位应当支持配合巡察工作，为巡察工作提供信息、人员、专业支持和相关保障，积极反映被巡察单位领导班子及其成员相关情况。对违反规定不支持配合巡察工作的，依据相关规定追究相关人员的责任。

第二十六条 巡察工作领导小组应当加强对巡察工作的领导和管理，巡察办和巡察组要严格履行巡察职责，巡察工作人员要严格遵守巡察工作纪律。巡察工作人员有下列情形之一的，视情节轻重，给予批评教育、组织处理或者纪律处分；涉嫌犯罪的，移送司法机关依法处理：

（一）对应当发现的重要问题没有发现的；

（二）不如实报告巡察情况，隐瞒、歪曲、捏造事实的；

（三）泄露、扩散巡察工作秘密的；

（四）越权越位造成不良后果的；

（五）利用巡察工作便利谋取私利或者为请托人谋取不正当利益的；

（六）有违反巡察工作纪律的其他行为的。

第二十七条 被巡察单位党组织领导班子及其成员应当自觉接受巡察监督，积极配合巡察组开展工作。被巡察单位及其工作人员有下列情形之一的，视情节轻重，对该单位领导班子主要负责人或者其他有关责任人员，给予批评教育、组织处理或者纪律处分；涉嫌犯罪的，移送司法机关依法处理：

（一）隐瞒不报或者故意向巡察组提供虚假情况的；

（二）拒绝或者不按要求向巡察组提供相关文件材料的；

（三）指使、强令有关单位或者人员干扰、阻挠巡察工作，或者诬告、陷害他人的；

（四）无正当理由拒不纠正存在的问题或者不按要求整改的；

（五）对反映问题的干部群众进行打击、报复、陷害的；

（六）其他不配合或干扰巡察工作的情形。

第七章 附 则

第二十八条 本办法由县委解释，具体解释工作由巡察工作领导小组承担。

第二十九条 本办法自下发之日起施行。

文学作品选

行走紫阳（组诗）

唐 凯

在民俗小区

十多年前，我从这里搬出去
忘关的窗户上，依旧有那天清晨的潮湿
那时年轻，什么都不放在眼里
诵读城楼上的“中原军区布告”心怀激荡
不知什么时候，不再谈论这里
作为寄居者，我为这里的凌乱，陈旧感到沮丧
春上，陪外地友人看民居，穿过东城门
脚下是细若绳索的青石小巷
十字街上的七一商店，依旧贩卖着
小杂货和旧时光，拍照的友人
避过门楣上方暗黄色的革命语录
把挑檐高墙连带着硕大无朋的闲散
一同装进镜头，头顶是屋檐交错的窄天空
小阁楼上，不知谁家女子低声哼民歌
“连登三百六十级，才见斗大一座城”
顺着湿气飘来的方向，穿过翠花街、木牌楼
施家沟，一头扎进河堤路上滚滚车流

在北五省会馆

进院门时，一群人正往外走，镜头的反光
穿透桂花树下的浓密阴影，感觉有种疼痛将要发生
这别扭让我稍有停顿，也就忘了交谈
忘了门后交错的阳光追咬着石狮，廊柱上的楹联
一幅醒目，另一幅灰暗，有着自在的隐忍与恬淡
正午的院子有沉静的美
空戏台上，空是一种暗示，由无生有的过程
并非把什么都藏起来，而是填进去，填满，满得溢出来
亦如漫天参差的绿，穿插的质地和光泽
宽容的心态。几个人不开口，相互温暖又孤独
袒露在浩大的春光里，各自萌发。在春天，水袖都是绿的
甩出来就是一蓬唱腔
同行的人并不急于登上石梯，观赏正殿的壁画
而青石上的浮雕，那些翻腾着云朵的吉兽
依旧遵循着修炼的法度，蛰伏藏华。彼此相安的释放
沉浸，心悦诚服地屈从于一段过往，一缕阳光
从一片旧瓦、一截碑文，一段不断放大的传说中
重温小镇的枯萎年华

在茶山

在茶山，每个山头都是我的，多好的嫩芽都为我拱出
或许是我要的太多，早已拢不住连绵山河
偶有恍惚，总是春风乱成一团

茶陇跑出小兽，植物染上人类的脾气
早几年，曾坐在山中与人闲聊，直到风静茶清
茶花遍染金黄，渐渐词不达意
山下的小镇正在隐去
在山上，我就是一俗人，只想尽情挥霍这满山的苍郁
多好的山色都是我用旧的

紫阳茶

续水时，那个孩子又出现了，腰上系的围裙
向后翻起，像马鞍
一匹未驯服的野马，困在小茶馆里
是否怀念草原的辽阔?
我不再专注敏感的世相，转而探寻体内的隐秘
流水如何汇成湖泊，映射中年的暝晦
空桌上、一些光线反复碰撞
推敲、尖叫，低声争辩
“沸水能续它们的命！快看”
银针、毛尖、翠峰，每点到一个名字，它们就从
杯底立起来，露出郁葱
仿佛喊得是咒语、敕令：“醒来
依照你们各自的命名，掀起一场风暴!”

（《中华合作时报》2013年9月17日）

紫阳茶，是你让冬夜春光明媚

钟长江

寒冷的夜里
偎着火炉
揣摩陆羽《茶经》
那些若隐若现的句子
像片片茶叶
沉浮在岁月的水面
有隐约的茶香传来
像朦胧的月光
明灭的渔火
绕梁的余音
温暖寒夜和
寒夜深处无眠的人

那么就沏一杯茶罢
轻些，再轻些
别惊动夜色里盛开的梅花
看银浪翻卷
看片片茶叶
重新回到春天

转动一杯茶
转动白雾迷离的记忆
那些远去的人和事
重新回到今夜
一些岁月打开另一些岁月
一些人想念着另一些人

茶叶回到水中
一如季节回到春天
浸泡得冬夜
春光明媚
浸泡得一颗心
鸟语花香

（《中华合作时报》2016年1月12日）

茶歌紫阳

陈平军

紫阳富硒茶

三月，弥漫的天籁，一座座诗意的茶山，争先恐后、纷纷攘攘挤满枝头的那个叫叶子的

兄弟姐妹支撑起茶乡的意义。

窈窕的采茶女子翻飞着芊芊玉手，指间萦绕的纷纷跌落的心事，被一个个渐次收藏，后面的激情春笋般挤出头来，飘满山坡。随手飘落的一枚嫩叶，只要一贴近嘴唇，就能品读到和悦的鸟声，欢快的溪流，品读到密林深处似水柔情的恬静，以及朝朝暮暮身前身后叮叮当当的锄地声和汗水淋淋的喘息声。

紫阳茶。雨水温情滋润，我在茂盛的茶树下与你温情脉脉双目传情，我在你漫无边际的挂怀中肆意地感受你热烈的爱意。

富硒茶。阳光热烈怂恿，我在光天化日之下与你长相厮守不离不弃，循序渐进地读懂你冰清玉洁的品质和对苦难的关怀。

捋一把原始的素材搓成故事的线条，揉成满腹经纶与思想，焕发青春的光泽。

掬一捧任河秀水烹煮香茗，日月山川、云雾缭绕的巴山灵秀凝聚无边的向往。

一片片含蓄而精致的叶子，冲泡成难以言喻的情调，清冽的茶水飘飞流萤般的心事，诉说着山民们朴素的情怀。

泡你，是泡不完的世间干苦；

品你，是品不完的人生百味。

洇开的茶叶，踮起脚尖，击打节拍和着心音，浅浅吟唱，诉说着聚合离散的人生。

河流，流畅着茶树生动的激情；

旗帜，飘扬着紫阳乡民的期望。

你使一片叶子简单的梦想，在脱离一目了然的青葱的日子后，不断升华、丰富，把生命的内涵演绎。

当一道道浓浓淡淡的茶色，在纯净无比的心事中次第弥散，默读生命，如民歌般桐花冷梦。

是谁？使我想起，茶马古道上健步如飞的汉子，在苦难中重提流泻的往事。

是谁？让你看见，茂密茶园里身姿阿娜的阿妹，在嫩绿中勃发涌动的春心。

无数个清新的早晨，或者数不清的黄昏落暮，我与你对面独坐，面对属于你我的共同季节，始终无法搞清楚，到底是你融入了我，还是我融入了你。

一次次续上的不是水，那是我对你的一腔情思，可你常常在不经意地下降水位的瞬间，把我已完全融入的炙热冷却成雨滴，洒遍你每一株的根部。

在风的陪伴下，在雨的滋润下，踩着岁月的鼓点，无时无刻，我都在与你亲密地会晤，述说着无边无际的寂寞，把无法叙说的各色悲喜剧轻轻表达。

真的，时常面对你的我根本记不清多少次把自己的悲苦和幸福释放，而已融入我血液的你也搞不准多少次把自己的碧绿和辉煌续满。

紫阳民歌

紫阳民歌，从紫阳堡出发，走过乡民们坚毅的额头，在汗水中挥洒劳作的激情，从肩挑背扛的茶马古道穿越时光的隧道走进渴盼幸福的心底。一朵一朵开满嫩绿的茶树，泛着洁白的光芒，像一只布谷在典籍的乡村上空盘旋，清脆的嘀鸣，饱含阳光和汗水，还有茶香，默默地渗入我们的内心，从山民坦荡而宽广的内心，我看见一条未经污染的汉江从我面前缓缓流过。

我看见郎在对门唱山歌，姐在房中织绫罗，姐妹在河边奔跑嬉戏，她们把洁白修长的手指连同无法猜透的心事插进河里，按住春心荡漾的波纹。这是他们临水梳妆的镜子，映入春色之心的镜子，青春的乳房打开水底的家园，娇美的容颜不带走一丝轻痕，她们从一朵茶花的嘴唇开始，唱彻茶乡的三月，唱响茶乡的三月，一直唱得脚耙手软手软脚耙唱到汉水山民心灵深处，所以我们听到的民歌都像被汉江水洗过一样呵。

清澈，明净。

倚着母亲的灶头分不清是饭香还是歌声涸濡骚动的心灵，歌声侵染着这乡间田垄的秋色，让你心宽，让我踏实，歌声中看见母亲走来，兄弟走来，家园走来，秋色走来，自历史的荷塘深处，乖姐、阿郎也沿着歌声款款走来，走在桑园里，走在田埂上，走在充满五味杂成的染坊里，依然编织着绸缎的鲜活与本色纯真。

即使在春天之外的季节，我们仍能感受民歌贴肤的温暖，依然沐浴在民歌的春光里，公鸡的双脚，交替向前，奔跑不息，红冠绿脑壳，清早就叫起，一直叫到太阳落，喔——喔——喔——。

紫阳民歌，这乡野千年古树上的演绎生命碧绿与辉煌的叶子，也向世人呈现着乡民们五彩缤纷的人生。透过树根的根系，就读懂了民歌或者生命的年轮，熊熊燃烧的叶子，盈盈飘摇的是山之魂，山民们踩着变幻莫测的旋律代代踏歌而行，声声吟唱，一声比一声悠扬。

梦呓的声音如嫩芽拱破泥土，拂过庄稼叶片上的露珠，天籁般的旋律照亮人们嫩绿的向往，民歌纯净如水，流淌成乡亲们记忆的河流。民歌站在采茶的村姑头上，翩翩起舞，以纯朴之心，回望一生的悲苦与幸福。

（《中华合作时报》2015年6月16日；《华商报》2017年4月17日）

汉水谣

叶松铖

题记：苍苍青山脚下，泊着一方浩大的水域，幽蓝的睡袍，折叠着月光的波纹……

1

篝火近了，渔火远了。

苍山舞动，新月映照嵯峨。

银狐披着千年的光辉，以风的速度，掠过暮春之夜。

此时，故事还在陶罐里熬煮，武火很炎，文火温吞……

船靠在岸边，一群水怪戴着人的面具，在岩石下窃听……

夜色暧昧，一江碧水，打捞山的面影。

碎了，鳞片在水中跃动……

2

蒹葭苍苍，白露为霜。

秋水漫过来，翠鸟在苇子上啁啾。

凌波的眸子，被煽动的睫毛带走了，如波似漪。

又是一个青衣的女子，舢板驭浪，柔荑扣弦……

露水坠落了，乳雾潮起。一张素颜，悄然隐没……

船影邈邈，歌喉袅袅……

3

鼓乐声熄了，送亲的人群散了。

借一角星光，读几页诗经的句子，咀嚼兰草的香味。

肌肤如雪，碧水如璃……

午夜的江湾，水草丰茂，太多的偷窥，蠢蠢欲动……

一声高歌，锦鸡报晓，晨光撕碎了晓岚。

伸伸腰肢，笑语晏晏；十里长堤，桃花香艳……

4

翠色依依，江风徐徐。

采茶的季节到了，清明在烘焙中发酵。

茶歌缤纷，蓝头巾下的三月，俏丽动人……

古镇茶肆，旗幡飘动。

青花瓷盏，纯亮的江水与山南的明秀，冲泡生香，芬芳四溢……

河埠头，帆影绰绰。清明前的翠色，装满了船舱。

半月后，豪门侯府、市井小巷，紫阳茶的味道将熏醉整个长安……

5

是神龟产下的卵，供奉的灵光，照亮了一段水程。

一个盹儿，趔趄的步履神思游移，皱眉的浪与峭拔的山石，偶遇在仲夏的江湾……

从此，腻甜的往事成为回忆，而攀援总能叩响石阶——

一座城，像是天然的设计，精致的轮廓与江水相映成趣……

十五的晚上，一个女子在白石滩赏月。她的家在山上、在城里——

城在水中妖娆，月在水里沐浴……

6

江上烟波，岸上红叶。

浪涛叠起，琼花飞溅，世俗的梦碎了，浮艳转瞬荡涤。

而流水依然，浪的尾巴，拖拽着幽思的情怀……

且听顿足的叹息，且听高迈的吟诵：千古还是古，万古不是今……

一滴水，能兴波掀浪，天地的灵性充满玄秘，而心空虽小，却能容纳万顷波涛……

笙歌曼舞，莲花绽放……洞中人走了……

从此，南岸绿柳染翠，北岸桃李灼灼……

而系在云上的城，诗意妩媚，有人在读，用情很深——

紫阳呵……

7

涨落的季节，已经迟钝。

速度像人的肌体，开始痉挛。

疼痛，让风喘息，抽搐的微笑，是千年前那朵浪花?

鲤鱼、鲑鱼、鳜鱼，吐纳着一枚枚感激的水泡，

月亮终于找到了修辞的语言，很美的风景，又回到了岸上……

一江或是一湖，触角少了伸张的力度。

只有氤氲的水汽，调节着岁月健康的体温。

山南葳蕤如春，那一江水色全写在了一张张粉嫩的脸上——

国色天姿!

8

江南的嗓子，江北的歌喉。

一声高亢入云，一腔婉约绕梁。被水洗亮的音符，沐浴自然的光泽。

于是，太多的片段，蕴含在不同的季节里，

色香味各成其妙：酸的倒牙，甜的似饴，辣的如火……

有民歌的日子，土地就有生气，生活便有了色彩。

逆水行船，凭的就是那一腔悲壮的豪气……

光阴延长了时间，民歌是留在时间上的齿痕……

沧浪之水清兮……歌声穿越亘古……

9

稻穗黄了，米酒稠了。

沃野变幻手帕的色彩，时令的内容，浸透了大地的纯美。

耕牛的哞声，在一个细雨霏霏的早晨，唤醒了僵硬的土地，

播种与收获，以叙事的方式，呈现生命的丰硕与溜亮……

江水见证了一种心情，与岸携手的时光，斑斓而充满意趣。

百里水域，丰沛延续着诗意的长度，

村舍、城镇、田畴、柳林，以逼真的像素，走出了黑白的镜头……

于是，泊在江岸的风景，终于起航，簇拥的白鹭，翻飞着黎明的祥和——

悠远而浩荡……

（《散文诗》2017年上半月第2期）

任河的滩声

周平松

从某种意义上说，滩声是一种让人难以忘怀的天籁。

喂养我长大的任河，曾经千折百回地穿过巴山重重屏障，撞击出一曲曲激越战歌。生于斯长于斯的人们，面对无数险峻滩头，看浪花飞雪，听河流咆哮如雷，还有谁不热血沸腾呢？能与之争锋的，只有慷慨豪迈的纤夫号子，穿越无数峥嵘岁月，见证了人与自然的不屈抗争，还有谁听了不刻骨铭心呢？

任河说来是一条神秘的河流。它虽然是汉江的一条支流，但身世缥缈，无法考证。如果单从它是一条倒流河来讲，它从东南向西北，在大巴山的崇山峻岭中开辟出一条通道，的确够任性而为的。前人是否从这个角度来给它命名，今人无从得知，但它的确是沟通川东与陕南的一条秘径。

任河峡多滩险，与峰岭奇峭的巴山为伴，共同组成雄奇壮观的景色。任河有灰龙峡、青龙峡、平坝河峡等大峡谷，而川陕交界处的三十里峡，为诸峡中最壮观者。三十里峡又名木兰峡，激浪奔流10公里，流滩达28处之多，仅“小木栏—幺卡子—窑坪—木栏洞”2公里流程，跌差就高达12米。其中木栏滩浩浪翻天、喷响如雷，滩间冷风逼人，形成数米高的瀑布。纵横于川蜀道中的汉子，都信服一句老话叫“船怕号子马怕鞭”。遥想峡谷幽深，乱石嶙峋，猛浪若奔，任河汉子驾船冲波斩浪，逆流而上，嗬嗬呼呼，号声震天，声浪在悬崖峭壁间碰撞、交织，生机勃勃，酣畅淋漓。当纤绳牵挽的货船跃出滩口，那滩声早就化作宏大的背景音乐了。

多年以后，当我在任河边戏水荡舟、捉鱼弄虾之时，未曾料到任河经历的沧桑巨变，下游水库让它成为一处烟波浩渺的湖泊。从前激流汹涌，从此静水深流。那滩声也化为绝响，让人怅惘不已。当年叱咤风云的纤夫水手，亦渐渐退出历史舞台。驾一叶扁舟，欸乃于青山绿水之间，渔樵于江渚之上，徒有一种化剑为犁的味道。

当我再次怀念那滩声龙吟时，又来到任河岸边。湖水退却，河床隐现，依稀看到了河流模样。在河流狭窄处，我又听到了久违的滩声！那原本寂静落寞的河岸，陡然有了声色。从悬崖上挺立的青青翠竹，到河岸边恣肆蔓延的离离青草，都格外精神抖擞，仿佛聆听战鼓腾腾即将出征的战士。伴随着如雷滩声，任河恢复了龙腾虎跃的身姿，恢复了盘马弯弓、纵横决荡、勇往直前的英雄气概。青山遮不住，毕竟东流去！

久久站立任河滩头，面对这行将干涸的河床，抚今追昔，百般感慨。那条临水而建的斑驳长街，青石板铺就的平仄街面；那曾经显赫一时的市井繁华，苍劲挺拔的古树，就像被一阵风卷走的马孔多小镇，留下都将是不一样的百年孤独。只有任河的滩声，虽然在烟波中稍纵即逝，但依稀能够填补那一段悠远的记忆空白。

（《中国工商报》2017年5月6日）

千年神峰山

张 斌

我要写的神峰山不是湖北英山县的那座神峰山。虽然和这座山同名，都同样是临河而立，险峻秀丽，同样是地理位置非常重要的兵家必争之地。一座在大别山中是“鄂皖咽喉、江淮要塞”；而另一座在秦巴山中，陕西省紫阳县城，历史上是“陕川咽喉、接湘鄂之要地”。两山同名，一东一西，仿佛是一对姊妹山。我要写的这座山是我家乡的山，我的家乡紫阳县城就卧在这座神峰山上。山托起一座近十万人口的县城，把一座县城折叠成一座“曲曲折折、层层密密、千姿百态”的立体的城市，自己也变成了城市的支架。这样的山本身也成了亦山亦城，蔚为大观。

可惜，我生活在这里几十年竟一点也不知道这座山的神秘，甚至对“神峰山”这样的名字也曾不以为然。想想这也不奇怪，苏东坡早就总结过：“不识庐山真面目，只缘身在此山中。”我的住所又恰在这座山的肩上，如同一个人站在巨人的肩上，自己更渺小，因为看到的只是巨人的头部，难以体味巨人的高大。因为自己脚踏了高山就忘记了山的存在，于是从前的神峰山被世人所淡忘。现在的神峰山仅仅是指县城北面的一座小山峰，那其实不过是这座山的头部。当一座险峻的高山托着的是高楼大厦，是车水马龙，是人声鼎沸，再神秘也变成了平常。这就如当人们看待历史，往往从现在的条件看从前，那当然看不到真实的历史了。

如果揭开岁月的风尘，想象一下六百多年前，汉江像一条长龙静静的盘在山的脚下。神峰山高耸入云，层峰叠嶂，悬崖绝壁披着一层层迷雾，树木竹林碧绿幽深，偶尔还有虎啸阵阵，狼奔豕突，这个时候山上还是人迹罕至充满了神秘。那是何等的神奇？这不是我的空想，史书曾有这样的记载。这座山为什么叫神峰山，那也是有一段鲜为人知的内幕：明朝正德三年，一队士兵由大将张光宇带领从关中来到山下，他们在汉江边上的紫阳滩安营扎寨，他们来的目的是为了镇压大巴山中的流民起义，被他们称为流冠的蓝廷瑞、鄢本恕等人聚起十万余众横扫川陕间，官军少有敌手。当时这里还没有治县，他们在任河与汉江交汇之处建立紫阳堡，加强对这里的管理。突然有一天，张光宇凝视河对门的神峰山，他发现“是山也，天生奇秀，远近奔趋，洋洋乎神在其上，于是生民拜祷无虚日。”既然当地人这样的崇拜这座山，入乡随俗，张光宇也当礼数有加。他在山上修建了一座元帝庙以示敬畏。哪知庙还没修好，他就打了个胜仗，消灭了令官军头痛的一股流民起义。神峰山就这样传名了。后来升任陕西都指挥使的张光宇曾写有《紫阳元帝庙碑记》一文记载此事。文章写得不长，但短小精悍，情真意切，堪称一绝。

其实，比张光宇敬畏神峰山还要早四百年的另一位张姓人就看中了此山。这就是道教金丹派五祖之一的北宋道士张伯端。张伯端又名张平叔，浙江人，道号紫阳真人，他云游天下，却偏偏看中了神峰山下的这块风水宝地，他于是在神峰山的对面紫阳洞住了下来，每天遥望神峰，静坐吐纳，修身养性，在这里他吸天地之精华，神峰之灵气，终于坐化为仙，成为得道之人。当然，张伯端也为此地留下了宝贵财富，一是他在紫阳洞写下的悟真篇，二是他的道号成了后来紫阳治县时的县名，紫阳县成了全国唯一以道号为名的县。紫气东来，阳光普照，神峰高耸，汉水悠悠。几个世纪以来，一代又一代紫阳人就在这美丽神奇的地方生息繁衍，创造了一个又一个人间奇迹。

说千年神峰有点不太准确，因为这山从诞生到现在何到千年？所谓的千年也只是从文字记载里找到的千年。文字里没有记载的只有到传说中寻找。千百年来这里的一草一木，一沟一壑，甚至每一处泉水，每一个小山岗，每一块石头都充满了传说，都笼罩着独特而神秘的乡土文化。这里置县虽然只有500年，但上古时就已萌芽了原生态的文化。山民们穿着树皮唱着民歌，用着粗糙的工具种植茶树。东汉时期这里衍生佛教文化；宋代出现道教文化；元代涌入天主教；明清时期伊斯兰文化也在此传播；还有自古以来受到古代巴、楚、蜀、秦文化的影响而形成的独特的民俗文化更是色彩缤纷。紫阳是民歌之乡，紫阳是中国民间艺术之乡，神峰山也成了名副其实的旅游胜地。

很多人只知道湖北英山县的神峰是一座抗日名山，抗战时期八路军一部的指挥部设在这座山上的一座寺庙里，后来这里沦为战场毁于战火，那场惨烈的战争让那座神峰山名传天下。但他们不知道陕西紫阳的神峰山同样有众多的寺庙，同样为抗战做出过卓越的贡献。在那个战火纷飞的年代，许多流亡的知识分子来到这里，他们以寺院为住所，以广阔的山野为课堂举办教育，宣传抗日，掀起了热火朝天的抗日救亡运动。一批又一批的紫阳青壮年从神峰山下的汉江码头奔向抗日战场，一船又一船的抗战物资从这里运输。紫阳的现代教育也从那个年代开始兴起，在神峰山的山腰上从一座圮弃的寺庙里诞生的紫阳中学在半个多世纪里培养了一批又一批乡土建设的人才。

“山不在高，有仙则灵”。紫阳神峰山虽然名不见经传，这里既没有华山的奇峰险岭，没有泰山的巍峨庄严，更没有嵩山的名刹古寺。但这里曾庙宇毗连，人杰地灵，乡土文明从这里诞生，传统文化和传统精神在这里传承。她赋予紫阳人神妙的灵气，书写紫阳人宏伟的历史功绩，昭显紫阳独特的地域文化，在紫阳人心目中她就是一座神仙山。千百年来，勤劳的紫阳人把这座神仙山建设成了一座依山傍水的美丽山城。尤其是近几年来，神峰山更是换了新颜，高大的楼房、整齐的街道、独特的广场爬满山野，连山顶也将变成一座美丽的神峰山公园。真是山高人为峰，千年神峰更年轻！

（《陕西市政》2012年第1期）

2016年紫阳县国民经济及社会发展主要指标完成情况

土地面积情况表

	面 积		人口密度（人／平方公里）		面 积		人口密度（人／平方公里）
	平方公里	万亩			平方公里	万亩	
合 计	2204.00	330.6	154	高桥镇	150.77	22.6	134
城关镇	119.90	18.0	379	红椿镇	114.51	17.2	147
蒿坪镇	113.09	17.0	257	高滩镇	245.77	36.9	132
汉王镇	81.13	12.2	192	毛坝镇	174.59	26.2	117
焕古镇	102.28	15.3	146	瓦庙镇	85.48	12.8	166
向阳镇	130.90	19.6	177	麻柳镇	78.56	11.8	162
洞河镇	94.12	14.1	188	双安镇	106.89	16.0	176
洄水镇	88.76	13.3	136	界岭镇	204.32	30.6	66
双桥镇	184.42	27.7	92	东木镇	128.50	19.3	115

总户数、总人口一览表

	总户数（户）	总人口（人）	总人口中：			
			男	女	城镇人口	乡村人口
合 计	111150	336985	182903	154082	105625	231360
城关镇	17917	45292	23541	21751	32766	12526
蒿坪镇	9478	29130	15485	13645	12642	16488
汉王镇	5228	15581	8223	7358	4690	10891
焕古镇	4925	14901	8207	6694	1707	13194
向阳镇	7310	23265	12669	10596	4366	18899
洞河镇	5919	17451	9497	7954	3373	14078
洄水镇	4471	13610	7418	6192	2780	10830
双桥镇	5529	17026	9518	7508	2615	14411

续表

	总户数（户）	总人口（人）	总人口中：			
			男	女	城镇人口	乡村人口
高桥镇	6478	20161	11024	9137	5962	14199
红椿镇	5234	16823	9424	7399	7020	9803
高滩镇	9696	31366	17148	14218	5851	25515
毛坝镇	6757	20916	10759	9437	6576	13620
瓦庙镇	4280	14204	7796	6408	4547	9657
麻柳镇	3849	12758	6824	5934	3196	9562
双安镇	5633	18716	10286	8430	2487	16229
界岭镇	3928	11813	6713	5100	2633	9180
东木镇	4453	14692	8371	6321	2414	12278

人口出生、死亡、自然增长率表

	出生人口（人）	出生率（‰）	死亡人口（人）	死亡率（‰）	自然增长率（‰）
合　计	4711	13.91	3049	9.00	4.91
城关镇	649	14.30	312	6.87	7.42
蒿坪镇	463	15.93	214	7.36	8.57
汉王镇	249	16.00	105	6.75	9.25
焕古镇	170	11.41	125	8.39	3.02
向阳镇	274	11.80	147	6.33	5.47
洞河镇	266	15.00	347	19.56	–4.57
洄水镇	142	11.76	87	7.21	4.56
双桥镇	308	18.13	163	9.60	8.54
高桥镇	295	14.64	185	9.18	5.46
红椿镇	206	12.25	167	9.93	2.32
高滩镇	461	14.24	347	10.72	3.52
毛坝镇	235	11.55	227	11.15	0.39
瓦庙镇	195	13.73	136	9.57	4.15
麻柳镇	192	15.08	95	7.46	7.62
双安镇	274	14.55	125	6.64	7.91
界岭镇	193	14.26	126	9.31	4.95
东木镇	139	9.43	141	9.56	–0.14

生产总值一览表

单位：万元

	按可比价格计算		按现行价格计算	
	2016年	2016年比2016年增减（%）	2016年	2015年
生产总值	833992	11.2	804841	745779
第一产业	114642	4.1	113435	110143
第二产业	481410	14.4	445719	421410
其中：工业	389846	15.9	354338	332055
第三产业	237940	8.6	245687	214226
其中：交通运输邮电业	34895	3.7	34895	33666
批发零售业	20239	6.3	20299	18652
金融、保险业	21926	15.1	22058	16791
房地产业	14782	6.9	14811	12409
公共管理和社会组织	93632	5.8	100730	88586

农村基本情况表

	村（个）	乡村户数（户）	乡村人口数（人）	农村劳动力（个）	年末耕地面积（亩）	其中：常用耕地（亩）
合　计	175	76479	287061	189282	764813	363825
城关镇	13	5890	22025	15677	41048	14420
蒿坪镇	13	6744	26988	16822	41254	21187
汉王镇	7	3706	14350	8304	28495	16192
焕古镇	11	3603	13655	8642	34175	13464
向阳镇	12	5584	20266	12826	48335	19504
洞河镇	12	5073	15811	12216	27102	21736
洄水镇	8	3272	12583	8223	31109	16227
双桥镇	10	3961	15059	10108	56476	33775
高桥镇	9	5127	16968	11504	71539	25497
红椿镇	10	3882	14572	10200	48469	28099
高滩镇	18	7562	29539	20453	104820	45873
毛坝镇	11	4894	18252	10818	68407	25871
瓦庙镇	8	3304	12465	8723	29656	19574

续表

	村（个）	乡村户数（户）	乡村人口数（人）	农村劳动力（个）	年末耕地面积（亩）	其中：常用耕地（亩）
麻柳镇	6	3025	11913	8525	26232	11710
双安镇	11	4564	16609	9020	37008	14146
东木镇	8	3455	13978	9426	31209	18094
界岭镇	8	2833	12028	7795	39479	18456

农业总产值（现价）表

单位：万元

	农业总产值	其中			农业总产值	其中	
		农业产值	牧业产值			农业产值	牧业产值
合　计	201530	132843	48324	高桥镇	13048	8600	2861
城关镇	16476	10741	4650	红椿镇	11273	8700	2100
蒿坪镇	12973	8610	4210	高滩镇	18800	12400	4558
汉王镇	8316	5706	1674	毛坝镇	13300	8800	3128
焕古镇	11964	8213	2520	瓦庙镇	7071	5200	1697
向阳镇	13947	10160	2380	麻柳镇	7619	5566	1970
洞河镇	13903	5627	4070	双安镇	10556	5520	3760
洄水镇	10200	6900	2170	东木镇	9490	5600	2438
双桥镇	14194	10200	2380	界岭镇	8400	6300	1758

粮食作物面积、产量表

	面积（亩）								产量（吨）							
	总计	夏粮			秋粮				总计	夏粮			秋粮			
		小计	其中：小麦	其中：洋芋	小计	其中：玉米	其中：红苕	其中：水稻		小计	其中：小麦	其中：洋芋	小计	其中：玉米	其中：红苕	其中：水稻
合　计	631248	262967	9790	207558	368281	211252	72335	42388	111499	41637	1686	35862	69862	34513	10406	21738
城关镇	28660	9160	820	7010	19500	9950	5560	1410	4870	1480	120	1235	3390	1670	800	740
蒿坪镇	30453	10420	1910	7460	20033	10126	4156	3811	6295	1760	350	1285	4535	1685	700	2000
汉王镇	24315	7530	700	4470	16785	6715	3400	4570	5319	1130	120	780	4189	1098	480	2454
焕古镇	25993	9570	600	6170	16423	5058	4049	3322	5169	1436	124	1025	3733	996	700	1761
向阳镇	43795	18780	1380	13250	25015	13190	4560	3045	7698	2912	262	2300	4786	2160	620	1660

续表

	面　积（亩）								产　量（吨）							
	总计	夏　粮			秋　粮				总计	夏　粮			秋　粮			
		小计	其　中：		小计	其　中：				小计	其　中：		小计	其　中：		
			小麦	洋芋		玉米	红苕	水稻			小麦	洋芋		玉米	红苕	水稻
洞河镇	27300	12030	810	8800	15270	9050	3160	1340	4853	1963	145	1598	2890	1600	460	710
洄水镇	33437	13939	270	10213	19498	11500	2550	2515	5934	2066	43	1716	3868	1982	448	1200
双桥镇	44758	16955	715	14740	27803	18053	4190	2025	7684	3060	120	2800	4624	2700	570	1080
高桥镇	43053	16610	500	13090	26443	15760	3830	2035	6956	2576	81	2225	4380	2460	50	1040
红椿镇	34310	14920	650	10730	19390	11580	3250	2310	6069	2370	112	1924	3699	1849	463	1220
高滩镇	81824	39009	115	34880	42815	25131	9760	4080	13433	6058	20	5670	7375	3800	1280	2060
毛坝镇	45995	21100	140	18330	24895	17360	4530	1420	7405	3260	20	3025	4145	2840	500	680
瓦庙镇	33030	14700	290	13040	18330	11670	3870	1920	5963	2511	44	2330	3452	1837	610	943
麻柳镇	26825	11600	0	9220	15225	10370	3360	950	4539	1837	0	1615	2702	1720	435	500
双安镇	33485	12340	680	7460	21145	9500	6200	3775	6340	1780	100	1345	4560	1550	940	1940
界岭镇	35061	16949	150	13170	18112	14460	1860	320	5484	2489	15	2199	2995	2566	270	50
东木镇	38954	17355	60	15525	21599	11779	4050	3540	7488	2949	10	2790	4539	2000	630	1700

油料作物面积、产量

	面　积（亩）			产　量（吨）		
	总　计	其　中		总　计	其　中	
		油菜籽	芝麻		油菜籽	芝麻
合　计	110676	84847	20130	12524	9742	2022
城关镇	6370	2990	2765	733	365	281
蒿坪镇	6720	4270	1918	795	525	200
汉王镇	5840	4640	780	681	545	76
焕古镇	5257	3360	1657	612	405	178
向阳镇	10330	6400	3170	1140	685	357
洞河镇	6290	4480	1410	663	480	120
洄水镇	5233	4642	425	603	535	46
双桥镇	4510	3625	645	542	440	70
高桥镇	8149	6260	1727	989	809	150
红椿镇	6425	4325	1600	739	500	160
高滩镇	13672	11700	1403	1535	1320	143

续表

	面　积（亩）			产　量（吨）		
	总　计	其　中		总　计	其　中	
		油菜籽	芝麻		油菜籽	芝麻
毛坝镇	7235	6300	685	805	715	60
瓦庙镇	3870	3820	0	414	408	0
麻柳镇	3270	2620	155	343	280	18
双安镇	8800	7000	1500	948	780	131
东木镇	6775	6485	290	782	750	32
界岭镇	1930	1930	0	200	200	0

主要特产面积表

单位：亩

名　称	茶叶	桑园	水果	名　称	茶叶	桑园	水果
合　计	209719	104933	39460	高桥镇	12365	9041	850
城关镇	30393	9061	8558	红椿镇	26971	11800	425
蒿坪镇	11698	2800	648	高滩镇	3673	7728	822
汉王镇	1911	3500	8290	毛坝镇	8164	7662	518
焕古镇	24087	4614	4278	瓦庙镇	1683	2560	60
向阳镇	29251	6370	3788	麻柳镇	12344	2180	45
洞河镇	5826	3069	6877	双安镇	1880	14800	2501
洄水镇	15210	5870	1368	东木镇	8392	5723	157
双桥镇	12191	4765	110	界岭镇	3680	3390	165

主要特产产量表

单位：吨

名　称	茶叶	蚕茧	水果	名　称	茶叶	蚕茧	水果
合　计	5863	180	6388	高桥镇	548	7	162
城关镇	752	8	948	红椿镇	725	2	180
蒿坪镇	587	4	62	高滩镇	37	42	93
汉王镇	40	11	1846	毛坝镇	188	25	140
焕古镇	786	6	438	瓦庙镇	84	1	98
向阳镇	670	3	545	麻柳镇	418	1	24
洞河镇	70	28	978	双安镇	16	24	556
洄水镇	278	10	125	东木镇	104	4	32
双桥镇	487	2	93	界岭镇	73	2	68

大牲畜、猪、羊、家禽年末存出栏数表

名 称	大牲畜（头）		生猪（头）		羊（只）		家禽出栏（万只）
	存栏	出栏	存栏	出栏	存栏	出栏	
合 计	6898	1612	279717	382172	102993	130458	105.16
城关镇	51	18	21097	39988	8523	10932	8.56
蒿坪镇	508	188	22563	36720	5500	6603	8
汉王镇	532	101	8025	11502	5404	4837	6.38
焕古镇	620	156	17801	18218	5069	4806	5.4
向阳镇	440	120	14520	18552	6400	7020	5.01
洞河镇	188	77	18962	35053	9210	10005	4.64
洄水镇	76	0	12792	16438	4363	4878	5.85
双桥镇	180	51	19610	18080	6040	6238	5.94
高桥镇	404	84	14396	23564	6174	7700	7
红椿镇	760	138	12600	14600	5300	7464	5.38
高滩镇	506	83	25868	33600	10330	15400	9.6
毛坝镇	136	26	21400	23700	7000	10792	8.49
瓦庙镇	276	25	16081	12230	4297	6467	3.03
麻柳镇	267	140	10903	15003	3548	3876	3.91
双安镇	1000	280	18070	31078	5620	8720	7
东木镇	900	125	15300	17518	6390	10800	6.82
界岭镇	54	0	9729	16328	3825	3920	2.95

农业现代化主要指标表

名 称	农用化肥施用实物量（吨）	农用薄膜使用量（公斤）	农药使用量（公斤）	名 称	农用化肥施用实物量（吨）	农用薄膜使用量（公斤）	农药使用量（公斤）
合 计	15492	187770	10615	高桥镇	954	32350	328
城关镇	1054	5480	1547	红椿镇	437	3230	180
蒿坪镇	2040	8630	1967	高滩镇	1657	22070	257
汉王镇	822	6430	790	毛坝镇	701	15630	865
焕古镇	508	4800	242	瓦庙镇	577	3000	60
向阳镇	1325	4170	107	麻柳镇	425	13830	400
洞河镇	510	7170	342	双安镇	1027	14120	1725
洄水镇	955	10860	502	东木镇	479	14370	823
双桥镇	779	7500	434	界岭镇	1242	14130	46

2016年城乡一体住户调查情况

指标名称	单位	数量	指标名称	单位	数量
调查户数	户	120	可支配收入	元/人	14128
常住人口	人	327	一、基本收入	元/人	—
其中：外出务工	人	100	1. 工资性收入	元/人	4545
整半劳动力	人	186	2. 家庭经营净收入	元/人	2330
经营耕地面积	亩/人	0.84	二、转移性净收入	元/人	6513
承包耕地面积	亩/人	—	三、财产性净收入	元/人	740
年末生产用固定资产原值	元/人	1500.65		元/人	—
年末住房间数	间/户	—	全年总支出	元/人	15597
年末住房面积	平方米/人	41.1	一、家庭经营费用支出	元/人	1597
年末住房价值	万元/人	4.66	二、购置生产用固定资产支出	元/人	3878
年末粮食结存	公斤/人	125.75	三、财产性支出	元/人	37
年初粮食收入	公斤/人	—	四、税费支出	元/人	—
年内粮食支出	公斤/人	—	五、生活消费支出	元/人	9641
年末粮食结存	公斤/人	—			
七、转移性支出	元/人	210.25	三、现金转移性净收入	元/人	6443
生活消费总支出	元/人	9641	四、现金财产性净收入	元/人	505
1. 食品	元/人	3438	五、非收入所得	元/人	490
2. 衣着	元/人	638	期内现金支出	元/人	13571
3. 居住	元/人	1931	一、生产费用支出现金	元/人	3520
4. 家庭设备用服务	元/人	691	1. 家庭经营费用支出	元/人	2216
5. 医疗保健	元/人	1211	2. 购置生产用固定资产支出	元/人	1304
6. 交通通讯	元/人	604	二、税费支出	元/人	—
7. 文化娱乐用品	元/人	961	三、生活消费支出	元/人	7908
8. 其他	元/人	167	四、财产性支出	元/人	37
现金可支配收入	元/人	13391	五、转移性支出	元/人	210
一、现金工资性收入	元/人	4545	六、其他非消费性现金支出	元/人	1896
二、现金经营净收入	元/人	1898	期末手存现金	元/人	—

备注：2014年实施城乡居民收入调查一体化改革，此表数据为新统计口径，部分指标变动较大，请参照使用。

全部工业主要指标表

指标名称	单位	2016年	2015年	主要工业产品产量	单位	2016年	2015年
一、工业总产值	万元	951526	832782	蚕丝	吨	326	336
1. 按经济类型分				精制茶	吨	7318	6764
国有	万元	80880	76219	商品混凝土	立方米	260985	196446
非国有	万元	870646	756563	砖	万块	171749	130173
2. 按轻重工业分				耐火材料制品	吨	26125	22460
轻工业	万元	595624	511047				
重工业	万元	355902	321735				
二、工业增加值	万元	354335	332055				
其中：规上	万元	350604	327576				

主营业务收入2000万元以上工业企业主要经济指标

单位：万元

指　标	2016年	2015年	同比增长（%）	指　标	2016年	2015年	同比增长（%）
一、企业个数				1. 其他经济类型企业	41790	38604	8.3
合　计	38	36	5.6	2. 股份制企业	892677	779248	14.6
1. 其他有限责任公司	6	6	0	三、增加值（评估数）	350604	327576	16.1
其中：国有控股	1	1	0	四、销售产值	922281	818597	12.7
集体控股	1	1	0	1. 其他经济类型企业	47121	46312	1.7
2. 股份有限公司	2	2	0	2. 股份制企业	875160	772285	13.3
3. 私营企业	30	28	7.1	五、主要经济指标			
4. 与港澳台商合资经营	0	0	0	1. 资产合计	585959	516809	13.4
二、总产值				2. 固定资产原值	419144	364554	15.0
合计（评估数）	934467	817852	13.9	3. 流动资产合计	305918	248512	23.1
轻工业	584730	501968	16.5	4. 利润总额	224681	216775	3.6
重工业	349737	315884	10.7	5. 亏损企业亏损额	0	0	
按登记注册类型分类				6. 从业人员年均人数	7314	7231	1.1

全社会固定资产投资完成情况表

	投资总额（万元）	新增固定资产（万元）	房屋施工面积（万元）	其中：住宅	房屋竣工面积（万元）	其中：住宅
合　计	848026	645601	2352047	1254091	998333	698831
一、按报表种类分：						
1. 城镇投资	813031	645601	2352047	1254091	998333	698831
其中：房地产	61701	18166	297714	207070	40201	22181
2. 农户投资	29995					
3. 跨区投资	5000					
二、按产业活动分：						
第一产业	84972					
第二产业	106851					
第三产业	656203					

500万元以上城镇投资完成情况表

	合　计
一、建设项目计划总投资（万元）	1474077
二、本年完成投资（万元）	813031
三、本年新增固定资产（万元）	615606
四、本年施工房屋面积（平方米）	2268361
五、本年资金来源合计（万元）	544507
1. 国家预算内	91604
2. 国内贷款	20168
3. 自筹资金	369093
六、本年完成投资（万元）	813031
按构成分：建筑工程	706730
安装工程	43559
设备工器具购置	46520
其他费用	16222
七、按建设性质分：新建（万元）	808312
改建和技术改造	4719

社会消费品零售总额

单位：万元

甲	金　额
一、社会消费品零售总额	226124
1. 城镇	138825
2. 乡村	87299
3. 限额以上消费品零售额	94777
4. 限额以下消费品零售额	131347
二、按消费形态分组	
1. 餐饮收入	41636
2. 商品零售	184488
三、按行业分组	
1. 批发业零售额	10394
2. 零售业零售额	171470
3. 住宿业零售额	6341
4. 餐饮业零售额	37919

2016年财政收支决算表

单位：万元

预算科目	决算数	预算科目	决算数
本年收入合计	16550	本年支出合计	227310
一、税收收入类	6842	一、一般公共服务支出	20786
1. 增值税	1443	二、外交	—
2. 营业税	1809	三、国防	99
3. 企业所得税	647	四、公共安全	9595
4. 土地增值税	362	五、教育支出	52527
5. 城市维护建设税	414	六、科学技术	426
6. 车船税	122	七、文化体育与传媒	2863
7. 房产税	252	八、社会保障和就业	33870
8. 屠宰税		九、医疗卫生	24153

续表

预算科目	决算数	预算科目	决算数
9. 资源税	25	十、节能环保支出	13891
10. 城镇土地使用税	59	十一、城乡社区事务	2809
11. 印花税	88	十二、农林水事务	41639
12. 个人所得税	185	十三、交通运输	3602
13. 农业税和耕地占用税类	789	十四、商业服务业等事务	2913
（1）农业税		十五、资源勘探电力支出	795
（2）农业特产税		十六、住房保障支出	15118
14. 烟业税		十七、粮油物资储备支出	291
15. 契税	468	十八、国土资源气象支出	1526
二、非税收入	9708	十九、国债还本付息支出	397
1. 国有资本经营收入			
2. 其他收入	111		
3. 罚没收入	675		
4. 行政性收费收入	761		
5. 国有资产有偿使用收入	7226		
6. 专项收入	372		

2016年金融机构信贷资金情况

单位：万元

项　目	金　额	项　目	金　额
一、各项存款	847140	一、各项贷款	353402
1. 住户存款	508618	1. 住户贷款	227346
活期存款	202087	短期贷款	52040
定期及其他存款	306531	消费贷款	605
2. 非金融企业存款	179973	经营贷款	51435
活期存款	90046	2. 非金融企业及机关贷款	126056
定期及其他存款	89927	短期贷款	15766
3. 广义政府存款	158548	中长期贷款	110290
财政性存款	10142	票据融资	
机关团体存款	148406	融资租赁	
4. 非银行业金融机构存款		各项垫款	

续表

项 目	金 额	项 目	金 额
二、金融债券		3. 非银行业金融机构贷款	
三、卖出回购资产		二、债券投资	
四、借款及非银行机构拆入		三、股权及其他投资	1230
五、联行往来（净）		四、买入返售资产	
六、应付及暂收款	17851	五、存放非银行业款项	
七、各项准备	10788	六、联行往来（净）	382053
八、所有者权益	38909	七、固定资产	6083
# 实收资本	12000	八、外汇买卖	
九、其他	-170124	九、应收及预付款	1795
总 计	744563	总 计	744563

卫生机构、床位及人员数（2016年）

机构分类	机构个数（个）	床位数（张）	人员数（人）	卫生技术人员数（人）						其他技术人员	管理人员	工勤技术人员
				小计	执业（助理）医师	注册护士	医师（士）	技师（士）	其他			
总 计	25	859	1515	1393	311	397	0	143	542	28	26	68
一、医院	2	390	519	459	111	240	0	65	43	12	3	45
综合医院	1	270	391	341	80	187	0	46	28	9	2	39
中医医院	1	120	128	118	31	53	0	19	15	3	1	6
专科医院	0	0	0	0	0	0	0	0	0	0	0	0
二、卫生院	21	445	889	840	179	131	0	63	467	9	22	18
镇中心卫生院	11	310	633	603	131	108	0	53	311	8	11	11
三、妇幼保健院	1	24	77	67	16	24	0	9	18	6	1	3
四、疾病预防控制中心	1	0	30	27	5	2	0	6	14	1	0	2
五、医学教育培训机构	0	0	0	0	0	0	0	0	0	0	0	0

图书在版编目（CIP）数据

紫阳年鉴. 2017 / 紫阳县档案史志局编. — 北京：方志出版社. 2017.10

ISBN 978-7-5144-2593-2

Ⅰ. ①紫… Ⅱ. ①紫… Ⅲ. ①紫阳县 – 2017 – 年鉴 Ⅳ. ①Z524.14

中国版本图书馆CIP数据核字（2017）第257252号

紫阳年鉴（2017）

编　　者：紫阳县档案史志局

责任编辑：张　昊

出 版 人：冀祥德

出 版 者：方志出版社

地址　北京市朝阳区潘家园东里9号（国家方志馆4层）

邮编　100021

网址　http://www.fzph.org

发　　行：方志出版社图书经销中心

电话　（010）67110500

经　　销：各地新华书店

印　　刷：安康市汉滨区文化印务有限公司

开　　本：787×1092　　1/16

印　　张：21.5

字　　数：500千字

版　　次：2017年10月第1版　　2017年10月第1次印刷

印　　数：001~500册

ISBN　987-7-5144-2593-2　　定价：280.00元